suhrkamp taschenbuch
wissenschaft 1908

Glück oder Trauer, Furcht oder Mitleid, Zorn oder Liebe: Die Kultur der Antike bietet zahlreiche Zeugnisse für die Macht der Emotionen. Sie liefert zugleich die Muster und Ausdrucksformen, die bis heute unsere Wahrnehmung und Deutung von Emotionen prägen. Die Spuren, die diese in der nachantiken Welt hinterlassen haben, sind Gegenstand dieses Buches. Es diskutiert den geschichtlichen Wandel von Begriffen und Auffassungen großer Gefühle im allgemeinen und anhand einzelner Emotionen sowie aus der Perspektive so unterschiedlicher Disziplinen wie Literaturwissenschaft, Kunstgeschichte, Theologie, Musik-, Theater- und Kulturwissenschaft. Mit Beiträgen u. a. von Hartmut Böhme, Klaus Herding, David Konstan, Hilge Landweer, Ernst Osterkamp, Christof Rapp und Christiane Voss.

Martin Harbsmeier ist Wissenschaftlicher Mitarbeiter am Institut für Klassische Philologie der Humboldt-Universität zu Berlin.
Sebastian Möckel ist Wissenschaftlicher Mitarbeiter am Institut für Deutsche Literatur der Humboldt-Universität zu Berlin im Rahmen des Sonderforschungsbereiches »Transformationen der Antike«.

Pathos, Affekt, Emotion

Transformationen der Antike

Herausgegeben von
Martin Harbsmeier und
Sebastian Möckel

Suhrkamp

Bibliografische Information der Deutschen Nationalbibliothek
Die Deutsche Nationalbibliothek verzeichnet diese Publikation
in der Deutschen Nationalbibliografie;
detaillierte bibliografische Daten sind im Internet über
http://dnb.d-nb.de abrufbar.

suhrkamp taschenbuch wissenschaft 1908
Erste Auflage 2009

Umschlag nach Entwürfen
von Willy Fleckhaus und Rolf Staudt
Satz: TypoForum GmbH, Seelbach
Druck: Druckhaus Nomos, Sinzheim
Printed in Germany
ISBN 978-3-518-29508-3

1 2 3 4 5 6 – 14 13 12 11 10 09

Inhalt

Vorwort

»Pathos – Affekt – Emotion. Wie die Antike unser Denken über die Emotionen beeinflußt« – unter dieser Themenstellung veranstaltete eine interdisziplinäre Arbeitsgruppe des Berliner Sonderforschungsbereiches »Transformationen der Antike« im Wintersemester 2006/2007 eine Vorlesungsreihe an der Humboldt-Universität zu Berlin. Ausgehend von der Annahme, daß die griechisch-römische Antike bei der Entstehung und Entwicklung neuzeitlicher und moderner Muster und Ausdrucksformen von Emotionen konstitutiv gewirkt hat und immer noch wirkt, wurde im Rahmen der Vorlesungsreihe eine Auswahl der bereits in der Antike kanonisierten »großen Gefühle« aus unterschiedlichen disziplinären, epochalen und methodischen Perspektiven exemplarisch untersucht. Dabei zeigte sich nicht nur, daß die fruchtbare Auseinandersetzung mit der Antike ein breites Spektrum an Formen aufweist, die von mechanischer Aufnahme über kritische Anpassung bis hin zur rigorosen Ablehnung reichen, sondern auch, daß die Antike selbst dabei immer wieder neu bestimmt wird.

Untersucht wurden die Gefühle Hoffnung (Katharina Greschat), Furcht und Angst (Hartmut Böhme), Glück (Verena Lobsien), Neid (Frank Wittchow), Mitleid (Ursula Rombach und Peter Seiler), Schadenfreude (Werner Röcke), Trauer (Silke Leopold), Grimmigkeit (Jens Roselt), Melancholie (Klaus Herding) und Liebe (Ernst Osterkamp).

Diese Fallstudien sind im zweiten Teil dieses Buches dokumentiert. Der erste Teil ist einer Reihe von allgemeineren historischen und systematischen Aspekten von Emotionen gewidmet, die für die Frage nach dem Ineinander von Kontinuität und Wandel emotionaler Ausdrucksformen aufschlußreich sind. Zuerst wird die grundlegende Frage, ob Gefühle überhaupt eine Geschichte haben, diskutiert (David Konstan). Anschließend werden die antiken Definitionen von Emotionen in ihren jeweiligen Kontexten besprochen und die Emotionskataloge und Systematisierungsversuche der antiken Philosophenschulen vorgestellt (Jakub Krajczynski und Christof Rapp). Sodann werden die Debatten über Emotionen von der Neuzeit bis in die Gegenwart untersucht und deren besondere Rhetorik aufgezeigt (Hilge Landweer und Catherine Newmark). Schließlich wird auf Grundlage einer Analyse der narrativen Dimension des Emotionalen ein synthetisches Beschreibungsmodell emotionaler Vorgänge präsentiert (Christiane Voss).

Die Herausgeber möchten neben allen Beiträgerinnen und Beiträgern auch den weiteren Mitgliedern der Arbeitsgruppe »Invarianz und Transformation emotionaler Typen seit der Antike«, Philipp Brüllmann, Naomi Kubota, Nina Mindt, Wiebke-Marie Stock und Cornelia Wilde, herzlich danken. Ein besonderer Dank geht ebenfalls an Herrn Christian Syperek für seine Hilfe bei der Einrichtung des Manuskripts sowie an den SFB 644 »Transformationen der Antike« für dessen finanzielle und ideelle Unterstützung des Projekts.

Martin Harbsmeier und Sebastian Möckel

Martin Harbsmeier und Sebastian Möckel

Antike Gefühle im Wandel

Eine Einleitung

Μῆνιν ἄειδε θεὰ Πηληϊάδεω Ἀχιλῆος
οὐλομένην, ἣ μυρί' Ἀχαιοῖς ἄλγε' ἔθηκε.

Den Zorn singe, Göttin, des Peleus-Sohns Achilleus,
den verderblichen, der zehntausend Schmerzen über die Achaier brachte.[1]

Die europäische Literatur beginnt mit einer monumentalen Reflexion über Emotionalität. *Mênis*, was wir gewöhnlich mit »Zorn« oder »Groll« übersetzen, ist das erste Wort der Homerischen *Ilias* und zugleich das Thema des gesamten Epos. Der »verderbliche Zorn« des Achill, entstanden durch einen erbitterten Machtkampf zwischen ihm und Agamemnon, führt dazu, daß Achill, um sich an Agamemnon für die empfundene Schmähung zu rächen, das ganze griechische Kriegsunternehmen boykottiert und über seine Mutter, die Göttin Thetis, dafür sorgt, daß das Heer der Griechen in äußerste Bedrängnis gerät. Erst als Achill vom Tod seines Freundes Patroklos erfährt, läßt er ab von seinem Groll. Dieser wird nunmehr durch eine wilde Rachsucht gegen die Trojaner ersetzt, die schließlich in der Tötung Hektors und der wochenlangen Schändung von dessen Leiche gipfelt, bevor sie endlich in der Zwiesprache mit Priamos, dem Vater Hektors, gelöst wird.

So erforscht, beschreibt und kritisiert die *Ilias* den Zorn des Achill in seiner Entstehung, seiner Wirkung und seinen Folgen. Das Homerische Epos ist das erste überlieferte Zeugnis einer langen Tradition von künstlerischen und wissenschaftlichen Auseinandersetzungen mit großen Gefühlen – einer Tradition, die bis in die Gegenwart hineinreicht und zweifelsfrei auch über sie hinausreichen wird.

Die griechisch-römische Antike bildet in dieser langen Tradition von Auseinandersetzungen mit dem Phänomen der Emotionalität freilich nicht nur den chronologischen Ausgangspunkt. Die Antike ist vielmehr in einer grundsätzlichen Art und Weise für den Emotionsdiskurs der Nachantike konstitutiv geworden. Ein wesentlicher Teil der mittelalterlichen, neuzeitlichen und modernen – theoreti-

1 Homer, *Ilias* 1, 1 f., übers. von Wolfgang Schadewaldt, Frankfurt/M. 1975.

schen und künstlerischen – Beschäftigung mit diesem Phänomen ist eine teils explizite, teils implizite, teils bewußte, teils unbewußte Auseinandersetzung mit den antiken Darstellungen, Diskussionen und Theorien der Gefühle.

Gemeint ist damit freilich nicht, daß antike Definitionsversuche oder Darstellungsmuster von nachantiken Denkern, Schriftstellern oder bildenden Künstlern einfach in ihrer bestehenden Form übernommen wurden. In jedem einzelnen Akt der Aneignung antiker Emotionsdiskurse wurden vielmehr gemäß oder – bewußt – entgegen zeitgenössischen kulturellen Regeln und Praktiken antike Aussagen über emotionale Phänomene immer wieder aufs neue konstruiert oder in neue Zusammenhänge eingepaßt. Die antiken Ausdrucksformen, Beschreibungen, Bestimmungen und Einschätzungen von Emotionen unterlagen im Laufe ihrer Rezeptionsgeschichte mithin einem vielfachen Wandel.

Diese Geschichte der Transformation antiker Emotionsdiskurse exemplarisch und interdisziplinär zu untersuchen, hat sich das vorliegende Buch zur Aufgabe gestellt in der Hoffnung, damit einen Beitrag zum besseren Verständnis der antiken und neuzeitlichen Auseinandersetzungen mit Emotionen, aber auch zum Verständnis des Emotionalen selbst zu leisten.

Was sind überhaupt Emotionen? Sind sie überzeitliche Phänomene, die unabhängig davon, wie wir mit ihnen umgehen, immer dieselben sind? Oder verändern sich auch die Emotionen selbst von Epoche zu Epoche, von Situation zu Situation, von Mensch zu Mensch? Solche Fragen zeigen die grundsätzlichen Probleme, denen sich jeder, der sich mit Emotionen beschäftigen will, stellen muß.

Die Schwierigkeiten fangen bereits bei der Begrifflichkeit an. Die deutsche Sprache kennt keine scharfen Grenzen zwischen »Emotion«, »Gefühl«, »Affekt«, »Stimmung«, »Leidenschaft« usw. Andererseits werden solche Begriffe auch nicht wie Synonyme verwendet. Die vermeintlich entsprechenden Begriffe und Bezeichnungen anderer Sprachen haben wiederum häufig andere Konnotationen oder decken sogar ganz andere Bedeutungsspektren ab. Die Schwierigkeit beschränkt sich aber nicht auf die begriffliche Unschärfe der einzelnen Sprachen und auf die Inkommensurabilität der Begriffssysteme unterschiedlicher Sprachen. Es ist vielmehr fraglich, ob man in einer fremden Kultur wie z. B. der griechisch-römischen überhaupt eine allgemeine Vorstellung vom Phänomen des Emotionalen hatte, die mit unserer Vorstellung vergleichbar wäre. Das griechische Wort *pathos* etwa kann zwar viele Phänomene bezeichnen, die wir ebenfalls als Emotionen betrachten, wie z. B. Zorn, Neid, Liebe u. a., aber das Wort kann neben solchen – für uns – emotionalen Erfahrungen auch jede weitere Art von passiven Widerfahrnissen oder Eindrücken bezeichnen, wie z. B. die Wahrnehmung von Licht oder Wärme, die wir nicht als emotionales Phänomen betrachten würden.

Die Schwierigkeit, das Phänomen des Emotionalen zu erfassen, besteht nicht minder, wenn es um einzelne Emotionen geht. *Mênis*, das erste Wort der *Ilias*, war bereits in der Antike nicht ohne weiteres verständlich und mußte in den Homer-Ausgaben der alexandrinischen Philologen als »dauerhafter« oder »langwieriger Zorn« (*epimonos orgê*, *kotos polychronios*) erläutert werden. Der offensichtlich als konstitutiv empfundene anhaltende Charakter der *mênis* bedeutet dabei freilich nicht, daß es sich hier um ein beständiges Phänomen handelt. Die *mênis* des Achill wandelt sich vielmehr im Laufe des Epos vom Jähzorn in der unmittelbaren Auseinandersetzung mit Agamemnon über schmollenden Groll am Strand abseits der Kämpfe hin zur wilden Rachsucht in der abschließenden Schlacht und der Schändung der Leiche Hektors. »Der Groll«, so eine Formulierung von Joachim Latacz, »hat Folgen, die ihn einholen und verändern.«[2] Als emotionaler Vorgang besteht Achills *mênis* also (auch) aus einer Kette unterschiedlicher Zustände, Reaktionen oder Ausdrücke und läßt sich daher wie viele andere emotionale Phänomene im Grunde erst als komplexe *Erzählung* hinreichend erfassen.

Worin besteht also ein Gefühl? Auch die Frage selbst hat eine lange Geschichte, die in der griechischen Antike ihre Wurzeln hat.

In seiner *Rhetorik* bietet Aristoteles eine systematische Erklärung für das Zustandekommen verschiedener *pathê* wie Zorn, Scham, Neid u. a., indem er ihnen vier Elemente zuschreibt. Damit ein *pathos* zustande kommt, muß eine Person zunächst *registrieren*, daß etwas für sie Positives oder Negatives geschieht. Auf diese Registrierung folgt – je nach Charakter des Ereignisses – eine *Empfindung* von entweder Lust oder Schmerz. Diese Wahrnehmung geht ihrerseits mit einem *Handlungsantrieb* und einer *körperlichen Veränderung* einher.

2 Joachim Latacz, »Die Erforschung der Ilias-Struktur«, in: ders. (Hg.), *Zweihundert Jahre Homer-Forschung*, Stuttgart, Leipzig 1991, S. 381-414, hier S. 405.

Aristoteles' Analyse ist aufschlußreich – nicht nur für das Phänomen der Emotionen selbst, sondern auch für die Geschichte der Auseinandersetzung mit ihnen. Denn jede Diskussion über Emotionen wird davon abhängig sein, inwieweit man eine solche komplexe Auffassung von Emotionen teilt oder vielmehr meint, die Emotionen bestünden nur aus einem oder mehreren einzelnen dieser Elemente.

Neigt man dazu, den Kern einer Emotion allein in der reinen Empfindung von Lust und Schmerz sowie in dem entsprechenden unmittelbaren Handlungsantrieb zu sehen, erscheinen Emotionen als Teil der physischen Grundausstattung des Menschen und somit als vom historischen und kulturellen Kontext unabhängig. Was der antike, der mittelalterliche oder der neuzeitliche Mensch empfindet, wenn er zornig, eifersüchtig oder traurig wird, ist demnach grundsätzlich dasselbe, und lediglich die Art und Weise, wie er dieses Gefühl beschreibt, bewertet usw., ändert sich je nach historischem und kulturellem Kontext.

Betrachtet man dagegen auch das bewertende Registrieren eines gegebenen Geschehens als zentrales Element einer Emotion, wird sie zu einem Erzeugnis ihres jeweiligen historischen und kulturellen Kontexts, weil die Beurteilung eines bestimmten Ereignisses stets von diesem Kontext abhängen wird. Die Art und Weise, in der jemand über die Welt und sich selbst *be*findet, wird somit auch konstitutiv dafür, wie er *emp*findet. Weil der antike, der mittelalterliche und der neuzeitliche Mensch die Ereignisse ihrer Umwelt jeweils anders registrieren und bewerten, sind aus dieser Sicht auch ihre Emotionen nicht dieselben.

Der Naturwissenschaftler, so schreibt bereits Aristoteles in seiner Abhandlung *Über die Seele* (403a), wird dazu neigen, *orgê* (Zorn) als ein Sieden des Blutes, das um das Herz fließt und warm wird, zu beschreiben, während der sprachlich orientierte Begriffstheoretiker – ein Vorläufer des modernen Geisteswissenschaftlers – den Zorn als ein Streben nach Vergeltung für einen empfundenen Schmerz definieren wird. Aber wie bereits Aristoteles andeutet, ist es wenig sinnvoll, den wesentlichen oder eigentlichen, definitorischen Kern einer Emotion entweder in ihren körperlichen oder in ihren geistigen Komponenten bestimmen zu wollen. Emotionen sind – diese Auffassung hat sich auch in der modernen Emotionsforschung durchgesetzt – komplexe Phänomene, die komplexe Betrachtungsweisen erfordern, um ausschöpfend erfaßt zu werden.

Eine solche komplexe Betrachtungsweise, die alle – physischen wie kognitiven – Aspekte gleichermaßen berücksichtigen will, muß allerdings von vornherein auf universale Definitionen einzelner Emotionen verzichten und akzeptieren, daß Emotionen, weil sie immer auch Bewertungen und Urteile implizieren, stets in spezifischen historischen und kulturellen Kontexten verankert sind. Um die Emotionen selbst wie auch unser Verständnis von ihnen wirklich zu verstehen, ist es also notwendig, auch die Kontexte, aus denen heraus sowohl die Emotionen selbst als auch die künstlerische und theoretische Auseinandersetzung mit ihnen hervorgehen, mit in den Blick zu nehmen.

Diese Kontextualisierung emotionaler Phänomene könnte freilich zu der radikalen Behauptung führen, es gäbe gar keine Emotionen im Sinne überindividueller Phänomene, weil jede emotionale Äußerung immer ein historisch und kulturell bedingtes und somit stets *neues* Ereignis sei: Die *mênis* des Achill und der Zorn des Michael Kohlhaas aus der gleichnamigen Novelle von Kleist etwa wären durch nichts anderes als durch die sprachliche Gepflogenheit, *mênis* mit »Zorn« zu übersetzen, miteinander verbunden. Eine solche – formal korrekte – Behauptung würde allerdings den Umstand ignorieren, daß wir im alltäglichen Leben Identität und Nichtidentität zusammengesetzter Phänomene, die sich verändern, unterschiedlich wahrnehmen, sei es, weil wir unterschiedliche Kriterien der Identität anlegen, sei es, weil wir die Grenzen zwischen Identität und Nichtidentität als fließend betrachten. Die Legende vom Schiff des Theseus kann diese Problematik veranschaulichen: Nach Theseus' Rückkehr aus Kreta wollten die Athener sein Schiff für immer erhalten. Sie ersetzten deshalb nach und nach alte, morsche Planken durch neue und bewahrten so der Legende nach das Schiff über viele Jahrhunderte hinweg.[3] Unter den Sophisten und Philosophen wurde dieses Schiff in Diskussionen schnell zu einem beliebten Beispiel für das Verhältnis von Dauer und Wandel bei zusammengesetzten Phänomenen: Ist das Schiff bereits nach dem ersten Plankenumtausch ein anderes geworden? Wenn nicht, wie viele Planken kann man dann umtauschen, bevor das Schiff nicht länger dasselbe ist? Oder ist das Schiff vielmehr selbst dann, wenn alle Planken ausgewechselt worden sind, immer noch das Schiff des Theseus, weil der

3 Siehe Plutarch, *Leben des Theseus* 22 f.

Austausch nach und nach stattgefunden oder weil das Schiff die ganze Zeit über eine Reihe von wesentlichen Eigenschaften wie z. B. seine Form bewahrt hat?

Auch bei emotionalen Phänomenen läßt sich nicht immer leicht sagen, wann zwei Emotionen hinreichend gemeinsame Eigenschaften aufweisen, um als dieselbe Emotion gelten zu können, und wann sie sich in so vielen Aspekten unterscheiden, daß wir eher von zwei verschiedenen Emotionen sprechen würden. So ließe sich einerseits behaupten, die *mênis* des Achill und der Zorn des Michael Kohlhaas z. B. seien wegen einer gewissen strukturellen Identität – wilde Rachsucht aufgrund eines verletzten Gerechtigkeitsgefühls – grundsätzlich dieselbe Emotion; andererseits könnte man ebensogut darauf hinweisen, die Unterschiede in Motivation und Reaktion – Achills (zunächst) passiver Groll rührt aus persönlicher Kränkung, Kohlhaas' alsbald aktive Wut entwickelt sich aus einem verletzten allgemeinen Gerechtigkeitsgefühl – seien so wesentlich, daß es sich um zwei verschiedene emotionale Vorgänge handele. Auch bei emotionalen Phänomenen sind also die Grenzen zwischen Identität und Alterität in höchstem Maße fließend, und nicht zuletzt aus diesem Grund ist eine historische Betrachtungsweise von Emotionen sinnvoll, weil hierdurch sowohl das Gemeinsame als auch das Singuläre einzelner emotionaler Phänomene erkennbar wird.

Die beiden Beispiele, Homers *Ilias* und Kleists *Michael Kohlhaas*, weisen auf einen weiteren Aspekt hin, der für die Beschäftigung mit dem Phänomen des Emotionalen eine zusätzliche Herausforderung bildet, nämlich das komplizierte Verhältnis zwischen real erlebten Emotionen auf der einen und ihrer künstlerischen Darstellung auf der anderen Seite. Um dieses Verhältnis zu beschreiben, hat man seit Platon häufig auf den Begriff der Mimesis zurückgegriffen. Aber diese problematische Vorstellung, Kunstwerke seien »Nachahmungen«, »Abbildungen« oder »Repräsentationen« der realen Welt, verdeckt den Umstand, daß Kunst und Realität nach unterschiedlichen Regeln funktionieren. Das betrifft auch die Art und Weise, in der Emotionen im jeweiligen Bereich gestaltet bzw. gelebt werden. Wenn wir z. B. vom »biblischen Zorn« reden, meinen wir damit nicht ein allgemeines emotionales Reaktionsmuster, sondern speziell die alttestamentarische Darstellung des vor Wut und Zorn schnaubenden und zerstörenden Jahwe. Auch das charakteristische »Lächeln« griechischer archaischer Skulpturen entspricht nach allem, was wir wissen, nicht etwa der Emotion »Freude«, die eine solche Mimik im realen Leben zum Ausdruck bringen würde, sondern ist in der Ikonographie des 7. und 6. Jahrhunderts v. Chr. ein etabliertes Zeichen göttlicher Gelassenheit.

Diese einfachen Beispiele zeigen zugleich, daß die Semantik des Emotionalen sowohl in der künstlerischen als auch in der realen Welt in hohem Maße historisch und kontextuell verankert ist. Wir erkennen Emotionen anhand bestimmter Zeichen oder Symptome wie z. B. eines heftig schlagenden Herzens oder eines glühenden Wunsches, das Gegenüber zu vernichten. Aber solche physischen, sprachlichen, kognitiven oder narrativen Zeichen emotionaler Vorgänge reichen an sich meistens nicht aus, um eine bestimmte Emotion zu identifizieren, weil sie nicht eindeutig sind, sondern erst aus dem Kontext sowie aus der Verbindung miteinander ihre spezifische Bedeutung beziehen. Sowohl der heftige Herzschlag als auch der Trieb nach Zerstörung des Gegners können Zeichen von Zorn oder Wut, aber ebenso Zeichen von Furcht sein. Die Deutung und Anwendung bestimmter Zeichen emotionaler Vorgänge beruhen also in hohem Maße auf dem jeweiligen realen oder künstlerischen Kontext, und damit wird erneut deutlich, wie wichtig es ist, emotionale Phänomene historisch zu betrachten, wenn man sie richtig verstehen will.

Die Semantik des Emotionalen und ihre Deutung sind darüber hinaus mit der besonderen Schwierigkeit verbunden, daß der äußerliche Ausdruck eines Gefühls keineswegs immer mit der inneren Empfindung übereinstimmen muß. Während der schnaubende Gott des Alten Testaments aus seinem Unmut keinen Hehl macht, entscheiden sich Achill und Kohlhaas zunächst, ihrem Zorn nicht freien Lauf zu lassen. Obwohl dem Roßhändler bei Kleist »das Herz gegen den Wams« schlug und es ihn drängte, sein Gegenüber »in den Kot zu werfen und den Fuß auf sein kupfernes Antlitz zu setzen«,[4] zeigt er sich nach außen hin beherrscht; und auch Achill urteilt, daß es besser sei, »ob man auch noch so sehr im Mute zürnt«,[5] dem Rat der ihm erscheinenden Athene zu folgen und sein Schwert wieder in die Scheide zu stecken. Die Möglichkeit, empfundene Emotionen nach außen hin zu unterdrücken oder nicht

4 Heinrich von Kleist, *Michael Kohlhaas*, in: ders., *Werke und Briefe*, Bd. 3, hg. von Siegfried Streller in Zusammenarbeit mit Peter Goldammer u. a., Berlin 1993, S. 13.

5 Homer, *Ilias* (Anm. 1) 1, 217.

empfundene Emotionen vorzutäuschen, ist ein ganz wesentlicher Aspekt unseres realen und künstlerischen Umgangs mit dem Phänomen des Emotionalen.

Zu all dem kommt noch hinzu, daß wir Emotionen nicht nur wahrnehmen können, indem wir sie an Kunstwerken oder anderen Menschen anhand bestimmter Zusammensetzungen von Zeichen und Kontext »ablesen«. Wir können Emotionen ebenso wahrnehmen, indem etwa Kunstwerke in uns bestimmte Emotionen hervorrufen, wobei es sich hier offensichtlich um andere – freilich auch historisch und kulturell bedingte – Mechanismen handelt. Wir erkennen etwa in der *Ilias* oder bei *Michael Kohlhaas* einerseits den Zorn der Figuren im Text, werden aber bei der Lektüre nicht unbedingt selbst zornig, sondern empfinden vielleicht eher Empörung oder Mitleid.

Entsprechend gestalten sich Emotionsdiskurse höchst unterschiedlich, je nachdem, ob die Frage ist, wie man Gefühle abbildet, wie man sie hervorruft oder wie man selbst mit ihnen umgeht. In der Antike machten sich etwa Poetik und Rhetorik die ersten beiden Fragen zu eigen, während sich die Philosophie intensiv mit der dritten beschäftigte.

Jeder emotionale Vorgang ist als komplexes Phänomen gleichzeitig ein einmaliges, individuelles Ereignis und ein Erzeugnis seines historischen und kulturellen Kontexts. Dadurch entsteht ein historisches Kontinuum von emotionalen Erscheinungen und deren Ausdrucksformen und Wahrnehmungen, in dem gleichzeitig Veränderungen und Konstanten erkennbar werden. In diesem historischen Kontinuum wechselnder Beschreibungen, Bewertungen und Ausdrucksformen von großen Gefühlen, so der Ansatz dieses Buches, spielt die griechisch-römische Antike eine besonders fruchtbare Rolle, weil man – bis heute – immer wieder *ihre* Bestimmungen, Darstellungen und Bewertungen des Emotionalen in Anspruch genommen hat.

Die Auseinandersetzung mit dem Phänomen des Emotionalen begegnet in fast allen Bereichen der griechisch-römischen Antike, die mithin der Nachantike sowohl einen umfassenden Katalog einzelner Emotionen als auch eine Fülle verschiedenster Ausdrucks- und Beschreibungsformen sowie theoretischer Definitionsversuche und unterschiedlicher Bewertungen dieser Emotionen zur Verfügung gestellt hat. Nach dem Homerischen Epos des Zorns thematisiert die frühgriechische Lyrik und später die römische Elegie immer wieder die Liebe; Sappho, Anakreon und Catull sind Chiffren der Liebesdichtung geworden. Seit Hippokrates ist die antike Medizin bestrebt, emotionale Vorgänge als Ausdruck körperlicher Zustände zu diagnostizieren; die Melancholie z. B. erhält ihren Namen von dem Übermaß an schwarzer Galle, das angeblich zu dieser besonderen Stimmung führt. Für den Geschichtsschreiber Herodot ist das Auf und Ab der menschlichen Geschicke ein Zeugnis für den Neid der Götter, der durch das Zuviel an Wohlstand und Erfolg eines Menschen ausgelöst werde. Eine eigene Gattung, die allein dem Gefühl der Trauer gewidmet ist, bildet die Trostschrift. In der antiken Musiktheorie versucht man, die Zusammenhänge zwischen Rhythmen und Harmonien in der Musik und den Stimmungen in der Seele zu erklären. Auf den tragischen Bühnen von Griechenland und Rom werden ganze Register emotionaler Zustände und Affekte durchdekliniert und im gesellschaftlichen und politischen Kontext problematisiert. Die antike Komödie lebt nicht nur von einer elementaren Schadenfreude im Publikum, sondern sie thematisiert auch dieses Gefühl, wenn ein Komödiendichter wie Aristophanes seine Figuren über die Form und den Effekt seiner Komödien auf der Bühne reflektieren läßt. Die emotionale Wirkung der Rede im Theater, auf der Volksversammlung, dem Forum oder im Senat hat die griechisch-römische Rhetorik und Poetik von Beginn an beschäftigt. Für den Sophisten Gorgias ist es ein göttlicher Zug der Rede, daß sie fähig ist, dem Zuhörer Gefühle einzuflößen und diese zu verstärken oder zu vermindern, und für Aristoteles ist die zentrale Frage seiner *Poetik*, wie eine Tragödie beim Zuschauer Furcht und Mitleid am besten hervorruft. In seinen Dialogen kreist Platon immer wieder um den Stellenwert der Affekte im seelischen Haushalt des Menschen, und die Philosophie des Hellenismus und des frühen Christentums ist nicht zuletzt ein ausgearbeiteter Versuch, dem Menschen ein ausgeglichenes Innenleben zu ermöglichen, indem man ihn vor unerwünschten Affekten schützt. »Nicht zu unrecht fürchtest du diese Leidenschaft«, schreibt Seneca an seinen Sohn am Anfang seiner drei Bücher starken Diatribe über den Zorn. Die antike Kunst, die von der Leugnung jeder Emotion oder jeden Affekts bei den Skulpturen der archaischen Zeit bis hin zum expressiven Pathos der hellenistischen Kunst reicht, ist ein weiteres Zeugnis dieser intensiven Beschäftigung mit der Emotionalität.

Am Ende der Antike liegt ein umfassender und vielseitiger Diskurs über das Phänomen des Emotionalen vor – ein riesiges Reservoir, aus dem in späteren Auseinandersetzungen mit Emotionen und Emotionalität immer wieder geschöpft wurde. Doch bei jedem Schöpfungsvorgang wird nicht nur etwas Altes aus dem antiken Reservoir geschöpft, sondern es entsteht zugleich etwas Neues aus dem Zusammentreffen von Vergangenheit und Gegenwart. Die Antike wird nicht einfach durch die Geschichte unverändert hindurchgereicht, sondern vielmehr aus dem Selbst- und Antikeverständnis der jeweiligen Rezipienten heraus neu geschaffen mit all den Veränderungen, die solche Aneignungsprozesse einschließen können. Die Geschichte der Aneignungen antiker Emotionsdiskurse ist somit zugleich eine Geschichte der vielfältigen Transformationen dieser Diskurse, wobei solche Prozesse der Aneignung und der Transformation nicht erst mit dem Ende der Antike einsetzen, sondern bereits innerhalb der Antike unablässig stattfinden.

Wieder kann der Zorn des Achill als Beispiel dienen. In seiner *Rhetorik* definiert Aristoteles die Emotion *orgê* (Zorn) als ein vom Schmerz begleitetes Streben nach Rache aufgrund einer wahrgenommenen Schmähung durch jemanden, dem dies nicht zustehe, und er nennt explizit die *mênis* des Achill als konkretes Beispiel dieser Emotion.[6] Diese Zorn-Definition ist Teil einer größeren systematischen Analyse verschiedener Emotionen, die dem Redner dazu verhelfen soll, zu wissen, warum, gegen wen und in welchem Zustand Menschen bestimmte Emotionen empfinden, damit jener durch seine Rede ebensolche Konstellationen in den Köpfen seiner Zuhörer hervorrufen und sie dadurch für ein bestimmtes Urteil disponieren kann. Mit seiner Untersuchung setzt Aristoteles – wie vor ihm die Sophisten – also voraus, daß bestimmte emotionale Reaktionsmuster ausgemacht und systematisch analysiert werden können, und darum interessiert ihn die Homerische *mênis* nicht in ihrer historischen und literarischen Singularität oder Fremdheit, sondern als Beispiel eines allgemeinen emotionalen Komplexes von bestimmten sozialen Relationen, Impulsen und Reaktionen.

6 *Rhetorik* 1378a31-33. Aristoteles zitiert mehrere Stellen aus der *Ilias*, an denen Achill Agamemnon vorwirft, er sei durch ihn entehrt worden, und dabei betont Aristoteles, es sei genau dies – der Verlust der ihm zustehenden Ehre –, was seinen Zorn verursache.

Aber ist die Homerische *mênis* wirklich ein Beispiel für den von Aristoteles definierten universalen, Literatur und Realität transzendierenden Zorn, oder hat sich der Zorn-Begriff von Homer bis Aristoteles vielmehr bereits transformiert? Die einflußreiche Homer-Interpretation Bruno Snells[7] läßt auf die zweite Alternative schließen. Homer kenne noch nicht, so die Grundthese Snells, die Vorstellung von der menschlichen Seele als einer Instanz, die den Organismus in Bewegung setzen kann; alle geistigen und seelischen Wirkungen – darunter auch die *mênis* des Achill – seien für den Homerischen Menschen vielmehr Einflüsse von von außen wirkenden Kräften, die den *thymos* oder den *noos* – die entsprechenden menschlichen Organe – plötzlich durchdringen und ihn zu einem bestimmten Handeln antreiben. Wenn Aristoteles also die Homerische *mênis* als Beispiel seiner kognitiv ausgerichteten Definition des Zorns verwende, projiziert er, wie sich aus der Analyse von Snell ergibt, einen bereits transformierten Zorn-Begriff auf die Homerische *mênis* zurück.

Snells These ist freilich nicht unumstritten geblieben: Sie beruhe, so lautet ein wesentlicher Einwand, auf der neuzeitlichen und mithin anachronistischen Vorstellung, daß Entscheidungen immer *Bewußtseinsakte* sein müßten. Dadurch verkenne Snell aber, daß seelische Vorgänge bei Homer keineswegs *noch nicht*, sondern vielmehr *anders* verstanden werden als in der neuzeitlichen Bewußtseinsphilosophie.[8] Im neunten Buch der *Ilias* versucht eine kleine Gruppe namhafter Griechen, Achill von seinem Zorn abzubringen. Er solle, fordern sie ihn mit zahlreichen Argumenten immer wieder auf, seinen großen *thymos* »bändigen«, »gnädig stimmen«, in der Brust »festhalten« u. ä.[9] Phoinix, Achills ehemaliger Erzieher, erklärt nun, er selbst habe einmal im Zorn den eigenen Vater töten wollen, als dieser ihn um einer Konkubine willen zu Unrecht verflucht hätte. Sein Zorn sei aber dadurch »angehalten« worden, daß ein Gott ihm die

7 Bruno Snell, »Die Auffassung des Menschen bei Homer«, in: ders., *Die Entdeckung des Geistes. Studien zur Entstehung des europäischen Denkens bei den Griechen*, Hamburg ^{3}1955 (zuerst erschienen 1946), S. 17-42.

8 Siehe Arbogast Schmitt, *Selbständigkeit und Abhängigkeit menschlichen Handelns bei Homer. Hermeneutische Untersuchungen zur Psychologie Homers* (Abhandlungen der Geistes- und Sozialwissenschaftlichen Klasse der Akademie der Wissenschaften und der Literatur Mainz 5), Stuttgart 1990.

9 Homer, *Ilias* (Anm. 1) 9, 496, 639 und 255 f.

negativen Konsequenzen eines Vatermords im *thymos* »vorgesetzt« hätte.[10] Sachliche Argumente können also, wie Phoinix mit diesem analogen Fall deutlich machen möchte, auch den *thymos* beeinflussen und umstimmen. Der *thymos* ist demnach nicht lediglich Hort irrationaler, emotionaler Strebungen; in ihm werden vielmehr emotionale, voluntative und rationale Aspekte *vereint*.[11] Auch dem Zorn selbst kommt neben voluntativen und emotionalen Aspekten ein rationales Element zu, wie Phoinix' Schilderung des ungerechten Fluchs als *objektiver* Verursachung seines Zorns erkennen läßt. Die Homerische Auffassung emotionaler Prozesse, so die Konklusion der Snell-Kritiker, habe also erheblich mehr mit der aristotelischen als mit der neuzeitlichen Konzeption gemeinsam, und Snells These, der »Geist« sei erst nach Homer entdeckt worden, erweise sich damit als methodischer Fehlschluß.

Dieses kurze Stück Wissenschaftsgeschichte zeigt, mit welchen methodischen Herausforderungen die Ermittlung antiker Geistes- und Gefühlskonzeptionen verbunden ist, und demonstriert zugleich, wie die Erforschung der Antike zu radikalen Transformationen der antiken Auffassungen von Emotionen führen kann. Zudem läßt sich an diesem Fall veranschaulichen, wie folgenreich solche Transformationen antiker Geistes- und Emotionsmodelle für die spätere Auseinandersetzung mit den Emotionen sein können. So wurde die Snellsche These jüngst von Peter Sloterdijk in dessen Buch *Zorn und Zeit* erneut aufgegriffen.[12] Von Snell ausgehend, versteht Sloterdijk die *mênis* des Achill als eine reine, irrationale, allen Provokationen vorausgehende invasive »Primärenergie« oder »Aktionskraft«. Diese Form des Zorns gelte es nun, so Sloterdijk in der Nachfolge Nietzsches, in der »thumos-vergessenen therapeutischen Kultur« der Gegenwart zu rehabilitieren, denn der zivilisierte, der Vernunft unterworfene Zorn der bürgerlichen Gesellschaft sei »auf der ganzen Linie gescheitert«, wie die Geschichte des 20. Jahrhunderts unmißverständlich zeige. Sloterdijks Projekt, so könnte man sagen, besteht mithin in einer rückgängigen Transformation des nicht zuletzt durch die antiken Philosophen »domestizierten« Zorns. Das Leitbild die-

10 Ebd., 444-461.

11 Norbert Blößner, »Thymos«, in: Joachim Ritter (Hg.), *Historisches Wörterbuch der Philosophie*, Bd. 10, Basel 1998, Sp. 1187-1192.

12 Peter Sloterdijk, *Zorn und Zeit. Politisch-psychologischer Versuch*, Frankfurt/M. 2006. Siehe zum folgenden S. 9-49.

ser erneuten Transformation liefert dabei die Snellsche Interpretation der Homerischen *mênis*.

Ob die Homerische Beschreibung des Zorns nun mit der Aristotelischen Definition völlig kongruent ist, oder ob sich auch signifikante Unterschiede finden lassen, sei hier einstweilen dahingestellt, denn die Rezeptionsgeschichte der *Ilias* bietet noch weitere Beispiele für Transformationen der Homerischen *mênis*. In der zweiten Hälfte des 1. Jahrhunderts n. Chr. verfaßt ein römischer Autor, dessen Identität nicht eindeutig geklärt ist, eine lateinische Kurz-*Ilias*, vermutlich auf der Grundlage einer lateinischen Übersetzung des Homerischen Originals. Wie Homers *Ilias* beginnt auch die kurze *Ilias Latina* mit einer Ankündigung des Themas: des Zorns (*ira*) des Achill. Sodann erzählt der Verfasser die entscheidenden Ereignisse des Konflikts zwischen Achill und Agamemnon: Agamemnon habe, nachdem er gezwungen worden sei, eine geraubte Priestertochter ihrem Vater zurückzugeben, ein dem Achill zugeteiltes Mädchen aus einem früheren Raubzug als Kompensation für sich eingefordert, und Achill hätte in seinem Zorn hierüber Agamemnon beinahe erschlagen. »Hätte nicht Pallas Athene mit keuscher Hand Achill festgehalten«, konstatiert der Autor der *Ilias Latina*, »blinde Liebe hätte den Völkern Griechenlands einen schändlichen Nachruf für alle Ewigkeit beschert«.[13] Der Verfasser der *Ilias Latina* betrachtet die *Ilias* vor der Folie römischer Wertevorstellungen offensichtlich als ein übles Beispiel dafür, wie militärische *virtus* der *libido* zum Opfer fallen kann. Auch Agamemnons psychologisches Profil wird bezeichnenderweise nicht etwa durch Herrschsucht, sondern eben durch jene »verderbliche Begierde« (26, *damnosa libido*) sowie durch »rasende Liebe« (25 f., *ferus amor*) gezeichnet. Anders als für Aristoteles spielt für den Verfasser der *Ilias Latina* der implizite Kontrast zwischen den verderblichen und wilden Emotionen in der (von ihm konstruierten) homerischen Welt und den Wertevorstellungen seiner eigenen Welt eine tragende Rolle.

Der Autor der *Ilias Latina* transformiert die Homerische *mênis* also nicht nur, indem er sie durch einen allgemeineren, erheblich weiter konnotierten lateinischen Begriff (*ira*) ersetzt. Die *Ilias Latina* und das Homerische Original berichten zwar von den gleichen Ereignissen am Strand vor Troja, und auch die *Ilias Latina* handelt

13 *Ilias Latina* 1, 78 f.: »Quod nisi casta manu Pallas tenuisset Achillem, / turpem caecus amor famam liquisset in aevum / gentibus Argolicis.«

wie ihre Vorlage vom Zorn des Achilles, aber der Autor der *Ilias Latina* sieht in denselben Ereignissen eine ganz andere Ursache für Achills Reaktion als etwa Aristoteles, und dadurch wird auch die zentrale Emotion, der Zorn, grundsätzlich transformiert. Nicht die empfundene Schmähung aus der Aristotelischen Definition, sondern eine blinde Liebe zu dem erbeuteten Mädchen läßt den lateinischen Achill zürnen. Aus einem durch verletzten Statusanspruch begründeten Streben nach Rache ist eine durch zerstörte Liebe entfachte, blinde Wut geworden. Aristoteles und der Autor der *Ilias Latina* diagnostizieren also zwei völlig unterschiedliche Ursachen für die *mênis*, und dadurch nimmt auch die Emotion jeweils eine andere Gestalt an.

Die *mênis*-Deutung der *Ilias Latina* mag für moderne Leser befremdlich wirken, doch die *Ilias Latina* und mit ihr die skizzierte transformierte *mênis* des Achill war durch das ganze nicht griechischkundige Mittelalter hindurch viel bekannter als die Homerische *Ilias*. So zeigt nicht nur die Homer-Rezeption *in* der *Ilias Latina*, sondern auch die Geschichte der *Ilias Latina* selbst, wie Literaturgeschichte zugleich Emotionsgeschichte werden kann.

Ein weiteres Beispiel einer solchen literarischen Emotionsgeschichte – freilich mit einem ganz anderen Ergebnis – bietet uns eine Szene aus Shakespeares Drama *Troilus and Cressida.*[14] Auch hier geht es um die Ereignisse im Griechenlager vor Troja, aber die *mênis*, wie sie Shakespeare an dieser Stelle aus der Sicht der anderen Griechenführer beschreibt, hat wieder eine andere Form angenommen. In der betreffenden Szene (1. Akt, 3. Szene, 142-184) ist das aus Aristoteles vertraute Motiv der gekränkten Ehre wieder vorhanden, doch nur, um als »airy fame« (144) des Achill verspottet zu werden. Von dem introvertierten und schmerzhaften Groll des Homerischen Achill ist in der Aneignung Shakespeares keine Spur: Frech, faul, launenhaft und spottend, so das Referat des Odysseus, liegt Achilles den ganzen lieben Tag im Zelt, wo er laut lachend und beinahe vor Lust zerplatzend (»I Shall split all in Pleasure of my Spleen!«, 177 f.) dem Patroklos applaudiert, wenn dieser Agamemnon oder Nestor parodiert.

Zwischen Homer und Shakespeare liegt freilich ein weiter Weg. Shakespeare bezog sein Material nicht in erster Linie aus dem griechischen Epos, sondern vorwiegend aus einer mittelalterlichen, ro-

14 Im folgenden zitiert nach William Shakespeare, *Troilus and Cressida*, hg. von David Bevington, Walton-on-Thames 1998 (The Arden Shakespeare).

mantischen Troja-Tradition, die ihm in Chaucers *Troilus and Criseyde* und Caxtons *Recuyell of the Historyes of Troy* vorlag. In dieser Tradition ist die Sympathie deutlich auf die trojanische Seite gerückt, und die Figur des Achill hat sich gegenüber der Homerischen *Ilias* grundlegend verändert. In diesem Fall spielt die Überlieferungs- und Transformationsgeschichte griechischer Sagenstoffe also eine entscheidende Rolle für die Transformationsgeschichte der in den Mythen thematisierten Emotionen. Denn mit der Figur des Achill, davon legt die Zelt-Szene aus Shakespeares *Troilus and Cressida* ein deutliches Zeugnis ab, wandelte sich auch die Gestalt der *mênis*.

Die mittelalterliche Troja-Tradition und ihre Verarbeitung bei Shakespeare, die wiederum selbst traditionsstiftend wurde,[15] zeigen, wie eine Antike-Tradition und die damit verbundenen Auseinandersetzungen mit den emotionalen Phänomenen dieser Tradition sich von der Antike selbst lösen und dennoch als Antike-Rezeption wahrgenommen werden können. Dieses Phänomen begegnet auch häufig in der bildenden Kunst, wie erneut das Motiv der *mênis* des Achill veranschaulichen kann. So schöpft z. B. Rubens in seinem Gemälde *Zorn des Achill* (1630-1635), was die Personen und die erzählenden Elemente betrifft, vieles aus Homers *Ilias*. Zugleich schafft er aber mit der Komposition und den (aus dem Text nicht ablesbaren) visuellen Zeichen von Zorn – Athene faßt den in seiner ganzen Körperhaltung und in seinem aufflammenden und gepeinigten Gesicht unverkennbar aufgebrachten Achill am Haar und hindert ihn daran, sein Schwert zu zücken – eine nunmehr auf die Leinwand transformierte und fortan selbständige Variante der antiken *mênis* des Achill, die z. B. von Tiepolo (*Zorn des Achill*, 1757) oder Tischbein (*Streit zwischen Achill und Agamemnon*, 1776) aufgenommen und weiterverarbeitet wird. Rubens' *Zorn des Achill* zeigt schließlich auch, wie sehr eine andere Perspektive das Gesehene neu gestalten kann. Anders als in *Troilus and Cressida* (1598-1602), dem etwa zeitgleichen Drama Shakespeares, konnte Achill – und mit ihm seine *mênis* – im Frank-

15 John Dryden etwa schreibt eine neue Fassung von *Troilus and Cressida*, um das Stück dem Publikum der Stuart-Restauration schmackhaft zu machen, wobei er die Achill-Szene erheblich kürzt, die Charakteristik des Achill aber nicht mildert: »For all he says or does, from serious thought, / Appears so wretched, that he mocks his title, / And is his own buffoon« (John Dryden, *Works*, Bd. 6, hg. von Walter Scott, London 1808, S. 271 f.).

reich Louis' XIII. offensichtlich durchaus als Vorbild der Aristokratie dienen.[16]

»Den Zorn singe, Göttin, des Peleus-Sohns Achilleus [...]« – mit diesem Anruf begann die europäische Literatur in Griechenland und mit ihr eine lange und reiche Tradition der künstlerischen und wissenschaftlichen Beschäftigung mit dem Phänomen des Emotionalen, eine Tradition, die weit über die Antike hinaus die Wahrnehmung und Deutung von Emotionen geprägt hat. Nicht jedoch, indem sie – wie eine Muse dem Sänger – späteren Generationen alles gesagt hätte, was sie über Emotionen und ihre Darstellung wissen wollten, sondern indem die antiken Emotionsdarstellungen, -beschreibungen und -deutungen in einem dynamischen Prozeß aus Kontinuität und Veränderung, aus Aneignung und Selbstdeutung spätere Emotionsdiskurse auf immer wieder andere Weise mitkonstituierten. Dabei haben sich auch die Emotionen selbst, das zeigen die Beispiele aus der Rezeptionsgeschichte der ersten Emotion in der europäischen Literatur, mit den Zusammenhängen gewandelt, in denen sie auftreten. Die Rezeptionsgeschichte der *mênis* des Achill ist zugleich ihre Transformationsgeschichte.

16 Siehe etwa die durchaus positiv gezeichnete Achill-Figur in der Tragödie *La Mort d'Achille et la dispute de ses armes* (Paris 1636, ohne Paginierung) des Hofdichters Isaac de Benserade, in deren Widmung an Louis XIII. Benserade den König ausdrücklich mit Achill vergleicht. Dazu Noémi Hepp, *Homère en France en XVIIe Siècle*, Paris 1968, S. 243-246, und Gregory Martin (Rez.), »Egbert Haverkamp-Begemann, Corpus Rubenianum Ludwig Burchard, Part X, The Achilles Series«, in: *The Burlington Magazine* 119, 887 (1977), S. 125f.

Teil I:
Theoretische Grundlagen

David Konstan
Haben Gefühle eine Geschichte?

In seinem theoretischen Hauptwerk *Das politische Unbewußte* bemerkt Fredric Jameson: »Daß die Struktur der Psyche eine historische ist und ihre eigene Geschichte besitzt, ist uns aber ebenso schwer verständlich wie die Tatsache, daß auch die Sinne ihrerseits nicht natürliche Organe, sondern Resultate eines langen Differenzierungsprozesses im Verlauf der Menschheitsgeschichte sind.«[1]

Die Aussage, daß unsere Sinne sich über Jahrtausende hin entwikkelten, mag in Anspielung auf eine Beobachtung des jungen Marx formuliert sein, der in den *Ökonomisch-Philosophischen Manuskripten* schrieb: »Die *Bildung* der 5 Sinne ist eine Arbeit der ganzen bisherigen Weltgeschichte.«[2] Daß auch Emotionen eine Geschichte haben und nicht zwangsläufig zu allen Zeiten und an allen Orten identisch sind, machten sich Wissenschaftler hingegen erst seit kurzem bewußt. Es darf jedoch nunmehr als sicher gelten, daß Emotionen von einer Kultur zur anderen in zweierlei Hinsicht variieren können. Zunächst einmal mögen sich einzelne Gefühle, die in einer Gesellschaft als solche definiert sind, von den in anderen Gesellschaften als Emotionen angesehenen Gefühlsregungen unterscheiden. So ist es zum Beispiel gut möglich, daß »Zorn« für die alten

1 Fredric Jameson, *Das politische Unbewußte. Literatur als Symbol sozialen Handelns*, Reinbek bei Hamburg 1988, S. 55. Eine frühe Version dieses Essays trug ich im März 2006 am Centre for Interdisciplinary Research in the Arts an der Universität Manchester vor und, in überarbeiteter Form, auf dem Kolloquium »Les émotions en Grèce: quelques points de vue« am Centre Interfacultaire en Sciences Affectives der Universität Genf (Juni 2006). Der in Genf gehaltene Vortrag wurde unter dem Titel »Y-a-t-il une histoire des émotions?« in der studentischen Zeitschrift *ASDIWAL: Revue Genevoise d'Anthropologie et d'Histoire des Religions* 1 (2006), S. 23-35, publiziert. Der hier abgedruckte Aufsatz ist die überarbeitete und erweiterte Fassung des Vortrags, den ich im Juli 2006 auf Einladung der Forschungsgruppe »Transformationen der Antike« an der Humboldt-Universität zu Berlin gehalten habe. Ich bin allen Diskussionsteilnehmern zu Dank verpflichtet; insbesondere möchte ich mich jedoch bei Martin Harbsmeier, Naomi Kubota und Glenn Rawson für ihre Bemerkungen zur vorliegenden Fassung des Essays bedanken.

2 Karl Marx, Friedrich Engels, *Werke*, hg. vom Institut für Marxismus-Leninismus beim ZK der SED, Bd. 40, Berlin 1985, S. 541 f.; vgl. David Howes, *The Varieties of Sensory Experience*, Toronto 1991; ders., *Sensual Relations. Engaging the Senses in Culture and Social Theory*, Ann Arbor 2003.

Griechen und Römer nicht genau dasselbe bedeutete wie für uns. Darüber hinaus kann in verschiedenen Kulturen der Begriff »Emotion« an sich unterschiedlich belegt sein, d. h., es mag verschiedene Meinungen darüber geben, was als Gefühl zählt und was nicht.

Ich habe vor kurzem versucht, einige wichtige Differenzen zwischen der Konzeptualisierung von Emotionen im klassischen Griechenland und dem heute – zumindest im anglophonen Bereich – gültigen Verständnis von Gefühlen aufzuzeigen.[3] In diesem Essay möchte ich im Rückgriff auf einige meiner früheren Beobachtungen darlegen, inwiefern sich die Emotionen der alten Griechen von unseren Gefühlen unterscheiden bzw. inwiefern die griechische Vorstellung von Emotion von der unsrigen abweicht. An dieser Stelle werde ich allerdings nicht erneut auf Einzelbeispiele eingehen, sondern mich auf die Frage konzentrieren, was die These, Gefühle hätten eine Geschichte, impliziert und was genau es bedeutet, dergleichen zu behaupten. Ich hoffe, dabei sowohl ein wenig Licht auf die heutige Konzeption von Gefühlen zu werfen als auch einige mit kulturgeschichtlichen Fragestellungen verbundene Probleme zu erhellen.

In der aktuellen Debatte zur Variabilität von Gefühlen lassen sich zwei Positionen unterscheiden. Mehrere Wissenschaftler vertreten die Meinung, Emotionen seien angeboren und universal, also bei allen Menschen (und auch einigen anderen Lebewesen) identisch. Diese Denkrichtung geht letztlich auf Darwin zurück, insbesondere auf sein 1872 erschienenes Buch *Der Ausdruck der Gefühle bei Mensch und Tier*. Darwin schrieb die von ihm untersuchten Gesichtsausdrücke einer großen Anzahl von Gefühlsregungen zu, wie etwa Schmerz, Beklommenheit, Trauer, Niedergeschlagenheit, Verzweiflung, Freude, Liebe und Zuneigung, Nachdenklichkeit, Verstimmung und Entschlossenheit, Haß und Zorn, Geringschätzung, Verachtung, Schuld, Ausdauer, Überraschung, Angst und Abscheu, Scham, Schüchternheit und Bescheidenheit.

Darwins bekanntester moderner Anhänger, Paul Ekman, führte dessen diesbezügliche Forschungen fort. Pünktlich zum einhundertjährigen Jubiläum von Darwins Abhandlung wurde 1973 Ekmans Buch *Darwin and Facial Expression: A Century of Research in Review* publiziert. Zudem gab er vor einigen Jahren (1998) Darwins

3 David Konstan, *The Emotions of the Ancient Greeks. Studies in Aristotle and Classical Literature*, Toronto 2006.

Werk, auf den aktuellen Forschungsstand gebracht, neu heraus. In seiner eigenen Arbeit reduziert Ekman Darwins weites Emotionsspektrum auf einige elementare Gefühle, die sich leicht voneinander unterscheiden lassen. Seine Hauptkategorien sind Zorn, Abscheu, Traurigkeit, Freude, Angst und Überraschung (die beiden letztgenannten Emotionen verschmelzen bisweilen zu einer einzigen). Daneben erwägt Ekman, daß auch Verachtung sowie der Scham und Schuld umfassende Emotionskomplex universal identische Gefühlsausdrücke haben. Craig Smith und Heather Scott formulieren die zentrale These vorsichtig wie folgt:[4]

There is considerable evidence indicating distinct, prototypical facial signals that across a variety of cultures can be reliably recognized as corresponding to at least six different emotions (happiness, sadness, surprise, disgust, anger, and fear), and possibly others, including interest, shame, and contempt.[5]

Ebenfalls der Darwinschen Tradition verpflichtet, sucht die vor kurzem entwickelte Quasi-Disziplin der evolutionären Psychologie nach funktionalen Erklärungen für Emotionen und die angeblichen Vorteile, welche diese für das Überleben der Arten bieten (oder auch, was weitaus fragwürdiger ist, für die genaue Reproduktion genetischer Typen). Vertreter dieser Lehre gehen davon aus, daß sich eine spezifische Gruppe von Emotionen in der Vorgeschichte unserer Spezies herausgebildet hat und somit allen menschlichen Kulturen gemein ist.[6]

In diametralem Gegensatz hierzu steht die Meinung, daß Gefühle in hohem Grad kulturabhängig sind und daß das, was wir – um ein Beispiel zu nennen – als Zorn wahrnehmen, in einer anderen Gesellschaft möglicherweise unter den dort als Gefühlen anerkannten und erfahrenen Emotionen keine Entsprechung hat. Gewiß, es ist wahrscheinlich, daß ein jeder – egal welcher Kultur er angehört – etwa

4 Craig A. Smith, Heather S. Scott, »A Componential Approach to the Meaning of Facial Expression«, in: James A. Russell, José Miguel Fernández-Dols (Hg.), *The Psychology of Facial Expression*, Cambridge 1997, S. 229.

5 Eine Zusammenfassung der Diskussion zu Gesichtsausdrücken als Zeichen von Emotionen bietet Brian Parkinson, *Ideas and Realities of Emotion*, London 1995, S. 121-138.

6 Vgl. z. B. David M. Buss, *The Evolution of Desire. Strategies of Human Mating*, New York 1994; ders., *The Dangerous Passion. Why Jealousy is as Necessary as Love and Sex*, New York 2000; Thomas Lewis, Fari Amini, Richard Lannon, *A General Theory of Love*, New York 2000.

zur Beschreibung fotografisch festgehaltener Gesichtsausdrücke elementare Begriffe des ihm verfügbaren Emotionsvokabulars benutzen wird.[7] Es stellt sich jedoch die Frage, ob jene Begriffe genau dasselbe bezeichnen wie diejenigen, die Sprecher anderer Sprachen (oder auch Sprecher einer dialektalen bzw. lokalen Variante derselben Sprache) in bezug auf dasselbe Bild verwenden würden. Um eine Entscheidung hierüber treffen zu können, müssen wir das jeweils gebräuchliche Emotionsvokabular genau kennen. Weit geöffnete Augen und einen hämischen Ausdruck auf den Lippen hätte z. B. ein antiker Grieche vermutlich als Zeichen von *orgê* gewertet. Das Wort wird im Englischen gewöhnlich als »anger«, im Deutschen als »Zorn« wiedergegeben, was jedoch nicht heißt, daß der Grieche unter *orgê* dasselbe verstand wie wir heute unter »anger« bzw. »Zorn«. Wollen wir herausfinden, in welchem Bezug die Begriffe zueinander stehen, gilt es zu untersuchen, wie der Ausdruck *orgê* im antiken Griechenland verwendet und definiert wurde – ein bei allen interkulturellen Vergleichen unentbehrliches Vorgehen.

Wie der Zufall es so will, bietet uns Aristoteles eine Definition von *orgê* und illustriert, unter welchen Bedingungen jene Gefühlsregung hervorgerufen wird: »*orgê* sei definiert als ein von Schmerz begleitetes Streben nach wahrnehmbarer Vergeltung aufgrund einer wahrnehmbaren Geringschätzung, die einem selbst oder einem der Seinigen durch jemanden widerfuhr, dem derartige Geringschätzung nicht zusteht« (*Rhetorik* 1378a30). Es ist bemerkenswert, wie sehr Aristoteles' Begriffserklärung von derjenigen abweicht, die sich beispielsweise im englischsprachigen Merriam-Webster Online-Wörterbuch für »anger« findet: »a strong feeling of displeasure and usually antagonism«.[8] Das Wörterbuch verzeichnet darüber hinaus Unterschiede zwischen mehreren verwandten englischen Begriffen und vermerkt zu »anger«: »the most general term, names the reac-

7 Ich möchte an dieser Stelle nicht näher auf die methodologischen Probleme eingehen, die sich bei Ekmans Forschungen ergeben: Wenn z. B. Bilder von narrativen Überschriften begleitet sind, ist es der Wortlaut, der die Reaktion des Betrachters auf das Gesehene determiniert; und Reaktionen auf Videos (im Gegensatz zu unbeweglichen Fotografien) sind weitaus weniger konsistent. Vgl. James A. Russell, »Reading Emotions from and into Faces. Resurrecting a Dimensional-Contextual Perspective«, in: Russell, Fernández-Dols (Hg.), *The Psychology of Facial Expression* (Anm. 4), S. 295-320; Janet Beavin Bavelas, Nicole Chovil, »Faces in Dialogue«, in: ebd., S. 334-346.

8 ⟨http://www.m-w.com/cgi-bin/dictionary⟩ s. v. anger

tion but in itself conveys nothing about intensity or justification or manifestation of the emotional state«. Aristoteles hingegen hebt gerade den Grund für die Gefühlsregung hervor: eine Geringschätzung oder Beleidigung durch jemanden, der aufgrund seines Status dazu nicht berechtigt ist.

Man könnte gewiß sagen, daß die Verschiedenartigkeit der beiden Definitionen nicht Ausdruck eines grundlegenden Unterschiedes sei: Sowohl *orgê* als auch »anger« bezeichnen eine schmerzhafte oder unangenehme, mit Feindseligkeit verbundene Reaktion. Wenn nun Aristoteles in seine Definition dasjenige mit einbezieht, was *orgê* auslöst, und die Emotion ein Streben nach Vergeltung nennt, dann mag das lediglich eine Ausschmückung der in Merriam-Webster gebotenen Erklärung sein, die dem elementaren und transhistorischen Charakter von Zorn als solchem Rechnung trägt. Eine derartige Argumentationsweise würde jedoch voraussetzen, daß man Zorn ohne weiteres als »starke Gefühlsregung« (»strong feeling«) betrachten kann und damit das Wesen der Emotion treffend beschreibt, während Definitionen, die auf den Auslöser bzw. die Intentionalität Bezug nehmen, insofern müßig sind, als sie Details beinhalten, die nichts mit der Quintessenz des Gefühls zu tun haben.

Die bei Merriam-Webster anzutreffende Definition von »anger« steht im Einklang mit den Bedeutungen, die das Wörterbuch für den Begriff »emotion« anführt: »the affective aspect of consciousness«, »a state of feeling«, »a psychic and physical reaction (as anger or fear) subjectively experienced as strong feeling and physiologically involving changes that prepare the body for immediate vigorous action«. Es fällt auf, daß hier in erster Linie von Dingen wie »Gefühl«, »affektivem Aspekt« und »psychischer Reaktion« die Rede ist: All diese Begriffe verweisen auf einen vorgeblich internen Zustand des Subjekts, ohne den externen Auslöser des Gefühls mit einzubeziehen.[9] Gewiß, Merriam-Webster spricht darüber hinaus von »physiologischen Veränderungen«, denen die Funktion zugeschrieben wird, »energische Handlungen« zu ermöglichen. Es stellt sich nur die Frage, welche Handlungen wohl auf Emotionen wie Scham oder Mitleid oder auch – eine weitere gute Emotion im aristoteli-

9 Hartmut Böhme, »Gefühl«, in: Christoph Wulff (Hg.), *Vom Menschen. Handbuch historische Anthropologie*, Weinheim 1997, S. 543, zitiert Heines berühmte Verse: »Ich weiß nicht, was soll es bedeuten, daß ich so traurig bin«, und bemerkt: »Gefühle bedeuten nichts. Sie intendieren nichts. Und sie werden nicht intendiert.«

schen Sinn – Dankbarkeit folgen. Zweifelsohne läßt sich mit jedem der drei letztgenannten Gefühle eine bestimmte Reaktion assoziieren, aber würde man diese normalerweise als »energisch« (»vigorous«) charakterisieren? Die Verfasser des Lexikonartikels denken hier offensichtlich an so etwas wie den Impuls zu fliehen oder aggressiv zu reagieren, d. h. an eine starke, doch vorübergehende Form von Handlungsbereitschaft, nicht an einen längerfristigen Vorsatz, einem Gefühl entsprechend zu handeln, das die Lage einer anderen Person (z. B. Mitleid) oder die Art und Weise, wie sich jemand uns gegenüber verhielt (z. B. Dankbarkeit), in uns hervorruft. Ein derartiger Zustand entspricht aber eher Aristoteles' Beschreibung von Zorn als einem Trachten nach Vergeltung, das sich unterschiedlich manifestieren und mitunter auf den richtigen Augenblick warten mag (Rache ist schließlich – zumindest nach einem spanischen Sprichwort – ein Gericht, das man am besten kalt genießt).

Auch Aristoteles' Vorstellung von *orgê* steht im Einklang mit der ihm eigenen Definition von Emotion oder (um den Aristotelischen Begriff zu verwenden) von *pathos*: »Unter *pathê* verstehe man das, aufgrund dessen Menschen ihre Meinung ändern und sich bezüglich ihrer Urteile unterscheiden und worauf Schmerz und Lust folgen, wie etwa Zorn, Mitleid, Angst und alle weiteren derartigen Dinge sowie deren Gegenteil« (*Rhetorik* 1378a21). Von Gefühl im Sinne von »Fühlen« ist hier nicht die Rede, ebensowenig von Handlungsbereitschaft oder physiologischen Zuständen und schon gar nicht von emotionsspezifischen Gesichtsausdrücken. Die einzigen Kriterien, anhand deren Aristoteles etwas als Emotion klassifiziert, sind: (1) Es beeinflußt oder verändert das Urteil bzw. die Urteilsgabe der betreffenden Person, und (2) es ist von Schmerz und Freude begleitet. Wenn man also entsprechend der von Merriam-Webster gegebenen Definition Zorn auf eine bloße Gefühlsregung reduziert, dann bestimmt man damit nicht etwa die Quintessenz jenes Gefühls, sondern beraubt *orgê* gänzlich dessen, was ihm den Status einer Emotion oder besser gesagt eines *pathos* verleiht. Bevor man also behauptet, das Wort *orgê* sei mehr oder minder mit dem englischen »anger« gleichbedeutend, ist sicherzustellen, daß unsere Vorstellung von Emotion als solcher nicht kulturabhängig und somit eher relativ als universal ist.

Ein durch Geringschätzung provoziertes Streben nach Vergeltung, wie der griechische Philosoph es vorsieht, hat selbstverständlich Einfluß auf unsere Bewertung der Person oder Handlung, von der die Beleidigung ausging, und läßt sich somit eindeutig als *pathos* identifizieren. Doch aus Aristoteles' Definition folgt noch mehr: Insofern die Betonung in erster Linie auf der Ursache der Emotion liegt und weniger auf dem resultierenden Gefühl sowie dessen Ausdruck, ergeben sich große Unterschiede bezüglich dessen, was man in einer Kultur als zornähnliches oder andersartiges Gefühl betrachtet. So wird *orgê* nach Aristoteles einzig und allein durch Geringschätzung ausgelöst. Heutzutage assoziieren wir hingegen mit Zorn eine weitaus größere Bandbreite an potentiellen Ursachen. Nehmen wir Aristoteles beim Wort, dann schließt seine Definition die Möglichkeit aus, sich über einen leblosen Gegenstand zu ärgern – oder auch über ein Lebewesen, das von Natur aus nicht imstande ist, uns zu kränken. Ich kann z. B. nicht erzürnt sein, wenn ein Hund mich gebissen hat, es sei denn, ich bin der Meinung, daß er dies in der Absicht getan hat, mich zu demütigen und herabzusetzen.

Wie seltsam sich Aristoteles' Konzeption von *orgê* gegenüber modernen Vorstellungen von Zorn ausnimmt, dürfte aus zwei seiner Behauptungen klar hervorgehen. Zum einen bemerkt er, daß wir *orgê* nicht in bezug auf Menschen empfinden können, die Angst vor uns haben. Denn sofern ihre Furcht ein Zeichen von Respekt ist, sind sie nicht in der Lage, uns zu beleidigen. Zum anderen können wir Zorn nicht mit Zorn begegnen: Wenn sich jemand über mich ärgert, reagiert er auf eine verächtliche Geste meinerseits und befindet sich somit nicht in einer Position, mich durch eine vergleichbare Geste zu kränken. Offensichtlich ist eine Beleidigung im aristotelischen Sinn nicht einfach eine Privatangelegenheit, sondern ein öffentlicher Akt, der sich auf unser Ansehen in der Gesellschaft auswirkt. Wollen wir nun den Spieß umdrehen und denjenigen, von dem die Demütigung ausging, seinerseits herabsetzen, müssen wir zunächst einmal das ursprüngliche Gleichgewicht wiederherstellen, indem wir mit ihm abrechnen – und aus ebendiesem Grund definiert Aristoteles Zorn als ein Trachten nach Vergeltung.[10]

Wenn wir vorläufig die Aristotelischen Kriterien zur Definition von Emotionen übernehmen, ist es vielleicht möglich, einige Vergleiche zwischen altgriechischer *orgê* und Zorn im modernen Sinne zu ziehen, die sich nur schwer durchführen lassen, solange man Zorn

10 Vgl. Konstan, *The Emotions of the Ancient Greeks* (Anm. 3), S. 41-76.

hauptsächlich als Gefühl betrachtet. Denn wie sollen wir genau beurteilen, wie ein antiker Grieche sich fühlte oder auch wie wir uns selbst in verschiedenen Situationen fühlen? Folgen wir hingegen Aristoteles' Beschreibung, können wir zum Beispiel festhalten, daß Griechen augenscheinlich sehr empfindlich waren, wenn ihr öffentliches Ansehen oder ihr Status in Frage gestellt wurde, und daß Aristoteles es dementsprechend für angemessen hielt, derartige Kränkungen als Auslöser für eine der grundlegenden emotionalen Reaktionen herauszugreifen. Zorn wird demnach durch eine Form von Verhalten hervorgerufen, die im amerikanischen Slang als »dissing« bezeichnet wird – ein Begriff, der sich auch in der deutschen Umgangssprache als »dissen« eingebürgert hat – und wohl eine Ableitung des ebenfalls umgangssprachlichen Verbs »disrespect« ist, d. h. einer durch Wort oder Tat erfolgten Herabsetzung. Heutzutage spielt Ehre im öffentlichen Leben keine so große Rolle mehr, und dementsprechend hat sich auch unsere Vorstellung von Zorn verändert, insofern wir von einem größeren Ursachenspektrum ausgehen. Kann man also sagen, daß die Emotion als solche dieselbe geblieben ist, während sich das, was Zorn auslöst, verändert hat?

Sollte dem so sein, dann würden wir, wie ich behaupten möchte, tatsächlich von einer Geschichte der Gefühle sprechen können. Denn um eine Geschichte zu haben, muß sich ein Gegenstand in einigen Aspekten verändern. Was auf immer und ewig in jeder Hinsicht mit sich selbst identisch bleibt – wie etwa die Aussage, daß zwei plus zwei vier ist –, ist zeitlos und hat keine Geschichte. Zugleich muß der Gegenstand jedoch auch eine gewisse Kontinuität aufweisen, denn ansonsten haben wir es nicht mit der Geschichte eines einzelnen Gegenstandes zu tun, sondern eher mit einer Abfolge verschiedener Gegenstände, wie zum Beispiel *orgê* zur Zeit des Aristoteles und Zorn heute.[11] Dennoch bin ich nicht davon überzeugt, daß

11 Vgl. Jacques Derrida, »Die weiße Mythologie. Die Metapher im philosophischen Text«, in: ders., *Randgänge der Philosophie*, hg. von Peter Engelmann, aus dem Franz. übers. von Gerhard Ahrens, Wien 1988, S. 245: »Selbst in der vollen Erkenntnis der spezifischen Funktion eines Terminus innerhalb seines Systems sollten wir dennoch nicht den Signifikanten als gänzlich konventionell ansehen. Die Hegelsche Idee zum Beispiel ist sicherlich nicht gleich der Platonischen Idee; hier sind gewiß die Auswirkungen des jeweiligen Systems irreduzibel und müssen als solche gelesen werden. Aber das Wort *Idee* ist nicht ein arbiträres X, es bringt eine traditionelle Bürde mit, die das Platonische System als solches im Hegelschen System weiterführt [...].«

sich eine adäquate Geschichte des Zorns entwerfen läßt, indem man einfach annimmt, die Reaktion, ob in Form eines Gefühls oder eines Gesichtsausdrucks, sei über Jahrhunderte hinweg immer gleichgeblieben, während sich lediglich die Ursachen veränderten. Betrachten wir zum Beispiel das Phänomen Angst. Es mag so scheinen, als ließe sich leicht bestimmen, was bei manchen Menschen Furcht auszulösen pflegt (bei anderen jedoch nicht), wie etwa Hunde, gewisse Insekten oder Schlangen. Nun gibt es heutzutage zahlreiche Leute, die unter Flugangst leiden, was eine Form von Furcht ist, die in der Antike wahrscheinlich nicht weit verbreitet war, wenn man einmal von Ikarus und seinem unmittelbaren Umkreis absieht. Nehmen wir also die Ursachen als Grundlage einer Geschichte der Furcht, wird diese Geschichte zu einer Geschichte von Dingen, die gefürchtet werden. Da jedoch solche Objekte willkürlich sind, bieten sie sich nicht wirklich als Gegenstand einer Geschichte an, denn es fehlt ihnen an Kontinuität, d.h. an einer internen evolutionären Entwicklung, die für eine angemessene historische Abhandlung unerläßlich ist. Führte man all die Dinge auf, vor denen Menschen sich im Laufe der Jahrtausende gefürchtet haben, wäre das nicht viel anders, als würde man eine Geschichte der Farbe Grün schreiben, indem man alle Objekte, die jemals grün angestrichen wurden, einzeln auflistete. Wir würden dabei nichts Substantielles über die Geschichte der Farbe aussagen, da wir so täten, als wäre die Wahrnehmung von Grün unveränderlich, obgleich sich zeigen läßt, daß dem nicht so ist.[12] Um eine Geschichte der Angst schreiben zu können, müssen wir vielmehr wissen, wie sich Angst *per se*, als Emotion, in bezug auf die Dinge, die eine solche Reaktion hervorrufen, verändert hat. Und in der Tat besteht Grund zu der Annahme, daß es eine solche Geschichte gibt.

Gehen wir wiederum von Aristoteles aus. Der Philosoph definiert den Begriff *phobos*, der gewöhnlich als »Furcht/Angst« wiedergegeben wird, wie folgt: »Unter Furcht verstehe man eine Form von

12 Vgl. hierzu z.B. Robert E. MacLaury, »Basic Color Terms. Twenty-Five Years After«, in: Alexander Borg (Hg.), *The Language of Color in the Mediterranean. An Anthology of Linguistic and Ethnographic Aspects of Color Terms* (Acta Universitatis Stockholmiensis, Stockholm Oriental Studies 16), Stockholm 1999, S. 1-37; John Lyons, »The Vocabulary of Color with Particular Reference to Ancient Greek and Classical Latin«, in: ebd., S. 38-75; Michel Pastoureau, *Blue. The History of a Color*, übers. von Markus I. Cruse, Princeton 2001.

Kummer oder Unruhe aufgrund der Vorstellung eines zukünftigen Übels, das verderbend oder schmerzlich ist.« Die Beschreibung an sich mag unverfänglich wirken, ist aber weniger unproblematisch, als es den Anschein hat. Um etwas zu fürchten, muß man erkennen, daß es Schaden nach sich ziehen wird, d. h., man muß von einem momentanen Eindruck auf das Leid, das zu einem späteren Zeitpunkt folgen wird, schließen. Deduktion spielt in Aristoteles' Begriffserklärung eine zentrale Rolle. Wie William Fortenbaugh, der sehr viel zum Verständnis der Aristotelischen Konzeption von Gefühlen beigetragen hat, mit Recht bemerkt:[13]

> Menschen sind in der Lage zu denken und können somit glauben, daß jemand sie beleidigt hat oder daß gewisse Gefahren drohen. Tiere verfügen nicht über solche kognitiven Fähigkeiten und können daher Emotionen in der von Aristoteles analysierten Form nicht erfahren

– d. h., sie können Zorn und Furcht im Aristotelischen Sinn nicht empfinden. Es scheint demnach so, als unterschieden sich mit Bezug auf Aristoteles' Konzeption nicht nur die furchterregenden Gegenstände, sondern auch Furcht an sich. Wie *orgê* ist *phobos* ein im wesentlichen kognitives Phänomen und steht in einem anderen Verhältnis zu seinem Objekt – worum auch immer es sich dabei handeln mag – als Angst, insofern wir darunter einen »Gefühlszustand« verstehen (in dem sich auch gewisse Tiere befinden können).

Aus dieser Differenz zwischen Aristoteles' Konzeption von *phobos* und Furcht im modernen Sinn ergibt sich eine mögliche Konsequenz, auf die ich an dieser Stelle hinweisen möchte. Das Merriam-Webster Wörterbuch vermerkt, daß »fear« (vergleicht man den Begriff mit seinen Synonymen wie z. B. »anxiety«, »dread«, »terror« usw.) »der allgemeinste Begriff« sei und »Beklemmung sowie gewöhnlich den Verlust von Mut« impliziere. Aristoteles hingegen versichert, daß jemand, der keine Furcht empfindet (er verwendet hier das Wort *aphobos*), keineswegs tapfer, sondern »entweder verrückt oder unempfänglich für Schmerz« sei (*Nikomachische Ethik* 1115b23-38). So folgert auch, Xenophon zufolge, Sokrates (*Memorabilien* 4, 6, 10), daß »diejenigen, die sich nicht vor [schrecklichen] Dingen fürchten, weil sie nicht wissen, um was es sich dabei handelt, in keiner Weise mutig sind«, woraufhin sein Gesprächspartner entgegnet:

13 William W. Fortenbaugh, *Aristotle on Emotion*, London ²2000 (zuerst erschienen 1975), S. 94.

»Das stimmt, denn in diesem Sinne würden viele Verrückte und Feiglinge als tapfer angesehen.« Furcht ist weitaus mehr als ein bloßer Zustand von Beklemmung – sie regt, wie Aristoteles feststellt, Leute zum Nachdenken an (*Rhetorik* 1382a5). Eine Geschichte der Emotion müßte dieses unterschiedliche Verständnis der Relation zwischen Furcht und Tapferkeit bzw. Furcht und Kalkulation in jedem Fall berücksichtigen.

Man mag einwenden, daß die Konzeption von Emotionen als bloßen Gefühlsregungen, wie sie sich in Merriam-Websters Begriffserklärung widerspiegelt, in Psychologie und Philosophie schon lange nicht mehr vorherrschend ist. An die Stelle einer solchen Auffassung sind mittlerweile mehr kognitiv ausgerichtete Interpretationen getreten, wie etwa die sogenannte »appraisal theory«, der zufolge »Emotionen durch die Bewertung [...] von Vorfällen und Situationen hervorgerufen werden«.[14] Und in der Tat bemerkt Richard Lazarus, einer der Begründer der kognitiven Emotionstheorie:[15] »Those who favor a cognitive-meditational approach must also recognize that Aristotle's *Rhetoric* more than two thousand years ago applied this kind of approach to a number of emotions in terms that seem remarkably modern.« Ist also die radikale Opposition zwischen Gefühl und Vernunft, von der Laien und Wissenschaftler gleichermaßen jahrhundertelang, wenn nicht jahrtausendelang ausgingen, nichts weiter als ein Irrtum innerhalb der Geschichte der Psychologie, vergleichbar etwa mit der Lehre, daß es sich bei den vier Elementen – Feuer, Wasser, Erde und Luft – um die grundlegenden Bestandteile von Materie handele? Hatte, kurz gesagt, Aristoteles ganz einfach recht, während das Merriam-Webster Wörterbuch mit seiner Definition falschliegt?

Sollte dem so sein, dann läßt sich von der altgriechischen *pathos*-Vorstellung zu modernen Konzeptionen von »Emotion« keinerlei Entwicklung oder Transformation beobachten, da sich im Grunde nichts verändert hat: Gefühle haben keine Geschichte. Alles, was man tun kann, ist festzustellen, daß sich die kognitiven Bedingungen entsprechend der in der Antike und heute jeweils vorherrschen-

14 Ira J. Roseman, Craig A. Smith, »Appraisal Theory. Overview, Assumptions, Varieties, Controversies«, in: Klaus R. Scherer, Angela Schorr, Tom Johnstone (Hg.), *Appraisal Processes in Emotion. Theory, Methods, Research*, Oxford 2001, S. 3.

15 Richard S. Lazarus, »Relational Meaning and Discrete Emotions«, in: Scherer, Schorr, Johnstone (Hg.), *Appraisal Processes in Emotion* (Anm. 14), S. 40.

den Werte verändert haben. So reagierte man wohl auf Kränkungen damals empfindlicher als jetzt. Und Tod im Krieg war etwas, womit man stets rechnen mußte, zumindest als erwachsener männlicher Bürger des athenischen Stadtstaates, der sich fast durchweg im Kriegszustand befand, während Furcht heutzutage oftmals mit einem vagen Gefühl von Beunruhigung verbunden ist. Eine solche Herangehensweise hat überdies den Vorteil, daß sie die Emotionen – ob nun Zorn oder Furcht oder andere Gefühle wie Scham oder Mitleid – mit den äußeren Umständen des gesellschaftlichen Lebens in Verbindung bringt; die Geschichte der Emotionen wird somit Teil einer allgemeinen Kulturgeschichte.

Es ist dies zweifelsohne ein verlockender Ansatz, aber er befriedigt, wie ich meine, nicht vollends. Denn eine Geschichte der Gefühle darf nicht einfach eine über Hunderte oder Tausende von Jahren hinweg vorherrschende Konzeption als Irrtum ausklammern und dann einfach darüber hinweggehen, als sei nichts geschehen. Die Deutung von Emotionen als »Gefühlszuständen«, wie sie sich in Merriam-Websters Definition niedergeschlagen hat, ist nicht nur theoretischer Natur: Emotionen wurden und werden nach wie vor in ebendieser Weise – und nicht als etwas kognitiv zu Erfassendes – erfahren. Eine Begriffsgeschichte sollte in der Lage sein, dieses Phänomen sowohl zu beschreiben als auch zu erklären. Darüber hinaus geht es nicht lediglich darum, zorn- oder angstähnliche Gefühle in verschiedenen Kulturen als solche auszumachen, die jeweiligen Umstände, unter denen sie hervorgerufen werden, in Betracht zu ziehen und zu erkennen, daß Emotionen in einigen Epochen mehr als innere Gefühlszustände wahrgenommen werden, während zu anderen Zeiten die Beschreibung der sie auslösenden Bedingungen einen wesentlichen Bestandteil ihrer Definition darstellt. Denn das Spektrum dessen, was als Emotion zählt, ist selbst Veränderungen unterworfen.

Am ausführlichsten analysiert Aristoteles die Emotionen im zweiten Buch der *Rhetorik*; daß dies im Rahmen einer Abhandlung zur Redekunst und nicht etwa in einem Traktat über die Seele geschieht, ist allein schon bezeichnend.[16] Besprochen werden hier Zorn und Sanftmut (die Aristoteles als eigene Emotion zu betrachten scheint),

16 Daß Emotionen in der Antike primär in rhetorischen Abhandlungen erörtert wurden, weist darauf hin, daß man sie als etwas argumentativ Beeinflußbares und somit dem Wesen nach Kognitives betrachtete. Wie der forensische Stil der grie-

Liebe und Haß oder Feindseligkeit, Furcht und – als Gegenstück hierzu – Zuversicht, Scham und Schamlosigkeit, Dankbarkeit, Mitleid und dessen Gegenteil Entrüstung, Neid, Wetteifer und Rivalität (Aristoteles sieht hierin das positive Gegenstück zu Neid, insofern jemand, der wetteifert, danach strebt, das, was ein ihm Ebenbürtiger besitzt, zu erlangen, und sich nicht daran stört, wenn es einem anderen, ihm Gleichgestellten gutgeht), schließlich das Gegenteil von Wetteifer, die Verachtung. Es ist sehr fraglich, ob all diese Formen von *pathos*, um Aristoteles' Begriff zu verwenden, auch in einer modernen Bestandsaufnahme als Emotionen gewertet würden. Mitleid erscheint zum Beispiel heutzutage kaum in diesem Zusammenhang, selbst wenn Dutzende von Emotionen aufgeführt werden; in griechischen und römischen Traktaten ist es hingegen ausnahmslos enthalten. Ebenso wird Dankbarkeit eher selten zu den Emotionen gezählt; Wetteifer, Verachtung sowie Zuversicht (als Gegenstück zu Furcht) scheinen darüber hinaus einer gänzlich anderen psychischen Sphäre anzugehören.

Wenden wir uns antiken Diskussionen außerhalb von Aristoteles' *Rhetorik* zu, so begegnen wir unter der Rubrik *pathos* einem noch weitaus größeren Spektrum an Gefühlen. So nennt etwa die *Rhetorik an Alexander*, die man einem gewissen Anaximenes zuschreibt und zeitlich etwas früher als die Aristotelische *Rhetorik* ansetzt, als Beispiele für *pathos* neben Verachtung und Furcht auch das Empfinden von Vergnügen, Schmerz und Begierde oder Appetit (1428a36-b5). An anderer Stelle in demselben Werk wird die Kategorie erweitert, so daß sie auch leidenschaftliche Liebe, Zorn, Trunkenheit und Ehrgeiz umfaßt. Trunkenheit scheint hier, wie auch Ehrgeiz, in einer Klassifizierung von Emotionen auf jeden Fall fehl am Platz. Aristoteles selbst verwendet den Begriff *pathos* bisweilen in einem weiteren Sinne als in der *Rhetorik*, indem er auch Begehren, Freude und Sehnsucht als *pathê* charakterisiert.

chischen Tragödie und Komödie (vgl. Adele C. Scafuro, *The Forensic Stage. Settling Disputes in Graeco-Roman New Comedy*, Cambridge 1994) nahelegt, war die Bevölkerung mit Debatten bestens vertraut und dürfte somit bereit gewesen sein, Emotionen als kognitive Phänomene oder zumindest als etwas, das man durch Argumente manipulieren kann, anzusehen. Von Bedeutung ist zudem, daß Aristoteles' Analyse in einem für Redner intendierten praktischen Traktat von den gewöhnlichen Gefühlsregungen seiner Mitbürger ausgeht und nicht etwa von dem Ideal eines Weisen.

Diese semantische Vielfalt läßt sich, wie ich meine, dahingehend erklären, daß das Altgriechische über keinen Begriff verfügt, der genau dem, was wir uns heutzutage unter Emotion vorstellen, entspricht, und daß Aristoteles in seinem Katalog in gewisser Weise das Konzept als solches erst erfand, eben indem er das Bedeutungsspektrum des Wortes *pathos* eingrenzte.[17] Wer sich mit der Geschichte der Emotionen befaßt, muß sich jedenfalls nicht nur darüber im klaren sein, daß andere Kulturen neben Furcht und Zorn auch solche Regungen als Emotionen klassifizieren mögen, die unserer eigenen Taxonomie fremd sind – es ließen sich hierfür zahlreiche Beispiele nennen –, sondern auch, daß jene Kulturen vielleicht Phänomene, bei denen es sich für uns eindeutig um Emotionen handelt, als einer anderen Kategorie zugehörig betrachten.

Selbst die Liste der von Ekman mit bestimmten Gesichtsausdrükken in Verbindung gebrachten Emotionen enthält einige merkwürdige Elemente. Wie bereits erwähnt, beinhaltet sein Katalog Zorn, Abscheu, Traurigkeit, Vergnügen oder Glück, Furcht und Überraschung. Abscheu und Überraschung wirken in diesem Zusammenhang etwas seltsam. Beide Regungen scheinen nämlich keinen besonders hohen Grad an Kognitivität vorauszusetzen: Ekelempfinden zum Beispiel angesichts eines schlechten Geruchs ist eher etwas Instinktives, und Überraschung mag nicht viel mehr sein als eine erschreckte Reaktion auf ein lautes Geräusch.[18] Auch wenn wir Emotionen weniger mit dem Intellekt assoziieren als Aristoteles und

17 Vgl. David Konstan, »The Concept of ›Emotion‹ from Plato to Cicero«, in: *Methexis* 19 (2006), S. 139-151.

18 Vgl. Robert A. Kaster, *Emotion, Restraint, and Community in Ancient Rome*, Oxford 2005, der zwischen zwei Bedeutungen des lateinischen Wortes *fastidium* unterscheidet. Die eine Form von *fastidium* bezeichnet Kaster als »Per-se-Reflex«. Es handelt sich hierbei entweder um eine instinktiv erfolgende Aversion, zum Beispiel gegenüber widerlichen Gerüchen, oder um eine konditionierte Reaktion, wie zum Beispiel mit Blick auf eine Speise, die man bis zur Übersättigung gegessen hat. Die zweite Form von *fastidium* involviert in den Worten Kasters ein »deliberative ranking«, d. h., es handelt sich um Verachtung gegenüber Dingen, die man als minderwertig betrachtet. Die beiden Reaktionen mögen sich bisweilen überschneiden, zum Beispiel wenn soziale oder rassistische Vorurteile so stark eingeprägt sind, daß sie sich wie instinktiv anfühlen. Der zweite Typus ähnelt einer Emotion im Aristotelischen Sinn und dürfte sich mit Aristoteles' Vorstellung von Verachtung in Verbindung bringen lassen, während Ekmans »Abscheu« eher zum ersten, instinktiven Typus gehört.

das Moment rationaler Beurteilung so gut wie ausschließen, erweisen sich Zorn und Furcht als weitaus mehr durch Argumente beeinflußbar als Ekel und Überraschung. Wir mögen imstande sein, jemanden von seinem Zorn oder seiner Furcht abzubringen, wenn wir ihm klarmachen, daß eine Beleidigung nicht als solche intendiert war oder daß eine vermeintlich gefährliche Schlange in Wirklichkeit nichts weiter ist als ein Ast. Gegen die Reaktion auf den Gestank von faulen Eiern läßt sich jedoch nicht viel ausrichten. Darüber hinaus bietet es sich eher an, Glück und Traurigkeit als Zustände oder vielleicht Stimmungen zu beschreiben denn als Gefühle. Möglicherweise sind die entsprechenden griechischen Begriffe aus diesem Grund nicht in Aristoteles' Katalog von *pathê* enthalten. Für Aristoteles wie auch für alle anderen griechischen Philosophen war *eudaimonia* – dies ist der Begriff, der dem deutschen Wort »Glück« am nächsten kommt – das Ziel menschlicher Existenz, kein *pathos*.

Wer eine Geschichte der Emotionen verfassen will, sollte also in Betracht ziehen, wie psychologische Reaktionen verschiedenster Art in unterschiedlichen Kulturen (oder auch in verschiedenen Gruppen innerhalb ein und derselben Gesellschaft) wahrgenommen und klassifiziert werden. Was hier als Emotion erscheint, mag dort zu einer völlig anderen psychologischen Kategorie gehören. Um dergleichen Verschiebungen nachvollziehen zu können, benötigt man so etwas wie einen Atlas des Geistes, dessen Karten die unterschiedlichen Auffassungen der menschlichen Psyche oder des menschlichen Selbst abbilden und aus dem hervorgeht, in welchen Regionen die verschiedenen Emotionen wie z. B. »Mitleid« und »Glück« je angesiedelt werden. Während sich die Karten untereinander zweifelsohne in vielerlei Hinsicht ähneln werden, dürfte es nicht immer möglich sein, auf einer fremden Karte dieselben Bereiche auszumachen, die auf unserer eigenen Karte für das Phänomen »Emotion« zuständig sind. Insgesamt scheinen die von Aristoteles in der *Rhetorik* angeführten Beispiele für *pathê* relativ gut mit dem übereinzustimmen, was heutzutage als Emotion aufgefaßt wird, zumindest von den Vertretern der kognitiven Emotionstheorie. Zugleich fällt jedoch auf, daß nur zwei der von Ekman als grundlegend betrachteten Emotionen in Aristoteles' Inventar vertreten sind und ganze zehn oder gar zwölf von Aristoteles' Emotionen (je nachdem, wie man zählt) bei Ekman fehlen. Um die Frage, warum diese Register so sehr voneinander abweichen, angemessen beantworten zu können, müßte man so etwas wie eine transkulturelle Studie zur Konstruktion des Selbst unternehmen.

Wer die Konstitution und Zusammensetzung des Emotionsfeldes analysieren möchte – wo auch immer man mit gutem Grund von der Existenz eines solchen ausgehen kann –, steht vor einer äußerst anspruchsvollen Aufgabe, und zur adäquaten Lösung dieser Aufgabe bedürfte es wohl einer nachhaltigen Zusammenarbeit von Spezialisten aus jedem der betroffenen Gebiete. Zum Abschluß dieses Essays möchte ich jedoch einen etwas anderen Ansatz zur Diskussion stellen. Ich werde, genauer gesagt, versuchen, eine Auffassung des Begriffs »Emotion« zu skizzieren, die uns einige transkulturelle Vergleiche gestattet, selbst dort, wo es keine der jeweiligen Kultur eigene psychologische Kategorie gibt, die dem von mir vorgeschlagenen Konzept entsprechen würde. Das mag meiner bisherigen Argumentation scheinbar zuwiderlaufen, insofern ein solches Vorgehen impliziert, daß man eine Reihe von Kriterien zur Definition von Emotionen in Fällen ansetzt, wo man von ganz anderen Konzeptionen ausgehen müßte, und so eine Geschichte entwirft, die auf einem methodisch ungerechtfertigten Ausschlußverfahren beruht. Aber ein solch fehlerhaftes Prozedere kann zumindest theoretisch vermieden werden, wenn man von einem Komponentenmodell der Emotionen ausgeht.[19]

Paul Griffiths hat in seinem 1997 erschienenen Buch *What Emotions Really Are* versucht, die Spannung zwischen neodarwinistischen und kognitiven Denkansätzen zu lösen, indem er mindestens zwei verschiedene Klassen von Emotionen unterscheidet – diejeni-

19 Der Begriff geht auf einen Forschungsansatz zurück, der vor allem vom Schweizerischen Forschungszentrum für die affektiven Wissenschaften unter der Leitung Klaus Scherers entwickelt wurde; eine Übersicht zu der Methode bieten Johnny Fontaine, Catherine Estas u.a., »Análisis componencial de experiencias de culpa y vergüenza en Lima. Reporte preliminary (A Componential Analysis of Guilt and Shame Experiences in Lima. A Preliminary Report)«, in: *Persona* 4 (2001), S. 201-224; David Sander, Didier Grandjean, Klaus R. Scherer, »A Systems Approach to Appraisal Mechanisms in Emotion«, in: *Neural Networks* 18 (2005), S. 317-352; Klaus R. Scherer, Heinrich Ellgring, »Multimodal Expression of Emotion. Affect Programs or Componential Appraisal Patterns?«, in: *Emotion* 7, 1 (2007), S. 158-171. Das von mir skizzierte Komponentenmodell unterscheidet sich jedoch von jenem durch seinen Schwerpunkt auf präkognitiven Elementen. Zu einer eher physiologisch ausgerichteten Herangehensweise vgl. Ross Buck, »The Biological Affects. A Typology«, in: *Psychological Review* 106, 2 (1999), S. 301-336.

gen, die in Paul Ekmans »Affekt-Programm« (so die Bezeichnung Griffiths') analysiert wurden, und die »einen höheren Grad an Kognitivität voraussetzenden Emotionen wie Neid, Schuld, Eifersucht und Liebe«.[20] Angesichts dieser Dichotomie folgert Griffiths, daß »das Konzept von Emotion mit großer Wahrscheinlichkeit in psychologischer Theorie nicht sehr brauchbar« ist,[21] da es kategorisch verschiedene Elemente umfaßt. Ja, er geht sogar so weit vorzuschlagen, daß der Begriff Emotion »aus unserem psychologischen Vokabular entfernt werden sollte«.[22] Zorn jedoch unterscheidet sich, was seinen kognitiven Charakter anbelangt, nicht wesentlich von Neid, ganz bestimmt nicht im Sinne von Aristoteles' Definition. Deshalb halte ich es nicht für zuträglich, die Grenze an derselben Stelle wie Griffiths zu ziehen. In jedem Fall sind beide von Griffiths vorgeschlagenen Kategorien zu sehr nach der modernen Vorstellung von Emotion geformt, um für transkulturelle Vergleiche von Nutzen zu sein (weder Eifersucht noch Schuld sind beispielsweise in Aristoteles' Katalog enthalten). Möglicherweise läßt sich aber eine Reihe von prä- oder protoemotionalen Reaktionen definieren, die man mit besserem Grund als dem Menschen angeboren und universal bezeichnen kann als die Art von Phänomenen, die in modernen Theorien oder nach Meinung des Aristoteles als Emotionen gelten.[23]

Silvan Tomkins hat in diesem Sinne versucht, sogenannte »Affekte« von den eigentlichen Emotionen zu unterscheiden.[24] Die Art und Weise, wie Tomkins seine Theorie entwickelt, ist jedoch in mehrfacher Hinsicht problematisch, nicht zuletzt weil er oft dieselbe Bezeichnung, z. B. Scham, für den Affekt wie für die Emotion ver-

20 Paul E. Griffiths, *What Emotions Really Are. The Problem of Psychological Categories*, Chicago 1997, S. 9.

21 Ebd., S. 14.

22 Ebd., S. 15.

23 Die Vorstellung, daß es eine Art Vorform von Leidenschaften gibt, wurde von den Stoikern entwickelt, da sie instinktive Reaktionen erklären wollten (wie etwa Erschrecken), denen auch ein Weiser unterliegt, im Gegensatz zu voll ausgeformten *pathê*; vgl. Philon, »Neues Fragment«, in: Paul Wendland, *Neu entdeckte Fragmente Philos nebst einer Untersuchung über die ursprüngliche Gestalt der Schrift de Sacrificiis Abelis et Caini*, Berlin 1891, S. 78; Seneca, *De ira* 2, 2-4; Origenes, *Kommentar zu den Psalmen* 4, 5, 5 (*Patrologia Graeca* 12, 1141-1144). Vgl. auch Richard Sorabji, *Emotion and Peace of Mind. From Stoic Agitation to Christian Temptation*, Oxford 2000, S. 66-75, 343-356.

24 Silvan Tomkins, *Shame and its Sisters. A Silvan Tomkins Reader*, hg. von Eve Kosofsky Sedgwick, Adam Frank, Durham/NC 1995.

wendet. Und doch gibt es gewisse emotionsähnliche Verhaltensformen, die allen Menschen (und auch einigen Tieren) gemeinsam zu sein scheinen. Zu nennen wären hier etwa die Bindung an ein anderes Individuum, wie man sie gewöhnlich bei Säuglingen beobachten kann, das Vermeiden großer, sich schnell nähernder Objekte, eine positive Reaktion auf Liebkosungen, Zusammenzucken (der Moro-Reflex), Streßsignale und dergleichen. Diese Verhaltensformen haben häufig beobachtbare physiologische Entsprechungen, die in Laboratorien gemessen wurden und als Beleg dafür angeführt werden, daß bestimmte grundlegende Emotionen angeboren sind.[25] Problematisch ist jedoch, solche Reaktionen als Emotionen zu bezeichnen.[26] Im allgemeinen sind die Affekte, die am ehesten als Emotionen klassifizierbar sind, komplexer als diese relativ automatischen Reaktionen und dementsprechend variabler. So implizieren Aristoteles' *pathê* einen hohen Grad an Urteilsfähigkeit; dasselbe gilt für die von Vertretern der kognitiven Emotionstheorie analysierten Gefühle. Doch wenn man ein plausibles Repertoire an universal gültigen affektiven Verhaltensformen abgrenzen könnte, wäre es vielleicht möglich, das Ausmaß zu bestimmen, in dem diese Eingang in die Emotionskonzepte verschiedener Kulturen finden – ohne daß man davon ausgehen müßte, daß es für dieselben Kombinationen an allen Orten und zu allen Zeiten weithin verbreitete Bezeichnungen gäbe. Vielleicht wäre man somit imstande, verschiedene Arten primitiver Reaktionen zu unterscheiden, die im emotionalen Verhalten verschiedener Gesellschaften zum Ausdruck kommen oder die als Vorbedingungen bzw. Komponenten von Emotionen fungieren.

Rein hypothetisch gesprochen, mag sich dabei erweisen, daß in einer bestimmten Gruppe von Kulturen elementare Bindungsformen in der höherrangigen Emotion Liebe mit einbegriffen sind oder daß Schreckreflexe in gewissen Ausformungen von Angst eine ähnliche Rolle spielen (keine der beiden Verbindungen darf man *a priori* als existent voraussetzen). Dergleichen Korrelationen – sollten sie

25 Zur Bindungstheorie vgl. Jude Cassidy, Phillip R. Shaver (Hg.), *Handbook of Attachment. Theory, Research, and Clinical Applications*, New York 1999; es gibt zahlreiche Studien zur Physiologie von Streß, des Schreckreflexes und anderen Reaktionen.

26 Edmund Rolls zum Beispiel definiert Emotionen als jegliche »states elicited by rewards and punishers, including changes in rewards and punishments« (Edmund T. Rolls, *The Brain and Emotion*, Oxford 1999, S. 60).

sich denn feststellen lassen – mag man wiederum mit den sozial konditionierten Werten und Erwartungen in Verbindung bringen können, die als Auslöser von Zorn, Furcht, Scham usw. dienen, insofern diese und andere Gefühle als voneinander verschieden benannt und wahrgenommen werden. Darüber hinaus dürfte das Ausmaß, in dem diverse Gesellschaften auf sprachlicher Ebene zwischen präemotionalen Komponenten und Emotionen *per se* unterscheiden, ein wichtiger Teil eines jeden transkulturellen Vergleichs sein.[27]

Das von mir skizzierte Projekt ist sehr ehrgeizig, und die Forschung – sowohl die physiologische wie auch die soziologische –, die es zu einem erfolgreichen Abschluß bringen könnte, steckt noch in den Kinderschuhen. Unter anderem mögen die basalen Affekte, die versuchsweise identifiziert worden sind, nicht wirklich von einer Gesellschaft zur nächsten gleichbleibend sein, sondern empfänglich für Konditionierungen verschiedenster Art. Wenn man, wie zu Anfang bemerkt, sagen kann, daß selbst die Sinne eine Geschichte haben, dann mag sich auch herausstellen, daß Reaktionen wie das Zucken oder Schließen des Auges angesichts eines sich schnell nähernden Objekts ebenfalls kulturell variabel sind. Aber vielleicht können sie bei der Analyse von Emotionen und des Konzepts »Emotion« an sich als konstant betrachtet werden, ohne daß man annehmen müßte, sie seien gänzlich transhistorisch oder angeboren (auch wenn sie das möglicherweise sind – im voraus ist nichts auszuschließen).[28] Da jedoch bei der Analyse der physiologischen Grundlagen affektiver Reaktionen sowohl im Gehirn als auch im Körper als Ganzem beständig neue Erkenntnisse erzielt werden und da in den letzten Jahrzehnten eine sorgfältige komparative Studie zur Struktur des affektiven Vokabulars in verschiedenen Gesellschaften begon-

27 Die verschiedenen Komponenten, aus denen sich Emotionen zusammensetzen, sind, weist man auf sie hin, normalerweise für jeden erkennbar, aber sie spielen in verschiedenen kulturellen Umgebungen eine unterschiedlich große Rolle, was manchmal so weit geht, daß das eine oder andere Element quasi ausgeschlossen wird, wie z. B. die kognitive Komponente in der heute nach wie vor vorherrschenden Auffassung von Emotionen.

28 Das Dilemma von Essentialismus vs. Konstruktivismus durchzieht alle Sozialwissenschaften. Vor einiger Zeit erkannten Gelehrte postmoderner Prägung die Notwendigkeit der von Gayatri Chakravorty Spivak als strategischer Essentialismus bezeichneten Methode (Gayatri Chakravorty Spivak, *The Post-Colonial Critic. Interviews, Strategies, Dialogues*, New York 1990); vgl. auch Diana Fuss, *Essentially Speaking. Feminism, Nature and Difference*, New York 1989.

nen wurde (seit kurzem auch in bezug auf das klassische Griechenland und Rom), besteht, wie ich meine, Grund zu der Hoffnung, daß auf diesem Gebiet Fortschritte möglich sind. Und damit würde die Grundlage für eine genuine Geschichte der Emotionen gelegt, welche die sich in verschiedenen Gesellschaften sehr unterschiedlich herausbildende Konstruktion des Selbst in Betracht zieht und zugleich die allen gemeinsamen Elemente identifiziert und definiert.[29]

Aus dem Englischen übersetzt von Regina Höschele

29 Vgl. Gustave Flaubert (in einem Brief an Saint-Beuve): »Die menschliche Seele ist durchaus nicht überall dieselbe« (zitiert in: Timothy J. Reiss, *Mirages of the Self. Patterns of Personhood in Ancient and Early Modern Europe*, Palo Alto 2003, S. VII).

Jakub Krajczynski und Christof Rapp

Emotionen in der antiken Philosophie

Definitionen und Kataloge

Gefühle, Affekte oder Emotionen spielten in der griechischen Dichtung schon sehr früh eine zentrale Rolle. In Epen, Lyrik und Mythologie wird immer wieder der Umstand vor Augen geführt, daß Gefühlsregungen und heftige Begierden einen – bisweilen problematischen – Einfluß auf unsere Handlungen und unser Wohlbefinden haben können. Auch die griechische Redekunst nimmt sich des Themas schon früh an und macht sich die persuasiven Effekte der Emotionen zunutze. Daß die Musik einen Einfluß auf unsere Stimmungen hat, ist ebenfalls ein Phänomen, das nicht erst durch die Philosophen entdeckt werden mußte. Auch das Theater war durchaus bekannt dafür, daß es die Zuschauer in ein Wechselbad der Gefühle zu versetzen vermag: blankes Entsetzen in der Tragödie und ausgelassenes Lachen in der Komödie. All diese Erfahrungen im Umgang mit dem Gefühlsleben sowie verschiedenartige Reflexionen über die Rolle der Gefühle können schon zu der Zeit vorausgesetzt werden, als die Philosophen begannen, sich mit dieser Art von Phänomenen auseinanderzusetzen. Die systematische Exploration des Phänomens, das wir heute unter dem unscharfen Begriff der Emotionen zusammenfassen, scheint erst in der Zeit Platons zu beginnen, wenn man davon absieht, daß schon zuvor der vorsokratische Philosoph Empedokles versucht hatte, Liebe und Feindseligkeit als die beiden im Kosmos wirksamen Kräfte darzustellen. Danach – nach Platons ersten Versuchen, die Emotionen im Ausgang von den Begriffen Lust und Schmerz zu bestimmen – blieben die Emotionen ein Thema, das beinahe alle wichtigen philosophischen Strömungen der Antike auf die eine oder andere Weise beschäftigte. Der Beitrag der Philosophen zur Auseinandersetzung mit dem menschlichen Gefühlsleben schlägt sich auf ganz unterschiedliche Weise nieder. Erstens erfolgte innerhalb der griechisch-römischen Philosophie eine ausführliche Auseinandersetzung über die Frage, inwiefern verschiedenartige Emotionen einer planvollen und als glücklich empfundenen Lebensführung zu- oder abträglich sind. Zweitens verdanken wir der antiken Philosophie erste Versuche, den Begriff der Emotionen einzugrenzen und zu definieren, wenngleich einige der in diesem Zusammenhang vorgeschlagenen Definitionen nicht alle Phänomene abdecken, die wir heute unter dem Stichwort der Emotionalität oder des »Gefühlslebens« zusammenfassen würden. Drittens entwickelten verschiedene philosophische Strömungen der Antike ein Interesse an der Katalogisierung und Systematisierung der einzelnen Emotionen, welches nicht zuletzt zu einer Differenzierung des emotionalen Vokabulars beigetragen hat. Schließlich erbrachte die philosophische Auseinandersetzung mit den Emotionen zum Teil verblüffend tiefgreifende Analysen einzelner Emotionen: So wurde die Emotion des Zorns oder Grolls, dessen mitunter verheerende Folgen in Homers *Ilias* geschildert wurden, einer eingehenden philosophischen Sektion unterzogen, die dann in römischer Zeit, z. B. in Senecas *De Ira*, ganze Abhandlungen füllte.

1. Verschiedene Diskussionskontexte

Die Beschäftigung der antiken Philosophen mit dem Phänomen der Emotionen geht von ganz unterschiedlichen Kontexten aus. Viele maßgebliche Auseinandersetzungen mit dem Phänomen der Emotionalität haben einen Anlaß in der praktischen Philosophie, d. h. speziell in der Frage nach dem gelingenden Leben und der dafür unabdingbaren Frage nach den gelingenden Handlungen, in Fragen nach unseren Antrieben und Motivationen sowie in Fragen der Tugenden und der Charakterbildung. Andere philosophische Debatten über Emotionen haben das Phänomen zum Ausgangspunkt, daß so wichtige öffentliche Praktiken wie Theateraufführungen und Gerichtsreden in einem nicht unerheblichen Maße mit der Erregung bestimmter Emotionen im Publikum verbunden sind. Schließlich gehört die Erörterung der Emotionen in den Kontext der Frage nach dem Verhältnis von Körper und Seele, weil sie einerseits ganz klar mit körperlichen Reaktionen wie Weinen, Erröten, Herzrasen usw. verbunden sind, andererseits aber eher mit unserem im weitesten Sinne »seelischen« Befinden als mit der Gesundheit oder Krankheit unseres Körpers zu tun haben. Einige dieser Kontexte seien im folgenden kurz skizziert.

Das gute und das angenehme Leben: In erster Annäherung formuliert, kann man sich den Zusammenhang zwischen unseren Gefühlen oder Emotionen und der Frage nach dem gelingenden Leben folgendermaßen vor Augen führen: Die Qualität unseres Lebens, also die Frage, ob wir mehr oder weniger glücklich oder zufrieden sind, ist nicht unwesentlich von unseren Affekten oder Emotionen abhängig. Der Begriff der Emotion ist hier bewußt vage gebraucht. Man denkt dabei zumeist an Gefühlsausbrüche oder Gefühlswallungen wie Zorn, Eifersucht, Freude, Neid usw.; andere zählen heftige Begierden hinzu. Einige Emotionen aus dieser Liste fühlen sich offenkundig schlecht an, andere dagegen gut, einige haben gute Folgen, andere eher schlechte. Man wird daher sagen können, daß die guten Emotionen das glückliche Leben eher befördern, während die schlechten ihm eher im Wege stehen. Dies zu sagen bedeutet noch nicht, daß das gute Leben in einer Abfolge von guten und das schlechte Leben in einer Abfolge von schlechten Emotionen bestünde. Vor allem wird man von einem rundum guten und glücklichen Leben nicht allein aufgrund der Tatsache sprechen, daß sich jemand gut fühlt; und die Erwartung, daß sich ein gutes, glückliches Leben auch gut anfühlt, ist nicht zu verwechseln mit einer Abfolge positiver Emotionen oder Gefühlsausbrüche; vielmehr wird man von dem guten Gefühl, das für das glückliche Leben typisch ist, erwarten, daß es irgendwie mit der Verwirklichung allgemeiner Lebensziele oder mit der Erfüllung grundlegender Wünsche verknüpft ist.

Wie auch immer man dieses Verhältnis im einzelnen bestimmen wird, es scheint jedenfalls klar, daß der Umgang mit unseren Emotionen für eine gelingende Lebensführung von einer nicht geringen Bedeutung ist, was vor allem an solchen Personen deutlich wird, die ihre Emotionen nicht wirklich im Griff haben. Der Neidische etwa spielt ein Spiel, das er nicht gewinnen kann: Es bereitet ihm Schmerz, daß andere über Güter verfügen, die er selbst nicht hat, doch selbst wenn es ihm gelänge, sich die entsprechenden Güter zu verschaffen, wird er davon nicht glücklich, denn er wird bemerken, daß sich sein Neid auf wieder und wieder andere Gegenstände richten wird. Wer leicht erzürnbar oder jähzornig ist, der gerät aus nichtigen Anlässen in Zorn, wird gegenüber den falschen Personen zornig und läßt sich zu unüberlegten Handlungen hinreißen; auf diese Weise setzt er wichtige Beziehungen aufs Spiel, macht sich unbeliebt und verbaut sich damit Zukunftschancen. Wer sehr furchtsam ist, der wird nicht nur häufig unter dieser Furcht leiden, er wird durch sie auch von Handlungsweisen abgehalten, die ihm Freude bereiten oder zur Verwirklichung seiner längerfristigen Pläne wichtig sein könnten. Aufgrund von Überlegungen wie diesen sah es die antike Ethik als eine ihrer vordringlichsten Aufgaben an, zu erhellen, welche Rolle Emotionen und Begierden in unserem Leben spielen sollen und wie wir der als schädlich empfundenen Auswüchse unserer Emotionalität Herr werden können. Zum Teil boten die antiken Ethiker konkrete Techniken an, durch die man entweder den Ausbruch bestimmter Emotionen vermeiden oder die Wirkung schon vorhandener Emotionen neutralisieren könne. Eine wichtige Technik in diesem Zusammenhang war z. B. die sogenannte *praemeditatio futuri mali*, das Vorabbedenken einer möglicherweise oder wahrscheinlich eintretenden schlimmen Situation, was bewirken soll, daß man beim tatsächlichen Eintritt der betreffenden Situation nicht überrascht wird und keiner Emotion erliegt.

Tugenden: In den meisten Strömungen der antiken Philosophie wird den Tugenden eine unmittelbare Bedeutung für das gute und glückliche Leben zugesprochen. In einigen Dialogen Platons wird dieser Zusammenhang zwischen dem Besitz und der Ausübung von Tugenden einerseits und dem eigenen Wohlergehen andererseits von Dialogfiguren, die zum einen eine volkstümliche Moral, zum anderen die sophistische Infragestellung traditioneller Moral verkörpern, immer wieder in Frage gestellt: Bringen wir uns, wenn wir z. B. gerecht handeln, letztlich nicht um den eigenen Vorteil? Platon stellt sich dieser Herausforderung, indem er die Tugenden mit dem guten Zustand unserer Seele intrinsisch verknüpft und diesen guten oder gesunden Zustand der Seele als die wesentliche Voraussetzung für ein gutes Leben charakterisiert. Daß es gerade die Tugenden sind, denen die Verantwortung für den guten Zustand der Seele obliegt, erklärt Platon in seinem Werk *Politeia* durch die berühmte Lehre von den drei Seelenteilen: In einer menschlichen Seele findet sich ein vernünftiger Seelenteil sowie zwei unvernünftige Seelenteile, deren einer für die muthaften Antriebe, deren anderer für die appetitiven Strebungen verantwortlich ist. Jedem dieser Seelenteile eignet nun eine besondere Art von Tugend (Weisheit, Tapferkeit, Besonnenheit), und überdies wird die Seele als Ganzes als gerecht bezeichnet, wenn jeder Seelenteil genau und nur das tut, wofür er zuständig ist; insbesondere kommt der Seele nur dann die Tugend der Gerechtigkeit zu, wenn die unvernünftigen Antriebe nicht gegen die Vernunft rebellieren. An dieser Stelle wird die Rolle der Emotionen und Begierden deutlich: Der tugendhafte Gesamtzustand der Seele setzt voraus, daß sich die unvernünftigen Antriebe, zu denen auch die Emotionen gehören, letztlich in einer gewissen Übereinstimmung mit der Vernunft befinden und insofern entweder von der Vernunft kontrolliert werden oder sich – auch ohne Kontrolle – in einem mit der Vernunft harmonischen Zustand befinden.

Einen ganz ähnlichen Ansatz verfolgt auch Aristoteles, wenngleich es den Anschein hat, daß er in höherem Maße als Platon dazu bereit ist, nicht nur die hemmenden und möglicherweise schädlichen, sondern auch die konstruktiven und die den Handelnden unterstützenden Funktionen der nichtrationalen Antriebe hervorzuheben. In seinen ethischen Schriften unterscheidet Aristoteles einen vernünftigen von einem nichtvernünftigen Seelenteil. Der vortreffliche Zustand des ersteren ist durch die sogenannten dianoetischen oder intellektuellen Tugenden geprägt, während sich der nichtrationale Seelenteil dann in einem vortrefflichen Zustand befindet, wenn die entsprechenden Antriebe »auf die Vernunft hören« bzw. sich so verhalten, wie es die Vernunft befehlen würde. Dies ist zugleich der Zustand, in dem ein Handelnder die Tugenden des Charakters bzw. die ethischen Tugenden besitzt. Diese Tugenden des unvernünftigen Seelenteils wiederum bestehen im wesentlichen im richtigen Umgang mit den Begierden und Emotionen. So zeichnet sich z. B. die Charaktertugend der Besonnenheit durch den richtigen Umgang mit unseren Begierden wie etwa Hunger, Durst und Sexualtrieb aus; die tugendhafte Form der Großzügigkeit besteht in einem Verhalten, das weder von Geiz noch von Verschwendungssucht gekennzeichnet ist; und die Tugend der Tapferkeit vermeidet unangemessene Furcht ebenso wie Tollkühnheit. Jede Charaktertugend beschreibt somit die Disposition zu einer angemessenen emotionalen Reaktion sowie zu der entsprechenden Handlungsweise. Unter »angemessen« versteht Aristoteles eine emotionale Reaktion, die weder in der Richtung eines Zuviel noch in der Richtung eines Zuwenig überzogen, sondern den besonderen Umständen einer Situation angemessen ist. Nur die angemessene emotionale Reaktion ist so, »wie es die Vernunft anordnen würde«, denn die Vernunft würde anordnen, daß man »sich nicht verfehlt«, sondern »richtig« verhält. Insofern stellen die Charaktertugenden bei Aristoteles einen der Vernunft gemäßen Umgang mit den an sich nichtvernünftigen Antrieben und Emotionen dar.

Während Aristoteles somit die Tugenden durch die angemessenen Affekte oder Emotionen charakterisiert, ging die orthodoxe stoische Philosophie in der Frage der Emotions- und Affektkontrolle wesentlich weiter: Für sie fiel das glückliche Leben mit der Tugend und die Tugend mit der unerschütterlichen Seelenruhe und *apatheia*, d. h. der Freiheit von Affekten, zusammen. Allerdings liegt dem stoischen Ideal der *apatheia* auch ein gänzlich anderer Begriff von Emotion oder Affekt zugrunde. In einem gewissen Sinn meinen die Stoiker mit diesem Ideal nur den Ausschluß derjenigen Affekte, die falsch oder, wie Aristoteles sagen würde, unangemessen sind. Allerdings haben die Stoiker ein ganz eigentümliches Verständnis davon, warum eine Emotion oder ein Affekt als unangemessen zu gelten hat: In der stoischen Ethik wird davon ausgegangen, daß es letztlich nur ein erstrebenswertes Gut gibt, die Tugend, sowie nur eine Sache, die im moralischen Sinne als schlecht gilt, nämlich das Gegenteil der Tugend: die Untugend, das Laster oder die charakterliche Schlechtigkeit. Die meisten anderen Dinge, die die Menschen für gewöhnlich für Güter oder Übel halten, wie etwa Reichtum, Schönheit, Ruhm auf der einen oder körperlicher Schmerz, Krankheit und Armut auf der anderen Seite, sind weder gut noch schlecht, sondern gleichgültig (*adiaphoron*). Ein Affekt im stoischen Sinn entsteht nun genau dann, wenn die Vernunft unserem natürlichen Trieb (*hormê*) zustimmt, indem er ein solches *adiaphoron* so behandelt, als wäre es ein Gut oder ein Übel. Dann nämlich beginnen wir, nach solchen an sich weder guten noch schlechten Dingen zu streben oder sie zu vermeiden, und verlieren dadurch unsere Seelenruhe, die ja gerade in der Abwesenheit von Affekten besteht.

Antrieb und Motivation: Ein weiterer Aspekt, unter dem den Affekten und Emotionen in der antiken Philosophie Beachtung zukam, ist der des Handlungsantriebs bzw. der Motivation. Wenn wir Handelnde und Handlungen bewerten, wollen wir nicht nur wissen, was getan oder welche Art von Handlung ausgeführt worden ist, sondern auch, aus welchen Gründen und mit welchen Motiven jemand gehandelt hat. Die Emotionen kommen hierbei auf verschiedene Weise ins Spiel. Wenn zum Beispiel jemand eine gerechte Handlung aus Furcht vor Bestrafung ausgeführt hat, dann ist das noch nicht die Art von Motivation, die wir von einer wirklich gerechten Person erwarten würden. In diesem Sinn scheint es bestimmte Emotionen zu geben, die eine angemessene Motivation verhindern. Jedoch gibt es auch eine Dimension, in der eine bestimmte emotionale Disposition gerade als Zeichen einer adäquaten Motivation angesehen werden kann: Dies wird wiederum besonders an der Aristotelischen Tugendlehre deutlich. Aristoteles unterscheidet strikt zwischen einer tugendhaften und einer nur beherrschten Person: Beide haben gemeinsam, daß sie das in einer Situation Gebotene oder Richtige tun – in bezug auf ihre äußere Handlung ist also kein Unterschied festzustellen. Jedoch tut der eine, der Tugendhafte, das Gebotene gerne, d.h. mit Lust oder Vergnügen, während der andere, der nur Beherrschte, entgegensetzte Antriebe unterdrücken muß, um das Gebotene tun zu können. Der nur Beherrschte hat mithin noch keine positive emotionale Einstellung zum Richtigen oder Gebotenen bzw. zu der entsprechenden Tugend erworben. Wer das Richtige hingegen gerne tut, indem er das Tugendhafte und Richtige auch »innerlich« akzeptiert, handelt aufgrund einer emotionalen Einstellung, die in keinen Konflikt mit dem als richtig oder geboten Erkannten geraten kann.

Die Motivation, mit der man eine bestimmte Handlung ausführt, wird damit zum Indikator dafür, welche langfristigen und »tiefsitzenden« Einstellungen man zu guten und schlechten Handlungsweisen unterhält: Man kann sich nämlich hier und jetzt dazu überreden, das Richtige zu tun; man kann sich aber nicht dazu entscheiden, hier und jetzt die richtige Emotionen zu empfinden; die Emotionen geben somit Auskunft darüber, wie wir uns längerfristig entwickelt haben, welche Dinge uns wichtig waren und welche nicht. Außerdem wird es uns leichter fallen, unter unterschiedlichen Umständen das Richtige zu tun, wenn wir hierfür keine »inneren Widerstände« überwinden müssen, sondern im Gegenteil von einer entsprechenden emotionalen Einstellung unterstützt werden.

Rhetorik, Dichtung und Musik: Bestimmte Emotionen und bestimmte auf Emotionen zielende Praktiken erregten das Interesse der Philosophen, weil sie im kulturellen Leben Griechenlands, vor allem aber im öffentlichen Leben Athens, eine wichtige Rolle spielten. Der gezielten emotionalen Beeinflussung kam bei öffentlichen

Reden eine zentrale Bedeutung zu, und professionelle Redenschreiber und Rhetoriklehrer hatten eine entsprechende Kunst der Affekterregung entwickelt. So war es durchaus üblich, daß Redner zu Beginn einer Rede wohlwollende Gefühle des Publikums zu wecken versuchten. Ein Angeklagter war gut beraten, zum Ende seiner Rede hin entweder Mitleid für die eigene Person oder Zorn auf den Prozeßgegner zu schüren. Sokrates spielt am Ende seiner berühmten Verteidigungsrede auf die Praxis an, daß die Angeklagten zum Schluß ihrer Rede Frau und Kinder zu sich rufen, um durch deren Jammern und Klagen die Richter milde oder mitleidig zu stimmen. Auch daß wir im Theater bestimmten Gefühlen ausgesetzt sind, war ein durchaus bekanntes Phänomen: Die Komödie konnte zu ausgelassenem Lachen, die Tragödie zu aufwühlenden Empfindungen wie Mitleid und Furcht führen. In seiner *Poetik* zögert Aristoteles daher nicht, die Erregung von Mitleid und Furcht und eine Befreiung von ebendiesen Affekten zum definierenden Merkmal der Tragödie zu erheben. Ähnlich zeigt die Diskussion im achten Buch der Aristotelischen *Politik*, daß es zu seiner Zeit bereits ausgearbeitete Theorien über die emotionale Wirkung der Musik, insbesondere bestimmter Tonarten gegeben haben muß.

Die erste wirkungsmächtige Thematisierung dieser öffentlichen Praktiken und ihrer emotionalen Wirkung in der griechischen Philosophie findet sich bei Platon. Mit der Wirkung und dem Wesen der Rhetorik setzt er sich vor allem in den Dialogen *Gorgias* und *Phaidros* auseinander; seinen Angriff auf die emotionale Wirkung von Dichtung und Musik startet er im zweiten und dritten Buch der *Politeia* im Kontext der Frage nach der angemessenen Erziehung der heranwachsenden Wächter im idealen Staat. Hierbei möchte er für die musische Erziehung einerseits ausschließen, daß durch die Darstellung verwerflicher Geschehnisse zur Nachahmung ebensolcher Taten verleitet werden könnte. Andererseits war Platon im Hinblick auf die Musik vor allem an der Wirkung verschiedener Tonarten, Rhythmen und Instrumente auf unseren Gemütszustand interessiert. Hierbei scheint er teils an vorübergehende Stimmungen, teils auch an die nachhaltige »Prägung«, die bestimmte Arten von Musik auf die rezipierende Seele ausüben können, zu denken.

Die emotionale Wirkung von Musik, Reden und Dichtung spielt dann auch bei Aristoteles eine erhebliche Rolle: Im Hinblick auf die Musik räumt Aristoteles ein, daß diese zu emotionalen Erregungszuständen führen kann, legt aber gleichzeitig Wert auf die Feststellung, daß die Musik für unterschiedliche Zwecke eingesetzt werden kann, z. B. zur Erziehung, zur Entspannung und zur seelischen Reinigung (*katharsis*) von Zuständen emotionaler Aufregung. Im Hinblick auf die Praxis der öffentlichen Rede kritisiert Aristoteles zwar solche Rhetoriklehrer, die sich einzig und allein mit Tricks befassen, durch die die Zuhörer zu bestimmten Emotionen gereizt werden sollen, jedoch räumt er selbst auch der methodisch angeleiteten Emotionserregung eine wichtige Rolle für den Überzeugungsprozeß ein. Offenbar geht er davon aus, daß bei der Formulierung eines Urteils, wie es der Zuhörer der öffentlichen Rede fällen soll, nicht allein die Beweiskraft der vorgetragenen Argumente eine Rolle spielt, sondern auch der emotionale Zustand, in dem sich ein Zuhörer befindet und durch den er den beteiligten Personen mehr oder weniger gewogen gegenübersteht.

Bekannt geworden sind vor allem Aristoteles' Ausführungen zur Rolle der Emotionen in der Tragödie; er geht in seiner *Poetik* davon aus, daß eine bestimmte emotionale Wirkung geradezu zum Wesen der Tragödie gehört, weswegen er die Tragödie u. a. als die Nachahmung einer ernsthaften Handlung definiert, die Mitleid und Furcht beim Zuhörer hervorrufe und letztlich eine Reinigung von ebensolchen Affekten zur Folge habe. Die gelungene Tragödie bringe diese emotionale Wirkung allein durch den Handlungsablauf zustande: So empfinden wir Mitleid, wenn wir sehen und hören, daß z. B. eine tugendhafte Person durch bestimmte Umstände ins Unglück gestürzt wird; und wir empfinden Furcht, wenn wir uns verdeutlichen, daß die betroffenen Protagonisten uns ähnlich sind und wir daher grundsätzlich dieselben Dinge erleiden könnten. Aristoteles erwähnt in der ganzen *Poetik* den Begriff der *katharsis* jedoch nur ein einziges Mal, und so gab es in der Geschichte der Auslegung dieser Schrift viele Spekulationen über den Umfang und den Zweck dieser emotionalen Reinigung. Da die Angemessenheit der emotionalen Reaktionen in der Ethik des Aristoteles ebenfalls eine wichtige Rolle spielt, überwogen in der Geschichte der *Poetik*-Kommentierung Deutungen, die Aristoteles eine direkt moralpädagogische Zielsetzung der Tragödie unterstellten. Teils wurde angenommen, daß die schmerzlichen Emotionen eine abschreckende Wirkung entfalten sollten, auf daß sich der Zuschauer selbst nie in die Situation des tragischen Protagonisten begeben werde; teils wurde argumentiert, der Zuschauer der Tragödie solle tugendhaft werden, indem er durch die *katharsis* die überschüssigen Affekte verliere und so dem Zustand der ausgewogenen Emotionen näher käme. Andererseits ist keineswegs selbstverständlich davon auszugehen, daß Aristoteles der Tragödie eine derart erzieherische Aufgabe zugedacht hat. Es könnte auch sein, daß er sich lediglich mit einer Analyse derjenigen Faktoren begnügt hat, die den Unterschied zwischen einer gelungenen und einer weniger gelungenen Tragödie ausmachen. Zu dieser Aufgabe gehörte auch die Erklärung des besonderen emotionalen Effekts, den eine Tragödie auslöst – und hierfür prägte Aristoteles die Formel der *katharsis*. Nichts spricht dafür, daß Aristoteles diesen Effekt, der nach dem Durchgang durch die schmerzlichen Emotionen Mitleid und Furcht als angenehm und erleichternd wahrgenommen wird, für schädlich gehalten hätte; jedoch behauptet Aristoteles ebensowenig, daß dieser Effekt einen direkten Beitrag zur charakterlichen Besserung des Zuschauers leiste.

Physiologie und Medizin: Da Emotionen typischerweise mit bestimmten körperlichen Begleiterscheinungen verbunden sind, wurden sie oft als Beispiel für psychosomatische Wechselwirkungen herangezogen. Der Epikureer Lukrez beispielsweise beschreibt anschaulich, wie die Angst, die die Seele bzw. den Geist ergreift, sich durch den ganzen Körper des Betroffenen hindurch ausbreiten kann: In diesem Fall, so Lukrez,

> [...] sehen wir, wie die gesamte Seele durch die Glieder hindurch mitfühlt, wie Schweiß und Blässe am ganzen Körper auftreten, wie die Zunge stockt und die Stimme ausfällt, wie es vor den Augen dunkel wird, die Ohren tönen, die Glieder weich werden, schließlich sehen wir häufig, daß Menschen aus Angst der Seele kollabieren.[1]

Wenn daher ein seelisches Widerfahrnis, so wie das Auftreten von Furcht und Schrecken, sich des ganzen Körpers bemächtigen kann, dann fragt es sich, wie Seele und Körper in einem solchen Fall überhaupt interagieren können. Für die Epikureer, die eine materialistische Konzeption der Seele vertreten, sind die psychosomatischen Phänomene, die im Zusammenhang mit den Emotionen auftreten,

1 Lukrez, *De rerum natura* 3, 153-158. Alle Übersetzungen aus dem Griechischen oder Lateinischen sind, sofern nicht anders angezeigt, von Jakub Krajczynski oder Christof Rapp.

ein klarer Beleg dafür, daß die Seele auf den Körper wirken können muß und daß die Seele, um eine solche Wirkung entfalten zu können, materiell sein muß:

Dieselbe Überlegung lehrt, daß die Natur des Geistes und der Seele eine körperliche ist; denn wenn man sieht, wie die Seele die Glieder vorantreibt, den Körper aus dem Schlaf reißt, den Gesichtsausdruck ändert und den ganzen Menschen lenkt und steuert, und wir sehen, daß nichts davon ohne Berührung zustande kommen und es keine Berührung ohne Körper geben kann, dann wirst du gewiß zugeben müssen, daß der Geist und die Seele eine körperliche Natur haben.[2]

Obschon die Stoiker von ganz anderen Voraussetzungen ausgehen, stimmen sie mit den Epikureern in der Ablehnung solcher Positionen überein, die die Seele als etwas Unkörperliches verstehen wollen. Sie argumentieren für diese antidualistische Position ähnlich wie die Epikureer aufgrund von psychosomatischen Phänomenen beim Auftreten von Emotionen. In einem Bericht über den stoischen Philosophen Kleanthes heißt es:

Er sagte auch: Nichts Unkörperliches interagiert mit einem Körper, und kein Körper mit etwas Unkörperlichem, vielmehr interagiert stets ein Körper mit einem anderen Körper. Die Seele nun interagiert mit dem Körper, wenn dieser krank ist oder verletzt wird, und der Körper mit der Seele so, daß, wenn die Seele Scham empfindet und Furcht, der Körper je nachdem errötet oder erblaßt. Daher ist die Seele ein Körper.[3]

Auf diese Weise spielt der psychosomatische Charakter der Emotionen eine wichtige Rolle für die philosophischen Versuche, das Verhältnis von Körper und Seele näher zu bestimmen. Auch Aristoteles nimmt häufig auf die körperlichen Veränderungen, die mit einer Emotion einhergehen, sowie auf die körperlichen Voraussetzungen für bestimmte Emotionen Bezug, ohne daraus jedoch die antidualistischen Konsequenzen der Epikureer und Stoiker zu ziehen. So nimmt er z. B. an, daß Zorn mit einem Sieden des Blutes rund um das Herz verbunden sei, weswegen es zu den körperlichen Vorbedingungen für die Empfindung von Zorn gehört, daß der Körper in der Lage ist, die für den Zorn erforderliche Hitze zu produzieren. Dies ist der Grund, warum nach Aristoteles ältere Menschen nicht mehr in der Lage sind, im selben Maße und mit derselben Intensität Zorn

2 Ebd., 161-167.

3 Nemesius, *De natura hominis* 78, 7-79, 2.

zu empfinden wie jüngere Menschen: Der Körper der älteren Menschen ist nämlich nach der Aristotelischen Physiologie im Vergleich zu den Körpern jüngerer Menschen schon »erkaltet«, so daß auch ihr Zorn nicht mit demselben Maß an Hitze und daraus resultierender Intensität verbunden ist.

Die philosophischen Ansichten zur Physiologie der Emotionen sind einerseits von naturphilosophischen Theorien über die Elemente und die materielle Konstitution der belebten Körper, andererseits aber auch von der zeitgenössischen Medizin beeinflußt. Zur Lebenszeit von Platon und Aristoteles lebte und forschte der Arzt Hippokrates, der unter anderem die einflußreiche Lehre von den vier Körpersäften entwickelte: Demnach stellen Blut, Schleim, gelbe und schwarze Galle die vier Grundbestandteile des Körpers dar, von deren Gleichgewicht es abhängt, ob sich der Körper in einer besseren oder schlechteren Verfassung befindet. Diese Lehre von den Körpersäften hatte auch einen Widerhall in den philosophischen Werken und wird dort auch für die Erklärung von Emotionen bzw. der unterschiedlichen Empfänglichkeit für Emotionen eingesetzt. In Platons *Timaios* geht dieser darauf ein, daß bestimmte seelische Mangelzustände teils durch schlechte Erziehung, teils aber auch durch bestimmte körperliche Dispositionen erklärt werden können. Hierbei bezieht er sich explizit auf die Körpersäfte (86e) und führt emotionale Zustände und Dispositionen wie Mißmut und Feigheit auf die Bewegung dieser Säfte im Körper zurück (87a). Auf ähnliche Weise benutzt die aus dem Umkreis des Aristoteles stammende Schrift *Problemata Physica* die Lehre von den verschiedenen Körpersäften, um zu erklären, warum manche Menschen besonders leicht zu Zorn und Begierde erregbar sind, andere zur Melancholie neigen usw. (954a30-b4).

2. Lust und Schmerz

Die Theorie von Lust und Schmerz ist in bestimmten Phasen der griechischen Philosophie mit der Entwicklung des Emotionsbegriffs unauflöslich verknüpft. Erstens scheinen sich Lust und Schmerz gewissermaßen als Genera der verschiedenen Emotionen anzubieten, da Emotionen entweder mit einem angenehmen Gefühl (Lust) oder mit einem unangenehmen (Schmerz) oder mit einer Mischung von beidem verbunden sind, so daß Lust und Schmerz die qualitative oder phänomenale Dimension der Emotionen beschreiben. Sodann finden sich besonders bei Platon und Aristoteles Hinweise darauf, daß die ersten Ansätze zu einer Definition der Emotionen aus der Unterscheidung von rein körperlichen und eher seelischen Lust- und Schmerzempfindungen hervorgehen: Der Grundgedanke ist der, daß, so wie der Körper einen ihm eigentümlichen Schmerz empfindet, wenn er verletzt wird, oder eine ihm eigentliche Lustempfindung erfährt, wenn rein körperliche Bedürfnisse befriedigt werden, es auch Lust- und Schmerzempfindungen gibt, die aus der Erinnerung an oder der Erwartung von angenehmen und schmerzlichen Ereignissen herrühren. Auf diesen Annahmen aufbauend, lassen sich schließlich auch die verschiedenen Emotionen als verschiedene lustvolle oder schmerzhafte Zustände verstehen, die sich untereinander nicht nur durch die gefühlte Qualität, sondern auch durch den spezifischen Gegenstand der Erwartung oder Erinnerung bestimmen lassen. Alle diese Aspekte werden in Platons *Philebos* entfaltet:

Sokrates: Und mit einem Wort, sieh zu, ob dir diese Erklärung angemessen erscheint, die besagte, daß, wenn die aus dem Unbegrenzten und der Grenze naturgemäß beseelt gewordene Form, von der ich im Vorangehenden sprach, zerstört wird, diese Zerstörung dann Unlust ist; der Weg zu ihrem eigenen Wesen aber, diese Rückkehr wiederum ist dagegen für alle eine Lust. – Protarchos: So sei es; denn es scheint mir jedenfalls einen gewissen Umriß zu haben. – Sokrates: Setzen wir folglich dieses als eine Art von Schmerz und Lust in diesen jeweiligen Zuständen? – Protarchos: Es stehe fest. – Sokrates: Setze des weiteren das Erwartende der Seele selbst in bezug auf diese Widerfahrnisse, das vor den angenehmen [Widerfahrnissen] Erwartende als angenehm und ermutigend, das vor den schmerzlichen [Widerfahrnissen Erwartende] als beängstigend und peinvoll. – Protarchos: Denn dies ist eine andere Art von Lust und Schmerz, die getrennt von dem Körper durch die Erwartung der Seele selbst entsteht.[4]

Ähnlich führt Platon in den *Gesetzen* zwei Arten von Erwartung ein, von denen sich eine auf das künftige Eintreten von Schmerzlichem, die andere sich auf das künftige Eintreten von Angenehmem richtet. Erstere ist auch in der Gegenwart mit einer Art von Schmerz verbunden und definiert im Umriß die Emotion, die wir als Furcht kennen; letztere ist auch in der Gegenwart schon mit Lust verbunden und beschreibt so etwas wie die freudige Zuversicht:

4 Platon, *Philebos* 32a8-c5.

ATHENER: [Ein jeder] besitze aber in sich selbst zwei Ratgeber, einander entgegengesetzt und unverständig, die wir als Lust und Schmerz bezeichnen? – KLEINIAS: Das ist der Fall. – ATHENER: Zusätzlich zu diesen beiden [besitze jeder] noch Meinungen über Künftiges, deren gemeinsame Benennung zwar ›Erwartung‹ (*elpis*) ist, die besondere aber ist einerseits ›Furcht‹ (*phobos*) für die Erwartung vor dem Schmerz, andererseits ›Zuversicht‹ (*tharros*) für die [Erwartung] vor dem Gegenteil.[5]

Damit liefert die Vorstellung einer seelischen Lust- oder Schmerzempfindung, d. h. einer Empfindung, die entweder vom Körper unabhängig oder zumindest nicht durch ihn verursacht ist, zusammen mit der Möglichkeit der Antizipation künftiger Ereignisse oder der Erinnerung an vergangene Ereignisse, die diese seelische Lust- oder Schmerzempfindung hervorbringen, ein theoretisches Grundgerüst für die Erklärung von Emotionen im allgemeinen und für die Unterscheidung verschiedener Arten von Emotionen. Insoweit also die Emotionen eine Erwartung und damit eine Art von Meinung enthalten, scheint es, wie schon Platon im *Philebos* bemerkt, sinnvoll, zu fragen, ob eine Emotion richtig oder falsch ist: Als falsch könnte eine Emotion nämlich dann erscheinen, wenn die Lust- oder Schmerzempfindung auf einer falschen Erwartung bzw. einer falschen Meinung beruht. Schließlich sind in diesem Zusammenhang Lust und Schmerz so etwas wie oberste Gattungen aller Emotionen, insofern verschiedene Emotionen entweder zur Klasse der angenehmen oder zur Klasse der schmerzlichen Zustände der Seele gehören. Dies schließt grundsätzlich aber auch nicht die Möglichkeit »gemischter« Emotionen, die zugleich mit Lust und mit Schmerz verbunden sind, aus: Aristoteles, der Platons Modell weitgehend folgt, indem er alle Emotionstypen durch eine Art von Lust oder Schmerz sowie durch einen besonderen Gegenstand einer solchen Lust- und Schmerzempfindung definiert, beschreibt z. B. den Zorn als eine Emotion, die einerseits schmerzlich ist, weil der Anlaß für den Zorn in einer für uns durchaus schmerzlichen Herabsetzung, Erniedrigung oder Beleidigung liegt, andererseits aber auch lustvoll, weil der Zürnende, wenn er beim Gedanken der Vergeltung für die erlittene Erniedrigung verweilt, eine gewisse Lust empfindet.

Auch bei den Stoikern sind Lust und Schmerz »generische« Emotionen, d. h., sie werden – zusammen mit Furcht und Begierde – zu den vier obersten Gattungen von Emotionen gezählt. Der Grundge-

5 Platon, *Gesetze* 644c6-d1.

danke dieses viergliedrigen Systems ist, daß Lust und Schmerz sich auf Gegenwärtiges oder Geschehenes richten, während Begierde und Furcht sich auf Künftiges richten. Die generischen Emotionen Lust und Schmerz können dann durch nähere Bestimmung der genauen Lust- oder Schmerzart, des jeweils involvierten Gegenstandes sowie des Zustandes der betreffenden Person in einem feinkörnigen System von Emotionen weiter unterteilt werden. So soll der Stoiker Chrysipp fünfundzwanzig Arten von Schmerz und fünf Arten von Lust unterschieden haben (Ps.-Andronikos, *De Passionibus* 1, 2 und 5). Zu den Emotionen, die unter die generische Emotion des Schmerzes fallen, gehören z. B. Mitleid, Neid, Ehrgeiz, Eifersucht, Traurigkeit, Kümmernis, Verdruß; zur Lust gehören Frohsinn, Ergötzung, Entzückung, Schadenfreude und Bezauberung.

Abgesehen von der Rolle, die Lust und Schmerz für die frühen Bestimmungen der Emotionen spielen, taucht das Phänomen Lust und Schmerz jedoch vor allem in zwei anderen Diskussionszusammenhängen auf. Die erste dieser Debatten betrifft das Wesen der Lust selbst. Im obigen Zitat aus Platons *Philebos* wurde bereits die Vorstellung angesprochen, daß Schmerz durch die Aufhebung eines »natürlichen«, d. h. ausgeglichenen Zustands und Lust durch die Wiederherstellung dieses Zustands entsteht. Diese Erklärung von Lust und Schmerz ist besonders plausibel, wenn es sich um natürliche Bedürfnisse handelt: So kann etwa Durst plausibel dadurch erklärt werden, daß der Zustand einer natürlichen Balance oder eines ausgeglichenen Flüssigkeitshaushaltes verlassen und dieses Zurückbleiben hinter dem natürlichen Zustand als Schmerz empfunden wird. Wenn dieser Mangelzustand und der dabei empfundene Schmerz – in diesem Fall durch Trinken – beseitigt werden, dann erleben wir das als lustvoll. Diese Erklärung von Lust und Schmerz, die vor allem durch Platons *Philebos* verbreitet wurde, war außerordentlich einflußreich. Auch Aristoteles greift sie im elften Kapitel des ersten Buchs seiner *Rhetorik* wieder auf. Allerdings kritisiert Aristoteles diese einfache Theorie der Lust in seinen Schriften zur Ethik. Dort nimmt er an, daß auch unsere Tätigkeiten und besonders die ungehinderte und erfolgreiche Ausübung unserer tugendhaften Charakterzüge mit einem Lustgefühl verbunden sind. Ein solches tätigkeitsbegleitendes Lustgefühl, wie etwa das gute Gefühl der Ausübung unserer intellektuellen Fähigkeiten beim Philosophieren, läßt sich kaum mit der Behebung eines Mangelzustands erklären.

Im Rahmen solcher Diskussionen über das Wesen von Lust und Schmerz beschäftigte die antiken Philosophen auch die Frage, ob die Lust gut oder schlecht sei, oder ob es gute und schlechte Arten von Lust gibt. So wandte sich etwa Aristoteles gegen die offenbar im Umfeld von Platons Akademie vertretene Auffassung, daß Lust kein Gut sein könne. Die Voraussetzung für diese positivere Neubewertung der Lust war offenbar, daß er das Wesen der Lust nicht mehr bzw. nicht mehr ausschließlich in der Behebung eines Mangelzustandes sehen wollte. Sieht man nämlich in der Lust lediglich einen solchen Ausgleich, dann kann sie nur von kurzer Dauer sein und muß außerdem immer mit Schmerz einhergehen, nämlich mit dem Schmerz, der durch den Mangelzustand verursacht wird. Aufgrund seiner Theorie der Lust als etwas, das unsere ungehinderten Tätigkeiten begleitet, gelangt Aristoteles daher zu einer positiven Einschätzung der Lust, wenngleich er daran festhält, daß es auch schlechte Lüste geben kann, z. B. dann, wenn man die Lust auf eine so exzessive Weise verfolgt, daß man den eigenen Körper schädigt oder von anderen, wichtigeren Dingen abgehalten wird.

Eine konsequent positive Einschätzung der Lust findet sich bei den jeweiligen Vertretern des Hedonismus, der allgemein dadurch definiert wird, daß Lust ein Gut oder sogar das höchste Gut sei. Der bekannteste Vertreter des antiken Hedonismus war Epikur, der behauptete, daß jede Lust ein Gut und jeder Schmerz ein Übel sei. Das bedeutet für ihn jedoch nicht, daß tatsächlich jede Lust zu wählen und jeder Schmerz zu meiden sei, denn es kann vorkommen, daß ein lustvolles Erlebnis, obschon selbst gut, zu schmerzlichen und damit schlechten Konsequenzen führt; umgekehrt müssen wir manchmal etwas Schmerzliches unternehmen, um angenehme Folgen herbeizuführen. Die genaue Abwägung in solchen Fragen soll nach Epikur dazu führen, daß wir einen Zustand der inneren Ruhe (*ataraxia*) erreichen, der sich durch Abwesenheit von körperlichem Schmerz und seelischer Beunruhigung auszeichnet. Diese spezifische Beunruhigung rührt vor allem vom schmerzlichen Zustand der Furcht her, so daß diese Emotion das wichtigste Hindernis für das Glücksstreben des einzelnen darstellt. Furcht empfinden wir nach Epikur vor allem vor dem Tod und vor natürlichen Vorgängen, wie den Himmelserscheinungen, solange wir sie nicht verstehen. Die einzig mögliche Kur, durch die wir uns von dieser Furcht befreien können, ist die Philosophie, durch die wir lernen können, daß der

Tod für uns keine Bedeutung hat und es für die furchterregenden Phänomene plausible Erklärungen gibt.

3. Das Wesen der Emotionen

Was wir heute als »Emotionen« oder »Affekte« bezeichnen, erweist sich bei näherem Hinsehen als relativ heterogene Klasse. Obwohl Platon und Aristoteles oftmals Phänomene benennen, die wir zu dieser Klasse zählen würden, sind sie zögerlich, hier eine klare Abgrenzung vornehmen zu wollen. Beim Platon der mittleren Schaffensphase werden Emotionen und Affekte vor allem als nichtrationale Antriebe behandelt. Innerhalb der Lehre von den drei Seelenteilen zerfallen aber auch diese in zwei Untergruppen, einerseits in die muthaften Antriebe und andererseits in die appetitiven Begierden. Zu letzteren gehören etwa Durst, Hunger und Sexualtrieb, die wir nicht unbedingt zur engeren Gruppe der Emotionen zählen würden; deshalb bleibt in der Platonischen Theorie am ehesten der mittlere, muthafte Seelenteil als genuiner Ort der Emotionen übrig. Jedoch denkt Platon hierbei an ganz bestimmte Antriebe, so wie eben Mut und Tapferkeit, welche nicht zur Beschreibung aller Emotionen taugen. Aristoteles scheint unentschieden, ob er die Emotionen im engeren Sinn von den Begierden abgrenzen möchte oder nicht, denn bisweilen taucht die Begierde (*epithymia*) in der Liste der Emotionen auf, bisweilen nicht. Einerseits täte er gut daran, die Begierden nicht anders zu behandeln als die Emotionen, denn ähnlich wie die Emotionen gehören zumindest einige Begierden zu denjenigen Regungen des nichtrationalen Seelenteils, die grundsätzlich auf die Vernunft hören können, und verhalten sich deshalb in entscheidender Hinsicht ähnlich wie die übrigen Emotionen. Auf der anderen Seite treten Hunger, Durst, Sexualtrieb auch bei subhumanen Lebewesen auf, während wir von den meisten Emotionen annehmen, daß sie in einem signifikanten Verhältnis zu unseren Meinungen und Vorlieben, zu unseren langfristig entwickelten Einstellungen und zu unserer Fähigkeit zur Erinnerung und Antizipation stehen – Fähigkeiten, die wir weder bei sehr kleinen Kindern noch bei den meisten nichtmenschlichen Lebewesen voraussetzen können. In dieser Hinsicht wären Emotionen also anders zu behandeln als die genannten Begierden; an mindestens einer Stelle scheint Aristoteles eine ähnliche Unterscheidung im Sinn zu haben, ohne jedoch ausdrücklich von Emotionen zu sprechen:

Von den Begierden nämlich sind die einen unvernünftig, die anderen aber vernünftig. »Unvernünftig« nenne ich alle die Begierden, welche nicht daraus resultieren, daß eine Annahme über etwas gemacht wird; von solcher Art sind alle diejenigen, die als natürlich bezeichnet werden, wie diejenigen, die durch den Körper vorhanden sind – zum Beispiel die Begierde nach Nahrung [Durst und Hunger], diejenigen nach jeder einzelnen Art von Nahrung, die Begierden, die mit dem Geschmack und der Sexualität zu tun haben, sowie überhaupt das, was den Tastsinn betrifft und was den Geruchssinn [von Wohlriechendem], den Gehörsinn und den Gesichtssinn betrifft. »Vernünftig« nenne ich alle die Begierden, die aus einer Überzeugung resultieren; vieles nämlich begehrt man zu sehen oder zu erwerben, wenn man davon gehört hat und davon überzeugt ist.[6]

Was Aristoteles in diesem Abschnitt über die vernünftigen Begierden sagt, ließe sich auch als Grundlage für eine Definition von Emotionen verwenden, wenn wir davon ausgehen, daß Emotionen für Aristoteles in der Regel eine Art von Begehren oder Streben sind, die mit bestimmten Überzeugungen verbunden sein müssen und – anders als die unvernünftigen Begierden – nicht nur durch den Körper zustande kommen.

Daß Aristoteles selbst vielleicht gar nicht an einer klaren Grenzziehung zwischen Emotionen und Affekten im engeren Sinn und anderen seelischen Phänomenen gelegen ist, wird möglicherweise auch daran deutlich, daß er eine eigentliche Wesensdefinition der Emotionen eher zu vermeiden scheint und statt dessen die Emotionen meistens durch Aufzählung einführt. Die vier Aufzählungen in der *Nikomachischen Ethik*, der *Eudemischen Ethik*, der *Rhetorik* und in *Über die Seele* stimmen nicht vollständig überein. Den meisten Listen gemeinsam sind die drei Emotionen Zorn (*orgê*, *thymos*), Furcht (*phobos*) und Mitleid (*eleos*). Begierde (*epithymia*) findet sich nur in den Listen der Ethiken, nicht aber in der *Rhetorik* und in *Über die Seele*. Die Liste aus der *Nikomachischen Ethik* ist die längste, aber auch sie ist nicht vollständig. In ihr fehlen Scham (*aidôs*), Dankbarkeit (*charis*) und Entrüstung (*nemesis*). Außer der Liste in *Über die Seele* ist den anderen der verallgemeinernde Verweis auf Lust und Schmerz gemeinsam. Die längste Aufzählung mit insgesamt elf Emotionen findet sich in der *Nikomachischen Ethik*:

6 Aristoteles, *Rhetorik* 1370a18-27.

Mit *pathê* meine ich Begierde (*epithymia*), Zorn (*orgê*), Furcht (*phobos*), Zuversicht (*tharsos*), Neid (*phthonos*), Freude (*chara*), Freundlichkeit (*philia*), Haß (*misos*), Sehnsucht (*pothos*), Ehrgeiz (*zêlos*), Mitleid (*eleos*), insgesamt das, dem Lust und Schmerz folgt.[7]

Die zweitlängste Aufzählung mit acht Emotionen findet sich in *Über die Seele*:

Es scheinen nun auch die Widerfahrnisse der Seele (*ta pathê tês psychês*) alle mit dem Körper verbunden zu sein: Zorn (*thymos*), Sanftmut (*praotês*), Furcht (*phobos*), Mitleid (*eleos*), Zuversicht (*tharsos*), ferner Freude (*chara*) und das Lieben (*to philein*) und Hassen (*misein*).[8]

Die Liste in der *Eudemischen Ethik* nennt vier Emotionen:

Mit *pathê* meine ich derartiges (*ta toiauta*): Zorn (*thymos*), Furcht (*phobos*), Scham (*aidôs*), Begierde (*epithymia*), insgesamt das, dem an sich (*kath' hauta*) in den meisten Fällen (*hôs epi to poly*) wahrnehmbare (*aisthêtikê*) Lust und Schmerz folgen.[9]

Abgesehen von den wechselnden Listen, mit denen Aristoteles die Emotionen in den verschiedenen Kontexten einführt, fällt zunächst auf, daß er den Begriff *ta pathê* bzw. *ta pathê tês psychês* selbst für erläuterungsbedürftig hält. Wörtlich sind damit zunächst einmal Widerfahrnisse der Seele jeglicher Art gemeint; so können auch Wahrnehmungen und ähnliches als »Widerfahrnisse der Seele« bezeichnet werden. Offenbar steht Aristoteles also kein genauerer Begriff zur Verfügung, mit dem er die Emotionen einführen könnte. Dies könnte ein Grund dafür sein, daß er stets auf die verschiedenen Beispiellisten zu sprechen kommt, weil erst durch die Beispiele deutlich wird, welche Art von Widerfahrnissen der Seele gemeint ist.

Obwohl der Begriff der *pathê* daher einerseits recht weit und unbestimmt ist, so scheint Aristoteles ihn nicht nur deshalb gewählt zu haben, weil er eine gebräuchliche Bezeichnung darstellte, sondern auch deshalb, weil er die für Emotionen im Aristotelischen Verständnis typische Passivität zum Ausdruck bringt. Dies wird im Kontext des vierten Kapitels des zweiten Buches der *Nikomachischen Ethik* deutlich, wo Aristoteles die *pathê* sowohl von den Fähigkeiten als auch von den Dispositionen unterscheidet mit dem Argument,

7 Aristoteles, *Nikomachische Ethik* 1105b21-23.

8 Aristoteles, *Über die Seele* 403a16-18.

9 Aristoteles, *Eudemische Ethik* 1220b12-14.

daß wir für *pathê*, wenn wir sie haben, nicht gelobt oder getadelt werden, weil wir uns nicht dafür entscheiden können, sie zu haben oder nicht zu haben.

Ein weiteres definitorisches Merkmal kommt in der Formulierung zum Ausdruck, daß die gemeinten Widerfahrnisse der Seele mit Lust und Schmerz verbunden sind. Die Formulierung »was Lust und Schmerz zur Folge hat«, die nicht im Sinne der zeitlichen Abfolge, sondern einfach im Sinne von »wo Emotionen sind, da ist auch Lust oder Schmerz« zu verstehen ist, ist recht unpräzise und läßt verschiedene Möglichkeiten zu, die Lust- oder Schmerzempfindung mit der Emotion zu kombinieren: Ob z. B. die Emotion selbst eine sich unter bestimmten Anlässen einstellende Lust- oder Schmerzempfindung darstellt oder ob die Emotion eine Reaktion auf einen erlittenen Schmerz oder eine empfundene Freude ist, oder ob Lust und Schmerz in zeitlichem Abstand auf die eigentliche Emotion folgt usw., bleibt bei dieser Formulierung ganz offen. Tatsächlich zeigt sich bei Aristoteles' Versuch, einzelne Emotionen zu definieren, daß diese auf die eine oder andere Weise mit Lust und Schmerz verbunden sind. Beim Zorn z. B. empfinden wir Schmerz über eine erlittene Erniedrigung und Lust, wenn wir an die bevorstehende Vergeltung denken. Bei der Furcht besteht eine Art von schmerzlicher Beunruhigung über bevorstehende Übel, beim Mitleid ein Schmerz über das unverdiente Unglück einer anderen Person, bei der Entrüstung ein Schmerz über jemandes unverdientes Wohlergehen. Dankbarkeit ist die emotionale Reaktion auf einen erwiesenen Gefallen, und dies wiederum ist mit Lust und Schmerz verbunden, weil uns ein Gefallen für gewöhnlich aus einem schmerzlichen Zustand befreit. Auch die Freundesliebe hat mit Lust und Schmerz zu tun, weil wir uns mit den Freunden mitfreuen, wenn ihnen etwas gelingt, und mit ihnen zusammen Schmerz empfinden, wenn es ihnen schlecht ergeht.

Eine weitere definitionsartige Beschreibung der Emotionen findet sich in der *Rhetorik*; der Aufzählungscharakter dieser Stelle sowie der Hinweis auf Lust und Schmerz bestätigen die bisher gemachten Beobachtungen:

Es sind die *pathê*, durch welche sich [die Menschen], indem sie sich verändern, hinsichtlich ihrer Urteile unterscheiden, die Dinge, denen Lust und Leid folgt, wie z. B. Zorn (*orgê*), Mitleid (*eleos*), Furcht (*phobos*) und was es sonst noch derartiges gibt (*kai hosa alla toiauta*), sowie die Gegenteile von diesen.[10]

Hier wird zusätzlich deutlich, daß Emotionen wesentlich in einer Veränderung bestehen und daß zumindest eine Kovarianz zwischen unseren aktuellen Emotionen und unseren Urteilen besteht. Was die Veränderung betrifft, so scheint Aristoteles hier an die konkreten physiologischen Veränderungen zu denken, die mit einer Emotion verbunden sind. Diese sind auch Gegenstand einer für das Verständnis der Emotionen wichtigen Stelle aus *Über die Seele*:

Wenn es sich aber so verhält, [daß bei allen Emotionen auch der Körper etwas erleidet,] ist klar, daß die Emotionen Begriffe in Materie (*logoi enhyloi*) sind, so daß die Definitionen von solcher Art sind, wie zum Beispiel: Das Zürnen ist eine Art von Bewegung des soundso beschaffenen Körpers – oder Körperteiles oder Vermögens [des Körpers] – aufgrund dieser bestimmten Ursache um dieses bestimmten Zweckes willen. [...] Auf verschiedene Art würden wohl der Naturwissenschaftler und der Dialektiker eine jede dieser [Emotionen] definieren, wie zum Beispiel, was Zorn ist: Denn der eine als Streben nach Vergeltung oder etwas Derartiges, der andere hingegen als »Kochen des Blutes und des Warmen um das Herz herum«. Von diesen gibt der eine die Materie an, der andere aber die Form und den Begriff.[11]

Emotionen haben diesem Abschnitt zufolge, wenn man so will, eine Doppelnatur: Einerseits können sie durch den Dialektiker definiert werden, welcher nicht weiter auf die körperlichen Bedingungen einer bestimmten Emotion eingehen wird. Der Dialektiker definiert z. B. den Zorn als ein »Streben nach Vergeltung«. Diese Definition allein macht jedoch noch nicht deutlich, durch welche Art von Veränderung der Zorn charakterisiert ist; hierfür muß man die Perspektive des Naturforschers einnehmen, der am Zorn die materiellen Ursachen hervorhebt und ihn als »Kochen des Blutes und des Warmen um das Herz herum« definiert. Keine dieser beiden Beschreibungen würde für sich genommen das Wesen des Zorns vollständig erfassen, weil alle Emotionen einen psychophysischen Charakter haben, d. h. zugleich Veränderungen des Körpers und der Seele sind. Die vollständige Definition des Zorns würde diesen daher als eine bestimmte Art von Bewegung oder Prozeß eines bestimmten Teils des Körpers aufgrund von bestimmten Ursachen (z. B. der beim

10 Aristoteles, *Rhetorik* 1378a19-22.

11 Aristoteles, *Über die Seele* 403a24-b2, übers. von Klaus Corcilius und Tim Wagner, leicht modifiziert.

Zorn erlittenen Erniedrigung) zu einem bestimmten Zweck (z. B. dem Streben nach Rache) definieren.

Von den Stoikern sind uns gleich mehrere definitionsartige Bestimmungen der Emotionen überliefert. Die meisten davon finden sich in späteren Anthologien, z. B. bei Diogenes Laertius aus dem 3. oder Johannes Stobaios aus dem 5. nachchristlichen Jahrhundert. Bei ihrer Blütenlese waren diese Autoren jedoch für Kontext und argumentative Funktion der gesammelten Bestimmungen meist unempfindlich, so daß es teilweise schwierig ist, deren ursprünglichen Status präzise zu rekonstruieren. So berichtet Diogenes, Chrysipp habe Emotionen für Urteile (*kriseis*) gehalten. Denn Geldgier, so Chrysipp, ist die Annahme (*hypolêpsis*), daß Geld gut sei (Diogenes Laertios, *Leben und Meinungen* 7, 111). In der von Stobaios überlieferten Anthologie wird den Stoikern dagegen die These zugeschrieben, Emotionen seien eine Art von Antrieben (*hormai*), die einerseits als eine Bewegung (*kinêsis*) der Seele auf etwas hin beschrieben werden, andererseits als eine Art Zustimmung (*synkatathesis*). Nur wenige Zeilen später fügt Stobaios eine weitere definitionsartige Bestimmung hinzu: Emotionen sind von den Stoikern auch als Meinungen (*doxai*) bezeichnet worden. Um das terminologische Vexierspiel vollständig zu machen, schließt sich ein kleines Referat über synonym verwendete Definitionsausdrücke an. Hier wird ausgeführt, daß in den stoischen Definitionen von Emotionen u. a. der Ausdruck »Meinung« (*doxa*) gleichbedeutend ist mit dem Ausdruck »schwache Annahme« (*asthenês hypolêpsis*). Dasselbe soll für den Begriff »Frisches« (*prosfaton*) – wohl im Sinne von *frischer* Meinung – und den Ausdruck »was eine irrationale (*alogon*) Zusammenziehung oder Emporhebung bewirkt« gelten (Stobaios 2, 7, 9 f.).

Hinter dieser verwirrenden Begriffsvielfalt läßt sich ein differenzierter Diskussionshintergrund erkennen, wie die folgende von Stobaios referierte Unterscheidung zeigt:

> Sie [die Stoiker] behaupten, daß alle Antriebe (*hormai*) Zustimmungen (*synkatatheseis*) seien und daß die praktischen [Antriebe] auch das Bewegende umfassen. Die Zustimmungen und die Antriebe sind aber auf je etwas anderes gerichtet. Denn die Zustimmungen werden zu bestimmten Sätzen gegeben, die Antriebe richten sich dagegen auf die Prädikate, die auf gewisse Weise in Sätzen enthalten sind, denen man zustimmt.[12]

12 Stobaios 2, 7, 9b1-9.

Folgendes kann das Gemeinte veranschaulichen: Den Stoikern zufolge ist die Lust auf ein Stück Kuchen einerseits die Zustimmung zu dem Urteil, daß Kuchen gut ist. Andererseits ist die Lust zugleich auch der Antrieb, dieses Stück Kuchen als etwas, das gut ist, zu essen. Dieses Beispiel zeigt zusätzlich, daß die von Stobaios referierten terminologischen Unterscheidungen primär inhaltliche Kontroversen zwischen verschiedenen stoischen Positionen widerspiegeln. Es macht nämlich einen Unterschied, ob man behauptet, Emotionen seien Urteile oder, epistemisch weniger stark, schwache Annahmen bzw. Meinungen. Anders gelagert ist der Unterschied zwischen der These, Emotionen seien Urteile, und der These, Emotionen seien Zustimmungen zu Urteilen. Denn Zustimmungen sind zwar auch eine Art von Urteilen, doch eben Urteile über Urteile bzw. Urteile zweiter Stufe.

Ein weiterer Reflex der innerstoischen Kontroversen über das Wesen der Emotionen spiegelt sich wider in der Verbindung der Formel »was eine irrationale (*alogon*) Zusammenziehung oder Emporhebung bewirkt« mit dem Ausdruck »Frisches«. Beide Formulierungen gehören in den Kontext der Frage nach der Ursache von Emotionen. Sucht man jedoch nach ihrer spezifischen Funktion, liegt es nahe, die Formel »was eine irrationale Zusammenziehung oder Emporhebung bewirkt« eher als Teil der Problemstellung zu rekonstruieren, während der Ausdruck »Frisches« eher eine mögliche Lösung darstellt. Gemeint ist vermutlich folgendes: Die stoische Position, wonach Emotionen Meinungen sind, muß auch das Phänomen erklären, daß die Intensität einer Emotion mit der Zeit nachläßt, obwohl das ihr zugeordnete Urteil bestehenbleibt. Wenn man z. B. einen Zug verpaßt, ärgert man sich. Normalerweise verfliegt dieser Ärger jedoch im Laufe der nächsten Minuten. Fragt man nun nach dem, was die »irrationale Zusammenziehung«, sprich: die Emotion des Sich-Ärgerns bewirkt, ist der Verweis auf das Urteil (ich komme zu spät) unbefriedigend, denn dieses Urteil bleibt ja erhalten, obgleich sich die »irrationale Zusammenziehung« löst. Dem Urteil muß deshalb ein zusätzliches Merkmal zukommen, um als Ursache der Emotion gelten zu können, und dies könnte z. B. die »Frische« sein. Denn nur wenn das Urteil frisch ist, bewirkt es Ärger. Die Frische des Urteils scheint sogar direkt proportional zur Intensität des Ärgers zu sein. Ist diese Rekonstruktion richtig, so wird zugleich deutlich, daß zumindest einige stoische Emotionsdefinitionen mit dem Ziel konzipiert sind, bestimmte Einwände adressieren zu können.

Eine wichtige Besonderheit stoischer Emotionsdefinitionen läßt sich bereits jetzt festhalten: Im Unterschied zu den Platonischen und Aristotelischen Wesensbestimmungen der Emotionen betonen stoische Definitionen einen besonders engen Bezug zwischen Emotionen auf der einen und kognitiven Zuständen wie Urteilen (ob erster oder zweiter Ordnung) bzw. Meinungen (ob frisch oder nicht) auf der anderen Seite. Dieser besondere, kognitive Zug wird auch im folgenden bestätigt.

Die schon erwähnte Überlieferungslage bringt es mit sich, daß wir uns bei manchen Stoikern auf erklärte Gegner und Kritiker des Stoizismus verlassen müssen. So schreibt Galen über Zenon, Chrysipp und den späteren Stoiker Poseidonios wie folgt:

> Wenn er [Chrysipp] anschließend überlegt, ob man die Emotionen für eine Art von Urteilen oder für etwas, was den Urteilen folgt, halten solle, weicht er in beiden Fällen von den alten [Stoikern] ab. [...] Denn bezüglich dieser Frage widerspricht er Zenon, sich selbst und auch vielen anderen Stoikern, die nicht die seelischen Urteile selbst, sondern auch die auf diese folgenden irrationale Zusammenziehung, Niedergeschlagenheit und nagende Schmerzen oder Emporhebung und Ausweitungen für die Emotionen der Seele halten. Poseidonios hat sich sogar vollständig von den beiden Ansichten entfernt. Denn er glaubt weder, daß Emotionen Urteile, noch, daß sie etwas den Urteilen Folgendes sind, sondern daß sie durch das muthafte und begehrende Vermögen entstehen, wobei er in jeder Hinsicht der alten [Platonischen] Erklärung folgt.[13]

Neben dem schon festgestellten Fokus auf die enge Beziehung zwischen kognitiven Zuständen und Emotionen kommt bei Galen eine weitere Eigentümlichkeit stoischer Emotionsdefinitionen zum Vorschein. Zur Beschreibung dessen, was den Stoikern zufolge auf Urteile folgt, benutzt Galen besonders anschauliche und schwer zu übersetzende Ausdrücke wie »irrationale Zusammenziehung«, »Niedergeschlagenheit«, »nagende Schmerzen«, »Emporhebung« und »Ausweitungen«. Zwei dieser Ausdrücke, nämlich »irrationale Zusammenziehung« und »Emporhebung«, sind auch von Stobaios angeführt worden. Dies deutet darauf hin, daß sie zum typisch stoischen Vokabular der Emotionsbestimmung gehören. Fragt man nach deren besonderer Funktion, so bietet sich folgende Erklärung an: Emotionen haben nicht nur kognitive oder körperliche Aspekte. Emotionsepisoden werden auch erlebt und fühlen

13 Galen, *De placitis Hippocratis et Platonis* 4, 3, 1-4.

sich auf eine bestimmte Weise an. Diese empfundene Gefühlskomponente einer Emotion wird als deren phänomenaler Aspekt bezeichnet. Die stoischen Ausdrücke »irrationale Zusammenziehung«, »Niedergeschlagenheit«, »nagende Schmerzen« usw. können nun gut als Versuche verstanden werden, genau diesen Empfindungsaspekt der Emotionen zu beschreiben. Anders als Platon und Aristoteles scheinen die Stoiker bei der Wesensbestimmung der Emotionen also nicht nur den kognitiven Komponenten, sondern auch den sprachlich so schwer faßbaren phänomenalen Gefühlskomponenten eine herausragende Rolle zugewiesen zu haben.

Trotz der teilweise überlieferungsgeschichtlich bedingten Unsicherheiten scheint die folgende Passage aus Stobaios die auf den Schulgründer Zenon zurückgehenden stoischen Emotionsbestimmungen im Kern adäquat zu zitieren:

> Da also Emotionen zur Gattung der Antriebe gehören, reden wir anschließend über Emotionen. Sie [die Stoiker] behaupten, daß Emotion ein über das Ziel hinausschießender und der wählenden Vernunft ungehorsamer Antrieb ist oder eine unvernünftige, widernatürliche Bewegung der Seele. Sie behaupten auch, daß alle Emotionen zu dem herrschenden [Teil] der Seele gehören, weshalb sie auch sagen, daß jedes Verrücktwerden (*ptoia*) eine Emotion und umgekehrt jede Emotion ein Verrücktwerden ist.[14]

An diesem Text wird eine weitere wichtige Besonderheit stoischer Emotionsbestimmungen deutlich: Im Unterschied zu Platon und Aristoteles benutzen die Stoiker bei der Definition der Emotionen normativ gesättigte Ausdrücke wie »über das Ziel hinausschießen«, »der wählenden Vernunft ungehorsam«, »unvernünftig«, »widernatürlich« und »Verrücktwerden«. Schon in ihrem definitorischen Vokabular kommt also die fundamentale Ablehnung der Emotionen zum Ausdruck, für die sie in der Antike berüchtigt waren.

4. Kataloge

Antike Philosophen haben nicht nur versucht, das Wesen von Emotionen im allgemeinen zu bestimmen. Sie haben auch erstaunlich viele Einzelemotionen definiert. Die ausgereifteste Systematisierung solcher Einzeldefinitionen wurde wohl von dem Stoiker Chrysipp

14 Stobaios 2, 7, 9b6-10, 5.

entwickelt, der insgesamt 79 Einzelemotionen benannt, unterschieden und nach Gattungen, Arten und Unterarten klassifiziert hat. Seiner Systematik zufolge ist z. B. Ehrsucht – definiert als »maßlose Begierde nach Ehre« – die zweiundzwanzigste von siebenundzwanzig Arten der Begierde, wobei die Gemeinsamkeit aller Begierden darin besteht, daß sie unvernünftig auf ein zukünftiges, scheinbares Gut gerichtet sind. Manche dieser Begierden, wie z. B. der Zorn – definiert als »Begierde nach Rache an einem, der ungerecht gehandelt zu haben scheint« – zerfallen Chrysipp zufolge weiter in Unterarten. Im Falle des Zornes sind dies Wut, Widerwillen, Erbitterung, Groll und Ingrimm. Wut wird dabei von Widerwillen anhand der Dauer unterschieden: Ersteres ist ein beginnender, letzteres dagegen ein »durchgorener«, d. h. wohl ein schon lange gehegter Zorn. Erbitterung und Groll dagegen unterscheiden sich eher hinsichtlich der Expressivität, sofern erstere ein Zorn ist, der »sogleich ausbricht«, während letzterer als ein »zum Älterwerden abgestellter« Zorn bestimmt wird.

Chrysipp war jedoch weder der einzige noch der erste antike Philosoph, der sich intensiv mit den Definitionen einzelner Emotionen beschäftigte. Zuvor haben u. a. schon Platon, Mitglieder der Platonischen Akademie und Aristoteles wichtige Beiträge zur Bestimmung und Systematisierung einzelner Emotionen geleistet. So skizziert z. B. Platon in seinem letzten Werk, den *Gesetzen*, den Unterschied zwischen zwei Arten von Furcht, nämlich der Furcht vor körperlichen Schmerzen und der Scham, die er als eine Furcht vor übler Nachrede beschreibt. In den unter Platons Namen überlieferten *Definitionen* finden sich sodann zwölf Bestimmungen verschiedener Emotionen, während Aristoteles in seiner *Rhetorik* und den Ethiken siebzehn verschiedene Einzelemotionen diskutiert.

Insgesamt kann man daher von Platon bis Chrysipp ein stetiges Anwachsen der Anzahl definierter Emotionen feststellen. Zusammen mit der Tatsache, daß der Anstoß für die von Chrysipp durchgeführte vollständige Systematisierung aller Emotionen auf Platon zurückgeführt werden kann, könnte dies zu der Annahme führen, man hätte so etwas wie ein kumulatives Gemeinschaftsprojekt *der* antiken Philosophen vor sich, an dessen vermeintlichem Ende Chrysipps neunundsiebzig sauber unterschiedene und systematisch geordnete Einzelemotionen stünden. Bei einer genaueren Betrachtung der uns von Platon, der Akademie, Aristoteles und Chrysipp überlieferten Texte entsteht jedoch ein anderer Eindruck: Philosophen verschiedener Strömungen haben sich zu verschiedenen Zeiten aus je unterschiedlichen Motiven und Forschungsinteressen heraus mit der Katalogisierung und Definition von Einzelemotionen beschäftigt. Dementsprechend dienten die uns überlieferten Definitionen je nach Kontext unterschiedlichen Zwecken und hatten wohl auch in den Augen ihrer Urheber einen je unterschiedlichen Status. Im folgenden sollen die wichtigsten Unterschiede Platonischer, akademischer, Aristotelischer und stoischer Emotionskataloge kurz herausgearbeitet werden.

Platon: Am Anfang der philosophisch motivierten Systematisierung von Emotionen steht der Dialog *Philebos*. An einer frühen Stelle findet sich folgender Wortwechsel:

> Protarchos: Schau also, was wir tun sollen. Denn Sokrates scheint uns hinsichtlich der Arten von Lust zu fragen, ob es welche gibt oder nicht, wie viele und wie beschaffen sie sind [...]. – Sokrates: Du sprichst sehr wahr, Sohn des Kallios. Falls wir nämlich nicht in der Lage sein sollten, dies hinsichtlich jedes Einen und Gleichen und Selben zu tun [...], würde wohl keiner von uns je auch nur im geringsten zu irgend etwas taugen.[15]

Protarchos skizziert hier das anspruchsvolle Projekt einer vollständigen Einteilung (»wie viele«) und Bestimmung (»wie beschaffen«) aller Arten der Lust. Sokrates' Antwort zeigt, daß dieses Projekt nicht nur alle Arten der Lust betrifft und nicht einmal nur die Klasse der Emotionen umfaßt. Vielmehr handelt es sich um ein universales Forschungsvorhaben, bei dem potentiell alles (»jedes«) vollständig klassifiziert werden muß, bevor man »auch nur im geringsten zu irgend etwas taugt«. Bezeichnenderweise hat Platon dieses allumfassende Projekt selbst nie durchgeführt. Im Fortgang des Dialoges läßt er Sokrates sogar die Durchführung des kleineren Projekts einer Klassifikation der Lustarten für nicht notwendig erklären, da er im weiteren unter der Annahme argumentieren wird, daß die Lust nicht das Gute sei (*Philebos* 20b6-c6). Obwohl man folglich kaum von Platonischen Emotionskatalogen sprechen kann, bleibt der *Philebos* der Ort, an dem zum ersten Mal die Forderung einer vollständigen Klassifikation aller Emotionen formuliert wird. Zwei Dinge sind dazu zu sagen: Erstens ist Platons Forderung nicht durch ein spezifisches

15 Platon, *Philebos* 19b1-8.

Interesse an Emotionen motiviert. Vielmehr ist sie nur die Anwendung einer allgemeinen holistischen Intuition, der zufolge etwas erst dann gewußt wird, wenn sein systematischer Ort in bezug auf alles andere bekannt ist. Zweitens spielen bei Platons Entscheidung, nicht einmal die Arten von Lust zu klassifizieren, zur praktischen Philosophie gehörende Überlegungen zum Wert der Lust eine wichtige Rolle: Die Einteilung der Lüste nach Arten scheint nicht mehr nötig, da Lust nicht mit dem Guten zusammenfällt (*Philebos* 20b9-c5). Diese Art praktischer Überlegungen wird uns bei Chrysipp wieder begegnen.

Akademische Definitionen: Einige Emotionsbestimmungen finden sich in einem unter dem Titel *Definitionen* im Platonischen Corpus überlieferten Katalog. Dieser Katalog enthält weder ausschließlich noch vornehmlich Emotionsdefinitionen, sondern stellt eine ungeordnete Sammlung verschiedenster Bestimmungen dar. So haben z. B. die ersten fünf Bestimmungen das Ewige, Gott, Werden, Sonne und Zeit zum Gegenstand. Wie man aus dem für die Emotionsdefinitionen verwendeten Vokabular erschließen kann, sind viele sicher späteren, d. h. nachplatonischen und nacharistotelischen Datums. Manche dagegen, wie z. B. die Definition der Freundschaft als »Übereinstimmung hinsichtlich schöner und gerechter Dinge« oder die Bestimmung der Furcht als »Erschrecken der Seele aufgrund der Erwartung eines Übels«, könnten im Kern durchaus aus den Gründungsjahren der Platonischen Akademie stammen.

Doch damit ist nur für die zeitliche Einordnung argumentiert, nichts jedoch zu der Frage gesagt, warum die Mitglieder der Akademie sich überhaupt für Einzelemotionen interessiert haben könnten. Eine Vermutung wäre die, daß sich darin Spuren eines genuinen Interesses an der Systematisierung und Klassifikation von Einzelemotionen zeigt, vielleicht sogar Versuche, Platons Forderung aus dem *Philebos* zu realisieren. Dagegen spricht jedoch nicht nur die unsystematische Art der Darstellung: Manche Definitionen sind zusammengenommen zirkulär. So wird z. B. Furcht als »ein *Erschrecken* der Seele aufgrund der Erwartung eines Übels« bestimmt, während Erschrecken nur wenige Zeilen später als »*Furcht* aufgrund der Erwartung eines Übels« definiert wird. Gegen ein primär systematisierendes Interesse an Emotionen spricht u. a. auch die Tatsache, daß manchmal mehrere, zum Teil konkurrierende Definitionen derselben Emotion geboten werden. Von der Freundschaft werden z. B. kommentarlos sechs verschiedene Definitionen aufgezählt.

Ein wichtiger Hinweis darauf, mit welchem Forschungsinteresse Definitionen einzelner Emotionen in der frühen Akademie diskutiert worden sind, läßt sich aus einer Passage der Aristotelischen *Topik* (125b28-34) gewinnen, die generell zu den frühen Werken des Aristoteles gezählt und seiner Zeit in der Platonischen Akademie zugeordnet wird. Aristoteles legt hier dar, daß Schmerz zwar den Zorn begleitet, nicht jedoch die Gattung von Zorn sei, so daß Zorn auch nicht schlechthin als eine Art von Schmerz definiert werden dürfe. Aristoteles' Erwähnung und Kritik einer in seinen Augen verfehlten Definition des Zorns ist in zweifacher Hinsicht aufschlußreich: Zusammen mit der Annahme, daß die *Topik* eine Art systematisierendes Lehrbuch für die in der Platonischen Akademie praktizierten dialektischen Übungsgespräche war, bestätigt sie zum einen den Eindruck, daß Emotionsdefinitionen eine gewisse Rolle im Curriculum der frühen Akademie spielten. Der allgemeine, definitionstheoretische Kontext, in dem Aristoteles diese akademische Bestimmung des Zornes diskutiert, legt zusätzlich aber noch folgende Vermutung nahe: Emotionsbestimmungen waren nicht nur aufgrund eines spezifischen Interesses an *Emotionen* Gegenstand dialektischer Übungsgespräche. Sie scheinen zumindest auch, wie in Aristoteles' *Topik*, dazu verwendet worden zu sein, allgemein formale Merkmale von Definitionen durchzuspielen, wie z. B. die Frage, wann etwas eine Gattung ist. Diese eher definitionstheoretische Fragestellung bei der Katalogisierung von Emotionsdefinitionen könnte zumindest besser erklären, weshalb gleich sechs Bestimmungen der Freundschaft gesammelt wurden oder auch warum die Beziehungen der Definitionen untereinander von untergeordnetem Interesse waren.

Aristoteles: Aristoteles' ausführlichste Abhandlung über die Emotionen findet sich im zweiten Buch seiner *Rhetorik*, wo sich auch insgesamt siebzehn zum Teil sehr reichhaltige Definitionen von Emotionen finden. Die Motivation, einzelne Emotionen in der *Rhetorik* zu definieren, ist offensichtlich und wird im Text explizit gemacht: Da die kontrollierte Emotionserregung eines der drei kunstgemäßen Überzeugungsmittel ist, muß der Redner verläßliches Wissen über die jeweils zu erregenden Emotionen haben. Aristoteles veranschaulicht dies am Beispiel des Zorns: Ein Redner wird nur dann in der

Lage sein, bei seinen Zuhörern Zorn zu erregen, wenn er weiß, in welchem Zustand, wem gegenüber und aus welchen Gründen Menschen gewöhnlich zornig werden (*Rhetorik* 1378a22-26). Diese technischen Anforderungen allein schließen schon aus, daß die von Aristoteles in der *Rhetorik* zugrunde gelegten Emotionsdefinitionen in dem Sinne »dialektischer« Natur sind, daß sie nur landläufig anerkannte Meinungen darüber wiedergeben, was eine bestimmte Emotion sei: Um Zorn zu erregen und zu steuern, muß der Redner wissen, was Zorn wirklich ist, und nicht, was seine Zuhörer glauben, daß Zorn sei.

Es wäre jedoch vorschnell, daraus zu schließen, Aristoteles biete in der *Rhetorik* vollständige wissenschaftliche Emotionsdefinitionen. So werden z. B. die im ersten Buch der naturwissenschaftlichen Schrift *Über die Seele* thematisierten, für Emotionen essentiellen körperlichen Bedingungen und Zustände in den Definitionen der *Rhetorik* nicht erwähnt. Offensichtlich deshalb, weil sie außerhalb dessen liegen, worauf der Redner unmittelbar einwirken kann. Bei genauerer Betrachtung scheint es sogar vorschnell, zu behaupten, die Emotionsdefinitionen in der *Rhetorik* seien so wissenschaftlich, wie es für ihre Verwendung durch den Redner nötig sei, und spiegelten in dieser Hinsicht getreulich Aristoteles' Wissensstand wider. Bemerkenswerterweise leitet Aristoteles nämlich viele der einzelnen Definitionen nicht nur mit dem hypothetischen Ausdruck »es *sei*« ein, sondern iteriert und unterstreicht diesen hypothetischen Status der Definitionen, indem er die sich anschließenden Ausführungen als Konditionalsätze formuliert. So beginnt z. B. die Definition des Zorns mit dem Ausdruck »Es *sei* also Zorn [...]«, woran sich die Formulierung knüpft: »*Falls* dies also Zorn ist, *dann* ist notwendig [...]«. Genauso wird auch die Definition des Liebens eingeleitet durch die Formel »Es *sei* also das Lieben [...]«, während die sich daran anschließenden Ausführungen mit der Formulierung beginnen: »*Falls* dies aber zugrunde liegt, *dann* [...]«. Es ließe sich zeigen, daß diese hypothetisch-inferentielle Struktur die ganze Emotionsabhandlung durchzieht.

Eine Erklärung dieses Befundes könnte folgende sein: Bei der Emotionsabhandlung im zweiten Buch der *Rhetorik* handelt es sich weder um eine ausgearbeitete Emotionstheorie, noch läßt sich daraus eine Sammlung von im starken Sinne endgültigen Emotionsdefinitionen isolieren. Im Kontext der *Rhetorik* ist Aristoteles weder an dem einen noch dem andern interessiert. Vielmehr wird unter Verwendung vorläufiger – und in diesem schwachen Sinne auch »dialektischer« – Definitionen eine entscheidende rhetorische Kompetenz vorgeführt, nämlich die eher formale Fähigkeit, von solchen (oder besseren) Emotionsdefinitionen ausgehend, die in der jeweils konkreten Situation relevanten Dinge ableiten zu können. Sieht man die Veranschaulichung einer rhetorischen Kompetenz als eine Hauptfunktion der Emotionsabhandlung, wird verständlich, warum Aristoteles bei der Ausformulierung mancher Emotionsdefinitionen scheinbar so nachlässig ist. Statt z. B. Haß zu definieren, sagt er nur, es sei offensichtlich, daß man ihn als das Gegenteil des Liebens betrachten müsse.

Stoa: In einem gewissen Sinne bietet zuerst der Stoiker Chrysipp mit seiner systematischen Unterscheidung von neunundsiebzig Emotionen die doktrinäre Ausarbeitung der Platonischen Forderung einer vollständigen Klassifikation aller Emotionen. Eine interessante Frage lautet nun, warum weder Platon selbst noch die Platoniker der frühen Akademie noch auch der Platonschüler Aristoteles es unternommen haben, diese ursprünglich Platonische Forderung in die Tat umzusetzen, sondern dies gerade einem Stoiker zugefallen ist, wo doch die Stoiker für ihre ablehnende Grundhaltung zu Emotionen bekannt sind. Die Antwort ist schon in der Frage enthalten. Wirft man nämlich einen genaueren Blick auf Chrysipps Hauptunterscheidungen, so ist folgendes festzustellen: Auf der obersten Ebene gibt es die Unterscheidung zwischen den »vernünftigen«, d. h. guten, und den »unvernünftigen«, d. h. schlechten Emotionen. Von den ersteren gibt es drei Hauptgattungen mit neun Arten. Die letzteren, unvernünftigen, schlechten und deshalb zu unterdrückenden Emotionen gliedern sich hingegen in vier Hauptgattungen mit insgesamt siebzig Arten und Unterarten.

Schon an dieser zahlenmäßigen Verteilung sieht man, daß die Stoiker sich vornehmlich mit den »schlechten« Emotionen beschäftigt haben. Darauf bauend, könnte man folgende Hypothese formulieren: Ebenso wie bei Platon Überlegungen zum ethischen Wert der Emotionen oder spezieller der Lust dazu geführt haben, das Projekt einer Klassifikation liegenzulassen, so könnte auch bei dem Stoiker Chrysipp (anderslautende) Überlegungen über den ethischen Wert der Emotionen dazu geführt haben, das Platonische Projekt vollständig zu realisieren. Da die Beherrschung und Unterdrückung schlechter Emotionen den Stoikern zufolge die Bedingung glücklicher Lebensführung ist, scheint es notwendig, das, was es zu unterdrücken und zu kontrollieren gilt, genauestens zu kennen. Die zugrundeliegende Motivation würde in der Formel zusammengefaßt: »Kenne deinen Feind!« War für Platon die Klassifikation der Lüste nicht mehr notwendig, da Lust nicht mit dem Guten zusammenfiel, scheint dieses Thema bei den Stoikern wieder virulent geworden zu sein, da Lust und andere Emotionen ihrer Meinung zufolge mit dem Schlechten zusammenfielen. Zusammenfassend läßt sich also folgendes sagen: Neben Platons und Chrysipps im Rahmen der praktischen Philosophie angesiedelten Forschungsprojekten zu den Einzelemotionen sind Emotionen in der Akademie auch im Kontext definitionstheoretischer Übungen, in Aristoteles' *Rhetorik* dagegen auch zur Veranschaulichung bestimmter rhetorischer Kompetenzen verwendet worden.

Hilge Landweer und Catherine Newmark

Seelenruhe oder Langeweile, Tiefe der Gefühle oder bedrohliche Exzesse?

Zur Rhetorik von Emotionsdebatten

1. Konjunkturen, Intensitäten, Muster

Die Intensität der theoretischen Auseinandersetzung mit dem Phänomen und Problem der Emotionen bleibt sich nicht zu allen Zeiten gleich. Es gibt, zumindest in Neuzeit und Moderne, Phasen auffälligen Interesses, in denen Konzeption und Beurteilung der Emotionen anscheinend neu zur Disposition gestellt werden. Dies gilt ohne Zweifel für das 17. Jahrhundert mit seiner geradezu ausufernden philosophischen, moralistischen und literarischen Beschäftigung mit den »Passionen« oder »Affekten«, für die Empfindsamkeitsbewegung der zweiten Hälfte des 18. Jahrhunderts, für die phänomenologische Philosophie, aber auch die politischen Ideologien des frühen 20. Jahrhunderts und schließlich für die geistes-, kultur- und naturwissenschaftliche Großoffensive der letzten zwanzig Jahre.[1]

Auch die Bewertung von Emotionen ist in der Philosophie- und Geistesgeschichte starken Konjunkturen unterworfen. Ob Emotionen eher als gut oder schlecht, wünschenswert oder schädlich gelten, ist auf den ersten Blick eine Frage ihrer philosophischen Konzeption und der damit verbundenen ethischen Grundannahmen. Diese sind aber zwangsläufig auch eingebunden in theoretische Debatten, die auf Traditionen und auf den in diesen vollzogenen Abgrenzungen aufruhen; sie sind beeinflußt durch die Methodendiskussionen und den Wissensstand anderer wissenschaftlicher Disziplinen. Und sie sind nicht nur auf einen philosophischen und wissenschaftlichen Kontext bezogen, sondern antworten auch auf einen praktischen Orientierungsbedarf. Daß Gefühle überhaupt thematisch werden,

1 In diesem Text verwenden wir »Affekt«, »Passion«, »Pathos«, »Emotion« und »Gefühl« synonym. Für eine genauere Differenzierung dieser Begriffe vgl. die Einleitung von Catherine Newmark in: *Passion – Affekt – Gefühl. Philosophische Theorien der Emotionen zwischen Aristoteles und Kant* (Paradeigmata 29), Hamburg 2008, besonders S. 9-11, sowie die dort angegebene Literatur; außerdem Hilge Landweer, Ursula Renz, »Zur Geschichte philosophischer Emotionstheorien«, in: dies. (Hg.), *Klassische Emotionstheorien. Von Platon bis Wittgenstein*, Berlin 2008, S. 1-17, hier S. 3 f.

scheint nicht zuletzt darauf hinzuweisen, daß die jeweils üblichen Umgangsweisen mit Emotionen als unzulänglich wahrgenommen werden.

Historisch gesehen wechseln sich bezüglich der Einschätzung der Emotionen nicht unbedingt Phasen expliziter Abwertung mit solchen großer Wertschätzung ab – das ist eher die Ausnahme –, sondern vielmehr solche relativen Desinteresses mit solchen hoher Aufmerksamkeit. Oft scheinen sogar gleichzeitig starke Abwertung und ebenso entschlossene Aufwertung der Emotionen sich wechselseitig zu verstärken. Paradigmatisch für eine solche Konstellation ist sicherlich das 17. Jahrhundert, in dem das Spektrum der gesteigerten theoretischen Beachtung der Passionen vom Ideal der Seelenruhe, das auch von den Neustoikern angestrebt wird, bis zur expliziten Passionskultivierung höfischer Moralisten reicht. Ähnlich kann man im 18. Jahrhundert die Philosophie des *moral sense* als Reaktion auf die rationalistischen Ethiken und den Gefühlsüberschwang der Empfindsamkeit als Antwort auf die Vernunfteuphorie der Frühaufklärung verstehen.

Im 20. Jahrhundert schließlich lassen sich mehrere Gegenbewegungen und Abgrenzungen ausmachen: Zu Beginn des Jahrhunderts artikuliert sich – vielleicht als Reaktion auf den Metaphysikverlust der Moderne – eine Suche nach authentischen Gefühlen, auf die von seiten der Philosophie die sehr intensive phänomenologische Beschäftigung mit Emotionen bezogen werden kann, die bis in die 1920er und 1930er Jahre reicht. Es ist nicht ganz leicht zu analysieren, in welchem genauen Zusammenhang diese theoretischen Bemühungen mit jenem Authentizitäts- und Natürlichkeitskult stehen, der zunehmend in nationalistische und nationalsozialistische Richtungen fruchtbar gemacht wird.[2] In der Folge dieses Mißbrauchs und nach der Katastrophe des Nationalsozialismus und des Zweiten Weltkriegs gelten dann Emotionen als nachhaltig diskreditiert, und gerade die Philosophie befleißigt sich erneut einer eher rationalistischen Zugangsweise.[3] Als Antwort auf solche Einseitig-

2 Vgl. Martina Kessel, »Gefühle und Geschichtswissenschaft«, in: Rainer Schützeichel (Hg.), *Emotionen und Sozialtheorie. Disziplinäre Ansätze*, Frankfurt/M., New York 2006, S. 29-47, hier S. 37 f. Zur politischen Bedeutung des Körpers im Nationalsozialismus vgl. Paula Diehl (Hg.), *Körper im Nationalsozialismus: Bilder und Praxen*, Paderborn 2006.

3 Dies gilt vor allem im angelsächsischen Raum für die analytische Philosophie, die

keiten, die nicht nur die gesamte Wissenschaft, sondern auch die öffentlichen Normen für den Umgang mit Gefühlen bis weit in das letzte Drittel des 20. Jahrhunderts bestimmen, kann dann wiederum das große Interesse an Emotionen in den vergangenen zwanzig Jahren gesehen werden. Auch hier artikuliert sich allerdings nicht eine einhellige Gefühlsbegeisterung, sondern es gibt ein breites Spektrum an Analysen und Bewertungen der Funktion von Gefühlen; insbesondere zeichnet sich die gegenwärtige Debatte durch eine relativ starke Betonung kognitiver und im weitesten Sinne ökonomischer oder ökonomisch verwertbarer Aspekte aus, etwa Überlegungen zur Zweckoptimierung des Gefühlshaushaltes.

Es wird in all diesen Debatten deutlich, daß es bei der Frage nach Emotionen nie nur um eine formulierte theoretische Position geht. Vielmehr sind nicht nur die Art der Formulierung, sondern auch die Inhalte der jeweiligen Positionen unmittelbar abhängig von der rhetorischen Gesamtsituation. Es geht stets darum, auf welche Parteiungen und Konstellationen ein Autor antwortet und was in der Diskussion als selbstverständlich vorausgesetzt wird, ohne daß es eigens thematisch würde. Wesentlich für eine Position ist mithin das, wogegen sie sich abgrenzt. Gefühlskonjunkturen sind spezifische rhe-

sich in dieser Zeit auch in der deutschsprachigen Philosophie langsam durchzusetzen beginnt. Die Frankfurter Schule, Ernst Bloch und Hermann Schmitz dagegen repräsentieren höchst unterschiedliche Gegentendenzen zu einem einseitigen Rationalismus; sie machen bereits in den 1950er und frühen 1960er Jahren Gefühle zu ihrem Gegenstand. Bloch beschäftigt sich in einem seiner zentralen Werke, dem *Prinzip Hoffnung* (1954-1959), eingehend mit den Erwartungsaffekten. – Vor allem in den 1960er und 1970er Jahren findet eine Auseinandersetzung mit Emotionen im Rahmen von Gesellschaftskritik statt. Wenn auch weniger in der Philosophie, so gewinnt das Thema doch besonders in der aufkommenden Sozialpsychologie sowie in der Psychoanalyse an Interesse. Hierbei sind jedoch fast ausschließlich solche Emotionen Gegenstand der Untersuchungen, die sich auf die Aufarbeitung des Nationalsozialismus, die Kritik von Autorität, von Machtverhältnissen, Destruktivität und Familie sowie des Kapitalismus beziehen. Vgl. dazu z. B. die Bücher von Erich Fromm, *Die Kunst des Liebens* (1956) und *Anatomie der menschlichen Destruktivität* (1974) oder die Studien von Alexander und Margarete Mitscherlich, *Die Unfähigkeit zu trauern* (1967), *Eine deutsche Art zu lieben* (1970) oder Theodor W. Adorno, *Studien zum autoritären Charakter* (hg. von Ludwig von Friedeburg 1973; die Studie zur autoritären Persönlichkeit stammt jedoch bereits aus den 1950er Jahren und entstand in den USA unter Mitarbeit u. a. von Erich Fromm). Hermann Schmitz publiziert ab 1964 sein *System der Philosophie*, das deutlich antirationalistische Züge trägt. Keine dieser Positionen dominiert allerdings in der Zeit vom Kriegsende bis zur Studentenbewegung die akademische Philosophie.

torische Situationen, die auf historische Gegebenheiten und tradierte Debatten reagieren; die Auffassung dessen, was Emotionen sind, ebenso wie ihre positive oder negative Einschätzung müssen als kontextabhängig in einem sehr starken Sinne verstanden werden.

Dabei erweist sich die heute oft geäußerte Vermutung, es handle sich in der Geistesgeschichte der Emotionstheorien im wesentlichen um einen Kampf Vernunft *versus* Gefühl,[4] als falsch. Die Oppositionen, welche die Debatten bestimmen, sind meist kleinteiliger und spielen sich sozusagen emotionsintern ab. Es ist nicht die Frage, ob Emotionen im ganzen gut oder schlecht sind beziehungsweise ob man Gefühl oder Vernunft bevorzugen solle, um die sich der Dissens in Zeiten lebhafter Gefühlsdebatten vorrangig dreht, sondern meist geht es feinkörniger um Fragen des Maßes und der Angemessenheit, um erlaubte Intensitäten, um gefährliche und ungefährliche Arten, um Status und Wert einzelner Gefühle, um sensible Rationalitäten. Wie heftig oder wie mild sollen Emotionen sein, wie stark sollen sie auf die Vernunft bezogen bleiben? Welche Emotionen gilt es in jedem Fall zu beherrschen, und welche können auch positiv wirken? Wie »ruhig« oder »bewegt« soll die Seele sein? Ist die relative Absenz von Emotionen als wünschenswerte Ausgewogenheit der Seele anzusehen, oder aber als bedauerliche Gefühlskälte, als anzustrebende Gleichmütigkeit oder als schreckliche Langeweile? Führen umgekehrt heftige Emotionen zu einem Ungleichgewicht der Seele, oder liegt im Gegenteil in einer ausgeprägten Emotionalität eine bereichernde Fülle und Intensität des Erlebens, die möglicherweise sogar ethisch sinnvoll und notwendig für ein gelingendes Leben ist?

Betrachtet man die verschiedenen Phasen emotionstheoretischer Konjunkturen, drängt sich der Eindruck auf, daß sich diese Fragen in immer neuen Varianten wiederholen; der Rahmen möglicher Thematisierung wird immer wieder durch ähnliche Abgrenzungen und Muster vorgegeben. Bis mindestens ins 18. Jahrhundert ist dieser Rahmen mit den von der Antike her tradierten philosophischen Schulen Stoizismus und Aristotelismus und dem sie bestimmenden Gegensatz von Seelenruhe und Mäßigung assoziiert. Interessant erscheint uns im Hinblick auf diese Traditionen die Frage, ob diese

4 Das legt z. B. Matthias Kettner, »Kommunikative Vernunft, Gefühle und Gründe«, in: Gertrud Koch (Hg.), *Auge und Affekt. Wahrnehmung und Interaktion*, Frankfurt/M. 1995, S. 123-146, hier S. 123, nahe.

Muster auch in den Emotionsdebatten des 20. Jahrhunderts noch auffindbar sind, selbst wenn die mit ihnen verbundenen antiken Schulen sicherlich längst ihre prägende Kraft eingebüßt haben und nicht mehr obligater Fixpunkt allen Philosophierens sind. Klar ist, daß etwa der stoische Begriff der »Seelenruhe« in den aktuellen Debatten keinerlei Rolle mehr spielt; aber Angemessenheit und Unangemessenheit sind heute ebenso wie bei Aristoteles gängige Qualifizierungsmomente von Emotionen, und wie die Stoiker reden wir heute noch von pathologischen Emotionen und von positiven, guten Gefühlen. Alter Wein in neuen Schläuchen? Oder werden die alten Muster durch die neuen Diskurskonstellationen doch nachhaltig modifiziert?

Um diese Frage einer Klärung zuzuführen, wollen wir mit den folgenden Überlegungen zunächst ein Schlaglicht auf den klassischen Tradierungskontext und seine Ausprägung im 17. Jahrhundert werfen, um sodann einige zeitdiagnostische Überlegungen zur Emotionsdiskussion an der Wende vom 20. zum 21. Jahrhundert und damit auch zu der Debatte, von der wir selbst und dieses Buch ein Teil sind, anzustellen.

2. Stoische Apathie: Das Ideal der Seelenruhe

Grob gesagt geht es beim klassischen Streit zwischen stoischer und aristotelischer Emotionsphilosophie um die Opposition von Affektlosigkeit *versus* Mäßigung der Affekte. Für die Stoa gelten Emotionen als grundsätzlich problematisch, als Krankheiten, die zu heilen sind, während sie in der Aristotelischen Theorie zwar Gegenstand ethischer Sorge sind und der Mäßigung durch die Vernunft bedürfen, aber auch durchaus eine nützliche und zweckdienliche Strebefunktion haben.

In der stoischen Schule werden Emotionen als falsche Urteile verstanden: Die Emotionen (*pathê*) gelten als Zustimmung zu einer falschen sinnlichen Wahrnehmung und der dazugehörigen Wertung. Sie sind zugleich die mit dieser Wertung verbundenen Handlungsimpulse.[5] Das Fehlerhafte des Emotionsurteils liegt für die Stoiker

5 Für Definitionen siehe Diogenes Laertius, *Leben und Meinungen* 7, 110f.; Marcus Tullius Cicero, *Tusculanae disputationes* 4, 11. Übersichtliche Darstellungen und Analysen der stoischen Emotionslehre finden sich in Barbara Guckes (Hg.), *Zur*

vor allem darin, daß Gefühle etwas eigentlich Indifferentes als gut oder schlecht beurteilen. Emotionen sind also unwillkürliche sinnliche Wertungen und daraus folgende Strebungen oder Handlungsimpulse, welche die wahre Natur des Guten und Schlechten verkennen. Dieser Bestimmung liegt die stoische Lehre von den »indifferenten Dingen« (*adiaphora*) zugrunde, der zufolge nur die Tugend als uneingeschränktes Gut aufgefaßt werden kann, alles andere auf dieser Welt aber in Wahrheit indifferent, also wertneutral ist. Der spätantike Kompilator Diogenes Laertius faßt diese Lehre folgendermaßen zusammen:

Gut seien die Tugenden, die Einsicht, Gerechtigkeit, Tapferkeit, Maßhaltung und so weiter, bös das Entgegengesetzte: Unverstand, Ungerechtigkeit und so weiter; keines von beiden aber, was weder nützt noch schadet, zum Beispiel Leben, Gesundheit, Lust, Schönheit, Kraft, Reichtum, Ruhm, hohe Geburt und so das diesen Entgegengesetzte: Tod, Krankheit, Schmerz, Häßlichkeit, Schwäche, Armut, Ruhmlosigkeit, niedere Geburt und was dem ähnlich, wie Hekaton sagt im siebenten Buch seiner Schrift über das Endziel und Apollodor in seiner Ethik und Chrysipp. Das seien nämliche keine Güter, sondern an sich gleichgültige Dinge [*adiaphora*], die nur teilweise in gewisser Hinsicht wünschenswert seien.[6]

Wahrhaft gut ist also für die Stoiker nur die Tugend, welche sie als die Vollendung der menschlichen Vernunft im harmonischen Einklang mit der Gesamtvernunft des Kosmos auffassen; wahrhaft schlecht ist nur das Laster. Der Irrtum der Affekte liegt darin, daß sie indifferente Dinge als gut oder schlecht bewerten. Der stoischen Definition zufolge sind also Affekte übereilte Werturteile, die an der wahren Ontologie der Werte vorbeigehen.

Was die Stoiker fordern, ist darum eine Therapie der Affekte im Sinne ihrer vollkommenen Auflösung. Der stoische Idealzustand ist derjenige des Weisen, der die Welt insgesamt richtig bewertet und darum gar keine Affekte hat, sondern *apathês* – affektfrei – ist, wie

Ethik der älteren Stoa, Göttingen 2004; vgl. auch Friedemann Buddensiek, »Stoa und Epikur: Affekte als Defekte oder als Weltbezug?«, in: Landweer, Renz (Hg.), *Klassische Emotionstheorien* (Anm. 1), S. 69-93. Einen Gesamtüberblick bietet Maximilian Forschner, *Die stoische Ethik. Über den Zusammenhang von Natur-, Sprach- und Moralphilosophie im altstoischen System*, Darmstadt 1981. Für die Einschätzung stoischer Emotionsethik vgl. auch Margaret R. Graver, *Stoicism & Emotion*, Chicago 2007.

6 Diogenes Laertius, *Leben und Meinungen* 7, 101-103, übers. von Otto Apelt, Hamburg ³1990.

Diogenes Laertius festhält: »Sie [die Stoiker] sagen, daß der Weise passionslos (*apathês*) sei.«[7]

Das stoische Ideal besteht also offiziell darin, keine Affekte zu haben. Die Frage, die sich daraus ergibt, ist natürlich, welche Phänomene in der stoischen Theorie unter Affekten verstanden werden. Ein Mensch ganz ohne emotionale Regungen läßt sich ja nur schwer vorstellen. Ein Schreckaffekt zum Beispiel wird sich kaum je ganz unterdrücken lassen – wenn man von der Möglichkeit starker pharmazeutischer Eingriffe absieht, was aber sicherlich nicht im Sinne der Stoiker wäre.

Das Ideal einer vollständigen Apathie wird in der Lehre von den *propatheiai* abgemildert, die sich vor allem bei Seneca findet; sie statuiert einen klaren Unterschied zwischen unwillkürlichen affektiven Regungen und voll ausgebildeten Affekten. *Propatheiai* sind emotionale Bewegungen, die unwillkürlich mit Wahrnehmungen einhergehen. Auch der Weise wird also beim Anblick von Blitz und Donner erschrecken; er verweigert danach aber diesen Eindrücken und den ihnen zugrunde liegenden fehlerhaften Wertungen die Zustimmung und urteilt richtig, daß ein Gewitter kein Übel sei.[8]

An diesem Punkt stellt sich dann allerdings die Folgefrage, ob mit dieser Lehre nicht praktisch alles, was für eine Emotion spezifisch ist, aus den Emotionen herausdefiniert worden ist. Wenn alles, was andere Theorien als Charakteristika der Emotionen ansehen – Unwillkürlichkeit, spontane körperliche Reaktion und Handlungsimpuls –, bei den Stoikern als *propatheia* definiert wird und das *pathos* selbst nur noch ein nachgeordnetes Urteil ist, dann verliert die Theorie einen größeren Teil des erklärungsbedürftigen Phänomenbereichs. Wenn eine Emotionslehre bis zu einem solchen Grad kognitivistisch ist, dann hat sie es natürlich leicht, Emotionen als vermeidbar zu begreifen.[9]

7 Ebd., 7, 117.

8 Vgl. Christoph Halbig, »Die stoische Affektenlehre«, in: Guckes (Hg.), *Zur Ethik der älteren Stoa* (Anm. 5), S. 30-68, hier S. 57-59.

9 Vgl. ebd., S. 59.

3. Stoische Eupathie: Sind milde Affekte überhaupt Affekte?

Zur Apathie kommt aber bei den Stoikern auch noch die Lehre von den *eupatheiai* hinzu, den »guten Passionen« oder »Wohlaffekten«. *Eupatheiai* sind vernünftige Versionen der *pathê*, und nur der Weise – der ja sonst passionslos ist – hat diese: Sie basieren auf wohlbegründeten, sicheren Zustimmungen zu wahren Aussagen – ihnen fehlt also der Charakter des Irrtums, der normalen Passionen eignet. Fehlt ihnen dadurch auch der emotionale Charakter? Zumindest decken sie nur ein eingeengtes Spektrum an möglichen Emotionen ab: Die drei hauptsächlichen *eupatheiai* werden bei Diogenes Laertius als Freude, Vorsicht und Wollen angegeben. Von ihnen hängen je unterschiedlich viele Unterarten ab:

> Die Freude steht nach ihnen [sc. den Stoikern] der Lust gegenüber, weil sie ein vernünftiges Anschwellen ist, die Vorsicht der Furcht, weil sie eine vernünftige Abkehr ist [...]. Der Begierde steht nach ihnen das Wollen gegenüber, weil es ein vernünftiges Sichausstrecken ist. Wie nun unter die obersten Affekte Unterarten fallen, so auch unter die obersten Wohlaffektionen, und zwar unter das Wollen Wohlwollen, Sympathie, Zuneigung, Liebe; unter die Vorsicht Schamhaftigkeit, Reinheit; unter die Freude Ergötzen, Frohsinn, Wohlgemutheit.[10]

Als Urteile und Handlungsimpulse ähneln diese *eupatheiai* stark den *pathê*; sie werden nur im Unterschied zu diesen als »vernünftig« deklariert. Am ehesten versteht man ihren Charakter, wenn man sie vor allem als Einschränkung des Phänomenbereichs auffaßt: *Eupatheiai* sind ausschließlich positive und sanfte Emotionen. Nichts Aggressives, nichts Begehrendes, nur Frohsinn, Wohlwollen, Heiterkeit. Signifikant erscheint in diesem Zusammenhang auch, daß sich seit der späten Stoa die Grenzen zwischen Eupathie und Apathie verwischen, vor allem nachdem Cicero *eupatheiai* mit *constantiae*, also mit »Standhaftigkeiten«, übersetzt. Das bedeutet, daß die Grenze zwischen »gar keine Emotionen haben« (Apathie) und »nur ruhige, sanfte Emotionen haben« (Eupathie) verschwimmt. Damit entsteht eine begriffliche Unklarheit, die den Kern des Emotionalen und sei-

10 Diogenes Laertius, *Leben und Meinungen* 7, 115 f., Übersetzung nach Malte Hossenfelder, *Antike Glückslehren. Kynismus und Kyrenaismus, Stoa, Epikureismus und Skepsis*, Quellen in dt. Übers. mit Einführungen, Stuttgart 1996, S. 93.

ne Abgrenzung von der Vernunft betrifft und die man auch in späteren Debatten immer wieder auffinden kann.

Es scheint mithin, daß das, was die Stoiker wahrhaftig umtreibt, eher die Angst vor heftigen, unwillkürlichen und unkontrollierten Emotionen ist als diejenige vor Emotionen schlechthin. Das heißt auch, daß die von den Stoikern angestrebte Seelenruhe nicht unbedingt ein Zustand völliger Emotionslosigkeit ist, wohl aber ein Zustand, in dem nur ruhige und sanfte Emotionen zugelassen werden.

4. Der Gegensatz zwischen Stoizismus und Aristotelismus

Im Gegensatz zur stoischen Tradition sieht die aristotelische Position die Emotionen und die menschliche Natur insgesamt viel gelassener. Das *pathos tês psychês*, die *passio animae*, gehört für Aristoteles und seine Nachfolger zur sinnlichen Strebefunktion der Seele (*appetitus sensitivus*): Die Emotion ist das Streben, welches auf die sinnliche Wahrnehmung von Gut und Übel reagiert; ganz parallel dazu ist der Wille als Streben definiert, das auf intellektuell erkanntes Gut und Übel folgt.[11] Während diese Konzeption von der stoischen nicht sehr weit entfernt ist – Passionen sind das, was aufgrund von sinnlichen Werturteilen passiert –, sind jedoch der ethische Rahmen und darum auch die daraus gezogenen moralischen Konsequenzen ganz andere. Für den Aristotelismus sind sinnliche Werturteile nicht *per se* falsch: Sie sind zwar nicht so zuverlässig wie intellektuelle Erkenntnisse und bedürfen darum der Kontrolle und gegebenenfalls Korrektur durch die »oberen« Vermögen Verstand und Willen, aber sie haben durchaus ihre Berechtigung und im Kontext vitaler Funktionen auch ihre Nützlichkeit. Passionen sind sinnliche Strebungen,

11 Vgl. Aristoteles, *Über die Seele* 2 und 3; Aristoteles, *Rhetorik* 2, 1-11; Thomas von Aquin, *Sancti Thomae Aquinatis doctoris angelici opera omnia iussu impensaque Leonis XIII P. M. edita. Tomus Quintus. Pars prima summae theologiae a quaestione L ad quaestionem CXIX*, Rom 1889, Ia QQ. 80-82. Zur aristotelischen Emotionslehre vgl. William W. Fortenbaugh, *Aristotle on Emotion. A Contribution to Philosophical Psychology, Rhetoric, Poetics, Politics and Ethics*, London 2002. Zu Thomas von Aquin vgl. Alexander Brungs, *Metaphysik der Sinnlichkeit. Das System der Passiones Animae bei Thomas von Aquin* (Akademische Studien & Vorträge 6), Halle 2002. Außerdem allgemein Bernard Besnier, Pierre-François Moreau u. a. (Hg.), *Les passions antiques et médiévales. Théories et critiques des passions*, Bd. 1, Paris 2003.

und als solche haben sie – genau wie ihr intellektuelles Pendant, der Wille – auch einen Nutzen als Handlungsmotive.[12]

Seit der Antike werden nun stoische und aristotelische Emotionstheorie, was die Bewertung der Emotionen betrifft, einander gegenübergestellt, und jeder Theoretiker der Emotionen sieht sich gehalten, zu diesem Streit Stellung zu beziehen. Während etwa der Kirchenvater Augustinus im 5. Jahrhundert nach Christus zwischen den Positionen zu vermitteln versucht, indem er sie als bloßen Wortstreit abtut,[13] stellt sich Thomas von Aquin, dessen Systematisierung aristotelischer Bewegungslehre und Psychologie im 13. Jahrhundert die Passionstheorie im Abendland über Jahrhunderte hinweg prägte, bei seiner Diskussion der Lehren der *stoici* und *peripatetici* auf seiten der letzteren: »Passionen werden nicht Krankheiten oder Perturbationen genannt, außer wenn sie der Mäßigung durch die Vernunft entbehren.«[14]

Einen Höhepunkt erreicht die Kontroverse im 17. Jahrhundert. Während die scholastische Philosophie, welche die Universitäten bis ins 18. Jahrhundert dominiert, mit der thomistischen Passionstheorie auch den Aristotelismus übernimmt und sich damit auf die Seite der Mäßigung schlägt, gewinnt seit dem 16. Jahrhundert die stoische Position durch die neustoische Bewegung erneuten Auftrieb. Deren Protagonisten betonen im Rückgriff auf antike Stoiker, wie wichtig es sei, sich der Affekte zu entledigen und sich damit unabhängig vom äußeren Schicksal zu machen.[15] Es ist vor allem dieser starken stoischen Wiederbelebung zu verdanken, daß das 17. Jahrhundert ein solch ausgesprochenes *siècle des passions* ist. Die Frage der Passionen ist aufs Tapet gebracht und wird in der Folge in Hunderten von moralistischen, philosophischen und literarischen Traktaten behandelt. Die stoische Passionskritik wird einerseits aufgenommen und weitergeführt, sie provoziert andererseits eine große Anzahl von Ver-

12 Vgl. dazu insgesamt Newmark, *Passion – Affekt – Gefühl* (Anm. 1), Kap. 2-4.

13 Augustinus, *Gottesstaat* 9, 4.

14 Thomas von Aquin, *Summa theologiae* (Anm. 11) Ia IIae Q. 24, a. 2, corp. (Übers. H. L. und C. N.).

15 Etwa in Justus Lipsius, *De Constantia*; Guillaume du Vair, *Traité de la constance et de la Consolation ès calamités publiques*. Vgl. dazu Pierre-François Moreau (Hg.), *Le stoïcisme au XVIe et au XVIIe siècle. Le retour des philosophies antiques à l'Âge classique*, Paris 1999. Zum Einfluß des Neustoizismus vgl. Denise Carabin, *Les idées stoïciennes dans la littérature morale des XVIe et XVIIe siècles* (1575-1642) (Etudes et essais sur la Renaissance 51), Paris 2004.

teidigungen der Passionen, die vielfach wiederum mit aristotelisch-scholastischen Konzepten arbeiten.

5. Antistoische Moralisten und gemäßigt stoische Philosophen im 17. Jahrhundert

Antistoische Passionsapologien finden sich etwa bei vielen Moralisten. Die stoische Apathie wird als Gefühlskälte attackiert, der stoische Weise als Langweiler angesehen, die Unterdrückung heftiger Emotionen als Einschränkung aufgefaßt. So in den moralistischen Sentenzen der Königin Christina von Schweden: »Die Passionen sind das Salz des Lebens; man ist glücklich oder unglücklich nur, insofern man sie heftig erlebt.« Und an anderer Stelle: »Die Passionen sind das Salz des Lebens, das ohne sie fad ist. – Diese Seelenruhe, welche die Philosophen so preisen, ist ein fader und schaler Zustand.«[16]

In solchen moralistischen Verteidigungen der Emotionen gegen die Zumutung stoischer Apathie taucht auch erstmals die nachhaltig einflußreiche Idee auf, daß den Passionen etwas besonders Süßes und Schönes eigne und man sie um ihrer selbst willen erleben wollen könne. In der aristotelischen Scholastik gelten die Passionen zwar als natürlich und nützlich, nicht aber als besonders erstrebenswert. Im 17. Jahrhundert findet man dagegen erstmals in der Passionsdiskussion auch die Betonung der Erlebnisqualität der Passionen und ihres Wertes für ein erfülltes Leben. Hier bereitet sich die spätere, auch heute noch wirksame Amalgamierung von »Glück« und »Emotion« vor, zumindest aber die Vorstellung, daß das Glück in der Sinnlichkeit gesucht werden kann – eine Position, die von englischen und französischen Empiristen bis hin zu den Libertins des 18. Jahrhunderts große Popularität genießen wird.

16 Christine von Schweden, *Les sentiments* 180; *L'ouvrage de loisir* 361 und 362, in: Christine Reine de Suède, *Apologies*, hg. von Jean-François de Raymond, Paris 1994, S. 332 und 194 (Übers. H. L. und C. N.). Zu den Moralisten des 17. Jahrhunderts vgl. Pierre Lafond, »Die Theorie der Leidenschaften und des Geschmacks«, in: *Grundriß der Geschichte der Philosophie*, begr. von Friedrich Ueberweg, *Die Philosophie des 17. Jahrhunderts*, 2 Halbbde., hg. von Jean-Pierre Schobinger, Bd. 2: *Frankreich und Niederlande*, völlig neu bearb. Ausg. Basel 1993; Anthony Levi, *French Moralists. The Theory of the Passions. 1585 to 1649*, Oxford 1964.

Neben der neuen Wertschätzung von Passionen findet man im 17. Jahrhundert auch eine – ebenfalls gegen die stoische Affektkontrolle gerichtete – verstärkte Betonung der Unverfügbarkeit von Emotionen. Passionen werden als schicksalhafte Mächte angesehen, denen sich der Mensch wohl oder übel – und dann doch besser wohl – zu beugen habe. So bei dem Moralisten La Rochefoucauld: »Wenn wir unseren Passionen widerstehen können, dann eher aufgrund ihrer Schwäche als aufgrund unserer Stärke.«[17] Oder an anderer Stelle: »Die Dauer unserer Passionen hängt ebensowenig von uns ab wie die Dauer unseres Lebens.«[18]

Aber auch stoische Positionen bleiben im 17. Jahrhundert stark. Bei La Rochefoucauld etwa findet sich neben dem Gedanken der Schicksalhaftigkeit von Emotionen auch die stoische Idee einer »Heilung« von Passionen: »Diejenigen, welche große Passionen erlebt haben, sind ihr Leben lang glücklich, oder unglücklich, davon geheilt zu sein.«[19]

Auch die meisten philosophischen Emotionslehren der Zeit sind stark stoisch beeinflußt. Descartes und Spinoza übernehmen in ihren rationalistischen Ethiken die Auffassung, die Seele bedürfe vor allem der Ruhe, und Emotionen schlechthin – oder zumindest heftige Emotionen – seien weder dem Organismus noch der Lebensführung oder der Suche nach Glück und dem guten Leben zuträglich. Es handelt sich hier allerdings zumeist um einen abgemilderten Stoizismus, welcher neben dem Ideal der Seelenruhe auch die Anerkennung der Unvermeidlichkeit, Nützlichkeit und sogar Schönheit von Emotionen kennt. So verwahrt sich Descartes, dessen Ideal des Glücks, die Seelenruhe (»contentement de l'âme«), starke Züge stoischer Seelenruhe trägt, trotzdem ausdrücklich gegen zuviel Stoizismus: »Ich gehöre nicht zu jenen grausamen Philosophen, die verlangen, daß der Weise gefühllos (insensible) sei.«[20]

Man findet bei Descartes aber neben den stoischen Motiven auch eher aristotelisch geprägte Vorstellungen einer Mäßigung der Passionen durch die Vernunft, in deren Rahmen Emotionen auch nützlich sein können:

17 La Rochefoucauld, *Maximes*, M. 122, 33 (Übers. H. L. und C. N.).
18 Ebd., M. 5, 8.
19 Ebd., M. 485, 109.
20 Descartes, Brief an Elisabeth von der Pfalz, 18. Mai 1645, in: ders., *Œuvres*, hg. von Charles Adam, Paul Tannery, 11 Bde., Paris 1964-1974, Bd. 4, S. 201f. (Übers. H. L. und C. N.).

Im übrigen besteht der richtige Gebrauch unserer Vernunft für unser Verhalten im Leben nur darin, daß sie ohne Leidenschaft (passion) den Wert aller Vollkommenheiten sowohl des Körpers als auch des Geistes, die wir durch unser Verhalten erringen können, untersucht und abwägt; damit wir, da wir ja normalerweise gezwungen sind, auf einige davon zu verzichten, um andere zu erlangen, immer die besten wählen. Und weil diejenigen des Körpers die geringeren sind, kann man allgemein sagen, daß man auch ohne sie glücklich werden kann. Trotzdem bin ich nicht der Meinung, daß man sich gänzlich davon befreien sollte, Passionen zu haben; es reicht, wenn man sie der Vernunft unterwirft. Und wenn man sie dergestalt gezähmt hat, dann können sie sogar manchmal um so nützlicher sein, je mehr sie zum Exzeß neigen.[21]

Und selbst die Idee einer eigentümlichen Süße von Passionen läßt sich bei Descartes nachweisen: »Diejenigen Menschen, die sich am meisten von Passionen berühren lassen können, sind auch am meisten fähig, die Süßigkeit des Lebens zu genießen.«[22]

Damit sind bei einem einzigen Autor mindestens drei Elemente unterschiedlicher Provenienz aufweisbar. Diese freie Kombination scheint generell recht typisch für das Denken über Emotionen im 17. Jahrhundert zu sein. Die tradierten Abgrenzungen werden in vielerlei Mischungen weiterverwendet und fungieren allem Anschein nach häufig nur noch als rhetorische Etikettierungen, mit denen Positionen markiert werden, nicht hingegen als strenge philosophische Haltungen. Bedeutsam erscheint uns aber, daß die Abgrenzungen von stoischen und aristotelischen Wertungen nach wie vor den hauptsächlichen Diskussionsrahmen bereitstellen, innerhalb dessen über Emotionen nachgedacht wird.

Wichtig ist auch festzuhalten, daß es in den Diskussionen des 17. Jahrhunderts, wie schon eingangs erwähnt, ganz offensichtlich nicht schlicht um den Gegensatz der Emotionen zur Vernunft geht. Vielmehr zielen diese Debatten – oft innerhalb eines stabil rationalistischen Rahmens – auf die Frage nach der richtigen Art von Emotionen ab: auf die richtige Analyse und Beschreibung zunächst und dann auf den angemessenen Umgang mit ihnen. Ausschlaggebend ist mithin immer das explizite normative Problem des Verhaltens zu den eigenen Emotionen.

21 Descartes, Brief an Elisabeth von der Pfalz, 1. September 1645, in: ebd., S. 286f. (Übers. H. L. und C. N.).

22 Descartes, *Les Passions de l'âme*, article 212 (Übers. H. L. und C. N.). Zur cartesischen Emotionstheorie vgl. vor allem die monumentale Studie von Denis Kambouchner, *L'homme des passions. Commentaires sur Descartes*, 2 Bde., Paris 1995.

Diese Art des normativen Umgangs scheint im 20. Jahrhundert zunächst keine Rolle mehr zu spielen; zumindest werden diese Fragen nicht offen verhandelt. Am auffälligsten ist die Abwesenheit normativer Thematisierung sicherlich bei der Phänomenologie, die zusammen mit der entstehenden Psychologie zu Beginn des 20. Jahrhunderts eine neue Intensität der theoretischen Auseinandersetzung mit Emotionen einleitet.

Anscheinend muß sich die realistische Phänomenologie, die – zum Teil vor Heideggers berühmten Analysen von Angst und Langeweile, zum Teil zeitgleich – eine rege Publikationstätigkeit entfaltet, sich erst der Phänomene vergewissern: Daß ihre Analysen so kleinteilig sind, so präzise die Struktur einzelner Emotionen beschreiben, ist vielleicht auch dem Abbruch desjenigen Traditionskontexts am Ende des 18. Jahrhunderts geschuldet, in dem Emotionen selbstverständlich zum Bestand philosophischer Thematisierung gehörten. Eine Vielfalt von Gründen mag hierbei eine Rolle spielen: Die antiken Schulphilosophien verlieren ihre Leitfunktion, das Universitätssystem vollzieht im 19. Jahrhundert einen folgenreichen Wandel, neue Fächer entstehen, die Naturwissenschaften werden um neue Disziplinen erweitert und gewinnen an Einfluß, und alte Teildisziplinen der Philosophie werden als eigene Disziplinen etabliert, wie etwa Psychologie und Soziologie, wobei letztere ihre Herkunft auch der Geschichtswissenschaft und Jurisprudenz sowie der verhältnismäßig jungen Nationalökonomie verdankt.[23] Diese Entwicklung vollzieht sich im gleichen Zeitraum, in dem die Subjektivität im Zuge der wachsenden Dominanz und Objektivierung der Naturwissenschaften epistemisch entwertet wird. In der kontinentalen Philosophie, die stark durch Kant beeinflußt ist, dürfte dessen Verdikt gegen die Neigungen als mögliche Motive für moralisches Handeln ein zusätzlicher Faktor für die weitgehende Absenz philosophischer Affektthematisierungen im 19. Jahrhundert gewesen sein. Nietzsche bildet auch in dieser Hinsicht die große Ausnahme.[24] Nach Schopenhauer konstituiert

23 Vgl. z. B. Bálint Balla, *Soziologie und Geschichte. Geschichte der Soziologie*, Hamburg 1995, und Hermann Korte, *Einführung in die Geschichte der Soziologie*, Wiesbaden [8]2006.

24 Vgl. Werner Stegmaier, »Nietzsche: Umwertung (auch) der Affekte«, in: Landweer, Renz (Hg.), *Klassische Emotionstheorien* (Anm. 1), S. 525-546.

zwar das Mitleid die Ethik – und damit positioniert er seine Moralphilosophie explizit im Gegensatz zur kantischen –,[25] aber Schopenhauer stellt nur dieses eine Gefühl ins Zentrum seiner Philosophie und verläßt damit die Tradition der langen Affektlisten, für die noch Descartes[26] und Hume[27] einstanden. Damit kann zu Beginn des 20. Jahrhunderts die Philosophie nicht mehr auf einen selbstverständlichen Kanon von Affektbeschreibungen zurückgreifen, und die bemerkenswerte Kleinteiligkeit und Genauigkeit der Analysen der realistischen Phänomenologie mag auch mit dieser Entwicklung zusammenhängen.

Größten Anteil an der Wiedereinführung der Emotionen als philosophisch respektablem Thema hat aber zweifellos Husserls Ausarbeitung des Intentionalitätsbegriffs, den Brentano bereits aus den alten scholastischen Kontexten gelöst und mit neuen Inhalten versehen hatte.[28] Denn Husserls Intentionalitätsbegriff macht die begriffslosen Emotionen intelligibel: Er verdeutlicht, daß Emotionen keine ausschließlich subjektiven, willkürlich auftretenden Ereignisse sind, sondern daß sie auf Sachverhalte bezogen sind und eine entsprechend artikulierbare Struktur aufweisen.

Die Gefühlsanalysen der frühen Phänomenologie, etwa von Alexander Pfänder, Aurel Kolnai, Else Voigtländer, Edith Stein, Max Scheler, Moritz Geiger und Willy Haas, schließen an Husserls Intentionalitätsbegriff an.[29] Sie zeichnen sich durch eine erstaunliche

25 Vgl. Dieter Birnbacher, Oliver Hallich, »Schopenhauer: Emotionen als Willensphänomene«, in: ebd., S. 479-500.

26 Vgl. Dominik Perler, »Descartes: Emotionen als psychophysische Zustände«, in: ebd., S. 269-292.

27 Vgl. Christoph Demmerling, Hilge Landweer, »Hume: Natur und soziale Gestalt der Affekte«, in: ebd., S. 393-412.

28 Vgl. Ingrid Vendrell Ferran, *Die Emotionen. Gefühle in der realistischen Phänomenologie*, Berlin 2008.

29 Vgl. z. B. Else Voigtländer, *Vom Selbstgefühl. Ein Beitrag zur Förderung psychologischen Denkens*, Leipzig 1910; Willy Haas, *Über Echtheit und Unechtheit von Gefühlen*, Nürnberg 1910; Moritz Geiger, »Das Bewußtsein von Gefühlen«, in: *Münchener Philosophische Abhandlungen* 1911, S. 125-162; Edith Stein, *Zum Problem der Einfühlung*, Halle 1917; Aurel Kolnai, »Versuch über den Haß«, in: *Philosophisches Jahrbuch der Görres-Gesellschaft* 48 (1935), S. 147-187; ders., »Der Ekel«, in: *Jahrbuch für Philosophie und phänomenologische Forschung* 9 (1929), S. 515-569; ders., »Der Hochmut«, in: *Philosophisches Jahrbuch der Görres-Gesellschaft* 44 (1931), S. 153-170 und 317-331; Max Scheler, *Zur Phänomenologie und Theorie der Sympathiegefühle und von Liebe und Haß*, Halle/Saale 1913. – Eine gründliche Untersu-

Detailtreue aus und beschreiben die Struktur vieler Emotionen bis in die allerfeinsten Verästelungen. Manche dieser oft als »realistisch« bezeichneten Phänomenologen und Phänomenologinnen betten ihre Gefühlsdeskriptionen in eine Theorie der Seele ein, oft scheint das Ziel aber lediglich in einer genauen Beschreibung einzelner Emotionen zu bestehen.

Wie ist für die rhetorische Situation, welche die Phänomenologie zu Beginn des 20. Jahrhunderts vorfindet, die oben aufgeworfene Frage nach den Gefühlsnormen zu beantworten? Sind die normativen Orientierungen, welche die phänomenologische Diskussion bestimmen, noch an die klassische Alternative von aristotelischer Mäßigung und stoischer Unterdrückung gebunden? Dies erscheint abwegig, wenn man den erwähnten expliziten Verzicht auf Normativität in der Phänomenologie betrachtet. Andererseits läßt sich argumentieren, daß deren detaillierte Emotionsanalysen in irgendeiner Weise auch praktisch motiviert sein könnten, denn die Phänomenologie versteht sich nicht umsonst insgesamt als eine »Bewegung«, als ein Zusammenschluß, der Philosophie stärker an die Lebenswelt binden möchte. Was also können solche Analysen bezwecken oder doch wenigstens bewirken? Auch wenn sich hierzu kaum programmatische Äußerungen finden lassen, so sei hier doch die These gewagt, daß der Sinn der phänomenologischen Genauigkeit in einer Kultivierung des Emotionalen liegen muß: Je genauer die Sprache, mit deren Hilfe die Emotionen beschrieben werden, je mehr Details emotionaler Nuancen benannt werden können, um so eher lassen sich Ressourcen ausbilden, die es erlauben, Normen für angemessene Gefühle und für ihren angemessenen Ausdruck öffentlich zu artikulieren und zumindest in manchen Milieus zu kultivieren. Insofern, so ließe sich diese These weiter ausbuchstabieren, wird hier quasi subkutan eine noch verhältnismäßig neue Traditionslinie wieder aufgenommen, die, wie im vierten Abschnitt gezeigt wurde, auf die Aufwertung der Affekte in der moralistischen Tradition des 17. Jahrhunderts zurückgeht, in der erstmals den Emotionen ein eigener Wert des Erlebens zugeschrieben wurde. Es könnte, so

chung der Emotionsanalysen der frühen Phänomenologie unternimmt Vendrell Ferran, *Die Emotionen* (Anm. 28). Die Arbeiten der oben genannten Autoren zu einzelnen Gefühlsphänomenen wie Ressentiment, Ekel, Scham, Reue, Hochmut und Demut sowie Liebe und Haß stellt Vendrell Ferran im 7. Kapitel dar (S. 227-261).

unsere Vermutung, die Phänomenologie zu einer Intensivierung des emotionalen Lebens beitragen. Ob dieser Effekt von den entsprechenden Autoren selbst direkt angestrebt wurde oder lediglich als Nebenfolge entsteht, kann hier offengelassen werden. Detaillierte Beschreibungen, das kann festgehalten werden, sind jedenfalls Voraussetzung für eine gründliche Auseinandersetzung mit Gefühlen, die darauf abzielt, bestimmte Gefühle zu fördern und andere zu beherrschen.

7. Die Emotionsdebatte am Ende des 20. Jahrhunderts: Kognitivismus versus Feeling-Theorie

Die philosophischen Emotionsdebatten der letzten zwanzig Jahre scheinen auf den ersten Blick stark auf die Dichotomie »Vernunft *versus* Gefühl« bezogen zu sein, denn viele der entsprechenden Publikationen beginnen damit, daß Kognition und Emotion in der Geschichte der Philosophie lange als einander widersprechend angesehen worden seien, es sich aber der Sache nach um keinen Gegensatz handele.[30] Wir haben bereits darauf hingewiesen, daß diese Behauptung sich philosophiehistorisch nicht halten läßt: Die allermeisten historischen Emotionstheorien berücksichtigen die kognitiven Anteile von Emotionen, auch wenn sie diese noch nicht mit Hilfe des Intentionalitätsbegriffs thematisieren, sondern eigene Instrumentarien dafür entwickeln. Angestrebt wird in vielen der heutigen Beiträge ein erweiterter Rationalitätsbegriff, und die philosophiehistorisch problematische These über jenen Gegensatz dient dabei als Kontrast, um die Originalität der eigenen Absichten herauszustellen.

Betrachtet man die aktuelle Diskussionssituation genauer, so zeigt sich, daß nicht nur mit der philosophiehistorischen Behauptung von der angeblichen Entgegensetzung von Vernunft und Gefühl ein allseits beliebter Pappkamerad aufgebaut wird; verbreiteter noch ist die in vielen Bezügen auf die Forschungssituation unterstellte Polarisierung von eher »kognitivistischen« und sogenannten »Feeling-Theorien«. Mit letzteren sind zumeist solche Theorien gemeint, welche die Art und Weise, wie Gefühle erlebt werden – was

30 Ähnlich argumentiert beispielsweise Kettner, »Kommunikative Vernunft, Gefühle und Gründe« (Anm. 4), S. 123-125.

auch als ihre »Qualität« oder als »leibliches Spüren« bezeichnet wird –, in den Mittelpunkt stellen oder aber darin das eigentlich Gefühlsspezifische oder gar das Differenzmerkmal zwischen verschiedenen Emotionen sehen – durchaus changierende Bestimmungen also. Als »kognitivistisch« dagegen werden Theorien bezeichnet, die annehmen, es bedürfe bestimmter Überzeugungen, Wünsche oder Werturteile über einzelne Sachverhalte oder Objekte in einer Situation, damit ein Gefühl entstehen kann.[31] Manche kognitivistischen Theorien, etwa die von Martha Nussbaum[32] oder von Robert Solomon,[33] behaupten darüber hinaus – manchmal im expliziten Anschluß an die klassische stoische Theorie –, daß Gefühle Urteile sind, die sich durch eine jeweils emotionsspezifische Kombination von propositionalen Einstellungen wie Überzeugungen und Wünschen rekonstruieren lassen.[34] Eine abgeschwächte Version des Kognitivismus betrachtet die Urteilskomponente im Gefühl als für die jeweilige Emotion konstitutiven Aspekt, zu dem weitere Aspekte hinzukommen können, wie etwa die physiologische Erregung, der Gefühlsausdruck und mögliche Handlungsimpulse – oder eben auch die jeweils spezifische Gefühlsqualität.[35] Gemeinsam ist den verschiedenen kognitivistischen Richtungen die Annahme, daß es die mit Gefühlen verbundenen Urteile sind, die es erlauben, die verschiedenen Gefühle voneinander zu unterscheiden. Als Pendant dazu

31 Vgl. hierzu Christoph Demmerling, Hilge Landweer, *Philosophie der Gefühle. Von Achtung bis Zorn*, Stuttgart 2007, S. 3 f., sowie Hilge Landweer, »Phänomenologie und die Grenzen des Kognitivismus. Gefühle in der Philosophie«, in: *Deutsche Zeitschrift für Philosohie* 52 (2004), S. 467-486.

32 Martha Craven Nussbaum, *Upheavals of Thought. The Intelligence of Emotions*, Cambridge 2001, S. 26 f.

33 Robert C. Solomon, *The Passions. Emotions and the Meaning of Life*, Indianapolis, Cambridge 1993 (zuerst erschienen 1976); dt. Übers.: *Gefühle und der Sinn des Lebens*, Frankfurt/M. 2000, bes. S. 172-182.

34 Eine sehr ausgearbeitete Theorie der Kombination von Wünschen und Überzeugungen vertritt Richard Wollheim, *Emotionen. Eine Philosophie der Gefühle*, München 2001, bes. S. 15-91.

35 Eine solche Position wird erstmals von Anthony Kenny, *Action, Emotion, and Will*, London 1963, vertreten; ähnlich auch Christoph Demmerling, »Brauchen Gefühle eine Sprache? Zur Philosophie der Psychologie«, in: Hilge Landweer (Hg.), *Gefühle – Struktur und Funktion*, Berlin 2007, S. 19-33, bes. S. 21-24. – Ausführlicher zu Mehrkomponententheorien, insbesondere zu deren problematischen Aspekten, äußert sich Hilge Landweer, »Struktur und Funktion der Gefühle. Zur Einleitung«, in: ebd., S. 7-16, bes. S. 8 ff.

wird, wie oben erwähnt, den Feeling-Theorien unterstellt, sie hielten im Gegensatz zu den kognitivistischen Theorien die Qualität des Fühlens für dasjenige Merkmal, das Gefühle voneinander zu unterscheiden erlaube (Individuierungsthese). Aber wer vertritt eigentlich überhaupt eine Feeling-Theorie, und dann noch in dem starken Sinne der Individuierungsthese?

Die einzige uns bekannte philosophische Position, die immerhin in gewissen Hinsichten als gemäßigte Feeling-Theorie bezeichnet werden könnte, ist die Neue Phänomenologie von Hermann Schmitz, insofern sie eine genaue Beschreibung des leiblichen Spürens und von Gefühlen als Atmosphären entwickelt. Aber selbst Schmitz weist ausdrücklich darauf hin, daß die einzelnen Gefühle nicht durch die Qualität des leiblichen Betroffenseins zu unterscheiden sind. In seiner Sicht ist es die Gestalt der Atmosphären, welche die einzelnen Gefühle zu unterscheiden erlaubt, und diese Gestalt ist wiederum in Situationen eingebettet,[36] welche nach Schmitz mindestens aus Sachverhalten und Programmen bestehen und insofern eindeutig auch kognitiv erfaßt werden. Noch nicht einmal die Neue Phänomenologie bestreitet also die Bedeutung von Kognitivem für das Betroffensein von Atmosphären. Damit würde die einzige Position in der derzeitigen philosophischen Diskussion, die in manchen Aspekten als Feeling-Theorie gelten kann, gerade nicht die These vertreten, Emotionen individuierten sich über die Gefühlsqualität. Zudem kann in jenen Publikationen, welche heute den kognitivistischen Emotionstheorien die sogenannten »Feeling-Theorien« gegenüberstellen, die Phänomenologie von Hermann Schmitz nicht gemeint sein, da sie dort nicht zitiert wird. Außerdem läßt sich mit guten Gründen bezweifeln, ob selbst die stets in Anspruch genommenen historischen Gewährsleute für die Feeling-Theorie, James und Lange, wirklich genau das vertreten haben, was ihnen in den heutigen Kämpfen um verschiedene Varianten des Kognitivismus aus textstrategischen Gründen gerne unterstellt wird.[37]

36 Zum Verhältnis von Situation und Atmosphäre bei Schmitz vgl. Jürgen Frese, »Gefühls-Partituren«, in: Michael Großheim (Hg.), *Leib und Gefühl. Beiträge zur Anthropologie*, Berlin 1995, S. 45-70.

37 Jan Slaby modifiziert diese gängige Interpretation der sogenannten »James/Lange-Theorie« in seinem Aufsatz »James: Von der Physiologie zur Phänomenologie«, in: Landweer, Renz (Hg.), *Klassische Emotionstheorien* (Anm. 1), S. 547-567, bes. S. 558-566.

Es ist also äußerst unklar, wer heute oder in vergangenen Jahrhunderten überhaupt eine Feeling-Theorie im starken Sinne vertritt oder vertreten hat. Alle uns bekannten philosophischen Emotionstheorien gestehen die wichtige Rolle kognitiver Anteile bei den Emotionen zu. Manche Ansätze gewichten sie nur anders als diejenigen, die sich dezidiert als kognitivistisch verstehen, und betonen die Qualität des Fühlens als dasjenige Merkmal, das eine einfache Überzeugung beliebigen Inhalts von einer emotionalen Kognition des gleichen propositionalen Gehalts unterscheidet. Es ist aber wenig sinnvoll, eine solche Betonung des Affektiven gegenüber reinen Propositionen bereits als das definierende Merkmal einer Feeling-Theorie zu bezeichnen, da auch kognitivistische Positionen durchaus erklären müssen – und es auch faktisch tun –, was eine Emotion von einer Überzeugung unterscheidet.

Die willkürliche Konstruktion angeblicher »Feeling-Theorien« in der heutigen philosophischen Emotionsdebatte bestätigt unsere These, wonach Emotionstheorien ihre Positionen immer auch über rhetorische Abgrenzungen artikulieren und darüber ihr sachliches Profil zu gewinnen suchen. Dies gilt auch für die Neue Phänomenologie, die eine gezielte Reaktion auf den die Diskussion dominierenden Kognitivismus darstellt; und auch sie artikuliert ihre Position gelegentlich polemisch. Hermann Schmitz sieht in der von ihm so genannten »Introjektion der Gefühle« in der Geschichte des abendländischen Denkens das »größte Verhängnis«, da sie das Atmosphärische in seiner eigenartigen Räumlichkeit verkenne und die Gefühle als private Seelenzustände einzelner Subjekte mißdeute.[38] Auf dem Hintergrund seiner Einschätzung der geistesgeschichtlichen Entwicklung betont er die nichtkognitiven Elemente seiner Theorie stärker als die kognitiven, deren Wichtigkeit nirgendwo in der Philosophie strittig ist.

38 Vgl. Hermann Schmitz, *Der unerschöpfliche Gegenstand. Grundzüge der Philosophie*, Bonn 1990, S. 2.

8. Emotionen als intelligible Gegenstände. Rationalität und Angemessenheit

In der neueren Debatte über Emotionen wird das, was als »kognitiv« an den Emotionen verstanden wird, und dabei insbesondere der Begriff des intentionalen Gehalts, stark modifiziert und ausgearbeitet.[39] Für die einen steht dabei das Anliegen im Vordergrund, die sogenannte »Feeling-Komponente« in den Intentionalitätsbegriff zu (re)integrieren und damit das subjektive Erleben des Gefühls als konstitutiv für den Weltbezug stark zu machen.[40] Andere zielen direkt auf eine Erweiterung des Rationalitätsbegriffs ab, indem sie hervorheben, daß Emotionen und Stimmungen eine welterschließende und damit letztlich im weitesten Sinne auch eine kognitive Funktion haben. Gemeinsam ist der gesamten Debatte, Emotionen als intelligible Gegenstände zu konzeptualisieren; ja, dies scheint geradezu das herausragende Charakteristikum der philosophischen Emotionsdebatte der letzten zwanzig Jahre zu sein. Da auch die Gefühlstheorien der vergangenen Jahrhunderte durchaus die kognitiven Anteile von Emotionen thematisierten, ist dies der Sache nach zwar kein absolutes Novum, aber in den vergangenen Konjunkturen stand doch stets das ethische Moment der Sorge um die Emotionen im Vordergrund. Neu ist heute die Konzentration auf die Arbeit an der Erkenntnisfunktion und möglichen Rationalität der Emotionen.

Der Rationalitätsbegriff, der im Zusammenhang mit den Emotionen zumeist in Anspruch genommen wird, ist eng mit dem Begriff der Angemessenheit verflochten.[41] Paradigmatisch hierfür kann

39 Ausführlicher dazu Demmerling, Landweer, *Philosophie der Gefühle* (Anm. 31), S. 3 ff.

40 Dies ist z. B. das Ziel von Jan Slaby, *Gefühl und Weltbezug. Die menschliche Affektivität im Kontext einer neo-existentialistischen Konzeption von Personalität*, Paderborn 2008. Vgl. auch Peter Goldie, *The Emotions. A Philosophical Exploration*, Oxford 2000, bes. S. 11-49, sowie Matthew Ratcliffe, »The Feeling of Being«, in: *Journal of Consciousness Studies* 12, Nr. 8-10 (2005), S. 43-60, und ders., »Touch and Situatedness«, erscheint übersetzt in: Jan Slaby, Achim Stephan (Hg.), *Affektive Intentionalität. Beiträge zur welterschließenden Funktion der menschlichen Gefühle*, Paderborn 2009.

41 Eine Ausnahme von dieser Regel stellt Jürgen Freses Vorschlag zur Konzeption von Rationalität dar. Vgl. Jürgen Frese, »Artikulation und Explikation – Ideen zu einer Phänomenologie rationaler Prozesse«, in: ders. (Hg.), *Wege – Bilder – Spiele. Biele-*

beispielsweise die Gefühlstheorie von Ronald de Sousa genannt werden.[42] Ihm zufolge sind Emotionen der Struktur von Situationen angemessen oder unangemessen, und diese Angemessenheit beinhalte die emotionale Rationalität in analoger Weise, wie bei der instrumentellen Rationalität eine Handlung der Erreichung ihres Ziels dient oder nicht. Dem Erfolg oder Mißerfolg im Bereich des Handelns entspreche das Passen oder Nichtpassen für die Situation. Es ist im Grunde die Strukturiertheit der Emotion, die mit ihrer Rationalität identifiziert wird, wenn die emotionale Struktur derjenigen der Situation entspricht: Geschieht beispielsweise ein Unrecht, so ist es angemessen, sich zu empören. Nur: Wann handelt es sich um ein empörendes Unrecht und wann lediglich um eine Banalität? Anscheinend wird auch von de Sousa ein allgemein verbindlicher Standard der Angemessenheit vorausgesetzt, ohne daß er ausgewiesen würde.

Unabhängig von den Absichten der heutigen Autorinnen und Autoren läßt sich dieser Schwerpunkt der philosophischen Debatte auf Rationalität und Angemessenheit auf die gesamtwissenschaftliche Situation einerseits und lebensweltliche Thematisierungen von Emotionen andererseits beziehen. Wir können diese Zusammenhänge hier nicht in der gebotenen Ausführlichkeit belegen und darstellen, sondern die Grundzüge der neueren Entwicklungen nur andeuten.

Der Maßstab für das Passen von Emotion und Situation wird in der heutigen interdisziplinären Debatte über Emotionen wie auch in Beratungsliteratur und Populärwissenschaft oft mit ihrer Funktionalität in Verbindung gebracht: Gut, wünschenswert oder angemessen sind jene Emotionen, die funktional für das Selbst- und Weltverhältnis desjenigen sind, der sie hat. Trauer bei einem großen Verlust wird beispielsweise in gewissen, sozial unauffälligen Grenzen als angemessen angesehen, tiefe Depressionen dagegen gelten als dysfunktional. Angesichts eines Mißerfolges etwa darf man enttäuscht sein, aber wütend auf sich selbst und andere allenfalls dann, wenn man damit seinen Zielen näherkommt: Alles andere wäre irrational und dysfunktional.

felder Vorstudien zur Phänomenologie leib- und bildgebundener kultureller Prozesse, Erstes Heft, Bielefeld 1997, S. 47-60.

42 Vgl. Ronald de Sousa, *The Rationality of Emotion*, Cambridge 1987; dt. Übers.: *Die Rationalität des Gefühls*, Frankfurt/M. 1997, bes. S. 278-280, aber auch S. 283-331.

9. Emotionsökonomie

Die Idee einer Angemessenheit von Emotionen für Situationen wird heute in Alltagsverständnis, Beratungsliteratur und Populärwissenschaft, so könnte man sagen, eng an zweckrationale Vorstellungen gebunden; sie ist in auffälliger Weise auf das Funktionieren der Menschen in der Arbeitswelt bezogen. Die inzwischen von vielen geteilte Einsicht, daß gerade eine allzu starre Orientierung am bloßen Funktionieren etwa bei Topmanagern und anderen leistungsstarken Berufen zu emotionalen Zusammenbrüchen führen kann, etwa zum vieldiskutierten neuen »Burn-out«-Syndrom, widerspricht diesem Befund nur bei oberflächlicher Betrachtung. Auch wenn heute Eliteuniversitäten ihren stark belasteten Professoren und Professorinnen teures Coaching finanzieren und selbst Psychotherapie nicht mehr so stigmatisierend ist wie noch vor zwanzig Jahren, so sollte diese gewachsene Akzeptanz und das Ernstnehmen auch emotionaler Prozesse doch nicht mit einer allgemeinen Toleranz gegenüber allen Befindlichkeiten und Stimmungen verwechselt werden. Vielmehr ist diese Akzeptanz strikt dem Ziel untergeordnet, die Erfordernisse des modernen Lebens besser zu bewältigen. Professoren können mit gutem Coaching noch mehr Drittmittelprojekte einwerben, und psychotherapierte Individuen sind konfliktfähiger und letztlich belastbarer als diejenigen, die sich selbst nicht kennen. Insofern dient die neue Aufmerksamkeit in bezug auf Emotionen nicht schlicht dem Wohl der Menschen – das vielleicht auch –, sondern vor allem ökonomischen Zwecken. Daß Rationalität mit Rationalisierung, ökonomischem Nutzen und Profitmaximierung zusammenhängt, stellt keine besonders neue Entdeckung in der Philosophiegeschichte dar. Auch daß Emotionen auf ihre Nützlichkeit und Schädlichkeit hin betrachtet werden – sei es für vitale Prozesse, sei es für das rational Gewünschte –, ist ein philosophiehistorisch gängiger Topos. Daß die Emotionen aber in dieser Weise explizit und direkt dem ökonomischen Nutzenkalkül unterworfen werden, scheint doch eine spezifische Ausformung der Gegenwart zu sein.

Die Soziologie ist diejenige Disziplin, die diesen Zusammenhang längst herausgearbeitet hat.[43] Bereits 1983 publizierte Arlie Hochschild die Ergebnisse ihrer Untersuchung über Stewardessen, die

43 Vgl. z. B. Arlie Russel Hochschild, *The Managed Heart. Commercialization of Human Feeling*, Berkeley, Los Angeles 1983; dt. Übers.: *Das gekaufte Herz. Zur Kom-*

deutlich machte, daß Stewardessen, die hier stellvertretend für die allermeisten dienstleistenden Berufe stehen, den Fluggästen nicht nur freundliche Gefühle vorspielen, sondern die entsprechenden Emotionen auch möglichst tatsächlich haben sollten.[44] Hochschild benutzte methodologisch Schauspielmetaphern, um die Realisierung der Gefühlsnormen, die von den Dienstleistenden erwartet wurden, zu beschreiben. Als »surface acting« bezeichnete sie das Vorspielen des gestischen und mimischen Ausdrucks der normativ geforderten Emotionen, als »deep acting« dagegen den Prozeß, in dem die erwünschten Gefühle von den Stewardessen tatsächlich erlebt werden. Erstaunlicherweise stellen sich durch das Training des entsprechenden körperlichen Gefühlsausdrucks die geforderten Emotionen tatsächlich ein. Hochschild spricht in diesem Zusammenhang von »emotional labor«.[45]

Dasselbe Prinzip liegt allen Körpertherapien und überhaupt jenen Therapien, die in irgendeiner Weise Körperhaltungen, Bewegungen usw. thematisieren, zugrunde: Durch Veränderung der Haltung kann, zumindest auf lange Sicht, auch eine Modifikation der emotionalen Disposition erreicht werden. Damit ist es, zumindest in manchen Fällen, nicht nur möglich, unerwünschte Gefühle zu kontrollieren, ja zu unterdrücken; darüber hinaus lassen sich erwünschte Emotionen auch in gewissen Grenzen produzieren.[46]

Es ist klar, daß die Techniken des emotionalen Managements vielfältig eingesetzt werden können. Wie lassen sich solche kulturellen und ökonomischen Prozesse im Hinblick auf unsere Eingangsfrage danach interpretieren, ob auch die heutige Diskussion noch von der Entgegensetzung von aristotelischer Mäßigung und stoischem Ver-

merzialisierung der Gefühle, Frankfurt/M. 1990; dies., *The Commercialization of Intimate Life. Notes from Home and Work*, Berkeley, Los Angeles 2003; Helena Flam, *Soziologie der Emotionen*, Konstanz 2002; Eva Illouz, *Gefühle in Zeiten des Kapitalismus*, Frankfurt/M. 2006.

44 Hochschild, *Das gekaufte Herz* (Anm. 43), S. 28 ff.

45 Ebd., bes. Kap. 7 und 8, S. 111-155. – Aus phänomenologischer Perspektive spricht Hermann Schmitz von »Eindruckstechnik«, die er am Beispiel des Nationalsozialismus erläutert. Vgl. Hermann Schmitz, »Über das Machen von Atmosphären«, in: Anna Blume (Hg.), *Zur Phänomenologie der ästhetischen Erfahrung*, Freiburg, München 2005, S. 26-43.

46 Ausführlicher zu den komplexen Prozessen der Realisierung und Veränderung von Gefühlsnormen vgl. Hilge Landweer, »Sozialität und Echtheit der Gefühle«, in: Agnes Neumayr (Hg.), *Kritik der Gefühle*, Wien 2007, S. 63-91.

zicht auf Emotionen geprägt ist? Denkt man an das überstrapazierte »Think positive!«, so scheint das zugehörige geforderte Wohlgefühl und die milde Haltung zur Welt eine moderne Variante der stoischen Eupathie darzustellen. Andererseits deuten aber die Bestrebungen der heutigen sogenannten »Erlebniskultur«, etwa der Boom der Risikosportarten wie Bungee-Jumping oder von inszenierten Abenteuerreisen, auf eine Suche nach intensiven und heftigen Gefühlen hin. Auch die immer stärkere Verbreitung von Psychotherapie und die Flut von Ratgeberliteratur für alle tatsächlichen oder bloß denkbaren Probleme des Lebens scheinen Ausdruck eines starken Bedürfnisses nach authentischen Emotionen zu sein.

Wie verträgt sich die Sehnsucht nach Echtheit und Intensität mit der stoischen Gelassenheit, die im Coaching und im »Think positive!« angestrebt wird, und mit der Kontrolle der Gefühle in der von Hochschild beschriebenen »emotional labor«? Handelt es sich hierbei lediglich um ein Sammelsurium verschiedener, womöglich »postmoderner« Kulturelemente, die untereinander keinerlei Beziehung aufweisen? Das ist möglich. Möglich ist aber auch, daß diese drei systematisch unverträglichen Tendenzen zeitgleich und sogar in ein und demselben Leben auftreten können, weil sie räumlich und sozial getrennt werden: Bereits in der klassischen Literatur des 18. Jahrhunderts wurde das Private als derjenige Bereich etabliert, in dem man der sein konnte, der man »eigentlich« war,[47] während das öffentliche Leben als Bereich der »Verstellung« angesehen wurde.[48] Die Terminologie mag veraltet erscheinen, der Sache nach aber könnte die Kluft zwischen beiden Bereichen durch das heutige Gefühlsmanagement sogar noch vertieft worden sein: In Therapie und Freizeit werden die »echten« Gefühle aufgesucht und kultiviert, während im Bereich des Berufs und der Öffentlichkeit mit Hilfe von Coaching durch Mäßigung und Kontrolle auf die Gefühle eingewirkt wird und diese so den sozialen und beruflichen Erfordernissen und Situationen angepaßt werden. Die dysfunktionalen Seiten der Emotionen müssen mindestens in jenen öffentlichen Bereichen als »unangemessen« oder gar »irrational« ganz ausgeschaltet werden; schlimmstenfalls werden sie als »pathologisch« etikettiert.

47 So beispielsweise in Goethes *Wilhelm Meister*.

48 Vgl. Ursula Geitner, *Die Sprache der Verstellung*, Tübingen 1992.

10. Zur Rhetorik heutiger Gefühlstheorien. Pathologisierung der Gefühle – Pathologisierung der Personen

Die Pathologisierung von Emotionen ist historisch natürlich nichts Neues, sondern durch die stoische Tradition mit ihrer Rede von den Passionen als »Krankheiten« über die Jahrhunderte immer zu einem gewissen Grad präsent gewesen. Allerdings zeichnet sich für die Gegenwart eine Neuerung ab, wenn man eine foucaultsche Perspektive auf Prozesse der Pathologisierung einbezieht. Die Stoa, die ja ursprünglich unmittelbar auf Aristoteles antwortete, sah Emotionen als krank an, als falsche Bewertungen von an sich neutralen Gegenständen und Sachverhalten. Wenn heute manche Emotionen als »krankhaft« bezeichnet werden, so ist damit etwas anderes gemeint: Nicht die Emotion selbst ist krank, falsch oder ähnliches, sondern die Person, die sie hat. Darin liegt eine bedeutende Verschiebung des Objekts der Pathologisierung von der Emotion auf die Person.

An dieser Stelle kann Foucaults Genealogie moderner Subjektivität aufschlußreich sein. Foucault zeigt an den Beispielen von Kriminalität und von sogenannter »sexueller Perversion«, wie das deviante Individuum im Verlauf des 19. Jahrhunderts zu einer Person mit einer dokumentierbaren Fallgeschichte gemacht wird und sich dabei die Auffassung durchsetzt, das Individuum sei physiologisch und in allen seinen Lebensäußerungen vollkommen durch seinen Defekt bestimmt.[49] Was noch im 18. Jahrhundert ein gelegentliches Fehlverhalten darstellte, etwa ein sodomitischer Akt, wird im 19. und 20. Jahrhundert zu einer Sondernatur, in diesem Fall zu Homosexualität, die Wesen, Verhalten und sogar das Aussehen der Person durchgängig bestimmt, bis in ihre Physiologie hinein.

Stimmen wir Foucaults Analyse zu und übertragen wir diesen Prozeß der Individualisierung durch »Einkörperung von Perversionen«, wie Foucault sagt, auf die Pathologisierung von bestimmten Affekten, so muß ein entscheidender Unterschied in der Einbettung der Emotionsdiskussion an der Wende vom 20. zum 21. Jahrhundert gegenüber der alten Stoa und dem 17. Jahrhundert konstatiert werden: Wenn wir heute von »pathologischen Emotionen« sprechen, so

49 Vgl. Michel Foucault, *Überwachen und Strafen. Die Geburt des Gefängnisses*, Frankfurt/M. ²1977; ders., *Sexualität und Wahrheit*, Bd. 1: *Der Wille zum Wissen*, Frankfurt/M. 1977.

ist damit gemeint, daß die Person, welche die Emotion verspürt, ein Fall für den Psychiater ist – nicht nur die einzelne Emotion.

Hier kann noch einmal eine der avanciertesten Positionen in Sachen Angemessenheit von Emotionen herangezogen werden: Ronald de Sousa legt nahe, als »angemessen« diejenigen Emotionen zu qualifizieren, die allein aus der Situation heraus verständlich sind. Ist dies nicht der Fall, so muß auf die jeweiligen »Schlüsselszenarien« zurückgegriffen werden, in denen die Person, welche das für andere unverständliche und deshalb »unangemessene« Gefühl hat, diese Emotion zum ersten Mal erlebte.[50] Auf diese Weise kann beispielsweise verständlich werden, warum manche Personen eine Hundephobie haben, die anderen als unangemessen erscheint. Was aber geschieht, wenn sich keine plausible Geschichte über das Entstehen des fraglichen Gefühls erzählen läßt? Nun, dann ist diese Emotion wohl als »pathologisch« zu klassifizieren. Auch wenn dies nicht in der Absicht de Sousas liegt:[51] Die Bezeichnung als »pathologisch« legt ein Urteil über die gesamte Person zumindest nahe, nicht nur über eine einzelne Emotion, deren Entstehen im Dunkel der frühen Biographie verdeckt bleibt.

Es scheint für die Philosophie leicht, das Pathologische vom Normalen zu trennen; sie äußert sich nur zum Normalen, das sie überschaut und begrifflich fassen kann, und überläßt – scheinbar redlich – Konzeption, Diskussion und Behandlung des Pathologischen der klinischen Psychologie. Doch wer wirklich eine echte Arbeitsteilung der Disziplinen will, der sollte sich bewußt sein, daß ein Begriff des Normalen nur zu haben ist durch dessen Abgrenzung vom Anormalen, in diesem Fall: vom Pathologischen; begrifflich hängen negative und positive Bestimmungen bekanntlich zusammen. Zudem sind die Begriffe des Normalen und des Pathologischen nicht willkürlich von der klassifikatorischen Praxis der Psychiatrie abzulösen, die sie hervorgebracht hat; etwas davon schwingt auch in ihrem harmlose-

50 Es ist nicht ganz klar, wie der Begriff des »Schlüsselszenariums« bei de Sousa zu verstehen ist, da manchmal das erste Erleben des bestimmten Gefühls damit gemeint ist, ein anderes Mal aber auch auf ein kulturelles Bilderrepertoire mit diesem Begriff Bezug genommen wird, etwa wenn Kinder in Märchen lernen, welche Struktur die Situation hat, in der das Gefühl auftritt, das »Angst« genannt wird.

51 Das von de Sousa mit »Pathologien des *bootstrapping*« überschriebene Kapitel bezieht sich keineswegs auf Pathologien im Sinne psychologischer Klassifikation; die Inhalte sind wesentlich alltäglicher und in diesem Sinne harmloser. Das ändert aber nichts an den Konnotationen, die dieser Begriff hat.

ren Alltagsgebrauch mit. Entsprechendes gilt für die Begriffe des »Angemessenen« und des »Unangemessenen«, die zwar andere Konnotationen haben als die psychologischen Begriffe, deren genaue Bedeutung uns aber auch nicht hinlänglich geklärt scheint. Die Alltagsunterscheidung hat sicherlich ihren Sinn und ihren – wenn auch versteckten – Maßstab, aber diesen Maßstab müßte eine disziplinäre, philosophische oder interdisziplinäre Theorie der Emotionen erst noch genauer bestimmen, bevor sie ihn allzu selbstverständlich übernimmt.

Wenn wir in diesem Aufsatz gezeigt haben, daß antike Muster die Rhetorik von Emotionsdebatten sehr lange prägten und daß sich auch heutige Theorien und Diskussionen in gewisser Hinsicht darauf immer wieder beziehen lassen, so dürfte doch auch deutlich geworden sein, daß sich die gegenwärtige Klassifikation von Emotionen als »pathologisch« nicht mehr ohne weiteres mit der alten stoischen Lehre von den »krankhaften« Emotionen zur Deckung bringen läßt. Nicht nur sind diese Begriffe genauer zu bestimmen, es sind auch die neuen Verwendungskontexte wie etwa psychiatrische Klassifikationen einzubeziehen, bevor eine begründete Einschätzung möglich ist, welche Rolle Bezeichnungen wie »pathologisch« oder »unangemessen« in der neueren Debatte über die Philosophie der Emotionen wirklich spielen und spielen können. Aber wie auch immer eine solche abschließende Bewertung aussehen mag, wenn die derzeitige Konjunktur der Emotionen in der Wissenschaft wieder abgeflaut sein wird – fest steht, daß die Bezeichnung von Emotionen als »krankhaft« und des Verhaltens von Menschen mit unangemessenen Emotionen als »pathologisch« dem Ideal der Seelenruhe eher verpflichtet ist als einer Kultivierung des Gefühlslebens im Sinne einer Vertiefung und Intensivierung der Affekte.

Einen klareren Blick auf die Positionierung unserer gegenwärtigen Debatten in bezug auf die klassischen Traditionen und ihre Transformationen zu werfen muß vielleicht zukünftigen genealogischen Untersuchungen überlassen werden, die von einem distanzierteren Standpunkt aus geführt werden und durch andere Interessen motiviert werden als durch unsere.

Christiane Voss

Die narrative Transformation aristotelischer und moderner Emotionstheorien

Die Frage, was unter »Emotionen« zu verstehen ist, wird in den letzten Jahrzehnten von Philosophen, Psychologen und Physiologen mit neuem Nachdruck diskutiert. Dabei spielt in der primär analytisch ausgerichteten Philosophiedebatte um die Bestimmung der Natur der Emotionen, wie sie im angelsächsischen Raum geführt wird, der Rückgriff auf die Affektenlehre in der *Rhetorik* des Aristoteles sowie deren Rezeption und Transformation durch Hume und Descartes eine zentrale Rolle.[1] Aristoteles interessiert sich in der genannten Schrift unter dem Gesichtspunkt der rhetorischen Beeinflußbarkeit und Evokation von Affekten für deren Natur und geht somit von vornherein von der sprachlichen Kommunikation der Affekte aus. Da Sprache ohne Geist nicht zu haben ist, stellt sich für alle jene Ansätze, die wie Aristoteles die sprachliche Beeinflußbarkeit von Affekten zum Ausgangspunkt ihrer Überlegungen nehmen, die Frage, auf welche konkrete Weise Geistiges oder Kognitives am Affektiven mitwirkt. Aristoteles unterscheidet in der *Rhetorik* eingangs zwischen unvernünftigen Begierden wie Hunger und Durst und vernünftigen Begierden, wobei er die Emotionen zur letzteren Kategorie zählt. Für Emotionen gilt ihm zufolge, daß man sie »[...] aufgrund von Überzeugung empfindet; denn vieles begehrt man zu sehen und zu erwerben, wovon man nur gehört hat und wovon man überzeugt ist«.[2] Der geistige oder kognitive Anteil der Emotionen hängt demzufolge an den sie fundierenden Überzeugungen, die sich typischerweise in Urteilen der Form »S glaubt, daß p« ausdrücken lassen. Diesen Grundgedanken übernehmen innerhalb der zeitgenössischen Philosophie der Emotionen die Kognitivisten von Aristoteles.[3]

1 René Descartes, *Ueber die Leidenschaften der Seele*, ins Deutsche übers. von J.H. von Kirchmann, Berlin 1870; David Hume, *Ein Traktat über die menschliche Natur*, ins Deutsche übers. von Theodor Lipps, Hamburg 1978. Einen guten Überblick über die Aristoteles-Rezeption in der philosophischen Emotionsforschung verschafft der Sammelband Amelie Oksenberg Rorty (Hg.), *Essays on Aristotle's Rhetoric*, Berkeley, Los Angeles 1996.

2 Aristoteles, *Rhetorik* 1370a25-27, übers. von Franz G. Sievke, München 1980.

3 Repräsentativ vertreten den z.T. explizit auf Aristoteles zurückgreifenden Kognitivis-

Im Kontrast dazu stehen diejenigen Positionen, die an René Descartes' Affektenlehre anknüpfen. Descartes reflektiert die Natur und Funktionsweise der Affekte gemäß ihrer gleichermaßen introspektiv zugänglichen wie psychophysischen Doppelbestimmung, womit er den Emotionen innerhalb seines ontologischen Leib-Seele-Dualismus einen eigentümlichen Sonderstatus zugesteht.[4] Die »Leidenschaften der Seele«, wie Descartes die Affekte auch nennt, sind ihm zufolge vorsprachlich zugängliche Zustände, weil sie aus der Perspektive der ersten Personen unmittelbar fühlbare Veränderungen von Körperzuständen seien. Wenn, wie für Descartes, der Zugang zu den Affekten aufgrund ihrer rein körperlichen Verfaßtheit als ein vorsprachlicher und empfindungsartiger gedacht wird, so liegt es nahe, sprachliche und kognitive Prozesse als etwas gegenüber den Affekten Äußerliches zu betrachten.

Während die Terminologien und Konzeptionen also schon innerhalb der Philosophie der Emotionen unterschiedlich bis konträr ausfallen und zwischen den Forschungsfeldern zu den Emotionen nochmals uneinheitlich sind, gibt es immerhin auch einige Übereinstimmungen zu verzeichnen. Eine verbreitete Intuition ist zum Beispiel die Unterscheidung von Emotionen und Stimmungen. Während zu den Emotionen Phänomene wie Furcht, Freude, Trauer, Ekel, Scham, Schuld, Stolz, Mitleid, Verliebtheit, Hoffnung u.a. zählen, gehören zur Klasse der verwandten Stimmungen Phänomene wie Depression, Euphorie, Angst, Melancholie sowie Heiterkeit. Stimmungen werden auf phänomenaler Ebene primär dadurch von Emotionen abgegrenzt, daß sie (1) ihren Gehalten nach diffus beziehungsweise allgemein sind und (2) sich auf das menschliche Verhalten unspezifischer und auch umfassender auswirken als Emotionen. Während man in einem Zustand der Schuld zum Beispiel auf eine eigene Normverletzung im Verhalten anderen gegenüber fokussiert und wahlweise auf ein Verhalten der Entschuldigung oder der aggressiven Abwehr von Vorwürfen sinnt, so empfindet man in stimmungsartigen Zuständen der Depression alles als gleichermaßen grau, sinnlos und bedrückend. Und daraus ergibt sich bestenfalls ein diffuses Rückzugsbedürfnis, aber eben keine spezifische Handlungs-

mus innerhalb der modernen Philosophie der Emotionen u.a. Anthony Kenny, Martha Nussbaum, Robert Solomon, Cheshire Calhoun, Amelie Rorty, Ronald de Sousa und Peter Goldie.

4 René Descartes, *Ueber die Leidenschaften der Seele* (Anm. 1).

motivation. Die Grenzen zwischen Stimmungen und Emotionen können empirisch durchaus fließend sein. So kann sich die Trauer über eine Trennung oder den Verlust eines nahestehenden Menschen zu einer anhaltenden Depression auswachsen oder die Freude über ein gelungenes Geschäft in allgemeine Heiterkeit übergehen. Trotz der unscharfen Ränder und Übergänge läßt sich jedoch festhalten, daß die meisten alltäglich vorkommenden Emotionen im Unterschied zu Stimmungen auf spezifizierbare Sachverhalte bezogen sind und ein entsprechendes, zeitlich begrenztes Motivationspotential abgeben.

Im weiteren wird es ausschließlich um die Darstellung solcher Positionen gehen, die auf die eingegrenzte Frage, was Emotionen sind, eine Antwort zu geben versuchen. Zu diesem Zweck werden die wichtigsten Positionen in ihren Grundzügen zu skizzieren sein, ohne daß hermeneutische Feinheiten der Ansätze einzelner Autoren berücksichtigt werden können. Im eher systematisch als historisch gehaltenen Durchgang durch die zentralen Bestimmungen auf dem emotionstheoretischen Feld wird wiederholt auf den aristotelischen Ansatz zurückzukommen sein. Dabei soll erstens herausgestellt werden, welche zentralen Bestimmungen moderner Emotionsontologien sich bereits bei Aristoteles vorgeprägt finden. Zum zweiten gilt es zu prüfen, inwieweit die aristotelisch ausgerichteten Konzeptionen an Grenzen stoßen und erweiterungsbedürftig sind. Von dieser Grenzbestimmung aus gelange ich in einem letzten Teil dieses Aufsatzes zu meinem eigenen emotionstheoretischen Ansatz, der eine um den Begriff der »narrativen Synthese« erweiterte Transformation des aristotelischen Emotionsmodells darstellt.

1. Emotionen zwischen Kognitivismus und Nichtkognitivismus

Wie bereits eingeführt, markieren die Emotionstheorien von Aristoteles und Descartes zwei Positionen, die sich in entscheidenden Hinsichten kontrastierend gegenüberstehen. Dieser Kontrast ist insofern repräsentativ, als sich quer durch die verschiedenen Disziplinen der Emotionsforschung hindurch ein korrespondierender Hiatus zwischen Ansätzen des Kognitivismus und des Nichtkognitivismus aufspannt. Während die Nichtkognitivisten, vereinfacht gesagt, die Körperlichkeit emotionaler Regungen in den Mittelpunkt rücken, stellen die Kognitivisten im Gegensatz dazu die urteilsmäßige, das heißt kognitive Seite der Emotionen ins Zentrum ihrer Analysen. Innerhalb des Spektrums der Nichtkognitivisten lassen sich nochmals gefühlstheoretische von behavioristischen Ausformulierungen unterscheiden. Während die Gefühlstheorien der Emotionen letztere in die Nähe von sensorischen Wahrnehmungen und Körperempfindungen rücken, gleichen behavioristische Ansätze Emotionen an habitualisierte und reflexhafte Verhaltensweisen an, worunter neurophysiologische Veränderungen ebenso fallen wie respondentes Verhalten gegenüber Umweltreizen. Die modernen Nichtkognitivisten (wie zum Beispiel der Neurophysiologe Joseph LeDoux, der Psychologe Robert Zajonc und der Philosoph Paul Griffiths) beziehen sich auf die Affekttheorien von René Descartes (Gefühlstheorie), William James (Gefühlstheorie plus Behaviorismus) und Charles Darwin (Behaviorismus) als historische Vorläufer. Wir können uns die basalen behavioristischen Grundannahmen innerhalb der Emotionstheorie besonders exemplarisch anhand von Darwins Position klarmachen.

In seiner Untersuchung *Der Ausdruck der Gemütsbewegungen bei dem Menschen und den Tieren* befaßt Darwin sich ausschließlich mit der kommunikativen Funktion von Mimik und den expressiven Seiten emotionaler Regungen wie Haaresträuben, Zähnefletschen, Gänsehautbildung, Starre, Weglaufen usw. im interkulturellen Vergleich.[5] Kommunikativ ist solches Ausdrucksverhalten Darwin zufolge deshalb, weil sich Vertreter einer Spezies haaresträubend und zähnefletschend anzeigen, daß ein Artgenosse zum Beispiel gerade umkämpftes Territorium betritt oder ein Ruhebedürfnis stört und Abstand halten soll. Das Zeigen der Zähne weist das Gegenüber auf ihre Funktion hin, schmerzhaft zubeißen zu können, so daß der dergestalt Bedrohte sich daraufhin zurückziehen wird. Emotionen sind für Darwin generell Dispositionen, unter bestimmten Umständen adaptive Verhaltensweisen an den Tag zu legen. Weder der Vollzug solcher expressiven Verhaltensweisen, die Darwin mit Emotionen gleichsetzt, noch ihr Verstehen erfordern höherstufige kognitive Lei-

5 Charles Darwin, *Der Ausdruck der Gemütsbewegungen bei dem Menschen und den Tieren*, hg. von Paul Ekman, übers. von Julius Victor Carus und Ulrich Enderwitz, Frankfurt/M. 2000.

stungen oder symbolische Repräsentationen, also Denkvorgänge oder Sprache.[6]

Die Übereinstimmung einiger emotionaler Ausdrucksweisen zwischen den Arten wie zum Beispiel Angriffsverhalten im Zustand der Wut oder Zittern und Gänsehautbildung in Furchtsituationen, die sich bei Hunden, Katzen und Menschen gleichermaßen beobachten lassen, führen Darwin zu folgenden generellen Annahmen: Er geht davon aus, daß es elementare Emotionen gibt, die angeboren sind. Dazu zählt er Furcht, Wut, Freude, Kummer und Ekel. Sie werden durch geeignete Reize der Umwelt automatisch ausgelöst, und ihre expressive Signatur ist immer schon durch Gewöhnung unwillkürlich habitualisiert. Alle anderen Emotionen entstehen dann aus einem evolutionären Anpassungsdruck heraus und bauen auf den basalen Formen als deren Mischformen auf. Daß Menschen ihre unwillkürlichen Furcht- und Schreckreaktionen häufig auch dann nicht unterdrücken können, wenn diese *prima facie* keine erforderlichen Anpassungsleistungen darstellen – wie etwa beim Hochschrecken angesichts eines Horrorfilms, von dem wir doch wissen, daß er uns nicht wirklich gefährlich werden kann –, erklären Evolutionstheoretiker seit Darwin damit, daß Emotionen eben als träges Erbe aus jenen frühen Zeiten der Evolution anzusehen sind, wo das durch sie gesteuerte Verhalten, wie etwa das Sich-Verstecken vor einer Gefahr, für das unmittelbare Überleben durchaus notwendig und adaptiv war.[7] Daß die automatisch ablaufenden Einschätzungen einer Situation gleich auf die Verhaltensebene durchschlagen und zu entsprechenden Furcht-, Flucht- oder Schreckreaktionen führen, ist unbeeinflußbar, weil das schematisch operierende Körpergedächtnis die Konditionierung solcher spontanen Reaktionstypen in überlebensrelevanten Situationen erlernt hat. Die Überlebensrelevanz von Spontaneität wird vom Organismus offenbar

6 Obwohl Theodor Lipps die sogenannte »Einfühlungstheorie des Verstehens« gerade als eine Antwort und Kritik am Empirismus Humes sowie am psychologischen Behaviorismus seiner Zeit entwickelt hat, rückt er in bezug auf emotionales Ausdrucksverstehen paradoxerweise sehr nahe an Darwins Beschreibung heran. Vgl. Theodor Lipps, *Ästhetik. Psychologie des Schönen und der Kunst*, Bd. 1: *Grundlegung der Ästhetik*, Hamburg, Leipzig 1906, dort besonders Kap. 2: *Die Ausdrucksbewegungen und die Einfühlung*, S. 107-126.

7 Angesichts von allzu bedrohlich wirkenden Filmszenen halten sich zum Beispiel viele Menschen spontan die Hände vor die Augen oder drehen sich von der Leinwand weg, um die Gefahr auszublenden.

höher bewertet als die Unkosten eines scheinbar unökonomischen Energieaufwandes, die bei der Evokation von Schreckreaktionen in geschützten Räumen wie dem Kino in Kauf genommen werden können. Dieser dysfunktional wirkende Aspekt der Unsteuerbarkeit mancher angeborenen Spontanreaktionen läßt sich auch insofern funktional umdeuten, als daraus kulturell spielerisch Kapital geschlagen werden kann. Im ästhetischen Vergnügen an Formen geschützten Ausgeliefertseins, wie wir es von den spektakulären Achterbahnen auf den Jahrmärkten oder auch der Immersion in fiktionale Welten kennen, können wir gerade unsere unsteuerbaren Affektionen genießen.[8]

Daß die heute evolutionär denkenden Theoretiker unter den Nichtkognitivisten sich ebenso wie Darwin nur mit Verhaltensweisen von Lebewesen beschäftigen, zu denen sich dann eine Geschichte der Evolution erzählen läßt, in deren Lichte die betreffenden Verhaltensweisen als funktional erscheinen, wäre nun nicht weiter bemerkenswert.[9] Und auch, daß sich Philosophen, wie zum Beispiel Gilbert Ryle oder John Dewey, in ihren Analysen von Emotionen ausschließlich auf die damit assoziierten Verhaltensweisen und Handlungen konzentrieren, ist insofern naheliegend, als dies diejenigen Phänomenaspekte sind, die auch aus der Perspektive dritter Personen zugänglich sind.[10] Doch selbst wenn die Thematisierung emotionaler Verhaltens- und Ausdrucksweisen nicht automatisch schon zu einem reduktionistischen Behaviorismus in bezug auf Emotionen führen muß, so blenden die einseitig verhaltenstheoretisch orientierten Analysen der Emotionen gleichwohl wichtige Dimensionen aus.

Gegenüber einseitig verhaltensanalytischen Emotionstheorien ist daran zu erinnern, daß ein Großteil unserer emotionalen Ausdrucks- und Verhaltensweisen gar nicht nach eindeutigen Reiz-Reaktions-

8 Welche mannigfachen Rollen evolutionäre Motive für die Ästhetik generell spielen und welche Einsichten sich aus der Evolutionstheorie somit für kulturelle Phänomene gewinnen lassen, dazu vgl. auch Winfried Menninghaus, *Das Versprechen der Schönheit*, Frankfurt/M. 2007.

9 Vgl. die Forschungen von Paul Ekman, »Affective Science: A Research Agenda«, in: Paul Ekman, Richard J. Davidson (Hg.), *The Nature of Emotion*, New York, Oxford 1994, S. 409-431; ders., »Expression and the Nature of Emotion«, in: Klaus Scherer, Paul Ekman (Hg.), *Approaches to Emotion*, Hillsdale, New York 1984, S. 319-344.

10 Vgl. Gilbert Ryle, *Der Begriff des Geistes*, Stuttgart 1969; John Dewey, »The Theory of Emotion«, in: Cheshire Calhoun, Robert C. Solomon (Hg.), *What is an Emotion?*, Oxford 1984, S. 154-172.

Schemata abläuft. Ein reflexhafter Automatismus mag sich mit Blick auf menschliche Emotionalität wenn überhaupt, dann an einfachen Fällen von physischer Bedrohung und darauf bezogenen Fluchtreaktionen einleuchtend beschreiben lassen. Daß dies sich so verhält, liegt aber an den Beispielen.[11] Schon die Furcht vor antizipierten Ereignissen, wie einer schweren Prüfung, kann zu unterschiedlichsten Verhaltensweisen führen, und auch die Möglichkeit, sich, wie zuvor am Kinobeispiel angeführt, zur eigenen Furcht so zu verhalten, daß sie sich in einen genußhaften »Thrill« oder gar in Mut umwandeln läßt, durchbricht das Bild von Furcht als Fluchtreflex. Außerdem sind Menschen in der Lage, eine Affektkontrolle auf der Verhaltensebene zu wahren, ohne damit den ganzen Affekt zwangsläufig unterdrücken oder evozieren zu können. Gegebenenfalls kochen wir innerlich weiter vor Wut, während wir uns unauffällig benehmen, oder bleiben unsicher und ängstlich, obwohl wir entschlossen auftreten, oder empfinden gar nichts, während wir zum Beispiel Anteilnahme heucheln. Solche Fälle belegen, daß emotionaler Verhaltensausdruck und emotionales Empfinden auseinanderfallen können. Emotionale Verhaltenskontrolle hängt offenbar an der Fähigkeit, sich zu sich selbst verhalten zu können. Helmuth Plessner nennt dieses spezifische Merkmal menschlicher Identität die doppelte Abständigkeit des Menschen zu sich *und* zur Umwelt.[12] Zwischen einem Körper-Haben und einem Körper-Sein klafft eine Differenz oder besser gesagt: ein Spielraum, welcher zuallererst humane Identität als Vollzugsgröße unreflektierter *und* reflektierter Rollenübernahmen denkbar werden läßt.

Gerade in den Situationen, in denen Menschen Kummer oder Freude über etwas erleben, erfahren sie stets mit, wie sie ganz persönlich zu den Dingen des Lebens stehen und wie sie von ihnen positiv oder negativ in ihrem individuellen Wohlergehen betroffen werden. Zu einer vollständigeren, erklärenden Beschreibung einer Person,

11 Nicht zufällig sind Furcht- und Schreckreaktionen angesichts einer Bedrohung der eigenen Unversehrtheit oder gar des eigenen Lebens die am meisten erforschten emotionalen Reaktionen, auch in der neueren Physiologie. An ihnen lassen sich die evolutionstheoretischen und sonstigen behavioristischen Intuitionen eben am besten belegen.

12 Vgl. Helmuth Plessner, *Conditio Humana*, Frankfurt/M. 2003; dort ist einschlägig für die hier verfolgte Thematik der Aufsatz »Über das Welt- und Umweltverhältnis des Menschen« (1955), S. 77-87.

die eine emotionale Erfahrung durchmacht, gehören also zusätzlich zu den expressiven Seiten auch die Rückwirkungseffekte der Emotionen hinzu. Zur philosophischen Frage, wie die Dimension der Subjektivität in eine Theorie der Emotionen integrierbar ist, hat William James einen in der Literatur viel beachteten Vorschlag unterbreitet.[13] In der Sache hat er eine Verbindung von gefühlstheoretischer Perspektive und Behaviorismus auf neurophysiologischer Ebene vorgenommen. Die entscheidenden Merkmale emotionaler Reaktionen sieht James in den durch Umweltreize ausgelösten physiologischen Erregungen *im Verbund mit* deren subjektiv fühlbaren Rückmeldungen ans zentrale Nervensystem. Wie es ist, verliebt oder beschämt oder erfreut zu sein, sagt uns aus James' Sicht unser Körper (physiologisch und motorisch objektiv), und zwar in Form seiner unmittelbar gefühlsmäßigen Selbstwahrnehmung (subjektiv). Das fühlende Subjekt ist mithin, qua körperlich-physiologischer Konstitution und introspektiver Empfindungsfähigkeit, Träger der Emotion und zugleich die Instanz ihrer distinktiven Selbstzuschreibung. Wenn es allerdings physiologisch eindeutig identifizierbare Signaturen der Emotionen geben sollte, wie James es nahelegt, so müßten diese prinzipiell auch, etwa mit Hilfe der neueren hirnphysiologischen Meßmethoden, unabhängig von ihren Bewußtseinseffekten identifizierbar sein. Ob die Idee, Emotionen seien letztlich erlebnistranszendente und rein physiologische Muster, noch mit James' Intuitionen vereinbar wäre, muß hier zurückgestellt bleiben. Es ist jedenfalls der andere Aspekt seiner Emotionsauffassung, nämlich seine Behauptung einer introspektiv-gefühlsmäßig gegebenen Distinktionsfähigkeit im Verhältnis zu Emotionen, die ihn mit neueren phänomenologischen Ansätzen in der Philosophie der Emotionen sowie mit der klassischen Gefühlstheorie der cartesianischen Tradition verbindet.[14]

Gegen James' Rückkoppelungstheorie der Emotionen wenden

13 William James, »What is an Emotion?«, in: *Mind* 9 (1884), S. 188-205, neu abgedruckt in: Calhoun, Solomon (Hg.), *What is an Emotion*? (Anm. 10), S. 127-142.

14 Einen aktuellen Versuch, die antagonistischen Ansätze einer phänomenologischen und einer analytisch-kognitivistischen Emotionstheorie vor dem Hintergrund einer Philosophie der Leiblichkeit zusammen zu denken, wie sie u. a. von Hermann Schmitz ausbuchstabiert wird (vgl. ders., *Der unerschöpfliche Gegenstand. Grundzüge der Philosophie*, Bonn 2007), stellt folgende Monographie dar: Christoph Demmerling, Hilge Landweer, *Philosophie der Gefühle. Von Achtung bis Zorn*, Stuttgart 2007.

sich nun die Kognitivisten unter den Emotionstheoretikern u. a. mit folgenden Argumenten: Die aus physiologisch-motorischen Rückmeldungen resultierenden Gefühle seien (ebenso wie bloße Verhaltensmuster) zu unspezifisch, um komplexe Emotionen wie Freude, Wut, Schuld, Eifersucht, Neid, Verliebtheit usw. hinreichend identifizieren und zuschreiben zu können. Elemente unserer emotionalen Reaktionen wie Schweißausbrüche, Herzklopfen, Muskelanspannung, Pulsbeschleunigung usw. informieren unser Gehirn bestenfalls darüber, *daß* irgendeine ungewöhnliche Erregung gegeben ist. Da diese Reaktionen jedoch bei unterschiedlichen Emotionen zum Teil gleich oder ähnlich ausfallen können und bei ein und derselben länger anhaltenden Emotion, zum Beispiel bei einem Schuldgefühl, sich auch unterschiedlich gestalten können, ist es uns nicht möglich, den rein gefühlsmäßigen Rückmeldungen allein zu entnehmen, welcherart der Erregungszustand ist, dem sie angehören. So können wir etwa sowohl vor Freude wie vor Wut weinen, und Weinen ist eine spürbare, physiologische Veränderung. Ob das Gefühl eines Drucks auf den Magen oder des Herzflatterns mit Verliebtheit oder Wut oder bloß mit zuviel Kaffeegenuß zusammenhängt, sagen uns diese Gefühle nicht von sich aus. Um dies entscheiden zu können, benötigen wir vielmehr Informationen über die Situation, in der wir uns zu diesem Zeitpunkt befinden, sowie ein allgemeines Wissen davon, welcher Typus von Emotion normalerweise welchem Typus von Auslöser und Kontext zugeordnet wird und mit welchen körperlichen Symptomen und Gefühlen ein bestimmter Emotionstyp gewöhnlich verbunden werden kann.

Aus diesem komplexen Wissen, so der Grundgedanke der Kognitivisten, leiten wir zuallererst die kontrollierte Etikettierung und Einordnung eines mehrdeutigen Erregungszustandes als Ausdruck etwa von Liebe oder Wut ab. Kognitivistischen Vorstellungen zufolge erklären also die an den Emotionen beteiligten Gefühlsempfindungen nicht nur nichts, sondern stellen vielmehr selbst erklärungsbedürftige Phänomene dar. Anstatt vermittelt über die unmittelbar wahrnehmbaren Gefühlsregungen auch schon einen unmittelbar fühlenden Zugang zu unseren Emotionen zu gewinnen, gelangen wir aus kognitivistischer Sicht zur Identifikation einer Emotion über den Umweg einer Art »Schluß auf die beste Erklärung«. Demnach beziehen wir unsere wahrgenommenen Körperveränderungen und Gefühle, sofern sie vorliegen, als Wirkungen auf Wahrnehmungen und Vorstellungen zurück, die einem bekannten emotionalen Muster entsprechen. Dabei stützen wir uns maßgeblich auf ein empirisches sowie auf ein begrifflich-normatives Wissen. Empirisch ist das konkrete biographische Erfahrungswissen über die relative Regelmäßigkeit, mit der bestimmte Empfindungen ungewöhnlicher Körperveränderungen bestimmten Wahrnehmungen und Vorstellungen in dichtem zeitlichen Abstand zu folgen pflegen. Normativ ist jener Teil des Schlusses auf die beste Erklärung, wonach wir gegebene Selbstwahrnehmungen ungewöhnlicher Erregungszustände nach Maßgabe unseres begrifflich-semantischen Verständnisses des Emotionsvokabulars Vorstellungen zuordnen. Da Kausalhypothesen prinzipiell fallibel sind, können wir uns natürlich auch in solchen Fällen über den faktischen Zusammenhang von Ursache und Wirkung täuschen. Die Erregungszustände, die wir situativ typischen emotionalen Wahrnehmungen und Vorstellungen als deren Effekte zuordnen, können in Wahrheit krankheitsbedingt sein, ohne daß wir dies bemerken. Diese skeptisch zu nennende Einsicht in die Fehlbarkeit von Emotionszuschreibungen oder, eingeschränkter: in die Fehlbarkeit des darin eingehenden, unterstellten kausalen Zusammenhangs von Emotionen und Gefühlen verdankt der Kognitivismus in der Emotionsforschung dem Ansatz von David Hume.[15] Ein wichtiger Vorschlag in diesem Zusammenhang, den die Kognitivisten unisono übernommen haben, besteht in Humes Unterscheidung zwischen Ursachen und Objekten der Emotionen.

Was der Kognitivismus mit Humes Unterscheidung gewonnen hat, ist folgendes: Die Wahrnehmungen oder Vorstellungen eines Sachverhaltes fungieren nicht nur als Auslöser und Ursachen (kausal), sondern auch als *Objekte* und *Gründe* der Emotionen (intentional). In emotionalen Situationen haben wir eine bildliche und/oder sprachliche Vorstellung davon, was es ist, das wir im Verhältnis zu unserem Wohlergehen als positiv oder negativ erleben. Dabei können Ursachen und Objekte der Emotionen durchaus auch auseinanderfallen. X mag meine Wut kausal veranlaßt haben, und doch kann ich in meiner Wut auf Z intentional gerichtet sein. Dann ist X zwar

15 Eine frühe, differenzierte Auseinandersetzung mit der Humeschen Version des emotionstheoretischen Kognitivismus sowie mit seiner Kritik an der These vom privilegierten Zugang erster Personen zu ihren eigenen emotionalen Zuständen (Hume, *Traktat über die menschliche Natur* [Anm.1], Buch 2) findet sich bei Gabriele Taylor, *Pride, Shame and Guilt. Emotions of Self-Assessment*, Oxford 1985.

die Ursache, aber Z das Objekt meiner Wut. Was Hume weniger vertieft hat, was hier aber angeschlossen gehört, ist, daß wir in emotionalen Verfassungen nie neutral auf Objekte beziehungsweise Sachverhalte gerichtet sind. Emotionale Wahrnehmungen und Objekte sind werthafter Natur. Dabei eignet unseren emotionalen Einschätzungen ein besonderer Selbstbezug, der zugleich den aus kognitivistischer Sicht eigentlichen Kern ihrer Subjektivität freilegt: Denn emotional werten wir jeweils eine sachverhaltsbedingte Steigerung oder Minderung unseres Wohlergehens aus.[16]

Wie Anthony Kenny und andere sprachanalytische Philosophen hervorheben, spiegelt sich diese evaluative Objektbezogenheit der Emotionen auch auf der sprachlichen Ebene darin, daß Emotionsterme transitiv sind.[17] Wir schämen, freuen, fürchten und verlieben uns nicht einfachhin. Vielmehr schämen wir uns *über* etwas, freuen uns *auf* etwas, fürchten uns *vor* etwas oder jemandem und sind verliebt *in* jemanden. Das, was in solchen Sätzen an der Stelle eingesetzt werden kann, auf welche die Präpositionen »über«, »auf«, »vor«, »in« verweisen, sind die konkreten evaluativen Korrelate oder Objekte dieser Regungen. Für die Frage des Zugangs zu Emotionen hat dieser Schritt der Argumentation nun folgende Konsequenz: Mit Hilfe der Bestimmung der intentionalen Korrelate spezifiziert man allererst eine vorliegende Emotion. Anders ausgedrückt: Die Auskunft,

16 Für Magda Arnold zum Beispiel, die bereits in den 1960er Jahren eine dezidierte Bewertungstheorie der Emotionen entwickelt hat, ist eine Emotion identisch mit einer empfundenen Tendenz zu etwas hin, das als gut bewertet wird, oder von etwas weg, das als schlecht bewertet wird. In dieser Formulierung unterscheidet sich allerdings Arnolds Version der Bewertungstheorie von Emotionen kaum noch von William James. Arnold betont zwar stärker als James die Bedeutung der Rückführung verhaltensartiger Impulse der Anziehung und Abstoßung auf vorgängige Bewertungen. Aber auch bei James ist ja nicht einfach bloß das Auftreten zum Beispiel eines Bären die Ursache von Furcht, sondern das eines gefährlich wirkenden Bären. Der auslösende Anlaß einer emotionalen Reaktion ist auch bei James keine neutrale Gegebenheit, sondern immer schon ein spezifischer Wertsachverhalt. Da nach Arnold die emotional ausschlaggebenden Bewertungen auch unbewußt bleiben können, sind bei ihr, ebenso wie bei James, Emotionen selbst nur zugänglich über die und identisch mit den kausal hervorgebrachten gefühlsmäßigen Wirkungen solcher als vorgängig betrachteten Bewertungen. Letztere spielen somit die Rolle hypostasierter Antezedenzien, die bestenfalls im nachhinein, in einer Erklärung der Genese von Emotionen *post festum*, thematisch werden können. Vgl. Magda Arnold, *Emotion and Personality*, New York 1960.

17 Anthony Kenny, *Action, Emotion and Will*, London 1963.

jemand sei verärgert, enttäuscht oder verliebt, bleibt so lange unvollständig und inhaltlich leer, bis die betreffende Person (zumindest vor sich selbst) die Frage danach beantworten kann, worüber sie sich ärgert oder enttäuscht ist oder in wen sie verliebt ist.

Das empirische Spektrum dessen, was wir emotional besetzen können, ist potentiell unbegrenzt und individuell variabel. Deshalb erfahren wir etwas über Personen, wenn wir verstehen, worüber sie beleidigt sind, was sie für erfreulich halten, worauf sie stolz sind und was sie betrübt. Gleichwohl sind in formaler Hinsicht nicht alle beliebigen Eigenschaften auch auf intelligible Weise beliebig emotional besetzbar. Aussagen wie: »S ist stolz darauf, daß heute Montag ist« oder »S freut sich auf etwas, das sie in jeder Hinsicht negativ beurteilt«, sind sinnlose Aussagen. Denn es gehört zur Bedeutung des Begriffs »Stolz«, daß er nur auf etwas bezogen sein kann, das man sich – zu Recht oder nicht – als eigene Leistung zuschreibt, und eine Leistung kann kein Wochentag sein. Entsprechend gehört es zur Bedeutung von »Freude«, daß sie nur auf Sachverhalte bezogen sein kann, die von der betreffenden Person – wie idiosynkratisch auch immer – positiv bewertet werden. Die logisch-semantische Festlegung eines möglichen Spektrums der Objekte für jeden Emotionstypus fungiert somit als sinnkonstitutive Einschränkung der Anwendung von Emotionstermen. Mit jedem einzelnen Emotionsterm korrespondiert eine eigene evaluative Kategorie, die eingrenzt, in welcher Hinsicht unser je individuelles Wohlergehen in Mitleidenschaft gezogen sein muß, damit eine spezifische Instanz eines Emotionstyps sinnvoll zugeschrieben werden kann. In Situationen der Scham schreiben wir uns zum Beispiel Eigenschaften zu, die wir als Abweichungen von einem idealen Selbstbild auffassen und daher als Minderung unseres Selbstwerts empfinden. In einer Situation, in der wir uns Schuldgefühle zuschreiben, sind wir auf die Verletzung unserer Integrität durch eigene, vermeintliche Normenverstöße bezogen. Entsprechende evaluative Kategorien ließen sich für alle weiteren Emotionstypen anführen.

Welchen evaluativen Sachverhalten der gerade aufgezählten Art die einzelnen Emotionsbegriffe jeweils korrelativ zugeordnet sind, erlernen wir im Zuge unserer intersubjektiven Sozialisation anhand vieler Beispiele, Geschichten und wiederholten Demonstrationen, die wir von sprachkompetenten Mitmenschen in paradigmatischen Situationen vorgeführt bekommen. Dabei lernen wir, unter welchen

Umständen die Zuschreibungen von Emotionstermen und ihrer Synonyma angemessen und normal sind. Erst durch die Kenntnis der Semantik unseres Emotionsrepertoires und der formal festgelegten Zuschreibungsbedingungen für die einzelnen Emotionstypen werden Identifikation, Kommunikation und intersubjektive Kritik der Emotionen überhaupt auf kontrollierbare Weise möglich. Die Frage nach dem Zugang zu Emotionen erweist sich aus kognitivistischer Sicht als eine Frage der Einübung in die Praxis ihrer Zuschreibung. Was wir in der Sache zuschreiben, wenn wir Emotionen zuschreiben, sind werthafte Meinungen und/oder Wahrnehmungen, die häufig mit bestimmten Verhaltensneigungen sowie Gefühlen einhergehen.

Wir haben bis hierher in den Grundzügen nachgezeichnet, was in Abgrenzung von den zwei Spielarten des Nichtkognitivismus, des Behaviorismus und der Gefühlstheorie, unter einer kognitivistischen Auffassung von Emotionen zu verstehen ist. Von diesem Punkt aus können wir zu folgendem Zwischenergebnis überleiten: In vielen emotionalen Situationen machen wir mehr oder weniger spezifische Körperempfindungen durch, etwa wenn wir vor Scham erröten oder vor Furcht zittern. Wir können beteiligte Phänomene dieser Art unter die *gefühlsmäßig-wahrnehmungshafte Komponente* von Emotionen verbuchen. In einigen Fällen ist auch eine Neigung zu ganz bestimmten Handlungen für die emotionalen Erregungen konstitutiv, so zum Beispiel, wenn wir die Nähe von jemandem suchen, in den wir verliebt sind, oder jemanden bestrafen wollen, der uns verletzt hat. Diese Handlungsneigungen bilden die *motivationale Komponente* von Emotionen. Jedoch weisen nun nicht alle emotionalen Regungen eine spezifische Gefühls- oder Handlungskomponente auf. Ebendieses Faktum führt einseitige Gefühlstheorien ebenso an ihre Grenzen wie einseitige Verhaltenstheorien der Emotionen. Universalisierbar ist dagegen allein die *intentionale Komponente* für alle Emotionen, weil wir in allen Fällen emotionaler Erregung Dinge oder Sachverhalte als in irgendeinem Sinne gut oder schlecht für uns beurteilen. Diese intentionale Komponente ist für die distinktive Identifikation der Emotionen unverzichtbar. Deshalb nimmt sie innerhalb kognitivistischer Theorien gegenüber den motivationalen und gefühlsmäßig-wahrnehmungshaften Facetten der Emotionen zu Recht eine Sonderstellung ein.

Mit der intentionalen (oder kognitiv-evaluativen), der motivationalen und der gefühlsmäßig-wahrnehmungshaften Komponente haben wir die drei strukturellen Komponenten benannt, die in unterschiedlicher Instantiierung und Kombination für den Aufbau der verschiedenen Emotionstypen normalerweise konstitutiv sind. Dieses multikomponentale Modell der Emotionen verhindert einen einseitigen Reduktionismus auf eine der drei Komponenten, indem es kognitive und nichtkognitive Komponenten für konstitutiv halten und dennoch einräumen kann, daß nur in den meisten und idealen Fällen emotionaler Erregung auch alle drei Komponenten wirklich vorliegen. Es hängt jedoch in allen Fällen des Vorkommens von Emotionen von ihrer propositional faßbaren, wertmäßigen Verfaßtheit ab, daß wir sie hinsichtlich ihrer Ursachen, Gründe und Folgen befragen, rechtfertigen und kritisieren können. Dabei gibt es Emotionstypen wie Hoffnung und Neugierde, die sich an dem äußeren, kognitiven Ende der Emotionsskala bestimmen lassen, und solche Emotionstypen, wie Furcht und Zorn, die aufgrund ihrer physischen Begleiterscheinungen auf dem äußeren, nichtkognitiven Ende des Spektrums zu verorten sind.

Von hier aus kann man nun nachfragen: Wie lassen sich die ruhigen oder hochgradig kognitiven Emotionen wie Neid oder Hoffnung, die eine Urteilskomponente aufweisen, jedoch weder mit nennenswerten gefühlsmäßigen Veränderungen noch mit unmittelbaren oder eindeutigen Handlungsmotivationen einhergehen, von nichtemotionalen Urteilen unterscheiden? Ein Teil der Antwort auf diese Frage könnte so ausfallen: Ruhige Emotionen sind immer noch hinlänglich von nichtemotionalen Urteilen dadurch zu unterscheiden, daß nur sie ihrer identifizierenden Intentionalität nach maßgeblich auf die Steigerung oder Minderung des eigenen Wohlergehens bezogen sind. Diese Antwort enthält meines Erachtens zwar etwas Richtiges, bleibt aber dennoch unbefriedigend, weil man wiederum zurückfragen kann, welche Distinktion eine derartige intentionale Spezifizierung noch beizusteuern vermag, wenn die festgestellte Steigerung oder Minderung des eigenen Wohlergehens gar nichts Gefühlsartiges mehr an sich hat? Es läßt sich wohl kaum bestreiten, daß wir sehr wohl auch ganz kaltblütig oder unaffektiv über Ursachen und Gründe für die Steigerungen und Minderungen unseres Wohlergehens nachdenken können. Diese Überlegung zeigt ein Problem auf, das in der Tat einen weiteren Schritt in der Konstruktion des Komponentenmodells der Emotionen erforderlich macht. Zu diesem Zweck ist es sinnvoll, noch einmal zu Aristoteles' Affekttheorie, entwickelt in seiner *Rhetorik*, zurückzukehren.

2. Zum hedonistischen Ton der Emotionen

Aristoteles kann zu Recht als historischer Vorläufer eines nichtreduktiven Kognitivismus oder auch Komponentenmodells der Emotionen, wie gerade skizziert, bezeichnet werden. In den von ihm in der *Rhetorik* gegebenen, definierenden Beschreibungen der paradigmatischen Emotionstypen Freude, Zorn, Liebe, Haß, Furcht, Mitleid, Scham, Eifersucht, Glück und Neid finden sich bereits die konstitutiven Verschränkungen von motivationalen (gefühlsmäßig-wahrnehmungshaften) und intentionalen (kognitiv-evaluativen) Faktoren. Im Unterschied allerdings zu den bisher skizzierten Positionen versteht Aristoteles unter den an Emotionen beteiligten Gefühlen weniger Wahrnehmungen von Körperveränderungen als vielmehr Lust und Unlust.

Der Emotionstyp »Zorn« wird von Aristoteles in der *Rhetorik*, paradigmatisch für andere Emotionen, bestimmt als ein mit Unlustgefühlen (*hedonistische Komponente*) einhergehendes Urteil, von jemandem ungerecht behandelt worden zu sein, dem es der eigenen Auffassung nach nicht zusteht (*intentionale Komponente*). Dieses Urteil sei darüber hinaus typischerweise mit dem Wunsch oder zumindest mit der Phantasie verbunden, diese Person im Gegenzug zu schädigen und sich an ihr rächen zu wollen (*motivationale Komponente*).[18] Auch jedem weiteren Affekt ordnet Aristoteles neben intentionalen und motivationalen Komponenten einen positiven oder negativen hedonistischen Ton zu, also begleitende Lust- oder Unlustgefühle. Nun verdanken sich auch Gefühle von Lust und Unlust – ontologisch betrachtet – sicherlich irgendwelchen Körperfunktionen. Was aber untergeht, wenn man, wie es viele zeitgenössische Emotionstheoretiker tun, im Kontext der Bestimmung von Emotionen Lust- und Unlustgefühle pauschal mit den gefühlsmäßigen Körperwahrnehmungen in eine Kategorie einordnet, ist *die subjektive Erlebnisqualität* der Emotionen selbst.[19]

18 Vgl. Aristoteles, *Rhetorik* (Anm. 2) 1380a f.

19 Vgl. William Lyons, *Emotion*, Cambridge 1980, sowie ders., »Über die Rolle der Gefühle«, in: *Ratio* 19 (1977), S. 1-12.

Da Emotionen, wie wir bisher dargelegt haben, nicht einfach mit Körperveränderungen identisch sind, kann auch ihre Empfindung nicht in der Wahrnehmung von solchen Veränderungen allein bestehen. Und zum Teil haben wir bereits gesehen, daß es Emotionen gibt, die gar keine merklichen Körperveränderungen mit sich bringen. Gleichwohl handelt es sich bei Emotionen neben Stimmungen, Launen und anderen Phänomenen um eine Unterklasse von affektiven Phänomenen, und das scheint zu implizieren, daß irgendeine Art von Gefühlsqualität an ihnen dabei nicht bloß epiphänomenal sein kann. Der feine und bedeutsame Zusatz, um den es hier im erneuten Rückgriff auf Aristoteles geht, betrifft den phänomenalen Überschuß, der durch die emotionsanteiligen Lust- und Unlustgefühle ins Spiel gebracht werden kann. Verbindet man dies mit dem bisher Ausgeführten, so legt sich jetzt folgender Schritt nahe: Der gesuchte phänomenale Überschuß, von dem die Affektivität der Emotionen abhängt, kann in jenen lustvoll oder unlustvoll verspürten Rückwirkungen der Wahrnehmungen, Handlungswünsche *und* Objektvorstellungen gefunden werden, die für Emotionen *insgesamt* konstitutiv sind.

In dieser hier vorzuschlagenden Lesart haben wir es – durchaus ähnlich wie bei James – mit einer Art Feedback oder gefühlsmäßigen Rückmeldung zu tun, nun allerdings so, daß gerade nicht wie bei ihm irgendwelche externen Reize (zum Beispiel eine herannahende Gefahrenquelle) körperliche Veränderungen und in der weiteren Folge davon deren Wahrnehmungen (Gefühle) verursachen. Vielmehr nimmt das ganze Ensemble der emotionalen Konstituenten selbst einen positiven oder negativen Gefühlswert an. Anders gesagt: Als affektive Phänomene weisen Emotionen nicht nur Körpergefühle auf der Ebene ihrer Bestandteile auf, wenn sie mit Empfindungen von Muskelanspannung einhergehen. Emotionen haben außerdem auch selbst noch eine phänomenale Qualität, die sich darin nicht erschöpft. Gemeinsam mit allen anderen Gefühlen ist den Lust- und Unlustgefühlen, daß sie außersprachliche, unmittelbare Wahrnehmungen von Lebewesen sind. Doch erst wenn Lust- oder Unlustgefühle über alle anderen Aspekte der Emotionen supervenieren, kommt die genuin subjektiv-affektive Werthaftigkeit der geistigen und körperlichen Veränderungen ins Spiel, aus denen sich die multikomponentalen Emotionen zusammensetzen.

Von hier aus wird jetzt auch auf das kurz zuvor formulierte Unterscheidungsproblem von ruhigen Emotionen und nichtemotionalen Ureilen eine befriedigendere Antwort möglich. Ruhigen Emotionen wie Neid und Hoffnung sind nämlich ebenfalls gefühlsartige Valenzen zuzugestehen, ohne daß sie dafür mit nennenswerten Körpererregungen einhergehen müßten. Die emotionalen Lust- und Unlustregungen bezeugen auch bei den Vorkommnissen ruhiger Emotionen affektiv die jeweils subjektiv erfahrene Schwächung oder Stärkung des eigenen Wohlergehens. Um dieser phänomenalen Qualität der Emotionen gerecht werden zu können, ist eine doppelte Erweiterung der aristotelischen Komponenten-Trias vonnöten: Erstens werden Körperempfindungen neben den hedonistischen Gefühlen als eigenständige, emotionale Komponenten berücksichtigt. Zweitens sind die hedonistischen Gefühle nicht bloß begleitende Zustandsveränderungen. Neben der genannten Komponenten-Trias, bestehend aus intentionalen, gefühlsmäßigen und motivationalen Facetten, sind hedonistische Gefühle vielmehr als viertes, allerdings über alle anderen Komponenten supervenierendes Qualitätsmerkmal in das Komponentenmodell der Emotionen einzubeziehen.[20]

3. Zur narrativen Synthese der Emotionen

Wir haben mit diesem Komponentenquartett die wichtigsten Grundelemente benannt, aus denen sich Emotionen meiner Auffassung nach zusammensetzen. Doch wie werden Komponenten zu einheitlichen Emotionen, die sich auch so anfühlen können? Wie hängen sie dafür miteinander zusammen? Weder bei Aristoteles noch in der zeitgenössischen Emotionsforschung gibt es dazu Thesen, da die Fragen gar nicht aufgeworfen werden. Die Antwort, mit der ich zu meinem eigenen narrativitätstheoretischen Ansatz überleite und die eine zusätzliche Erweiterung des Aristotelischen Komponentenmodells wie auch der daran anknüpfenden, zeitgenössischen Komponentenmodelle impliziert, lautet: Der Zusammenhang der heterogenen Körperveränderungen, Verhaltensimpulse, Wahrnehmungen und Gedanken kommt dadurch zustande, daß wir die narrativen Schemata derjenigen Sinnzusammenhänge auf sie anwenden, die wir im Zuge unserer Sozialisation als prototypische Grundbedeu-

20 Ausführlicher habe ich diesen Vorschlag in meinem Buch *Narrative Emotionen*, Berlin 2004, entfaltet.

tungen der Emotionstypen aneignen. Damit kommt den Akten der Zuschreibung von Emotionen eine zentrale Funktion zu. Ohne jedoch an hinreichenden und notwendigen Bedingungen eindeutiger Definitionen von Emotionstermen orientiert zu sein, sind unsere Zuschreibungen von Emotionen durch die implizite Kenntnis prototypischer Szenarien geleitet, die eine eher genreartige Einordnung unserer situationsbezogenen Reaktionen in Begriffen von »Scham«, »Schuld«, »Verliebtheit«, »Freude« usw. ermöglichen. Alle körperlichen und geistigen Veränderungen, die eine Person innerhalb eines begrenzten Zeitraums zu einer Emotion zählt, sind dabei als Phasen dieser Emotion selbst anzusehen. Und dabei sind eben Geschichten und nicht bloß Propositionen die kleinsten Bedeutungseinheiten der Emotionen. Das, was in der Zeitspanne von einer emotionsauslösenden Objektvorstellung bis zum Abklingen der körperlichen Gefühle und der Ablenkung der Aufmerksamkeit durch etwas anderes auf ein Subjekt einwirkt oder aus seiner Sicht zumindest einzuwirken scheint, wird von der betroffenen Person währenddessen auf ein emotionales Grundthema bezogen. Solche emotionalen Grundthemen betreffen, je nachdem, um welchen Kontext es sich handelt, Aspekte unseres Wohlergehens hinsichtlich unserer Integrität oder Würde, unserer Besitzansprüche oder unserer Unversehrtheit, unserer Selbstbildanforderungen oder unserer sozialen Bedürfnisse und andere Kategorien, von denen unser Wohlergehen noch abhängen kann. Die Deutungsfolien für die identifizierende Zuordnung auch neuer Erfahrungen unter solche übergeordneten Themen gewinnen wir aus einem abstrahierenden Querschnitt der vielen emotionalen Szenarien, mit denen wir in Erzählungen, Spielen, Filmen, Berichten und Begegnungen im Laufe unserer Sozialisation und Lernphasen konfrontiert werden.

Jede einzelne Identifikation und Zuschreibung einer bestimmten Emotion (*token*) muß dabei auch minimal einsichtig machen können, inwiefern sie eine passende Instanz eines Emotionstypus darstellt. Das heißt, es muß klar sein, inwiefern ein emotional besetzter Sachverhalt und die darauf bezogenen Zustandsveränderungen unter die übergeordnete evaluative Kategorie passen, über die jede einzelne Emotion wiederum semantisch spezifiziert werden kann. Da nicht alles, was in einer gegebenen Situation auf uns einwirkt, gleichermaßen sinnvoll in eine emotionsspezifische Geschichte eingeordnet werden kann, leitet die normative Orientierung an idealtypischen Paradigmen unsere deutenden Synthesebildungen und auch Ausgrenzungen sinnloser Verkettungen an, die unseren Zuschreibungen von Emotionen zugrunde liegen. Die narrative Verknüpfung mentaler und körperlicher Veränderungen folgt dabei einer gewissen internen Dramaturgie, bei der wir die geistigen und körperlichen Veränderungen in das Ordnungsverhältnis eines zeitlichen Vorher, Zugleich-mit und Nachher sowie in Ursache- und Folgebeziehungen und auch in tropische Beziehungen zueinander rücken. So deuten wir zum Beispiel unter Bezugnahme auf einen passenden Kontext manches Gefühl von Magenschmerz metonymisch als Symptom einer Verletztheit, das wir in anderen Zusammenhängen, quasi ohne eine solchen Überbau, einfach als Magenverstimmung auffassen würden. Erst durch die Zuordnung der als signifikant eingestuften, physischen und mentalen Veränderungen auf eine Position innerhalb einer emotionskonstituierenden Geschichte erhalten sie ihren spezifisch emotionalen Sinn.

Betrachten wir abschließend zur Veranschaulichung einer solchen emotionsbildenden narrativen Verkettung heterogener Elemente etwa eine Zuschreibung von Eifersucht. Zu jeder Eifersucht gehört ein ganzer Vorstellungs- und Wunschzusammenhang, der sich mindestens auf eine Dreierkonstellation von Personen bezieht, zu der die betroffene Person gehört, sowie eine Reihe von Handlungsimpulsen, Phantasieausmalungen und Körperzuständen, die dem Affekt insgesamt seine komplexe Struktur verleihen. Eifersucht tritt normalerweise im Kontext von Nah- und Liebesbeziehungen auf und geht mit einer thematischen Fixierung auf quälende Phantasien einher, die den drohenden Verlust eines begehrten oder geliebten Menschen, bedingt durch dessen vermeintlich liebende und/oder sexuelle Hinwendung zu einem anderen, umkreisen. Wenn die Zuschreibung von Eifersucht am Platze ist, muß eine solche Konstellation von Parametern gegeben sein oder sich zumindest in den Augen der betroffenen Person als eine solche Konstellation darstellen. Die gedankliche Fixierung auf quälende Verlustphantasien begünstigt nun im weiteren Verlauf der Situation neuerliche tendenziöse Wahrnehmungen, die von der betroffenen Person wiederum als Bestätigungen ihres Mißtrauens gewertet werden. Eifersüchtige sehen zunehmend nur noch das, was sie befürchten. So glaubt der Eifersüchtige zum Beispiel, daß die Geliebte hemmungslos mit dem Gesprächspartner, in dessen Gesellschaft er sie gerade beobachtet, flirtet. Er nimmt die Blicke seiner Geliebten in diesem mißtrauisch beobachteten Gespräch als verführerisch und nicht nur als freundlich wahr. Wenn die eifersüchtige Person dann nicht bald durch etwas anderes abgelenkt wird, wird sie sich gegebenenfalls sogar bildlich ausmalen, wie es zum sexuellen Betrug kommt. Dabei kann die äußere Situation, durch welche die eifersüchtigen Phantasien, Gefühle und Deutungen ursprünglich hervorgerufen wurden, durchaus unverändert die bleiben, daß die Geliebte sich mit dem vermeintlichen Konkurrenten einfach nur weiterhin unterhält. Doch schon die plastisch-bildliche Vorstellung davon, wie seine Geliebte ihn betrügt, kann in dem Eifersüchtigen ein Gefühl der Panik auslösen und damit zur Verschlimmerung seiner Situation beitragen. Aufgrund solcher Vorstellungen und bildlichen Ausmalungen, die ihrerseits auch körperlich zurückwirken, verstärkt sich die Eifersucht noch mehr und beginnt die Aufmerksamkeit schließlich vollständig zu okkupieren. Während der an- und absteigenden Phasen eines solchen Eifersuchtsprozesses, in denen die betroffene Person abwechselnd ihren Verdacht verwirft und ihn wieder bestätigt sieht, verspürt sie gegebenenfalls auch, wie ihr Herzschlag sich beschleunigt, der Magen sich krampfartig zusammenzieht und sich in graduellen Abstufungen unlokalisierbare Schmerzen einstellen. Proportional zu den Schmerzen empfindet die eifersüchtige Person die Zurücksetzung seitens der Geliebten auch real als zunehmend grausamer. So gesehen führt der Betroffene nicht nur seine Körperzustände kausal auf seine evaluativen Vorstellungen davon zurück, daß er von der Geliebten zurückgesetzt wird. Er nimmt auch eine Kausalität in die andere Richtung wahr, wonach die Zurücksetzung seitens der Geliebten deshalb als immer extremer beurteilt wird, weil die Schmerzgefühle immer intensiver werden. Dieses sich steigernde Hin- und Hergerissensein zwischen Selbstberuhigung und Aufregung auf den verschiedenen Ebenen der eifersüchtigen Reaktion ist symptomatisch für solche emotionalen Verläufe. Es betrifft sowohl die körperlichen als auch die geistigen Veränderungen, die abwechselnd im Fokus der subjektiven Aufmerksamkeit stehen und die insgesamt in dem leidvollen Schmerzgefühl der Eifersucht kulminieren.

Eine solche leidvoll erlebte, narrative Verkettung von Gedanken und Empfindungen kann sich in rasender Geschwindigkeit abspielen oder einen ganzen Abend andauern oder sich in noch größeren

Abständen periodisch wiederholen. Am Beispiel der Eifersucht wird besonders deutlich, inwieweit die Aspekte der evaluativen Vorstellungen und Wahrnehmungen, die wir zunächst als Auslöser unserer Eifersucht betrachten, auch umgekehrt von den Wirkungen, die sie auf unsere gesamte körperliche und geistige Verfassung haben, beeinflußt werden. Worauf wir als ein externes Ereignis oder einen Sachverhalt bloß zu reagieren meinen, ist zum Teil also erst ein Effekt der emotionsimmanenten Dynamik unserer miteinander wechselwirkenden geistigen und körperlichen Veränderungen. Zum Abschluß kommt eine solche Sequenz wechselwirkender Veränderungen erst, wenn wir unsere Aufmerksamkeit vom Leitthema einer Situation – wie hier der Verlustangst – auf andere Themenschwerpunkte ablenken.

Die Verlaufsgestalt einer Emotion, wie sie sich dem Bewußtsein durch die narrativ verknüpfte zeitliche, kausale, logische sowie tropische Anordnung der körperlichen, verhaltensartigen und intentionalen Komponenten einer Emotion präsentiert, ist situativ variabel. Das ergibt sich schon aus dem Fortschreiten der Zeit und der damit verbundenen Unwiederholbarkeit von Situationen. Für emotional erfahrene Personen ist es aber möglich, schon an dem vereinzelten Auftreten etwa von ungewöhnlichen Körperveränderungen oder auch einzelner Meinungen etwas Typisches aus anderen emotionalen Situationen wiederzuerkennen. Ein Gefühl nervöser Unbehaglichkeit oder Schlafstörungen kann von jemandem, der häufig darunter leidet, als sicherer Vorbote und *pars pro toto* ihrer oder seiner Prüfungsangst erkannt werden, noch bevor die Gedanken der betroffenen Person anfangen, um das Bestehen oder Scheitern ihrer Prüfung zu kreisen. In solchen Fällen erkennen wir in einem Frühstadium, daß und auf welche Weise wir *emotional sind oder gerade werden*, noch bevor sich die Emotion in all ihren Facetten voll ausgebildet hat. Das ist aber nur deshalb möglich, weil wir ein nichtreduktionistisches Verständnis von Emotionen bereits zugrunde legen. Ein vereinzelt auftretendes Gefühl oder auch eine Meinung werten wir dann als Metalepse, als Teil eines komplexeren Zusammenhangs und ordnen es einem narrativen Geflecht zu, das die Form des Emotionstypus festlegt, dessen neuerliche Instantiierung wir dann schon antizipieren.

Da die vielgestaltigen Emotionen gerade nicht, wie Schreckreaktionen, schlagartig über uns kommen, sondern sich vielmehr sukzessive aufbauen, können wir auch auf verschiedene Phasen ihres Verlaufs Einfluß nehmen. Die Wechselwirkungen zwischen den anteiligen physischen und mentalen Veränderungen können wir dabei im Umgang mit unseren Emotionen produktiv machen, indem wir auf sie einzeln einzuwirken versuchen. Wenn zum Beispiel ein Gefühl starker körperlicher Aufregung auch zu hektischem Verhalten führt oder umgekehrt durch hektisches Verhalten die Komponente der körperlichen Aufregung einer emotionalen Reaktion verstärkt wird, können wir uns manchmal darauf konzentrieren, uns ruhig zu verhalten, um durch diese Beruhigung in motivationaler Hinsicht zugleich auf die gefühlsmäßigen oder vorstellungsartigen Facetten etwa einer Wut oder Furcht beruhigend einzuwirken und damit die betreffende Emotion im ganzen zu mildern.

Wie wir am Beispiel der Eifersucht sahen, verändern die Wechselwirkungen zwischen den Komponenten einer Emotion auch das, worauf wir uns in solchen Zuständen thematisch konzentrieren. Daher ist es nur sehr begrenzt sinnvoll, emotionale Objekte als stabile Größen, Entitäten oder Sachverhalte zu betrachten, die sich von ihren kausalen und rechtfertigenden Auswirkungen auf unser Befinden klar unterscheiden lassen. Was wir mit Hume und den Kognitivisten als Objekte unserer Emotionen bezeichnen, läßt sich nicht als etwas von außen an die Emotionen Herantretendes beschreiben, auf das diese dann mehr oder weniger adäquate Reaktionen darstellen. Vielmehr sind die Objekte der Emotionen insofern selbst eine relativ unscharfe Größe, als sie erst durch die Wahrnehmung ihrer vorübergehenden und veränderlichen Wirkungen auf unsere körperlich-geistige Verfassung diejenigen Attribute annehmen, die ihre emotional relevante Wirklichkeit für uns innerhalb einer begrenzten Zeitspanne ausmachen. Zum Objekt unseres Ekels oder unserer Begeisterung oder einer sonstigen Emotion entwickelt sich etwas allein dadurch, daß es im Lichte der dynamischen Wechselwirkung unserer unwillkürlichen Regungen, Wahrnehmungen und narrativ ordnenden Synthesen, die unsere Emotionen im ganzen bestimmen, einen subjektiven Wert erhält. Die Objekte unserer Emotionen sind also ebenso ihre Produkte wie ihre Gründe und Auslöser.

Für die an Aristoteles anknüpfenden Kognitivisten besteht die Identifikation einer Emotion in der Spezifikation des Gegenstandsbezugs, und das heißt der propositionalen Meinungen und Urteile, die wir uns in emotionalen Situationen von etwas bilden. Nach der hier vertretenen narrativitätstheoretischen Vorstellung gehören jedoch zur vollen Identifikation der emotionalen Objekte, über die wir unsere Emotionen spezifizieren, die sukzessiven Bedeutungsverschiebungen innerhalb einer emotionalen Sequenz hinzu, die durch die auf- und absteigenden Phasen der psycho-physischen Wechselwirkungen zustande kommen, die wir narrativ zusammenbinden. Mit der Steigerung und Abschwächung unserer Emotionen stehen und fallen auch der Inhalt sowie der Intensitätsgrad dessen, was wir währenddessen als Betroffene wahrnehmen oder glauben. »Furcht«, »Scham«, »Eifersucht«, »Liebe«, »Freude«, »Neid« usw. sind nach meiner Auffassung heuristische Überbegriffe für die einander abwechselnden und miteinander wechselwirkenden Phasen geistiger und körperlicher Bewegungen. Und ihre Einheit ist das mit hedonistischen Gefühlen besetzte Resultat davon, daß wir diese Bewegungen innerhalb eines begrenzten Zeitrahmens auf den gemeinsamen Sinn, den thematischen Mittelpunkt eines Geschehens beziehen. Das ist es, was sich als die *narrative Einheit* der multikomponentalen Emotionen bezeichnen läßt. Dadurch, daß wir die heterogenen körperlichen und geistigen Elemente unserer Interaktionen in eine narrative Verlaufsstruktur einbinden, die einen Anfang, einen Höhepunkt und ein Ende aufweist, werden Emotionen nicht nur thematisch gebunden, sondern auch zeitlich begrenzt erlebt. In emotionalen Interaktionen mit unserer Umwelt sind wir über Aufmerksamkeitsfokussierung und selektive Ausblendung mit einem überschaubaren Geschehen konfrontiert, das in seiner Relevanz für unsere persönlichen normativen Erwartungen, Wünsche und Erfahrungen hervorsticht.

Eine solche narrative Emotionskonzeption erlaubt nun unterschiedliche Anschlußmöglichkeiten. Zum einen macht dieser Ansatz verständlich, wie es zwischen Generationen oder Kulturen zu Unverständnis oder auch zu Identifikationen kommen kann. In Abhängigkeit davon, wie stark die emotionalen Narrative voneinander abweichen oder sich überlappen, leben Menschen in verschiedenen oder gleichen Welten. Dabei bildet die sprachliche Handlungsform der Erzählung die privilegierte Form emotionaler Kommunikation, da sie sich direkt isomorph zur narrativen Struktur der Emotionen verhält.[21] Zugleich wird auf Basis einer narrativen Konzeption der

21 Die »talking cure« der Psychoanalyse ist nicht zuletzt selbst ein kulturell etabliertes Verfahren, das der Einsicht in die narrative Verfaßtheit der Emotionen insofern

Emotionen verständlich, weshalb Literatur und Spielfilme sich besonders für die Affektdarstellung und -steuerung eignen: Auch sie verhalten sich strukturell isomorph zu unseren Emotionen, und wir können aufgrund der Narrativität unserer Emotionen sogar die fiktionalen Handlungen selbst zum Objekt und somit zum fühlbaren Bestandteil unserer Freude, Ängste, Begeisterungen und Schwärmereien machen.

Heute haben die Künste weitgehend die Rhetorik darin beerbt, eine medial kontrollierte Affizierung von Rezipienten bewirken zu wollen. Nur wenn wir uns auch emotional von einem Gemälde, einem Gedicht, einem Film oder einer Musik angesprochen fühlen, erleben wir ästhetisches Vergnügen und sind gegebenenfalls motiviert, uns auch intellektuell vertiefend mit dem Kunstwerk auseinanderzusetzen. Die systematische Reflexion des Emotionsbegriffs stellt somit nicht nur eine Herausforderung für die zeitgenössische philosophische Ontologie und Erkenntnistheorie dar; sie ist ebenso eine noch unerledigte Aufgabe der philosophischen Ästhetik.

Rechnung trägt, als sie zur Aneignung und Umschreibung emotional belastender Erfahrungen durch Reinszenierung und erzählerische Vergegenwärtigung motiviert.

Teil II:
Fallstudien

Katharina Greschat

Über den Tod hinaus

Aspekte heidnischer und christlicher Hoffnung mit ihren Personifikationen in der römischen Antike

Calpurnia macht sich große Sorgen und versucht mit allen Mitteln, ihren Mann Julius Caesar davon abzuhalten, ausgerechnet an diesem Tag in den Senat zu gehen. Schon in der Nacht hatten sie immer wieder Alpträume von der Ermordung Caesars gequält. Um ihre Befürchtungen zu zerstreuen, schickt Caesar am frühen Morgen sofort einen Diener los, damit eine Opferschau veranlaßt werde. Von Wunderzeichen hielt Calpurnia bisher nicht viel, doch nun machen sie ihr große Angst. Voller Furcht beschwört sie ihren Mann, den Senat an diesem Tag zu meiden und unbedingt im Haus zu bleiben. Doch Caesar setzt ihrer Furcht seine eigene Tapferkeit entgegen. Selbstverständlich will er in den Senat gehen; die Furcht seiner Frau vor dem Tod wundert ihn, denn schließlich kommt der Tod ja doch, wann er will. Auch der Urteilsspruch der Auguren, die unter den Eingeweiden des Opfertieres kein Herz gefunden haben und ihm infolgedessen großes Unheil voraussagen, kann ihn noch immer nicht umstimmen. Erst Calpurnias flehentliche Bitte und ihr Ausspruch: »In Zuversicht geht Eure Weisheit unter. Geht heute doch nicht aus: nennt's meine Furcht, die Euch zu Hause hält, nicht Eure eigne«,[1] bringt die Wende, und Caesar beschließt, an diesem Tag vorerst nicht in den Senat zu gehen. Daß es bei diesem Entschluß jedoch nicht bleibt und Caesar dann doch noch geht und von Brutus ermordet wird, wissen die Zuschauer von William Shakespeares Tragödie *Julius Caesar* natürlich sehr genau.[2] Auf dramatische Weise

1 William Shakespeare, *Julius Caesar*, in: ders., *Sämtliche Werke. Erste Abteilung. Dramatische Werke*, übers. von August Wilhelm von Schlegel und Ludwig Tieck, Bd. 3: *Tragödien*, Heidelberg 1843-1844, S. 360.

2 Der Zuschauer, der die Geschichte und ihren Ausgang kennt, fürchtet dennoch um Caesar, dessen Hoffnungen, wie er weiß, blind und nichtig sind. Zu dieser beabsichtigten Wirkung auch der griechischen Tragödie vgl. Andreas Spira, »Angst und Hoffnung in der Antike«, in: Günter Eifler (Hg.), *Angst und Hoffnung. Grundperspektiven der Weltauslegung*, Mainz 1984, S. 232.

und ungeheuer wirkungsvoll versteht es Shakespeare, große Gefühle auf die Bühne zu bringen. Die hier so lebhaft vor Augen gestellte Szene lebt von Calpurnias dunkler Vorahnung und der daraus resultierenden Furcht vor der unmittelbaren Zukunft, die auf Caesars geradezu trotzig wirkende und letztlich auch unvernünftige Zuversicht stößt. Statt ängstlich im Haus zu bleiben, will er sich beherzt dem Künftigen stellen, selbst wenn es seinen eigenen Tod bedeuten sollte.

Shakespeare veranschaulicht an dieser Stelle die schon in der Antike als komplementär angesehenen Gefühle von Furcht und Zuversicht oder von Angst und Hoffnung. »Der Furcht vor konkreten Dingen wird als Tugend der Mut bzw. die Tapferkeit entgegengesetzt, als Gefühl die Hoffnung.«[3] Sowohl die Furcht als auch die Hoffnung beziehen sich auf die Zukunft, wobei die Furcht mit dem Urteil verbunden ist, daß Übel oder Unheil drohen, während die Hoffnung davon ausgeht, daß sich das Gute dennoch durchsetzen wird oder, wie Aristoteles es formulierte, »daß die Rettung bevorstehe, das Furchterregende entweder gar nicht vorhanden oder doch weit entfernt sei«.[4] Auch wenn der Begriff der Hoffnung (*elpis*[5] bzw. *spes*) bei den klassischen Autoren der griechischen Antike als Bedeutungskomponente die optimistische Bezogenheit des Menschen auf Zukünftiges enthalten kann, wird die Hoffnung aber dennoch keineswegs ausschließlich positiv konnotiert, sondern – wie etwa in der vorklassischen Dichtung bei Hesiod oder Pindar,[6] aber auch bei manchen Richtungen der spätantiken Philosophie – vordringlich als eine höchst unheilvolle und trügerische Macht geschildert, die den Menschen auf vielfältige Weise zu täuschen vermag, indem sie ihm

3 Christoph Demmerling, Hilge Landweer, *Philosophie der Gefühle. Von Achtung bis Zorn*, Stuttgart, Weimar 2007, S. 76.

4 Aristoteles, *Rhetorik* 1383a (Übers. K. G.). Daß sich auch das neuzeitliche Nachdenken über die komplementären Gefühle von Furcht und Hoffnung an der aristotelischen Definition orientiert, weisen Demmerling, Landweer, *Philosophie der Gefühle* (Anm. 3), S. 78-80, mit Blick auf Descartes, Spinoza und Hume nach. Gleichzeitig kommen hier auch wieder die mit der Hoffnung verknüpften Aspekte des Trügerischen und Illusionären zur Sprache.

5 Vgl. zu diesem Begriff und seiner Geschichte auch die umfangreiche Arbeit von Karl Matthäus Woschitz, *Elpis. Hoffnung. Geschichte, Philosophie, Exegese, Theologie eines Schlüsselbegriffs*, Wien, Freiburg u. a. 1979.

6 Vgl. dazu H.-G. Link, »Hoffnung«, in: Joachim Ritter (Hg.), *Historisches Wörterbuch der Philosophie*, Bd. 3, Darmstadt 1974, S. 1157.

etwas vorgaukelt und ihn insofern fortwährend in Unruhe versetzt, als sich die Täuschungen regelmäßig auch als solche herausstellen.[7]

In diesem Beitrag wird es jedoch nicht um trügerische Hoffnungen gehen. Vielmehr soll danach gefragt werden, in welchem Rahmen in der Antike über Hoffnung angesichts der Furcht vor dem Tod nachgedacht und in welcher Weise Zuversicht kommuniziert wurde. Dabei scheint es von besonderem Interesse zu beobachten, wie die unterschiedlichen Hoffnungskonzepte von Heiden und Christen im gesellschaftlich-religiösen Raum veranschaulicht und gleichsam mit Leben erfüllt wurden und wie es den Christen gelingen konnte, ihr zunächst so unsinnig erscheinendes Konzept von Hoffnung plausibel zu machen. Das möchte ich anhand von fünf kurzen Abschnitten skizzieren, wobei zunächst die Unsterblichkeit der Seele als Grund für die Hoffnung erörtert werden soll (1). Anschließend wird etwas genauer zu klären sein, inwieweit die Hoffnung als ein Gefühl bzw. als eine Tugend bezeichnet werden kann (2), bevor einige Personifikationen der *spes* vorgestellt werden (3). In den beiden folgenden Abschnitten geht es dann um die so fremdartig wirkende christliche Hoffnung (4), die gleichfalls anhand von Personifikationen durch christliche Autoren anschaulich gemacht werden soll (5).

1. Die Unsterblichkeit der Seele als Grund für die Hoffnung

In den *Tusculanae disputationes*, einer fiktiven, an den sokratischen Dialogen orientierten Unterredung, die Cicero dem künftigen Caesar-Mörder Brutus gewidmet hat, wird angesichts der Furcht vor dem Tod die Frage nach der Unsterblichkeit der Seele reflektiert, die für die beiden Gesprächspartner auf das engste mit der nun eindeutig positiv verstandenen Hoffnung verknüpft ist. Insofern bezeugt dieser Dialog ein gegenüber der Vorstellung von *elpis* als einer trügerischen und unzuverlässigen Macht deutlich verändertes Konzept von Hoffnung.[8] Denn daß die Seelen nach dem Tod aus dem Körper

7 Das zeigt Spira, »Angst und Hoffnung in der Antike« (Anm. 2), S. 203-270, anhand einer gründlichen Interpretation der Pandora-Erzählung sehr eindrücklich.

8 Einen durch und durch positiven Stellenwert gewinnt die Hoffnung demnach nicht erst durch das Juden- oder Christentum, wie Spira, »Angst und Hoffnung in der Antike« (Anm. 2), S. 244-247, annimmt.

heraustreten und in den Himmel und damit gewissermaßen in ihre eigentliche Heimat gelangen können – wie im Platonischen *Phaidros* beschrieben –, löst bei dem einen Dialogpartner nicht nur große Freude aus, sondern erweckt in ihm auch das inständige Verlangen, daß dem tatsächlich und unbedingt so sein möge.[9] Um davon überzeugt zu werden, daß sich die Seele danach sehnt und darauf hofft, vom Leib befreit in das Reich der Ideen einzugehen, wo ihr selige Erscheinungen in reinem Licht in Aussicht gestellt werden,[10] müsse man – so betont der Wortführer – eigentlich nur Platons *Phaidros* aufmerksam lesen. Als der Wortführer deswegen im weiteren Fortgang des Gesprächs rhetorisch wohlkalkuliert ankündigt, die ganze Hoffnung auf Unsterblichkeit in gegenseitigem Einvernehmen auf sich beruhen zu lassen, bricht es schließlich aus dem anderen heraus: »Wie, willst du mich jetzt im Stich lassen, nachdem du meine Erwartung auf das Höchste gespannt hast?«[11] Selbstverständlich läßt sich der Angesprochene nur zu gerne darauf ein, mit vielen Argumenten darzulegen, daß die Seele tatsächlich unsterblich ist und daß alle diejenigen, die das so wortreich immer wieder verneint haben und auch heute noch bestreiten, folglich im Unrecht sein müssen.

2. Hoffnung – ein Gefühl?

Am folgenden Tag nehmen die beiden den unterbrochenen Gesprächsfaden wieder auf, und der eine Dialogpartner bekennt:

Ich kann nicht sagen, wie sehr mir dein gestriger Vortrag Freude gemacht oder vielmehr geholfen hat. Auch wenn ich mir bewußt bin, niemals allzusehr am Leben gehangen zu haben, so trat doch gelegentlich eine gewisse Angst und ein Schmerz vor die Seele bei der Überlegung, daß einmal dieses Licht und alle Annehmlichkeiten des Lebens ein Ende nehmen würden. Von dieser Art Besorgnis bin ich, glaube mir, so befreit, daß ich glaube, ich brauche mich um nichts weniger zu kümmern als um dies.[12]

9 Cicero, *Tusculanae disputationes* 1, 24. Zur großen Bedeutung dieses jenseitsbezogenen Hoffnungsbegriffs für die spätantike Religiosität vgl. auch Link, »Hoffnung« (Anm. 6), S. 1158.

10 Platon, *Phaidros* 250c4-6.

11 Cicero, *Tusculanae disputationes* 1, 39 (Übers. K. G.).

12 Ebd., 2, 10.

Mit einiger Zufriedenheit stellt der Redner fest, daß die Philosophie offensichtlich schon jetzt die erwünschte therapeutische Wirkung zeigt, indem sie die Seele von den verschiedenen Schmerzen befreit. Denn die Philosophie ist in der Lage, den nichtigen Kummer zu verscheuchen, von den Begierden zu befreien und die Angst zu vertreiben – kurz: die Seele von den unvernünftigen Leidenschaften frei zu machen.[13] Diesen hier angesprochenen Leidenschaften des Kummers, der Begierden und der Angst als den von der rechten Einsicht abgewandten und damit naturwidrigen Bewegungen der Seele sind dann auch die weiteren Gespräche gewidmet. Es wird klargestellt, daß alle diese Leidenschaften lediglich vermeintliche Güter betreffen: Entflammt und von dem verführt, was zukünftig ein Gut zu sein scheint, entsteht schnell eine unvernünftige und unkontrollierbare Begierde; während das Vergnügen das Begehrte schon in der Gegenwart erreicht hat und darüber unmäßig außer sich gerät.[14] Kummer und Schmerz befallen den Menschen hingegen, wo er ein aktuelles Übel vermutet, so daß seine Seele, die der Vernunft nicht länger gehorcht, dementsprechend geschwächt wird und sich gleichsam verkrampft.[15] Angst und Furcht sind also letztlich nicht anders zu beurteilen als Begierde und Vergnügen; sie beziehen sich aber nicht auf die Erwartung gegenwärtiger, sondern auf zukünftige Übel.[16] Damit wird die Furcht nun ausdrücklich als eine Leidenschaft, als Affekt oder als *passio* charakterisiert, von der die Seele wie von einer Krankheit mit Hilfe des Therapeutikums der Philosophie befreit werden kann.

Aber was ist nun mit der Hoffnung oder der Zuversicht? Handelt es sich bei ihnen überhaupt um Gefühle oder um Leidenschaften? Von einer Bewegung, in die die menschliche Seele versetzt wird, ist ja ganz offenkundig auszugehen. Schließlich hatte der eine Gesprächspartner angesichts der Hoffnung auf Unsterblichkeit der Seele große Freude empfunden und dies auch sehr deutlich zum

13 Ebd., 2, 11. Zur stoischen Vorstellung von den Affekten als »Krankheiten der Seele«, von denen der Mensch geheilt werden müsse, vgl. auch *Stoicorum Veterum Fragmenta*, hg. von Hans v. Arnim, Bd. 3, Leipzig 1903-1905, S. 421-430, und Max Pohlenz, *Die Stoa I. Geschichte einer geistigen Bewegung*, Göttingen ²1959, S. 148.

14 Cicero, *Tusculanae disputationes* 4, 12. Vgl. dazu auch Margaret Graver, *Cicero on the Emotions. Tusculan Disputations 3 and 4. Translated and with Commentary*, Chicago, London 2002, S. 134-139.

15 Cicero, *Tusculanae disputationes* 4, 14.

16 Ebd., 4, 11.

Ausdruck gebracht. Sollte diese Freude, das Empfinden von etwas aktuell Gutem, der Leidenschaft des Vergnügens und dementsprechend dann die Hoffnung, das Empfinden von etwas zukünftig Gutem, der Leidenschaft der Begierde vergleichbar sein?[17] So könnte man denken, weil der Redende in dem fiktiven Dialog doch ein sehnliches Verlangen nach der Hoffnung auf Unsterblichkeit der Seele empfunden und zum Ausdruck gebracht hatte. Aber Cicero stellt den zuvor geschilderten Leidenschaften als den unvernünftigen Bewegungen der Seele zusätzlich noch vernünftige Bewegungen zur Seite, zu denen auch die Freude zählt. »Wenn nämlich die Seele durch die Vernunft bewegt wird, und dies mit Ruhe und mit Beständigkeit, so nennen wir dies Freude.«[18] Damit wird die Freude zum vernünftigen Gegenpart der unvernünftigen Leidenschaft des Vergnügens. Höchst interessant ist nun aber, daß auch Zuversicht und Hoffnung im Zusammenhang mit der Beständigkeit abgehandelt und dem unverständigen Affekt der Angst bzw. Furcht entgegengestellt werden. Zuversicht und Hoffnung meinen im Unterschied zu Angst und Furcht daher ganz gezielt die Erwartung von etwas Gutem; aber sie meinen das eben nicht in unvernünftiger und unbegründeter Weise, wie es Begierde und Vergnügen tun. Sie beschreiben vielmehr das sichere Vertrauen der Seele als einer ernstzunehmenden Meinung – im Unterschied zu dem bloß unbedachten und unbegründeten Meinen, das typisch für die unkontrollierten Leidenschaften ohne jegliche Beständigkeit ist.[19] Cicero geht also davon aus, daß sich die Seele, durch die Hoffnung bewegt, in vernünftiger, geordneter und beständiger Weise auf die Erwartung von etwas Gutem ausrichtet. So habe er als Eingeweihter im Demeter-Heiligtum von Eleusis gelernt, »[...] nicht nur mit Freude zu leben, sondern auch mit besserer Hoffnung zu sterben«.[20] Diese Art zu hoffen bezeichnete Cicero auch als ein *recte sperare*, womit gemeint ist, daß die menschliche Seele nicht den unkontrollierten Emotionen allein

17 In diesem Sinne hat Seneca die Hoffnung verstanden; für ihn war sie tatsächlich nichts anderes als eine Form der *cupiditas*, weil sie den Unvernünftigen immerzu narrt, der, von unersättlicher Hoffnung auf Gewinn über Meere und Länder gejagt, sein Leben vertut (*De brevitate vita* 2, 1). Vgl. dazu auch ausführlich Spira, »Angst und Hoffnung in der Antike« (Anm. 2), S. 253f.

18 Cicero, *Tusculanae disputationes* 4, 13.

19 Ebd., 4, 80. Vgl. dazu auch Graver, *Cicero on the Emotions* (Anm. 14), S. 182-184.

20 Cicero, *De legibus* 2, 36: »neque solum cum laetitia vivendi rationem accepimus, sed etiam cum spe meliore moriendi« (Übers. K. G.).

gehorcht, sondern sich an den Forderungen der Erfahrung und der berechnenden Vernunft orientiert.[21]

3. Personifikationen der *spes*

Nicht nur für Cicero stellt die Hoffnung mehr als ein bloß unbestimmtes Meinen und eine in jedem Menschen steckende irgendwie geartete Erwartung des Zukünftigen dar, die sowohl negativ als auch positiv sein kann. So hatte sich noch der Platonische Sokrates im Dialog *Philebos* geäußert und erklärt, das ganze menschliche Leben sei voll von ganz unterschiedlichen Hoffnungen, den Menschen von den Göttern als innere Stimmen eingegeben.[22] Demgegenüber transformiert Cicero die Hoffnungskonzeption, indem er sie mit der Platonischen Vorstellung von der Unsterblichkeit der Seele verknüpft und im Unterschied zu den Leidenschaften dezidiert als eine Tugend beschreibt, die man dementsprechend auch darstellen und veranschaulichen müsse, um den Menschen Orientierung für ihr eigenes Handeln geben zu können. Ganz in diesem Sinne zeichnet der römische Historiker Livius[23] etwa die Gestalt des berühmten Feldherrn Scipio Africanus, der in der verzweifelten Situation während des Zweiten Punischen Krieges nicht nur für seine eigene Person die Hoffnung auf den Sieg wahrte, sondern dem römischen Volk darüber hinaus auch Hoffnung vermittelte.[24] In hohem Maße zuversichtlich und deshalb auch ungeheuer mutig, riskierte dieser junge Held in militärischer Hinsicht zwar einiges, doch handelte er nach Ansicht von Livius dabei keineswegs unüberlegt, voreilig oder gar unvernünftig. Vielmehr gründete er seine Hoffnung darauf, daß es ihm um nichts weniger als um das zukünftige Schicksal des römi-

21 Vgl. dazu auch Anton Hackl, *Die spes als negativer Charakterisierungsbegriff in Caesars Bellum civile, Ciceros Catilinariae, Lucans Pharsalia. Die elpis als negativer Charakterisierungsbegriff bei Plutarch und Thukydides*, Innsbruck 1963, S. 38f.

22 Platon, *Philebos* 39e5. In Platons *Timaios* (69d4) wird die Hoffnung dementsprechend die »Mutter der Täuschungen« genannt.

23 Vgl. zur Geschichtsdarstellung bei Livius auch Erich Burck, *Das Geschichtswerk des Livius*, Heidelberg 1992, und Jane D. Chaplin, *Livy's Exemplary History*, Oxford 2000.

24 Scipio Africanus dient zur Veranschaulichung der Tugend der *fiducia sui* bei Valerius Maximus, *Facta et dicta memorabilia* 3, 7, 1.

schen Volkes und um die von den Feinden entehrten Götter ging.[25] Scipios eigene Hoffnung wird bei Livius somit auf das engste mit dem Schicksal der Römer und dem gesamten Reich verbunden, das wiederum von der Gunst und dem Wohlwollen der Götter abhängig ist. Weil Scipio die *spes* des Volkes verkörperte, nannten ihn die Verbündeten in einer Dankadresse an den Senat dann auch »Hoffnung, Hilfe und unsere Rettung«.[26] Anhand der Figur des Scipio Africanus veranschaulicht der Historiker den Lesern seiner *Römischen Geschichte* in geradezu exemplarischer Weise, was mit der Tugend der Hoffnung als einer vernünftigen Erwartung von etwas Gutem gemeint ist, und macht zugleich deren gesellschaftliche und auch unbedingte religiöse Relevanz deutlich. Die Tugend eines jungen charismatischen Heerführers wie Scipio besteht nämlich nicht nur darin, daß er selbst Hoffnung besitzt und deshalb nach dem militärischen Sieg über den Feind strebt, sondern vor allem darin, daß er die Hoffnungen des römischen Volkes aufgreift, an sich bindet und sie damit gleichsam personifiziert. In einem Menschen wie Scipio wirkt also die *spes* im Sinne einer personifizierten Tugend, deren Kraft offensichtlich über das rein menschliche Maß hinausgeht und die deshalb gleichsam göttlich sein muß. Als Sinnbild für diese Kraft stand auf dem römischen Forum Holitorium noch immer der alte, seinerzeit von A. Atilius Calatinus erbaute und oft restaurierte Spes-Tempel, und auch in den Provinzen erfuhr die personifizierte Hoffnung religiöse Verehrung (*Abb. 1 und 2*).

Auch Cicero spricht sich in aller Deutlichkeit dafür aus, daß menschlichen Tugenden wie etwa der Hoffnung diese Ehre zuteil werden dürfe. Weil ja schließlich die menschliche Seele durch die Erwartung von etwas Gutem nicht nur bewegt, sondern darüber hinaus auch erhoben werde, so argumentiert er, habe Calatinus die Hoffnung vollkommen zu Recht zu einer Gottheit gemacht.[27] Indem wenig später der Alleinherrscher Augustus damit begann, neben anderen auch den Tempel der Spes zu restaurieren, stärkte er die öffentlich-religiöse Bedeutung dieser Tugend im Rahmen seiner Konzeption der Wiederherstellung der Republik und verband sie zugleich mit seiner eigenen Person, die zunächst nach dem bekannten Modell des charismatischen Heerführers und Retters verstanden

25 Livius, *Ab urbe condita* 28, 44, 7.
26 Ebd., 28, 39, 10f. (Übers. K.G.).
27 Cicero, *De legibus* 2, 28.

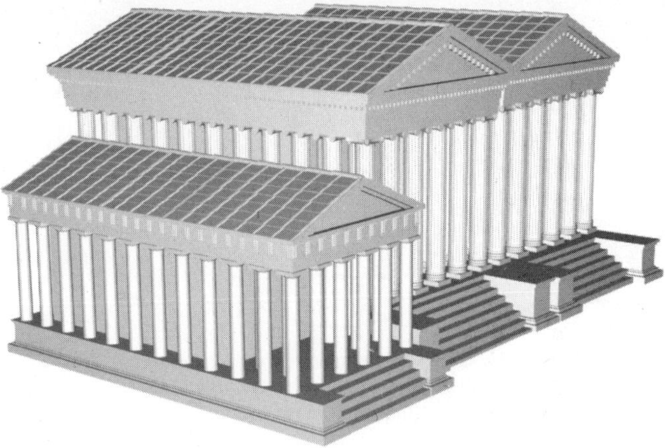

Abb. 1: Forum Holitorium mit Tempel des Janus, der Juno Sospita und der Spes (Bildrechte: Patrick Brose)

Abb. 2: Heutiger Zustand der Tempel des Forum Holitorium (Bildrechte: Patrick Brose)

Abb. 3: Spes Augusta: Sesterz des Claudius aus dem Jahr 41 oder 42 n. Chr., RIC 99 (Bildrechte: Autorin)

wurde, der alte Hoffnungen erfüllt und zugleich neue entstehen läßt.[28] Die rasche Wiederherstellung der Tempel hat zweifellos ihren Teil dazu beigetragen, daß die von Bedrohungen, Verlusten, vielfältigen Untergangsängsten und der Furcht vor einem auf Rom lastenden Götterfluch heimgesuchte Bevölkerung nach den langen Bürgerkriegen wieder neue Zuversicht gewinnen konnte. Mit dem äußeren und inneren Frieden kehrte endlich auch die Hoffnung zurück, so daß Vergil in der *Aeneis* die Zeit des Augustus sogar als die Rückkehr des schon lange verflossenen Goldenen Zeitalters besingen konnte:

Dies ist der Mann, er ist's, der so oft vom Schicksal verheißne
Caesar Augustus, des Göttlichen Sohn, der das goldene Alter
wieder nach Latium bringt.[29]

Die Kaiser, die auf Augustus folgten, ließen Münzen mit der Aufschrift SPES AUGUSTA oder SPES PUBLICA schlagen und stellten sich damit ganz bewußt in die Tradition ihres großen Vorgängers.

28 Vgl. dazu auch Mark Edwards Clark, »Spes in the Early Imperial Cult. ›The Hope of Augustus‹«, in: *Numen* 30 (1983), S. 80-105.

29 Vergil, *Aeneis* 6, 791-793, übers. von Johannes Götte, Darmstadt 2002. Zu Vergil als einem Dichter der augusteischen Zeit vgl. auch Antonie Wlosok, »Freiheit und Gebundenheit augusteischer Dichter«, in: *Rheinisches Museum für Philologie* 143 (2000), S. 75-88.

Abb. 4: Denar des Severus Alexander aus dem Jahr 232 n. Chr., RIC 369 (Bildrechte: Bill Welch)

Hier ging es nicht allein um die Vergegenwärtigung der Hoffnung des Kaisers oder der gesamten kaiserlichen Familie auf die Sicherung der Dynastie, sondern vor allem darum, daß der Kaiser für die Hoffnung des gesamten römischen Volkes stand und ihm als solchem auch zugetraut wurde, ein Zeitalter neuer Zuversicht und Hoffnung heraufzuführen (*Abb. 3 und 4*).

4. Die christliche Hoffnung

Ein hinlänglich Gebildeter der römischen Kaiserzeit muß jedoch einigermaßen fassungslos gewesen sein, wenn ihm von einem zeitgenössischen Juden oder auch von einem Christen gesagt wurde, jegliche menschliche Hoffnung beruhe einzig und allein auf dem Glauben an den einen Gott, den Schöpfer des sichtbaren Kosmos und den Lenker der Geschichte. Im Rahmen dieser religiösen Traditionen wird das Hoffnungskonzept insofern gänzlich anders akzentuiert, als sich die Hoffnung nunmehr ausschließlich auf den ewigen Gott richtet, der sich in der Vergangenheit immer wieder als ein treuer Helfer und zuverlässiger Retter seines Volkes erwiesen hat. Deshalb haben die Glaubenden die begründete Hoffnung, daß dieser Gott sich seinen menschlichen Geschöpfen auch gegenwärtig und in Zukunft auf gnädige Weise zuwenden wird:

An jenem Tag wird man sprechen: Siehe da, unser Gott, auf den wir hofften, daß er uns helfe. Das ist der Herr, auf den wir hofften. Laßt uns frohlocken und fröhlich sein ob seiner Hilfe.[30]

Jener hinlänglich Gebildete wird über eine solch seltsame Frömmigkeit den Kopf geschüttelt haben, die gerade darin zum Ausdruck kommt, daß ein Glaubender seine Hoffnung vertrauensvoll auf diesen Gott setzt, weil er, wie der Apostel Paulus formuliert, der Ansicht ist, daß dieser Gott selbst dort, wo innerweltliches Hoffen schon längst am Ende ist, noch etwas bewirken kann: Denn es ist dieser Gott selbst, der die Macht hat, die Toten lebendig zu machen und Nichtseiendes ins Sein zu rufen. Das hat er nicht zuletzt an der Auferweckung Jesu Christi von den Toten gezeigt.[31] Von der wunderbaren Auferstehung Jesu Christi leiten nun auch die an ihn Glaubenden die sehnsuchtsvolle Erwartung auf die noch ausstehende Vollendung und auf ihre eigene leibliche Auferstehung am Ende der Zeiten ab.

Ein gebildeter Platoniker mit Namen Celsus[32] hat seinem Unverständnis und seiner Fassungslosigkeit angesichts dieser Konzeption von Hoffnung in einer nicht vollständig erhaltenen Schrift gegen die Christen Ausdruck verliehen. Er kann einfach nicht verstehen, wie dieser eigenartige Gott, von dem die Christen sprechen, ihnen Hoffnung über den Tod hinaus vermitteln kann, indem dieser Gott eben nicht nur die menschliche Seele, sondern mit ihr das menschliche Fleisch auferwecken will. Man sieht ihn sich geradezu vor Ekel über diese Vorstellung schütteln und ausrufen: »Das ist die Hoffnung von Würmern!«[33] Wie sollte eine Auferweckung des Fleisches darüber hinaus denn überhaupt möglich sein, wenn der Körper doch schon längst verfault ist? Doch die sonderbaren Christen denken über solch wichtige Fragestellungen gar nicht nach; sie sehen darin noch nicht einmal ein ernsthaftes Problem, sondern retten sich vor weiteren Nachfragen mit Behauptungen wie: »Bei Gott ist alles möglich!«[34]

30 *Jesaja* 25, 9.

31 Vgl. dazu vor allem: *Römer* 4, 17-25.

32 Zu Celsus als platonischem Philosophen siehe auch Michael Frede, »Celsus Philosophus Platonicus«, in: *Aufstieg und Niedergang der Römischen Welt*, Bd. 2, 36, 7, Berlin, New York 1994, S. 5183-5213.

33 Origenes, *Contra Celsum* 5, 14 (Übers. K. G.).

34 Ebd.

Die Schwierigkeiten, die sich vor Celsus angesichts der christlichen Auferstehungshoffnung auftürmten, betreffen also im Kern die jüdisch-christliche Vorstellung von der Macht und der Souveränität ihres Gottes. Und die genannten Probleme forderten nun ihrerseits hinlänglich gebildete Christen dazu heraus, ihrer heidnischen Umwelt diese neue Hoffnungskonzeption ein wenig plausibler zu machen. Das konnte natürlich nur gelingen, wenn man sich auf die Philosophie, verstanden als Suche nach der Wahrheit, im Sinne einer gemeinsamen Denk-, Sprach- und Verständigungsebene einigte. So konnte der gebildete Christ Clemens von Alexandrien davon ausgehen, daß sich die Philosophie zwar schon auf dem Weg zur Wahrheit befinde, aber gleichsam auf halber Strecke steckengeblieben sei.[35] Allein die christliche Religion ist für ihn das Ziel jeglicher Philosophie, denn nur durch die Offenbarung Christi als des *Logos*, d.h. der Weltvernunft, könne die Wahrheit wirklich ans Licht treten und die Philosophie zu ihrer von Gott gewollten Vollendung gelangen.[36] Philosophie sei demnach zwar ein »deutliches Abbild der Wahrheit« und ein »göttliches den Griechen verliehenes Geschenk«, müsse jedoch durch die göttliche Offenbarung ergänzt werden.[37] In diesem größeren Rahmen denkt Clemens nun auch über die christliche Hoffnung nach, die er mit der gängigen und längst bekannten philosophischen Begrifflichkeit als »Erwartung, ein Gut zu erlangen«,[38] oder als »hoffnungsvolle Erwartung von Gütern, solange das Gute nicht vorhanden ist«,[39] bezeichnet. Doch Clemens kann und will die Hoffnung nicht unabhängig von seiner Gottesvorstellung denken. Somit entsteht die Hoffnung in seiner Darstellung zunächst einmal aus der Furcht vor dem Herrn, da »in ihr Hoffnung und Stärke«[40] liege. In der Furcht vor dem Herrn sieht er den ersten und ent-

35 Vgl. zu diesem Themenkomplex die grundlegende Untersuchung von Dietmar Wyrwa, *Die christliche Platonaneignung in den Stromateis des Clemens von Alexandrien* (Arbeiten zur Kirchengeschichte 53), Berlin, New York 1983.

36 Vgl. dazu insbesondere Edgar Früchtel, »Hoffnung und Jenseitserwartung in der griechisch-christlichen Deutung des Clemens von Alexandrien«, in: *Perspektiven der Philosophie* 29 (2003), S. 167-188.

37 Clemens von Alexandrien, *Stromateis* 1, 20, 1 (*Die griechischen christlichen Schriftsteller der ersten Jahrhunderte [GCS]. Clemens Alexandrinus, Stromata I-IV*, Bd. 2, Berlin ^{4}1985, 13, 29-14, 3) (Übers. K. G.).

38 Ebd., 2, 27 (*GCS* [Anm. 37] 2, 127, 21).

39 Ebd., 2, 41 (*GCS* [Anm. 37] 2, 134, 17).

40 Ebd., 2, 40 (*GCS* [Anm. 37] 2, 134, 15).

scheidenden Impuls, der den Menschen zu Reue, Umkehr und Glauben an Gott bewegt. Clemens gibt sich nun einige Mühe zu erklären, daß es sich bei dieser Gottesfurcht gerade nicht – wie man vielleicht zunächst vermuten könnte – um eine irrationale Emotion handelt, sondern um eine vollkommen vernünftige Furcht angesichts der Größe und Macht Gottes. Eine solche Art der Furcht läßt sich aber nicht mit der Furcht vor wilden Tieren vergleichen, bei der immer auch ein irrationales Gefühl der Abneigung mitschwingt, das Clemens als Haß bezeichnet, sondern eher mit der Furcht eines Sohnes vor seinem Vater, die zugleich auch Liebe einschließt: »Jeder, der fürchtet, seinen Vater zu verletzen, zeigt ihm gegenüber Liebe.«[41] Wer sich in dieser Weise wie ein liebender Sohn vor seinem Vater, d.h. ganz und gar vernünftig fürchtet, der wünscht dann auch, »frei vom Verderben und frei von den Affekten zu sein«,[42] um das leidenschafts- und sündlose Leben Jesu Christi als des Sohnes Gottes auf dem Weg zur Erkenntnis und schließlich zur Verähnlichung des ganz und gar unveränderlichen Gottes zu führen.[43] Offensichtlich geht es Clemens darum zu veranschaulichen, daß der wahre Christ, d.h. der nach Erkenntnis und Vollkommenheit strebende Gnostiker, seine Seele ausschließlich von der Liebe zu Gott bestimmen und sämtliche emotionalen Bindungen an das irdische Leben soweit als möglich hinter sich läßt.[44] Diese Liebe zu Gott beschreibt Clemens als

> […] eine innige Verbundenheit, die den Gnostiker in die Einheit des Glaubens zurückbringt, ohne daß er Zeit und Raum nötig hätte. Durch die Liebe hat er schon die Dinge, die er besitzen wird; er hat bereits die Hoffnung durch die Gnade der Erkenntnis empfangen und verlangt nichts mehr, weil er – soviel das möglich ist – das Objekt des Verlangens erreicht hat.[45]

41 Ebd., 2, 12 (*GCS* [Anm. 37] 2, 54, 4).

42 Ebd., 2, 40 (*GCS* [Anm. 37] 2, 134, 13) (Übers. K.G.).

43 Vgl. auch Theodor Rüther, *Die sittliche Forderung der Apatheia in den beiden ersten christlichen Jahrhunderten und bei Clemens von Alexandrien. Ein Beitrag zur Geschichte des christlichen Vollkommenheitsbegriffes*, Freiburg 1949, S. 50-102, und Walther Völker, *Der wahre Gnostiker nach Clemens Alexandrinus* (Texte und Untersuchungen zur Geschichte der altchristlichen Literatur 57), Leipzig 1952, S. 183-194.

44 Vgl. dazu jetzt auch Simo Knuuttila, *Emotions in Ancient and Medieval Philosophy*, Oxford 2004, S. 119f.

45 Clemens von Alexandrien, *Stromateis* 6, 9 (*GCS* [Anm. 37] 2, 73, 3f.) (Übers. K.G.).

Einzig und allein von der Liebe zu Gott geleitet, führt der Gnostiker schon in dieser Welt ein möglichst unweltliches Leben, das von Glauben und Hoffnung als christlichen Tugenden geprägt ist. Das Verlangen hört jedoch ebenso wie diese Tugenden erst in der endgültigen Vollendung, die Clemens als Gottesschau beschreibt, vollständig auf:

Denn der Glaube vergeht, wenn wir Gott schauen und wir so durch unser eigenes Schauen überzeugt werden, Gott in Augenschein genommen zu haben, und die Hoffnung entschwindet, wenn das, was wir erhofften, erfüllt ist, die Liebe aber geht mit hinein in den Ort der Erfüllung und wächst noch mehr, wenn das Vollkommene geschenkt wird.[46]

Für die meisten seiner Leser dürfte dieses von Clemens gezeichnete Bild eines wahren Gnostikers, der seine Seele nur mit Gott verbindet und, ohne sich dabei von weltlichen Dingen, Wünschen und Sehnsüchten bestimmen zu lassen, allein aus Glauben und Hoffnung lebt, in ihrem eigenen Leben kaum zu verwirklichen gewesen sein. Auch hier brauchte es Personifikationen und Modelle, die ein solches Leben aus Glauben und Hoffnung heraus anschaulich machen konnten.

5. Personifikationen der christlichen Hoffnung

Zur Darstellung der christlichen Tugenden des Glaubens und der damit eng verknüpften Hoffnung eignete sich der Asket und insbesondere der Märtyrer, von dem erzählt wird, daß er vollkommen unbewegt sein Leid erträgt, ohne sich vor dem nahen Tod zu fürchten oder auch nur vor grausamen Foltermethoden oder -werkzeugen zu erschrecken. Mit der Darstellung von Märtyrern, so beschreibt es Eusebius von Caesarea, läßt sich darüber hinaus eine durchaus positiv verstandene Ergriffenheit beim Leser erreichen, die aus der Bewunderung dieser Frauen und Männer fließe, die mit ihrem Leben von der Macht ihres Gottes zeugen.[47] Voll und ganz von der christlichen Hoffnung geprägt war etwa das kurze Leben eines gewissen Petrus, auch Apselamos genannt, der in der letzten Christenverfol-

46 Ders., *Quis dives salvetur* 2, 38 (*GCS* [Anm. 37], Bd. 3, Leipzig 1909, 184, 30f.) (Übers. K.G.).

47 Vgl. dazu die Schilderung des Martyriums des Apphanius in Eusebius, *De martyribus Palaestinae* 4.

gung unter Diokletian von den Behörden geradezu angefleht wurde, sein Bekenntnis, Christ zu sein, zu widerrufen:

Hunderte Male drangen die Richter und seine Umgebung in ihn, doch Mitleid mit sich selbst zu haben und seine Jugend und seine Schönheit zu schonen. Er achtete nicht auf sie und wertete höher als alles, ja, höher als selbst das Leben, die Hoffnung auf den Gott des Alls.[48]

Dafür ging er bereitwillig in den Tod. Ohne Mitleid mit sich selbst und völlig emotionslos gegenüber allen weltlichen Dingen, richtete dieser Petrus seine Hoffnung in vorbildlicher Weise einzig und allein auf Gott.

Doch nicht nur Märtyrer, sondern auch einen christlichen Kaiser wie Konstantin konnte Eusebius als von göttlicher Hoffnung getragenen Herrscher darstellen, weil sich seine eigene Frömmigkeit auch zum Nutzen des Reiches ausgewirkt habe.[49] Im Vorwort zur *Vita Constantini* gibt Eusebius darüber Auskunft, wie er sein Werk zu Ehren des verstorbenen Kaisers verstanden wissen wollte. Gegenüber einer Verehrung, die das Sterbliche dadurch unsterblich machen will, daß man Porträts und Statuen des Verstorbenen aufstellt oder imposante Inschriften in Steine oder auf Säulen einmeißelt, grenzt sich Eusebius in aller Entschiedenheit ab: All das ist zwar dazu gedacht, die Verdienste des Verstorbenen für die Ewigkeit festzuhalten; all das wird aber dennoch vergehen, weil es bloß körperlich und insofern ungeeignet ist, die unsterbliche Seele festzuhalten. Diese Art der Verehrung ist seiner Meinung nach nur für diejenigen angemessen, die nichts haben, worauf sie ihre Hoffnung nach dem Ende dieses Lebens richten können.[50] Die Hoffnungen dieser Menschen sind demnach also trügerisch und reichen letztlich nicht weiter als bis zum Ende dieses irdischen Lebens. Für die Liebhaber der wahren Frömmigkeit hat Gott jedoch – gleichsam als Vorgeschmack seiner über dieses Leben hinausreichenden Gaben – die unsterbliche Hoffnung selbst für sterbliche Augen sichtbar und erfahrbar werden lassen.[51] Genau das ist in den Schriften der Propheten niedergelegt, genau das wird in den Erzählungen über das Leben gottbegabter Männer mit ihren vielfältigen Tugenden jeder Generation immer

48 Ebd., 10.

49 Averil Cameron, Stuart G. Hall, *Eusebius' Life of Constantine*, Einleitung, Übersetzung und Kommentar, Oxford 1999, S. 35.

50 Eusebius, *Vita Constantini* 1, 3, 2.

51 Ebd., 1, 3, 3.

wieder neu vor Augen geführt, und genau das läßt sich auch am Leben Konstantins erweisen, der der gesamten Menschheit das leuchtende Beispiel eines göttlichen Lebens geboten hat.[52] Nicht nur die prophetischen Schriften oder die Erzählungen von heiligen Männern wie Petrus, den man Apselamos nannte, auch die Lebensbeschreibung eines Kaisers wie Konstantin kann demnach transparent für die christliche Hoffnung werden, indem sie die Seelen der Menschen bewegt und ihr Verlangen nach Gott steigert.[53] Grundlegend für die Darstellung Konstantins bei Eusebius ist daher, daß jener seine Hoffnung gerade nicht auf die vielen Götter, sondern auf den einen Gott seines Vaters setzte, der das Reich schon zu seiner Zeit reich gesegnet hatte.[54] Auch Konstantin wird deshalb nach der Schlacht an der Milvischen Brücke Erlöser, Retter und Wohltäter genannt,[55] weil er die Hoffnungen des Volkes nicht enttäuschte.[56] Von besonderer Bedeutung ist allerdings Eusebius' Schilderung der berühmten Vision eines über der Sonne stehenden Lichtkreuzes am Himmel und der sich anschließende nächtliche Traum, in dem Konstantin befohlen wird, das Geschaute als Feldzeichen nachzubilden.[57] Diese kaiserliche Standarte wird ausdrücklich als Symbol der »guten Hoffnung« auf Gott gedeutet.[58] Eusebius zufolge sah Konstantins Hoffnungssymbol folgendermaßen aus:

> Ein langer, vergoldeter Lanzenschaft trug eine Querstange und war folglich in der Gestalt eines Kreuzes verfertigt. Am oberen Rand des Ganzen war ein aus Edelsteinen und Gold geflochtener Kranz befestigt, an welchem der Namen des Erlösers angebracht war: zwei Buchstaben, die als Anfangsbuchstaben den Namen Christi anzeigten, indem das Rho (P) in der Mitte durch das Chi (X) gekreuzt war. [...] An der Querstange, die durch den Lanzenschaft gesteckt war, hing noch ein Leinentuch, kostbares Gewebe, welches [...] einen herrlichen Anblick gewährte.[59]

Eusebius' Beschreibung des himmlischen Wunderzeichens entspricht exakt dem *Labarum*, der kaiserlichen Standarte. Warum er

52 Ebd., 1, 3, 4.
53 Ebd., 1, 10, 2.
54 Ebd., 1, 27, 2.
55 Ebd., 1, 39, 2.
56 Ebd., 1, 43, 3 und 3, 6, 2.
57 Ebd., 1, 28-29.
58 Ebd., 2, 3, 2.
59 Ebd., 1, 31, 1-2 (Übers. K. G.).

Abb. 5: Spes Publica: Bronzemünze Konstantins
aus dem Jahr 327 oder 328 n. Chr.
(Bildrechte: Hirmer Verlag)

das Feldzeichen ausdrücklich ein Zeichen der »guten Hoffnung« auf Gott genannt hatte, wird sofort deutlich, wenn man die Rückseite einer Bronzemünze aus dem Jahr 327/28 betrachtet (*Abb. 5*).[60]

Ganz offensichtlich hat Eusebius die traditionelle Sichtweise, wonach der Kaiser für die Hoffnung des gesamten römischen Volkes steht, mit seiner Darstellung aufgegriffen und christlich adaptiert, um nun anhand der Taten Konstantins die unsterbliche Hoffnung für sterbliche Augen sichtbar und erfahrbar werden zu lassen.

Wie schwierig es jedoch auch für Christen war, an dieser unsterblichen Hoffnung festzuhalten, zeigt ein zu Beginn des 5. Jahrhunderts entstandenes rhetorisch überaus kunstvoll gestaltetes Trostgedicht des Paulinus von Nola für Pneumatius und Fidelis, die ihren achtjährigen Sohn Celsus zu Grabe tragen mußten.[61] Aus dem Klagelied über das viel zu früh verstorbene Kind macht Paulinus ein auch emotional sehr bewegendes Lied über die christliche Hoffnung. Er ermahnt die Eltern, nicht bei der irdischen Liebe zu ihrem Sohn und bei ihrer Trauer stehenzubleiben,[62] sondern lädt sie ein, es

60 Vgl. dazu auch Hartwin Brandt, *Konstantin der Große. Der erste christliche Kaiser*, München 2006, S. 58 f.

61 Paulinus von Nola, *Carmen* 31. Vgl. dazu auch die Untersuchung von Patrick G. Walsh, »Spes Romana, Spes Christiana«, in: *Prudentia. A Journal Devoted to the Intellectual History of the Hellenistic and Roman Periods* 6 (1974), S. 33-42.

62 Paulinus von Nola, *Carmen* 31, 43-46.

dem zweifelnden Apostel Thomas nachzutun und die Finger in die Seite des auferstandenen Christus zu legen, seine Hände und Füße zu berühren, um die Furcht vor dem Tod auf diese Weise zu überwinden und in ihrer Hoffnung auf die leibliche Auferstehung ganz sicher zu werden.[63]

Welche Tröstungen, so bitte ich, sollten jemals genug sein, welche Ruhe könnte unsere gequälten Herzen gesund machen, wenn selbst diese großartige Arznei das Übel nicht heilen könnte, die lehrt, daß das Leben nach dem Tod wiederkehren wird? Trauer, mach' dich davon! Furcht, verschwinde! Sünde, flieh! Der Tod ist gefallen, das Leben kehrt wieder zurück [...].[64]

Die christlichen Eltern Pneumatius und Fidelis sollen aufhören zu trauern und statt dessen auf Christus als göttlicher Arznei vertrauen, denn an ihm haben wir gesehen, daß wir mit dem gleichen Körper, mit dem wir gestorben sind, auferstehen werden und in Engel verwandelt werden, bekleidet mit der göttlichen Herrlichkeit. Weil das aber in dieser Welt jetzt noch nicht zu sehen ist, mögen sie daran glauben und mit der Hoffnung als Führer von jetzt an nur noch nach den himmlischen Gütern verlangen.[65] Paulinus weiß, daß an dieser Hoffnung auf das noch Unsichtbare festzuhalten nicht einfach ist und empfiehlt den Eltern daher, sich intensiv mit den biblischen Schriften zu beschäftigen. Dort werde ihnen Gott begegnen, der die Macht hat, auch scheinbar Verlorenes wiederzubringen und den Tod zu überwinden. Wenn sie dann aber noch immer um ihren Sohn trauern, erweisen sie sich als Menschen ohne Hoffnung und ohne Glauben, als Menschen, die noch voll und ganz in dieser Welt gefangen sind.[66] Trauern und weinen sollen sie, jedoch nicht um ihren Sohn, sondern über ihre eigenen Sünden und ihr eigenes Verhaftetsein in dieser Welt, darüber, daß sie noch immer ihre Hoffnungen an weltliche Dinge wie Ansehen, Macht und Besitztümer hängen. Davon sollen sie sich nun endlich abwenden und ganz aus der Hoffnung auf das Kommen Christi und die Vollendung leben, denn ihr geliebter Celsus ist dort schon angekommen und erwartet sie gemeinsam mit Paulinus' eigenem Sohn, der als noch jüngeres Kind verstorben war und gleichfalls Celsus hieß. »Wenn ihr euch danach

63 Ebd., 149-172.
64 Ebd., 185-190 (Übers. K. G.).
65 Ebd., 210-216.
66 Ebd., 381-388.

sehnt, dauerhaften Umgang mit Celsus zu haben, dann müßt ihr Sorge tragen, daß euch der himmlische Hof in gleicher Weise offensteht.«[67]

So dient das Trostgedicht des Paulinus zugleich dazu, den Eltern des Celsus die Einübung in eine asketische und demütige Lebensführung nach dem Vorbild Christi nahezulegen. Wer seine Hoffnungen auf Christus setzt und an ihn glaubt, kann seine irdischen Besitztümer getrost verkaufen und das Geld für die Armen verwenden, weil er erwartet, sich damit die Schlüssel zum Paradies zu erwerben.

»In Zuversicht geht eure Weisheit unter« – mit diesem Ausspruch hatte Shakespeares Calpurnia ihrer Furcht vor der unheilvollen, weil todbringenden Zukunft Ausdruck verliehen und zugleich die Hoffnung ihres Mannes als eine unvernünftige und trügerische Illusion entlarvt. Daß dem Zuversichtlichen in der Antike die Weisheit angesichts des Todes jedoch nicht notwendigerweise untergehen mußte, lag nicht zuletzt an der Vorstellung von der Unsterblichkeit der Seele, die geeignet erschien, ihm eine begründete Hoffnung zu vermitteln. Im philosophischen Diskurs der frühen Kaiserzeit konnte die Hoffnung im Unterschied zu den unvernünftigen Seelenbewegungen der Leidenschaften als eine vernünftige Bewegung der Seele verstanden werden, die den Menschen das noch ausstehende Gute erwarten läßt. Über diese Tugend mußte jedoch immer wieder neu kommuniziert werden, d.h., sie mußte im öffentlich-religiösen Rahmen der Gesellschaft veranschaulicht und gleichsam personalisiert werden. Die gleiche Notwendigkeit bestand auch für das christliche Hoffnungskonzept, das zunächst so überaus unvernünftig wirkte, weil hier die über den Tod hinausgehende Hoffnung vom Handeln des einen Gottes erwartet wurde. Insofern konnte die hoffnungsvolle Zuversicht angesichts der Unsterblichkeit der Seele sogar noch durch die Hoffnung auf die leibliche Auferstehung nach dem Vorbild des Gottessohnes Jesus Christus überboten werden. Doch auch dafür mußten verstehbare und anschauliche Modelle gefunden werden, die geeignet waren, die Seelen von Hörern oder Lesern zu ergreifen, zu bewegen und zu erheben, damit diese sich von ihren irdischen Hoffnungen losmachen und sich ganz nach dem ausstrecken konnten, was Gott für sie bereithält, wie es schon der Apostel Paulus sei-

67 Ebd., 545f. (Übers. K.G.).

nerzeit beschrieben hatte: »Ich vergesse, was hinter mir ist, ich strekke mich zu dem, was vorne ist, und jage nach dem vorgesteckten Ziel, nach dem Kampfpreis der Berufung von oben durch Gott in Christus Jesus.«[68]

68 *Philipper* 3, 13 f.

Hartmut Böhme

Vom *phobos* zur Angst

Zur Transformations- und Kulturgeschichte der Angst

Hermann Schmitz macht für das 5. vorchristliche Jahrhundert zwei noch konkurrierende Körper- und Gefühlskonzepte aus. Darin kündigt sich ein epochaler Bruch in der europäischen Geschichte des menschlichen Selbstverhältnisses an. In der älteren Auffassung, wie sie etwa in Homers *Ilias* zu greifen ist, sind Gefühle für den Betroffenen »einbettende und durchdringende Atmosphären« »nach Art des phänomenalen Klimas oder Wetters«, also etwas, »das spürbar umgreifend und doch gestaltend in der Luft liegt«.[1] Diese raumumgreifende Mächtigkeit von Gefühlen hat ihre Resonanzen nicht im Gehege einer Seele, sondern unmittelbar im *thymos* und in der *phrên*, der Brust- und Zwechfellgegend, die als Regungsherde *und* Resonanzzonen von den Gefühlen ergriffen, gepackt, umlagert, umhüllt, durchdrungen und in einen schwellenden, aufwallenden, gerinnenden, ziehenden oder pulsierenden Zustand versetzt werden. Dagegen wird schon in der *Odyssee* eine andere, langfristig wirksame Entwicklung eingeleitet. Gefühle werden in eine Sphäre personaler Selbständigkeit eingehegt, sie werden gewissermaßen zu Regungen der ersten Person Singular verwandelt, die am Ausdrucksverhalten abzulesen sind. Damit wird eine scharfe Trennung von innen und außen konstruiert, die auch ein Verhehlen und Beherrschen der Gefühle erlaubt. Möglich wird dadurch eine Theorie von Gefühlen als Urteilen und mithin eine ethische Regulierung der Gefühle, die ihre Instanz in der vernünftigen Erkenntnis und Einsicht hat und eine autonome Selbststeuerung voraussetzt. Dieser Stand ist ungefähr mit Platon und Aristoteles erreicht.

Der eine, ältere Strang deutet »den Menschen als leibliches, auf ergreifende Mächte abgestimmtes und in dieser Resonanz erlebendes Wesen«, der jüngere hingegen versteht ihn »als Subjekt in einer seelischen Innenwelt, die mit dem menschlichen Körper und durch diesen mit der Außenwelt verknüpft ist«. Schmitz kommentiert die-

1 Hermann Schmitz, *System der Philosophie*, Bd. III.2: *Der Gefühlsraum*, Bonn ²1981, S. 405.

se historische Transformation, die bis heute fortgeführt wird, nicht ohne Pathos: »Die Menschheit bedurfte der Introjektion im Kampf um personale Emanzipation vom Diktat der Erregungen.«[2] Durchaus steht Schmitz mit dieser Auffassung nicht allein. Er teilt sie, bei allen Unterschieden in der Bewertung dieser Transformation, mit der älteren Generation von Antike-Forschern wie Eric Robertson Dodds, Bruno Snell, Hermann Fränkel, Karl Reinhardt, Georg Picht, Siegfried Jäkel oder Wolfgang Schadewaldt.[3] Dagegen wird heute unter dem Eindruck der analytischen Philosophie, der kognitiven Emotionsforschung und der Rekonstruktion von Gefühlen als Urteilen eher die Position vertreten, wie sie zwischen Platon und Aristoteles, gegen die homerische Tradition und die Tragiker, vorbereitet wurde. Diese philosophische Tradition ist in der Tat mit modernen psychologischen und kognitionswissenschaftlichen Theorien der Gefühle recht gut zu verbinden, während die in der Tradition Herders bzw. der Phänomenologie entwickelte Leib-Philosophie (Merleau-Ponty, Schmitz) Anschlüsse an die antike vorklassische Körper- und Gefühlsauffassung findet. Es scheint sich um eine Art *Querelle des anciens et des modernes* in der Antike selbst zu handeln, eine Querelle, die noch heute nicht abgeschlossen ist.

Der nachfolgende Aufsatz rekonstruiert in seinem ersten Teil die innerantike Transformation des Elementaraffekts des *phobos* zu einer Angst, die als ein intrasubjektives, psychologisch erfaßbares und zu bewertendes Seelengeschehen gilt. Dabei wird von der älteren Auffassung der Gefühle als *pathêmata* ausgegangen. Der *pathos*-Begriff bildet den Hintergrund für eine erste Analyse des *phobos*, wie er

2 Schmitz, *Der Gefühlsraum* (Anm. 1), S. 19.

3 Eric Robertson Dodds, *Die Griechen und das Irrationale*, Darmstadt 1970; ders., *Heiden und Christen in einem Zeitalter der Angst*, Frankfurt/M. 1985; Hermann Fränkel, *Dichtung und Philosophie des frühen Griechentums*, München 1993 (zuerst erschienen 1976); Bruno Snell, »Die naturwissenschaftliche Begriffsbildung im Griechischen«, in: ders., *Die Entdeckung des Geistes. Studien zur Entstehung des europäischen Denkens bei den Griechen*, Göttingen ^{5}1980, S. 299-319; ders., »Das Erwachen der Persönlichkeit in der frühgriechischen Lyrik«, in: ebd., S. 83-117; Karl Reinhardt, »Personifikation und Allegorie«, in: ders., *Vermächtnis der Antike. Gesammelte Essays zur Philosophie und Geschichtsschreibung*, hg. von Carl Becker, Göttingen 1960, S. 7-40; Georg Picht, *Kunst und Mythos*, Stuttgart 1990; Siegfried Jäkel, »Phobos und Sebas im frühen Griechischen«, in: *Archiv für Begriffsgeschichte* 16, H. 2 (1972), S. 141-165; Wolfgang Schadewaldt, »Furcht und Mitleid«, in: ders., *Hellas und Hesperien*, Zürich 1960, S. 194-237.

bei Homer dargestellt wird. Eine Reihe von Beispielen vorwiegend der Tragiker amplifiziert die ältere Auffassung von der Macht der Gefühle, zeigt aber hier bereits Ansätze zu deren Verseelung, die jene epochale Wende zur Einhegung der Affekte durch die *phronêsis* andeutet, welche von Platon und Aristoteles philosophisch konzeptualisiert wird. Dieser Teil wird abgeschlossen durch einen Exkurs zur Fassung von *phobos* und *eleos* in der Poetik des Aristoteles, welche die neue Auffassung der Affekte bereits voraussetzt. Im Anschluß daran wird im zweiten Teil der leibphänomenologische Ansatz zur Deutung der Gefühle skizziert, der es erlaubt, innerhalb einer anthropologisch informierten Kulturgeschichte der Angst verschiedene Erscheinungsfelder und Bewältigungsformen der Angst so zu fassen, daß dabei die ältere griechische Auffassung der Gefühlsmächte rehabilitiert werden kann. Dem folgt ein Blick auf den besonderen Fall der von Naturkatastrophen ausgelösten Ängste, die seit alters in der Matrix der antiken Vier-Elementen-Lehre ausbuchstabiert werden. Den Abschluß bildet eine kurze, generelle Schematisierung der Angst. Ist der erste Teil noch stark begriffs- und transformationsgeschichtlich orientiert, geht es im zweiten Teil um ein daraus abgeleitetes Tableau zu einer phänomenologisch-kulturhistorischen Angst-Forschung, die sich von heute dominierenden psychologischen, psychoanalytischen, psychiatrischen, urteilstheoretischen und kognitionswissenschaftlichen Ansätzen der Angst-Forschung unterscheidet. Für eine relationierende Diskussion der kontroversen Positionen in diesem Feld bleibt kein Platz. Vorweggeschickt sei schließlich, daß die von Kierkegaard ausgelöste und bis zu Heidegger und Sartre wirkende Unterscheidung der Angst als Existenzial des Daseins gegenüber einer umrißkonturierten, objektrelationalen Furcht – trotz ihrer wirkungsgeschichtlichen Relevanz – hier keine Rolle spielt, sondern Angst und Furcht zumeist, wie im Alltag, nahezu als Synonyme verwendet werden.

Erster Teil

1. *Pathos*

Der Term *pathos* bezeichnete vor der philosophischen Aufklärung der Griechen nicht einen Zustand des seelischen Gemüts, sondern das, »was einer Person oder einer Sache widerfährt. In diesem Sinn kann jede Veränderung, auch die Veränderung von Dingen, *pathos* heißen.«[4] *Pathos* ist Erschütterung, darum auch Leidenschaft oder Leiden.[5] Am genauesten wird *pathos* wiedergegeben als »Widerfahrnis« (Georg Picht). Es gehört zu den Umdeutungen seit etwa 400 v. Chr., daß man *pathêmata* nicht länger als Widerfahrnisse interpretiert, sondern so, als würden sie »von der Seele selbst produziert«. Bis dahin gilt (teilweise bis heute) eher die Auffassung der Affekte als Ekstasen: »Wir sind aus uns herausversetzt und von dem hingerissen, was uns in diesen ›Affekten‹ betrifft und seiner Gewalt unterwirft.«[6]

Dieser Auffassung Georg Pichts folgend, ist zum einen zu zeigen, daß mit ihr gerade die Angst gut verstanden werden kann. Zum anderen sind die Transformationen anzudeuten, die zu einer Verseelung der Angst geführt haben. Bei Picht heißt es, ähnlich wie bei Hermann Schmitz: »Wenn aber die sogenannten Affekte Widerfahrnisse sind, kann man nicht sagen, daß der Mensch die Affekte ›hat‹, man muß dann sagen, daß er sie erleidet. Das bedeutet, daß der vermeintliche Innenraum der Seele in Wahrheit ein Bereich ist, in dem wir nach allen Seiten hin für die Umwelt offen und ihren Einwirkungen ausgesetzt sind.«[7] Das griechische *pathos* ist nicht Affekt und nicht Emotion, wie diese unter den neuzeitlichen Voraussetzungen verstanden werden. Das Pathische als Eigenart der Gefühle zu verstehen steht, weil es eine durchlässige Ich-Struktur (*homo apertus*) voraussetzt, quer zu den Auffassungen des *homo clausus*, wie ihn Norbert Elias als zivilisatorischen Trend der europäischen Geschichte beschrieben hat.[8] Um

4 Picht, *Kunst und Mythos* (Anm. 3), S. 439.

5 Vgl. die energische Rehabilitation des *pathos* gerade auch für eine Ästhetik der Moderne, die der Stoßrichtung dieses Aufsatzes *grosso modo* entspricht: Kathrin Busch, Iris Därmann (Hg.), *›pathos‹. Konturen eines kulturwissenschaftlichen Grundbegriffs*, Bielefeld 2007.

6 Picht, *Kunst und Mythos* (Anm. 3), S. 440.

7 Ebd.

8 So zuerst in Norbert Elias, *Die Gesellschaft der Individuen*, Frankfurt/M. 1988 (zuerst erschienen 1939).

die ältere griechische Auffassung der Gefühle, insonderheit der Angst, geht es im folgenden.

2. *Phobos und die Macht der Gefühle*

Vom griechischen Heer, als es gegen die Reihen der Troer heranrückt, heißt es bei Homer:

da hätte auch den Standhaften Schrecken ergriffen, / wie sich die Meeresflut am widerhallenden Strande / Woge für Woge erhebt, getrieben vom Wehen des Westwinds; / draußen auf offener See behelmt sie zuerst sich, doch später / braust sie laut, sich am Festland brechend, und um die Klippen / bäumt sie gebogen sich hoch und speit von sich den Salzschaum.[9]

Dieses Gleichnis der furchterregenden Schlachtreihen, die sich anbrandenden Wogen gleich aufbauen, charakterisiert nicht nur die Danaer, sondern auch die Troer:

Ares spornte die einen, helläugig Athene die andern, / Deimos und Phobos auch und Eris voll maßlosen Eifers, / Ares, des männermordenden, Freundin und leibliche Schwester, / welche anfangs nur niedrig hochschäumt, aber später / gegen den Himmel stemmt das Haupt und schreitet doch auf der Erde. / Diese hat auch damals mitten hineingeworfen den gemeinsamen Streit / durch das Gewühl hingehend und das Gestöhne der Männer vermehrend.[10]

Phobos, Deimos und Eris sind hier keine Gefühle im platonischen und aristotelischen oder gar im modernen Sinn, sondern es sind Götter oder göttliche Mächte, Söhne bzw. Schwester des Ares, den Olympiern zugehörig; sie sind keineswegs nur Dämonen. Zahlreiche Kulte und Opferzeremonien für Phobos sind nachgewiesen worden. In Sparta wurde Phobos als Kriegsgott verehrt. Noch Alexander opfert, so Plutarch (*Leben des Alexander* 31), vor der Schlacht von Gaugamela dem Phobos einen Stier. Wer ist dieser Phobos? Er ist – so Picht – »der Scheucher, der das feindliche Heer in panischen Schrecken versetzt«.[11] Das Verb *phobeô* meint »in Schrecken verset-

9 Homer, *Ilias* 4, 421-426, übers. von Roland Hampe, Stuttgart 2004.

10 Homer, *Ilias* (Anm. 9) 4, 439-445. Zu den Homer-Stellen vgl. Picht, *Kunst und Mythos* (Anm. 3), S. 441-451.

11 Picht, *Kunst und Mythos* (Anm. 3), S. 442. Vgl. dazu die philologisch genauere, im Befund jedoch mit Picht übereinstimmende Deutung von Jäkel, »Phobos und Sebas im frühen Griechischen« (Anm. 3), hier S. 142.

zen«, »in panische Flucht schlagen«, wie besonders Jäkel betont; im Medium und Passiv heißt es: »von Schrecken ergriffen werden, fliehen, entsetzt sein, sich fürchten«. Das heißt, daß der *phobos* von zwei Seiten her erlebt werden kann und nicht nur, wie Jäkel meint, Flucht bedeutet. Dies hat Georg Picht richtiger erkannt: *Phobos* bezeichnet das Furchterregende *und* das Fürchten selbst. Dem entspricht, daß der *phobos zwischen* den Heeren auftaucht. Seine Wirkungen sind wechselseitig. Beide Heere sind der doppelten Wirkung von aktiver Drohung und passivem Schrecken ausgesetzt. Modern gesprochen: Je näher die Heere einander kommen, um so dichter baut sich *zwischen* den Heeren eine Spannung auf, die von beiden Seiten als ambivalente Macht empfunden wird. Das Bild der sich aufbauenden Wellen, das parallel gebaut ist zur ragenden Eris, die anschwellend den Raum zwischen Erde und Himmel füllt, bezeichnet die energetische Wucht des emotionalen Vorgangs. Unmittelbar vor dem Kampf ist die Welt von der ungeheuren Macht der Eris erfüllt, die nun mitten zwischen die Männer den Streit *hineinwirft*; deren Gestöhne ist auch das Gestöhn der Eris selbst. Das ist die Angst, die in die Glieder fährt. Daraufhin bricht die Schlacht aus.

Die aggressiven wie phobischen Affekte sind hier nicht als Gefühle der Seele zu verstehen. Es wäre verfehlt, von den einzelnen Kriegern auszugehen und zu behaupten, daß *phobos*, *deimos* und *eris* in ihrem Inneren entstünden und sich nach außen richteten – gegen den Gegner. Es ist umgekehrt: Die Krieger werden von diesen Affekten gepackt und in eine Dynamik hineingerissen. Dies ist ein transpersonales Geschehen, das die *Masse* der Heere kennzeichnet, nicht aber eine Summierung von einzelseelischen Regungen ist. Darum ist es durchaus sachgerecht, wie Homer den Streit bzw. den *phobos* darstellt: als »eine Macht, die in der Mitte zwischen beiden Heeren auftaucht«[12] bzw. unter sie *geworfen* ist. *Eris*, das streitbare Gefühl, die Kampfeswut, die starkmutige und standhafte *Eris kraterê*[13] (vgl. *Ilias* 20, 48), kann man nicht der einen oder anderen Seite

12 Picht, *Kunst und Mythos* (Anm. 3), S. 443.

13 Michael Theunissen, »Hesiods theogonische Eris«, in: Paul van Tongeren u.a. (Hg.), *Eros and Eris. Contributions to a Hermeneutical Phenomenology*, Dordrecht 1992, S. 11-23, hier S. 13, unterscheidet in der *Theogonie* und den *Erga* zwei Typen der *Eris* und macht in dieser Ambivalenz eine Vorform der Dialektik aus. Bei der Homerstelle *Ilias* 20, 48 handelt es sich um die positive Variante: Das ist die *Eris*, die sich, als die Götter in die Schlacht vor Troja ziehen, »erhob«.

zurechnen, sondern sie gehört beiden Seiten in gleicher Weise zu. Das trägt der Deutung Rechnung, daß *eris* als übermenschliche Macht verstanden wird. In Hesiods *Theogonie* (225-232) ist Eris die Tochter der Nacht, Nyx. Sie zeugt, als die scheußliche Variante (*Eris stygerê*), Qual, Hunger, Schmerzen, Schlachten, Mord, Zank, Lügenreden, Ungesetzlichkeit, Verblendung und Meineid. Alle diese Kinder der Eris sind selbst wieder übermenschliche Mächte. Sie fallen in den Menschen ein. Das mythische Denken hat also Phänomene, die wir als innerseelische Gestimmtheiten, Gefühle oder Erregungen verstehen, in ihrer objektiven Gestalt vor Augen – in einem völlig anderen Modus mithin, als wir in unserer psychologischen Denkungsart Gefühle verstehen.

Empedokles – gewiß im Rekurs auf Hesiod – ordnet die Grunddynamiken der Welt in Streit (*neikos* bzw. *kotos* – Groll) und Liebe (*philotês*, *philia*), beide kosmische Weltprinzipien (DK 31, B 6, B 17, B 20, B 22, B 26). Das Paar Repulsion und Attraktion, als physikalische wie psychische Wirkkräfte, ist hier vorweggenommen (so noch beim jungen Kant anzutreffen). Im Gegeneinanderwirken beider differenziert sich die Tetrade der Elemente aus, die ihrerseits in chiastischer Gegenpoligkeit geordnet sind. Es wäre deswegen ein Mißverständnis, in Eros und Eris projektive Personifikationen menschlicher Regungen zu sehen. Diese »moderne« Deutung wiederholt indes Denkfiguren der antiken *Logos*-Philosophie, die eben *auch* die Funktion hat, die Macht der *pathêmata* zu brechen, indem man sie als Projektionen dekonstruiert. Von Homer bis zu Empedokles, ja bis zu Euripides ist es umgekehrt: Der Mensch findet sich in *eros*, *eris*, *phobos* oder *deimos* (*deos*, *deima*) vor oder wird von ihnen erfüllt, weil er selbst aus Elementen und mithin aus den mächtigen Strebungen des Streits oder der Liebe gemischt ist (so Empedokles).[14] Richtig wäre dann: Die Erscheinung von *phobos* oder *eris* geht ihrer Personifikation voraus: eine These, die schon Karl Reinhardt vertrat.[15]

Phobos, wie ihn Homer schildert, und *deimos* sind noch heute erfahrbare Phänomene. Wir müssen dabei nicht an Phobos als Gott glauben, sondern nur die phänomenologische Deutung akzeptieren, daß Gefühle wie *phobos* oder *eris* ergreifende Mächte seien können,

14 Vgl. zu dynamischen Auffassung der Elemente und ihrer konstitutiven Rolle für die Strukturierung von Gefühlen Gernot Böhme, Hartmut Böhme, *Feuer Wasser Erde Luft. Eine Kulturgeschichte der Elemente*, München ^{2}2004, S. 93-121, 172-193.

15 Reinhardt, »Personifikation und Allegorie« (Anm. 3).

etwa in panischer Angst oder orgiastischer Streitlust. Das gleiche gilt für *eros* oder für den Zorn, dem etwa Achill unterliegt. Wenn wir sie heute als *innere* Gefühle verstehen, werden sie in das transpositioniert, was Platon die *psychê* nannte; sie werden verinnerlicht. Bei Homer und in den Zeiten bis zum Ende des 5. Jahrhunderts gab es eine solche Seele, als Quelle und Hegung von Regungen, nicht. Man kann mit Schmitz pointieren, daß die Seele geradezu erfunden wurde, um die Verinnerlichung der Gefühle zu ermöglichen: Erst durch Introjektion entsteht der Gefühlsinnenraum und werden Gefühle in ihrem Introjekt-Charakter gleichsam vergessen.[16] Diese folgenreiche Erfindung, die im Subjektgefüge den Wechsel von zentraler Ich-Schwäche zur personalen Selbstermächtigung vollzieht, begründet die Emanzipation personaler Identität.[17] Man muß nicht gegen letztere sein, wenn man die Objektivität der Gefühle behauptet. Es gibt beides: die ergreifende Macht der Gefühle *und* die kulturell gut stabilisierte Fähigkeit des Menschen, Gefühle zu verinnerlichen und damit auch kontrollierbar und handhabbar zu machen. Zwischen diesen Polen liegt ein ganzes Spektrum der Modalitäten von Gefühlen, deren Hauptleben sich eben *zwischen* diesen Polen entfaltet.

3. Von der mythischen zur seelischen Angst

Die Helden der *Ilias*, aber auch die Protagonisten bei Aischylos und noch bei Euripides, sind also den ergreifenden Mächten der *pathêmata* ausgesetzt. Schmitz hat überwältigend viele Beispiele für diese eigentümlich objektive Macht der Gefühle in der griechischen Literatur gesammelt.[18] So heißt es beim Lyriker Archilochos, daß aus

16 Zur Introjektionsthese vgl. Schmitz, *Der Gefühlsraum* (Anm. 1), S. 6-20. Schmitz nennt dies auch den »Mythos der Introjektion«; doch gleichzeitig ist die Introjektion »das wichtigste Ereignis in der Geschichte des menschlichen Selbstverständnisses [...], [das] sich in Europa im 5. und 4. vorchristlichen Jahrhundert durchsetzt«. Dies ist nicht ein »Übergang«, »nicht ein naturgemäßer Fortschritt der Enthüllung des Menschen vor sich selbst«, sondern ein »Bruch« (ebd., S. 404-407).

17 Hermann Schmitz, »Leib und Seele in der abendländischen Philosophie«, in: *Philosophisches Jahrbuch* 85 (1978), S. 221-241, hier S. 224-228.

18 Schmitz, *Der Gefühlsraum* (Anm. 1), S. 409-506, sowie zur Leiblichkeit der Gefühle Hermann Schmitz, *System der Philosophie*, Bd. II.1: *Der Leib*, Bonn ^{3}1998, S. 373-505. Generell ist Schmitz für die quellenreiche Freilegung der frühen Gefühlsauffassung der Griechen zu danken. Darin folge ich ihm.

einem Gewittersturm auf dem Meer der *phobos hervorlangt.*[19] In der Tragödie *Sieben gegen Theben* (497-500) von Aischylos ist Hippomedon »gotterfüllt von Ares« (*entheos d'Arei*), so daß er wie der *phobos* selbst vor den Toren, einer Mänade gleich, tobt, »Mord im Blick«. Der Chor im *Agamemnon* (975-978) des Aischylos ruft aus: »Warum schwebt immerfort diese Angst vor meinem grauenerblickenden Herzen umher [...]?« Dies meint nicht die innerseelisch-raumlose, sondern gerade eine raumerfüllende, in Besitz nehmende Angst, von welcher der Chor wünscht, sie verscheuchen zu können, um Mut auf den Thron des Gemüts (*phrên*) zu setzen. Der Chorführer im *Agamemnon* erschaudert: »*Phobos* schließt mich in sich« (1243). Elektra (in den *Choephoren*, 183 f.) sagt von sich: »Auch mich fiel im Herzen der Brandungssturm des Zorns [= *cholê*, eigentl.: Galle] an, und mich traf's wie ein Pfeil«: Der Affekt schlägt sie in Bann. Der König in den *Schutzflehenden* des Aischylos sagt: »*Phobos* schließt mein Gemüt ein« (»*phobos m'echei phrenas*«, 379; Übers. H. Schmitz).

Auch Eros wird als transpersonale Macht begriffen, etwa bei Sappho, die vom »gliederlösenden«, »bittersüßen« Eros geschüttelt wird; als »unwiderstehliches Kriechtier« geht Eros gegen sie an (*Fragment* 137 D). Diese Bewegung von unten her wird öfters als Weg verstanden, auf dem übermächtige Erregungen vom Menschen Besitz ergreifen. So kriecht auch im *Agamemnon* (270) Freude von unten her in den Chorführer, oder rasende Wut (*lyssa* – Raserei) steigt von unten auf: »Von den Füßen aufwärts steigt / von unten krampfhaft Zucken bis hinauf zum Haupt; / den Stachel Lyssas mein ich, des Skorpions Stich.«[20] Selbst Sophokles, der viel mehr als Aischylos den Konflikt zwischen überwältigender Gefühlsmacht und widerständiger Besonnenheit darstellt und der Introjektion der Gefühle vorarbeitet, kennt noch so leibnahe Formulierungen wie: »in die Spitze des Haupthaares hinein dringt von unten Schauder« (*Ödipus auf Kolonos* 1464).

Oft werden Gefühle so geschildert, daß die Person in ihnen eingebettet oder von ihnen umhüllt ist oder das Gefühl in sie eingegossen wird. Gelegentlich tauchen Götter in einen Menschen ein und füllen ihn mit Kampfgeist, *phobos* oder Zorn, z. B. Hektor oder Achill.

19 Vgl. Jäkel, »Phobos und Sebas im frühen Griechischen« (Anm. 3), S. 151.

20 Schmitz, *Der Gefühlsraum* (Anm. 1), S. 426. Die Stelle stammt aus den *Xantriai*, einem Fragment aus den verlorenen Pentheus-Dramen; siehe Aischylos, *Tragödien und Fragmente*, hg. von Werner Otto, München [6]1977, S. 605.

Gerade die Helden werden besessen, von Göttern, Dämonen und Leidenschaften. Bei Euripides, bei dem Personen oft von Gefühlen bestrickt und überwältigt werden, findet man Formulierungen, daß man in ein Gefühl *hineinfalle*. *Eris* ist bei Euripides – wie in der *Ilias*, bei Hesiod oder Empedokles – eine Gottheit und mithin eine ergreifende Erregung. Die Gefühle sind die Täter – sie haben, modern gesprochen, eine eigene *agency* – und die Menschen die heimgesuchten Opfer. Darin ähnelt Euripides weniger dem Sophokles als dem älteren Aischylos, bei dem Gefühle noch »selbständige Energien [sind], die sich aus eigener Kraft in der Herrschaft über das von ihnen heimgesuchte Subjekt ablösen und dieses nur als einen Sitz gebrauchen, wo sie sich ohne dessen Zutun niederlassen«.[21] Die Protagonisten rücken hier in die Rolle des Zuschauers ihrer eigenen Betroffenheit. Der Handlungsschwerpunkt liegt in den eigenmächtig handelnden Gefühlen. Überspitzt gesagt: Sie eigentlich sind die handelnden Personen der Tragödie.

Diese Wucht der Gefühle wird gegen Ende des 5. Jahrhunderts zunehmend als Gefährdung des personalen Selbstbestandes verstanden, der durch *phronêsis* gesichert werden soll. »Werde wieder in dem, was dein ist!«, übersetzt Hermann Schmitz eine Stelle in Sophokles' *Philoktet* (950: ἀλλὰ νῦν ἔτ' ἐν σαυτῷ γενοῦ): ein Aufruf, sich aus der Überwältigung durch Gefühle zurückzuholen und dasjenige, als innere Instanz, zu stärken, was nun schon als ureigenster Besitz ausgegeben wird. Wenn derart der Mensch ermahnend in das hineingerufen wird, worin er Herr im Hause ist, dann gilt das sogar auch für die Götter (erst Sigmund Freud wird wieder in Frage stellen, daß der Mensch »Herr im eigenen Hause« sei).

Daß Apollon in seiner Leidenschaft (*pathos*) die ungeheuerliche Tat begangen hat, Kreusa, die Mutter Ions, zu vergewaltigen und die Schwangere sitzenzulassen, läßt Ion (in der gleichnamigen Tragödie des Euripides) die seltsame Frage stellen: »Phoibos, was leidet er?« (*Ion* 437), als wäre sogar der Gott der Übermacht der Gefühle erlegen. Im *Agamemnon* des Aischylos wird von Kassandra berichtet, sie habe ihre Seherkunst von Apollon erhalten. Da fragt der Chorführer erschrocken: »Er war doch nicht etwa, wo er doch ein Gott ist, von *himeros* (= Begierde) geschlagen?« (*Agamemnon* 1204). Tatsächlich – auch der Gott, und sogar Apoll, ist von Gefühlen »geschlagen« oder

21 Schmitz, *Der Gefühlsraum* (Anm. 1), S. 424.

»getroffen«, wie es oft heißt. Darin kann man einen Reflex der Auffassung Hesiods erkennen, wonach *eros*, *eris* oder *phobos* als Mächte in der Welt waren, längst bevor die Olympier die Herrschaft antraten. Die Gefühlsmächte, wie sie von den Menschen erfahren werden, sind – so kann man dies verstehen – älter als die Götter.

Seit Homer galt das Verständnis, daß *eros* und *phobos* sich nahezu alle gefühlshaften Regungen teilen. Hesiod fügt mit seiner Unterscheidung zwischen produktiver und destruktiver *eris*, denen eine Vielzahl von Affektmächten, Vermögen und Schlechtigkeiten untergeordnet sind, noch einen weiteren Pol in die kosmische Ordnung der Gefühlsmächte ein.[22] Noch die nüchternen Herodot und Thukydides beschreiben mehrfach *phobos* als kollektive Erregung, plötzlichen Durchbruch, Donnerschlag. *Phobos* ist überpersönlich. Er kann eine ganze Stadt umlagern oder eine Person umfangen, eine Art atmosphärischer Macht, die hinreißt und überfällt.[23] *Deos/deima* dagegen ist, für H. Schmitz, die enger umrissene Furcht, die durch *phobos* aufgeregt wird. Das ist nicht der private Gefühlszustand des Sich-Fürchtens. Im Zentrum des *phobos* steht das Tremendum.

> Der Phobos besteht nämlich in seinem ursprünglichen, noch bis etwa 400 v. Chr. und bisweilen später deutlich nachweisbaren Sinn nach nicht in einer Einstellung vom einem Subjekt zu einem fürchterlichen, drohenden Objekt hin, sondern schlägt umgekehrt dem Betroffenen entgegen, reißt diesen herum und treibt ihn weg aus der Gegend, woher der Phobos kommt.[24]

In dieser Zeit läßt sich eine Trennung von Subjekt und Objekt, die einen Gefühle »haben« und auf einen Gegenstand richten oder sie gar als Urteil formulieren läßt, noch nicht nachweisen. Man kann von einer eklatanten Schwäche des Ichs sprechen, der umgekehrt eine Übermacht der Gefühle entspricht. Genau dieses Verhältnis wird sich im Zeitalter der Philosophen (aber auch schon bei Sophokles) umdrehen.

Denn um 400 v. Chr. ist ein philosophischer Stand erreicht, auf dem *phobos*, *eris* oder *eros* ihre Macht an die Selbstregulierungskräfte der autonomen Seele abgetreten haben. *Phobos* erscheint transformiert derart, daß er auch bloße Furcht oder Sorge bedeuten kann,

22 Zu *eros* vgl. Schmitz, *Der Gefühlsraum* (Anm. 1), S. 440-451. Zum *phobos* ebd., S. 451-459. Zur Ambivalenz der *eris* (Streit) vgl. vor allem Theunissen, »Hesiods theogonische Eris« (Anm. 13), S. 11-23.

23 Vgl. Schmitz, *Der Gefühlsraum* (Anm. 1), S. 452.

24 Ebd., S. 453.

ein intentionales Gefühl. Damit ist der ursprüngliche Richtungssinn des *phobos* umgekehrt. War der Mensch zuvor in eine Flucht hineingescheucht oder in Furcht gebannt, so ist das Subjekt jetzt einem Furchtbaren zugewendet, worin es sich selbst reflektiert und zu steuern versucht. Damit wird *phobos*, werden Gefühle überhaupt tendenziell zu (intentionalen) Momenten der Innenwelt eines Subjekts. So kann der Umgang mit den Gefühlen dem eingemeindet werden, was Platon als *dianoia* auszeichnet: »eine innerhalb der Seele an sie selbst gerichtete Unterredung ohne Stimme« (*Sophistes* 263e: ἐντὸς τῆς ψυχῆς πρὸς αὑτὴν διάλογος ἄνευ φωνῆς). Daß dieses Vermögen des *logos* erhalten bleibe, motiviert Platons Kritik an der Tragödie, die in der Erregung der Lust den Gegenspieler des *logos*, das *epithymêtikon*, stärke (*Politeia* 595b, 603a-b, 605a-d). Die selbstgesprächige Seele des Logistikon, so Schmitz, ist initiativ und emanzipiert gegenüber den Regungsherden; sie ist allein mit sich, ohne Abhängigkeit vom *thymos*, den sie überwinden und ablösen soll. Was sie denkt, ist einem Urteil unterworfen; hier beginnt die Urteilstheorie der Gefühle. Der Dialog findet in einem exklusiven Bereich statt, in der Seele, worin Sprecher, Angesprochener und Raum des Gesprächs dasselbe sind. Dieses Tableau bildet die Person selbst, die sich aus der Sphäre betreffender *pathêmata* zurückgezogen hat. Dieses autonome Gedankenleben *soll* der Einwirkung durch außerpersonale Mächte nicht mehr unterworfen sein. Die Seele ist Bühne, Schauspieler und (urteilendes) Publikum zugleich. Diese Auffassung ist, vom Standpunkt einer Kulturgeschichte der Gefühle, genauso einseitig wie die zuvor entwickelte archaische Auffassung von der Preisgabe eines offenen Ichs an die Macht der Gefühle.

4. Exkurs zur Tragödie

Wenn Aristoteles in der *Poetik* (1449b25-30) davon spricht, daß die Tragödie durch *phobos* und *eleos* (Jammer) eine Katharsis von den Affekten, also eine »Affekttransformation« (A. Zierl) vollbringt, so handelt es sich bereits um einen historischen Stand, bei dem die Tragödie in den Dienst genommen wird, um den Menschen von der Übermacht der Gefühle zu befreien. Das ist die positive, sozialhygienische Funktion der Tragödie. Platon dagegen hatte diese abgewertet, nicht etwa, weil sie im Durchleben der Gefühle von diesen reinige, sondern weil sie in deren falscher Übersteigerung dem niedersten Seelenvermögen, dem *epithymêtikon*, zuarbeite. Dieses stellt die heftigen emotionalen Vermögen, hingegen *thymoeides* die voluntativen und *logistikon* die kognitiven Vermögen dar. In der Tugendlehre und politischen Psychologie und Standesethik der *Politeia* geht es Platon gerade darum, von der *epistêmê* aus die emotionalen Mächte und voluntativen Strebungen zu beherrschen.[25] Dem steht die übermäßige Affekterregung der Tragödie im Weg. Dies gilt, nach Düsing, analog auch für die veränderte spätplatonische Ethik Platons, wenn er hier (im *Politikos*) die *phronêsis* mit Hilfe der Meßkunst (*metrikê technê*) für das ethisch Angemessene, nämlich Ausgewogene und Harmonische zwischen den tendenziell outrierten Regungen sorgen läßt. Dies wird noch stärker von Aristoteles in der *Nikomachischen Ethik* betont, wenn er die dianoetischen Tugenden weitgehend von Emotionen freihält, um die rechte Mitte zwischen den Extremen des Affektiven und des Voluntativen zu halten. Durchaus setzt Aristoteles fort, was Platon im *Phaidros* als Programm vorgedacht hatte: Erkenntnis als *katharsis tôn pathêmatôn*. In der Stoa radikalisiert sich diese Skepsis gegenüber dem Affektiven. Sie verurteilt die Affekte als *perturbationes animi* und strebt die völlige Apathie, *apatheia*, an. In der Nachantike transformiert sich freilich die Sicht auf diese Apathie mehrfach. Sie gilt zunächst dem christlichen Mittelalter als Todsünde, um erst wieder im neostoischen Tragödienkonzept des Barock wieder zur Tugend erhoben zu werden, die sich im Durchgang durch alle Schrecken und Ängste bewährt. Diese Auffassung wird sodann bei Lessing erneut umgekehrt, wenn er Furcht (als um sich selbst besorgtes Mitleid) und Mitleid geradezu zum Ziel der tragischen Erregung von Affekten erklärt.

Später versucht Wolfgang Schadewaldt in seiner berühmten Studie zu *phobos* und *eleos*, auf die von der Lessingschen Mitleidspoetik verschüttete Schicht zurückzukommen. Für Lessing sind Furcht und Mitleid jene Affekte, deren Durchleben angesichts der tragischen Handlung zu einer auf Mitleid gegründeten humanistischen Ethik führen soll, womit der Tragödie eine erzieherische Funktion im Sinne des Menschengeschlechts zukommt. *Phobos* und *eleos* seien aber nicht Furcht und Mitleid im modernen Sinn, sondern »ein aufrührender Elementaraffekt (*tarachê*) von unmittelbarer Gewalt«,[26]

25 Vgl. dazu Klaus Düsing, »Wandlungen der Tugendlehre bei Platon und Aristoteles«, in: van Tongeren u.a. (Hg.), *Eros and Eris* (Anm. 13), S. 25-37.

26 Schadewaldt, »Furcht und Mitleid« (Anm. 3), hier S. 197.

dessen Durchleben das Ziel der Tragödie sei. *Phobos* und *eleos* »durchzufühlen« sei die besondere Lust der Tragödie, an deren Ende diese Gefühle sozusagen »wegerlebt« seien und sich in wohltuende Entspannung auflösten: Katharsis durchaus im ursprünglich medizinischen Sinn der Purgierung, des Wegschaffens. *Phobos* sei besser mit Schauder (*phrikê*), Schauer und Schrecken übersetzt, die durch die erlebte Nähe zum Vernichtenden und zur »Größe des erwarteten Ungemachs«[27] ausgelöst werden, in unmittelbar leiblich-seelischer Wucht. Entsprechend sei *eleos* nicht das moralische Gefühl des Mitleids, der christlichen *misericordia* oder *compassio*, sondern vielmehr ein überwältigendes »Mit-Erleiden« im Sinne des älteren Verständnisses von Sympathie (*sympathein*), ein schmerzhafter Schauder und eine heftige Erschütterung im Mitvollzug des heftigen Unglücks. Um philanthropisches Mitleiden geht es nicht. Der Zweck der Tragödie sei mithin keineswegs der »Universalsinn der Menschenliebe« (Schadewaldt), der im Griechischen am ehesten die Scheu und schonungsvolle Rücksicht, *aidôs*, nahekomme. Nirgends geht es um die Bilanzierung von moralischen Defekten, die nun in Furcht und Mitleid geheilt und ins Moralische gewendet würden. Dies ist die These von der *hamartia*, dem tragischen Fehlgriff, der geheilt würde. Es geht nicht um allgemein menschliche, sondern um solche Affekte, die der Tragödie eigentümlich sind (*Poetik* 1453b10f.). Das ist jenes besondere Vergnügen, das im Durchleben der Affekte des angstvollen Schauders sowie des schmerzhaften Jammers liegt. Einer solchen leib- und affektzentrierten Auffassung wurde öfter widersprochen, so etwa durch Arbogast Schmitt, der die motivationalen, intentionalen und imaginativen Aspekte der Katharsis betont, die damit auch viel eher als die Schadewaldtsche Auffassung einer kognitiven und ethischen Aufklärung zugänglich werde.[28]

27 Ebd., S. 196.

28 Arbogast Schmitt, »Menschliches Fehlen und tragisches Scheitern«, in: *Rheinisches Museum für Philologie* 132 (1988), S. 8-30; ders., »Wesenszüge der griechischen Tragödie. Schicksal, Schuld, Tragik«, in: Hellmut Flashar (Hg.), *Tragödie. Idee und Transformation*, Stuttgart, Leipzig 1997, S. 5-49; differenzierend im Urteil: Hellmut Flashar, »Die Poetik des Aristoteles und die griechische Tragödie«, in: ebd., S. 50-64.

5. Animalische und leibliche Angst

Angst ist so alt wie wir selbst, sie ist schon da, wenn wir geboren werden. Nein, sie ist älter als wir. Auch ohne viele Erfahrungen mit Tieren weiß jeder, daß Angstreaktionen tief ins Tierreich hineinreichen. Angst ist eine elementare Gegebenheit des animalischen Lebens. Sie zeigt dem Tier die Anwesenheit einer Gefahr, einer bestimmten oder diffusen Drohung. Ähnliches hatten schon die antiken Philosophen im Auge, so etwa, wenn Aristoteles definiert: »Es sei also die Furcht eine Art Bedrückung oder Verwirrung aufgrund der Vorstellung von einem bevorstehenden verderblichen oder bedrückenden Übel« (*Rhetorik* 1382a21 f.). Dies ist eine gleichsam späte, intellektualisierte Auffassung von Angst, die kaum mehr etwas mit ihrem leiblichen Modus zu tun hat. Denn im Gefühl bedrohter Existenz fährt die Angst in den tierischen wie in den menschlichen Organismus heftig hinein. Als Anzeiger von Gefahr hat Angst eine lebensdienliche Funktion. Ohne Angst tappten Tiere wie Menschen in Gefahren hinein und kämen, über kurz oder lang, darin um. So aber breitet sich die Angst blitzschnell im Körper aus, zieht ihn zusammen, konzentriert ihn, versetzt ihn in gespannte Aufmerksamkeit, die augenblicklich zu handeln bereit ist, wenn sie nur wüßte, wie und wohin. Oft folgt auf das Zusammenzucken, das das Tier in Angst schlägt, die Schnellkraft der Flucht: Die höchste Erregung des Organismus wird auf den einen Impuls gesetzt: Weg![29] Das ist noch nicht die Rettung, rettet aber wenigstens aus der Enge der Angst, die an Ort und Augenblick fesselt.

»Enge« ist, wie im Deutschen, in vielen Sprachen der semantische Kern von Angst: Griechisch *anchein* meint »würgen, drosseln, zu-

29 Das ist die schlichte Bestimmung von Angst bei Schmitz: das gehinderte »Weg!«, die privative Engung des Leibes. Vgl. Hermann Schmitz, *System der Philosophie*, Bd. 1: *Die Gegenwart*, Bonn ^{2}1981, S. 175-177 und S. 192-199, sowie ders., *Der Leib* (Anm. 18), S. 173-178. In der Angst geht die in Hier – Jetzt – Dasein – Dies – Ich gegliederte Gegenwart auf (Schmitz, *Die Gegenwart* [siehe oben], S. 197-232). Diese ganz leiblich verstandene privative Engung ist etwas völlig anderes als die Bedrückung und Verwirrung, die bei Aristoteles »aufgrund einer Vorstellung« (*sic!*) im Inneren des Ichs entsteht. Schmitz greift also in seinen Bestimmungen deutlich hinter Aristoteles und Platon auf ältere Schichten der griechischen Überlieferung zurück, um damit seine heutige Theorie der Gefühle zu stützen.

sammenpressen«; lateinisch *angor* meint »Würgen, Beklemmung, Angst«; *anxietas, angustia* tragen ebenfalls die Enge in ihrem semantischen Kern; *angere* meint »die Kehle zuschnüren, das Herz beklemmen«; die *angina pectoris* ist noch vor ihrer medizinischen Erklärung vor allem die Enge, die im Herz-/Brustraum Todesangst erwachsen läßt; englisch *anxiety* und französisch *angoisse* wahren ebenfalls die fast symbiotische Beziehung von Angst und leiblichen Enge-Gefühlen. Freilich ist es hilfreich, wenn eine kognitive Leistung hinzukommt: das Erkennen der Ursache der Angst, die Lokalisierung des Feindes, das Wahrnehmen der »Ausflucht«, der Richtung der Flucht. Denn immer droht die Kopflosigkeit, Verlust der Übersicht, panischer Schrecken, zielloses Losstürmen (die pathische Seite der Angst) – womöglich in die Fänge des Feindes. Aufgrund dieser potentiellen Kopflosigkeit ist die Angst schon den antiken Philosophen verdächtig: Sie setzt unser dianoetisches Vermögen potentiell außer Kraft. Das ist ein ganz unphilosophischer Zustand, weswegen nicht ohne Grund in der Stoa wie auch bei Epikur und später im Neostoizismus die *apathia* vor allem ein Zustand von beherrschter Angst, wenn nicht von Angstfreiheit ist. Wie die Angst, so ist auch der Schrecken die absolute Überwältigung durch bedrohliche Gegenwart. Darin geht jede Reflexivität unter und ist, leiblich gesehen, jede Weite ausgelöscht. Der Organismus ist wie angenagelt, die Glieder gehorchen nicht mehr, die Spannung, in die der Körper versetzt ist, verwandelt zu Stein. Der Anblick der Medusa ist hierfür das mythische Bild. Dabei läßt sich nicht denken. Perseus ist der mythische Held, dem in der Ermordung Medusas – die ihm mit Hilfe von Tricks, zu denen ihm Athene verhilft, glückt – die strategische Verwandlung der Angst gelingt. Fortan ist er der Held, der nicht Angst erleidet (*phobeisthai*), sondern Angst bewirkt (*phobos* antun – aktivisches *phobein*).

Ob Mythen, ob Selbstbeobachtung oder Tierstudium: Durchweg stellt sich die Angst als ein Phänomen dar, das den Körper ergreift und selbst körperlich ist. Auch ohne neurowissenschaftliche Forschung wird dies durch unzählige Sprachspuren belegt, so wenn wir davon sprechen, daß die Angst das Herz schneller schlagen oder gar aussetzen läßt, daß die Knie weich werden und der Schritt versagt, der Puls zu jagen beginnt, die Haare sich sträuben, Kälte uns befällt und über den Rücken schaudert, während doch zugleich der Schweiß ausbricht, der Atem stockt oder im Gegenteil keuchend anschwillt, ringend mit dem abschnürenden Gefühl im Hals, die Augen aufgerissen werden und die Pupillen sich weiten, die Glieder schlottern oder sich krampfig verspannen. Man sieht daran, daß die Angst sich in durchaus entgegengesetzten Körperreaktionen darstellt, und doch erkennen wir sie mit größter Eindeutigkeit; jedenfalls in Ich-Perspektive, während in Beobachter-Perspektive Körperzeichen kein hinreichend klares Indiz für Emotionen sind, zumal letztere auch verborgen oder vorgetäuscht werden können. Biochemie und Physiologie tun das Ihrige dazu, die Signifikanten der Angst mit Einsichten in die endokrinologischen, vegetativen und nervösen Systeme zu unterfüttern. Hirnforscher verbinden diese Daten der physiologischen Angst mit charakteristischen Hirnprozessen oder belehren darüber, daß die Angst im ältesten Teil des Gehirns, im limbischen System, ihre Ursprungslokalität habe – ein Indiz mehr, daß die Angst eine Elementar-Emotion auch des menschlichen Organismus ist.

6. Sympathetische und performative Ängste

Angst, wenn sie empfunden und damit erst wirklich wird, muß verkörpert werden. Dies trifft genauer zu als die seit der Neuzeit durchgesetzte Redeweise, daß sich Angst körperlich »ausdrückt«. Dies nämlich gilt nur im Rahmen einer Ausdruckspsychologie, welche eine immaterielle Seele voraussetzt, die sich in Gefühlen regt und diese dann an der »Oberfläche« des Körpers »ausdrückt«. Angst sei »Seelenangst«. Ihr Ausdruck trete in Zeichen und Bewegungen des Körpers »nach außen«, müsse also gelesen und gedeutet werden. Der Körper fungiert dabei als »Darstellung« für die »dahinter« im Unsichtbaren der Seele verborgene Angst. Angst erfordert danach eine Verstehenslehre. Daraus erwuchsen Physiognomik und Pathognomik – eine »Semiotik der Seele« (J. G. Herder),[30] insoweit sie sich in ständigen oder flüchtigen Ausdrücken des Körpers artikuliert.

Doch Angst wird primär nicht »verstanden« und »beurteilt«, sondern indem sie uns erfüllt, »spüren« wir sie. Jedes »Verstehen« der Angst erfolgt *post festum*: Wenn wir über Angst sprechen und urteilen, so ist sie zumeist vorbei. Die primäre Gegebenheitsweise von Angst ist nicht ihr Zeichenhaftes, das wir zu entschlüsseln hätten,

30 Johann Gottfried Herder, »Ideen zur Geschichte der Philosophie der Menschheit«, in: ders., *Werke*, 10 Bde., hg. von M. Bollacher, Bd. 6, Frankfurt/M. 1989, S. 185.

sondern ihre leiblich spürbare Präsenz. Diese Einsicht gilt, auch wenn wir annehmen, daß die menschlichen Ängste kulturell überformt, stilisiert, diszipliniert, modifiziert, anästhesiert oder gar künstlich erregt werden, also historisch ausdifferenzierte Gefühlskulturen entstehen. Kulturelle Techniken und Habitus haben sich um den Körper gelegt oder sind sogar in ihn eingedrungen, so daß sich »Pathosformeln« (Aby Warburg) und kulturspezifische Bewältigungsmuster der Angst gebildet haben. Damit haben sich kulturelle Semantiken »verkörpert«, so daß jede Angst, die sich zu spüren gibt, immer zugleich die Engramme kultureller Umwelten aufweist. Nur deswegen bedarf es einer sekundären (kulturellen) Verstehenslehre der Angst und kommt es nicht mehr allein auf die Spürfähigkeit an. Die Angst ist (1) mithin sowohl eine universale Konstante des Organismus wie sie auch, hinsichtlich des Menschen, (2) eine Geschichte bekommen hat. Die Ängste, die wir empfinden, sind kulturelle Ängste und erzählen von der kollektiven und individuellen Geschichte ihrer Prägungen. Wir könnten Epochen an dem charakteristischen »Stil« ihrer Ängste, Kulturen an der besonderen Atmosphäre, Personen an der jeweiligen Prägung ihrer Ängste und literarische Gattungen an den für sie charakteristischen Gefühlstypen[31] erkennen – nur haben sich Historiker zu wenig um solche Fragen gekümmert.

Ängste sind sympathetisch und performativ; diese Einsicht war von Homer bis zu Euripides differenziert entwickelt. Doch gilt dies auch für andere Gefühle wie Begeisterung oder Trauer. Zuerst zum *Sympathetischen*: Wir wissen, wie ansteckend Angst ist. Sie springt über, strahlt aus, erfüllt atmosphärisch den Raum und bildet Angstgemeinschaften. Kollektive Angst meint nicht, daß wir in jedem Mitglied einer Gemeinschaft Angst erkennen; dies wäre eine *allgemeine* Angst (z. B. Angst vor dem Tod oder vor Arbeitslosigkeit). Sondern es geht um jene Situationen, in denen die Angst, wie eingangs an dem Homer-Text zu sehen war, in eine Menge von Menschen hineinfährt wie in einen Schwarm, so daß ein temporärer und lokaler Kollektivkörper entsteht, eine Angstmasse. Man kann dies die »dichte Angst« nennen. Im Extrem verlieren sich die Grenzen, welche gewöhnlich das Individuum in einer Menge von dieser unterscheiden. Die Einzelnen werden in die »dichte Angst« einge-

31 Letzteres führt musterhaft durch: Burkhard Meyer-Sickendiek, *Affektpoetik. Eine Kulturgeschichte literarischer Emotionen*, Würzburg 2005.

schmolzen, sei es z. B. eine panische Angst angesichts von Katastrophen oder von Seuchen wie der Pest. Auch aus Kriegs- oder Massakersituationen sind transpersonale Kollektivängste gut bezeugt. Wo diese überwältigend und dauerhaft werden, brechen die sozialen Ordnungen und individuellen Identitätshalterungen zusammen. Angst ist auch sozialpsychologisch eine Elementarreaktion.

Das *Performative* von Ängsten bedeutet nicht nur, daß jede Angst sich verkörpert und eine Form der Darstellung findet, sondern körperliche und kulturelle Schemata der Angst erzeugen diese selbst. Dies gilt für alle Gefühle: Wir weinen nicht nur, weil wir traurig sind, sondern sind auch traurig, weil wir weinen. Die Darstellung bringt hervor, was sie darstellt. Darin besteht die histrionische Dimension von Gefühlen. In diesem Sinn sind Ängste selbstreferentiell, ja selbstgenerativ, weil die Verkörperung der Angst durch ständige Rückkoppelungen eben die Angst selbst verstärkt. Dadurch entstehen die bekannten Angstspiralen. Dies spielt nicht nur in Situationen sympathetischer Kollektivität von Ängsten eine stimulierende Rolle. Es gilt auch für jene Ängste, welche die Künste, wie z. B. die Tragödie, erregen. Es sind dies keine Ängste, bei denen der *Organismus* auf gespürte Gefahren der realen Umgebung, sondern Ängste, bei denen die *Imagination* auf fingierte Angstsituationen reagiert. Hier genügt vollends die *Darstellung* der Angst zu ihrer Erregung. Sie verbleibt freilich im Schutz der künstlerischen Form, ohne deswegen zu bloßer *Vorstellung* zu verdünnen. Denn auch hier gilt, daß künstlerisch performierte Ängste sich im Leser oder Zuschauer verkörpern müssen, um überhaupt fühlbar zu werden. Aus der Geschichte wissen wir, daß literarisch oder theatral, bildkünstlerisch oder filmisch erzeugte Angst zu den großen Attraktoren der Künste gehört. Die Angst wird nicht geflohen, sondern gesucht, *um* sie zu empfinden. Diese geschützte Empfindung der Angst gewährt, was nirgends sonst möglich ist: die Lust an der Angst, die »Angstlust« (M. Balint), den *thrill*, das angenehme Schaudern und Gruseln.[32]

32 Vgl. Michael Balint, *Angstlust und Regression. Ein Beitrag zur psychologischen Typenlehre*, Stuttgart 1960. Für die Literaturwissenschaft vgl. besonders Carsten Zelle, *»Angenehmes Grauen«. Literaturhistorische Beiträge zur Ästhetik des Schrecklichen im achtzehnten Jahrhundert*, Hamburg 1987; ders., »Das Schreckliche als ästhetischer Begriff«, in: *Archiv für Begriffsgeschichte* 33 (1990), S. 125-136; Christian Begemann, *Furcht und Angst im Prozeß der Aufklärung. Zu Literatur und Bewußtseinsgeschichte des 18. Jahrhunderts*, Frankfurt/M. 1987.

Endlos ist die Zahl der künstlerische Zeugnisse, die ihren Ruhm ebendieser Performativität der Angst verdanken.

7. Angstpräventionen

Längst haben wir damit die Parallele zwischen der Angst als Elementarreaktion der Tiere und der menschlichen Angst verlassen. Die Erfindung von Geräten, wodurch der Mensch zum »toolmaking animal« wurde, aber auch die architekturale Einrichtung des Lebens (vom Hüttendorf bis zur Polis), vor allem aber die Bildung sozialer Gemeinschaften, symbolischer Ordnungen und tradierbaren Wissens sind Einrichtungen, die nicht nur der Verbesserung von Ernährung und Fortpflanzung dienen, sondern vor allem der Sicherheit. *Alle Sicherungen sind Angstprävention.* Die ungeheure Investition kultureller Energien in Sicherheitsmaßnahmen verweist auf die ebenso ungeheure Verbreitung von Ängsten. Zur Urgeschichte der Angst gehören dabei nicht nur die Ängste vor Naturgewalten und natürlichen Feinden, vor Hungersnot und Krankheit, vor bösen Göttern und Geistern, vor dem Tod in allen seinen Varianten, sondern immer auch die Gefahren, die innerartlich die Menschen von ihresgleichen zu fürchten hatten. Dies ist im Grundprinzip der Humanevolution, der innerartlichen Konkurrenz um knappe Ressourcen und Fortpflanzung, fundiert. Jede Kultur hat mit *zwei* Kreisen der Angst zu kämpfen: den Ängsten des Menschen vor dem Menschen und vor dem Nichtmenschlichen. Zwischen beidem gibt es vielfache Überschneidungen. So droht der Tod vom Mitmenschen, dem Feind; aber er droht auch prinzipiell, wenn richtig ist, daß Kulturentstehung und Todesbewußtsein eng verbunden sind. So sind die Kulturen vom Bewußtsein des Todes ebenso gekennzeichnet wie von den Erfahrungen der tödlichen intra- und interkulturellen Feindschaften.

Gegen Tod und Not, die großen Generatoren der Angst, wird alles aufgeboten, was die Menschen an intelligentem Vermögen und technischen Fertigkeiten zur Verfügung haben. Entlastung von Angst ist die erste Aufgabe aller Kultur. Kulturelle Überschüsse, die der Steigerung von Vergnügen und Lust dienen, können erst entstehen, wenn Tod und Not, wenn Angst nicht mehr allein die Aktivitäten der Gemeinschaft bestimmen. Das kann hier nur angedeutet werden. Als die frühen Hominiden begannen, in offenen Savannengeländen zu leben, war es angstminimierend, sich schutzgewährende Plätze zu suchen, und noch besser, wenn man, viel später, sich Wohn- und Schlafumgebungen selbst kreieren konnte: Ursprung des Bauens. Es war angstminimierend, in kooperativen Gruppen zu jagen; man verbesserte dadurch nicht nur die Chancen des Nahrungserwerbs (Not), sondern optimierte die eigene Fähigkeit in der Konkurrenz mit gefährlichen Feinden (Tod). Es war angstvermindernd, wenn man durch Ahnenriten und Begräbniskulte sich der unheimlichen Macht der Toten erwehren, sie sowohl fernhalten wie auch begütigen konnte. Es war ein Modus der Angstbewältigung, wenn man die überlegenen Mächte der Dämonen, Geister und Götter zu beschwichtigen in der Lage war, indem man ihnen Opfer darbrachte. Das Opfer ist eine Erfindung ersten Ranges und stellt nicht nur hinsichtlich der übergroßen Angst, sondern auch hinsichtlich der Schuld, in die die Menschen sich verstrickt sahen, eine gar nicht zu überschätzende Kraft zum Erhalt von sozialen Ordnungen dar, die sonst in endlosen Racheketten oder Angstexzessen unterzugehen drohen.[33] Davon zeugen viele antike Mythenkreise und Tragödien (vgl. den Kadmos-/Theben-Zyklus, der eine schier undurchdringliche Kette von Gewalt, Drohung und Angst enthält; oder die generative Verkettung der Gewalt, die wieder Gewalt zeugt – sie will Iphigenie beenden –, oder auch Antigone). Aber auch späte polare Muster, mit denen die Griechen alles Fremde als das Nichtgriechische, nämlich Barbarische symbolisch ausschlossen, sind ein Beispiel dafür, daß die antagonistische Trennung von eigener und fremder Kultur mit einer *Herausverlagerung* des Ängstigenden und Feindlichen zusammenhängt. Ein Hinweis auf Militarisierung und Festungsbau seit den frühen Hochkulturen mag genügen, um den Mechanismus zu belegen, wonach die Angst geringer wird, wenn ihre Quellen nach Möglichkeit »draußen« gehalten werden (Befestigungsbau) oder wenn den bedrohlichen Fremden die eigene Schrekkenspotenz auferlegt wird (Militär). Die Geschichte der Angst ist eng mit der Geschichte der Politik (und des Krieges) verbunden – viel enger als mit den Versuchen einer heilsamen Vernunft, welche kraft ihrer (moralischen) Urteilskraft die Angst zu mäßigen und einzuhegen versucht.

33 Vgl. dazu die Studien von Walter Burkert, *Homo Necans. Interpretationen altgriechischer Opferriten und Mythen*, Berlin, New York 1972; René Girard, *Das Heilige und die Gewalt*, Frankfurt/M. 1994.

Auch Religionen können als symbolische Vorkehrungen gegen die Angst gedeutet werden. »In der Welt habt ihr Angst, aber seid getrost, ich habe die Welt überwunden« (*Johannes* 16, 33) – dieser Jesus zugeschriebene Ausspruch ist typisch für das Versprechen aller Erlösungsreligionen. Der Religionswissenschaftler Axel Michaels spricht von einem *biologischen* Primat der Angst. Es gäbe ohne Angst keine Religion – aber umgekehrt gilt nicht: Ohne Religion gäbe es keine Angst.[34]

Auch außerhalb der Religionswissenschaft herrscht die Ansicht vor, daß die Angst basal verankert ist, nämlich im limbischen Teil des Hirns. Die *limbische* Angst, welche wir, soweit wir sehen, mit den Tieren teilen, wird indes zur spezifischen *conditio humana* dadurch, daß nur Menschen wissen, daß sie sterben müssen, ihr Weltbezug unverläßlich und ihre Zukunft ungewiß ist. Dies begründet, neben weiterem, die exzentrische Position des Menschen, von der Helmuth Plessner spricht. Diese *kognitive* Angst ist einerseits unhintergehbar. Andererseits ist die kognitive Angst die Quelle von kulturellen Anstrengungen, zu denen die Religionen an vorderster Stelle gehören: Religionen sind »Vor- und Fürsorgesysteme«.

Menschen haben Angst also nicht nur einfach als biologisches Frühwarnsystem, sondern sie haben mit dem Tod jenen Kern ihres Bewußtseins *identifiziert*, der sie von Tieren trennt und mithin zu Menschen macht. Eine Rückkoppelungsschleife erzeugt also eine Art »Angst-Angst«, die zu *differenzierten Repräsentationen* symbolischer Art befähigt. Die »Angst-Angst« kann aber auch zu einer *Entdifferenzierung* der situativen Ängste führen, nämlich zu einer generellen Daseinsangst – d. h., sie gehört zu den kulturellen Angstverstärkern. Das prägt den Charakter der Religionen (aber auch die Deutung der Angst als Existenzial bei Martin Heidegger, ähnlich bei Søren Kierkegaard).[35] Denn Religionen sind keineswegs nur ein Ver-

34 Vgl. dazu die Überblicke bei Axel Michaels, »Religionen und der neurobiologische Primat der Angst«, in: Fritz Stolz (Hg.), *Homo naturaliter religiosus*, Bern u. a. 1997, S. 91-136; Renate Schlesier, »Angst«, in: Hubert Cancik (Hg.), *Handbuch religionswissenschaftlicher Grundbegriffe*, Bd. 2, Stuttgart u. a. 1988, S. 455-471.

35 Auf die philosophischen Denker der Angst gehe ich nicht ein. Ich folge weder Heidegger, noch teile ich die längst habituell gewordene Kierkegaardsche Unterscheidung zwischen Angst und Furcht.

sprechen der Angstfreiheit. Das Gegenteil ist ebenso wahr. Die Nähe, die zu Gottheiten und zum Heiligen gesucht wird, ist immer auch, wie Rudolf Otto sagt, ein »Mysterium tremendum et fascinosum«.[36]

So haben etwa die Christen aus paganen und jüdischen Jenseitsvorstellungen die Topographie von Himmel und Hölle entwickelt. Ist der Himmel die Sphäre beseligender Angsterlösung, die dem Tod den Stachel ziehen soll, so ist die Hölle der gewaltigste Angsterzeugungskomplex, der je erdacht wurde. Beides aber gehört zusammen, denn die Angst kann nur von ebendem Gott vertrieben werden, der sie androht und erregt. Doch auch andere Praktiken wie die Fürbitter, die apotropäische Verehrung von Reliquien, Vorstellungen von Wiedergeburt und Unsterblichkeit zeigen die Ubiquität von Angst und Angstabwehr in den Religionen (aber auch in der Philosophie, wenn etwa Platon im *Phaidon* sein Konzept der Unsterblichkeit der Seele entwickelt). *In den Religionen ist dasjenige, was Angst macht, und dasjenige, was von ihr befreit, auf paradoxe Weise dasselbe.* Die Macht, in deren Schutz die Angstvollen sich flüchten, ist dieselbe, welche Furcht und Zittern hervorruft. Im römischen *metus deorum* ist dies ebenso erkennbar wie bei der *interpretatio christiana* der Angst. Im Christentum wird die Hoffnung auf Erlösung mit der Angst vor Strafe und Verurteilung fusioniert, so daß wir seither von einer Komplementarität von Angst und Hoffnung sprechen können.[37] Das ist bei der griechischen Furcht vor den Göttern nicht so: *Deos* – Furcht – führt zu *sebas* – Ehrfurcht –, die, ähnlich wie *aidôs* und *nemesis*, vor *hybris* schützt.[38]

Es ist nicht abwegig, darin einen der wirksamsten Mechanismen von Herrschaft und Religion zu erkennen. Das wußten schon die Epikureer, die darum jene Angst philosophisch aufzulösen suchten, welche zuerst die Götter geschaffen habe: »Quid inertia pectora terres? Primus in orbe deos fecit timor!«, so lautet ein legendärer Satz aus dem Versepos *Thebais* (3, 660 f.) von Statius (ca. 45-96 n. Chr.),

36 Rudolf Otto, *Das Heilige. Über das Irrationale in der Idee des Göttlichen und sein Verhältnis zum Rationalen*, München [26-28]1947. Dazu Hartmut Böhme, »Oblique Annäherung an das Heilige aus dem Geist der Gewalt«, in: Axel Michaels, Daria Pezzoli-Olgiati, Fritz Stolz (Hg.), *Noch eine Chance für die Religionsphänomenologie?*, Frankfurt/M. 2001, S. 191-213.

37 Peter Dinzelbacher, *Angst im Mittelalter. Teufels-, Todes- und Gotteserfahrung: Mentalitätsgeschichte und Ikonographie*, Paderborn 1996; ders. (Hg.), *Europäische Mentalitätsgeschichte*, Stuttgart 1993, S. 275-301.

38 Jäkel, »Phobos und Sebas im frühen Griechischen« (Anm. 3), S. 145 f. und 150 f.

den er wohl von Petronius bezieht.[39] Diese Angst wird dann in Ehrfurcht und Scheu, in Gottesverehrung transformiert. Religion wie Herrschaft werden stabilisiert, wenn es gelingt, daß ein Kollektiv ebendasjenige verehrt, was es bedroht, und sich mit demjenigen identifiziert, der es zerstört. Es ist ein probates Mittel von Herrschaft, die Angstentlastung, welche die Identifikation mit dem Aggressor bietet, zu normalisieren. Diese Doppelfalle läßt in jener Unmündigkeit verharren, die Immanuel Kant selbstverschuldet nannte und aus der sich zu befreien das Programm der Aufklärung war. Ein Blick auf die heutigen Gesellschaften zeigt, daß dies nicht gelungen ist, vielleicht nicht gelingen konnte.

Daneben haben antike Kulturen verschiedene Techniken der Selbstbemeisterung entwickelt, die keineswegs nur auf die Zähmung ungebärdiger Triebe wie Essen, Trinken und Sexualität zielten, sondern vielleicht sogar zuerst auf Zügelung der Angst. Die Figur des Heros ist ein »Kulturbringer« in dem Sinn, als er über wirkungsvolle Disziplinen der Affektkontrolle und Angstüberwindung verfügte. In der Geschichte des Heroismus allerdings sieht man, daß der Held nicht sogleich perfekt in die Welt tritt. Für die griechischen Helden ist es selbstverständlich, daß sie sich hemmungslos fürchten, vor Schmerzen brüllen und in Trauer jammern und weinen. Ja, dieses intensive affektive Ausleben ist sogar eine Voraussetzung ihrer

39 Es ist die Nr. 22 der *Fragmenta Petronii*. Der Statius-Vers lautet übersetzt: »Was erschrickst du unschuldige Herzen? Es war die Angst, welche zuerst die Götter in die Welt brachte« (Übers. H. B.). Diese Auffassung liegt nahe bei ähnlichen Formulierungen von Epikur oder Lukrez. Bei Lukrez findet sich auch der Gedanke: Es ist die Angst, die *religio* erzeugt (*De rerum natura* 5, 1165-1190). Noch Arthur Schopenhauer vertritt eine ähnliche Kritik der »Religion aus dem Geist der Angst« (und des vergeblichen Hoffens), worin er mit den marxistischen Materialisten übereinkommt, die ihrerseits den antiken Materialismus transformieren: »Der Theismus nämlich ist in der That kein Erzeugniß der *Erkenntniß*, sondern des *Willens*. Wenn er ursprünglich *theoretisch* wäre, wie könnten denn alle seine Beweise so unhaltbar seyn? Aus dem Willen aber entspringt er folgendermaaßen. Die beständige Noth, welche das Herz (Willen) des Menschen bald schwer beängstigt, bald heftig bewegt und ihn fortwährend im Zustande des Fürchtens und Hoffens erhält, während die Dinge, *von* denen er hofft und fürchtet, nicht in seiner Gewalt stehn, ja, der Zusammenhang der Kausalketten, an denen solche herbeigeführt werden, nur eine kurze Spanne weit von seiner Erkenntniß erreicht werden kann; – diese Noth, dies stete Fürchten und Hoffen bringt ihn dahin, daß er die Hypostase persönlicher Wesen macht, von denen Alles abhienge« (*Parerga und Paralipomena: Kleine philosophische Schriften*, Bd. 1, Berlin 1851, S. 112).

Bewährung in übergroßer Gefahr. Man kann das Heldische aber auch in Zusammenhang mit dem bringen, was Norbert Elias die Essenz unserer Zivilisation nannte, nämlich dem Zwang zum Selbstzwang.[40] Dieser befähigt zu einer autogenen Anästhesie und deswegen zum angstlosen, »heldischen« oder »martyrischen« Handeln. Das setzt die *ataraxia* Epikurs, die skeptisch-stoische *apatheia* und die neostoische abgehärtete *constantia* als einzig angemessene Haltung in einer Welt unberechenbarer Gefahren fort. Leibbemeisterung und rationale Gefühlskontrolle gelten als vollendete Kultur und sollen einen Habitus sublimer Angstfreiheit kreieren. Solche Angstbewältigungstechniken setzen voraus, daß es gelingen kann, sich selbst von den Quellen der Angst hinreichend distanzieren zu können. Distanzierung und Selbstdistanzierung sind in allen Angstbewältigungstechniken die entscheidende Leistung.

9. Katastrophen-Ängste: Die vier Elemente als Medien von Angst

Was man die große Schule der Angst nennen kann, nämlich die elementaren Naturkatastrophen, zeigt allerdings, daß hier Distanzierung nicht möglich ist. Im folgenden soll es deswegen um die antike Elementenlehre gehen, die nicht nur ein naturphilosophisches Konzept darstellt, sondern ebenso den Grundriß der sinnlichen Welt und darin eine Vierermatrix von Gefühlen, die in den Elementen ihre Medien finden. Dafür bietet das epikureische Lehrgedicht *De rerum natura* des Lukrez (96-55 v. Chr.) die ausführlichste Grundlage. Dies ist andernorts dargestellt.[41] Hier soll nur angedeutet werden, in welcher Weise die vier Elemente für solche Ängste die Schemata hergeben, die in Naturkatastrophen erregt werden. Es läßt sich erkennen, daß Ängste eine gleichsam objektive Qualität haben können, die nicht auf innerseelische Regungsherde zu reduzieren sind. Vielmehr wird das Seelische hier zum pathischen Resonanzraum von Ereignissen, die den durch sie erregten Gefühlen ihren Modus vorgeben. Im weiteren Sinn gehört dies in die »Kulturökologie der Gefühle«, von der wir recht wenig wissen, obwohl sie in den naturphilosophischen und umweltmedizinischen Schriften der Antike eine bedeutende Rolle spielte.

40 Norbert Elias, *Über den Prozeß der Zivilisation. Soziogenetische und psychogenetische Untersuchungen*, 2 Bde., Frankfurt/M. [21]1997, hier S. 312-341.

41 Vgl. Böhme, Böhme, *Feuer Wasser Erde Luft* (Anm. 14), S. 172-193.

Aus der antiken Mythengeschichte sind viele Katastrophen bekannt, die zeigen, daß die Elemente als furchterregende Gewalten angesehen wurden. Noch der aufgeklärte Ovid flicht in seine *Metamorphosen* zwei Berichte über Fast-Untergänge der Erde: den Mythos von Deukalion, der parallel zur biblischen Sintflut auch deswegen verläuft, weil griechisch-römische wie jüdische Kultur auf gleiche vorderorientalische Sintflut-Mythen zurückgriffen. Der zweite Katastrophenmythos wird von Ovid in der Geschichte des Phaëton erzählt, der mit dem Sonnenwagen beinahe einen Weltbrand auslöst. Kataklysmos und Ekpyrosis (Wasser- und Feueruntergänge) sind feste Vorstellungsfiguren in der antiken Kultur. Sie haben auch in der Philosophie ihren Ort, wenn Heraklit das Werden und Untergehen des Weltalls im Feuer lehrt, die Stoa von regelmäßigen Weltbränden ausgeht oder Platon vom Untergang des sagenhaften Atlantis berichtet – Vorbild vieler Wasserkatastrophen in Kunst und Literatur. Selbst die lebensspendende Sonne kann Ängste und Qualen auslösen, die sich ganz anders »anfühlen« als die Ängste angesichts von Überschwemmungen oder Orkanen. Erdbeben zählen zu den ersten Phänomenen, für welche die Vorsokratiker nach Erklärungen suchten – jenseits der Zuständigkeit Poseidons. Dieser Gott – wovon die *Odyssee* noch lebhafte Züge bewahrt – ist zugleich derjenige, von dem die Ungewitter des Meeres ausgehen, der Schrecken aller Seefahrer von der *Odyssee* bis *Moby Dick*. Die Geschichte der spezifischen Meeresangst ist noch nicht geschrieben.[42] Wie das Wasser nicht nur labt, sondern ängstigt, in den Abgrund reißt und tötet, so spendet die Luft im Atem nicht nur Lebenskraft und Odem, sondern sie ist auch Schauplatz des wirbelnden Chaos von Stürmen, die Tiere, Menschen, Städte mit Entsetzen überziehen.[43] Furchtbar offenbart sich die Macht des Wetters auch im Blitz und Donner, die

42 Ansätze dazu in Jean Delumeau, *Angst im Abendland. Die Geschichte kollektiver Ängste im Europa des 14. bis 18. Jahrhunderts*, Reinbek bei Hamburg 1989, S. 49-63. Es braucht lange, bis das Meer nicht mehr nur der Raum wagemutiger Seefahrer ist, sondern auch zur Quelle von Lust, Sehnsucht und Gesundheit wird; vgl. dazu Alain Corbin, *Meereslust. Das Abendland und die Entdeckung der Küste 1750-1840*, Berlin 1990, sowie die klassische Studie von Jules Michelet, *La Mer*, éd. présentée, établie et annotée par Jean Borie, Paris 1983 (zuerst erschienen 1861).

43 Vgl. E. Aubert de la Rüe, *Man and the Winds*, London 1955; Lyall Watson, *Heaven's Breath. A Natural History of the Wind*, London u. a. 1984; Xan Fielding, *Das Buch der Winde*, Nördlingen 1988; Jan DeBlieu, *Vom Wind. Wie die Luftströme Leben, Land und Leute prägen*, München 2000.

den obersten Göttern als Insignien ihrer Macht vorbehalten sind. Nicht ohne Grund haben sich die griechischen Naturforscher mit Elementarkatastrophen beschäftigt, um wenigstens im Wissen einen Halt zu finden, den physisch und affektiv zu behaupten angesichts der Wucht von Katastrophen nicht möglich war. Dies gilt auch für Rom – man muß nur an den berühmten Bericht von Plinius d. J. über den Ausbruch des Vesuvs 79 n. Chr., an die Schrift des Pseudo-Vergil über den Ätna oder an die *Naturales Quaestiones* (62-63 n. Chr.) des Seneca denken, die den Elementarkatastrophen eine distanzermöglichende Nüchternheit entgegensetzten.[44]

Man darf nicht vergessen, daß in den alten Religionen die Götter oft die Masken des Bösen tragen: Sie wollen die Menschen töten. Diese uralte Angst vor den Göttern ragt noch in die Sintflutgeschichten des Wettergottes Jahwe oder des Zeus. Maßlose Brutalität herrscht bei den dynastischen Kämpfen der Götter in der *Theogonie* Hesiods. Die Mächte, welche die Welt beherrschen, müssen verfriedlicht werden. Religion ist die symbolische Form dieser Verfriedlichung. Sie drückt in den Bindungen, die sie zu den Göttern zumeist über Opferrituale schafft, die Beruhigung der basalen Angst aus. Den Göttern gegenüber ist der Mensch *ephêmeros* – der Flüchtige.[45] Diese überlegenen, gewaltigen, rachsüchtigen und womöglich bösen Götter spiegeln die angsterfüllte Lebenslage der Menschen in einer Natur, in und von der sie leben müssen, die ihre Verehrung heischt und die dennoch aufs grausamste den Menschen im Sturm der Elemente beseitigt.

Weit ist es von hier bis zu der platonischen Idee, daß die Natur den göttlichen *nous* darstellt, eine schöne und lebensdienliche Ordnung. Die harmonikalen, auf Ausgleich der Gewalten, auf Form und Gerechtigkeit zielenden Weltbilder sind weniger aus ihrer Semantik als aus ihrer Funktion zu erklären, die sie haben: die Stillstellung der elementaren Ängste. Nicht nur der Tod als Tribut an die gleichgül-

44 Pseudo-Vergil, *Aetna*, hg. u. übers. von Will Richter, Berlin, New York 1963; Gaius Plinius Caecilius Secundus, *Briefe*, lateinisch-deutsch, hg. und übers. von Helmut Kasten, Darmstadt ³1976, hier die Briefe 16 und 20; Lucius Annaeus Seneca, *Naturwissenschaftliche Untersuchungen in acht Büchern*, hg. und übers. von Eva und Otto Schönberger, Würzburg 1990, hier Buch 6.

45 Vgl. als *locus classicus* Homer, *Odyssee* 18, 129-136. Dazu Snell, »Die naturwissenschaftliche Begriffsbildung im Griechischen« (Anm. 3); ders., »Das Erwachen der Persönlichkeit in der frühgriechischen Lyrik« (ebd.).

tige Natur ist dabei zentral, sondern die großen Sphären der Gewalten, welche in der Tetrade der Elemente zusammengefaßt sind. Die Ästhetik des Erhabenen von Longinus bis zu Kant ist auch als die Geschichte einer Transformation ohnmächtiger Angst in eine ästhetische Form und Haltung zu rekonstruieren, in denen der Mensch seinen »Stand«, sein Ethos zu behaupten sucht.

Vulkanausbrüche, Erdbeben, Feuerstürme, Überschwemmungen – Katastrophen also werden in der Geschichte unterschiedlich erlebt und gedeutet.[46] Es ist eine Illusion anzunehmen, ein Vulkanausbruch oder eine Überflutung seien in der Antike dasselbe gewesen wie im Mittelalter oder heute. Denn weniger auf die ahistorische »Physik« von Elementarkatastrophen kommt es an als auf die kulturellen Bilderwelten, die sich um sie lagern. Die Ängste, die durch die destruktive Gewalt von Wasser, Feuer, Luft oder Erde mobilisiert werden, sind als Todesängste nur abstrakt benannt. Die Elementarkatastrophen zeigen eindrucksvoll, wie recht die griechischen Philosophen hatten, wenn sie die Elemente als die sinnliche Natur entwarfen: Es gibt eine enge Koppelung zwischen den Elementen und den eigenleiblichen Empfindungen. Diese Koppelung ist es, die bei Katastrophen die Panik auslöst. Katastrophen unterscheiden sich jedoch nach dem materiellen Medium, in dem sie auftreten. Das Beben der Erde läßt Angst aus einem sonst unauffälligem »Grund« entstehen, nämlich der Verwirrung des kinästhetischen Sinns. Die Panik, die aus dem plötzlichen Abriß der kinästhetischen Koordinationen erwächst, fühlt sich anders an als die Angst, welche aus dem übermaßstäblichen Streß des Kälte- oder Wärmeempfindens bei Erfrierungs- oder Verbrennungskatastrophen aufspringt. Hier ist die Empfindungsebene vor allem die Haut. Dies weckt andere Ängste als solche, die sich im Medium Luft bilden. Die erstickende Enge, die sich vergeblich im Fuchteln Raum, nämlich Luft zu machen versucht, ist eine andere Angst als diejenige beim Beben der Erde, wenn unwillkürliches Klammern an irgend etwas den Ausfall der Verklammerung von Erde und Leib kompensieren soll.

Bei Elementarkatastrophen kommt hinzu, daß sie mit einer energetischen Wucht eintreten, die alle gesellschaftlichen Abgrenzungssysteme durchschlägt und darum den ganzen Leib mitreißt. Dieser gleichzeitige Zusammenbruch von kulturellen und leiblichen Gren-

46 Vgl. dazu Florian Dombois, *Was ist ein Erdbeben? Ein Versuch zur Erweiterung seismologischer Darstellungsweisen*, Diss. Berlin 1998.

zen belehrt darüber, daß zivilisatorische Einrichtungen auch einen körperlichen Sinn haben: Sie stellen Staffelungen von Abgrenzungen dar, die den Leib schützend umhüllen. Gewiß ist Kleidung ein erweiterter Leib, aber auch das Haus, die Stadt, die Grenze zum Meer (der Deich) sind erweiterte Kleidung. Elementische Katastrophen zeigen, daß ein leibliches Band nicht nur zwischen Körper und Elementen, sondern auch zu den zivilisatorischen Umgebungen besteht.

Ist die Gefühlsphänomenologie von Katastrophen nach den vier Elementen noch auszudifferenzieren, so gilt dies erst recht für deren kulturelle Imagologien. Es muß hier genügen, ein solches Untersuchungsfeld anzudeuten. Die Sintflut-Legende der Bibel und der Deukalion-Mythos der griechischen Überlieferung weisen eine Erstaunlichkeit auf: Auch Kulturen, die nicht von Überschwemmungskatastrophen heimgesucht waren, können zu deren klassischer Formgebung finden. Daraus ist zu entnehmen: Imagologien elementischer Katastrophen sind nicht an Realereignisse gebunden. Charakteristisch ist die von Cicero in *De Oratore* überlieferte Erzählung über Simonides von Keos. So soll der Zusammenbruch des Palastes über einer Festversammlung, auf der er vorgetragen hatte und wo ihm der zustehende Lohn verweigert wurde, zum exemplarischen Beleg einer Theorie der topologischen Mnemotechnik herhalten: Aufgrund seines räumlich lokalisierenden Gedächtnisses konnte Simonides die bis zur Unkenntlichkeit verstümmelten Leichen zwecks Totenfeier identifizieren.[47] Das Ereignis ist gleichgültig gegenüber dem, was daraus gemacht wird. Ist es hier eine Theorie der Erinnerung, so ist es normalerweise die Erinnerung selbst, die das Ereignis ablöst, überlagert, weiterspinnt, ausmalt, mit anderen Ereignissen verknüpft usw. Simonides liefert also die Meta-Erzählung zur Frage, wie *Erzählungen* von Katastrophen entstehen. Narrationen sind Angstbewältiger im präpharmakologischen Zeitalter.

Dies ist der Zusammenhang, der für Elementenkatastrophen und kulturelle Imagologien darzustellen ist: die Geburt der Erinnerung und der Erzählung aus der Katastrophe. Bereits die *Odyssee* ist dafür das Modell. Ihr Schrecken und die Lust des Überlebens sind die Antriebe, die verständlich machen, warum das Erzählen von Kata-

47 Cicero, *De Oratore* 2, 352-358. Vgl. dazu Stefan Goldmann, »Statt Totenklage Gedächtnis. Zur Erfindung der Mnemotechnik durch Simonides von Keos«, in: *Poetica* 21 (1989), S. 43-66.

strophen eine Fusion entgegengesetzter Gefühle kultiviert, die im 18. Jahrhundert in »angenehmes Grauen«, in das Erhabene oder, psychoanalytisch, in »Angstlust« transformiert wurden. Durch das Erzählen werden die namenlosen Ängste benennbar. Erst dadurch können sie mit religiösen und philosophischen, sozialen und psychologischen Interpretationen verbunden werden. Wo dies gelingt, wie in der *Odyssee*, in der Ovidschen Fassung der Deukalion- oder der Phaëton-Mythe, in der biblischen Sintflut-Geschichte, im Brief von Plinius d. J. über den Vesuv-Ausbruch, in den großen Meer-Epopöen von E. A. Poe, Hermann Melville oder Joseph Conrad – um Beispiele zu geben –, dort ist eine repräsentative Darstellung von Katastrophen und ihren Ängsten erreicht, die für weite Rezipientenschichten ein Tableau für das imaginäre Erleben eigener Elementaremotionen bereitstellt.

10. Resümee

1. Angst ist ein primäres Gefühl, das wir mit den Tieren teilen.
2. Die tiefe biologische Verankerung prägt sich sämtlichen kulturellen Anstrengungen zur Angstminimierung auf. Dies ist die eine Seite.
3. Kulturelle Mechanismen der Angstabwehr, zu denen auch die Religionen gehören, lösen den Menschen aus der biologischen Determinierung heraus. Dies ist die andere Seite.
4. Die körperliche, »limbische« Angstreaktion wird dabei ergänzt durch und transformiert in leibliche Angst, die für kulturelle Aneignung und Modellierung offen ist.
5. Dieser Prozeß beginnt vermutlich gleichzeitig mit dem Erwachen des Todesbewußtseins, das neben Technik und Sprache eine wesentliche Quelle der Kulturentstehung ist.
6. Von diesem Stand der Humangeschichte an dürfen wir nicht mehr nur von einer evolutionsbiologischen Angstreaktion sprechen, sondern von einer Kulturgeschichte der Angst.
7. Diese Kulturgeschichte der Angst ist durch zwei Richtungen gekennzeichnet: Die zunehmend kulturell geprägten Ängste können als solche reflexiv angeeignet und bewältigt werden; stabile kulturelle, angstvermindernde Ordnungen stabilisieren auch Ich-Bildungen, die eine Emanzipation von überwältigenden Angstmächten erlauben. Die zweite Richtung ist dazu gegenläufig: Kul-

turen modellieren und differenzieren nicht nur die Ängste, sondern sie verstärken sie auch bis zu der radikalen Konsequenz, daß gerade der kultivierte Mensch sich vom Existenzial der Angst her versteht (Kierkegaard, Heidegger).

8. Beide Richtungen der historischen Entwicklung von Angst scheinen miteinander verflochten, so daß nicht zu erwarten ist, Angst aus der Gesellschaft entfernen zu können. Auch kulturelles Leben heißt, mit der Angst leben zu müssen. Angstfreiheit ist die Phantasie von einem Paradies, das verriegelt ist und das wir auch dann nicht betreten können, wenn wir, wie Kleist sagt, eine »Reise um die Welt machen, und sehen, ob es vielleicht von hinten irgendwo wieder offen ist«. – Dies wäre freilich »das letzte Kapitel von der Geschichte der Welt«.[48]

48 Heinrich von Kleist, *Über das Marionettentheater*, in: ders., *Werke und Briefe in vier Bänden*, hg. von Peter Goldammer, Berlin 1978, Bd. 3, S. 476 und 480.

Verena Olejniczak Lobsien

Glückseligkeit: »Enjoy the world!«

Poetisch-platonische Lebenskunst im 17. Jahrhundert

Nähert man sich dem »großen Gefühl« Glückseligkeit aus einer Frageperspektive, die auf die Konfigurationen zielt, in denen die spätantike Philosophie des Neuplatonismus im England der Renaissance und der Restauration auftritt, so gelangt man zu Beobachtungen, die sowohl dem Epochenklischee als auch gängigen Auffassungen dieses Gefühls widersprechen. Denn aus dieser Sicht präsentiert sich Glückseligkeit nicht unbedingt in den vertrauten oder erwartbaren Konstellationen. Weder wird daher im folgenden von Petrarkismus die Rede sein – also vom Glück der unerfüllten Liebe –, noch wird sich das in Frage stehende Gefühl als das herausstellen, was die römische Welt etwa in Pompeji über den Eingängen einschlägig beleumdeter Häuser lesen konnte: »Hic habitat felicitas«. Auch romantisch-euphorische Entgrenzungen deuten sich in diesem Horizont erst sehr entfernt an, wiewohl man meinen könnte, daß sich ihre Umrisse an einigen Stellen bereits abzeichnen.

Ich will zunächst skizzieren, wie Plotin, der wichtigste Denker des antiken Neuplatonismus, Glückseligkeit verstanden hat, um sodann vor diesem systematischen Hintergrund einen englischen Dichter der Glückseligkeit vorzustellen und zu zeigen, inwiefern Thomas Traherne – denn um ihn handelt es sich – als Neuplatoniker in der Tradition Plotins zu verstehen ist. Im letzten Teil meiner Überlegungen versuche ich anzudeuten, welcher Art die Transformation ist, die die neuplatonische Glückseligkeit bei Traherne erfahren hat: welche Glückseligkeit er also seinen Zeitgenossen und gegebenenfalls seinen heutigen Lesern zu empfehlen hat. Zwei historisch spezifische Konfigurationen eines affektiv-kognitiv wie psychisch-somatisch doppeldeutigen Phänomens werden damit gegenübergestellt. Ihre Differenzen wie ihre Ähnlichkeiten, deren Gründe wie Funktionen stehen zur Diskussion.

I. Philosophenglück: *eudaimonia* im spätantiken Neuplatonismus

Was Plotin unter Glückseligkeit versteht, wird verständlich erst im Gesamtzusammenhang seines Denkens. Er gebraucht dafür den Begriff, mit dem die spätantike Ethik das höchste Gut und damit die Bedingung eines guten, gelingenden Lebens bezeichnet: *eudaimonia*. Er gibt ihm allerdings eine besondere Wendung, die durch das deutsche Wort eher verschleiert wird. Die englische Übersetzung, die nach A. H. Armstrongs Übertragung der *Enneaden* in der angelsächsischen Diskussion Fuß gefaßt hat, versucht, den besonderen Akzent, den Plotin dem Begriff verleiht, deutlich zu machen. Sie gibt ihn nämlich nicht etwa als *happiness* wieder, sondern spricht mit wohlkalkuliertem Understatement von »well-being«.[1] Nun dürfte auch dieser Vorschlag heutzutage einige unerwünschte Resonanzen mitführen (»Wellness« usw.). Aber er betont mit seiner Hervorhebung von »Sein« etwas, was für die Glücksauffassung des Plotinischen Neuplatonismus zentral ist: *Eudaimonia* ist hier nicht in erster Linie eine emotionale Kategorie, sondern eher eine intellektuelle und vor allem eine ontologische. Als Lebenskunst betrachtet, also – wie die meisten spätantiken und hellenistischen Philosophien[2] – als Anleitung zum guten Leben, vor allem zur Selbstsorge,[3] als »Umformung der Persönlichkeit, die Entwicklung wünschenswerter Eigenschaften und die Gewinnung einer angemessenen Lebenshaltung«,[4] ist der Neuplatonismus keine Affektenlehre, sondern in erster Linie eine Heils- oder Weisheitslehre.[5] Man entscheidet sich für ihn nicht

1 Armstrong betont dies mit einigem Nachdruck in der ersten Fußnote zu *Enneade* I, 4: »Happiness, as we normally use the word, means *feeling* good; but *eudaimonia* means being in a good state; and Plotinus devotes a great part of this treatise to showing that one can be *eudaimôn* if one has no happy emotions and even if one is completely unconscious of one's *eudaimonia*.« (*Plotinus. With an English Translation by A. H. Armstrong*, Cambridge/Mass., London 1978, Bd. I, S. 170 f.)

2 Christoph Horn, *Antike Lebenskunst. Glück und Moral von Sokrates bis zu den Neuplatonikern*, München 1998. Vgl. auch Malte Hossenfelder, *Die Philosophie der Antike* 3. Stoa, Epikureismus und Skepsis (Geschichte der Philosophie, hg. von Wolfgang Röd, Bd. 3), München 1985.

3 Vgl. Pierre Hadot, *Philosophie als Lebensform. Geistige Übungen in der Antike*, Berlin 1991 (Orig.: *Exercices spirituels et philosophie antique*, Paris 1981).

4 Horn, *Antike Lebenskunst* (Anm. 2), S. 9.

5 Ebd., S. 19 u. ö.

um eines Hochgefühls willen, sondern weil diese Art zu denken und zu leben eminent gut und richtig ist. Anders ausgedrückt und noch etwas zugespitzt: Wer im Plotinischen Sinn glückselig ist, ist nicht unbedingt auch glücklich. Neuplatonische *eudaimonia* ist nicht notwendigerweise von Lustgefühl (*hêdonê*) begleitet.[6] Wer sich in diesem Zustand befindet, kann sich im Ausnahmefall sogar als unglücklich erfahren, Schmerzen oder Angst haben, trauern oder sich sorgen: Dann empfindet er zwar Unglück, aber er steht eigentlich trotzdem in der Glückseligkeit und kann sich darauf besinnen. Die affektive Seite solchen Heil-Seins erscheint gegenüber seiner ontologischen Dimension sekundär und kontingent.

Diese Auffassung von *eudaimonia* als »Vollendungszustand« (und nicht in erster Linie als »Empfindungszustand«)[7] erklärt sich aus Plotins Platonismus. Mehrfach beruft er sich auf eine berühmte Formulierung Platons im *Theaitetos* (176a-b).[8] So spielt er nicht nur am Schluß der Schrift über »Die Glückseligkeit« (*Enneade* I, 4), von der gleich noch die Rede sein wird, auf sie an, sondern er zitiert sie auch zu Beginn von *Enneade* I, 2 (über »Die Tugenden«):

> Da »das Böse« hier unten ist und »diesen Ort notwendig umwandelt«, die Seele aber das Böse fliehen will, so »müssen wir fliehen von hier«. Und was ist das für eine Flucht? »Gott gleich zu werden«, heißt es.[9]

6 Anders als bei den Epikureern wird *hêdonê* im Neuplatonismus gleichsam zu einem Glücksgut, das unter Umständen auch fehlen kann. Zwar gibt es ohne *eudaimonia* keine wahre *hêdonê*, aber es ist durchaus wahre *eudaimonia* ohne (oder mit sehr reduzierter) *hêdonê* denkbar.

7 Vgl. auch Jan Szaif, »eudaimonia«, in: Christoph Horn, Christof Rapp (Hg.), *Wörterbuch der antiken Philosophie*, München 2002, S. 158-161; ähnlich Horn, *Antike Lebenskunst* (Anm. 2), S. 108, der mit stärker aristotelisch-teleologischer Konnotation von »Erfüllungsglück« vs. »Empfindungsglück« spricht.

8 Platon, *Theaitetos* 176a-b, übers. von Friedrich Schleiermacher, Darmstadt 2001: »Sokrates: Das Böse, o Theodoros, kann weder ausgerottet werden, denn es muß immer etwas dem Guten Entgegengesetztes geben, noch auch bei den Göttern seinen Sitz haben. Unter der sterblichen Natur aber, und in dieser Gegend zieht es umher jener Notwendigkeit gemäß. Deshalb muß man auch trachten, von hier dorthin zu entfliehen aufs schleunigste. Der Weg dazu ist Verähnlichung mit Gott soweit als möglich; und diese Verähnlichung, daß man gerecht und fromm sei mit Einsicht.« Vgl. auch *Symposion* 210a-212a und *Phaidros* 248a.

9 Plotin, *Enneade* I, 2, 1, zitiert nach *Plotins Schriften*, übers. von Richard Harder, Hamburg 1956-1971. Dillon übersetzt in Anlehnung an Armstrong: »Since it is here that evils are, and ›they must necessarily haunt this region‹, and the soul wants to

Und er ruft sie auf in der berühmten Schlußformel von *Enneade* 6, 9:

Das ist das Leben der Götter und der göttlichen, glückseligen Menschen: Befreiung von allem anderen, Hiesigen; ein Leben frei von Lust am Hiesigen; Flucht, allein zu *ihm* allein.[10]

Was aber bedeutet diese »Verähnlichung mit Gott« (*homoiôsis theô*), dieses »Gott gleich werden«, von dem bereits Platon handelt und in dem sich das gute Leben vollendet? Für Plotin ist es eine Flucht in die »Heimat« (*Enneade* 1, 6, 8), eine Rückwendung und eine Heimkehr der Seele zu ihrem Ursprung, der zugleich ihr höchstes Ziel ist. Denn alles, was ist, entspringt dem Einen, das zugleich das Gute ist und sich so unwiderstehlich im Schönen zeigt, daß alles zu ihm zurückstrebt. Diese Rückkehr ist zugleich ein Aufstieg der Seele, bei dem sie sich wandelt und beginnt, sich dem anzugleichen und in das zu transformieren, was sie so unbeirrbar im Blick hat. In einer gehaltvollen Passage vergleicht Plotin diesen Vorgang mit einem Hinaufsteigen zum Heiligtum, bei dem man die Kleidung ablegt und sich reinigt:

Man muß also noch einmal aufsteigen zu dem Guten, nach dem jede Seele strebt. Wenn jemand es gesehen hat, weiß er, was ich meine, in welchem Sinne es schön ist. Denn erstrebt wird es als Gutes; dies ist es, worauf das *Streben* gerichtet ist. Das *Erreichen* dieses Ziels aber geschieht, wenn wir nach oben hin aufsteigen, d. h. uns zurückwenden und ausziehen, was wir beim Abstieg angezogen haben (wie wenn man sich anschickt, zum Heiligtum eines Tempels hinaufzugehen [...]), bis man – nachdem man beim Aufstieg alles hinter sich gelassen hat, was nicht zu dem Gott gehört – nur durch sich allein es allein erblickt, unvermischt, einfach und rein; dasjenige, von dem alles abhängig ist und auf das alles hinblickt und dadurch *ist*, lebt und erkennt, denn *er* ist die Ursache von Leben, geistigem Erkennen und Sein.[11]

escape from evils, we must escape from here. What, then, is this escape? ›Being made like to God‹, Plato says.« John M. Dillon, »An Ethic for the Late Antique Sage«, in: Lloyd P. Gerson (Hg.), *The Cambridge Companion to Plotinus*, Cambridge 1996, S. 316.

10 Plotin, *Enneade* 6, 9, 11, zitiert nach ders., *Ausgewählte Schriften*, hg. und übers. von Christian Tornau, Stuttgart 2001 (Hervorhebungen und Sperrungen im Original). Harder übersetzt: »Das ist das Leben der Götter und göttlicher, seliger Menschen [*eudaimonôn bios*], Abscheiden von allem andern was hienieden ist, ein Leben das nicht nach dem Irdischen lüstet, Flucht des Einsamen zum Einsamen.« Zitiert nach *Plotins Schriften* (Anm. 9).

11 Plotin, *Enneade* 1, 6, 7, zitiert nach ders., *Ausgewählte Schriften* (Anm. 10) (Hervorhebungen im Original).

Diese Angleichung an das Höchste ist für Plotin ein metaphysischer Aufstieg, zugleich eine Justierung der Seele durch eine Verwirklichung ihres obersten, lebendigsten und geistigsten Teils.[12] Sie kommt gleichsam zu sich, indem sie sich dem assimiliert, woran sie immer schon Anteil hat und mit dem sie eins zu werden trachtet.[13] Denn: »Glückselig sind allein die Guten.«[14] Die Einswerdung, die die Voraussetzung solcher *eudaimonia* ist, wird bei Plotin vorgestellt als ein überwiegend geistiger Vorgang, eben ein »Denken des Einen«.[15] Auslöser und Motivation ist ein Erlebnis; in ausgezeichneter Weise die Erfahrung von Schönheit, in der sich das Eine, das zugleich das höchste Gute ist, in unwiderstehlicher Anziehungskraft zu erkennen gibt. Dieser Attraktion nachzugeben führt über alles Sinnliche und Materielle hinaus zum eigentlichen Ziel allen Strebens und Erkennenwollens, zuletzt zur Einung mit dem Göttlichen. So kann sich Plotin am Schluß der Schrift über die Glückseligkeit nochmals zustimmend auf Platon berufen:

12 Vgl. z. B. *Enneade* 4, 8, 8: »[...] auch unsere Seele ist nicht gänzlich hinabgesunken, sondern immer bleibt ein Teil ihres Wesens in der geistigen Welt; nur hat meist, was in der Sinnenwelt weilt, die Oberhand [...] und hindert so, daß uns zu Bewußtsein kommt, was der oberste Seelenteil schaut. [...] Denn alles was Seele ist, trägt in sich ein Stück, das unten zum Leibe hin, und eines, das oben zum Geiste hin liegt; [...].« Zitiert nach *Plotins Schriften* (Anm. 9).

13 Der Anblick des Einen in der Schönheit ist ein durchaus erotisch getöntes Erlebnis. Plotin fährt in *Enneade* 1, 6, 7 fort: »Also, wenn jemand das erblickt, was wird er dann für eine Liebe entwickeln, was für Sehnsucht, sich mit ihm zu vereinigen, was für eine Erschütterung wird ihn erfassen, verbunden mit Lust? Wer es noch nicht gesehen hat, kann nach ihm streben als einem *Guten*; aber wer es gesehen hat, dem kommt es zu, seine *Schönheit* zu bewundern, von ihr mit Staunen und zugleich mit Lust erfüllt zu werden und ein Erschrecken zu spüren, das nicht schmerzt. [...] Jenes also, das zwar alles [mit Schönheit] versorgt, aber beim Geben bei sich selbst bleibt und nichts in sich aufnimmt – wenn man das erblickt hat und beim Schauen von so etwas Großartigem bleibt und es genießt, indem man ihm ähnlich wird, was braucht man dann sonst noch Schönes? [...] Hier ist es demnach, wo den Seelen die Aufgabe des größten und äußersten Wettkampfes gestellt ist, dem ihre ganze Anstrengung gilt: nicht ohne Teil an der höchsten Schau zu bleiben. Wer die erreicht hat, der ist glückselig, weil er einen Anblick voll Glückseligkeit vor Augen hat; [...].« Zitiert nach Plotin, *Ausgewählte Schriften* (Anm. 10). Plotin gebraucht im letzten Satz nicht *eudaimôn*, sondern das Synonym *makarios*, das die Göttlichkeit der Erfahrung noch unterstreicht.

14 *Enneade* 3, 2, 4, 45, zitiert nach *Plotins Schriften* (Anm. 9).

15 Werner Beierwaltes, *Denken des Einen. Studien zur neuplatonischen Philosophie und ihrer Wirkungsgeschichte*, Frankfurt/M. 1985.

So fordert denn auch Plato sehr treffend, man müsse das Gute von dort droben herholen, und wer weise und glückselig sein wolle, müsse zu Jenem hinblicken und Ihm sich angleichen und nach Seiner Richtschnur leben.[16]

Nun steht dieser Weg wohl allen offen, die bereit sind, ihn zu gehen und sich der intellektuellen Anstrengung des Aufstiegs zu unterziehen. Allerdings ist dies kein ganz einfacher Weg, sondern ein Weg der Selbstdisziplin und der reflektierten Selbstbildung. Derjenige, der ihn geht, gleicht, so Plotin, einem Bildhauer, der an seiner eigenen Statue arbeitet und dabei alles Überflüssige, Verkehrte und Störende wegmeißelt;[17] er folgt dem streng asketischen Motto »Tu alle Dinge fort!« (ἄφελε πάντα).[18] Die radikale Absage an alles, was von dieser Verwirklichung der höchsten Möglichkeit der menschlichen Seele ablenken könnte, führt zu einer fundamentalen Seinsveränderung, die das gesamte Wesen des Menschen betrifft. Sie ist so grundlegend, daß er immun ist gegen alle Widrigkeiten, Anfechtungen und Schicksalsschläge: »[...] der Glanz in seinem Innern ist wie das Licht in der Laterne, wenn es draußen gewaltig stürmt in Windgebraus und Unwetter«.[19] Ein solcher Mensch aber ist offenkundig

16 *Enneade* 1, 4, 16, zitiert nach *Plotins Schriften* (Anm. 9). Vgl. die Übersetzung dieser Stelle bei Armstrong, *Plotinus* (Anm. 1): »Plato was right in maintaining that the man who intends to be wise and in a state of well-being must take his good from There, from above, and look to that good and be made like it and live by it.«

17 Plotin, *Enneade* 1, 6, 9, mit Anspielungen auf Platons *Phaidros*: »Und wie erreichst du es, daß du eine gute Seele mit all der in ihr enthaltenen Schönheit siehst? Führe dich auf dich selbst zurück und sieh hin; und wenn das, was du erblickst – du selbst –, noch nicht schön ist, dann verhalte dich wie ein Bildhauer, der von einer Statue, die schön werden soll, immer wieder etwas wegnimmt und abschabt, der hier etwas glättet und da etwas reinigt, bis er an seiner Statue ein schönes Gesicht dargestellt hat. Mach du es genauso und nimm alles weg, was zuviel ist, mach alles gerade, was krumm ist, und was dunkel ist, das reinige und bearbeite es, bis es hell ist. Höre nicht auf, an deiner eigenen Statue zu wirken, bis vor dir das gottgleiche Strahlen der Tugend aufleuchtet und bis du Selbstbeherrschung, stehend auf ihrem heiligen Sockel, erblickst.« Zitiert nach Plotin, *Ausgewählte Schriften* (Anm. 10) (Sperrungen im Original). Vgl. auch die Formulierung bei Pierre Hadot, *Plotinus, or The Simplicity of Vision*, transl. by Michael Chase, Chicago, London 1993 (franz. Orig. 1989), S. 21: »Just as a sculptor tries, in a block of stone, to attain to the form which will render ideal Beauty perceptible, so must the soul seek to give herself spiritual form, by rejecting everything other than herself.«

18 Im letzten Satz von *Enneade* 5, 3, 17, zitiert nach *Plotins Schriften* (Anm. 9).

19 *Enneade* 1, 4, 8, 1-5, zitiert nach *Plotins Schriften* (Anm. 9). Eine Passage, die ihren Weg in einen Bestseller des 17. Jahrhunderts fand – in Nathaniel Ingelos neuplatonischer *romance* von *Bentivolio and Urania* liest man folgende Version: »The Peace

kein gewöhnlicher mehr, sondern gleichsam ein Erleuchteter, einer, den die spätantike Ethik als ›weise‹ bezeichnen würde.

In der Tat geht es Plotin darum, darzulegen, worin diese Weisheit besteht. Insofern seine Lehre also überhaupt als Ethik anzusehen ist, dann ist sie, wie John Dillon treffend formuliert hat, »[a]n ethic for the late antique sage«. Damit soll nicht gesagt sein, daß sie elitär oder esoterisch ist. Angedeutet ist aber, daß Fragen des alltäglichen Handelns und der Lebensführung nicht ihr vordringliches Thema sind oder zu sein brauchen. Denn für die ›Lebenskunst‹-Aspekte dieser spekulativen Metaphysik folgt all das zwanglos und selbstverständlich aus der höchsten Weisheit, die eben in der *henôsis*, der Einung, besteht. Sie befähigt sehr wohl zum tugendhaften Handeln. Aber im Vergleich mit ihr ist alles, Angenehmes wie Schlimmes, Güter wie Übel, zweitrangig und minder wichtig:

> Aber was ist von allen Menschendingen so groß, daß es nicht gering geachtet würde von demjenigen, welcher emporgestiegen ist zu etwas, das höher ist als all das, und der von keinem Niederen mehr abhängt?[20]

Eudaimonia ist für Plotin also untrennbar verknüpft mit dieser ontologischen Bedingung. Sie ist damit konzipiert als etwas, das ein Inneres ist (denn die Seele trachtet ja danach, es »tief innen in sich einzubefassen«);[21] eine »innere Haltung« oder sogar ein »innerer Besitz«,[22] aber als solcher zugleich Korrelat von etwas, das unabhängig ist von dieser Innerlichkeit und ihr unendlich überlegen. Die Glückseligkeit ist damit unterschieden von ihren Wirkungen und dem, was sie ermöglicht (wie z. B. tugendhafte Handlungen). Übrigens erscheint sie auch abgehoben von ihren zeitlichen Umständen: Sie kann zwar durch Wiederholung des Einungserlebnisses gleichsam zur zweiten Natur werden und so Kontinuität gewinnen.[23] Aber sie wächst nicht durch Dauer, ist nicht steigerbar durch Erinnerung oder Antizipation. Denn sie ist unausgedehnt und unzeitlich, eine Sache der Qualität und nicht der Quantität.[24] In diesem Sinne ist

of my Soul shines clear within, and is no more clouded with this Disaster, then a Light which is guarded with a thick Lantern upon the stern of a Ship is in danger of being put out with those blustring winds which make a noise about it.« (Nathaniel Ingelo, *Bentivolio and Urania*, London ^{3}1672, 2. Buch, S. 51 f.)

20 *Enneade* I, 4, 7, 15, zitiert nach *Plotins Schriften* (Anm. 9).

21 Ebd., I, 4, 6.

22 Ebd., I, 5, 10.

23 Vgl. Hadot, *Plotinus* (Anm. 17), S. 71 f.

24 Vgl. auch Plotin, *Enneade* I, 5.

eudaimonia nichts Äußeres, sondern etwas, was sich in der Seele selbst und von ihr bewirkt vollzieht. Aber dennoch ist sie auch nicht etwas ›bloß Subjektives‹. Vielmehr findet die Seele ihre Erfüllung in etwas, das »höher« und besser ist als sie selbst.[25] Dies ist zwar mit ihr zuletzt gleichsam kompatibel, da im monistischen Universum Plotins alles durch Beziehungen der Teilhabe dynamisch miteinander verbunden ist. Aber es ist doch von ihr unterschieden – als Gegenstand ihres Begehrens ein anderes ihrer selbst und als solches ›objektiv‹ gegeben.[26]

Glückseligkeit wird damit aufgefaßt als Seelenzustand und Lebenshaltung des einzelnen. Zugleich aber gründet sie in etwas, das als ontologische, die einzelne Subjektivität überschreitende Wirklichkeit angesehen wird. Mehr noch: Ihre Besonderheit liegt gerade in der Berührung mit dieser transzendenten Wirklichkeit. Diese nicht ganz einfach zu verstehende neuplatonische Bestimmung ist nun eine, die sich in ihrer subjektiv-objektiven Doppeltheit bis in die frühe Neuzeit hält. Wir werden aber auch sehen können, wie sich diese Auffassung verändert und an welchen Stellen sich in einer ihrer frühneuzeitlichen Versionen die Gewichte innerhalb der inner-außerseelischen Konstellation verschieben. Um jetzt schon die entscheidenden Akzente vorwegzunehmen: Im 17. Jahrhundert fällt die Betonung stärker auf die Seite der Interiorität, ohne daß deren metaphysische Verankerung verlorengeht. Es zeigen sich Figurationen subjektiver Innerlichkeit, die hinsichtlich ihrer reflexiven Struktu-

25 Plotin, *Enneade* I, 4, 6: »[...] das Trachten selber dagegen richtet sich auf das, was höher als es selber ist, und wenn ihm dies zu eigen wird, so hat es seine Erfüllung erreicht und kommt zum Stillstand: das ist das Dasein, das ihm wahrhaft nach Wunsch und Willen ist.« Zitiert nach *Plotins Schriften* (Anm. 9). Vgl. die Übersetzung dieser Stelle bei Armstrong, *Plotinus* (Anm. 1): »But the real drive of desire of our soul is towards that which is better than itself. When that is present within it, it is fulfilled and at rest, and this is the way of living it really wills.«

26 Zu »objektivistischen« Auffassungen vom gelingenden Leben gegenüber einer »modernen Subjektivierung des Glücks« vgl. auch Horn, *Antike Lebenskunst* (Anm. 2), S. 108-112, und Szaif, »*eudaimonia*« (Anm. 7). Aus dieser Sicht erscheint der ›Egozentrismus‹ der neuplatonischen Ethik, den Dillon betont, nicht nur (*qua* Selbstsorge) als ein allgemeines Kennzeichen hellenistischer Lebenskunst; Plotin ist darin nicht egoistischer als andere antike Ethiker, zumal das Erlebnis der *eudaimonia* zur tugendhaften Praxis aktualisiert werden kann. Vielmehr erscheint die von ihm empfohlene Einstellung geradezu als metaphysisches Gegenteil des ethischen Egoismus: Das neuplatonische Ich ist heteronom begründet; es ist konstitutiv bezogen auf eine Alterität, über die es nicht einmal sprachlich verfügt.

ren ›modern‹ anmuten. Gleichzeitig rückt aber auch die Gefühlsqualität der *eudaimonia*, die für Plotin gänzlich sekundär ist, stärker in den Vordergrund. Wir bewegen uns vom Philosophenglück des »well-being« zu einer ›Glück-Seligkeit‹, die den Namen verdient. Nicht zuletzt wird dabei ein Aspekt ausgearbeitet, der bei Plotin zwar ausdrücklich angelegt ist und der sein Denken deutlich von dualistischen, z. B. gnostischen Konzeptionen abhebt, dem aber im Blick auf das höchste Ziel allen Strebens nur instrumentale oder mediale Bedeutung (immerhin diese!) zukommt: das Leibliche oder, allgemeiner, das Sinnlich-Materielle.[27]

Eine entsprechende Andeutung findet sich in der Schlußpassage, vor allem im bedeutsamen letzten Satz der schon angesprochenen Schrift über die Glückseligkeit, *Enneade* 1, 4. Auch der Weise, der schon weit fortgeschritten ist auf dem Weg zum höchsten Ziel, dem die *eudaimonia* zum Habitus geworden ist, ist keineswegs ein rein geistiges Wesen (mag auch sein höchster Seelenteil sich gleichsam mit dem *nous* berühren), vielmehr besitzt er auch ein leibliches, »irdisches Ich«, ein körperliches Leben, das, solange er lebt, zu ihm gehört –

> [...] für das er sorgt und das er erträgt, solange es angeht, so wie der Leierspieler sein Instrument versorgt, solange es angeht, darauf zu spielen; geht das aber nicht mehr, so vertauscht er es mit einem anderen Instrument, oder er gibt überhaupt das Leierspielen auf und unterläßt die Betätigung auf der Leier, da er jetzt ein anderes Geschäft ohne Leier treibt, er läßt sie unbeachtet neben sich liegen, denn er singt jetzt ohne Instrument. Und doch wurde ihm nicht umsonst zunächst dies Instrument verliehen, er hat doch oft auf ihm gespielt.[28]

Das leibliche Leben ist, das macht diese Passage neben vielen anderen deutlich, kein Übel. Es ist auch keineswegs der Feind des geistigen. Zwar ist es etwas, wovon sich der Weise lösen kann (und wie alle

27 Wobei hier sorgfältig zu unterscheiden ist zwischen der Materie als dem schlechthin Unbestimmten und Formlosen, dem jegliches Sein abgeht und das für Plotin daher in der Tat von Übel ist, und den Spielarten des bereits geistig aufgehellten Materiellen, wie etwa dem menschlichen Körper und den lebendigen Wesen, um die es im folgenden geht. Zur Relevanz dieser Unterscheidung für die Charakterisierung eines neuplatonischen »Realismus« (und die Abwehr von Projektionen eines »Idealismus« à la Berkeley) vgl. auch Miles F. Burnyeat, »Idealism and Greek Philosophy. What Descartes Saw and Berkeley Missed«, in: *The Philosophical Review* 91 (1982), S. 3-40, hier vor allem S. 16-18.

28 *Enneade* 1, 4, 16, zitiert nach *Plotins Schriften* (Anm. 9).

einmal wird lösen müssen). Aber es ist nicht verächtlich und auch nicht bloße Last. Vielmehr ist es ebenfalls Gegenstand der Selbstsorge.[29] Mehr noch: In Plotins Metapher ist es sogar Mittel ästhetischer Aktivität. Es ist assoziiert mit Proportion, Harmonie und Wohlklang, ein *organon*, das selbst Schönes hervorzubringen vermag. Der der Leier gemäße Gebrauch erfreut den Spieler wie die, die ihm zuhören. Diese Musik hat ihren Zweck und ihre Berechtigung, wiewohl als Durchgangsstation zu einem Musizieren ohne Leier.

Ist also – entgegen der klischeehaften Vorstellung von Neuplatonismus – die Wertschätzung des Leiblichen und sinnlich Wahrnehmbaren als Mittel der Verweisung auf die höchste Vollkommenheit bei Plotin durchaus angelegt, so erhält sie in der frühen Neuzeit nicht zuletzt durch die Verschmelzung mit christlichen Vorstellungen von Kreatürlichkeit noch eine stärkere Akzentuierung. Wenn alles, was ist, Schöpfung Gottes ist, dann kann es nicht absolut schlecht sein;[30] wenn das Wort Fleisch geworden ist, dann ist das Fleisch nicht grundsätzlich verabscheuungswürdig. Wollte man die Geschichte dieses Gedankens vollständiger nacherzählen, als das in diesem Beitrag möglich ist, so müßte man auf zahlreiche Vermittlungsinstanzen[31] eingehen – unter ihnen gewiß auch der große iri-

29 Und es ist nicht, wie Hadot ausführt, diese gerechtfertigte *cura sui* als solche, die uns von unserem spirituellen Ziel ablenkt, sondern lediglich das Übermaß einer Besorgnis um Körperliches, das auf Kosten des Geistigen geht und die Prioritäten verkennt, vgl. Hadot, *Plotinus* (Anm. 17), S. 31.

30 Vgl. die nachdrückliche Formulierung des Augustinus in *De vera religione* 11, 21: »Nulla vita est quae non sit ex deo, [...] nec aliqua vita in quantum vita est malum est, sed in quantum vergit ad mortem.« »Alles Leben hat seinen Ursprung in Gott. [...] Und kein Leben ist schlecht, sofern es Leben ist, sondern nur, sofern es dem Tode sich zuneigt.« Da Gott erstes und höchstes Sein zukommt (»prima atque summa essentia«), ist alles Seiende, das an diesem Sein Anteil hat, also in einem ontologisch starken Sinn lebendig ist, gut – »in quantum est quicquid est, bonum est« (Augustinus, *De vera religione* 36 f.). Zitate nach Aurelius Augustinus, *De vera religione. Über die wahre Religion*, Lateinisch/Deutsch, übers. von Wilhelm Thimme, Stuttgart 1983 u. ö.

31 Einige dieser Zwischenschritte behandelt Susan James, *Passion and Action. The Emotions in Seventeenth-Century Philosophy*, Oxford 1997, vor allem in Kapitel 10: »Knowledge as Emotion«. James' Studie konzentriert sich auf die Frage nach der systematischen Konstruktion der Affekte in der Philosophie des 17. Jahrhunderts und ihrer Vorgeschichte und zeigt dabei auch, inwiefern vor allem die Cambridge Platonists in der Tradition des spätantiken Neuplatonismus in seiner Eigenschaft als Weisheitslehre stehen.

sche Theologe Johannes Scotus Eriugena mit seiner Abhandlung über die Einteilung der Natur, *Periphyseon*. Im vorliegenden Zusammenhang und im Blick auf seine potentielle Relevanz für Thomas Traherne mag es genügen, nur einen Autor wenigstens kurz zu erwähnen, der als Repräsentant eines christlichen Neuplatonismus[32] mit unbestritten hohem Stellenwert für die protestantische Theologie des 17. Jahrhunderts gelten kann: Augustinus von Hippo. Vor allem seine Schriften *De beata vita* und *De doctrina christiana* tragen über ihre Transformation neuplatonischer Vorstellungen zur Modellierung frühneuzeitlicher Einstellungen zum Glück bei. Von Interesse ist hierbei nicht zuletzt Augustins Verständnis der Medialität des Geschaffenen.

Die kurze Abhandlung *De beata vita* wendet sich der Frage nach dem Glück (*beatitudo*) am direktesten zu.[33] Wahres Glück, so die Antwort, zu der sich die Teilnehmer an diesem Dialog führen lassen, kann nur Ewigem und Unverlierbarem entspringen; daher heißt glücklich sein, Gott zu haben. Für die Seele bedeutet dies, Gott als die höchste Wahrheit in höchstem Maße zu genießen (*perfrui*): »Hoc est animis deum habere, id est deo perfrui.«[34] Dies ist zugleich Weisheit (*sapientia*). Die Seele kommt in vollkommener Weise zu sich selbst, indem sie die Fülle Gottes und damit ihre eigene Teilhabe an ihr erkennt; dies ist gleichsam ihr eigentliches Format oder Maß (*modus*): »Modus ergo animi sapientia est [...]: sapientia igitur plenitudo.«[35] Augustinus formuliert diesen Gedanken eines beglük-

32 Der Augustinische Neuplatonismus ebenso wie die systematische Funktion des Neuplatonismus Plotins für die christliche Theologie wird konzise umrissen in John Rist, »Plotinus and Christian Philosophy«, in: Gerson (Hg.), *The Cambridge Companion to Plotinus* (Anm. 9), S. 386-413. Vgl. auch das Nachwort von Kurt Flasch in: Augustinus, *De vera religione* (Anm. 30), S. 215-230, sowie Kurt Flasch, *Augustin. Eine Einführung in sein Denken*, Stuttgart 1980 u. ö.

33 Vergleichbares entfaltet (abgesehen von *De doctrina christiana*) mit ähnlicher Terminologie, aber im Kontext trinitarischer Spekulation auch *De trinitate* (vgl. 9, 2, 2; 9, 8, 13; 10, 10, 13 und 10, 11, 17).

34 Augustinus, *De beata vita* 4, 34.

35 Ebd., 4, 32; vgl. auch 4, 35: »Illa est igitur plena satietas animorum, hoc est beata vita, pie perfecteque cognoscere, a quo inducaris in veritatem, qua veritate perfruaris, per quid conectaris summo modo.« »Denn nur das ist volle Sättigung des Geistes, nur das ist das Glück: Ehrfürchtig und vollkommen zu erkennen, welches die Wahrheit ist, die wir genießen, zu erkennen, wodurch wir dem höchsten Maß verbunden sind.« Zitiert nach Aurelius Augustinus, *De beata vita. Über das Glück*, Lateinisch/Deutsch, übers. von Ingeborg Schwarz-Kirchenbauer und Willi Schwarz,

kenden Gott-›Genießens‹, das mit der Einsicht in die innige Bezogenheit der Seele auf ihn verquickt ist,[36] nochmals etwas anders im ersten Buch von *De doctrina christiana*. Hier stellt er die Begriffe *uti* und *frui* einander gegenüber und entfaltet ihr Verhältnis zueinander in Unterschieden wie Abstufungen. Demnach gibt es zwei Weisen, sich den Dingen der Welt gegenüber zu verhalten: Wir können sie gebrauchen oder genießen. Wenn wir sie genießen, wenden wir uns ihnen um ihrer selbst willen zu; wenn wir sie gebrauchen, dann dienen sie uns als Mittel unseres Strebens nach Glück.

Genießen bedeutet nämlich, aus Liebe irgendeiner Sache um ihrer selbst willen anzuhängen; gebrauchen aber bedeutet, alles, was sich für den Gebrauch anbietet, auf das Erlangen dessen zu beziehen, was du liebst – wenn es sich dabei überhaupt um eine Sache handelt, die geliebt werden soll.[37]

Die Einschränkung ist wichtig, denn einzig der vorbehaltlosen Liebe um seiner selbst willen würdig und damit Quelle der ultimativen und nicht mehr überbietbaren Glückseligkeit ist nur Gott bzw. die Dreifaltigkeit. Die Modi *uti* und *frui* erweisen sich als Pole auf einer Skala abgestufter Medialität, die von instrumentalisierendem Gebrauch zu selbstzweckhafter Zuwendung reicht.[38] Menschen können aus dieser Sicht nicht Gegenstand des *frui* im strengen Sinne sein (und noch weniger die übrigen geschaffenen Dinge), denn die Schöpfung ist bloßes Mittel zur Erkenntnis des Höchsten, ihr Ge-

Stuttgart 1982 u.ö. Es ist vor allem die mit *perfrui* bezeichnete Vorstellung des Genießens, die, wie wir sehen werden, in Trahernes wiederholtem Appell »Enjoy!« eine Resonanz findet, an der sich auch die gefühlsgeschichtlichen Transformationen ablesen lassen, die dieses neuplatonisch fundierte Konzept im 17. Jahrhundert erfahren hat.

36 Vgl. auch die Formulierungen bei Gerard O'Daly, *Augustine's Philosophy of Mind*, London 1987, S. 5: »From his earliest writings onwards he [i.e. Augustinus – V.O.L.] measures Greek and Roman notions of happiness, wisdom and virtue against the authority of Christianity. He appropriates the eudemonistic ethics of ancient philosophy: happiness or ›blessedness‹ (*beatitudo*) is in principle accessible to all, and it consists in the realization of wisdom (*sapientia*).« Zur Erkenntnistheorie Augustins als neuplatonisch geprägte Weisheitslehre vgl. auch Ronald H. Nash, *The Light of the Mind. St. Augustine's Theory of Knowledge*, Lexington/Ky. 1969.

37 Aurelius Augustinus, *Die christliche Bildung (De doctrina christiana)* 1, 4, 4, 8, übers. von Karla Pollmann, Stuttgart 2002.

38 Vgl. auch *De trinitate* 10, 11, 17: »proinde omnis qui fruitur utitur; [...] non autem omnis qui utitur fruitur [...].« »Jeder also, der genießt, gebraucht; [...] Nicht jeder aber, der gebraucht, genießt, [...].« Zitiert nach Aurelius Augustinus, *De trinitate*, Lateinisch/Deutsch, übers. von Johann Kreuzer, Hamburg 2001.

brauch bestenfalls Durchgangsstadium auf dem epistrophischen Weg der Rückkehr zu Gott.[39] Menschen sind liebenswürdig allein aufgrund ihrer Gottesebenbildlichkeit. Sowohl Selbst- als auch Nächstenliebe ist in diesem Sinne ›relativ‹ bzw. sollte es sein, insofern sie ihr Ende nicht im geliebten Geschöpf findet, sondern einen Verweis über es hinaus auf seinen Schöpfer enthält.[40] Zu vermeiden ist in jedem Fall eine Anhänglichkeit an das Medium um seiner selbst willen und ohne über es hinausweisende Referenz. Der augustinischen Konstruktion ist dabei, so scheint es, nicht in erster Linie an einer Entwertung des Irdischen gelegen als daran, dessen ›Mehrwert‹ herauszustellen, der im Transzendenz- und Verweischarakter alles Geschaffenen liegt. Sie ruht auf der Überzeugung, daß auch der Mensch – zwar Ebenbild Gottes, dabei aber sein Geschöpf – seinen Zweck nicht in sich selbst trägt. Einer Feindseligkeit gegenüber dem sinnlich Wahrnehmbaren und Körperlichen wird nicht das Wort geredet.[41] Gleichwohl ist unser Leib wie die übrigen der Zeitlichkeit unterworfenen Dinge zuletzt ›nur‹ ein Vehikel, das uns – wie alle anderen Medien – von verkehrter Selbstgenügsamkeit fort und hin zur Alterität Gottes führen soll. Als Medien besitzen sie referentielle und in Abstufung durchaus auch partizipatorische Dignität. Insofern kann ihr Beitrag zum Glück aber eben stets nur genau das sein: ein indirekter und vermittelnder Beitrag. Nichts Irdisches kann in Wahrheit zum Glück ausreichen, mag es auch Gegenstand einer bedingten und zeitweiligen Liebe[42] – und damit Abglanz eines allein der Gottesbeziehung vorbehaltenen Genießens – sein.

Wenden wir uns nach diesem Zwischenschritt und vor dem Hintergrund der Plotinischen *eudaimonìa* und des Augustinischen *frui* nun einer frühneuzeitlichen Version von Glückseligkeit zu. An Trahernes Modellierung eines Gefühls, das von Anfang an aufs engste mit Intellekt und Erkenntnis verbunden ist, wird sich ebenso die

39 *De doctrina christiana*, 4, 4, 9; vgl auch 9, 9, 21 und 10, 10, 22.

40 Vgl. ebd., 22, 20, 40 bis 21, 43; vgl. auch 33, 37, 79.

41 Vgl. ebd., 24, 24, 48 bis 25, 26, 56. Es ist absurd, unseren Körper zu hassen oder gar zu wünschen, wir hätten keinen. Augustins Argumente dienen der Abgrenzung sowohl gegen dualistische (gnostische bzw. manichäische) als auch gegen radikal platonische Positionen.

42 Vgl. ebd., 35, 39, 85: »[...] in einer eher zeitweiligen Liebe, so wie zu einem Weg, zu Fahrzeugen oder anderen Hilfsmitteln solcher Art [...], so daß wir die Dinge, durch die wir getragen werden, um dessentwillen lieben, zu dem wir getragen werden.« Zitiert nach Augustinus, *Die christliche Bildung* (Anm. 37).

Kontinuität spätantiker Vorstellungen erweisen wie bestimmte Differenzen zu ihnen, mithin das Neue, das sich eingestellt hat und mit dem der frühneuzeitliche Neuplatonismus im veränderten Kontext eine andere und eigene Funktionalität gewinnt.

2. »Felicity«: eine Version neuplatonischer Glückseligkeit im englischen 17. Jahrhundert[43]

Der Autor, der im folgenden im Mittelpunkt stehen soll, ist Thomas Traherne, geboren wahrscheinlich 1637 in Hereford (Wales) und gestorben 1674. Er betreute als anglikanischer Geistlicher die kleine Gemeinde von Credenhill in Herefordshire und wurde als Kaplan in den Haushalt des Lordsiegelbewahrers Sir Orlando Bridgeman berufen, wo er allerdings nur für kurze Zeit bis zu seinem Tod wirkte. Sein Studium am Oxforder Brasenose College dürfte ihn mit dem Puritanismus der 1650er Jahre in Berührung gebracht haben, während in seinem späteren Londoner Umkreis eher gemäßigte, teilweise sogar latitudinarische[44] Positionen vertreten wurden. Ausmaß und Intensität seiner nonkonformistischen Sympathien lassen sich nicht genau feststellen, allerdings belegen zahlreiche Passagen in seinen Texten Trahernes starken Wunsch nach kirchlicher Einheit. Keines seiner Werke, mit Ausnahme der Streitschrift *Roman Forgeries* (1673),[45] wurde zu seinen Lebzeiten publiziert.[46] Erst seit Anfang

43 Vgl. zum Folgenden auch die Ausführungen zu Traherne in Verena Olejniczak Lobsien, *Transparency and Dissimulation*, voraussichtlich Berlin 2009.

44 Namhafte Repräsentanten dieser theologisch-kirchlichen Richtung, die im 18. Jahrhundert ihre eigentliche Blüte erlebt, sind im 17. Jahrhundert die Arminianer William Chillingworth und John Hales sowie die Bischöfe John Tillotson, Simon Patrick und Edward Stillingfleet und nicht zuletzt die Cambridge Platonists. Sie verbindet u. a. eine irenisch-urbane Gesinnung, Gegnerschaft zum puritanischen Fundamentalismus und die Arbeit an einem praktisch-ethischen Christentum, das – bei den Cambridge Platonists – seine Grundlage in der Annahme eines »natürlichen« Gottessinns in der menschlichen Seele hat. Vgl. auch John Tulloch, *Rational Theology and Christian Philosophy in England in the 17th Century*, 2 Bde., Edinburgh ^{2}1874 (Nachdruck Hildesheim 1966).

45 H. M. Margoliouth vermutet, daß die Schrift als Qualifikationsschrift für den Erwerb des *Bachelor of Divinity* fungieren sollte; vgl. Thomas Traherne, *Centuries, Poems, and Thanksgivings*, 2 Bde., hg. von H. M. Margoliouth, Oxford 1958, Bd. 1, S. XXXVIII (»Introduction«).

46 *Christian Ethicks* erschien 1675.

des 20. Jahrhunderts, mit der einigermaßen sensationellen Entdekkung von Manuskripten seiner Gedichte und seines berühmtesten Prosawerks, der sogenannten *Centuries*, auf Londoner Bücherständen, mit der Zuschreibung dieser Texte zu Traherne und mit ihrer Veröffentlichung durch Bertram Dobell 1903 und 1908, beginnt Traherne seinen Platz im Kanon der englischen Literatur der Restaurationszeit und neben den bekannteren Metaphysical Poets einzunehmen. Erstaunlicherweise tauchten danach noch weitere Schriften auf, zum Teil ebenfalls unter abenteuerlichen Umständen: 1964 wurden weitere Centurien als *Select Meditations* aus Trahernes Feder identifiziert.[47] 1981 wurden seine *Commentaries of Heaven* schon leicht angesengt von einer brennenden Müllkippe in Lancashire gerettet.[48] Und noch in den 1990er Jahren kamen in verschiedenen Bibliotheken weitere, zur Zeit noch unveröffentlichte Manuskripte Trahernes ans Licht. In einem davon findet sich auf dem Vorsatzblatt in einer zeitgenössischen Handschrift die Frage: »Why is this soe long detaind in a dark manuscript, that if printed would be a Light to the World, & a Universal Blessing?«[49]

Nicht nur im Hinblick auf seine Publikationsgeschichte mag Traherne bei der ersten Begegnung als Exzentriker erscheinen. Gleichwohl ist er Teil eines literarischen, poetisch-philosophischen Feldes

47 Die Sammlung, die Julia Smith 1997 unter dem Titel *Select Meditations* herausgegeben hat (Thomas Traherne, *Select Meditations*, hg. von Julia Smith, Manchester 1997), macht eine Reihe von Prosa-Meditationen verfügbar, die den *Centuries* stark ähneln, aber vermutlich früher geschrieben wurden. Der Text ist unvollständig, da einige der Meditationen verloren sind. Die *Select Meditations* werden im folgenden nach dieser Ausgabe zitiert, die erste Ziffer gibt die »Hundertschaft« an, die zweite die jeweilige Meditation. Die übrigen *Centuries* und die Gedichte Trahernes werden zitiert nach Traherne, *Centuries, Poems, and Thanksgivings* (Anm. 45).

48 *Commentaries of Heaven Where In The Mysteries of Felicitie are opened and All Things Discovered to be Objects of Happiness Evry Being Created and Increated being Alphabeticaly Represented (as it will appear) In the Light of Glory.* Beschreibung und Auszüge aus den Prosa-Artikeln in: Allan Pritchard, »Traherne's *Commentaries of Heaven* (with selections from the manuscript)«, in: *University of Toronto Quarterly* 53, 1 (1983), S. 1-35. Die Gedichte sind wieder abgedruckt in: Thomas Traherne, *Commentaries of Heaven. The Poems* (Salzburg Studies in English Literature 92/22), hg. von D. D. C. Chambers, Salzburg 1989.

49 Zitiert in: Julia J. Smith, »Traherne, Thomas«, in: H. C. G. Matthew, Brian Harrison (Hg.), *Oxford Dictionary of National Biography. From the Earliest Times to the Year 2000*, Bd. 55, Oxford 2004, S. 205-208, hier S. 208.

in der mentalitätsgeschichtlichen Landschaft des 17. Jahrhunderts, das vor allem, aber keineswegs ausschließlich, religiöses Schrifttum umfaßt. Zu ihm gehören andere Metaphysical Poets der zweiten Generation wie Andrew Marvell und Henry Vaughan, aber es schließt auch naturphilosophisch und naturforscherisch interessierte Virtuosi wie John Evelyn und Thomas Browne ein und nicht zuletzt natürlich die Gruppe von Theologen und Philosophen – unter ihnen Anne Conway –, die als Cambridge Platonists bekannt sind. Sie bilden den Brennpunkt dessen, was man wohl als zweite platonische Renaissance in England bezeichnen darf.[50] Daß es ein solches Wiederaufleben des Platonismus im weiteren Kontext des zunehmend metaphysikfeindlichen Klimas im England um die Jahrhundertmitte überhaupt gibt – in einer brisanten Situation, die politisch ausgesprochen instabil war und immer noch von konfessionellen Auseinandersetzungen erschüttert wurde –, ist für sich genommen durchaus erstaunlich. Mit seiner radikalen Auffassung von Glückseligkeit und der mit ihr verbundenen poetisch artikulierten Lebenskunst mag Traherne eine extreme Position einnehmen. Er bietet jedoch zugleich einen repräsentativen Ausschnitt aus diesem Feld des

50 Traherne hat am Brasenose College, Oxford, studiert. Zwar läßt das Wiederaufleben neuplatonischer Studien in Cambridge, das in den dreißiger Jahren des 17. Jahrhunderts beginnt, Oxford unberührt, aber es gibt andere, indirekte Kontaktmöglichkeiten. So hat Traherne, wie Carol Marks gezeigt hat, in einem seiner *Commonplace Books* Werke des Oxforder Arminianers Thomas Jackson exzerpiert. Weiterhin gibt es Affinitäten zu den Auffassungen Peter Sterrys und Henry Mores. Ein wichtiger Beleg für Trahernes tatsächliche Kenntnisse des Platonismus und vor allem des Florentiner Neuplatonismus ist das *Ficino Commonplace Book* aus den späten 1660er Jahren, das (neben Notizen zu einem Werk mit dem Titel *Stoicismus Christianus*) Auszüge aus Ficinos Platon-Kommentaren und aus Ficinos Übersetzung der *Politeia* enthält, weiterhin den Beginn des »Argumentum« zu Ficinos Hermes-Trismegistus-Übersetzung, schließlich eine Vita des Sokrates. Weitere *Commonplace-Book*-Einträge enthalten Auszüge aus Mores *Divine Dialogues* (London 1668) sowie Auszüge aus Theophilus Gales *Court of the Gentiles*. In Trahernes *Christian Ethicks* findet sich eine direkte Auseinandersetzung mit Mores Konzept des unendlichen Raums. Zu diesen Zeugnissen siehe Carol L. Marks, »Thomas Traherne and Cambridge Platonism«, in: *Publications of the Modern Language Association of America* 81 (1966), S. 521-534. Marks faßt ihre Forschungen wie folgt zusammen: »Undoubtedly, then, Traherne was an Oxford Platonist, as familiar as his Cambridge contemporaries with the Platonic inheritance, bequeathed to the Renaissance by Ficino. His response to Platonism, direct and exceedingly personal, was broadly similar to the response of the Cambridge Platonists, but the individual variations are striking« (ebd., S. 524).

scheinbar Unzeitgemäßen. Welcherart also ist die Seelenruhe, zu deren Gewinn inmitten diverser kultureller Verwerfungen Traherne sich und seine Leser anzuleiten versucht? Welche spezifische Kontur gewinnt die neuplatonische *eudaimonia* als ›großes Gefühl‹ in seinen Texten?

Thomas Traherne ist ein monomanischer Dichter der Glückseligkeit. Ebendarin besteht sein Extremismus und wohl auch seine Einseitigkeit. Er hat ein großes Thema, und das heißt »Felicity«. Dieses Thema verfolgt er in 410 *Centuries* und mehreren hundert weiteren wohl früher geschriebenen, nur teilweise erhaltenen und als *Select Meditations* erst 1997 edierten Centurien, in zahlreichen Gedichten und rhapsodischen *Thanksgivings* sowie in den im Ansatz enzyklopädischen, aber Fragment gebliebenen *Commentaries of Heaven*. Es ist Grundtenor aller von ihm bekannten Schriften. Die experimentelle Form der *Thanksgivings*, der innovative Duktus seiner Verse und der philosophischen Gedichte und nicht zuletzt die ungewöhnliche poetische Prosa, die die in den *Centuries* zusammengestellten Meditationen kennzeichnet, ist charakteristisch für ein Schreiben, das im geistlichen Exzeß fortwährend das zu praktizieren sucht, wovon es handelt – Transzendenz. Trahernes Texte wollen unendlich werden oder, genauer: Sie wollen mit unterschiedlichen Verfahren der ekstatischen Wiederholung und der Redundanz über ihre eigenen Grenzen hinaus zu dem abundanten Einen hinführen, in dem alles Endliche seinen Ursprung und sein Ziel hat.[51] Dabei ist Traherne aber auch in einem emphatischen Sinne ein Dichter der Gegenwart Gottes in der Welt. Transzendenz ereignet sich für ihn nicht abstrakt, sondern in der Schöpfung und durch das Medium des Kreatürlichen. Gott ›präsentiert sich‹ nicht anders als im sinnlich Wahrnehmbaren. Trahernes Dichtung ist kopiose Poesie des Offen-

51 Als Selbstermahnung expliziert er dieses Prinzip in *Select Meditations* I, 92: »Surmount therefore O my Soul thy fathers hous, by way of Eminence enclude thy family, exceed the Citty wherein thou wast born, fill the Ages, Salute the Angles, Inherit kingdoms, penetrat the Earth, Encompass Heaven, Reign, Triumph, prais, Adore, O Life and Lov, Sing forever. See the churches throughout the world, let the souls and affections of all Ages be wings and streams to Elavat and Carry Thee, feare and be Enlarged. flie a way, Ascend in the Incense of all their Devotions, Mingle with their Praises, be united to them, Enflamed with them, Ravished with their Beauty, Transported with their melodie, Transformed with their Lov. All these are the Materials of Bliss, but no more compared with Bliss it selfe, then Ink and Letters with the Strength of Laws.«

baren. Er feiert die Erscheinung Gottes in der Fülle des Irdischen und seine eigene überschwengliche Dankbarkeit dafür.

Dabei sind seine Texte (anders als die vieler seiner Zeitgenossen) auffallend unallegorisch. Vielmehr sind sie gehalten in einem Stil, der als *plain style* seine Bedeutung klar zutage treten lassen will: ein aufdeckendes, sich selbst bloßlegendes und offenbarendes Schreiben; ein Wort, das selber Erscheinung sein will.[52] Trahernes Sprache kann sich aber vor allem deshalb in ihrer eigenen unmetaphorischen Schlichtheit genügen, weil die Welt selbst ja als Ganzes Metapher ist, Allegorie Gottes, in der er sich uns zu verstehen gibt. So ist diese Dichtung zugleich fortwährender Verweis auf anderes, strebt von sich fort und sucht sich gleichsam ständig von sich selbst abzustoßen. Eines von vielen Indizien hierfür ist der interaktive Gestus, der die *Centuries* kennzeichnet: Sie sind über weite Strecken ein Sprechen in der zweiten Person Singular, appellativ und eindringlich; ein ›Heterolog‹, der erst allmählich in das konventionelle meditative Sprechen in der ersten Person moduliert, in ein gleichsam inklusives Ich, in dem das Gegenüber aufgehoben ist. Schon dies läßt sich als neuplatonische Signatur lesen: Trahernes poetische Kontemplation praktiziert die Einswerdung, von der sie handelt.

Aber bleiben wir zunächst noch etwas auf der thematisch-argumentativen Ebene. Traherne erklärt sich nirgends ausdrücklich zum Neuplatoniker. Zwar beruft er sich gelegentlich auf Platon (vor allem in den *Select Meditations*), aber das gehört in seiner Epoche zum guten Ton, und es geschieht bei ihm sogar vergleichsweise selten. Ich habe auch in den Gedichten und in den Centurien kein einziges explizites Plotin-Zitat gefunden. Gleichwohl ist Traherne ein Neuplatoniker reinsten Wassers.[53] Die implizite Systematik seines Denkens und Schreibens ist die eines christlichen Neuplatonismus.

52 Und das damit dem von Donne geprägten ›metaphysischen‹ Stilideal entgegengesetzt ist. Sollte für Traherne allerdings überhaupt einer der Metaphysical Poets Gegenstand der *imitatio* gewesen sein, so ist es allenfalls (wie übrigens auch für Henry Vaughan, dem Trahernes Gedichte zunächst zugeschrieben wurden) George Herbert. Noch in einem anderen Sinn ist Traherne ein ostentativ ›unliterarischer‹ Dichter: Abgesehen davon, daß seine Texte durchsetzt sind von Biblizismen, verzichtet er weitestgehend auf gelehrte Anspielungen, Zitate und all jene intertextuellen Manierismen, für die die Metaphysical Poets berüchtigt sind (in den *Centuries* findet sich ein einziges ausgedehntes Zitat: eine Übersetzung der zentralen Passage aus Giovanni Pico della Mirandolas Rede *Über die Würde des Menschen*).

53 Vgl. hierzu auch, mit ähnlichen Beobachtungen, aber unter Überspringen der

Dabei geben diverse Neuplatonismen zwar das spezifische Profil des Traherneschen Christentums an einer äußeren Grenze der Orthodoxie an,[54] umgekehrt können aber die Bestände christlicher, nicht zuletzt augustinischer Theologie die Besonderheiten seines Neuplatonismus nicht restlos erklären. Dieser prägt Trahernes Ideen, Konzepte, Topoi und die wenigen wiederkehrenden Metaphern (wie die des Lichts, der Quelle, des Sehens oder des Sphärischen); er bestimmt seine Denkfiguren und Argumente; er erzeugt Konsistenz und inneren Zusammenhang in der Überfülle der Meditationen. Schaut man auf den Zentralgedanken der Glückseligkeit, so bewegt sich Trahernes Neuplatonismus in besonders offenkundiger Nähe zu Plotin.

Grundsätzlich versteht sich auch Trahernes Denken und Schreiben als Weisheitslehre, zugleich als Lebenskunst. Es geht darum, die rechte Einsicht und Einstellung zur Welt zu gewinnen und sie zu verkünden. Traherne berichtet in einer autobiographischen Passage, er habe sogar erwartet, in diese Meta-Wissenschaft vom Glück[55] auf der Universität eingeführt zu werden, und er schildert seine Enttäuschung, als dies nicht der Fall war: »There was never a Tutor that did professely Teach Felicity: tho that be the Mistress of all other Sci-

ästhetischen Dimension der herangezogenen Texte, Sarah Hutton, »Platonism in some Metaphysical Poets: Marvell, Vaughan and Traherne«, in: Anna Baldwin, Sarah Hutton (Hg.), *Platonism and the English Imagination*, Cambridge 1994, S. 163-177.

54 Trahernes Haltung zum zeitgenössischen Nonkonformismus bleibt unklar. Zwar unterzeichnete er 1662 die *Act of Uniformity*, aber der ›enthusiastische‹ Ton seiner Schriften und seine Emphase auf erleuchteter Innerlichkeit rücken ihn in die Nähe zum nonkonformistischen Schrifttum. Andererseits veranlaßt ihn die neugewonnene Einheit der englischen Staatskirche – »the union the Beautifull union of my Nationall church« (*Select Meditations* 1, 85) – ebenfalls dazu, schwärmerische Töne anzuschlagen. Davon abgesehen leuchtet es ein, daß ein Neuplatoniker sich eher für Einheit als für Zerstreuung und Spaltung begeistert.

55 Erst die Ausrichtung auf »Felicity« verleiht dem Studium aller übrigen Wissenschaften sein letztes Ziel, gibt ihm Orientierung und Zusammenhalt; allerdings ist dieses *telos* weder dem studierenden Traherne selbst noch seinen Mitstudenten bewußt, und so bleiben ihnen die Gegenstände im Innersten fremd: »Nor did any of us Study these things but as *Aliena*, which we ought to hav Studied as our own Enjoyments. We Studied to inform our Knowledg, but Knew not for what End we so Studied. And for lack of aiming at a Certain End, we Erred in the Maner« (*Centuries* 3, 37). Bloßes Wissen stillt nicht den Durst nach Glück: »[...] Happiness was that I thirsted after« (*Centuries* 3, 39).

ences« (*Centuries* 3, 37). Die Lehre von der rechten Glückseligkeit ist aber auch eine Art von Philosophie,[56] und zwar ausdrücklich eine positive (kataphatische), die ihr Ziel und die Bedingungen, die erfüllt sein müssen, um es zu erreichen, benennen kann:

Felicity is a Thing coveted of all. The Whole World is taken with the Beauty of it: and he is no Man, but a Stock or Stone that does not desire it. Nevertheless Great offence hath been don by the Philosophers and Scandal given, through their Blindness, many of them in making Felicity to consist in Negativs. [...] So that whosoever will Profit in the Mystery of Felicity, must see the Objects of His Happiness, and the Maner how they are to be Enjoyed, and discern also the Powers of His soul by which He is to enjoy them, and perhaps the Rules that shall Guid Him in the Way of Enjoyment. All which you have here GOD, THE WORLD, YOUR SELF. *All Things* in Time and Eternity being the Objects of your Felicity GOD the Giver, and you the Receiver.[57]

Es geht um die Vermittlung von Wahrheiten, genauer: der höchsten Wahrheit, die, wenn sie denn recht verstanden wird, alles verändert, nicht zuletzt die Seele, die sich von ihr erfüllen läßt. Das macht schon der erste Abschnitt der ersten »Hundertschaft« deutlich:

An Empty Book is like an Infants Soul, in which any Thing may be Written. It is Capable of all things, but containeth Nothing. I hav a Mind to fill this with Profitable Wonders. And since Love made you put it into my Hands I will fill it with those Truths you Love, without Knowing them: and with those Things which, if it be Possible, shall shew my Lov; To you, in communicating most *Enriching Truths*; to Truth, in Exalting Her Beauties in such a Soul.[58]

Die Wahrheit – die gleichsam anonym schon ersehnt, aber noch nicht erkannt wird[59] – ist der Grund der Glückseligkeit; ja, Wahrheit und Glückseligkeit sind identisch:

56 Im übrigen eine Philosophie, die der von Plotin in *Enneade* 1, 4 vorgetragenen auch in ihren stoischen Zügen ähnelt: Vor allem in den *Select Meditations* betont Traherne wiederholt, daß die mit der Einsicht in die wahre Glückseligkeit zu erwerbende Lebenskunst auch immun mache gegen alle möglichen Beeinträchtigungen und Kalamitäten (vgl. etwa *Select Meditations* 2, 95-97).

57 *Centuries* 2, 100 (Auszeichnungen im Original).

58 *Select Meditations* 1, 1.

59 Zum Gedanken »Felicity is a Glorious tho an unknown Thing« vgl. auch, mit einer Anspielung auf *Apostelgeschichte* 17, 16-34 und – über die dortige Erwähnung von Dionysius dem Areopagiten – möglicherweise auf Pseudo-Dionysius Areopagita, *Centuries* 3, 56: »I was very much animated by the Desires of Philosophers, which I saw in Heathen Books aspiring after it [i. e. Felicity – V. O. L.]. But the misery is *It was unknown.* An altar was erected to it like that in Athens with this inscription TO THE UNKNOWN GOD.«

Truth and felicity are ever the same, becaus all the things in Heaven and Earth are Infinit Treasures: And are never Enjoyed but when truly Seen: nor ever indeed truly seen, but by a wise man they are truly enjoyd.[60]

Auf die Verknüpfung von *seeing* und *enjoying*, von Wahrnehmung und Lust, die hier immer wieder anklingt und die als Lernziel der Traherneschen Lebenskunst so charakteristisch ist, werden wir gleich noch zurückkommen. Zuvor sollen jedoch noch einige weitere Parallelen zur Plotinischen *Eudaimonia*-Doktrin hervorgehoben werden.

Auch für Traherne ist das Erreichen von Glückseligkeit ganz selbstverständlich ein Zustand der Erfüllung und der Vollendung. Es ist das höchste Ziel unseres Strebens, und es ist selbst in jeder Hinsicht vollkommen: »Felicity must be perfect, or not Felicity« (*Centuries* 3, 57). Nichts anderes ist der Mühe wert, und alles andere ist bloßes Mittel zu diesem Zweck.[61] Das beweisen schon die Stärke und die Absolutheit unseres Verlangens danach. Wir wollen nichts weniger als alles: »I would have all! a compleat Harmonie, a perfect Heaven« (*Select Meditations* 2, 98). Trahernes Pointe ist, daß dieses grenzenlose Begehren bereits erfüllt ist. Denn alles ist bereits unser. Die Welt gehört uns, und es ist umgekehrt Gottes unendliches Verlangen,[62] daß wir uns ihrer unendlich erfreuen. Bedingung dafür ist lediglich – und hier zeichnet sich ein weiterer plotinisch profilierter Platonismus bei Traherne ab –, daß wir realisieren, was der Fall ist: daß wir nämlich nach dem Bilde Gottes geschaffen sind und Gott daher immer ähnlicher werden sollen: »[...] we were made in his Image that we might liv in His similitud« (*Centuries* 3, 58). Variationen dieses Gedankens der Selbsttransformation in der Angleichung an Gott, meistens noch verstärkt durch den Topos der Gottesebenbildlichkeit, finden sich bei Traherne zuhauf. Immer wieder heißt es:

60 *Select Meditations* 3, 6.

61 Vgl. *Centuries* 3, 56: »And certainly it was the infinit Wisdom of God, that did implant by Instinct so strong a Desire of felicity in the Soul, that we might be excited to labor after it, tho we know it not, the very force wherwith we covet it supplying the place of Understanding. That there is a Felicity we all know by the Desires after, that there is a most Glorious felicity we know by the Strength and vehemence of those Desires: And that nothing but Felicity is worthy of our Labor, becaus all other things are the Means only which conduce unto it.«

62 Zu dieser einigermaßen ungewöhnlichen – und kaum mit augustinischer Dogmatik zu vereinbarenden – Vorstellung, daß auch Gott »Want« verspürt, indem er danach verlangt, daß wir seine Schöpfung wahrnehmen und »genießen«, vgl. *Centuries* 1, 38-53.

»The best of all possible manners to which any thing created can possibly attain is the Similitude of God« (*Select Meditations* 2, 3).[63] Wiederholt werden wir aufgefordert: »Live Like a God« (*Select Meditations* 3, 15). Es erübrigt sich fast, darauf hinzuweisen, daß die Transzendenzbewegung, die solche Assimilation begleitet, in vertrauter neuplatonischer Topologie beschrieben wird: Sie ist eine Bewegung des Aufstiegs zum Höchsten, die von ihm seinen Ausgang nimmt und zum ihm zurückführt.[64] Und wie bei Plotin übertrifft die Beglückung, die sich mit ihr einstellt, jedes irdische Vergnügen:

O King of Kings no other Thing but Thee
Can I confer with. O Felicitie!
Thou Dost Transport me! Extasies Dispence
Scarce halfe a Gram of thy Sweet Influence.[65]

Dieses Entzücken speist sich gerade aus dem Wissen, daß selbst in der höchsten Begeisterung noch nicht einmal ein Bruchteil der Glücksintensität erfahren wird, die ihr Grund eigentlich bereithält: ›Dort‹ ist immer noch mehr, und diese Gewißheit macht die Seligkeit des Sprechers aus.

Nun gibt es aber, gleichsam eingebettet in die neuplatonische Matrix, eine Reihe von Zügen, die Traherne von seinen Vordenkern unterscheiden und die die unübersehbaren Gemeinsamkeiten in einer Weise profilieren, die spezifisch frühmodern ist. Ich will zwei Punkte hervorheben: einen, der mit dem Verhältnis von Gegenstand und Medium der Glückseligkeit zu tun hat und mit der Perspektive, aus welcher nach ihnen gefragt wird; und einen zweiten, der stärker auf die Instanz des Fragenden bezogen ist. Die außer-innerseelische Doppeltheit, die sich an Plotins *Eudaimonia*-Konzept zeigte, wird bei Traherne in beiden Aspekten deutlich anders akzentuiert.

(1) Plotins Auffassung vom Leiblichen und allgemein vom sinnlich Wahrnehmbaren erhält bei Traherne eine in ihrer Konsequenz bemerkenswerte Wendung. Schon für Plotin war ja der Körper ein

63 Vgl. auch *Select Meditations* 2, 4-7; 2, 99 und passim; oder *Centuries* 3, 59: »The Image of God implanted in us, guided me to the maner wherin we were to Enjoy. for since we were made in the similitud of God, we were made to Enjoy after his Similitude. Now to Enjoy the Treasures of God in the Similitud of God, is the most perfect Blessedness God could Devise.«

64 Vgl. z. B. *Centuries* 1, 90 oder *Select Meditations* 3, 8: »evry thing must arise from His Goodness and End in his Glory.«

65 *Select Meditations* 1, 90.

wichtiges *organon*, ein mehr als bloß nützliches Instrument des Lebens, das uns durchaus auch zum Schönen zu führen vermag und für welches wir Sorge zu tragen haben. Augustinus hatte ein Modell abgestufter Medialität zwischen den Polen eines auf Weltliches zugeschnittenen Gebrauchens, *uti*, und einem dem Göttlichen vorbehaltenen *frui* vorgeschlagen. Für Traherne nun ist die gesamte Schöpfung, die ganze Welt einschließlich des eigenen Leibes, Mittel zur Glückseligkeit und Gegenstand höchsten Entzückens. »Enjoy the World« ist die Aufforderung, die in den *Centuries* wieder und wieder ergeht.[66] Sein ganzes Werk ist ein einziges Bemühen, zu diesem *enjoyment* anzuleiten, es zu ermöglichen, indem er die Gründe solcher Weltfreude vor Augen führt und seine Leser in das rechte Sehen der Welt einübt. Der Hauptgrund ist scheinbar ganz schlicht: Die Welt gehört uns, daher sind wir zur Glückseligkeit geradezu verpflichtet. »All Things were made to be yours. And you were made to Prize them according to their value: which is your Office and Duty, the End for which you were Created, and the Means wherby you Enjoy« (*Centuries* I, 12) – und, ausdrücklich: »By the very Right of your Sences you Enjoy the World« (*Centuries* I, 21). Mindestens an dieser Stelle ist eine Grenze augustinischer Theologie überschritten: Aus jener Sicht kann die Welt niemals Gegenstand eines genuinen ›Genießens‹ (*perfrui*) sein. Hier sind zudem zwei Voraussetzungen gemacht, die Traherne wenig später auch entfaltet und die ebenfalls Neuplatonisches weiterdenken: Zum einen ist dies nur möglich, weil wir immer schon am Göttlichen teilhaben. Christlich gesprochen: Wir sind nach dem Bilde Gottes geschaffen, sind seine Kinder und damit seine Erben. »Your Enjoyment of the World is never right, till evry Morning you awake in Heaven: see your self in your fathers Palace« (*Centuries* I, 28). Zum anderen aber muß man sich das – buchstäblich – erst einmal vorstellen. Es bedarf der (wiederholten) Vergegenwärtigung – »Perceive your self to be the sole Heir of the whole World« (*Centuries* I, 29) – und einer imaginativen Anstrengung.

Trahernes Lieblingsphantasie, die er häufig mit Kindheitserinne-

66 Zum Beispiel *Centuries* I, 7; I, 10; I, 12; I, 14; I, 21; I, 25; I, 27-29 u. ö. in den folgenden Büchern. Auch in *Select Meditations* setzt er fortwährend neu an zu dieser Anleitung zum Glück; so etwa, indem er in 3, 31 eine Zusammenfassung der wichtigsten Merkposten unternimmt, unter der Überschrift »Instructions Teaching us how to Liv the Life of Happieness«.

rungen und -vorstellungen verbindet,[67] ist eine ›adamitische‹: Er imaginiert sich als der erste Mensch im Paradies, und er fordert seinen Leser auf, sich ebenfalls in der Mitte der Schöpfung zu sehen.[68] Alle Dinge sind dann sein – »You are the Adam, or the Eve that Enjoy them« (*Centuries* 2, 12). Aber auch die Wertschätzung all dessen, was für mich und für mich allein geschaffen ist (»Prizing«), ist verbunden mit einem Akt nicht nur der Betrachtung und Kontemplation, sondern einer Imagination, die den Status einer Nach- oder Zweitschöpfung beanspruchen kann:

What would Heaven and Earth be Worth, were there no Spectator, no Enjoyer? As much therfore as the End is better than the Means, the Thought of the World wherby it is Enjoyed is Better then the World. So is the Idea of it in the Soul of Man, better then the World in the Esteem of GOD: It being the End of the World, without which Heaven and Earth would be in vain. [...] The World within you is an offering returned. Which is infinitly more Acceptable to GOD Almighty, since it came from him, that it might return unto Him. Wherin the Mysterie is Great. For GOD hath made you able to Creat Worlds in your own mind, which are more Precious unto Him then those which He Created: [...].[69]

Nicht nur bedarf Gott unser als »Spectator«, »Enjoyer«, »Comprehensor« (*Centuries* 1, 100) seiner Schöpfung, nicht nur verlangt er danach, daß wir sie als seine Gabe wahrnehmen – die imaginativ reflektierte Welt wird durch diese ›kreative‹ Rückerstattung wertvoller, sie wird ›erhöht‹[70] zu dem, was sie in Wahrheit ist. Hier ist

67 Für letztere genießt er vor allem bei Lesern, die die protoromantische und erbauliche Seite seiner Schriften schätzen, eine gewisse Berühmtheit. Prägnant formuliert findet die adamitische Erfahrung sich etwa in seinem Gedicht »Innocence« (*Poems* 18): »That Prospect was the Gate of Heav'n, that Day / The anchient Light of Eden did convey / Into my Soul: I was an Adam there, / A little Adam in a Sphere / Of Joys!« (Zeilen 49-53). Allerdings teilt Traherne diese Wertschätzung der Kindheit als eines Zustands quasi paradiesischer Unschuld und der universalen, vor allem spirituellen Sensibilität beispielsweise auch mit seinem Zeitgenossen Henry Vaughan. Die Vorstellung, zu diesem Zustand der Seele in ihrem glorreichen ersten Hervortreten, noch bevor sie mit der Welt in Berührung gekommen ist, zurückzukehren, ist natürlich wiederum ein Topos der platonischen Seelenlehre; vgl. z. B. Henry Vaughan, »The Retreat« oder »Child-hood« und Platon, *Phaidon* 79c-d.

68 »Place yourself therfore in the midst of the World as if you were alone« (*Centuries* 2, 7 u. ö.). Die Position ist natürlich, wie Buch 4 der *Centuries* verdeutlicht, die des ersten Menschen in Picos *Oratio* (vgl. *Centuries* 4, 74 f.).

69 *Centuries* 2, 90.

70 »[...] an Augmentation infinitly infinit« (*Centuries* 2, 5). Vgl. *Centuries* 2, 74:

(ohne daß ich das an dieser Stelle ausführen kann)[71] eine Ästhetik des Kreatürlichen angelegt. Denn die imaginative Imitation der Schöpfung durch den Menschen nobilitiert sie und vervollkommnet ihn,[72] weil ihn dies – gut neuplatonisch – seine vorgängige Einheit mit Gott gewahr sein läßt: »It [...] Beautifies and Perfects your Nature. [...] for therby you are united to Him« (*Centuries* 2, 90). Wir werden dem ähnlich, was wir in dieser Weise ›sehen‹.[73] Ästhetisches und Metaphysisches konvergieren – »we may see a little Heaven in the Creatures« (*Centuries* 2, 12).[74]

Diese Hochschätzung des Sichtbaren[75] ist eine Quelle höchster

»This is the Effect of Making Images. And by all their Lov is evry Image infinitly Exalted.«

71 Vgl. hierzu meine in Vorbereitung befindliche Studie *Transparency and Dissimulation* (Anm. 43).

72 Vgl. auch *Centuries* 2, 84: »Being therfore Perfect, and the Mirror of all Perfection, He hath Commanded us to be perfect as he is Perfect [...] We are to be Conformed to the Image of His Glory: till we becom the Resemblance of His Great Exemplar. Which we then are, when our Power is Converted into Act, and covered with it we being an Act of KNOWLEDG and Wisdom as He is. When our Souls are Present with all Objects, and Beautified with the Ideas and figures of them all.«

73 In Trahernes Fassung dieses erzplatonischen Topos in *Centuries* 2, 78: »For as Light varieth upon all objects whither it cometh, and returneth with the Form and figure of them: so is the Soul Transformed into the Being of its Object. Like light from the Sun, it first Effigies is simple Life, the Pure resemblance of its Primitive fountain but on the Object which it meeteth it is quickly changed, and by Understanding becometh All Things.« Für Traherne wie für die Cambridge Platonists ist die Seele »*Res illuminata, illuminans*« (Benjamin Whichcote, »Moral and Religious Aphorisms«, Nr. 916, in: *Patrides* [1969], S. 334). Vgl. auch Trahernes Meditation über die Seele als ›aktiver‹ Spiegel in *Centuries* 2, 78: »The Heavens and the Earth serv you, not only in shewing unto you your fathers Glory, as all Things without you are your Riches and Enjoyments. But as within you also, they Magnify, and Beautify and Illuminat your Soul. For as the Sun Beams Illuminat the Air and All Objects, yet are them selvs also Illuminated by them, so fareth it with the Powers of your Soul. The Rays of the Sun carry Light in them as they Pass through the Air, but go on in vain till they meet an Object: and there they are Expresst. They Illuminat a Mirror, and are Illuminated by it.«

74 Und das ist eben sehr viel mehr als eine *façon de parler*, die schematisch auf die bekannten Mikro-/Makrokosmos-Korrespondenzen anspielt. Traherne bewegt sich hier eher in der Nachfolge des Eriugena, der im 9. Jahrhundert in Übersetzung und Kommentar der Pseudo-Dionysischen Schrift über die göttliche Hierarchie formuliert: »omnia que sunt lumina sunt«, »jedes Seiende ist ein Licht« (Eriugena, *Expositiones in Ierarchiam Coelestem*, Kap. 1, 76 f.). Vgl. auch *Centuries* 3, 6: »[...] we are Born to be a Burning and Shining Light«.

75 Einschließlich des menschlichen Körpers; vgl. auch *Select Meditations* 3, 9: »The

Freude: »The visible World is Wonderfully to be Delighted in and Highly to be Esteemed, becaus it is the Theatre of GODs Righteous Kingdom« (*Centuries* 2, 97). Die Welt ist von höchster Dignität, weil sie der Signifikant ist, der auf ein transzendentes Signifikat verweist, das wir ohne jenen überhaupt nicht erkennen oder lesen könnten. Beide Seiten dieses komplexen Zeichens gelten; beide sind konstitutiv. Dann kann das Hiesige tatsächlich zum Ort werden, an dem sich Jenseitiges verwirklicht, indem wir es jetzt genießen: »Eternal Life is an object of our enjoyment here beneath« (*Select Meditations* 3, 60).[76]

Traherne scheint gerade die »Lust am Hiesigen«[77] zu propagieren, von der sich Plotins Weiser freizumachen suchte (wenn auch aus denselben Gründen). Zugleich beruht seine Rehabilitation des Kreatürlichen auf einer Radikalisierung des neuplatonischen Teilhabegedankens. Es ist die universale Relationiertheit von allem, die glücklich macht:

Oh how Happy! Here is Lov! Here is a Kingdom! Where all are Knit in infinit Unity. all are Happy in each other. all are like Dieties. Evry one the End of all Things evry one supreme, evry one a Treasure and the Joy of all, and evry one most infinitly Delighted in being so.[78]

Aus dieser Einsicht in die zugrundeliegende Einheit von allem, was ist,[79] entspringt für Traherne eine Glückseligkeit, die den Namen

Image of God in a Body being the Grand mistery of all Eternity: Gods Picture in a curious Case, besett with stars insteed of Jewels, the Angels freind in whom alone and by whom they enjoy the world, the sphere of all Perfection and the centre in which all visible and Invisible thinges Sweetly Close, The Temple in whom the fulness of the GodHead dwelleth Bodily.« Vgl. auch die enthusiastische Feier des menschlichen Leibes in den 548 Zeilen der »Thanksgivings for the Body« (*Poems* 214-229).

76 Auch dies dürfte aus augustinischer Perspektive nicht ohne weiteres annehmbar sein. Der grundsätzliche Unterschied zu Trahernes Einstellung zeigt sich auch im Umgang mit dem Konzept der Abundanz: Während Augustinus den Begriff in *De beata vita* sorgfältig vermeidet, widmet ihm Traherne einen begeisterten Eintrag in seinen *Commentaries of Heaven*; vgl. Pritchard, »Traherne's *Commentaries of Heaven*« (Anm. 48), S. 1-35.

77 *Enneade* 6, 9, zitiert nach *Plotins Schriften* (Anm. 9).

78 *Centuries* 2, 74.

79 Da nichts von dieser Einheit ausgenommen ist – »even Hell it self is a Region of Joys« –, sind wir aufgerufen, dieses fortwährenden lebendigen Austauschs mit allem gewahr zu werden: »So that a Man is never right, till as a Part in the Univers he Correspond with all« (»Abundance«, in: *Commentaries of Heaven*); vgl. dazu

verdient. Anders als das ein wenig steril anmutende Philosophenglück Plotins ist dies ohne Zweifel ein ›großes Gefühl‹. In seinem Anspruch auf Ganzheitlichkeit, der bei aller Weltfreude die Beziehung zum Geistigen und Spirituellen nicht preisgibt, sie vielmehr für konstitutiv hält, und in seiner atemberaubenden Intensität, die auf einem überwältigenden Begehren und dessen ebenso unüberbietbarer Erfüllung beruht, ist Trahernes »Felicity« gewiß mehr als die auch von anderen spätantiken Philosophen anvisierte Lust, *hêdonê*. Sich-eins-Fühlen durch das sinnlich Erfahrbare tritt hier zum Sich-eins-Wissen durch ontologische Reflexion hinzu.

Zugleich mag hier aber auch ein weiterer Unterschied deutlich werden, der vielleicht eher eine Veränderung der Perspektive gegenüber der spätantiken Matrix ist. Die Intensität der frühneuzeitlichen Beglückung, so erstaunlich sie für sich genommen ist, resultiert nicht zuletzt auch aus ihrer Erschwernis. Die Glücksgründe liegen eben nicht so offen zutage, wie Trahernes Ich in seinen manischen Passagen unermüdlich verkündet, und auch das weiß sein Text. Das Göttliche erscheint verborgen und verstellt, auch in den Seelen der Menschen.[80] Schienen für Plotins eher unemphatische Behandlung der *eudaimonia* nicht zuletzt Erwägungen der Systemkonsistenz leitend zu sein, so haben Trahernes Eindringlichkeit und sein Engagement mit seinem Bemühen zu tun, das Opake transparent zu machen, das Uneigentliche, hinter dem die Wahrheit der Welt versteckt ist, durchsichtig werden zu lassen. Denn die Übel sind ja nicht zu leugnen; natürlich werden wir ständig konfrontiert mit Schlimmem, Leerem und Sinnlosem – »taxes Injuries clothes and Monies, Musick feasts chambering wantonness, Sports and Losses« (*Select Meditations* 3,

Pritchard, »Traherne's *Commentaries of Heaven*« (Anm. 48), S. 23. Daher kann für Traherne Unbekanntes auch nichts anderes als »unknown Joys« bedeuten, und in der Begegnung mit dem Fremden wird sogleich innige Gemeinschaft mit ihm antizipiert: Im Gedicht »Shadows in the Water« (*Poems* 127-130) werden in den unter der Wasseroberfläche vermuteten ›Antipoden‹ freudig »my yet unknown Friends« (Zeile 55) begrüßt. Vgl. auch »I my Companions see / In You, another Me. / They seemed Others, but are We; / Our second Selvs those Shadows be« (Zeilen 61-64).

80 Das ist auch der Zentralgedanke des Gedichts, das Trahernes *Poems* einleitet (»The Author to the Critical Peruser«, *Poems* 2 f.): Die auktoriale Stimme beklagt, daß die meisten Menschen weder Gottes Werke sehen noch »the Soul, in whose concealed Face, / Which comprehendeth all unbounded Space, / God may be seen« (Zeilen 55-57).

10), um nur einen von Trahernes Katalogen schlechter Weltlichkeit zu zitieren.[81] Die Unsichtbarkeit Gottes ist der Ausgangspunkt für Traherne. Das Verstelltsein des Glücks und die Beobachtung, daß den meisten Menschen ihre Göttlichkeit verborgen bleibt, bilden die dunkle Folie, von der sich sein enthusiastischer Versuch, die Welt zu reklamieren, um so strahlender abhebt:

It is a misery to bewayl, But a Blessed mans missery a Step to Happieness, to lament the Corruption of a Degenarate and unrighteous world. How much more is it to Thirst and love and bear, and long to reClaime! this is my portion under the sun, and my task with God, wherein I am to Labor under as fellow workman. O Blessed be the Eternal King for my Glorious Employment![82]

Die Zumutung des Neuplatonismus, die darin liegt, daß wir das nicht Sichtbare für das Wahre, Schöne und Gute halten sollen, erfährt auf diese Weise bei Traherne eine charakteristisch frühneuzeitliche Zuspitzung auch dadurch, daß die sichtbare Welt ihm als *dissimulatio* ihres eigentlichen, beglückenden Wesens entgegentritt.[83] Ihre Schönheit ist verschleiert, und doch gilt es zu sehen, was auf beiden Seiten des Schleiers ist.[84] Mehr noch: Genau diese Doppel-

81 Gelegentlich gewinnen die *Select Meditations* geradezu den Unterton einer Jeremiade; vgl. etwa 1, 85; 2, 42; siehe auch die Einleitung der Herausgeberin Julia J. Smith (Anm. 47), S. xxf.

82 *Select Meditations* 2, 20.

83 »[...] wisdom is now become profound, Happieness concealed, Felicity Buried« (*Select Meditations* 3, 42).

84 Das Göttliche zeigt sich in ebender Doppeldeutigkeit, in der die Feuer- und Wolkensäule die Israeliten durch das Rote Meer führte, so *Select Meditations* 2, 82: »But how much are we bound to bless his Name, that in the world of Things there is an Amiable and Delightfull side, which the Happy man does always apprehend! as the same pillar that Divided between the Israelites and Egyptians was a fire to the one and a cloud to the other.« Die Ambivalenz des verschleiernden Mediums ist geradezu unverzichtbar, wie auch die Betrachtung des Gekreuzigten in *Centuries* 1, 88 ausführt: »O Thou Sun of Righteousness, Ecclypsed on the Cross, overcast with sorrows, and covered with the shadow of Death, remov the vail of thy flesh that I may see thy Glory. Those cheeks are shades, those Lims and Members clouds, that hide the Glory of thy Mind, thy Knowledg and thy Lov from us. But were they removed those inward Excellencies would remain Invisible. As therfore we see thy Flesh with our fleshly Eys, and handle thy Wounds with our Bodily Sences, let us see thy Understanding with our Understandings, and read thy Lov with our own. Let our Souls have Communion with thy Soul, and let the Ey of our Mind enter into thine.« Vgl. auch *Centuries* 4, 13.

sichtigkeit kann zwar sogar als Beglückung empfunden werden: »And it is my Happiness that I can see it [i. e. Love] on both sides the Vail or Skreen« (*Centuries* 4, 60); aber zweifellos ist die unverhüllte Präsenz der göttlichen Herrlichkeit doch ihrer Dissimulation vorzuziehen: »Felicity is amiable under a Vail, but most Amiable when most Naked« (*Centuries* 4, 13).

(2) Blickt man abschließend noch einmal auf die Instanz, die all das sieht, auf das Subjekt der Glückseligkeit, so setzt Traherne auch hier einen protomodernen Akzent. Aber selbst diese Verschiebung der Gewichte ruht systematisch auf einer neuplatonischen Grundlage und vollzieht sich als Refigurierung plotinischer *eudaimonia* wie augustinischer *beatitudo*. So stattet Traherne das menschliche Selbst mit den gleichen Grundzügen aus wie Plotin die Seele. Schematisch gesprochen: Das Subjekt ist kraft seiner Abkünftigkeit vom Einen fähig zu einer Selbstreflexion, die ihm ebendiese Beziehung zu einer transzendenten, denkend nicht mehr hintergehbaren Instanz (›Gott‹) als Basis all seiner Bewußtseinsleistungen vor Augen führt und ihm dabei zugleich den Weg seiner Rückkehr zu diesem Ursprung weist.[85] Die Selbsterkenntnis, zu der wir angehalten sind und zu der uns Trahernes Texte fortwährend zu ermuntern suchen, ist zugleich Erkenntnis Gottes bzw. der Gottähnlichkeit unserer Seele:[86]

85 Zu Strukturen und Aporien des hier relevanten Konzepts von Selbstbewußtsein vgl. Dieter Henrich, »Fichtes ursprüngliche Einsicht«, in: Dieter Henrich, Hans Wagner (Hg.), *Subjektivität und Metaphysik – Festschrift für Wolfgang Wagner*, Frankfurt/M. 1966, S. 188-232. Vgl. auch Jens Halfwassen, *Hegel und der spätantike Neuplatonismus. Untersuchungen zur Metaphysik des Einen und des Nous in Hegels spekulativer und geschichtlicher Deutung*, Hamburg ²2005; ders., *Plotin und der Neuplatonismus*, München 2004. Für einen Umriß der ›Modernität‹ des Plotinischen Subjektivitätskonzepts und der implizierten Theorie der Identität als Produkt der Selbsterkenntnis vgl. außerdem Sara Rappe, »Self-knowledge and subjectivity in the Enneads«, in: Gerson (Hg.), *The Cambridge Companion to Plotinus* (Anm. 9), S. 250-274.

86 Dabei mag man im Gestus der Einkehr des Selbst bei sich und in Trahernes wiederholtem Plädoyer für eine Verinnerlichung, die zugleich zur Einheit der Seele mit sich und mit ihrem transzendenten Prinzip führt, noch am ehesten Augustinische Echos vermuten, wiewohl für Augustinus (wie für Plotin) solche Reflexivität eine Angelegenheit der Rationalität (und nicht – wie für Traherne eben stets auch – eine Sache des exzessiven Gefühls) ist; vgl. z. B. *De vera religione* 39, 72: »Noli foras ire, in te ipsum redi; in interiore homine habitat veritas, et si tuam naturam mutabilem inveneris, transcende et te ipsum. Sed memento cum te transcendis, ratiocinantem animam te transcendere. Illuc ergo tende unde ipsum lumen rationis accenditur.« »Geh nicht nach draußen, kehr wieder ein bei dir selbst! Im

Over the Gate of Apollos oracle there was this Inscription. Know thy Selfe. [...] For He that Knows the Powers of the Soul, Shall See Himselfe an infinit Creature [...], in all Things the Image and Seal of God. For as a Sealing Seal, and a Seal Sealed has the Same Liniaments cuts and Figures, so hath He the Similitude of all the Divine Attributes, in the most Sublime and Illustrious manner. Infinity, Life, understanding, Power, with whatso ever else in hope or capacity. nor will there ever be found one Attribute in God, but it will imediatly appear in the Soul of man, if the Soul be Seen in a clear Light. By which man is made to be unto God, what God is: a God, unto God, and all his Creatures.[87]

Aus dieser Einsicht resultiert das Bewußtsein eines wechselseitigen Innewohnens von Gott und Seele, Präsenz des Göttlichen im Hiesigen und Partizipation des Selbst am Transzendenten – »A Perfect Indwelling of the Soul in God, and God in the Soul« (*Centuries* 4, 100) – und natürlich unendliche Freude.[88] Die Zirkulation des Göttlichen spiegelt sich wiederholt in der Zirkularität der Betrachtungen und im In-sich-Kreisen der Formulierungen:

inneren Menschen wohnt die Wahrheit. Und wenn du deine Natur noch wandelbar findest, so schreite über dich selbst hinaus! Doch bedenke, daß, wenn du über dich hinausschreitest, die vernünftige Seele es ist, die über dich hinausschreitet. Dorthin also trachte, von wo der Lichtstrahl kommt, der deine Vernunft erleuchtet.« Zitiert nach Augustinus, *De vera religione* (Anm. 30) 202f. Vgl. auch korrespondierende Passagen in den *Confessiones*, z. B. 7, 10: »Et inde admonitus redire ad memet ipsum, intravi in intima mea [...] et vidi qualicumque oculo animae meae supra eundem oculum animae meae, supra mentem meam, lucem incommutabilem [...].« »And being hence admonished to return to myself, I entered even into mine own inwards, [...] and with the eyes of my soul (such as it was) I discovered over the same eye of my soul, over my mind, the unchangeable light of the Lord [...].« Zitiert nach *St. Augustine's Confessions*, transl. by William Watts (1631) (Loeb Classical Library 26), 2 Bde., Cambridge/Mass., London 1977 (zuerst erschienen 1912), Bd. 1, S. 371. Zu diesem Zusammenhang und zu Augustins »subjektivistischer Argumentation« in *De trinitate* vgl. auch Therese Fuhrer, »Skeptizismus und Subjektivität: Augustins antiskeptische Argumentation und das Konzept der Verinnerlichung«, in: Reto Luzius Fetz, Roland Hagenbüchle, Peter Schulz (Hg.), *Geschichte und Vorgeschichte der modernen Subjektivität*, Bd. 1, Berlin, New York 1998, S. 319-339, hier S. 336. Zur Augustinischen Konzeption der *notitia sui*, ihrer neuplatonischen Grundlage und deren Modifikation, die ihrerseits auf die Aristotelischen Substrate der neuplatonischen Reflexivitätstheorie rekurriert, vgl. die ausführliche Rekonstruktion und Erörterung in Edward Booth, »St. Augustine's ›notitia sui‹ Related to Aristotle and the Early Neo-Platonists«, in: *Augustiniana* 27 (1977), S. 70-132, *Augustiniana* 28 (1978), S. 183-221, *Augustiniana* 29 (1979), S. 97-124.

87 *Select Meditations* 4, 6.

88 Vgl. auch die Litaneien des Glücks in *Select Meditations* 3, 72 und 4, 27.

No man can Infinitly Delight in his Being that sees not his Being at least Infinite [...] For He Delighteth in God because God hath made him to enjoy Infinite Blessedness, and to Delight in Himselfe Infinitly because he is [a] Creature Meet to enjoy Infinite Blessedness.[89]

Aber auch hier wird wieder eine frühneuzeitliche Radikalisierung der antiken Bestände spürbar. Trahernes Texte stellen nicht nur ihre Teilhabe an der unendlichen Kommunikativität des Guten[90] aus. Als hyperbolischer Denker des Einen[91] riskiert er auch den Vorwurf der Selbstvergöttlichung. Und sein Überschwang führt ihn in seiner poetischen Analyse des Selbst noch einen Schritt weiter an die Grenze religiöser Orthodoxie und vielleicht darüber hinaus. »My Spirit« (*Poems* 50-57), so der Titel des Gedichts, in dem dies wohl am deutlichsten expliziert und imaginativ praktiziert wird, ist nicht nur theophan, nicht nur ein Medium, das das Göttliche durchscheinen läßt, sondern selbst ein aktives Prinzip:

Whatever it doth do,
It doth not by another Engine work,
But by it self; which in the Act doth lurk.
Its Essence is Transformd into a true
And perfect Act.[92]

Traherne schreibt seinem »I« bzw. »Ey« transformative Kraft zu. Indem es seiner selbst inne wird, verwandelt es nicht nur sich selbst, sondern auch die Welt.[93] Es macht sie zu einem Gegenstand unendlicher Freude.

So kommunizieren Trahernes Texte die Glückseligkeit, die sie pre-

89 *Select Meditations* 2, 25; vgl. auch 2, 24.

90 Auch das ein neuplatonischer Topos: »God is Goodness infinitly Communicativ« (*Select Meditations* 3, 43); vgl. *Select Meditations* 4, 8: »Is He not Infinitly communicativ. Is He not the more Good the more He is communicativ.«

91 Vgl. stellvertretend für viele ähnliche Passagen *Select Meditations* 4, 29: »God is Happy in Himselfe, and Happy in us. Happy in Eternity, Happy in Time, Happy in Heaven, Happy in Earth, and So Shall we. Happy in the creation, [...] Happy in the Glory of his Eternal Kingdom; and so Shall we. who must of necessity be Transformed into his Divine Image, that we may thereby becom one with Him.«

92 »My Spirit«, Zeilen 29-34.

93 In »My Spirit«, Zeilen 45-51, wird sogar die ›konstruktivistische‹ Möglichkeit erwogen, daß die Objekte gänzlich und ausschließlich in seinem Bewußtsein existieren: »And evry Object in my Soul a Thought / Begot, or was; I could not tell, / Whether the Things did there / Themselvs appear, / Which in my Spirit truly seemd to dwell; / Or whether my conforming Mind / Were not alone even all that shind.«

digen, und machen sie zugleich zum zentralen Movens der Selbst- und Weltveränderung. Indem sie als Texte etwas zur Erfahrung anbieten, was ihr auktorialer Sprecher selbst erfahren zu haben behauptet,[94] artikulieren sie in der Anfangsphase der modernen Metaphysikfeindlichkeit vielleicht sogar gerade das, was in ihrem Jahrhundert zugleich notwendig und unmöglich erscheint: eine empiristische Metaphysik.[95] Dieser scheinbar rückgewandte, einem ›alten Denken‹ universaler Bezogenheit zugetane Dichter-Philosoph legt in seinem Bestehen auf der beglückenden Immanenz des Göttlichen im Irdischen ein ganzheitliches Modell des Denkens und Fühlens vor, das ihn auf überraschende Weise mit der ›Neuen Philosophie‹ des 17. Jahrhunderts in Berührung bringt.[96] Mag der Glückliche in Trahernes Version eine Art Dissimulant sein, ein Fürst, der von den meisten unerkannt sein Reich durchstreift,[97] so ist er doch gleichsam ein Gott *incognito*, ermächtigt und sich selbst ermächtigend durch seine Freude an allem: »That God should give us soe divine a Power. To transfigure all Things, and be Delighted!« (*Select Meditations* 2, 71).

94 *Select Meditations* 4, 3: »This Endless Comprehension of my Immortal Soul when I first saw it, so wholy Ravished and Transported my spirit, that for a fortnight after I could Scarsly Think or speak or write of any other Thing. But Like a man Doteing with delight and Extasie, Talk of it Night and Day as if all the Joy of Heaven and Earth were Shut up in it. For in very Deed there I saw the Divine Image Relucent and shining. There I saw the foundation of mans Excellency, and that which made Him a Son of God. Nor ever shall I be able to forget its Glory.«

95 Programmatisch wird die Berufung auf spirituelle Empirie in *Centuries* 3, 1 in Trahernes Ankündigung: »Those Pure and Virgin Apprehensions I had from the Womb, and that Divine Light wherewith I was born [...] are unattainable by Book, and therfore I will teach them by Experience.«

96 Vgl. die Bemerkungen von Stephen Clucas zum ›platonisierenden Atomismus‹ bei Traherne und More: Stephen Clucas, »Poetic Atomism in Seventeenth-Century England. Henry More, Thomas Traherne and ›Scientific Imagination‹«, in: *Renaissance Studies* 5, 3 (1991), S. 327-340; weiterhin die in eine ähnliche Richtung weisende Beobachtung in Marks, »Thomas Traherne and Cambridge Platonism« (Anm. 50), S. 527: »Here was the juncture of the new philosophy and Cambridge Platonism [...].«

97 »How Happy hast Thou made me O God in making me to Lov! A Divine and spirituall Lover is a wonderfull Great and unknown Creature. A strang Being here upon Earth. An Image of the Diety in the wilderness. A Disguised prince walking InCognito among forrein people. unknown, unseen, Incredible« (*Select Meditations* 2, 64; vgl. auch 2, 42).

Frank Wittchow

»Pallidus amaro aspectu«
Der Neid. Ein häßliches Gefühl?

1. Götterneid

Im zweiten Buch der *Metamorphosen* (708-832) erzählt Ovid eine Geschichte, deren zentrales Motiv, der Neid, auf den ersten Blick etwas gezwungen daherzukommen scheint. Der Gott Merkur (griech.: Hermes) fliegt zu Beginn dieser Erzählung über das attische Land, erblickt in einem Festzug zu Ehren der Göttin Minerva – also für Pallas Athene auf der Akropolis in Athen – die schöne Jungfrau Herse und entbrennt in Liebe zu ihr. Daheim bei sich lebt die schöne Herse, wie das so geht, mit zwei weniger schönen Schwestern, Aglauros und Pandrosos, die die Zimmer rechts und links neben dem ihren bewohnen.[1] Der Gott dringt in das Haus ein und wird von Aglauros, der Schwester im linken Nachbarzimmer, zuerst erblickt. Merkur verzichtet auf unnötige Umschweife und erklärt seine Absichten:

> Ich bin der Enkel des Atlas und der Pleione. Ich trage die Befehle meines Vaters durch die Lüfte; und mein Vater ist Jupiter selbst! Ich will keine Ausreden erfinden: Sei du nur treu zu deiner Schwester und laß dich Tante unserer Nachkommenschaft nennen. Herse ist der Grund meines Kommens. Ich bitte dich, sei dem Liebenden hold![2]

Aglauros, heißt es weiter, habe den Gott mit denselben Augen angeblickt, mit denen sie kürzlich das Geheimnis der Minerva geschaut habe, und sich für ihren Dienst als Kupplerin und Vertraute des Gottes eine große Menge Gold versprechen lassen; einstweilen aber solle der Gott das Haus verlassen.[3] Den Hintergrund für den merkwürdigen Blick der Aglauros hatte Ovid ein bißchen weiter vorne in demselben zweiten Buch seiner *Metamorphosen* erzählt (553-562). Die jungfräuliche Göttin Minerva hatte natürlich keine Kinder; allerdings fühlte sie sich ein wenig peinlich berührt von der Geburt

1 Ovid, *Metamorphosen* 2, 737-739.

2 Ebd., 742-747 (Übers. F. W., unter Konsultation von P. Ovidius Naso, *Metamorphosen*. Lateinisch/Deutsch, übers. von Michael von Albrecht, Stuttgart 1994).

3 Ebd., 748-751.

des kleinen Erichthonius. Denn der war aus dem zur Erde gefallenen Samen des Vulkan entstanden, als dieser sich vergeblich darum bemüht hatte, Minerva zu vergewaltigen. Sie verbarg deshalb das Kind in einem mit Blattwerk verhängten Körbchen und übergab es just den drei Schwestern Herse, Aglauros und Pandrosos – mit der Auflage, keinesfalls hineinzuschauen! Es war natürlich Aglauros, die *doch* nach dem Inhalt des Körbchens schielte. Bisher war ihr selbst deswegen noch nichts geschehen. Jetzt aber, angesichts einer Episode, die mit ihr selbst gar nichts zu tun hat, erinnert sich Minerva des begangenen Frevels.

Die kriegerische Göttin wandte ihr den Kreis ihres finsteren Blickes zu und zog mit solcher Bewegung die Luft ein, daß sie zugleich ihre Brust und die auf der wackeren Brust gelagerte Aegis erschütterte. Ihr wurde bewußt, daß diese Frau mit profanem Griff ihre Geheimnisse gelüftet hatte, damals, als sie gegen die Abmachung den ohne Mutter geschaffenen Sproß des lemnischen Gottes anschaute, und ihr wurde klar, daß sie jetzt dem Gott Hermes lieb sein würde und auch ihrer Schwester Herse und daß sie reich sein würde durch das Gold, das sie gierig gefordert hatte.[4]

Es läßt sich bereits erahnen, daß diese Geschichte für die gierige Aglauros nicht gut ausgehen wird. Aber es ist nicht die Gier, die der Aglauros zum Verhängnis wird, sondern der Neid. Auch wenn Gier und Neid gewiß keine unvereinbaren Gefühle sind, sondern vieles gemeinsam haben (negative moralische Konnotation, unkontrolliertes und unreflektiertes Streben nach fremdem Gut), überrascht diese Volte des Erzählers etwas, hätte die Gier allein doch ausgereicht, die Erzählung zu organisieren. Die Gewaltsamkeit dieses Wechsels in der Motivation und damit in der Motivik macht Ovid selbst zum Thema dieser Episode. Denn der Neid betritt die Szene *aufgrund* göttlicher Gewalt, im Rahmen eines göttlichen Anschlags, und bemächtigt sich als zerstörerische Energie der törichten Schwester. Jedoch: Die Göttin schaut in der oben zitierten Stelle mit finsterem Blick auf den Erfolg dieser sterblichen Frau und empfindet darüber Unmut: Könnte man bereits diese Geste als Ausdruck von Neid bezeichnen? Eines Neides, den zunächst die Göttin empfindet?

Es gibt in der Antike die weitverbreitete Vorstellung des Götterneides; tatsächlich ist er in analoger oder auch transformierter Form bis heute wirksam: Wir klopfen auf Holz, wenn wir ein besonderes

4 Ebd., 752-759.

Glück, das uns zuteil wird, aussprechen, um eine irgendwie metaphysische Kraft der Vergeltung zu bannen.[5] In der griechisch-römischen Antike wird der Neid der Götter in selbstverständlicher Weise als ubiquitär vorausgesetzt und erlebt. Es gab freilich auch andere Ansichten zu diesem Thema; eine philosophisch aufgeklärtere Sicht unterstellte dieses allzu menschliche Gefühl ungern einem konkreten Gott.[6] Ebenso milderte die Vorstellung einer ausgleichenden *tychê* den Gedanken des Götterneids.[7] Der römische Historiker Livius berichtet hierzu eine typische Episode (*Ab urbe condita* 45, 40f.): L. Aemilius Paulus hatte vier Söhne, der Stolz eines jeden adligen Römers, der das Fortleben seiner Sippe (*gens*) gesichert sehen will. Er gibt deshalb zwei seiner Söhne an andere Familien, die nicht dasselbe Glück hatten wie er, zur Adoption weiter. Doch als er 167 v. Chr. siegreich aus Makedonien zurückkommt, stirbt ihm kurz vor seinem Triumphzug erst der eine, am Abend des Triumphes der zweite Sohn weg. Die *gens* des adelsstolzen Römers ist damit erloschen. Der Vater äußert sich zu diesem Vorfall kurz darauf in einer Rede an das römische Volk, die Livius ihm in den Mund legt:

5 Helmut Schoeck, *Der Neid und die Gesellschaft*, Freiburg, Basel u.a. ²1972, S. 113-123; Eric Robertson Dodds, *Die Griechen und das Irrationale*, Darmstadt 1970 (Übers. der 5. Aufl., Berkeley, Los Angeles 1966), S. 19; Martin P. Nilsson, *Geschichte der griechischen Religion*, Bd. 1: *Die Religion Griechenlands bis auf die griechische Weltherrschaft*, München ³1992 (zuerst erschienen 1967), S. 735 (mit der dortigen Anm. 1).

6 Schoeck, *Der Neid und die Gesellschaft* (Anm. 5), S. 113f., 118.

7 Thomas Rakoczy, *Böser Blick, Macht des Auges und Neid der Götter. Eine Untersuchung zur Kraft des Blickes in der griechischen Literatur*, Tübingen 1996, ist generell der Ansicht, daß *phthonos* immer etwas mit dem »bösen Blick« zu tun habe. Wenn Menschen sich zu sehr exponieren, fällt der Blick der Götter auf sie, und dieser Blick allein stellt die Gleichheit wieder her, zum Teil fast in einer mechanistischen Notwendigkeit (S. 254). Es mag sein, daß Rakoczy hier etwas Wichtiges zur Genese des Neides herausgefunden hat, aber die philosophisch-abstrakteren Konzepte des Neides, die er selbst für die Antike benennt, mögen doch auch kulturell wirkmächtiger sein, als er selbst es darstellt. Die Livius-Episode, die ich im folgenden biete, folgt doch ganz klar einem »Ausgleichsmodell« (S. 253), nach dem die Tyche zu großes Glück wieder ausgleicht. Zu Neid bei den Griechen auch: Peter Walcot, *Envy and the Greeks. A Study of Human Behavior*, Warminster 1978. Zum Götterneid allgemein: Friedhelm Decher, *Das gelbe Monster. Neid als philosophisches Problem*, Springe 2005, S. 18-26; Rolf Haubl, *Neidisch sind immer nur die anderen. Über die Unfähigkeit, zufrieden zu sein*, München 2001, S. 37-40. Zu Emotionen in der Antike jetzt auch: Diana Bormann, Frank Wittchow (Hg.), *Emotionalität in der Antike. Zwischen Performativität und Diskursivität. Festschrift für Johannes Christes, dargebracht von Freunden und Kollegen*, Berlin 2008.

Ich glaube, daß ihr wißt, Quiriten, sowohl mit welch glücklichem Erfolg ich den Staat verwaltet habe als auch welche zwei Blitze mein Haus in diesen Tagen erschüttert haben. Bald boten euch ja mein Triumph, bald die Beerdigungen meiner Kinder ein Schauspiel. Dennoch bitte ich euch, daß ihr zulaßt, daß ich, mit der gehörigen Haltung, in wenigen Worten mein privates Schicksal mit dem öffentlichen Erfolg vergleiche. [...] Alle Gemeinden Makedoniens haben sich ergeben, der königliche Schatz kam in unsere Gewalt, der König [Perseus] selbst wurde im Tempel von Samothrake zusammen mit seinen Kindern gefangengenommen, so, als würden ihn die unsterblichen Götter selbst ausliefern. Auch mir schien dies ein zu großes und deshalb suspektes Glück zu sein. [...] Da aber das Rad des Glückes die Gewohnheit hat, sich von oben wieder nach unten zu drehen, wünschte ich mir, daß lieber mein Haus als der Staat den Wechsel des Glückes zu spüren bekommen möge. Und so hoffe ich, daß das öffentliche Glück sich in meiner so spektakulären Katastrophe ausagiert hat, wo doch mein Triumph, wie zum Spott über die menschlichen Wechselfälle, zwischen die beiden Begräbnisse meiner Kinder gelegt wurde. Und obwohl nun ich und Perseus beide als besonders prominente Beispiele des menschlichen Loses angesehen werden, hat doch jener, der, selbst ein Gefangener, mit ansehen mußte, wie seine Kinder als Gefangene vorgeführt wurden, sie doch wenigstens noch am Leben; ich, der ich über ihn triumphierte, stieg vom Begräbnis des einen auf den Triumphwagen, den anderen fand ich, vom Capitol zurückkehrend, schon fast verscheidend vor. Es ist kein Kind aus der großen Nachkommenschaft übrig, das den Namen des L. Aemilius Paulus tragen könnte. [...] Aber dieses Unglück meines Hauses wird durch euer Glück und das Wohlergehen des Staates gelindert.[8]

L. Aemilius Paulus bleibt abstrakt; er spricht auch nicht von irgendwelchen Göttern, sondern vom Rad der *fortuna*, das unvermeidlich wieder unterpflügt, was es einmal nach oben gedreht hat. In einer Geste, die typisch ist für einen römischen Magistrat, versucht der Makedonensieger nicht gegen diese Bewegung aufzustehen, sondern sie im Sinne des Staates zu manipulieren. Der Neid der Götter ist aus dieser römischen Auffassung von Religion, die den Göttern keine menschlichen Emotionen unterstellt,[9] als explizites Gedankenmodell verschwunden, funktional aber doch noch erhalten ge-

8 Livius, *Ab urbe condita* 45, 41 (Übers. F.W.)

9 Schon Romulus soll Fabeln der griechischen Mythologie aus dem römischen Götterhimmel verbannt haben, wie Dionys von Halikarnass (2, 18, 3) berichtet, vgl. Fritz Graf, »Der Mythos bei den Römern. Forschungs- und Problemgeschichte«, in: ders. (Hg.), *Mythen in mythenloser Gesellschaft. Das Paradigma Roms* (Colloquium Rauricum 3), Stuttgart, Leipzig 1993, S. 31.

blieben.[10] Auf die Strategien der Römer, mit Neid umzugehen, werden wir in anderem Kontext zurückkommen. Wenden wir uns aber noch einmal den *Metamorphosen* zu.

Ovid vermenschlicht, anders als es römische Religionspraxis ist, die Götter immer wieder, deshalb könnte es Ovidische Ironie sein, die Minerva ganz privat als neidisch darzustellen. Ist das Glück der Aglauros, das sie einem anderen Gott abtrotzt, wirklich so groß, daß es den Neid der Göttin hervorruft? Oder ist es nicht vielmehr Empörung darüber, daß hier jemand Erfolg hat, der durch seinen Frevel einen solchen Erfolg nicht nur nicht verdient – großes Glück ist, wie wir bei Aemilius Paulus gesehen haben, in gewisser Weise ja immer unverdient –, sondern sogar ausdrücklich verspielt hat? In der Ovidischen Imagination jedenfalls wird der Neid in ausdrücklicher Form erst in der nächsten Etappe der Geschichte benannt. Nachdem die Göttin der Ärger über den Erfolg der Aglauros erfaßt hat, reagiert sie folgendermaßen:

Sofort geht sie zum Haus der Invidia [dt.: Neid], das von schwarzem Eiter starrt. Deren Wohnung ist in den tiefsten Schluchten versteckt, es dringt keine Sonne dorthin, kein Wind findet dorthin seinen Weg, es ist trübe und voll von lähmender Kälte; Feuer brennt dort keines, dafür ist es übervoll von Nebel. Als die furchterregende Kriegsjungfrau dort hingelangt war, blieb sie vor dem Haus stehen (sie hat nämlich nicht das Recht, das Innere zu betreten) und schlug mit der Speerspitze an die Türpfosten. Die Türflügel öffnen sich auf das Klopfen; drinnen sieht sie die Neidgöttin, wie sie Vipernfleisch ißt, um ihre Fehler und Makel zu nähren, und als diese den Blick erwidert, wendet sich Minerva ab; aber die andere erhebt sich faul vom Boden und läßt den Balg der halbgegessenen Schlangen liegen und schreitet mit trägem Schritt. Als sie die Göttin erblickt, die durch ihre Gestalt und die Waffen schön war, stöhnt sie auf und verzieht ihr Gesicht beim Luftholen. Blässe

10 Nach römischer Auffassung ist der Mensch im allgemeinen, der römische Amtsträger im besonderen wirklicher Kommunikationspartner der Götter. Menschliche Gesten begründen die Teilhabe des Menschen an den Vorgängen der Natur, sie sind in sie eingebettet. Die Götter sind zwar mächtiger als die Menschen, aber ihre Macht ist nicht in einem konzeptionellen Sinne »übernatürlich«. Deshalb können römische Beamte z. B. Vorzeichen manipulieren, etwa wenn ein Consul sich in einer geschlossenen Sänfte zu einer Schlacht bringen läßt, um keine negativen Prodigien wahrnehmen zu müssen. Dies ist zwar ein Trick, aber keine Blasphemie. Vgl. dazu: Andrew Feldherr, *Spectacle and Society in Livy's History*, Berkeley, Los Angeles u. a. 1998, S. 53 und das gesamte Kapitel 3 seines Buches. Zur Gestik der Römer als Teilhabe an der Natur: Anthony Corbeill, *Nature Embodied. Gesture in Ancient Rome*, Princeton, Oxford 2004.

sitzt ihr auf dem Gesicht; Auszehrung zeigt sich am ganzen Körper, ihr Blick ist nirgends grad heraus, die Zähne faulen dunkel; die Brust ist grün von Galle, die Zunge von Gift unterlaufen. Sie lacht nicht, es sei denn, sie sieht, wie jemanden ein Schmerz befällt, sie wird von Sorgen wachgehalten und genießt keinen Schlaf, sondern sieht immerzu die ihr verhaßten Erfolge der Menschen vor sich und vergeht beim Schauen und fleddert sie und wird zugleich dabei zerfleddert und ist sich selber Strafe. Und obwohl sie sie haßt, spricht die Göttin Minerva sie auf folgende Weise an: ›Infiziere mit deiner Jauche eine der Cecropstöchter. Es muß sein. Sie heißt Aglauros.‹ Mehr sagt sie nicht, sondern flieht und stößt sich mit der Lanze vom Boden ab.[11]

Die Neidgöttin schaut der Minerva neidisch hinterher und gehorcht, obwohl es sie bitter ankommt, daß sie damit der Göttin einen Erfolg beschert. Auf ihrer Reise verseucht sie die Landstriche, über die sie fliegt, mit ihrem Atem; als sie Athen erreicht, krampft sich ihr Herz zusammen angesichts des schönen Parthenon. Am Ende aber befällt sie, wie geheißen, das Herz der Aglauros. Sie stellt ihr das große Glück ihrer Schwester Herse vor Augen und »macht alles groß« (»cuncta magna facit«). Aglauros verzehrt sich deshalb vor Neid, erwägt, die Liebschaft des Gottes ihrem Vater zu verraten, setzt sich dann aber vor die Schwelle von Herses Zimmer und droht Hermes, sie werde von da nicht mehr weggehen. Der enttäuschte Gott nimmt diese Drohung in einer von Aglauros natürlich nicht beabsichtigten Weise wörtlich und verwandelt sie in einen Stein.

2. Neid und Entrüstung

Wenn man die Episode aus den *Metamorphosen* aufmerksam liest, so wird deutlich, daß Minerva selbst nicht neidisch ist. Die Göttin hält sorgfältigen Abstand zur Invidia, ja es ist ihr sogar vom göttlichen Recht her verboten, das Haus des Neides zu betreten. Anders ausgedrückt: Minerva kann gar nicht neidisch sein. Aglauros wird neidisch. Warum aber ist das Gefühl, das Minerva befällt, dem des Nei-

11 Ovid, *Metamorphosen* 2, 759-785 (Übers. F. W., unter Konsultation von Ovid, *Metamorphosen* [Anm. 2]). Zur allegorischen Bedeutung vgl. Matthew W. Dickie, »Metamorphoses 2. 760-64«, in: *American Journal of Philology* 96 (1975), S. 378-390.

des eigentlich so ähnlich? Die Göttin wendet den Blick zornig auf Aglauros; der Neid blickt scheel auf die Göttin. Minerva seufzt tief auf, ebenso der Neid bzw. die Neidgöttin, als sie die schöne Göttin erblickt. Minerva zürnt, als sie des Glücks der Aglauros gewahr wird, Aglauros, als ihr das ihrer Schwester vor Augen geführt wird. Dies sind unbestreitbar Gemeinsamkeiten. Doch Ovid hat kleine ästhetische Unterschiede eingebaut: Der Blick der Minerva ist »geradeheraus« und nicht »schief« wie der der Invidia, denn ihr Auge ist *torvus*, das heißt scharfblickend und grimmig.[12] Wenn sie einatmet, hebt sich ihre stolze Heldenbrust und bewegt die Aegis, während der Neid beim Seufzen das Gesicht verzieht. Der Unterschied ist einerseits subtil, andererseits substantiell: Es geht um die Unterscheidung eines schönen und eines häßlichen Gefühls. Die ganze Darstellung der Invidia ist häßlich und abstoßend, die Göttin ist strahlend und schön.

Ovid ist es offenbar darum zu tun, einen Dualismus darzustellen. Dieser Dualismus ist aristotelisch und betrifft die Unterscheidung von *nemesis* und *phthonos*, die der Philosoph Aristoteles im zweiten Buch seiner *Rhetorik* vornimmt. *Nemesis* ist dabei die Empfindung von Schmerz angesichts eines unverdienten Erfolgs, während Neid die Empfindung von Schmerz über den Erfolg eines anderen ist, der zur gleichen Gruppe gehört wie wir, wörtlich »Schmerz nicht über den Erfolg eines Unwürdigen, sondern über den eines Gleichen und Ähnlichen«.[13] Das Lateinische kann diese Unterscheidung nicht so

12 Zur Logik der Blicke in dieser Episode zentral: Denis C. Feeney, *The Gods in Epic. Poets and Critics of the Classical Tradition*, Oxford 1993, S. 243-249.

13 Aristoteles, *Rhetorik* 1386b8-24: »Zum Sich-Erbarmen (*eleein*) ist das Sich-Entrüsten (*nemesan*) sein eigentliches Gegenstück. Denn Trauer über unverdientes Wohlergehen ist Trauer über unverdiente Mißgeschicke in gespiegelter Form. Und beide Affekte (*pathê*) zeugen von gutem Ethos. Denn man muß mit denen, denen es unverdient schlechtgeht, mitempfinden und sie bemitleiden, über die aber, denen es unverdient gutgeht, sich entrüsten. Denn was unverdient geschieht, ist ungerecht. Deshalb räumen wir den Göttern auch ein, sich zu entrüsten. Es möchte nun scheinen, daß auch der Neid dem Mitleid auf die gleiche Weise Gegenstück ist, weil er doch irgendwie das Gleiche ist wie das Sich-Entrüsten; aber es ist etwas anderes. Denn die Betrübnis, die empfunden wird, ist zwar auch aufwühlend und der Neid bezieht sich auch auf ein Wohlergehen [eines anderen], aber eben nicht das eines Unwürdigen, sondern das eines Gleichen und Ähnlichen. Gerade der Umstand aber, daß man nicht fürchtet, einem selbst könnte etwas anderes zustoßen, sondern die Betrübnis über die [soziale] Nähe [sc. des begünstigten anderen], ist für alle Fälle von Neid konstitutiv. Denn das wäre kein Neid und

leicht treffen, denn *invidia* läßt zunächst offen, welcher Motivation die Entrüstung, die man empfindet oder erregt, entspringt.[14] Immerhin ist das lateinische Wort *indignatio* hier eindeutiger (wenn auch seltener),[15] und wir werden ab jetzt im Lateinischen zwischen Neid als *invidia* (i. e. *phthonos* – Seneca etwa hat *invidia* in diesem Sinne spezifiziert,[16] und ganz sicher denkt Ovid bei seiner Darstellung der Invidia auch nicht an einen neutralen Gebrauch im Sinne von »Mißgunst«) und Entrüstung als *indignatio* unterscheiden. Denn die Aristotelische Unterscheidung, mag sie auch dem römischen Denken zunächst fremd sein, ist doch so subtil wie wesentlich; sie behandelt die Nähe der Affekte – als solche betrachtet sie Aristoteles – von Neid, Entrüstung und Ehrgeiz/Eifersucht (*zêlos*).[17] Analog erklärt sich die Darstellung des Ovid, in der die Ähnlichkeit von *indignatio* und *invidia* narrativ inszeniert wird. Minerva handelt aus

auch keine Entrüstung mehr, sondern Angst, wenn die Betrübnis und Beunruhigung eben dadurch entstünde, daß es einem selbst schlecht ergehen könnte durch das Glück eines anderen« (Übers. F. W., unter Konsultation von Aristoteles, *Rhetorik*, übers. und hg. von Gernot Krapinger, Stuttgart 1999, und Aristoteles, *Rhetorik*, 1. Halbbd., übers. und erl. von Christof Rapp, Darmstadt, Berlin 2002).

14 Klaus Stiewe, »Invidia, invideo«, in: *Museum Helveticum* 16 (1959), S. 163, Anm. 11: »[...] das ist römischer Sprachgebrauch, für den die *invidia*, in der man steht, sehr häufig bis auf geringe Nuancen mit *odium* zusammenfällt.« Nach Robert A. Kaster, »Invidia, νέμεσις, φθόνος and the Roman Emotional Economy«, in: David Konstan, N. Keith Rutter (Hg.), *Envy, Spite and Jealousy. The Rivalrous emotions in Ancient Greece*, Edinburgh 2003, S. 254f. (wieder in: Robert A. Kaster, *Emotion, Restraint and Community in Ancient Rome*, Oxford 2005, S. 84-103), bezeichnet *invidia* außerdem sowohl den Neid, den man empfindet, als auch den, den man erregt, ist also Neiden und Beneidet-Werden. Um hier Klarheit zu schaffen, haben die Römer das Wort *invidentia* allein für aktives Beneiden geschaffen (Cicero, *Tusculanae disputationes* 3, 20). In *Tusculanae disputationes* 4, 17 unterscheidet Cicero zwischen *invidentia* (*phthonos*/Neid), *aemulatio* (*zêlos*/Ehrgeiz) und *obtrectatio* (*zêlotypia*/Eifersucht). Vgl. Decher, *Das gelbe Monster* (Anm. 7), S. 53, und (genauer) Margaret Graver, *Cicero on the Emotions. Tusculan Disputations 3 and 4*, Chicago, London 2002, S. 89, 142-146. Nicht zugänglich war mir Manfred Schaupp, *Invidia. Eine Begriffsuntersuchung*, Freiburg 1962.

15 Der *Thesaurus linguae Graecae* bietet *indignatio* als Übersetzung von *nemesis* an.

16 Ingrid Odelstierna, *Invidia, Invidiosus, and Invidiam Facere. A Semantic Investigation*, Uppsala 1949, S. 11 (mit dortiger Anm. 4), 12 (mit dortiger Anm. 1) zu Seneca, *De tranquillitate animi* 9, 2, 10 und *Ad Marciam* 19, 6 unter Hinweis auf Chrysipp (Diogenes Laertius, *Leben und Meinungen* 7, 111).

17 Aristoteles, *Rhetorik* 1386b10-1388b30; zu *zêlos* 1388a31-b30. Auch Decher, *Das gelbe Monster* (Anm. 7), S. 13, spricht vom Neidaffekt.

einer *indignatio* über einen unverdienten Erfolg heraus,[18] während Aglauros aus Neid handelt. Dieser Neid ist ihr von Minerva selbst als Strafe verhängt worden. Dies ist eine typisch Ovidische Umdeutung des Gedankens vom Neid der Götter: Aglauros' Erfolg wird nicht durch den Neid, den die Götter *empfinden*, sondern durch den Neid, den die Götter sie empfinden *lassen*, zunichte gemacht. Aglauros empfindet wirklichen Neid über die Erhöhung einer Gleichen, nämlich ihrer Schwester.

3. Neid und Verdoppelung

Es ist in der Tat so, und diese Erkenntnis zieht sich durch die gesamte Neidliteratur, daß der Neid zunächst ein Phänomen sozialer Nähe ist (was Theorien vom Sozialneid etwas problematisch erscheinen läßt, siehe unten). Der Bauer beneidet nicht den Ritter, sondern den Bauern mit den größten Kartoffeln und schimpft ihn zur Entlastung einen Dummkopf.[19]

Das hat besonders für die literarischen Imaginationen des Neides eine häufige Konsequenz nach sich gezogen: Ich nenne dies das Motiv der Verdoppelung. Es scheint eine Binsenweisheit zu sein, daß zum Neid immer zwei gehören.[20] Die Ovidische Erzählung von Herse und Aglauros zeigt jedoch, daß dies von der Sache her keineswegs notwendig ist, aber literarisch immer wieder attraktiv wurde.

18 Vgl. Aristoteles, *Rhetorik* (Anm. 13): »Denn was unverdient geschieht, ist ungerecht. Deshalb räumen wir den Göttern auch ein, sich zu entrüsten.«

19 Vgl. Aristoteles, *Rhetorik* 1388a17; Schoeck, *Der Neid und die Gesellschaft* (Anm. 5), S. 18, 37-40, 66, 155-158, 184f.; Friedrich Nietzsche, *Der Wanderer und sein Schatten* 27, 29, 30 (Friedrich Nietzsche, *Menschliches, Allzumenschliches. Zweiter Band. Nachgelassene Fragmente. Frühling 1878 bis November 1879*, Berlin 1967, S. 198-201, in 29 offenbar mit direktem Bezug auf Aristoteles); Mihinea Moldoveanu, Nitin Nohria, *Master Passions. Emotion, Narrative, and the Development of Culture*, Cambridge/Mass., London 2002, S. 89; Francis Bacon, *Of Envy* ‹http://classiclit.about.com/library/bl-etexts/fbacon/bl-fbacon-env.htm›, zuletzt besucht am 8. 10. 2007: »Lastly, near kinsfolks, and fellows in office, and those that have been bred together, are more apt to envy their equals, when they are raised«; Decher, *Das gelbe Monster* (Anm. 7), S. 48, 63.

20 Darin unterscheidet Neid sich von Eifersucht, die sich zwischen drei Parteien abspielt (Liebender, Geliebter, Rivale). Dazu David Konstan, »Before Jealousy«, in: Konstan, Rutter (Hg.), *Envy, Spite and Jealousy* (Anm. 14), S. 9f., und Decher, *Das gelbe Monster* (Anm. 7), S. 78.

Herse hat *zwei* Schwestern, die auf sie neidisch sein könnten, der Konflikt spielt sich aber nur zwischen ihr und Aglauros ab. Grundsätzlich hätte Ovid auch eine Neidgeschichte mit mehreren Geschwistern erzählen können, so wie die von Joseph und seinen Brüdern.[21] Die Verdoppelung ist nicht notwendig, aber erzählerisch immer attraktiv, wenn es um Neidgeschichten geht. Das lateinische Motto dieses Aufsatzes etwa stammt aus den *Confessiones* des Augustin (1, 7, 11) und bezieht sich auf den bleichen, bitteren Blick eines Säuglings, den dieser seinem Milchbruder zuwirft, der gleichzeitig mit ihm an den Brüsten derselben Amme saugt. Augustin hat hier in wenigen Strichen das Drama der Eifersucht eingefangen: Zwei menschliche Wesen, die noch nichts von der Welt wissen und die wirklich exakt über die gleichen Ressourcen verfügen, kennen doch schon das eine sündige Gefühl: den Futterneid auf den Gleichen.[22] Kain und Abel, Romulus und Remus, Herse und Aglauros. Das Ge-

21 Speziell die Joseph-Geschichte ist auch eine Eifersuchtsgeschichte, schließlich ist den Brüdern »durch das Vorziehen des Joseph [...] etwas entzogen, worauf sie Anspruch haben« (Claus Westermann, *Die Joseph-Erzählung. Elf Bibelarbeiten zu Genesis 37-50*, Stuttgart 1990, S. 27). Dies aber ist der Unterschied zwischen Eifersucht und Neid. Neid mißgönnt, wenn ein Gleicher etwas hat, was man nicht haben kann, Eifersucht liegt vor, wenn ein anderer uns nimmt, was wir besaßen und worauf wir Anspruch haben. Vgl. Schoeck, *Der Neid und die Gesellschaft* (Anm. 5), S. 65f. (nach Simmel); Francesco Alberoni, *Gli Invidiosi*, Mailand 1991, S. 31f.; Konstan, »Before Jealousy« (Anm. 20), S. 10; François Lelord, Christophe André, *Die Macht der Emotionen und wie sie unseren Alltag bestimmen*, München 2008, S. 81, weisen aber mit Recht darauf hin, daß die Brüder nicht allein auf die Liebe des Vaters, sondern auch auf die Vorzüge des Bruders neidisch sind, mithin auf etwas, worauf sie keinen Anspruch haben. Es geht um Neid und Eifersucht, die häufig gemeinsam auftreten (ebd.).

22 »Ich habe die Eifersucht beim Kleinkind gesehen und erfahren. Es konnte noch nicht sprechen und schaute doch schon bleich und mit bitterem Blick auf seinen Milchbruder. [...] Es sei denn, dies ist Unschuld, wenn man genau an der reichlich fließenden und überschießenden Quelle der Milch seinen bedürftigsten und sich allein mit diesem Nahrungsmittel am Leben erhaltenden Genossen nicht erträgt!« (Übers. F. W.). Auch Augustin spricht hier mit Recht von der Eifersucht (*zelare* nach griech.: *zêloô*), denn viele Konflikte unter Brüdern beziehen sich auf den vermeintlichen und wirklichen Verlust elterlicher Zuneigung. Da diese Untersuchung den Neid als literarisches Motiv ins Zentrum stellt und soziologisch-psychologische Fragestellungen dieser literaturwissenschaftlichen Fragestellung unterordnet, mag es genügen, auf diese Differenzierung hinzuweisen. Die Unterstellung der Sünde beim Säugling mag absurd klingen, aber auch die Psychoanalytikerin Melanie Klein ging davon aus, daß der Neid bereits an der Mutterbrust entsteht.

schwisterpaar, überboten noch durch das Zwillingspaar: Das sind mythische und literarische Imaginationen der Verdoppelung, die den vergleichenden Blick des Neidischen inszenieren.[23] Denn es ist eigentlich der Neidische, der die Verdoppelung leistet, der sich vergleicht und Gemeinsamkeiten feststellt, die nur den Erfolg des anderen als unpassend, anders und damit ungerecht erscheinen lassen.[24] Die Literatur vollzieht diese Verdoppelung nur auf der symbolischen Ebene nach.[25] Und sie hat dazu verschiedene Möglichkeiten. Der vielleicht berühmteste Roman, der je über den Neid verfaßt wurde, ist das Buch *Der talentierte Mr. Ripley* von Patricia Highsmith.[26] Der Roman spielt in den 1950er Jahren zuerst in den USA und dann in Europa, vornehmlich in Italien. Der junge Tom Ripley ist Angestellter beim Finanzamt. Er leidet darunter, daß es ihm seine Herkunft nicht erlaubt, ein mondänes Leben zu führen, obwohl er sich selbst für begabt genug hält, um einen lukrativen Job zu bekommen. So läßt Highsmith ihn (in der Figur der bewegten Rede) räsonieren: »Er war mathematisch begabt. Warum zum Teufel wurde er dafür nicht an irgendeinem Posten bezahlt?«[27] Ripley beginnt kleine Betrügereien; so schreibt er einigen Steuerpflichtigen, daß sie eine Steuernachzahlung zu gewärtigen hätten, und nennt ihnen eine obskure Adresse als vermeintliche Außenstelle des Finanzamtes, an die sie Barschecks senden sollen. Ripley betrachtet diesen Betrug aber

Vgl. dazu Verena Kast, *Neid und Eifersucht. Die Herausforderung durch unangenehme Gefühle*, München 2004, S. 94. Zur Geschwisterrivalität ebd., S. 133-135, und Schoeck, *Der Neid und die Gesellschaft* (Anm. 5), S. 37-46.

23 Elisabeth Frenzel, *Motive der Weltliteratur. Ein Lexikon dichtungsgeschichtlicher Längsschnitte*, Stuttgart ⁴1992, s. v. »Brüder, die verfeindeten«, S. 80-94. Zum Vergleich als zentrales Movens und Merkmal des Neides äußern sich eigentlich alle Theoretiker des Neides, z. B. Haubl, *Neidisch sind immer nur die anderen* (Anm. 7), S. 123-142; Decher, *Das gelbe Monster* (Anm. 7), S. 105-118. Zum Geschwisterneid speziell Haubl (siehe oben), S. 188-202.

24 Decher, *Das gelbe Monster* (Anm. 7), S. 13, 15; Alberoni, *Gli Invidiosi* (Anm. 21), S. 49, 51-55; Stephan Vogel, *Neid*, Regensburg 1992, S. 48.

25 Vgl. auch Mervyn Nicholson, *Male Envy. The Logic of Malice in Literature and Culture*, Lanham, Boulder u. a. 1999, S. 2.

26 Patricia Highsmith, *The Talented Mr. Ripley*, zuerst erschienen New York 1955. Die deutschen Zitate aus der Übersetzung von Melanie Walz (*Der talentierte Mr. Ripley*, Zürich 2002) in der Sonderausgabe der *Süddeutschen Zeitung* (München 2004). Auf Seitenangaben für das Amerikanische wurde angesichts der Fülle populärer Textausgaben verzichtet.

27 Ebd., S. 10.

zunächst nur als eine Art Fingerübung, denn er wagt nicht, die Schecks einzulösen und vernichtet sie: »Das ganze war folglich nichts weiter als ein boshafter Scherz. Ein handfester Spaß. Er bestahl ja niemanden. Bevor er nach Europa abfuhr, dachte er, würde er die Schecks vernichten.«[28] Ripley hat aber dennoch einige Freude an seinem Coup. Dann aber verändert ein Zufall sein Leben. Mr. Herbert Greenleaf, ein reicher Reeder, erkennt in Tom einen ehemaligen Freund seines Sohnes Dick und bittet ihn, nach Italien zu reisen, um Dick (Richard) Greenleaf, der an der italienischen Küste das Leben eines reichen Müßiggängers führt, wieder nach Amerika zurückzuholen. Tom, dem der Boden in Amerika ohnehin zu heiß geworden ist, nimmt das Angebot an und reist, jetzt mit gutem Geld ausgestattet, nach Europa. Dort trifft er auf Dick, der sich natürlich nicht mehr an den blassen Tom erinnert und seine Bekanntschaft zunächst ablehnt. Toms Mission droht zu scheitern, dann aber legt er in einem letzten, verzweifelten Versuch, sich interessant zu machen, alle Karten auf den Tisch, verrät, daß er nicht zufällig, sondern im Auftrag von Dicks Vater in Italien sei, und gewinnt so das Vertrauen des jungen Millionärssohnes. Gemeinsam beschließen sie, das väterliche Geld, das Tom für seine Mission erhalten hat, zu verjubeln, und freunden sich dabei immer intensiver an. Tom erkennt immer mehr Ähnlichkeiten zwischen sich und Dick, die bis in körperliche Übereinstimmungen hineingehen; außerdem erotisiert Tom die Beziehung zu Dick, der allerdings diese Avancen brüsk ablehnt. Es kommt zum Bruch zwischen Dick und Tom, doch Tom möchte das Leben Dicks, das er bisher als ein Parasit mitgeführt hat, nicht mehr aufgeben.[29] Er tötet den Freund, nimmt dessen Identität an und kann mittels Unterschriftenfälschungen tatsächlich das Leben und Vermögen seines Freundes übernehmen. Durch polizeiliche Ermittlungen wird er gezwungen, wieder die Identität Tom Ripleys anzunehmen, weil ein weiterer Mord, den Tom zur Vertuschung seiner Taten unternehmen mußte, jetzt tatsächlich dem fiktiven Dick Greenleaf angelastet wird. Tom überschreibt sich aber vorher noch

28 Ebd., S. 17.

29 Alberoni, *Gli Invidiosi* (Anm. 21), S. 107, beschreibt sehr gut, wie der Neidische die Nähe des Beneideten sucht, sich in dieser Nähe emporgehoben fühlt, um dann um so tiefer zu fallen – dies ist im Grunde der *plot* der ersten Hälfte des Romans, bis Ripley verstoßen wird.

selbst per Testament das Vermögen Dicks und kann so sein mondänes Leben in Italien fortsetzen.

Patricia Highsmith hat in diesem Roman das Motiv der Verdoppelung auf die Spitze getrieben und erzielt genau damit die charakteristischen Effekte ihres Romans.

Das Motiv des Doppelgängers hat, besonders in der Romantik, immer etwas mit dem Tod zu tun.[30] Der Doppelgänger ist eine Herausforderung an die eigene Identität: Wenn es mich zweimal gibt, bin ich kein Individuum mehr. Der Doppelgänger bedroht in mir das Selbst. Der Neidische stellt diesen Doppelgänger selbst her,[31] die Verdoppelung besteht ja, ähnlich wie Aristoteles es sagt, ebendarin, daß der Neider sich vergleicht und Ähnlichkeiten zwischen sich und seinem glücklicheren Nächsten feststellt, die in ihm das Gefühl entstehen lassen, ungerecht behandelt worden zu sein. Der Neidische nimmt also den anderen zugleich als gleich und als anders wahr. Er vergleicht sich mit ihm, erkennt bzw. konstruiert Gemeinsamkeiten und fragt sich aufgrund dieser Gleichheit, warum dem anderen etwas gelingt, was ihm selbst nicht gelingt. Dies führt unweigerlich zur Erkenntnis, daß der Ähnliche dennoch immer der andere bleibt. Der Neidische wäre so gerne, was der andere ist; aber es fehlt ihm die Kraft oder die Möglichkeit, sich selbst zu dem zu machen, was der andere ist; besser schätzt er seine Chancen ein, den anderen zu dem zu machen, was er selbst ist, indem er ihm seinen Erfolg zerstört.[32] Gelingt ihm dies nicht, so mag es attraktiv erscheinen, den anderen zu zerstören, um die quälende Verdoppelung, die an der eigenen Identität zerrt, aufzuheben. Kain erschlägt Abel. Für den Neid ist es also charakteristisch, daß der Neidische sich nicht bemüht, das zu bekommen oder zu sein, was der andere hat oder ist, sondern der Neidische handelt destruktiv, er krittelt am anderen herum, ohne damit seine eigentlichen Bedürfnisse zu befriedigen; er ist, wie Ovid es sagt, seine eigene Strafe.[33] Denn der Neidische kann sich nie vor-

30 Vgl. Frenzel, *Motive der Weltliteratur* (Anm. 23), s. v. »Doppelgänger«, S. 94-113.

31 Schoeck, *Der Neid und die Gesellschaft* (Anm. 5), S. 76: »Wenn der Prozeß des Neidens einmal angelaufen ist, biegt sich der Neider die von ihm erlebte Wirklichkeit in der Einbildung oder sogar schon im Wahrnehmungsakt immer so zurecht, daß er nie ohne Grund für den Neid bleibt.«

32 Schoeck, *Der Neid und die Gesellschaft* (Anm. 5), S. 13, 18, 191; Max Scheler, *Das Ressentiment im Aufbau der Moralen*, Frankfurt/M. 1978 (zuerst erschienen 1912).

33 Kast, *Neid und Eifersucht* (Anm. 22), S. 22: »Aus diesem Gefühl des Gekränktseins heraus und der damit verbundenen Feindseligkeit und weil konstruktives Rivali-

stellen zu sein, was der andere ist. Er müßte auch sich auslöschen, um der andere zu sein, statt nur den anderen auszulöschen. Genau das aber tut Tom Ripley.

Ripley ist neidisch, denn er sieht, daß er eher mehr Talente hat als Dickie Greenleaf, daß dieser aber durch seine Geburt in eine reiche Familie ein Leben führen kann, das Tom versagt ist. Ripley vergleicht sich und gleicht sich im Vergleichen seinem Vorbild immer mehr an. Das Skandalöse an Tom ist, daß er diese Verdoppelung, in der er sich im glücklicheren anderen wiedererkennt, erfolgreich reduziert. Josephs Brüder gewinnen durch den Verkauf ihres Bruders keinen Zugewinn an Liebe vom Vater, der über den Verlust untröstlich bleibt,[34] Kain wird Gott nicht lieber sein durch die Beseitigung seines Bruders.[35] Tom aber kann Dick verdrängen und nimmt seinen Platz im Leben ein. Das ist eine ganz und gar absonderliche und vor allem obszöne Geschichte. Wir sehen Tom am Schluß von Patricia Highsmith' Roman als Genießer, der Dicks Leben nun sogar unter seinem eigenen Namen weiterführen kann. Dieser obszöne Schluß ist in den beiden wichtigsten Verfilmungen des Stoffes abgemildert worden. In der ersten Verfilmung (»Nur die Sonne war Zeuge«) mit dem kalten Alain Delon als Tom Ripley wird, anders als im Roman, die versteckte Leiche Dicks aufgefunden und macht damit Ripleys Spiel ein Ende. In der neuen Verfilmung mit einem viel passiveren Matt Damon als Tom Ripley kann dieser zwar seine Intrige[36] durchsetzen, ist aber gezwungen, seinen neuen Geliebten zu töten, als dieser kurz davor steht, Toms Morde aufzudecken. Wir sehen am Schluß des Films einen einsamen Tom Ripley, der erkennen muß, daß er niemals mehr die Nähe eines liebenden Menschen wird genießen können. Man kann sagen, daß die Regisseure den Neid als Triebkraft Toms erkannt und auf ihr *Common-sense*-Ver-

sieren nicht möglich zu sein scheint, entsteht der Wunsch, zu vernichten, zu zerstören, ohne daß man einen sichtbaren Vorteil hat – außer, daß man nicht mehr neiden muß. Diese Beunruhigung, die der Neid bewirkt, soll aus der Welt geschaffen werden. Und die Aktionen der Zerstörung sollen unsichtbar sein.« Vgl. Schoeck, *Der Neid und die Gesellschaft* (Anm. 5), S. 18.

34 Westermann, *Die Joseph-Erzählung* (Anm. 21).

35 Vgl. dazu etwa Klaus E. Müller, *Der Krüppel. Ethnologia passionis humanae*, München 1996, S. 126.

36 Zur Intrigenstruktur und dem Problem der Identität bei Ripley vgl. Peter von Matt, *Die Intrige. Theorie und Praxis der Hinterlist*, München, Wien 2006, S. 46-53.

ständnis des Neides reduziert haben: Der Neidische, so denken die Leute, ist nie zufrieden, kann nicht glücklich werden und muß sich selbst Strafe sein. Fast wie eine Auslöschung Ripleys liest sich das Votum des Soziologen Helmuth Schoeck: »Der reine Typ des Neiders ist kein Räuber oder Schwindler in eigener Sache.«[37] Patricia Highsmith' Protagonist ist aber genau dies, und er ist außerdem ein strahlender Gewinner. Warum gelingt ihm das? Tom Ripley ist deshalb ein Gewinner, weil er auf Individualität pfeift, die uns alle dort fixiert, wo uns das Leben hingestellt hat. Er hat, ohne zu zögern, sein ganzes Selbst aufgegeben, um Dicks Leben führen zu können. Gewiß hält er manchmal kurz inne, besonders dann, wenn er den von ihm ermordeten Dick vermißt. Aber eine Klage über die eigene Identität kommt ihm nicht über die Lippen; im Gegenteil, als er die Rolle des Dick Greenleaf aufzugeben gezwungen ist, ist es für ihn am bittersten, daß er wieder der Loser Tom Ripley werden muß.[38] Er findet sich nur aus ermittlungstechnischen Gründen damit ab, wieder Tom Ripley zu werden, und weil er es eben im letzten Moment noch schafft, Dicks Vermögen zu ergattern. Tom Ripley hat als destruktiver Neider begonnen, als er Schecks angefordert hat, die er dann nicht einzulösen wagt. Aber er überwindet den Neid, indem er genau das tut, was einem Neider nicht möglich ist. Insofern erzählt Patricia Highsmith' Ripley die zynische Geschichte einer Heilung vom Neid, ohne daß der Neider aufgeben muß, was ihn angetrieben hat. Der Preis ist die eigene Identität. Ripley ist bereit, diesen Preis zu zahlen. Dieses so mühevoll verdiente Glück aber haben ihm die neidischen Regisseure wiederum nicht gegönnt und schildern die Aufgabe der Identität entweder als quälenden Verlust oder lassen den Intriganten scheitern.

37 Schoeck, *Der Neid und die Gesellschaft* (Anm. 5), S. 18.

38 Highsmith, *Der talentierte Mr. Ripley* (Anm. 26), S. 205: »Die Vorstellung, als Tom Ripley, amerikanischer Tourist, nach Griechenland zu reisen und über die Akropolis zu trotten, hatte keinerlei Reiz. Lieber fuhr er erst gar nicht hin. Tränen traten ihm in die Augen, als er am Glockenturm der Kathedrale hochschaute, dann wandte er sich ab und ging eine unbekannte Straße entlang.«

Nur ein einziges Mal wird übrigens in diesem Buch vom Neid gesprochen (siehe unten). Diese Verborgenheit des Neides, das Zögern der Autorin, zu benennen, was ihren Protagonisten eigentlich antreibt, ist ein merkwürdiger, aber gleichwohl charakteristischer Aspekt von Literatur, in der der Neid als Triebfeder des Handelns auftaucht. Helmut Schoeck, dessen Theorien hier noch eingehender behandelt werden sollen, untersucht das Neidmotiv in Melvilles Roman *Billy Budd* und Eugene Sues Roman *Neid* und zeigt an beiden Büchern, wie der Autor nur sehr zögernd den Neid als Handlungsmotiv seiner Protagonisten einführt.[39] Sogar der russische Dichter Alexander Puschkin, der mit seinem Dramolett *Mozart und Salieri* die klassische Verbindung von Neider und Beneidetem im Kunstbetrieb der Neuzeit geschaffen hat, hat den einfachen Titel *Neid* erst erwogen, dann verworfen.[40] Warum ist das so?

Der Neid wird in der Regel als ein häßliches Gefühl beschrieben, so auch in den *Metamorphosen*, wie sich gezeigt hat. Der Mensch schämt sich seines Neides, und diese Scham führt dazu, daß der Neid, der in Wirklichkeit ubiquitär ist, der jeden einmal erfaßt und nur schwer wieder losläßt, aus der Oberfläche der zwischenmenschlichen Kommunikation verschwindet. Man sagt lieber »Der ist ja bloß neidisch!« als »Du bist ja bloß neidisch!«. Und schon gar nicht sagt man »Ich bin so neidisch«, und wenn doch, dann meint man es nicht ernst, sondern will eigentlich sagen, wie sehr man das Glück des anderen wahrnimmt. Es ist, zum Du gesprochen, ein Kompliment.[41]

Der Neid ist durch seine Ubiquität aber auch definitorisch schwer zu bestimmen. Er verbindet sich mit anderen Projekten, Emotionen und Handlungsweisen des Menschen, bewohnt sie selbst wie ein neidischer Parasit oder ein Inkubus und wird schließlich mit ihnen identifiziert. Der Umstand etwa, daß Puschkin sein Drama über Mozart und Salieri nicht *Neid* genannt hat, obwohl Salieri in seinem Eingangsmonolog praktisch über nichts anderes spricht, reichert das

39 Schoeck, *Der Neid und die Gesellschaft* (Anm. 5), S. 160-176.

40 Kai Borowsky, »Nachwort«, in: Alexander Puschkin, *Mozart und Salieri. Russisch und Deutsch*, Stuttgart 1985, S. 34.

41 Schoeck, *Der Neid und die Gesellschaft* (Anm. 5), S. 23; Decher, *Das gelbe Monster* (Anm. 7), S. 18; generell auch Nicholson, *Male Envy* (Anm. 25), S. 3.

Stück an, denn es geht neben dem Neid auch um zwei verschiedene Kunst- und Lebensauffassungen. Die Lebenslüge Salieris ist, daß er meint, er töte für die Kunst; aber in Wirklichkeit ist es blanker Neid, der den Giftmord an Mozart motiviert. Hätte Puschkin diese Erkenntnis gleich im Titel seines Stückes bekanntgegeben, wären seine ästhetischen Fragestellungen über Kunst und Genie hinter diesem Thema untergegangen.[42] Man spricht nicht viel über den Neid. Auch die Ovidische Minerva faßt sich gegenüber der Invidia möglichst kurz.

Denn genau wie Mozart und Salieri bei Puschkin, so bilden auch Minerva und Invidia ein zusammengehöriges Gespann. Es ist ja kein Zufall, daß Minerva es ist, die sich hier an die Neidgöttin wendet, gleichzeitig aber nichts mit ihr zu tun haben will, ja sogar sphärenmäßig radikal von ihr getrennt ist. Minerva ist die Göttin der Wissenschaft und der schönen Künste. Man muß wohl kaum eigens daran erinnern, daß Künste und Wissenschaften Bereiche sind, die besonders anfällig für Neid sind.[43] Der Künstler und der Neider, das ist ein besonders prekäres Feld. Ovid hat es in einer Parallelerzählung noch einmal behandelt, in der Erzählung von Minerva und Arachne (*Metamorphosen* 6, 1-138). An die Stelle von *invidia* tritt hier eine andere lateinische Vokabel, nämlich *livor*, eine Bezeichnung, die gerade für den krittelnden Neid des künstlerischen Rivalen gerne Verwendung findet (Ovid, *Amores* 1, 15).

Arachne, so erzählt Ovid zu Beginn des sechsten Buches, war eine einfache Frau aus niederem Stand, die es allein durch ihre Webkunst zu solchem Ansehen brachte (6, 7f.), daß selbst Nymphen zu ihr kamen, um die Kunst des Webens zu lernen. Man hätte meinen können, Minerva selbst habe sie die Webkunst gelehrt (6, 23). Doch Arachne leugnet dies und betont immer wieder, daß sie selbst die Göttin in ihrer Kunst besiegen würde. Pallas Athene, also Minerva, gibt Arachne eine letzte Chance und erscheint ihr in der Gestalt einer alten Frau, die sie auffordert, Minerva zu ehren und nicht weiter herauszufordern. Arachne aber beschimpft die alte Frau als senil und fährt mit ihren Provokationen fort, bis die Göttin sich zu erkennen gibt und in einen Wettkampf eintritt.

Beide wirken nun ein Gewebe, auf dem mythische Stoffe zu sehen

42 Borowsky, »Nachwort« (Anm. 40), S. 34.

43 Nicholson, *Male Envy* (Anm. 25), S. 171-214. Nicht mehr eingesehen habe ich: Hannah Baade u. a. (Hg.), *Im Agon der Künste*, München 2007.

sind. Die Thematiken sind offensichtlich: Minerva wählt Mythen, bei denen hoffärtige Sterbliche im Wettkampf von Göttern besiegt und bestraft werden, Arachne dagegen erzählt Geschichten von göttlichen Seitensprüngen, Listen und Betrügereien. Doch dann passiert folgendes:

Jenes Gewebe [der Arachne] hätte weder Minerva noch der Neid [*livor*] bekritteln können; die blonde Jungfrau empfand Schmerz über diesen Erfolg und zerriß die mit Vorwürfen gegen die Götter bebilderten Stoffe und schlug mit dem Weberschiffchen vom Berge Cytorus drei, viermal ins Gesicht der Idmonstochter Arachne. Die Unglückliche ertrug das nicht und strangulierte ungestüm ihre Kehle mit einer Schlinge. Pallas empfand Mitleid mit der Erhängten und hob sie an und sprach: »Lebe, aber hänge trotzdem, Verbrecherin!«[44]

So verwandelt sie Arachne und ihre Nachkommen in Spinnen. Über den tieferen Sinn dieser Erzählung ist viel spekuliert worden, werden doch gerade bei den Augusteern, namentlich bei Vergil und Ovid, Darstellungen von Künstlern immer auch als Selbstaussagen über den Künstler gelesen. Und gerade hier, wo Arachne ähnlich vermenschlichende Sujets wählt wie Ovid in seinen Göttersagen, liegt es natürlich nahe zu fragen, ob Aussagen über Grenzen der Kunst gemacht werden, gegen die Ovid selbst schmerzlich gestoßen ist, oder ob Ovid im Gegenteil deutlich macht, daß die Kunst zwar frei ist, aber der Künstler dennoch seine soziale Position nicht vergessen darf.[45]

Diese Fragen gehören aber nicht hierher. Statt dessen sollte deutlich werden, daß Ovid die Grenze zwischen *indignatio* und *invidia* hier noch heikler inszeniert als in der ersten Episode. Legt man die Geschichte von Herse, Aglauros und Invidia als Folie daneben, so müßte man annehmen, daß Minerva als Göttin der Kunst gar nicht neidisch sein kann. Und tatsächlich scheint die Aristotelische Definition, die Ovid ja offensichtlich kannte, erneut für die Göttin zu sprechen: Minerva empfand Schmerz über den Erfolg einer Unwürdigen und nicht über den einer Gleichen. Denn der Dichter hat einige Anstrengungen unternommen, um deutlich zu machen, daß Arachne ganz unten auf der sozialen Leiter steht. Sie ist nicht mit Minerva zu vergleichen, stellt sich aber über sie. Minerva ist somit

44 Ovid, *Metamorphosen* 6, 129-136 (Übers. F. W., unter Konsultation von Ovid, *Metamorphosen* [Anm. 2]).

45 Ulrich Schmitzer, *Zeitgeschichte in Ovids Metamorphosen. Mythologische Dichtung unter politischem Anspruch*, Stuttgart 1990, S. 230-238.

nicht neidisch auf den Erfolg *per se*, sondern sie ist verstimmt darüber, daß er einer Person gelungen ist, die ihre Position in der Welt nicht kennt. Deshalb empfindet sie auch Mitleid mit der Selbstmörderin. Mitleid und Neid aber schließen sich als Emotionen aus.

Francis Bacon, einer der wenigen großen Theoretiker des Neides, sagt: »Mitleid heilt den Neid« (»Pity ever healeth envy«).[46] Er will damit sagen, daß Mitleid ein Gefühl ist, das der Neid nicht zuläßt, denn der Neidische empfindet über das Unglück des Beneideten Schadenfreude, Minerva aber ist dieses Gefühl hier offenbar fremd. Aristoteles selbst betont aber zunächst einmal nicht, daß Mitleid und Neid, sondern daß Mitleid und Entrüstung sich ausschließen (vgl. oben Anm. 13). Insofern könnte man also damit argumentieren, daß allein das Mitleid – Ovid hat die Aristotelische Unterscheidung, aber nicht die des Francis Bacon gekannt – nicht belegt, daß Ovid der Göttin den Neid als Motivation abspricht. Aber mir scheint es doch so zu sein, daß man eher von der Entrüstung zum Mitleid findet als vom Neid, denn die Entrüstung ist geheilt, wenn ihre Ursache beseitigt ist, der Neid ist in der Regel unersättlich – das hat Ovid übrigens, wie Jessamyn Lewis gezeigt hat,[47] auch durch eine Parallele deutlich gemacht, durch welche die *Invidia*-Darstellung mit der des Hungers (*Metamorphosen* 8, 788-822) ästhetisch in Beziehung gesetzt wird: Neid ist für Ovid ein unstillbarer Hunger.[48]

Wieder ist es also Ovid um die Nähe, ja die Verwechselbarkeit der beiden Haltungen gegangen. Deshalb schreibt er so provozierend parataktisch: Weder Pallas noch der Neid hätten das Werk bekritteln können. Er spielt also wieder mit der subtilen Nähe von Neid und Entrüstung.[49] Ich möchte mich mit dieser Fragestellung jetzt etwas konzeptioneller befassen und das Bisherige resümieren.

46 Francis Bacon, *The Major Works. Including Atlantis and the Essays*, Oxford 2002, S. 354-357 (*Of Envy*); Decher, *Das gelbe Monster* (Anm. 7), S. 152-156, stellt diese Ansicht in Frage.

47 Jessamyn Lewis, »Eat and Be Eaten. Envy and Hunger in the Metamorphoses«, in: *Abstract vom Jahrestreffen der American Philological Association in Dallas* (1999), ⟨http://www.apaclassics.org/AnnualMeeting/99mtg/abstracts/Lewis.html⟩, zuletzt besucht am 30. 9. 2007.

48 Außerdem scheint es naheliegend zu sein, daß Ovid eben die beiden Pole Entrüstung und Mitleid als sich abwechselnde Emotionen der Minerva *im Aristotelischen Sinne* hier imaginieren wollte.

49 Ovid kannte wohl noch nicht das Konzept des Abstandsneides (Decher, *Das gelbe Monster* [Anm. 7], S. 114-118), das hier prinzipiell in Frage kommt: der Neid des

Der Neid spielt sich in sozialer Nähe ab, er wird als häßliches und destruktives Gefühl beschrieben; er arbeitet literarisch oft mit dem Motiv der Verdoppelung und ist, daraus resultierend, eine Herausforderung an die Identitätsbildung des Neidischen. Der Dualismus von Neider und Beneidetem wird häufig im Bereich der Kunst und des Kunstkritikers bemüht. Der Neid wird einerseits als ubiquitär erlebt und beschrieben, andererseits aufgrund der Häßlichkeit der Haltung oft verschwiegen. Er ist nur durch seine Attribute und Imaginationen Verdoppelung, Schmerz und Zerstörung und natürlich den bösen Blick kenntlich. Diese Elusivität des Neides, der überall ist und sich zugleich einem kategorisierenden Zugriff, einer sozialen Bändigung entzieht, wird noch dadurch verkompliziert, daß berechtigter und unberechtigter Schmerz über den Erfolg eines anderen schwer zu bestimmen sind, gleichzeitig aber diese Unterscheidung als konstitutiv erscheint, um den Neid von anderen Formen des sozialen Schmerzes zu unterscheiden.

5. Der Neid als soziologische Kategorie

Es ist schon auffällig, daß der Neid innerhalb der Emotionspsychologie immer wieder als ein Gefühl der Unlust angesichts des Erfolges anderer beschrieben wird. In der Regel sind andere Emotionen nicht so sehr an einen konkreten Anlaß geknüpft. Zorn, Wut, Angst, Trauer usw. bedürfen keiner *spezifischen* Anlässe, während der Anlaß für Neid recht konkret in einen Vergleich des eigenen und des fremden Erfolgs gestellt ist. Gleichzeitig aber wird auch gesagt, daß der Neid sich seinen Anlaß selber schafft, d.h., er benötigt keinen Außenreiz, er entsteht gerade da, wo Gleichheit herrscht, und behauptet oder sieht Ungleichheit. So schreibt Helmut Schoeck:

> Obwohl unsere Sprache und Dichtung den Neid als einen abstrakten Begriff kennt, gibt es genau genommen keinen Neid. Wir finden Neider, vielleicht sogar gewohnheitsmäßige Neider, und wir können Gefühlsregungen in uns oder anderen entdecken, die man als Neidgefühl bezeichnen wird. Es ist jedoch unmöglich, Neid als Gefühl oder Stimmung in der Weise zu empfinden, wie man Angst haben oder traurig sein kann. Neiden ist eher mit Sich-

Höhergestellten auf den Niedrigeren, wenn dieser durch einen Erfolg den Abstand zum Höheren verringert. Es ist bei Aristoteles, *Rhetorik* 1387b28a23, aber immerhin angerissen.

Fürchten vergleichbar, man beneidet etwas oder jemanden, man fürchtet sich vor etwas, vor jemandem. Neid ist ein gerichtetes Gefühl. Es kann ohne Zielscheibe, ohne Opfer nicht auftreten.[50]

Eine wirkliche Definition des Neides leistet Schoeck übrigens nicht.[51] Zwar spricht er an der zitierten Stelle von einem Gefühl, aber insgesamt scheint auch er eher an einen Trieb oder etwas Ähnliches zu denken, wenn er sagt:

Die mit dem Wort Neid bezeichnete Erscheinung ist eine anthropologische Grundkategorie. Es ist ein seelischer Vorgang, der notwendig eine gesellschaftliche Voraussetzung hat: zwei oder mehr Individuen.[52]

Und an anderer Stelle bezeichnet er ihn als »eine sehr frühe, unentrinnbare und unstillbare Antriebskomponente im Menschen«.[53]

So gesehen, kommt der Neid überall vor und wird nur individuell gebändigt aufgrund persönlicher Askese, Erziehung oder gesellschaftlicher Werte. Ähnlich gehen wir mit Trieben um und beschreiben so auch den Sexualtrieb: als eine gesellschaftliche Grundkategorie, die von starken Gefühlen begleitet ist, aber sich ihren Anlaß sucht. Vielleicht wäre es besser, den Neid gar nicht als Gefühl, sondern als einen aggressiven Trieb zu bezeichnen, der von verschiedenen Gefühlen begleitet ist, von der Wut bis zur Trauer.[54] Gefühle und Triebe schaffen Orientierung und erleichtern Entscheidungen, so lehrt es *cum grano salis* die moderne Hirnforschung. Das bedeutet, ein Gefühl ist eine kognitive Abkürzung.[55] Der Neid scheint dagegen zunächst eher ein Umweg als eine Abkürzung zu sein. Er leistet keine Primärorientierung des Subjekts in seiner Umwelt. Der

50 Schoeck, *Der Neid und die Gesellschaft* (Anm. 5), S. 20.

51 Vogel, *Neid* (Anm. 24), S. 9.

52 Schoeck, *Der Neid und die Gesellschaft* (Anm. 5), S. 16.

53 Ebd., S. 31.

54 Lelord, André, *Die Macht der Emotionen* (Anm. 21), S. 85, unterscheidet depressiven, aggressiven und bewundernden Neid. Damit sind eigentlich drei Emotionen an den Neid angehängt.

55 Gerhard Roth, *Fühlen, Denken, Handeln. Wie das Gehirn unser Verhalten steuert*, Frankfurt/M. 2003 (neue, vollständig überarbeitete Ausgabe), S. 290 f. Auch Roth scheint hier nicht genau zwischen Affekten, Trieben und Instinkten zu unterscheiden. Interessanterweise sagt er aber, daß »Triebe und Instinkte [...] dazu da [sind], das Überleben des Einzelnen, der Gruppe und der Art zu sichern« (ebd., S. 291). Das trifft auf den Neid zu, wenn wir Schoecks These von der gesellschaftsstiftenden Macht des Neides zustimmen.

Neid ist eine autonom wirksame Größe, und damit unterscheidet er sich von der Emotion.[56]

Ein Beispiel: Wenn wir von der Spaßgesellschaft sprechen, dann meinen wir damit nicht allein die positive Emotion, die mit dem Spaß verbunden ist, sondern wir beschreiben gesellschaftliche Kräfte, die Konsumenten in einer bestimmten Weise binden und als Konsumenten fixieren. Die Neidgesellschaft beschreibt ebenfalls nicht eine schlechtgelaunte Gesellschaft, sondern eine Gesellschaft, die den Neid in besonderer Weise als Strukturgrundlage ihrer gesellschaftlichen Schichtung kenntlich macht.[57]

Eine solche Neidgesellschaft ist von Schoeck zum Gegenstand der Wissenschaft gemacht worden, als er in den 1960er Jahren das vielbeachtete Buch *Der Neid und die Gesellschaft* veröffentlichte. Es handelt sich tatsächlich um den Versuch, eine Soziologie des Neides zu schreiben, der in dieser Form zwar ein paar Epigonen, besonders in der liberalen Wirtschaftstheorie, gefunden hat, aber doch ein Buch darstellt, das ganz offensichtlich ein Kind des Kalten Krieges und in vielerlei Hinsicht revisionsbedürftig ist.[58] Man kann freilich Rawls' Theorie der Gerechtigkeit als eine solche Entgegnung verstehen.[59]

Schoeck war ein konservativer, wirtschaftsliberaler Denker. Der

56 Damit wird dem Neid nicht seine Unbedingtheit als Teil der menschlichen Psyche abgesprochen. Es handelt sich hier ohnehin um eine Erwägung und keine feste These. Interessant ist die Formulierung bei Lelord, André, *Die Macht der Emotionen* (Anm. 21), S. 80: »Wenn es manchmal heißt, der Neid ›zerfresse‹ uns oder sein Stachel ›steche‹ uns, ist das ein weiteres Indiz dafür, daß es sich sehr wohl um eine Emotion handelt.« Ganz sicher scheinen sich die Autoren nicht zu sein, denn Erwägungen, gegen die sie sich mit ihrem »sehr wohl« durchsetzen müssen, waren in deren Text noch gar nicht aufgetaucht.

57 Vgl. Decher, *Das gelbe Monster* (Anm. 7), S. 49, über den Neid als Strukturelement.

58 So ganz richtig Vogel, *Neid* (Anm. 24), S. 10, der von einem »Grundmuster« bei Schoeck spricht: »Er [Schoeck] schildert einen Sachverhalt aus dem sozialen Bereich, unterstellt einem der Handelnden auf suggestive Weise Neid und begreift damit sowohl den Sachverhalt als geklärt als auch seine These, daß der Neid ›allgegenwärtig‹ ist, als wiederum bestätigt.« Lesenswert auch Vogels Kritik (S. 12-18) von Gonzalo Fernández de la Mora, *Der gleichmacherische Neid*, München 1987. Nicht mehr berücksichtigt werden konnte Olaf Lippke, *Anatomie des Neides*, Duisburg 2007.

59 John Rawls, *Eine Theorie der Gerechtigkeit*, übers. von Hermann Vetter, Frankfurt/M. ^{6}1991; Lelord, André, *Die Macht der Emotionen* (Anm. 21), S. 92 f. Kritisch zu Schoeck auch Decher, *Das gelbe Monster* (Anm. 7) und Haubl, *Neidisch sind immer nur die anderen* (Anm. 7).

Wirtschaftsliberalismus betont die Ungleichheit in der Verteilung von Gütern als Motor einer funktionierenden Gesellschaft, gleichzeitig teilt er die Gesellschaft nicht in Arbeiter und Kapitalisten, sondern in Produzenten und Konsumenten. Ein kapitalistischer Wirtschaftsliberalismus kann mit dem Gedanken der sozialen Gerechtigkeit als einem abstrakten Gut wenig anfangen; Gerechtigkeit entsteht durch eine generelle Chancengleichheit der Rahmenbedingungen, aber nicht durch eine Regulierung von Ungleichheiten, die innerhalb dieser Rahmenbedingungen durch Geburt, Talent, Glück, Intelligenz, Bildung usw. vorliegen oder entstehen. Das heißt, generelle Gleichheit der Chancen soll Wettbewerb ermöglichen, und Wettbewerb ist das Prinzip der Ausdifferenzierung von Ungleichheiten. Jede Regulierung des Wettbewerbs zugunsten einer Neuverteilung erwirtschafteter Güter an jene, die bei diesem Wettbewerb weniger erhalten, ist für Schoeck von vornherein eine neidgesteuerte Maßnahme.

Neid entsteht nicht deshalb, weil wenige Güter zu verteilen sind, und er entsteht auch nicht aufgrund einer Schichtung der Gesellschaft in Privilegierte und Underdogs. Neid entsteht, da ist Schoeck, ohne sich auf ihn ausdrücklich zu berufen, ganz bei Aristoteles, unter Gleichen; er ist ein Phänomen sozialer Nähe.[60] Aus diesem Grund ist es völlig utopisch, so Schoeck, zu glauben, eine gleichmacherische Gesellschaft würde den Neid überwinden. Tatsächlich ist nach dieser Logik eher das Gegenteil zu erwarten: Je mehr Gleiche, desto mehr Neider. Schoeck verfolgt jeden Versuch, in einen liberalen Kapitalismus mit sozialen Regulierungen einzugreifen, mit zorniger Verachtung oder beißendem Spott.

Der Soziologe Erich Weede hat Schoecks Ansicht, daß der Neid *per se* negativ sei, konzeptionell kritisiert, wobei ein bißchen übersehen wird, daß Schoeck selbst bereits den Neid differenziert bewertet. Er ist der Auffassung, daß man ein Gefühl – er hält es also für ein Gefühl – doch nicht einfach nur aus dessen Folgen definieren dürfe, d.h. wenn jemand Schmerz empfindet über den Erfolg eines anderen und diesen zunichte macht, dann ist es Neid, wenn er sich aber davon angespornt fühlt, dann ist es Ehrgeiz.[61] Deshalb müsse Neid

60 Schoeck, *Der Neid und die Gesellschaft* (Anm. 5), S. 194, 228; vgl. Gerhard Schwarz, »Mit Gleichmacherei gegen den Neid?«, in: Gerhard Schwarz, Robert Nef (Hg.), *Neidökonomie. Wirtschaftspolitische Aspekte eines Lasters*, Zürich 2000, S. 10.

61 Tatsächlich argumentiert Helmut Schoeck, *Der Neid. Eine Theorie der Gesellschaft*,

eben als ein Schmerz über Ungleichheit bezeichnet werden, der sowohl positive als auch negative Folgen zeitigen könne. (Tatsächlich hatte Schoeck selbst diesen Gedanken ganz ähnlich entwickelt, wenn auch mit anderen Konsequenzen.)

Man sollte sich in diesem Zusammenhang vielleicht noch einmal auf die Aristotelische Definition besinnen. Aristoteles wertet in seiner *Rhetorik* wenig.[62] Durch die Unterscheidung zur *nemesis*, die den Unmut über den Erfolg eines »Unwürdigen« beinhaltet, ist *phthonos* zwar negativ konnotiert, da dieser »Unwürdige« der *nemesis* eine Berechtigung verleihen könnte, die *phthonos* abzugehen scheint. Doch muß man sich klarmachen, daß *nemesis* zunächst ein Phänomen meint, das mit adligen Werten konnotiert ist. Der Unwürdige ist in der Regel eine sozial mindere Gestalt, ähnlich der Arachne gegenüber Minerva (immerhin sollten wir im Auge behalten, daß Aristoteles weniger zwischen berechtigten und unberechtigten Gefühlen als zwischen berechtigtem und unberechtigtem Erfolg unterscheidet). Dagegen ist *phthonos* ein Phänomen innerhalb der gleichen sozialen Gruppe. Aristoteles beurteilt vor allem die Anlässe des Affekts und erst sekundär die Affekte selbst.[63] Dies mag einer der Gründe sein, warum Schoeck, anders als die meisten anderen Autoren, die sich mit dem Neid befassen, auf Aristoteles nur obenhin zu sprechen kommt.[64] Wenn wir ferner mit Aristoteles den (eher) negativ konnotierten Neid (*phthonos*) als ein Gefühl unter Gleichen definieren, wie es auch die modernen Soziologen tun, dann verbietet eigentlich

Freiburg, München 1968, S. 27-31, in diese Richtung; Erich Weede, »Über den Neid: Gesellschaftliche und wirtschaftliche Implikationen«, in: Schwarz, Nef (Hg.), *Neidökonomie* (Anm. 60), S. 18.

62 Gisela Striker, »Emotions in Context: Aristotle's Treatment of the Passions in the Rhetoric and His Moral Psychology«, in: Amelie Oksenberg Rorty (Hg.), *Essays on Aristotle's Rhetoric*, Berkeley, Los Angeles, London 1996, S. 294: »The doctrine of the mean is conspicuously absent.«

63 Vielleicht kommt der Neid deshalb in den ethischen Schriften des Aristoteles nur am Rande vor, vgl. Decher, *Das gelbe Monster* (Anm. 7), S. 43, der allerdings darauf hinweist, daß Aristoteles im zweiten Buch der *Nikomachischen Ethik* den Neid verurteilt (ebd., S. 29 f.); dazu auch Rawls, *Eine Theorie der Gerechtigkeit* (Anm. 59), S. 577 und die dortige Anm. 5. Es ist korrekt, daß sich dies aus Aristoteles' Argumentation eindeutig ergibt (*Nikomachische Ethik* 1107a11), aber es bleibt dennoch der Eindruck zurück, daß Aristoteles den Neid eher systemisch, als eines von zwei Extremen (Schadenfreude und Neid), zu einem Übel macht und sich ansonsten mit diesem Affekt kaum auseinandersetzt.

64 Schoeck, *Der Neid. Eine Theorie der Gesellschaft* (Anm. 61), S. 187, 218.

schon diese Definition, den Unmut, den der wirtschaftlich Unterlegene gegenüber dem Großaktionär empfindet, als Neid im Sinne von *phthonos* zu bezeichnen. Denn die beiden sind – soziologisch gesehen! – nicht gleich.

Nun ist aber das deutsche Wort »Neid« heute weitgehend negativ konnotiert.[65] Wenn es Eingang findet in soziologische Terminologien, ist es daher *a priori* wertend. Will man es aber aristotelisch neutralisieren, dann erkennt man an, daß Erfolge der einen Unmut bei den anderen erzeugen, daß aber über die Berechtigung des Unmuts gar nicht mit Hilfe des Begriffs Neid entschieden werden kann.

Weede und Schoeck haben beide mit mäßigem Erfolg und, jedenfalls im Falle des letzteren, auch nur halbherzig versucht, den Neidbegriff zu neutralisieren:[66] Kann man den Neid so kanalisieren, daß das negative Gefühl positive Effekte zeitigt? Damit ist aber die Frage darauf verlagert, was eigentlich positive Effekte des Neides sind und was nicht. Schoeck erkennt dem Neid Wächterfunktionen zu, die ein Luxurieren des Egoismus der Stärkeren verhindert, Weede sieht den Neid im Markt in einen Wettbewerbseifer umgewandelt. Er glaubt hier an die Selbstregulation des freien Marktes, mit cincm Optimismus, dcr kaum weniger naiv klingt als die egalitaristischen Utopien sozialistischer Provenienz:

Auf einem Wettbewerbsmarkt fährt auf Dauer der am besten, der dem Verbraucher am besten dient, der sich so verhält, *als ob* er ein *Altruist* und vor allem am Wohlergehen seiner Kunden interessiert sei.[67]

Dagegen halten es beide Soziologen für ausgemacht, daß eine soziale Gleichmacherei den Neid begünstigt (was in der Tat schlüssig ist). Aber damit ist zumindest *a priori* noch nicht nachgewiesen, daß es auch ungerecht zugeht, wenn Ausgleiche geschaffen werden. Ebensowenig ist eine vom Neid geheilte marktwirtschaftliche Gesell-

65 Eine genaue Wortkunde bei Decher, *Das gelbe Monster* (Anm. 7), S. 40-43.

66 Weede, »Über den Neid« (Anm. 61), S. 18-20. Weedes Kritik ist zutreffend insofern, als Schoeck sich nirgendwo wirklich von der negativen Konnotation des Neides lösen konnte. Er hat aber dennoch versucht, den Neid mit positiven Wirkungen zu verbinden, und betrachtet ihn als Strukturmerkmal aller Staatlichkeit schlechthin. Vgl. Schoeck, *Der Neid und die Gesellschaft* (Anm. 5), S. 13, 23, 197. Das Problem liegt – übrigens auch bei Weede! – einfach darin, daß es fast unmöglich ist, aus dem deutschen Wort »Neid« eine neutrale Kategorie zu basteln (siehe im folgenden).

67 Weede, »Über den Neid« (Anm. 61), S. 25 (Hervorhebungen im Original).

schaft auch gerecht.[68] Auf diesen Aspekt hat kein Geringerer als John Rawls schon kurz nach Schoeck hingewiesen. Rawls betont auch, daß Neid nicht nur in radikal gleichen Gesellschaften entsteht, sondern auch in solchen, die dem Ehrgeizigen keine Aufstiegschance geben.[69]

Immerhin benötigt die Marktwirtschaft selbst in der Regel die Demokratie als Geschäftsraum. Die Demokratie aber produziert zunächst einmal Gleiche. Wenn diese Gleichheit Voraussetzung für Marktwirtschaft ist, dann produziert die Marktwirtschaft den Neid ebenso unausweichlich wie egalitäre Systeme es tun, nur eben auf der konstitutionellen und nicht auf der ökonomischen Ebene. Dies wird durch eine Auslassung in Schoecks Buch deutlich:

> Im allgemeinen aber rechnet der Bürger einer modernen Demokratie mit der Gleichheit vor dem Gesetz. Sein Anspruch darauf ist gesichert durch den Neid aller Mitbürger auf jene, die möglicherweise von der ungleichen Behandlung, die ihn trifft, einen Gewinn haben könnten, und sei es nur der Lustgewinn des Mächtigen, der die Macht genießt, ungerecht sein zu können. Diese einigermaßen erwartbare Gleichheit vor den meisten Gesetzen und öffentlichen Verwaltungsanordnungen schafft somit einen überschaubaren Handlungsraum für den einzelnen, in dem er sicher ist. Der Neid als Wachorgan hat hier eine positive, eine aufbauermöglichende Wirkung im Gemeinwesen.[70]

Man kann eine Reihe von sozialen Phänomenen aus dem Unmut der Erfolglosen und der Angst der Erfolgreichen vor diesem Unmut erklären; aber sobald dieser Unmut als Neid bezeichnet wird, wird »den vielen« die Berechtigung ihres Unmuts aberkannt. Der aristotelische Dualismus hatte diesen Makel nicht. Insofern ist Schoecks Bemühen, die Begriffe »Ressentiment« (Scheler) oder »Konflikt« (Dahrendorf) als Maskierungen des Neides herabzusetzen,[71] gerade der falsche Weg gewesen. Es ist umgekehrt so, daß der Terminus

68 Schoeck, *Der Neid und die Gesellschaft* (Anm. 5), selbst gibt zu: »Die Benutzung des Neides an sich ist wertfrei« (S. 202) und »Der bloße Nachweis der Rolle, die erweckte Neidgefühle bei der Integration und Anfeuerung einer oppositionellen Gruppe gespielt haben, heißt noch nicht, die von ihr angegriffenen Autoritäten stünden für eine gerechtere Ordnung« (S. 203).

69 Rawls, *Eine Theorie der Gerechtigkeit* (Anm. 59), S. 575-587; Lelord, André, *Die Macht der Emotionen* (Anm. 21), S. 92 f.; Decher, *Das gelbe Monster* (Anm. 7), S. 135-139, 167-172; Alberoni, *Gli Invidiosi* (Anm. 21), S. 112-138.

70 Schoeck, *Der Neid und die Gesellschaft* (Anm. 5), S. 197 f.

71 Ebd., S. 60, 188.

»Neid«, jedenfalls im Deutschen, die *Polemisierung* eines sozial wirkmächtigen Begriffes darstellt. »Neid« als soziologischer Terminus ist ein Irrgang, und deshalb haben liberale Ökonomen Schoecks These nur nachgebetet, aber nicht weiterentwickelt.

6. Neid und Ehrgeiz

Das Faszinierende an der Schoeckschen These ist aber genau die Frage nach dem sekundär positiven Effekt dieses aggressiven Gefühls. Eine Gesellschaft produziert Unterschiede, die den Neid der Unterlegenen herausfordern. Sie muß daher einen Ausgleich schaffen, um den Neider nicht in die Gefahr des bösen Blicks zu bringen, der ihn zum Opfer von Anfeindungen oder gar einem Ostrazismus macht. Wenn dies gelingt, stabilisiert der Neid eine Gesellschaft.[72] Vielleicht sollten wir uns auf diesen Aspekt der Schoeckschen Thesen mehr konzentrieren als ihr Autor selbst, der lieber von den negativen Primäreffekten des Neides als von den negativen Sekundäreffekten des Wettbewerbs gesprochen hat.[73] Der Wettbewerb, um den es hier gehen soll, ist der des adligen *agôn*. (Man mag hier lieber von Ehrgeiz als von Neid sprechen, freilich sind mit beiden Begriffen Wertungen verbunden, die man sich im Sinne des oben über die Konnotationen des Neides Gesagten zumindest bewußt machen sollte.)

Die römische Gesellschaft hat in der klassischen Phase der Repu-

72 Ebd., S. 13, 291-293; Decher, *Das gelbe Monster* (Anm. 7), S. 11, 100-104. Ich verstehe so auch die Auslassungen von Rawls, *Eine Theorie der Gerechtigkeit* (Anm. 59), Kapitel 9, § 80f. zu diesem Thema. Ebenso Lelord, André, *Die Macht der Emotionen* (Anm. 21), S. 92f.

73 De la Mora, *Der gleichmacherische Neid* (Anm. 58), S. 101. Moras eigener Ansatz ist allerdings keine wirkliche Verbesserung. Auch er denunziert staatliche Eingriffe in die Wirtschaft als Neid und lobt den Wettstreit (S. 269): »Der schnöde gleichmacherische Neid diktiert die dunklen Seiten der Geschichte, der schöpferische Wettstreit schreibt die strahlenden.« So gesehen, mag der Satz aus wirtschaftsliberaler Sicht – die einzunehmen jedem unbenommen ist – ja einen Sinn ergeben, aber es zeigt sich hier noch krasser als bei Schoeck, daß der Neid als analytische Kategorie in der Sozialwissenschaft oder Ökonomie eigentlich nichts zu suchen hat. Würde Mora nicht seitenweise über den Neid sprechen, könnte man meinen, daß eigentlich genau dies seine Botschaft sei. Meine folgenden Erwägungen können aber als Versuch angesehen werden, die analytischen Elemente von Schoecks Neidtheorie nutzbar zu machen.

blik die Integration des partikularistischen Ruhmesstrebens in einer gerade für vormoderne Gesellschaften, die den Neid in der Regel nur mit Mühe, wenn überhaupt, bändigen können, vorbildlichen Weise sichergestellt. Wie die meisten Gemeinden des hellenistischen Mittelmeerraumes ist auch Rom eine Adelsgesellschaft. *Adels*gesellschaften sind immer Gesellschaften von *Edlen*, von Familien und einzelnen, die nach dem Glanz des Herausgehobenseins streben. Herrschaft und Ruhm (*gloria*) sind daher eng miteinander verbunden. Wer mehr *gloria* hat, gilt in einer solchen Gesellschaft mehr, deshalb schließen Adelsgesellschaften *iustitia*, Gerechtigkeit, eigentlich von vornherein als Movens für gemeinschaftliches Handeln aus. »Αἰὲν ἀριστεύειν καὶ ὑπείροχον ἔμμεναι ἄλλων.«[74] »Immer der Beste sein und die anderen übertreffen«, dieser Homerische Vers charakterisiert nicht nur den archaischen griechischen Helden, sondern beschreibt das Adelsethos schlechthin. Nun schließt dieses Ethos aber gemeinschaftliches Handeln aus – von nichts anderem handelt ja auch die *Ilias*, in der der Zorn des Achill, der seine Ehre geschädigt sieht, das kriegerische Gemeinschaftsprojekt der griechischen Fürsten schädigt, die sich nur mit Mühe hinter Agamemnon zusammenfinden. Weil er seine Ehre gekränkt sieht, scheidet Achill, der stärkste Held der Griechen, aus dem Kampf aus und sieht gleichmütig zu, wie seine Gefährten zugrunde gehen. Gerade das Beispiel des Trojanischen Krieges macht deutlich, daß es eben nicht nur der Neid ist, die Angst, der andere könnte mehr Erfolg haben als ich selbst, sondern auch das Ruhmesstreben, modern ausgedrückt: der rücksichtslose, partikularistische Wunsch nach Erfolg, der eine Gemeinschaft gefährdet. Man kann nicht den Ehrgeiz bejahen und gleichzeitig den Neid verteufeln. Aristoteles wiederum hat die Nähe gerade dieser beiden Emotionen in seiner *Rhetorik* ebenfalls betont (*Rhetorik* 2, 1, 1388a31 f.).

In diesem Kontext entfaltet der Neid seine Wächterfunktion, die ihm Schoeck zugebilligt hat. Die Römer haben diesen Aspekt sehr genau verstanden. Es schlägt sich nieder in ihrem italischen Gründungsmythos, der Geschichte von Romulus und Remus.[75] Romulus

74 Homer, *Ilias* 6, 208.

75 Die Genese dieses Mythos ist komplex, auch griechische Einflüsse sind nicht von der Hand zu weisen, vgl. dazu den Überblick bei Hans Beck, Uwe Walter, *Die Frühen Römischen Historiker*, Bd. 1: *Von Fabius Pictor bis Cn. Gellius*, Darmstadt 2001, S. 89-91, und Jan Bremmer, »Romulus, Remus and the Foundation of Rome«, in:

und Remus sind bekanntlich Zwillingsbrüder, und daher ist das Motiv der ämulativen Verdoppelung hier bereits aufbewahrt. Romulus und Remus sind zwei radikal Gleiche, sie sind beide Königssöhne, wurden beide aus ihrer Stadt verstoßen, kehren gemeinsam nach Alba Longa, von wo sie ausgesetzt wurden, zurück und installieren ihren entmachteten Großvater Numitor dort wieder als König. Numitor selbst wurde seinerseits von *seinem* Bruder um die Macht gebracht. Numitor gibt dennoch den beiden Enkeln eine Aufgabe, die er eigentlich als unmöglich erkennen sollte: Er gestattet ihnen, eine eigene Stadt zu gründen.

Der römische Historiker Livius schreibt:

Da kam ihren Überlegungen das ererbte Übel dazwischen, die Begierde nach dem Königtum, und daraus erwuchs ein häßlicher Wettkampf, der von einem diskreten Anfang ausging. Weil es ja Zwillinge waren und das Ancienntätsprinzip nicht funktionierte, besetzten sie Posten für die Vogelschau, Romulus auf dem Palatin, Remus auf dem Aventin, damit die Götter, die an diesen Orten walteten, durch Augurien (Anzeichen) den auswählten, der der neuen Stadt den Namen geben dürfe und sie nach der Gründung regieren solle.[76]

Wir haben hier also am Anfang der Gründung Roms das Problem der radikalen Gleichheit der Ansprüche. Jeder der beiden empfände Schmerz über den Erfolg eines Gleichen, müßte er hinter ihm zurückstehen. Die beiden beneiden einander. Sie wenden sich deshalb an ein göttliches Schiedsgericht, um zu erkennen, wer von beiden herrschen soll. Livius' Fassung der Geschichte treibt das Problem nun auf die Spitze: Beide jungen Männer erhalten gleichwertige Vorzeichen: Remus erblickt als erster sechs Geier, dafür Romu-

Jan Bremmer, Nicholas Horsfall (Hg.), *Roman Myth and Mythography* (Bulletin of the Institute of Classical Studies 52), London 1987, S. 25-48. Zentral für die folgende Argumentation ist aber, daß der Dualismus von Herrscherfiguren für das politische Denken der Römer zentral geworden ist, vgl. Ernst Meyer, *Römischer Staat und Staatsgedanke*, Darmstadt [2]1961, S. 38, 112-115. Zu Romulus und Remus in der lateinischen Literatur ein guter Überblick bei Hans Joachim Krämer, »Die Sage von Romulus und Remus in der lateinischen Literatur«, in: Hellmut Flashar, Konrad Gaiser (Hg.), *Synusia. FS W. Schadewaldt*, Pfullingen 1965, S. 355-402. Zu Romulus und Remus als Neidgeschichte auch Alberoni, *Gli Invidiosi* (Anm. 21), S. 114.

76 Livius, *Ab urbe condita*, 1, 6, 4 (Übers. F. W. unter Verwendung von Livius, *Ab urbe condita. Liber I / Römische Geschichte.* 1. Buch, Lateinisch/Deutsch, übers. von Robert Feger, Stuttgart 1999).

lus zwölf, aber als zweiter. Man könnte sich fragen, ob die Götter jetzt schon wollten, was Rom später groß machen würde: die Doppelherrschaft von zwei Königen mit voller Machtbefugnis – die Römer nennen es *consul*. Doch Romulus und Remus wissen nichts davon, und unter ihren Anhängern erhebt sich Tumult, bei dem, so Livius in einer begütigenden Fassung, Remus erschlagen wird. Er muß aber einräumen, wie die Geschichte eigentlich weitergegangen ist, jedenfalls im kulturellen Gedächtnis der Römer:

> Bekannter ist die Kunde, nach der Remus, um seinen Bruder zu verspotten, die neu gezogenen Mauern übersprungen habe; daraufhin habe Romulus ihn im Zorn erschlagen, der dazu noch die scheltenden Worte hinzugefügt habe: »So geschehe es jedem, der nochmal meine Mauern überspringt.«[77]

Meine Mauern! Kein Wunder, daß Remus neidisch war. Das Handeln von Romulus und Remus geschieht im Rahmen einer Stadtgründung, damit ist es auf der symbolischen Ebene radikal *vorstaatliches* Handeln. Der Neid kennt keine Grenzen, aber es gibt auch keine Unterscheidung für berechtigten oder unberechtigten Erfolg. Romulus und Remus haben überhaupt keine Chance, eine Grenze zu ziehen, die den Konflikt vermeidet. Erst Romulus zieht diese Grenze, aber für den Bruder kann sie noch nicht gelten. Die übrige römische Königsgeschichte bei Livius erzählt, wie, vermittelt durch die Könige, immer mehr solcher Grenzen hinzukommen, die sowohl dem Neid als auch dem Ruhm angelegt werden: Numa Pompilius, Tullus Hostilius und Ancus Marcius schaffen einen Komplex innen- und außenpolitischer Gesetze, die immer wieder zwischen den verschiedenen Kräften innerhalb und außerhalb der Gesellschaft vermitteln. Die etruskischen Könige, die dem Modell hellenistischer, dynastisch handelnder Tyrannen folgen, streben in ihrem Handeln nur nach persönlicher *gloria* und werden von Brutus und seinen Anhängern aus Rom vertrieben. Danach ist die Monarchie aus Rom vorerst verschwunden und wird durch eine gestaffelte Doppelspitze: *zwei* Consuln, *zwei* Prätoren, *zwei* Quästoren usw., ersetzt. Der Triumph römischer Staatlichkeit ist die Perpetuierung der neidischen Verdoppelung an seiner Spitze. Die beiden Consuln sind radikal gleich und haben eine nur zeitlich begrenzte, ansonsten unbegrenzte Macht. Livius läßt keinen Zweifel daran, was diese Verdoppelung ermöglicht hat:

77 Ebd., I, 7, 1-3.

Ich will jetzt über die Taten des freien römischen Volkes berichten, über die jährlich wechselnden Beamten und über die Gebote der Gesetze, die mächtiger sind als die der Menschen.[78]

Die Gesetze und, von Livius hier nicht erwähnt, die aus den historischen Erfahrungen gewonnenen Sitten sind es, die den Römer ertüchtigen, den Neid der zwei Gleichen in einen kontrollierten Wettbewerb der Ehre zu überführen. Künftig werden immer *zwei* Consuln nach Ehre streben, aber sie finden ihre Grenze in den Kompetenzen des anderen, in den Gesetzen der Republik und im Konsens der Führungsschicht. Platz für Neid ist hier durchaus noch, aber er kann den Staat nicht mehr auflösen, jedenfalls bis auf weiteres nicht. Wie Livius den Untergang der Republik und den Rückfall zu einer Herrschaft des einen unter Augustus erzählt hätte, bleibt eine beliebte Spekulation.

Romulus und Remus konnten ihren Konflikt nicht lösen, weil es im Vorstaatlichen keine Instanz gab, die zwischen berechtigtem und unberechtigtem Machtstreben unterschied, folglich gab es auch keine Instanz, die zwischen berechtigtem und unberechtigtem Neid unterscheiden konnte. Staatlichkeit, verstanden als *res publica*, als öffentliche Sache, schafft erst durch Gesetze und Normen eine Instanz, die Erfolge als unbillig und als billig qualifiziert und somit zwischen *nemesis* und *phthonos* unterscheidet. Wer sollte Remus kritisieren, auf seinen Bruder neidisch zu sein, wenn es keine verbindliche Grundlage gibt, nach der der Anspruch des einen dem Anspruch des anderen übergeordnet wird? Wer dem Neid sein Ziel verargen will, muß zwischen gutem und schlechtem Erfolg unterscheiden. Schoeck und seine Epigonen wollten diese Aristotelische Unterscheidung aufheben, Erfolg sollte immer gut, Neid immer schlecht sein. Das ist deshalb inkonsequent, weil ein *a priori* guter Erfolg eigentlich ein vorstaatliches Konzept ist, gleichzeitig aber der wirtschaftliche Wettbewerb nichts so dringend braucht wie den Staat, der den Erfolgreichen vor seiner eigenen Nemesis in Schutz nimmt. Schoeck hat in seinem Eifern gegen egalitaristische Sozialutopien Tom Ripley vergessen.

In dem Moment, in dem Tom erkennt, daß Dick und seine Freundin ihn, den Niemand, der er ist, zunächst ignorieren und daß er keine Aussicht darauf hat, den jungen Mann zu überreden, mit

78 Ebd., 2, 1, 1.

ihm nach Hause zu kommen, spricht sich das einzige Mal der Neid in ihm aus:

> Weshalb sollte Dickie sich zurücksehnen nach Subways und Taxis und förmlicher Kleidung und einer Bürotätigkeit. Oder auch nur nach einem Wagen mit Chauffeur und Ferien in Florida oder Maine? Das war bei weitem nicht so vergnüglich, wie in alten Klamotten segeln zu gehen und niemandem Rechenschaft schuldig zu sein für das, womit man seine Zeit verbrachte, und ein eigenes Haus zu besitzen samt gutherzigem Hausmädchen, das Dickie wahrscheinlich jeden Wunsch von den Augen ablas. Und genug Geld, um zu reisen, wenn es einen danach gelüstete. Tom beneidete ihn mit einer herzzerbrechenden Mischung aus Habgier und Selbstmitleid.[79]

Tom beneidet in Dick den Konsumenten, und er will ein Konsument werden. Tom definiert Glück über Konsum. Das ist zeitgemäß und verweist auf die Schattenseite des amerikanischen *Way of Life*, so wie er etwa von F. Scott Fitzgerald in dessen wichtigstem Roman *Der große Gatsby* imaginiert wird. Dessen Protagonist, der junge Aufsteiger Jay Gatsby, hat ebenfalls seine Identität verleugnet und seinen Geburtsnamen James Gatz geändert, damit er besser klingt.[80] Seinem sozialen Aufstieg hilft er auch mit mafiösen Methoden nach. Gatsby projiziert alle seine Wünsche noch in die Liebe einer schönen und reichen Frau: Daisy. In einem kurzen Moment intimer Wahrhaftigkeit verständigen sich aber Gatsby und Nick Carraway, der Ich-Erzähler des Romans, über die obszöne Faszination der mit einem reichen und brutalen Mann – einer Art Frühinkarnation Dick Greenleafs – verheirateten Daisy: »Her voice is full of money.« »Ihre Stimme klingt nach Geld.«[81]

Gatsby verwechselt Geld mit Liebe, das ist eine Schwäche noch aus dem 19. Jahrhundert, die wir etwa in den viktorianischen Romanen von Anthony Trollope immer wieder vorgeführt bekommen, eine Schwäche, die Tom Ripley fast restlos abgelegt hat. Es ist bei ihm gerade umgekehrt, er erotisiert das Geld, er begehrt Dickie Greenleaf auch körperlich, aber er verwechselt seine Prioritäten nicht: Er will

79 Highsmith, *Der talentierte Mr. Ripley* (Anm. 26), S. 60. Im Original: »Tom envied him with a heartbreaking surge of envy and of self-pity« (Kapitel 8).

80 F. Scott Fitzgerald, *The Great Gatsby* (1926). Vgl. hierzu den Anfang des sechsten Kapitels. Zum Thema Neid in *Der große Gatsby* auch Nicholson, *Male Envy* (Anm. 25), S. 34, 151.

81 F. Scott Fitzgerald, *Der große Gatsby*, aus dem Amerikanischen von Bettina Abarbanell, mit einem Nachwort von Paul Ingendaay, Zürich 2007, S. 151.

konsumieren. Als alle seine Gegner tot und geschlagen sind, läßt sich Ripley in das teuerste Hotel fahren, um die angeeigneten Schätze zu genießen: »›Zu einem Hotel bitte‹, sagte Tom. ›Il meglio albergo. Il meglio, il meglio!‹«[82]

Tom Ripley ist der Alptraum und die Utopie der Konsumgesellschaft schlechthin. Er ist deshalb positiv utopisch, weil er, im Sinne Schoecks, Neid als sozialrevolutionäres Triebmittel nicht im Entferntesten erwägt. Er ist aber auch der Alptraum dieser Auffassung, weil er eben tatsächlich keine abstrakten Wertvorstellungen entwickelt und rein konsumorientiert handelt. Ripley neidet kapitalistisch. Der Neid ist ubiquitär, und aus ebendieser Allgegenwart heraus »gibt es genau genommen keinen Neid«, wie Schoeck es selbst gesagt hat. Anders ausgedrückt: Neid als soziologische oder gar ökonomische Theorie zu betrachten, war ein Irrgang. Neid ist ein häßliches Gefühl, und wer Neid als soziologische Kategorie einführt, kann die Polemik seines Ansatzes nicht mehr abmildern. Die Kategorie von sozialer Gerechtigkeit kann es dann gar nicht mehr geben, weil es *per se* keine berechtigten Ansprüche der Verlierer eines Systems gibt.[83] Die Aufgabe des Aristotelischen Dualismus von *nemesis* und *phthonos* ist die prekäre Transformation des Neides in der Neuzeit.

82 Highsmith, *Der talentierte Mr. Ripley* (Anm. 26), S. 333.

83 Konsequenter Decher, *Das gelbe Monster* (Anm. 7), und Max Lorenzen, Rezension von Decher, *Das gelbe Monster* (Anm. 7), in: *Marburger Forum* 6 (2005): ‹www.Philosophia-online.de/mafo/heft2005-6/Decher_N.htm›, zuletzt besucht 15. 10. 2007, die klar betonen, daß Gerechtigkeit ohne Neid nicht möglich ist. Vgl. auch Haubl, *Neidisch sind immer nur die anderen* (Anm. 7), S. 240-255.

Ursula Rombach und Peter Seiler
Eleos – misericordia – compassio
Transformationen des Mitleids in Text und Bild

Der nachantike Diskurs über die Möglichkeit einer positiven Wirkungsästhetik der Kunst auf und durch Affekte beginnt erst im 13. Jahrhundert mit der Reflexion über Darstellungen der Passion Christi und der *compassio*, des Mitleidens, ihrer Betrachter. Die durch die Betrachtung der Kunstwerke ausgelöste *compassio* dient der Vertiefung der Frömmigkeit und des Glaubens und wird daher dem *affectus devotionis*, der hingebungsvollen Andacht, zugeordnet.[1] Mit dem verstärkten Bemühen der Künstler um die bildliche Wiedergabe der emotionalen Dimension biblischer Historie gehen auch die ersten theoretischen Erwägungen zur emotionalen Wirkmacht von Bildern einher, nachdem diese jahrhundertelang von den Theologen vernachlässigt worden war. Da der Affekt des Mitleids und des Mitleidens am Beginn und im Mittelpunkt dieses Diskurses steht, ist zunächst nach dessen begrifflicher wie inhaltlicher Transformation vom antik-heidnischen *eleos*, Mitleid, des Aristoteles zur christlichen *misericordia* und *compassio* des 13. und 14. Jahrhunderts zu fragen, um vor diesem Hintergrund an text- und bildkünstlerischen Beispielen das Potential der Kunst als Funktionsträger und Steuerungselement des Affekts in den Blick zu nehmen.[2]

Als Bildbeispiel dient Giotto di Bondones *Beweinung Christi* in

1 Thomas von Aquin, *Summa theologica* 2-2, q. 82: *De devotione*, art. 4 arg. 1: »Videtur quod laetitia non sit devotionis effectus, quia, ut dictum est, passio Christi praecipue ad devotionem excitat«; ebd., q. 82, art. 3 arg. 2: »frequenter enim major devotio ex consideratione passionis Christi et ex aliis mysteriis humanitatis ipsius quam ex consideratione divinae magnitudinis«. Die deutschen Übersetzungen werden zitiert nach Thomas von Aquin, *Summa theologica* 1-3, 36 Bde. und Erg.-Bde., übers. von Dominikanern und Benediktinern Deutschlands und Österreichs, hg. vom Katholischen Akademieverband der Albertus-Magnus-Akademie, Walberberg b. Köln (Deutsche Thomas-Ausgabe 1-36), Heidelberg u.a. 1933 ff. Alle anderen Übersetzungen von U.R. und P.S., sofern nicht anders angegeben.

2 Zur Einführung in den Themenkomplex siehe David Konstan, *Pity Transformed*, London 2001; Ingolf U. Dalferth, Andreas Hunziker (Hg.), *Mitleid: Konkretionen eines strittigen Konzepts* (Religion in Philosophy and Theology 28), hg. unter Mitarbeit von Andrea Anker, Tübingen 2007.

der Arenakapelle zu Padua, in der an der Ausdifferenzierung von Leid und Mitleid angesichts des toten Christus die emotionale Wirkmacht der Bilder auf den Betrachter sichtbar wird. Die hierzu zeitnächste systematische Erörterung des christlichen Mitleids, der *misericordia*, bietet Thomas von Aquin.

Bei Thomas ist die *misericordia* die dritte Wirkung der heiligen Liebe Gottes, die sich vor allem im Erbarmen Gottes mit den Menschen manifestiert, das in der Menschwerdung Christi als Erlösungsakt kulminiert. In Gott gibt es *misericordia* im Sinne von Barmherzigkeit und nicht von Mitleid, da Mitleid nur der empfinden kann, der auch selbst leiden kann, was für Gott ausgeschlossen ist.[3] Trotz dieser in der göttlichen Vollkommenheit und den menschlichen *defectus*[4] (Fehlern) begründeten Differenz ist das Erbarmen Gottes Beispiel für das menschliche Mitleid,[5] und beide Formen werden mit demselben griechischen bzw. lateinischen Begriff bezeichnet: »Estote ergo misericordes sicut et Pater vester misericors est.« »Seid also barmherzig wie euer Vater barmherzig ist.«[6]

Als Ausgangspunkt seiner Erörterung, in der er sich sowohl mit der Mitleidsdefinition des Aristoteles als auch mit der Haltung der Stoiker auseinandersetzt, wählt Thomas die Definition des Augustinus, wonach wir Mitleid haben, wenn wir fremde Not in unserem Herzen mit erleiden und dadurch, wenn wir helfen können, zur Hilfe angetrieben werden: »Quid est autem misericordia [Mitleid] nisi alienae miseriae in nostro corde compassio [Mitleiden], qua utique, si possumus, subvenire compellimur.«[7]

3 Isidor von Sevilla, *Etymologiarum sive originum libri* 10, 164: »Misericors a conpatiendo alienae miseriae vocabulum est sortitus: et hinc appellata misericordia, quod miserum cor faciat dolentis aliena miseria. Non autem occurrit ubique haec etymologia; nam est in Deo misericordia sine ulla cordis miseria.« Dieser Differenzierung folgend Anselm von Canterbury, *Proslogion: Untersuchungen*, lat.-dt. hg. von F. S. Schmitt, Stuttgart 1962, hier *Proslogion* 8: »Et misericors es igitur, quia miseros salvas et peccatoribus tuis parcis, et misericors non es, quia nulla miseriae compassione afficeris.«

4 Thomas von Aquin, *Summa theologica* 2-2, q. 82, art. 3 r.

5 Thomas von Aquin, *Summa theologica* (Anm. 1) 3a, q. 84, art. 10: »Homo inducitur ad misericordiam exemplo divinae misericordiae.« »Der Mensch wird zum Mitleid angeleitet durch die Barmherzigkeit Gottes.« Bedeutsam ist hier, daß das Griechische *oiktirmos* (= *oiktos*, Barmherzigkeit) ebenso mit *misericordia* übersetzt wird wie *eleos*.

6 *Lukas* 6, 36.

7 Augustinus, *Gottesstaat* 9, 5. Vgl. Thomas von Aquin, *Summa theologica* 2-2, q. 30, art. 1 r.

Diese Definition des christlich verstandenen Mitleids differenziert nicht nur die häufig synonym verwendeten Begriffe der *misericordia* und *compassio*,[8] sondern akzentuiert auch die entscheidenden semantischen Veränderungen, die diese gegenüber dem heidnischen Verständnis erfahren haben. Augustinus markiert die zentralen Problemfelder, auf denen sich der Mitleids-Diskurs über Jahrhunderte bewegen wird: einerseits die Grundlegung der als vorbildhaft postulierten *misericordia* im Affekt und andererseits ihre Handlungsorientierung.

Im Rekurs auf Augustinus folgt Thomas der seit der *Vulgata* begründeten Sprachtradition, den gegenüber der antik-heidnischen Bedeutung bereits transformierten griechischen Begriff *eleos* mit dem lateinischen *misericordia* zu übersetzen.[9] Hatte Platon das Mitleid vor allem in seiner Kritik an Dichtung und Rhetorik als einen die niederen Seelenteile ansprechenden und damit die Harmonie der Seele störenden Affekt behandelt,[10] auf dessen Erregung Sokrates in seinem Prozeß bewußt verzichtet habe,[11] definiert Aristoteles in der *Nikomachischen Ethik* und der *Rhetorik* das Mitleid, *eleos*, als ein *pathos tês psychês*, ein Widerfahrnis der Seele, das als Affekt indifferent gegenüber Tugend und Laster sei.[12] Folgt man der Definition des Aristoteles in der *Rhetorik*, wird *eleos* als eine Art von Schmerz über die vermeintliche, unverdiente Not eines anderen verstanden, wobei der Affekt dann eintritt, wenn das Übel nahe scheint und erwartungsgemäß auch einen selbst oder die Nächsten treffen kann.[13]

Der Aristotelische Mitleidsbegriff ist an Konditionen geknüpft, die sowohl die Sach- als auch die Personenebene des Bemitleideten wie des Mitleidigen betreffen und differenzieren, wem gegenüber, warum und in welchem Zustand man die Emotion, das Mitleid,

8 Bisweilen verwendet aber auch Augustinus die beiden Begriffe kombinatorisch, vgl. Augustinus, *De opere monachorum* 1, 12: »per misericordem compassionem«.

9 Als Beispiele seien hier genannt: *Matthäus* 9, 13; 12, 7; 23, 23; *Lukas* 1, 50; 1, 54; 1, 58; 1, 72; 1, 78; 10, 37; *Römer* 9, 23; 11, 31; 15, 9; *Galater* 6, 16; *Epheser* 2, 4; 1. *Timotheus* 1, 2; 2. *Timotheus* 1, 2; 1, 16; 1, 18; *Titus* 3, 5; *Hebräer* 4, 16; *Jakobus* 2, 13; 3, 17; 1. *Petrus* 1, 3; 2. *Johannes* 1, 3; *Judas* 1, 2; 1, 21.

10 Platon, *Phaidros* 271d-272a.

11 Platon, *Apologie* 34c.

12 Aristoteles, *Nikomachische Ethik* 1105b28-1106a6.

13 Aristoteles, *Rhetorik* 1385b-1386b; vgl. David Konstan, »La pitié comme emotion chez Aristote«, in: *Revue des Études Grecques* 113 (2000), S. 616-630.

empfindet. Für die rhetorische Erregung von Emotionen und deren Instrumentalisierung vor allem im juristischen Kontext bietet der Bedingungskatalog des Aristoteles die Selektionskriterien für die Anwendung im Einzelfall. Ein aus dem Mitleid resultierender Impuls zur Hilfe wird nicht postuliert: Ziel ist nicht die Behebung des Leids, sondern die sachgemäße Modifizierung des Urteils über den Bemitleideten. Das Mitleid ist als Affekt ethisch indifferent, eine moralische Wertung findet nicht statt. Ebenso findet die geistig-somatische Interaktion bei der Entstehung der Emotion in diesem Kontext keine Erwähnung.[14] Entscheidend sind die Voraussetzungen für die Erzeugung von Mitleid und ihre Beurteilung durch das bemitleidende Subjekt.

Das Mitleid erregende Übel muß verderblich oder schmerzlich sein; als solche gelten Tod, Mißhandlung, körperliche Leiden, Alter, Krankheiten oder Nahrungsmangel, aber auch der Mangel an Freunden und Vertrauten oder die Trennung von ihnen, Häßlichkeit, Schwäche oder Verstümmelung oder wenn einem Menschen Gutes widerfährt, dies jedoch für ihn zu spät geschieht.[15] Zu bemitleiden ist jedoch nur derjenige, den diese Nöte unverdient treffen. Zudem empfinden wir Mitleid eher mit Personen, so Aristoteles, die uns in bezug auf Alter, Herkunft, Ansehen, Charakter oder seelische Verfassung ähnlich sind. Stehen sie uns jedoch sehr nahe, wie im Fall von nahen Verwandten, empfinden wir kein Mitleid mehr, sondern empfinden deren Leid als unser eigenes. Der Bemitleidende hingegen muß glauben, daß ihm das Übel des anderen ebenso widerfahren könnte. Mitleid empfindet daher weder die Gruppe derer, die alles verloren haben, noch die der Überheblichen, die nicht glauben, etwas verlieren zu können, da die in ihnen dominierenden Gefühle wie Zorn, Zuversicht, Übermut oder Angst das Mitleid ausschließen. Altersbedingte Erfahrung und Einsicht, vor allem in das Überwinden von Leid, sowie die Sorge um die Familie sind weitere Parameter, die den Tugendhaften zum Mitleid disponieren. Die zeitliche Distanz zu dem Mitleid erregenden Übel bestimmt zudem die Intensität der Emotion:

Da die Widerfahrnisse, die nahe erscheinen, Mitleid erregend sind, man aber über das, was im Abstand von zehntausend Jahren geschehen ist oder

14 Vgl. hierzu Aristoteles, *Über die Seele* 1, 1.
15 Aristoteles, *Rhetorik* 1386a.

geschehen wird und was man weder erwartet noch in Erinnerung hat, kein Mitleid empfindet, sind notwendigerweise diejenigen, die ihren Auftritt durch Gesten, durch die Stimme, durch die Kleidung und überhaupt durch den Vortrag verstärken, in höherem Maße Mitleid erregend – denn sie bewirken, daß das Übel nahe zu sein scheint, indem sie es vor Augen führen entweder als bevorstehend oder als vergangen. Und so erregt auch das eben erst Geschehene oder das in Kürze Bevorstehende in größerem Ausmaß Mitleid.[16]

Aristoteles verweist mit der temporalen Koordinate zugleich auf das Potential der Rhetorik als *technê*, als Kunstfertigkeit, im engeren und der Kunst im weiteren Sinne, durch die performative Vergegenwärtigung von Leid zur Generierung, Steuerung und Differenzierung von Emotionen beitragen zu können. Im juristischen Kontext gehört die durch Rhetorik erzielte Erregung von Emotionen oder Affekten so wie der Beweis und die Charakterdarstellung zur kunstgemäßen Überzeugung des Gerichts, da sie einerseits von rationalen Urteilen abhängt und diese andererseits – beim Zuhörer – beeinflussen soll.[17] Die Frage, ob es in der Antike auch Bildwerke gab, die durch die Vergegenwärtigung von Leiden dazu bestimmt waren, Mitleid zu erzeugen, wurde erst in jüngster Zeit von Luca Giuliani explizit gestellt und im Rückgriff auf die Aristotelische *Eleos*-Definition negativ beantwortet.[18]

Die Tragödie, die nach Aristoteles durch die Darstellung einer fiktiven, tragischen Handlung beim Zuschauer *eleos* und *phobos*, Mitleid und Furcht, erzeugen und so zur emotionalen Katharsis beitragen kann,[19] stellt eines der berühmtesten Exempla der Wirkungs-

16 Ebd., 1386a-1386b, übers. von Christof Rapp, Berlin 2002.

17 Christof Rapp, »Kunstgemäß erzeugte Affekte in Aristoteles' Rhetorik«, in: Joachim Poeschke, Thomas Weigel, Britta Kusch (Hg.), *Tugenden und Affekte in der Philosophie, Literatur und Kunst der Renaissance*, Münster 2002, S. 9-20, hier S. 12.

18 Geht noch Tonio Hölscher, »Die Geschlagenen und Ausgelieferten in der Kunst des Hellenismus«, in: *Antike Kunst* 28 (1985), S. 120-136, hier S. 130-132, von einer »Anteilnahme« des antiken Betrachters aus, können für Giuliani antike Leidensdarstellungen vor dem Hintergrund der Aristotelischen Definition nicht als Movens für Mitleid fungiert haben. Siehe Luca Giuliani, »Die Not des Sterbens als ästhetisches Phänomen. Zur Mitleidlosigkeit des antiken Betrachters«, in: *Pegasus* 6 (2004), S. 9-22.

19 Aristoteles, *Poetik* 1449a-1449b27. Vgl. Wolfgang Schadewaldt, »Furcht und Mitleid?«, in: *Hermes* 83 (1955), S. 129-171; Max Pohlenz, »Furcht und Mitleid? Ein Nachwort«, in: *Hermes* 84 (1956), S. 49-74; Wolfgang Schadewaldt, »Humanitas Romana«, in: *Aufstieg und Niedergang der römischen Welt* 1, 4, hg. von H. Tempo-

zusammenhänge zwischen Kunst und Emotion dar, die im Zentrum des zweiten Teils unserer Überlegungen stehen werden.

Die erste semantische Neubesetzung erfährt der *eleos*-Begriff durch seine Verwendung in der *Septuaginta*. In der griechischen Übersetzung des Alten Testaments wird der *eleos*-Begriff im 3. Jahrhundert vor Christus in den religiösen Kontext des hellenistischen Judentums transferiert und beschreibt die Barmherzigkeit Jahwes gegenüber dem auserwählten Volk,[20] in der die aus grenzenloser Liebe zu den Menschen entspringende Barmherzigkeit der neutestamentarischen Gottesvorstellung gründet. Wie schon Isidor differenziert, setzen die mit *misericordia* ins Lateinische übersetzten griechischen Begriffe *eleos* und *oiktirmos* (= *oiktos*) bei Gott anders als beim Menschen kein eigenes Gefühl von Leid voraus. Das heißt, derselbe Begriff bedeutet sowohl Mitleid, das eigenes Leiden inkludiert, als auch Barmherzigkeit, bei der dies nicht der Fall ist.[21] Der Begriff der *sympatheia*, der *compassio*, des Mitleidens dagegen wird nicht auf Gott, sondern auf den Mensch gewordenen Christus bezogen, der nicht nur Mitleid empfindet,[22] sondern auch selbst leidet. Schon die

rini, Berlin 1973, S. 43-62; ders., »Furcht und Mitleid? Zur Deutung des Aristotelischen Tragödiensatzes«, in: ders., *Antike und Gegenwart. Über die Tragödie*, München 1966, S. 16-60; Elisabeth S. Belfiore, *Tragic pleasures: Aristotle on Plot and Emotion*, Princeton 1992; Stephen Halliwell, *Aristotle's Poetics*, London 1986.

20 *Exodus* 34, 6; vgl. *Psalm* 5, 8; 6, 5; 12, 6; 16, 7; 17, 51; 20, 8; 22, 6; 23, 5; 24, 6f., 10; 25, 3; 30, 8, 17, 22; 31, 10; 32, 5, 18, 22; 35, 6, 8, 11; 39, 11f.; 41, 9; 47, 10; 50, 3; 51, 10; 56, 4, 11; 58, 17f.; 60, 8; 61, 13; 62, 4; 65, 20; 68, 14, 17; 76, 9f.; 78, 8; 83, 12; 84, 8, 11; 85, 5, 13, 15; 87, 12; 88, 2f., 15, 25, 29, 34, 50; 89, 14; 91, 3, 11; 93, 18; 97, 3; 99, 5; 100, 1; 102, 4, 6, 11, 17; 105, 1, 7, 45f.; 106, 1, 8, 15, 21, 31, 43; 107, 5; 108, 16, 21, 26; 113, 10; 116, 2; 117, 1-4, 29; 118, 41, 64, 76, 88, 124, 149, 156, 159; 129, 7; 135, 1-26; 137, 2, 8; 140, 5, 8, 12; 143, 2; 146, 11. Zur Übersetzung von *hesed* und *rahamim* wie zur Verwurzelung der neutestamentarischen Barmherzigkeit in der jüdischen Tradition siehe Hélène Pétré, »Misericordia: histoire du mot et de l'idée du paganisme au christianisme«, in: *Revue des Etudes Latines* 12 (1934), S. 376-389; Konstan, *Pity Transformed* (Anm. 2), S. 119f.

21 Siehe Isidor von Sevilla, *Etymologiarum sive originum libri* 10, 164. In. 1. *Petrus* 3, 8 wird der Begriffskanon weiter differenziert: Τὸ δὲ τέλος πάντες ὁμόφρονες συμπαθεῖς φιλάδελφοι εὔσπλαγχνοι, ταπεινόφρονες, »In fine autem omnes unianimes conpatientes fraternitatis amatores misericordes humiles.« »Endlich aber seid alle gleichgesinnt, mitfühlend, brüderlich, barmherzig, demütig.«

22 Exempla für das Mitleid Jesu: *Matthäus* 9, 36; 14, 4; 15, 32; 20, 34; *Markus* 6, 34; 8, 2; 9, 22; 9, 36; *Lukas* 7, 13; *Hebräer* 4, 15; 5, 2. Als Zeichen der Affektbetroffenheit sei auf die Tränen Jesu verwiesen: *Lukas* 19, 41; *Johannes* 11, 35; vgl. auch *Matthäus* 9, 36; 14, 14; 20, 34; *Markus* 1, 41; 8, 2; *Lukas* 7, 13.

Verwendung des *compassio*-Begriffs im Brief des Paulus an die Römer steht im Kontext der Leidensgeschichte Christi, der *passio*, und stiftet die Kausalverknüpfung zwischen Leidensnachfolge und Heilserwartung, die in der von der Mystik des 12. und 13. Jahrhunderts gelebten *imitatio Christi*, der Nachahmung Christi, als meditativer Vergegenwärtigung der Passion im Akt der *compassio*[23] ihre augenfälligste Manifestation erfahren sollte:

Sind wir aber Kinder, dann auch Erben, wir sind Erben Gottes und Miterben Christi, da wir mit ihm leiden, um auch mit ihm verherrlicht zu werden.[24]

Das Verb *compati* (mitleiden) wie sein Nomen *compassio* sind Prägungen des biblisch-christlichen Sprachgebrauchs, die sich in der klassischen Latinität nicht finden.[25] Als erster der Kirchenväter verwendet Tertullian den Begriff der *compassio* als menschliche Emotion.[26] Cyprian benutzt ihn in Anlehnung an *Römer* 8, 17,[27] und Ambrosius bezieht ihn auf Christus, dessen Fähigkeit zur *compassio* als

23 Zur mystischen Tradition vgl. Arnold Angenendt, *Geschichte der Religiosität im Mittelalter*, Darmstadt 1997, S. 648-650; O. Langer, »Leibhafte Erfahrung Gottes. Zu compassio und geistlicher Sinnlichkeit in der Frauenmystik des Mittelalters«, in: Klaus Schreiner (Hg.), *Frömmigkeit im Mittelalter. Politisch-soziale Kontexte, visuelle Praxis, körperliche Ausdrucksformen*, München 2002, S. 439-461; Norbert Gramer, »Compassion – compassio – Mitleiden. Geschichte einer ethischen Konzeption«, in: *Engagement* 1 (2005), S. 4-15. Unberücksichtigt bleiben muß in diesem Zusammenhang der Reflex in der weltlich-höfischen Dichtung, siehe hierzu z. B. Katharina Mertens Fleury, *Leiden lesen. Bedeutungen von compassio um 1200 und die Poetik des Mitleidens im ›Parzival‹ des Wolfram von Eschenbach*, Berlin 2006; Andreas Kraß, »Die Mitleidsfähigkeit des Helden. Zum Motiv der compassio im höfischen Roman des 12. Jahrhunderts«, in: *Wolfram Studien* 10: *Aspekte des 12. Jahrhunderts*, Berlin 2000, S. 282-304.

24 *Römer* 8, 17: εἰ δὲ τέκνα, καὶ κληρονόμοι' κληρονόμοι μὲν θεοῦ, συγκληρονόμοι δὲ Χριστοῦ, εἴπερ συμπάσχομεν ἵνα καὶ συνδοξασθῶμεν. »si autem filii et heredes heredes quidem Dei coheredes autem Christi si tamen conpatimur ut et conglorificemur.« Vgl. auch 1. *Korinther* 12, 26; *Hebräer* 4, 15 und 1. *Petrus* 3, 8 (siehe Anm. 21).

25 Andrea Anker, »Am Leiden Gottes teilnehmen? Eine kritischen Auseinandersetzung mit dem Thema Mitleiden in Bonhoeffers Briefen aus der Haft«, in: Dalferth, Hunziker (Hg.), *Mitleid* (Anm. 2), S. 239-258, hier S. 242.

26 Tertullianus, *De pudicitia* 3, 5. Im sprachlich-grammatischen Kontext findet sich der Terminus bei Priscianus, *Institutiones grammaticae* 11, 3, oder auch bei Tertullianus, *De resurrectione mortuorum* 40p 84, 18; 3p 29, 24. Zum Versuch einer Integration der christlichen *misericordia* in den dem heidnischen Publikum aus Cicero oder Seneca vertrauten ethischen Rahmen siehe Pétré, »Misericordia« (Anm. 20), S. 385 f.

27 Cyprianus, *Epistulae* 58, 1.

Qualität seiner Menschwerdung verstanden wird.[28] In der Folge bezeichnet der Begriff häufig – wie schon bei Augustinus gesehen – den inneren Affekt des Mitleidens angesichts fremder Not, welcher bei der *compassio Christi* zur Vertiefung des Glaubens führen soll[29] und im zwischenmenschlichen Umgang, wenn möglich, das helfende Handeln der positiv konnotierten *misericordia* initiiert.

Schon Laktanz hatte sich in seinen *Divinae Institutiones* von der negativen Wertung distanziert, die der *misericordia* in der stoischen Tradition anhaftete. Für die Stoa ist das Mitleid als Affekt Zeichen der menschlichen Schwäche, ein unvernünftiges Verzagen oder eine Krankheit der Seele,[30] die die Ausprägung und Wirkung des Logos behindert und daher eliminiert oder beherrscht werden muß. Noch in Senecas *De clementia* findet sich kontrastiert mit der als Herrschertugend sanktionierten *clementia* die Ablehnung der *misericordia* als »Laster eines kleinen Geistes«, da die dem Mitleid inhärente Traurigkeit keine rationale Beurteilung der Situation und damit auch keine adäquate Hilfe ermögliche.[31] Die von Seneca ausdrücklich gebilligten Hilfeleistungen, wie die Gabe von Almosen, die Gewährung von Obdach oder auch die Beisetzung eines schuldig Ge-

28 Ambrosius, *Explanatio XII Psalmorum* 61, 6, 1: »Itaque quasi homo infirmatus est, quasi homo doluit et nos quasi hominem aestimavimus eum esse in doloribus; sed quasi victor infirmitatum, non infirmitatibus victus pro nobis non pro se dolebat et infirmatus est non propter, sed propter nostra peccata, ut nos suo livore sanaret. Quid utique est homo in plaga et sciens ferre infirmitatem, nisi quia plagae habebat compassionem.«

29 Augustinus, *Sermones* 280, 6: »sequamur martyres, si non passione, compassione [...]«; vgl. auch Augustinus, *Sermones* 264, 3: »imitari filium dei per compassionem cum parvulis [...]«.

30 Vgl. Diogenes Laertios, *Leben und Meinungen* 7, 111 und 123; Zenon, *Fragment* 1, 213 Arnim.

31 Seneca, *De clementia* 2, 4, 4 f.: »Ad rem pertinet quaerere hoc loco, quid sit misericordia; plerique enim ut virtutem eam laudant et bonum hominem vocant misericordem. Et haec vitium animi est. Utraque circa severitatem circaque clementiam posita sunt, quae vitare debemus [...] clementiam mansuetudinemque omnes boni viri praestabunt, misericordiam autem vitabunt; est enim vitium pusilli animi ad speciem alienorum malorum succidentis. Itaque pessimo cuique familiarissima est; [...] Misericordia non causam, sed fortunam spectat; clementia rationi accedit.« Ebd., 2, 5, 4: »Misericordia est aegritudo animi ob alienarum miseriarum speciem aut tristitia ex alienis malis contracta, quae accidere inmerentibus credit [...].« Ebd., 2, 6, 1 f.: »Tristitia inhabilis est ad dispiciendas res, utilia excogitanda, periculosa vitanda, aequa aestimanda; ergo non miseretur, quia id sine miseria animi non fit. Cetera omnia, quae, qui miserentur, volo facere, libens et altus animo faciet [...].«

wordenen, müssen ruhigen Sinns, *tranquilla mente*, in Wahrung der Ataraxie vollzogen werden.[32]

Also wird der Weise sich nicht erbarmen, sondern zu Hilfe eilen, wird nützen, geboren zu gemeinsamer Hilfe und zum öffentlichen Wohl, von dem er jedem einen Teil geben wird.[33]

In seiner *Epitome* wendet sich Laktanz bei der Widerlegung der Stoa direkt gegen Zenon[34] und kehrt die stoischen Vorwürfe ins Gegenteil, indem er die *misericordia* zum Unterscheidungsmerkmal zwischen Mensch und Tier, zum Synonym der *humanitas*, der Menschlichkeit, erhebt.[35] Gott selbst habe den Menschen als höchstes Band untereinander den Affekt des Mitleids gegeben, damit sie sich gegenseitig über ihre Schwäche und Fragilität hinweghelfen könnten. Und wie es die erste Aufgabe des Gerechten ist, in der *religio* die Verbindung zu Gott zu ehren, so muß die Verbindung zu den Mitmenschen durch das Mitleid gepflegt werden,[36] das Laktanz mit den Begriffen der *misericordia*, *humanitas* und *pietas* gleichermaßen bezeichnet.[37] Wer diesen *affectus misericordiae* auszulöschen trachte, führe den Menschen zu tierischer Verrohung.[38] Auch Augustinus wendet sich gegen den Rigorismus der Stoiker und ruft als Zeugen

32 Ebd., 2, 6, 2. Vgl. hierzu die Reihe der vorbildlichen Werke in *Matthäus* 25, 31-46.

33 Ebd., 2, 6, 3: »Ergo non miserabitur sapiens, sed succurret, sed proderit, in commune auxilium natus ac bonum publicum, ex quo dabit cuique partem.«

34 Schon Cicero verweist auf die Ablehnung der *misericordia* durch den Begründer der stoischen Philosophenschule; vgl. Cicero, *Pro Murena* 61: »Fuit quidam summo ingenio vir Zeno, cuius inventorum aemuli Stoici nominantur; huius sententiae sunt, atque praecepta huiusmodi: Sapientem gratia nunquam moveri, nunquam cuiusquam delicto ignoscere, neminem misericordem esse, nisi stultum, et levem; viri non esse neque exorari neque placari [...].«

35 Lactantius, *Epitome divinarum institutionum* 33, 6: »Zeno Stoicorum magister, qui virtutem laudat, misericordiam, quae summa est virtus, tamquam morbum animi amputandum iudicavit: quae et deo cara est et hominibus necessaria [...].«

36 Lactantius, *Divinae institutiones* 6, 10: »Dixi, quid debeatur Deo: dicam nunc, quid homini tribuendum sit; quamquam id ipsum quod homini tribueris, Deo tribuitur, quia homo Dei simulacrum est. Sed tamen primum officium justitiae est, conjungi cum Deo; secundum, cum homine. Sed illud primum, Religio dicitur; hoc secundum, misericordia vel humanitas nominatur [...].«

37 Lactantius, *Epitome divinarum institutionum* 33, 7f.: »Qui ad opem ferendam non nisi misericordiae adfectu excitantur. Hanc ille licet humanitatem, licet pietatem vocet, non rem, sed nomen inmutat.«

38 Ebd., 33, 8: »Hic est adfectus qui soli homini datus est, ut imbecillitatem nostram mutuis adiumentis levaremus: quem qui tollit, ad vitam nos redigit beluarum.«

für die positive pagane Wertung der *misericordia* Cicero auf, der an Caesar keine Tugend höher geschätzt habe als dessen Mitleid.[39]

Aus den Darlegungen des Laktanz und des Augustinus lassen sich weitere Stufen im Transformationsprozeß des *eleos-* bzw. *misericordia*-Begriffs extrapolieren:

Im Namen des christlichen Gottes, an dessen Barmherzigkeit die Gläubigen mit dem »*Kyrie eleison*«, »Herr erbarme dich«, appellieren,[40] werden sie zugleich selbst aufgefordert, aktiv Mitleid zu üben: »Barmherzigkeit will ich und nicht Opfer«,[41] und die Barmherzigen werden in die Reihe der Seligpreisungen aufgenommen: »Selig sind die Barmherzigen, denn sie werden Barmherzigkeit erlangen.«[42]

Äußerungen wie die des Laktanz oder des Augustinus tragen diesen Anforderungen Rechnung und legitimieren ein neues, nicht unumstrittenes ethisches Postulat, das für göttliche Barmherzigkeit und menschliches Mitleid nicht nur dieselben Begriffe verwendet, sondern zu diesem Zweck die heidnische Bedeutung durch die christliche substituiert. Der dem Mitleid zugrunde liegende Affekt

39 Augustinus, *Gottesstaat* 9, 5: »nam et misericordiam Stoicorum est solere culpare; sed quanto honestius ille Stoicus misericordia perturbaretur hominis liberandi quam timore naufragii. Longe melius et humanius et piorum sensibus adcommodatius Cicero in Caesaris laude locutus est, ubi ait: nulla de virtutibus tuis nec admirabilior nec gratior misericordia est.« Vgl. Cicero, *Pro Ligario* 12, 37, und Cicero, *Ad Atticum* 9, 7c: »Haec nova sit ratio vincendi, ut misericordia et liberalitate nos muniamus.« Siehe dazu auch Sabine Rochlitz, *Das Bild Caesars in Ciceros Orationes Caesarianae. Untersuchungen zur clementia und sapientia*, Frankfurt/M. 1993. Neben der *misericordia* als Instrument der Politik thematisiert Cicero ihre rhetorische Evozierbarkeit im juristischen Kontext. In *De inventione* 1, 107-109, nennt er allein 16 Arten und Gelegenheiten der Erzeugung von Mitleid.

40 Die Transformation des paganen *Kyrie*-Rufes auf den siegreichen Kaiser vollzog sich nach der Konstantinischen Wende, indem dieser nun allein Gott vorbehalten blieb. Mit Gelasius I. wurde das κύριε ἐλέησον, *miserere Domine* in die christliche Liturgie aufgenommen. Vgl. hierzu Anker, »Am Leiden Gottes teilnehmen?« (Anm. 25), S. 240.

41 *Matthäus* 9, 13: »Misericordiam volo et non sacrificium.«

42 *Matthäus* 5, 7: »beati misericordes quia ipsi misericordiam consequentur.« Zur ersten Auslegung von *Matthäus* 5, 7 bei Gregor von Nyssa mit einer Einführung in die Begriffsgeschichte des Mitleids siehe Thomas Böhm, »Gregor von Nyssa, De beatitudinibus oratio 5 ›Selig die Barmherzigen, denn sie werden Barmherzigkeit erlangen‹ (Matthäus 5, 7)«, in: Hubertus R. Drobner, Alberto Viciano (Hg.), *Gregory of Nyssa Homilies on the Beatitudes: an English Version with Supporting Studies. Proceedings of the Eighth International Colloquium on Gregory of Nyssa, Paderborn 1998*, Boston 2000, S. 165-184.

wird als von Gott gegeben nobilitiert, an dessen Barmherzigkeit sich die menschliche *misericordia* auszurichten hat.[43] Die *misericordia* wird metaphysisch und religiös in der Gottes- und Nächstenliebe fundiert und von der Bedingtheit durch Parameter, wie Aristoteles sie konstatierte, befreit: Wie Gottes Barmherzigkeit alle Menschen, auch die Sünder, umfaßt, soll auch das menschliche Mitleid, als unabdingbarer Bestandteil menschlichen Zusammenlebens ausgewiesen, allumfassend sein. Die Aristotelische Einschränkung, daß man nur den Schmerz der nächsten Verwandten als den eigenen empfinde, wird aufgehoben, ja umgekehrt. Jeder kann der Nächste sein, selbst der Feind. Paradigmatisch wird das Gleichnis vom barmherzigen Samariter, in dem sich der Fremde, der Feind, als der Nächste erweist, da er *misericordia* übt.[44]

Entscheidend ist bei Augustinus der *motus*, der Impuls, der, vom Affekt der *compassio* ausgehend, zu tätiger Nächstenliebe und Hilfe führt. Die Darstellung von Affekten auf der Bühne lehnt Augustinus daher nicht wie Platon wegen ihrer negativen Wirkung auf die Seele ab, sondern weil sie nur zum Empfinden von Schmerz, nicht aber zur Hilfeleistung aufriefen.[45] Für Augustinus ist die Emotion kein passives Widerfahrnis, sondern aktives *movens* einer Handlung, ein Affekt mit Effekt, und sie wird so lange positiv gewertet, wie das Urteilsvermögen die resultierende Handlung im Einklang mit der Gerechtigkeit zu halten imstande ist.[46]

Indem die *misericordia* an das Verstandesurteil gebunden bleibt, wird sie dem stoischen Vorwurf der Irrationalität und der Ungerechtigkeit entzogen.[47] Wie die *religio* das erste Gebot erfüllt, so er-

43 Thomas von Aquin, *Summa theologica* 3, 84, 10: »Homo inducitur ad misericordiam exemplo divinae misericordiae.«

44 *Lukas* 10, 25-37, hier 10, 36f.: »quis horum trium videtur tibi proximus fuisse illi qui incidit in latrones at ille dixit qui fecit misericordiam in illum et ait illi Iesus vade et tu fac similiter.« Vgl. hierzu Philipp Stoellger, »›Und als er ihn sah, jammerte es ihn.‹ Zur Performanz von Pathosszenen am Beispiel des Mitleids«, in: Dalferth, Hunziker (Hg.), *Mitleid* (Anm. 2), S. 289-305, hier S. 298f.

45 Augustinus, *Confessiones* 3, 2: »Sed qualis tandem misericordia in rebus fictis et scenicis? Non enim ad subveniendum provocatur auditor, sed tantum ad dolendum invitatur et actori earum imaginum amplius favet, cum amplius dolet.«

46 Augustinus, *Gottesstaat* 9, 5: »servit autem motus iste rationi, quando ita praebetur misericordia, ut iustitia conservetur, sive cum indigenti tribuitur, sive cum ignoscitur paenitenti.«

47 Augustinus, *Enarrationes in psalmos* 32: »misericordia, sed non sine iudicio.«

füllt die *misericordia* das zweite. Dennoch bleibt der Diskurs über die emotionale Komponente der *misericordia* gerade vor dem Hintergrund der intendierten Affektkontrolle in der christlichen Ethik des Mittelalters virulent.

Um die *compassio* als inneres Movens zu legitimieren, bedient sich Hugo von St. Viktor der Transformation durch Ausdifferenzierung dreier durch ihre Ursachen unterschiedener Mitleidstypen, die unterschiedliche ethische Bewertungen erfahren. Hugo fokussiert die *compassio* als inneres Gefühl und unterscheidet *compassio ex vitio*, *compassio ex natura* und *compassio ex virtute*,[48] wobei das Mitleid aus dem Laster (*ex vitio*) als schuldhaft, das aus der Natur (*ex natura*) als untadelig und das aus der Tugend (*ex virtute*) als lobenswert kategorisiert wird.[49] Leid und Mitleid werden als komplementäre, an die *vita mortalis*, die Sterblichkeit des Menschen, gebundene Krankheiten, *aegritudines*, aufgefaßt, die zu heilen Gott durch das Leiden Christi unternommen hat.[50] Vollzieht sich Mitleid jedoch im Namen Gottes dort, wo Gerechtigkeit unterdrückt wird, wurzelt es in der Tugend selbst. Hinter den Fragen nach der anthropologischen Verankerung und ethischen Wertung der *compassio* treten die der praktischen Umsetzung in Hilfe aus tätiger Nächstenliebe zurück.

Die Umkehr dieser Perspektivierung unternimmt Robert von Grosseteste, der in seiner Abhandlung *De misericordia et elemosina* die Handlungsorientierung der *misericordia* in den Mittelpunkt rückt. Folglich definiert er das Mitleid als die Liebe oder den Willen, den Elenden von seinem Übel zu befreien: »misericordia est amor sive voluntas relevandi miserum a sua miseria.«[51] Er differenziert zwischen göttlicher Barmherzigkeit und menschlichem Mitleid, hinterfragt deren Begriffsidentität[52] und ergänzt den schon bei Aristote-

48 Hugo von St. Viktor, *De triplici compassione* (zitiert nach *Patrologia Latina* 177, S. 577, hier 577A): »Triplex compassionis modus est. Siquidem compassionum alia est ex vitio, alia ex natura, alia ex virtute.«

49 Ebd., S. 577B: »Compassio ex vitio est culpabilis; compassio ex natura est irreprehensibilis, compassio ex virtute laudabilis. Prima reprehenditur, tertia laudatur, secunda autem nec culpam habet, quia ex natura est, nec praemium, quia ex virtute non est.«

50 Ebd., S. 577D: »Sicut enim aegritudo carnis est pati, ita aegritudo mentis est compati. Propterea Deus homo qui utrumque tollere venit, utrumque toleravit.«

51 Robert von Grosseteste, *De misericordia et elemosina*, zitiert nach MS Bodley 798 (SC2656), fols. 1va-3rb, Oxford, Bodleian Library.

52 Ebd., fol. 1va-1vb: »Prior ergo diffinicio misericordiae magis est substancialis, et

les entwickelten Katalog der mitleiderregenden Übel um die menschliche Dummheit, *stultitia*, die durch die Weisheit, *sapientia*, zu wahrem Glauben, Wissen und Gerechtigkeit geführt werden soll.[53] Diese nicht nur ethische, sondern auch didaktisch positive Wertung des Mitleids bedarf keiner Rechtfertigung gegen den Vorwurf des Ursprungs im Affekt des Leides und damit der Schwäche, da sie in *amor* (Liebe) und *voluntas* (Willen) wurzelt und auf materielle wie intellektuelle Hilfe abzielt.

Petrus Lombardus dagegen charakterisiert unter Berufung auf den *Lukas*-Kommentar Gregors des Großen das menschliche Mitleid als ein Zeichen der Schwäche der *conditio humana*, des menschlichen Seins, und ihrer *natura imperfecta et passibilis*, ihrer unvollkommenen und leidensfähigen Natur, woraus resultiert, daß die Heiligen – also vollkommene Naturen, *naturae perfectae* –, auch wenn ihr Geist, ihre *mens*, zur Hilfe für die Verdammten rät, aufgrund ihrer Nähe zur göttlichen Gerechtigkeit kein Mitleiden, keine *compassio* empfinden und daher auch keine durch die *misericordia* vermittelte Hilfe für diese leisten.[54]

Ausgehend von der Augustinischen Definition »misericordia est compassio miseriae alterius«,[55] »Mitleid ist das Mitleiden fremden Unglücks«, fokussiert Thomas von Aquin die zentralen Aspekte des christlichen Mitleids-Verständnisses im 13. Jahrhundert, wobei es ihm gerade durch eine die Ausführungen des Aristoteles transformierende Ausdifferenzierung von Emotionalität und Rationalität gelingt, die *misericordia* als zweite christliche Tugend nach der Gottesliebe zu erweisen.

Dabei variiert Thomas Augustinus, indem er die aristotelische *lypê*,

convenit Deo et celestibus spiritibus. Secunda vero diffinicio homini viatori convenit. Deo autem et supernis spiritibus non convenit dolor et compassio, quia non est in eis passio nisi metaphorice sumantur hec nomina et equivoce dicuntur de illis et de nobis.«

53 Ebd., fols. 1vb-2ra: »Prima ergo et precipua misericordia est amor relevandi stultum a stultitiae miseria, ut per sapientiam illuminetur eius aspectus mentis ad veram fidem et scienciam, et rectificetur eius affectus ad iustitiam.«

54 Petrus Lombardus, *Sententiarum libri* 4, d. 50, a. 6, hg. von P. P. collegii S. Bonaventurae, Quaracchi 1916, Bd. 2, 1037. Siehe hierzu und zu weiteren Exempla Ute Störmer-Caysa, »Mitleid als ästhetisches Prinzip: Überlegungen zu Romanen Hartmanns von Aue und Wolframs von Eschenbach«, in: *Encomia-Deutsch. Sonderheft der Deutschen Sektion der ICLS*, Tübingen 2002, S. 64-93, hier S. 70-75.

55 Thomas von Aquin, *Summa theologica* 2-2, q. 30, art. 1 r.; q. 30, art. 1 ad 2.

den Schmerz, in der Definition des Aristoteles nicht zuletzt begründet in der Furcht, dasselbe Leid könne einen selbst treffen,[56] bisweilen mit *dolor* (Schmerz), aber auch wie bei Seneca mit *tristitia* (Traurigkeit) wiedergibt.[57] Die *misericordia* entsteht, weil wir das Leid anderer wie unser eigenes empfinden.[58]

Wie bei Augustinus bestimmt die Handlungsorientierung das Wesen der *misericordia*, die auf eine Aufhebung des jeweiligen Übels zielt und um so effektiver geschieht, da wir dieses wie unser eigenes Übel behandeln. Ist das Ziel der *misericordia* damit gesteckt, verfolgt Thomas die Problematisierung ihres Ursprungs im Kontext der Frage, ob es sich beim Mitleid um eine Tugend handele. Den Ausgangspunkt bildet der stoische Vorwurf, daß jeglicher Affekt dem rationalen Auffinden des Wahren im Wege stehe, wofür als Zeugnis die Rede Caesars in Sallusts *Coniuratio Catilinae* aufgerufen wird, der die Affektfreiheit aller Entscheidungsträger postuliert.[59] Dem wird, von Augustinus übernommen, zunächst das Caesar-Lob des Cicero entgegengestellt, um schon aus der antiken Perspektive das Urteil über das Mitleid zu relativieren, da Cicero es zu den Tugenden zählt.[60] Entscheidend für die Bewertung der *misericordia* bei Thomas ist ihre *causa*, ihre Ursache. Das *principale* einer Tugend sei, so

56 Aristoteles, *Rhetorik* 1385b; Thomas von Aquin, *Summa theologica* 2-2, q. 30, art. 2 r; vgl. dazu David Konstan, »La pitié comme émotion chez Aristote« (Anm. 13).

57 Thomas von Aquin, *Summa theologica* 1-2, q. 35, art. 8, co: »Est tristitia de alieno malo inquantum tamen aestimatur ut proprium.« Ebd., 1, q. 95, art. 3 c: »Misericordia, quae est dolor de miseria aliena.« Dabei verwendet Thomas diese Begriffe reziprok, denn sie sind es auch, die beim Leidenden durch das Mitleid gemildert werden: Ebd., 1-2, q. 38, art. 3. Zum Unterschied von *tristitia* und *dolor* siehe Thomas von Aquin, *Scriptum super sententiis* 3, d. 15, q. 2, a. 3, qc. 2 c, oder Thomas von Aquin, *Summa theologica* 1-2, q. 25, art. 2 c: »sic igitur tristitia est quaedam species doloris, sicut gaudium delectationis.«

58 Thomas von Aquin, *Summa theologica* 1, q. 21, art. 3 c: »Misericors dicitur aliquis quasi habens miserum cor, quia scilicet efficitur ex miseria alterius per tristiam, ac si esset eius propria miseria. Et ex hoc sequitur, quod operetur ad depellendam miseriam alterius sicut miseriam propriam, et hic est misericordiae effectus.«

59 Sallustius, *De coniuratione Catilinae* 51, 1-2: »Omnis homines, patres conscripti, qui de rebus dubiis consultant, ab odio, amicitia, ira atque misericordia vacuos esse decet. Haud facile animus verum providet, ubi illa officiunt, neque quisquam omnium lubidini simul et usui paruit.«

60 Thomas von Aquin, *Summa theologica* 2-2, q. 30, art. 3 c: »Longe melius et humanius et priorum sensibus accomodatius Cicero in Caesaris laude locutus est, ubi ait: Nulla de virtutibus tuis nec admirabilior nec gratior misericordia est.« Vgl. Anm. 39.

Aristoteles, die durch die Vernunft gesteuerte Wahl, *electio.*[61] In bezug auf die *electio* ist das Mitleid eine Tugend, in bezug auf die *compassio* ist die *misericordia* eine *passio*: »misericordia secundum quod importat compassionem tantum ad miseriam alterius, non est virtus, sed passio; secundum quod importat electionem compatentis, secundum hoc virtus est.«[62] Ist der *dolor*, der Schmerz, den wir im Mitleid mit dem anderen empfinden, ein *motus appetitus sensitivi*, eine Bewegung des sinnlichen Strebevermögens, und daher nicht auf eine verstandesmäßige Wahl gegründet, ist das Mitleid eine Leidenschaft, eine *passio*, und keine Tugend. Ist die *misericordia* dagegen eine Bewegung des *appetitus intellectivus*, ist sie von der *ratio* gesteuert und demnach eine Tugend.[63] Als moralische Tugend, *virtus moralis*,[64] kann das rational gesteuerte Mitleid zudem das durch den *appetitus sensitivus*, das sinnliche Strebevermögen, bestimmte regeln.[65] Der Mensch selbst verfügt über die rationalen Kontrollmechanismen zum tugendgerechten Gebrauch des Mitleids:

Wenn man das Mitleid eine Haltung nennt, durch die der Mensch zum vernunftgemäßen Bemitleiden befähigt wird, spricht nichts dagegen, das Mitleid eine Tugend zu nennen.[66]

Die christliche Ethik löst das Mitleid von den bei Aristoteles definierten äußeren Konditionen, von der situativen Dependenz emo-

61 Aristoteles, *Nikomachische Ethik* 1106a3; ebd., 1112a14; Thomas von Aquin, *Summa theologica* 2-2, q. 30, art. 3.

62 Thomas von Aquin, *Scriptum super sententiis* 4, d. 15, q. 2, art. 1, qc. 3 ad 2.

63 Thomas von Aquin, *Summa theologica* 2-2, q. 30, art. 3 r: »[...] misericordia importat dolorem de miseria aliena. Iste autem dolor potest nominare uno quidem modo, motum appetitus sensitivi. Et secundum hoc misericordia passio est, et non virtus. [...] Alio vero modo potest nominare motum appetitus intellectivi, secundum quod alicui displicet malum alterius. Hic autem motus potest esse secundum rationem regulatus [...] et quia ratio virtutis humanae consistit in hoc quod motus animi ratione reguletur [...] consequens est misericordiam esse virtutem.«

64 Ebd., 2-2, q. 30, art. 3 ad 4.

65 Ebd., 2-2, q. 30, art. 3 r: »et potest secundum hunc motum ratione regulatum regulari motus inferioris appetitus.«

66 Ebd., 1-2, q. 59, art. 1 ad 3: »[quod misericordia dicitur esse virtus, id est virtutis actus, secundum quod motus ille animi rationi servit, quando scilicet ita praebetur misericordia, ut iustitia conservetur, sive cum indigenti tribuitur, sive cum ignoscitur poenitenti, ut Augustinus dicit ibidem.] Si tamen misericordia dicatur aliquis habitus quo homo perficitur ad rationabiliter miserendum, nihil prohibet misericordiam sic dictam esse virtutem.«

tionaler Betroffenheit und erhebt es zur prinzipiellen Lebenshaltung: Das heidnische Pathos wird zum christlichen Ethos, zur zweiten Tugend nach der Gottesliebe transformiert.[67]

Zur Ausprägung und Vertiefung eines Ethos des durch den Verstand gesteuerten Mitleids gegenüber den Menschen (*rationabiliter miserere*) und der hingebungsvollen Andacht (*devotio*) gegenüber Gott kann angesichts der Schwäche des menschlichen Geistes auch die Unterstützung durch sinnliche Eindrücke, wie sie die bildende Kunst vermittelt, im Sinne des Dreischritts: Belehren, Erinnern, Bewegen, angeraten sein.[68] Hierzu besonders geeignet seien, so Thomas von Aquin, Darstellungen der Passion Christi.[69]

Die wirkungsästhetische Kraft der bildlichen Darstellung geht dabei weit über die Affekterzeugung im Betrachter hinaus. Sie dient der Erzeugung von *devotio* im Gläubigen, die zusammen mit dem Gebet, der *oratio*, zu den *actus interiores religionis*, den inneren Glaubensakten, zählt.[70] Hierzu prädestiniert ist die Betrachtung der *humanitas Christi*, seiner Menschwerdung und Passion, deren Darstellung seit dem Hochmittelalter einen tiefgreifenden ikonographischen Wandel erfuhr, der sich nicht nur in der zunehmenden Konjunktur von Passionsszenen manifestierte, sondern auch in einer grundlegenden Veränderung ihres emotionalen Gehalts. An der Darstellung des Gekreuzigten, dem wichtigsten Bildthema der christlichen Ikonographie, zeigt sich dieser Wandel in der Ablosung des Bildtypus des *Christus triumphans*, des triumphierenden Christus, durch den des leidenden, *Christus patiens* (*Abb. 1* und *Abb. 2*). Christologische Bilderzählungen lassen analoge emotionale Akzentverschiebungen erkennen. Dies läßt sich auch am Vergleich der Grablegung im *Codex Egberti* (*Abb. 3*) mit der Beweinung Christi in der Arenakapelle (*Abb. 4*) exemplifizieren.

67 Ebd., 2-2, q. 30, art. 4 ad 2: »summa christianae religionis in misericordia consistit quantum ad exteriora opera. Interior tamen affectio caritatis, qua coniungimur Deo, praeponderat et dilectioni et misericordiae in proximos.«

68 Thomas von Aquin, *Scriptum super sententiis* 3, d. 9, q. 1, art. 2, qc. 2 ad 3.

69 Thomas von Aquin, *Summa theologica* 2-2, q. 82: *De devotione*, art. 3 ad 2: »sed ex debilitate mentis humanae est quod sicut indiget manuductione ad cognitionem divinorum, ita ad dilectionem per aliqua sensibilia nobis nota; inter quae praecipuum est humanitas Christi, secundum quod in Praefatione dicitur ut, dum visibiliter Deum cognoscimus, per hunc in invisibilium amorem rapiamur. Et ideo ea quae pertinent ad Christi humanitatem [...] maxime devotionem excitant.«

70 Ebd., 2-2, q. 82: *De devotione*, art. 2 r.

Abb. 1: Guglielmo, *Croce dipinta*, Sarzana Kathedrale, Pinacoteca Nazionale, Pisa (aus: AK *Cimabue a Pisa. La pittura pisana del Duecento da Giunta a Giotto*, hg. von Mariagiulia Burresi und Antonio Celeca, Pisa 2005, Abb. 65).

Abb. 2: Giotto, *Croce dipinta*, S. Maria Novella, Florenz (aus: Francesca Flores D'Arcais, *Giotto*, München 1995, S. 91).

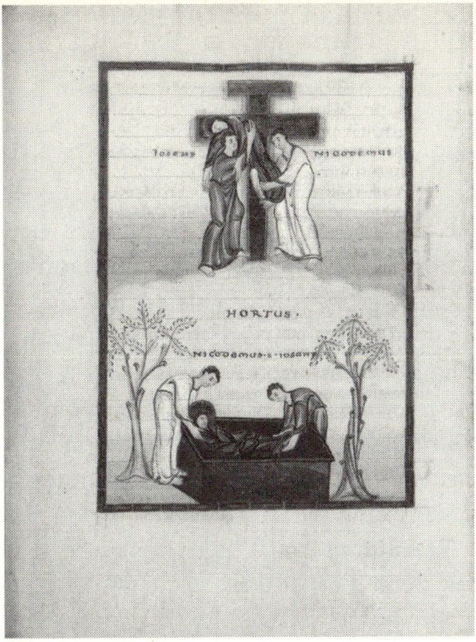

Abb. 3: Codex Egberti, Ms 24: Kreuzabnahme und Grablegung, Stadtbibliothek Trier (aus: *Der Egbert Codex. Das Leben Jesu*, hg. von Gunther Franz, Darmstadt 2005, S. 169).

Abb. 4: Giotto, *Beweinung Christi*, Arenakapelle, Padua (aus: Francesca Flores D'Arcais, *Giotto*, München 1995, S. 189).

Das gesteigerte Pathos in der Vergegenwärtigung der Leidensgeschichte des Menschensohns dient dazu, den Betrachter zum Mitleiden – zur *compassio* – anzuregen. Die Meditation über die menschliche Natur Christi fördere deshalb wie nichts anderes die Andacht, so Thomas, weil die Betrübnis, daß Christus wegen der menschlichen Sündhaftigkeit leiden mußte, ein Bewußtsein der eigenen Unzulänglichkeiten erzeuge. Damit werde der eigene Hochmut zunichte gemacht und der Wunsch, sich völlig Gott unterzuordnen, erzeugt.[71] Gleichzeitig löse der Gedanke an die göttliche Güte Freude aus, von seinen Sünden befreit zu werden und die Hoffnung auf göttliche Hilfe zu besitzen.[72]

Zu fragen ist, inwieweit biblische Bilderzählungen mit ihrem gesteigerten emotionalen Gehalt neben dieser metaphysischen, auf den Gottesdienst ausgerichteten Zweckbestimmung auch ein innerweltlich-ethisches Potential der Affektsteuerung entfalten und damit auf die Ausbildung und Vertiefung eines christlichen Ethos einwirken.[73] Für beide Dimensionen sind – wie schon Thomas betonte – Darstellungen der *passio – compassio* sowie der *misericordia* von zentraler Bedeutung.

Eine solche positive religiöse Funktionalisierung emotionaler Bildgehalte setzte im 13. Jahrhundert ein und führte zu einer Erweiterung der Gründe, mit denen christliche Bilder gegenüber traditionellen, im jüdischen Bilderverbot des Dekalog und anderer Bücher des Alten Testaments verwurzelten idolatriekritischen Vorbehalten legitimiert wurden, ohne daß dabei auf die Autorität des Neuen Testaments zurückgegriffen werden konnte.[74] Das im Mittelalter immer wieder zitierte Standardargument lieferte an der Wende zum

71 Thomas von Aquin, *Summa theologica* 2-2, q. 82: *De devotione*, q. 82, art. 3 ad 2; ebd., q. 82, art. 4 ad 1; ebd., q. 82, art. 3r.

72 Ebd., 2-2, q. 82, art. 4 ad 1 und 2. Vgl. Iris Marzik, »Von Gesten und ihrer Bedeutung«, in: Wolfram Prinz, Iris Marzik (Hg.), *Die Storia oder die Kunst des Erzählens in der italienischen Malerei und Plastik des späten Mittelalters und der Frührenaissance 1260-1460*, Mainz 2000, S. 501-550, hier S. 527.

73 Zu der von Aristoteles ausgehenden Bedeutung der Relation von Pathos und Ethos siehe Rapp, »Kunstgemäß erzeugte Affekte in Aristoteles' Rhetorik« (Anm. 17), S. 17f.

74 Das Neue Testament muß aufgrund der Vermittlungspraxis Christi andere Schwerpunkte setzen. Vgl. *Römer* 10, 17: »ergo fides ex auditu auditus autem per verbum Christi.« »Glaube kommt vom Hören, über das Hören ist das Wort des Messias zu uns gelangt.«

7. Jahrhundert Gregor der Große,[75] der anläßlich ikonoklastischer Übergriffe im Bistum Marseille die Verwendung von Bildern im christlichen Kontext rechtfertigte:

Denn das Bild in den Kirchen dient dem Zweck, daß die Analphabeten wenigstens auf die Wände schauend lesen, was sie in den Büchern nicht zu lesen vermögen.[76]

Über Jahrhunderte hinweg blieb Gregors Legitimation der Bilder als Bibel der Analphabeten verbindlich, zumal die bisweilen notwendige literarische Kontextualisierung auch mündlich erfolgen konnte.[77] Die Wirkung der Bilder auf die Emotionen der Betrachter thematisierte Gregor in diesem Kontext nicht.[78]

Wie es scheint, wurde die emotionale Wirkung von Bildern erst im 11. Jahrhundert von Theologen bei der Erörterung der Funktion von Bildern einer Erwähnung für wert befunden: Auf der Synode von Arras erfolgte 1025 eine Neuakzentuierung der Bilderlehre, die vor allem die Legitimität von Gottesbildern betraf, aber auch deren affektive Bedeutung neu definierte:

75 Helmut Feld, *Der Ikonoklasmus des Westens*, Leiden 1990, S. 11-14; Gerhard Wolf, *Salus Populi Romani. Die Geschichte römischer Kultbilder im Mittelalter*, Weinheim 1990, S. 148-156; Norbert Wibiral, »Zur Überlieferung altchristlicher Urteile über die Bilder: Zwei antithetische Texte des Burchard von Worms«, in: *Jahrbuch des Musealvereins Wels* 23 (1981), S. 145-170; Lawrence G. Duggan, »Was Art Really the ›Book of the Illiterate‹?«, in: *Word & Image* 5 (1989), S. 227-251; Celia M. Chazelle, »Pictures, Books, and the Illiterate: Pope Gregory's Letter to Serenus of Marseilles«, in: *Word & Image* 6 (1990), S. 138-152; Jean Wirth, *L'Image médievale. Naissance et développement*, Paris 1989; Ulrich Pfisterer, *Donatello und die Entdekkung der Stile 1430-1445*, München 2002, S. 454 f.

76 *S. Gregorii Magni Epistulae ad episcopum Serenum Massilliensem*, in: *Monumenta Germaniae Historica, Gregorii I Papae Registrum Epistularum* 2, 1, lib. 9, 208, S. 195: »Idcirco enim pictura in ecclesiis adhibetur, ut hi qui litteras nesciunt saltem in parietibus videndo legant, quae legere in codicibus non valent.« Vgl. auch ebd., 2, 2, lib. 11, 10, S. 270 f.: »Nam quod legentibus scriptura, hoc idiotis praestat pictura cernentibus, quia in ipsa ignorantes vident quod sequi debeant, in ipsa legunt qui litteras nesciunt; unde praecipue gentibus pro lectione pictura est.«

77 Pfisterer, *Donatello* (Anm. 75), S. 454 f.

78 Eine Äußerung in seiner *Regula Pastoralis* 2, 10, belegt, wie er den Rezeptionsvorgang imaginiert: »Dum exteriorum rerum intrinsecus species attrahuntur, quasi in corde depingitur, quicquid fictis ymaginibus deliberando cogitatur.« »Während man, was von den äußeren Dingen erscheint, in sich hineinzieht, malt man gleichsam im Herzen, was auch immer in erfundenen Bildern erwägend erdacht wird.« Vgl. Hans Belting, *Das Bild und sein Publikum im Mittelalter. Form und Funktion früher Bildtafeln der Passion*, Berlin 1981, S. 91, Anm. 35.

Tatsächlich schauen die Einfältigsten der Kirche und die Ungebildeten durch die Gestaltung der Malerei, was sie nicht durch die Schriften wahrnehmen können. Wenn sie diese *species* verehren, beten sie Christus in seiner Erniedrigung an, durch die er für uns zu leiden und zu sterben bereit war: den ans Kreuz geschlagenen, am Kreuz leidenden, am Kreuz sterbenden Christus, ihn allein, und nicht das Werk aus Menschenhand. Man betet nicht den Holzstamm an, sondern durch das sichtbare Bild wird der unsichtbare (innere) Geist des Menschen bewegt. Auf ihm schreiben sich das Leiden und der Tod, den Christus für uns litt, wie auf das Pergament des Herzens ein.[79]

Aufgerufen werden tradierte Argumentationsstrukturen wie die Funktion der Bilder für die *illiterati*, die Ungebildeten, und die Abwehr möglicher Idolatrievorwürfe, als richtungweisend tritt hinzu die Beschreibung der Funktion der *imago visibilis*, des sichtbaren Bildes, auf die *mens interior*, den inneren Geist des Betrachters am Beispiel der *passio Christi*.

Diese Ansätze systematisiert und erweitert Thomas von Aquin, der in seinem Sentenzen-Kommentar die Verwendung von Bildern in der Kirche dreifach legitimiert.[80]

Dem traditionellen Argument der Unterweisung der Ungebildeten (*ad instructionem rudium*) fügt er zwei entscheidende hinzu: Das

79 Jean Wirth, »Soll man Bilder anbeten? Theorien zum Bilderkult bis zum Konzil von Trient«, in: Ausstellungskatalog *Bildersturm. Wahnsinn oder Gottes Wille?*, Bernisches Historisches Museum, Musée de Œuvre Notre-Dame (Straßburg), hg. von Cécile Dupeux u.a., Zürich 2000, S. 28-37, hier S. 31 (zitiert nach *Acta Synodi Atrebatensis*, *Patrologia Latina*, Bd. 142, Spalte 1306 B-D): »simpliciores quippe in ecclesia et illiterati, quod per Scripturas non possunt intueri, hoc per quaedam picturae liniamenta contemplantur, id est, Christum in ea humilitate, qua pro nobis pati et mori voluit. Dum hanc speciem venerantur, Christum in cruce ascendentem, Christum in cruce passum, in cruce morientem, Christum solum, non opus manuum hominum adorant. Non enim truncus ligneus adoratur, sed per illam visibilem imaginem mens interior hominis excitatur, in qua Christi passio et mors pro nobis suscepta tanquam in membrana cordis inscribitur [...]«.

80 Thomas von Aquin, *Scriptum super sententiis* 3, d. 9, q. 1, a. 2, qc. 2 ad 3: »Fuit autem triplex ratio institutionis imaginum in Ecclesia. Primo ad instructionem rudium, qui eis quasi quibusdam libris edocentur. Secundo ut incarnationis mysterium et sanctorum exempla magis in memoria essent, dum quodie oculis repraesentantur. Tertio ad excitandum devotionis affectum qui ex visis efficacius incitatur quam ex auditis.« Siehe Feld, *Der Ikonoklasmus des Westens* (Anm. 75), S. 65. Vgl. Gerhart Ladner, »Der Bilderstreit und die Kunstlehren der byzantinischen und abendländischen Theologie«, in: *Zeitschrift für Kirchengeschichte* 50 (1931), S. 1-23.

Geheimnis der Inkarnation und die Vorbilder der Heiligen blieben besser im Gedächtnis haften, wenn sie täglich vor Augen gestellt würden. Den Bildern wird demnach eine verstärkte Erinnerungsfunktion zugewiesen, die über das seit der Antike apostrophierte Potential der Kunst zur Vergegenwärtigung des Abwesenden hinaus[81] auf das ethische Exemplum abzielt. Schließlich könnten Bilder, und dies ist entscheidend, besser als der gehörte Text den *affectus devotionis*, das Gefühl der Andacht, anregen und damit den Glauben vertiefen.[82]

In der an Strukturen antiker Rhetorik angelehnten Funktionstrias: Belehren, Erinnern und Bewegen[83] kommt der Verstärkung der Devotion, »der bewußten und gewollten Hinwendung des Geistes zu Gott«,[84] zentrale Bedeutung zu, da sie nicht nur für die Ungebildeten, sondern durch die wiederholte Versenkung in der Meditation für alle Gläubigen wirksam werden kann. Die Andacht ist ein Akt des Willens, durch den der Mensch sich entschließt, sich Gott völlig unterzuordnen. Wie jeder Akt des Willens beruht auch die Andacht auf Überlegungen des Intellekts; die Mobilisierung von Gefühlen der *compassio* und *devotio* im Angesicht des leidenden Christus ist wie der christliche Begriff der *misericordia* an Verstandesleistung und Willensentscheid gebunden.[85]

Die drei bei Thomas von Aquin genannten Rechtfertigungsgründe von Bildern finden sich – wenn auch in anderer Reihenfolge – ebenso bei Bonaventura:

81 Vgl. hierzu Mary Carruthers, *The Book of Memory. A Study of Memory in Medieval Culture*, Cambridge 1990, v. a. S. 221-242; Pfisterer, *Donatello* (Anm. 75), S. 455.

82 Thomas von Aquin, *Summa theologica* (Anm. 1) 1-2, q. 99, art. 4 ad 3: »Diese Bilder machen aber auf die Seele mehr Eindruck, wenn sie nicht nur in Worte gefaßt, sondern auch den Sinnen anschaulich geboten werden. Daher wird in der Heiligen Schrift das Göttliche mitgeteilt nicht nur durch sprachliche Bilder, wie es das Sprechen in Metaphern zeigt, sondern auch durch dingliche Bilder, die dem Auge sichtbar vorgeführt werden; und das gehört zu den Kultvorschriften.«

83 Norbert Michels, *Bewegung zwischen Ethos und Pathos. Zur Wirkungsästhetik italienischer Kunsttheorie des 15. und 16. Jahrhunderts*, Münster 1988, S. 143; Frank Zöllner, »Leon Battista Albertis ›De pictura‹. Die kunsttheoretische und literarische Legitimierung von Affektübertragung und Kunstgenuß«, in: *Georges-Bloch-Jahrbuch des Kunstgeschichtlichen Seminars der Universität Zürich* 4 (1997), S. 23-39, hier S. 26; Pfisterer, *Donatello* (Anm. 75), S. 454: »Seit Bonaventura und Thomas von Aquin um die Mitte des 13. Jahrhunderts die Bedeutung christlicher Kunstwerke definiert hatten, stand deren dreifache Funktion unumstößlich fest.«

84 Thomas von Aquin, *Summa theologica* (Anm. 1) 2-2, q. 83, art. 3 r.

85 Vgl. Michels, *Bewegung zwischen Ethos und Pathos* (Anm. 83), S. 143-145.

Als erster Grund wird angeführt, daß Plastiken und Gemälde den Ungebildeten die Schriften ersetzten, die sie nicht lesen könnten: »So können sie in den Bildern die Geheimnisse des Glaubens gleichsam ablesen.« An zweiter Stelle – und nicht erst an dritter wie bei Thomas von Aquin – nennt Bonaventura die Wirkung auf den *affectus devotionis*:

Der Affekt der Frömmigkeit wird bei manchen Menschen nicht geweckt, wenn sie nur mit dem Ohr vernehmen, was Christus für uns getan hat [...]. Dies geschieht aber, wenn ihnen die Ereignisse des Lebens Christi mit Figuren und Bildern gewissermaßen als gegenwärtig vor Augen gestellt werden. Denn unser Gefühl wird mehr angeregt durch das, was man sieht, als durch das, was man hört.[86]

Und auch die *memoria* wird durch das Sehen besser angesprochen als durch das Hören:

Es ist, wie man zu sagen pflegt: Das gehörte Wort geht zu dem einen Ohr hinein und zu dem anderen wieder hinaus. Das Gesehene dagegen prägt sich besser dem Gedächtnis ein. Sodann ist auch nicht immer jemand zur Hand, der uns die Heilstaten Gottes durch Worte ins Gedächtnis ruft. Deshalb ist es durch Gottes Vorsehung geschehen, daß Bilder vor allem in den Kirchen hergestellt werden, damit wir uns bei ihrem Anblick an die für uns geschehenen Wohltaten und an die tugendhaften Werke der Heiligen erinnern.[87]

Kurz: Bilder in Kirchen haben ihre Berechtigung wegen der Unwissenheit der einfachen Menschen, der Trägheit der Affekte und der Schwäche des menschlichen Gedächtnisses.

Über Thomas hinausgehend, erläutert Bonaventura auch die Funktionsweise der Bilder, die im künstlerischen Vermögen bestehe, durch Figuren und Gemälde abwesende Personen und vergangene

86 Bonaventura, *Commentaria in quatuor libros sententiarum* 3, d. 9, a. 1, q. 2: »Dicendum, quod imaginum introductio in Ecclesia non fuit absque rationabili causa. Introductae enim fuerunt propter triplicem causam, videlicet propter simplicium ruditatem, propter affectum tarditatem et propter memoriae labilitatem. Propter simplicium ruditatem inventae sunt, ut simplices, qui non possunt scripturas legere, in huiusmodi sculpturis et picturis tanquam in scripturis apertius possint sacramenta nostrae fidei legere. Propter affectus tarditatem similiter introductae sunt, videlicet ut homines, qui non excitantur ad devotionem in his quae pro nobis Christus gessit, dum illa aure percipient, saltem excitentur, dum eadem in figuris et picturis tanquam praesentia oculis corporeis cernunt.« Diese Funktionsbeschreibung bleibt gültig und wird vom Tridentinum bestätigt.

87 Feld, *Der Ikonoklasmus des Westens* (Anm. 75), S. 66f.

Ereignisse als gegenwärtig vor Augen zu stellen. Dieses positiv gewertete illusionistische Potential der Bilder löst den *affectus devotionis* aus und verstärkt ihn. Das imaginäre Miterleben der *passio Christi* mündet in einer den Glauben vertiefenden *compassio* des Betrachters, die in der Leidensreflexion die Andacht vertieft. Für die Überlegenheit des Gesichtssinns gegenüber dem Gehör, den Primat des Bildes gegenüber dem gehörten Text, nimmt Bonaventura die *Ars poetica* des Horaz in Dienst und vollzieht damit einen ersten Schritt zur theoretischen Fundierung einer positiven Wirkungsästhetik christlicher Bilder.[88]

Nimmt man unter diesen theoretischen Prämissen ein Bild mit facettenreicher Emotionsdarstellung wie Giottos *Beweinung Christi* (*Abb. 4*) im Vergleich zu der affektarmen Inszenierung der Grablegung im *Codex Egberti* in den Blick (*Abb. 3*), eröffnen sich je nach Perspektivierung sowohl die metaphysische als auch die ethische Ebene der Bildwirkung auf die Emotionen des Betrachters.

Gilt die meditative Betrachtung der Person des verstorbenen Christus, kann das Bild der Vertiefung der *devotio* durch die *compassio* des Gläubigen mit dem Heiland dienen. Gilt die Konzentration den auf dem Bild um Christus trauernden Personen, eröffnet sich für den Betrachter die ethische Ebene des Mitleids, der *misericordia*, wobei ihm zugleich ein differenziertes Spektrum an Trauergesten als Exemplum vorgeführt wird.

In den Evangelien kommt die Beweinung Christi nicht vor. Die Beweinung ist ein Produkt apokrypher bzw. meditativer Imagination. Man ergänzte die Totenklage, die man nicht zuletzt aufgrund des Erfahrungshorizonts zeitgenössischer Bestattungsrituale erwartete.

Die frühesten Belege für das Auftreten des Bildtypus des Threnos (Beweinung) entstammen der byzantinischen Kunst des 10. Jahrhunderts.[89] Zu seiner Genese gibt es zwei Thesen, die beide von ei-

88 Horaz, *Ars poetica* 180-182: »segnius inritant animos demissa per aurem, quam quae sunt oculis subiecta fidelibus, et quae ipse sibi tradit spectator.« Auf weitere theoretische Überlegungen zur Wirkungsästhetik von Bildern mußte man zumindest im Westen bis zu Leon Battista Alberti warten, der sich auf Horaz, *Ars poetica* 99-109, bezieht. Zur Entwicklung in Byzanz siehe Hans Belting, *Bild und Kult. Eine Geschichte des Bildes vor dem Zeitalter der Kunst*, München 1990, S. 292-330. Bei Dante, Boccaccio, Petrarca und anderen Dichtern und Literaten finden sich keine systematischen Äußerungen zur emotionalen Wirkung von Bildern.

89 Zur Genese des Bildtypus der Beweinung durch Transformation der Grabtragung

ner Transformation antiker Konfigurationen und Bildmotive ausgehen. Aufschlußreich sind in diesem Zusammenhang vor allem die verschiedenen Trauergebärden der Kerngruppe des Bildes, deren antikes Motivrepertoire weitgehend konstant bleibt. Die byzantinische Beweinung wurde im Westen übernommen und war als Bildthema im 13. Jahrhundert bereits weit verbreitet. Zum konnotativen Umfeld gehörten vermutlich Texte, die das Thema der Beweinung Christi in ähnlicher Weise schildern. Direkte Bild-Text-Korrelationen konnten jedoch bisher nicht nachgewiesen werden.

Giottos Beweinung zeichnet sich, wie auch andere seiner biblischen Historien, dadurch aus, daß er verschiedene Anregungen der ikonographischen Überlieferung durch Rekombination und Addition von Motiven transformiert. Wichtig ist hierbei vor allem die vielbeachtete Figur des Johannes,[90] für die Giotto eine auf antiken Meleager-Sarkophagen geläufige Trauergebärde adaptierte, wie auch die des Joseph von Arimathäa,[91] dem ebenfalls eine antike Figurenprägung zugrunde liegt. Beide geben gemäß ihrem jeweiligen Ethos ihrem Pathos der Trauer über den Tod Jesu Ausdruck. Die nahezu besinnungslose Verzweiflung des jungen Lieblingsjüngers Jesu kontrastiert dabei mit der kontemplativen, duldsamen Trauer des reifen Joseph von Arimathäa. Daß beide Figuren neu in das Figurenrepertoire der Beweinung aufgenommen werden, zeigt, daß es dem Maler nicht nur um eine Steigerung des Pathos, sondern um eine Ausdifferenzierung des sich im Trauergebaren manifestierenden Ethos geht, wobei die Schmerzgrade nach emotionaler Nähe zum Betrauerten abgestuft den nach Alter und Temperament differenzierten Charak-

siehe Kurt Weitzmann, »The Origin of the Threnos«, in: Millard Meiss (Hg.), *De Artibus Opuscula XL. Essays in Honor of Erwin Panofsky*, New York 1961, S. 476-490. Zur Beweinung als szenischer Analogiebildung zu einem älteren christlichen Bildtypus, der bereits in der Spätantike als Adaption der Darstellung einer heidnischen Totenklage entstand, siehe Hans Aurenhammer, *Lexikon der christlichen Ikonographie. Alpha und Omega – Christus und die vierundzwanzig Ältesten*, Wien 1959, S. 357-374.

90 Erwin Panofsky, *Die Renaissancen in der europäischen Kunst*, Frankfurt/M. 1990 (engl. Originalausgabe 1960), S. 156f. Vgl. auch Salvatore Settis, »Ars moriendi: Cristo e Meleagro«, in: *Annali della Scuola Normale Superiore di Pisa*, serie IV, Quaderni 1-2 (2000), S. 145-170, hier S. 149f.

91 Salvatore Settis, »Immagini della meditazione, dell'incertezza e del pentimento nell'arte antica«, in: *Prospettiva: rivista di storia dell'arte antica e moderna* 2 (1975), S. 4-18, hier S. 7.

teren zugeordnet werden. Aufmerksamkeit verdient in diesem Zusammenhang weiterhin, daß die gerade in der antiken Literatur belegten Extremformen von Trauerbezeugungen, die mit Selbstverletzungen wie dem Raufen der Haare, dem Zerkratzen des Gesichts oder Schlägen auf die nackte Brust einhergehen und die Warburg als pagane Ausdruckssuperlative aufgefaßt hätte, in den christlichen Himmel versetzt werden und nur bei den über der Szenerie schwebenden Engeln auftreten.[92]

Für das menschliche Bildpersonal ist mit der Figur des Johannes eine normative Obergrenze des Schmerzausdrucks gezogen. Zu fragen ist hier natürlich auch nach dem sozialen Hintergrund der Beschränkung der Skala menschlicher *compassio*, nach zeitgenössischen Trauerpraktiken und den mit ihnen verknüpften normativen Wertvorstellungen. Das Ethos der Mäßigung, das Giottos Beweinung erkennen läßt, erinnert an die Kritik zeitgenössischer Trauerrituale, die an exzessivem Trauergebaren Anstoß nahm. Für die Differenzierung emotionaler Zustände gemäß individuellen Charakteren liefern die *Meditaciones vite Christi*, wohl verfaßt vom Franziskaner Johannes de Caulibus, zahlreiche Beispiele.[93] Denn während die Evangelien das Leben Jesu als historischen Tatsachenbericht vermitteln und man über Gedanken und Gefühle der Akteure sehr wenig erfährt, ist es das besondere Anliegen der religiösen Meditationsliteratur, vor allem der sogenannten Passionsmystik der Zisterzienser, an die ab dem 13. Jahrhundert Franziskaner und Dominikaner anknüpften, durch Plastizität der Erzählung und Differenzierung emotionaler Zustände zur Identifikation mit dem Leidensgeschehen, zur *compassio*, und zur meditativen Versenkung hinzuführen. So versteht auch der Verfasser der *Meditaciones* seine imaginativen Schilderungen vom Tod Christi, von Kreuzabnahme und Beweinung als Vorgaben für die Meditation des Lesers. Er möchte diese anregen, aber nicht ersetzen oder festlegen. Er leistet somit genau das, was Theologen wie Thomas von Aquin und Bonaventura von Malern erwarteten, nämlich daß sie in ihren Bildern die wichtigsten Ereignisse im Leben Jesu und Marias in einer Weise visuell vergegen-

92 Diese Kategorie von Trauergebärden ist in anderen zeitgenössischen Beweinungen, z. B. in der des Simone Martini (Berlin, Gemäldegalerie, Staatliche Museen zu Berlin), durchaus vertreten.

93 Johannes de Caulibus, *Meditaciones vite Christi*, hg. von M. Stallings-Taney, Turnhout 1997.

wärtigten, die dem frommen Betrachter Anreize und Angebote zur weiteren Meditation boten.

Giottos Beweinung setzt derartige Reflexionen über christliche *compassio* voraus. Woher er seine Regeln und Maßstäbe bezog, läßt sich nicht sicher ermitteln. Allzu enge Beziehungen zu zeitgenössischen Versuchen einer Normierung des Trauerverhaltens darf man kaum erwarten, da dieses nicht so sehr als Ausdruck individueller Gefühle, als vielmehr als Ausdruck einer sozialen Rolle verstanden wurde,[94] für die eine maßvolle Vermeidung exzessiver Gebärden als normativ angenommen werden kann. Das Prinzip der charakterbezogenen Differenzierung dagegen läßt sich kaum auf Normen zeitgenössischer Rituale zurückführen, deren auf Affektregulierung zielende Regeln sich an familiärer und ständischer Hierarchie orientierten und auf die biblische Trauergruppe der Beweinung Christi nicht direkt übertragbar waren. Für das Pathos der christlichen Trauer um den Gottessohn gab es keine Normen, die auf sozialen Unterschieden basierten. Überindividuelle Normen hat das geforderte Mitleidsethos nur durch die jeweils gültigen Grenzen der sogenannten guten Sitten, die auch für die religiöse Meditation als verbindlich galten.

Bilder wie Giottos Beweinung präsentieren dem Betrachter analog zu Texten der Meditationsliteratur exemplarische Figuren christlicher *compassio*. Diese ist nicht Widerfahrnis, sondern Akt willentlicher Hinwendung des Gläubigen zu Gott, wie die rational verankerte *misericordia* einen Akt der Hinwendung zum Nächsten bedeutet. Bilder können und sollen diese Emotionen auslösen und vertiefen, weil sie, wie Augustinus sagt, die christlichen Herzen nicht zum Laster führen, sondern die Tugend üben: »quod passiones, quae Christianos animos adficiunt, non in vitium trahant, sed virtutem exerceant.«[95]

Wie die christliche Literatur die paganen Begriffe *eleos*, *misericordia* und *compassio* mit neuer Bedeutung auflädt, so funktionalisiert Giotto pagane Pathosmotive für seine Darstellung vorbildlicher Mitleidsbezeugungen. Dabei transformieren Text und Bild mittel- oder unmittelbar Sprach- und Motivmaterial eines antiken Referenzbereichs, dem sie zugleich Dauer und neue Geltung verleihen.

94 Vgl. Bernhard Jussen, »Dolor und Memoria. Trauerriten, gemalte Trauer und soziale Ordnungen im späten Mittelalter«, in: Otto Gerhard Oexle (Hg.), *Memoria und Kultur*, Göttingen 1995, S. 207-252, hier S. 211.

95 Augustinus, *De civitate Dei* 9, 5.

Werner Röcke

»Schadenfreude ist die schönste Freude«

Formen aggressiven Gelächters in der Literatur der Antike und des Mittelalters

Daß die Schadenfreude die schönste Freude ist, davon dürften wir alle überzeugt sein. Wir kennen – und akzeptieren – aber auch die Variante: »Wer den Schaden hat, braucht für den Spott nicht zu sorgen« oder vielleicht sogar die verschärfte Version: »Wer den Schaden hat, spottet jeder Beschreibung.«[1]

Schadenfreude, so verstehe ich diese sprichwörtlichen Redewendungen, ist nicht begrenzt, sondern leicht steigerungsfähig. Sie ist variationsreich, sprachlich höchst kunstvoll und offen für ihre Eskalation. Diese *Kunst* der Schadenfreude möchte ich im folgenden erörtern. Gegenstand der Untersuchung ist also nicht die moralische oder gar moralphilosophische, sondern die ästhetische Dimension der Schadenfreude. Aus diesem Grund geht es mir auch nicht um den systematischen Ort der Schadenfreude in einer Theorie der Affekte, z. B. in ihrem Verhältnis zu vergleichbaren Affekten wie Neid, Unverschämtheit oder Entrüstung (*nemesis*, abgeleitet von *nemesan* – unwillig sein),[2] sondern um die Technik, vor allem die literarische Technik der Schadenfreude in ihren Transformationen von der Antike bis ins Mittelalter und in die frühe Neuzeit. Dabei frage ich insbesondere nach den Regeln, gewissermaßen einer Grammatik der Schadenfreude, die in sprichwörtlichen Redewendungen, aber auch in Philosophie und Literatur sichtbar wird, und dies seit der Antike. Leo Spitzer hat das Wort »Schadenfreude« als »charakteristisch deutsches, unübersetzbares Wort« bezeichnet, vergleichbar dem französischen »médisant« bzw. »perfide« oder dem englischen »cant«. Und noch 1926 heißt es im *New English Dictionary*: »There is no English word for Schadenfreude, because there is no such feeling here« (gemeint ist wohl: in England).[3] Wichtiger allerdings als derlei na-

1 Lutz Röhrich, *Lexikon der sprichwörtlichen Redensarten*, Bd. 4, Freiburg u. a. [4]1999, S. 1294 f.

2 Vgl. dazu Siegfried Blasche, »Affekt«, in: Jürgen Mittelstraß (Hg.), *Enzyklopädie Philosophie und Wissenschaftstheorie*, Bd. 1, Stuttgart, Weimar 1995, S. 50 f.

3 Leo Spitzer, »Schadenfreude«, in: ders., *Essays in Historical Semantics*, New York 1968, S. 135-146, hier S. 135.

tionale Stereotypen scheint mir, daß die Sache, um die es hier geht, also die Lust am Schaden anderer, die sich in Spott oder aggressivem und immer aggressiverem Gelächter ausdrückt, keineswegs auf das Wortfeld »Schadenfreude« im engeren Sinn beschränkt ist, sondern sehr viel breiter angelegt und vor allem sehr viel älter ist.

Dementsprechend ist auch das griechische Substantiv *epichairekakia* (abgeleitet von *epichairein* – sich freuen) wohl erst ab Aristoteles belegt;[4] das Verhaltensmuster hingegen, das mit dem Wort benannt wird, reicht in sehr viel frühere Epochen zurück. In einer Archäologie der Schadenfreude – so meine erste These – spielen Antike und Mittelalter die wichtigste Rolle. Sie entwerfen Bilder und Szenen, Urszenen von Schadenfreude gewissermaßen, die eine eigene Dynamik entfalten und die auf unterschiedlichste Weise weiterentwickelt, diskutiert und modifiziert wurden, mithin für Fragen nach der Transformation antiker Bilder, Überzeugungen und Vorstellungen besonders interessant sind.

Zwei solcher Urszenen von Schadenfreude stelle ich an den Anfang. Sie sind aus dem Grunde besonders aufschlußreich, da sie jeweils einen bestimmten Funktionszusammenhang und vor allem einen bestimmten Ort markieren, der offensichtlich für die Inszenierung von Schadenfreude besonders wichtig ist. Diese Orte oder Topoi der Schadenfreude betreffen in der Antike einerseits den Götterhimmel – einen der beliebtesten und kulturell produktivsten Orte aggressivsten Gelächters über andere – und andererseits den Gesprächsrahmen von Philosophen, sei es in der *palaistra* des Gymnasiums, sei es in der Denkklause oder »Denkerei« des Sokrates, wie es in den *Wolken* des Aristophanes spöttisch heißt:[5] eine Art Philosophenschule, die für Fragen der Schadenfreude und des denunziatorischen Gelächters außerordentlich aufschlußreich ist.

Transformationstheoretisch interessant ist nun der Umstand, daß diese Orte der Schadenfreude, aber auch die Schadenfreude selbst im Mittelalter erheblich modifiziert werden. Zwar bleibt die Lust

4 *Nikomachische Ethik* 1107a10 (im Anschluß an Spitzer, »Schadenfreude« [Anm. 3], S. 143, dortige Anm. 5).

5 Aristophanes, *Die Wolken* 94. Ich zitiere nach der Übersetzung von Ludwig Seeger und Hans-Joachim Newiger, Aristophanes, *Sämtliche Komödien*, hg. und mit Einleitung und Nachwort versehen von Hans-Joachim Newiger, München 1976 (Neubearbeitung der Übers. von Ludwig Seeger, Frankfurt/M. 1845-48, durch Hans Joachim Newiger und Peter Rau); dazu die Anmerkungen, ebd., S. 118.

am Spott und verletzenden Lachen auch jetzt an bestimmte Orte gebunden, doch sind es andere, die aber gleichwohl mit ihren antiken *Herkunftsorten* in Verbindung stehen. Der Himmel etwa ist als Ort von Schadenfreude im christlichen Mittelalter undenkbar, die Hölle hingegen dafür bestens geeignet.[6]

Dabei muß man die Hölle ja nicht gleich – wie Thomas Mann im *Doktor Faustus* – als Ort hämischen Gelächters, Spottgeheuls und der Freude am Leid der Sünder überhaupt definieren.[7] Einen Rahmen für eine ganz neue Form von Schadenfreude aber bietet sie durchaus; wir werden zu prüfen haben, nach welchen Regeln diese Schadenfreude funktioniert. Auch der andere, eher *philosophische* antike Ort von Schadenfreude wird im Mittelalter deutlich theologisiert, behält dabei aber seinen aggressiven Witz durchaus bei: Ich denke z.B. an das »Bugiale« oder Lästerstübchen des Poggio Bracciolini (1380-1459), das dieser mitten im Vatikan zu Rom situiert und das vor allem dem Zweck gedient habe, mittels witziger Fazetien und Pointen ausgerechnet die hohen und höchsten Kleriker zu verhöhnen, die gerade nicht im »Bugiale« anwesend waren, wohingegen diese dasselbe am folgenden Tag mit denen anstellten, die nun abwesend waren.[8] Auch in diesem Fall wäre zu prüfen, nach welchen

6 Zu den Höllenvorstellungen in Mittelalter und früher Neuzeit vgl. die Überblicksdarstellungen in: Rolf Wilhelm Brednich u.a. (Hg.), *Enzyklopädie des Märchens*, Bd. 6, Berlin u.a. 1990, Sp. 1178-1191, sowie in: Robert-Henri Bautier (Hg.), *Lexikon des Mittelalters*, Bd. 5, München 1991, Sp. 95-97; siehe außerdem Herbert Vorgrimler, *Geschichte der Hölle*, München 1993.

7 Zwar könne man, so wehrt der Teufel Adrian Leverkühns Frage nach Aufbau und Qualität der Hölle ab, letztendlich gar nicht von ihr reden, da sie »abseits und außerhalb der Sprache« liege und deshalb »nicht publik werden« könne. Gleichwohl sei sie trotz ihrer unterirdischen Abgeschlossenheit und Vergessenheit maßlos »und bei weitem das Ohr überfüllend laut [...] von Gilfer und Girren, Heulen, Stöhnen, Brüllen, Gurgeln, Kreischen, Zetern, Grisgramen, Betteln und Folterjubel« erfüllt, wobei in dem allgemeinen »Höllengejauchz und Schandgetriller« neben einem »ungeheuren Ächzen der Wollust« auch ein »wieherndes Gelächter« zu hören sei, das die Verdammten zusätzlich zu ihrer Qual auch noch dem Spott und der Schande aussetze. Zitate nach Thomas Mann, *Doktor Faustus. Das Leben des Tonsetzers Adrian Leverkühn erzählt von einem Freunde* (Stockholmer Gesamtausgabe der Werke von Thomas Mann), Frankfurt/M. 1965, 25. Kapitel, S. 327.

8 Ich lege die Ausgabe des *Liber Facetiarum* Poggio Bracciolini, *Facezie, con un saggio di Eugenio Garin, introduzione, traduzione e note di Marcello Ciccuto, Testo latino a fronte*, Mailand 1983, zugrunde, zitiere aber nach der Übersetzung von Hanns Floerke, *Die Facezien des Florentiners Poggio*, Hanau 1967 (zuerst erschienen München 1920).

Regeln, in diesem Falle also: nach welcher Poetik, der aggressive Witz im »Bugiale« funktionierte, welche Berührungen, aber auch welche Unterschiede es im Vergleich mit der antiken Topik philosophischer Schadenfreude zu berücksichtigen gilt. Dabei gehe ich nicht auf die Frage ein, ob Poggios »Bugiale« tatsächlich existiert hat – da sind wohl eher Zweifel angebracht – oder als fiktiver Ort anzusehen ist, der die Authentizität der Gesprächssituation im *Liber Facetiarum* unterstreichen soll.[9]

Ausgangspunkt der folgenden Überlegungen jedenfalls ist die zunächst noch heuristische These, daß in der antiken Philosophie und Literatur Topiken der Schadenfreude entworfen worden sind, die in der Literatur des Mittelalters auf spezifische Weise modifiziert und transformiert wurden, damit aber auch unser Verständnis von Schadenfreude nachhaltig geprägt haben: Sprichwörtliche Redewendungen wie die einleitend genannten sind Formen kollektiver Erinnerung, die nicht zuletzt von philosophisch-literarischen Überzeugungen beeinflußt worden sind.

1. Die antiken Topiken von Schadenfreude

In der antiken Literatur und Philosophie gehe ich von zwei Urszenen von Schadenfreude aus, die für die Ausbildung von Orten oder Topiken aggressiven, verletzenden Gelächters sehr wichtig sind, wohl auch den Anstoß für sie gegeben haben: zum einen das Gelächter der Götter über die Ehebrecher Ares und Aphrodite, die von Aphrodites Gatten Hephaistos beim Ehebruch ertappt, in einem feinen Netz gefangen und öffentlichem Hohngelächter preisgegeben werden; zum anderen der Spott der thrakischen Dienstmagd über den Philosophen Thales, der, damit beschäftigt, die Sterne zu beobachten, in einen Brunnen fällt und von ihr verlacht wird, »weil er sich bemühe, die Dinge am Himmel zu erfahren, während ihm das entgehe, was vor seinen Füßen liege«.[10] Platon hat diese Erzählung in seinem Dialog *Theaitetos* Sokrates in den Mund gelegt, der den Spott der

9 Ausführlicher dazu Werner Röcke, »Inszenierungen des Lachens in Literatur und Kultur des Mittelalters«, in: *Paragrana*, Bd. 7 (1998), Heft 1: *Kulturen des Performativen*, hg. von Erika Fischer-Lichte und Doris Kolesch, S. 73-93, hier S. 82-87.

10 Platon, *Theaitetos* 174a4-8, übers. von Rudolf Rufener, Zürich 1965.

Magd auf alle bezieht, »die ganz in der Philosophie leben« (ὅσοι ἐν φιλοσοφίᾳ διάγουσιν);[11] ich komme darauf zurück.

Zunächst zum Götterhimmel und dem schadenfrohen Gelächter der Götter, ein – wenn ich vorgreifen darf – im christlichen Himmel des Mittelalters undenkbarer Vorgang. In diesem Himmel wird bestenfalls selig gelächelt, nicht aber laut und aggressiv gelacht. Dafür hat man den Teufel, den »Schadenfroh«,[12] wie er auch genannt wird, aber der wohnt schließlich auch nicht im Himmel, sondern in der Hölle; auch darauf werde ich noch zurückkommen.

Die griechischen Götter aber lachen. Homer erzählt die Szene in der *Odyssee* bzw. läßt sie vom Sänger Demodokos erzählen, als der schiffbrüchige Odysseus bei den Phaiaken Aufnahme gefunden hatte. Er erzählt von der ehebrecherischen Liebe Aphrodites, der Göttin der Liebe und Gattin des häßlich-verkrüppelten Hephaistos, mit Ares, dem Kriegsgott, und von der Rache des Hephaistos, des Gottes des Feuers und der technischen Künste. Dieser habe – so heißt es – seine Rache höchst kunstvoll in Szene gesetzt und ein Netz geschmiedet, in dem sich das Liebespaar so verfangen habe, daß es kein Glied mehr rühren konnte. Daraufhin habe er Zeus und die anderen Götter herbeigerufen, die – so heißt es bei Homer – ein »unauslöschliches Gelächter« (*asbestos gelôs*) angestimmt hätten, »als sie die Künste des vielverständigen Hephaistos sahen«.[13]

Dieses wohl erst im Frankreich des 18. Jahrhunderts sprichwörtlich gewordene »homerische Gelächter« (»rire homérique«)[14] ist für meine Frage nach der Technik der Schadenfreude insofern von Interesse, als das Gelächter der Götter damit einhergeht, daß sie sich über das Gesehene verständigen und es in die ihnen vertrauten moralischen und geschlechtsspezifischen Standards einordnen. Ihr einvernehmliches Gelächter – so die These – fußt auf einem Konsens, aus dem die beiden »Übeltäter« ausgegrenzt und deshalb verlacht werden, der aber im gemeinsamen Lachen auch bestätigt wird. Dabei ist es gerade ihre Schadenfreude über Ares, »den schnellsten unter den Göttern«, der ausgerechnet von dem hinkenden Hephaistos zur Bewegungslosigkeit gezwungen wird, über die sie ihr Einverständnis herstellen: »Bös Ding gedeiht nicht, es ereilt der Lang-

11 Ebd., 174a8-b1.

12 Vgl. die Belege im *Deutschen Wörterbuch*, Bd. 14, Sp. 1984.

13 Homer, *Odyssee* 8, 326 f., übers. von Wolfgang Schadewaldt, Hamburg 1960.

14 Röhrich, *Lexikon der sprichwörtlichen Redensarten* (Anm. 1), Bd. 3, S. 735.

same den Schnellen, wie jetzt Hephaistos auch, der Langsamere, den Ares erhascht hat, ob er auch der Schnellste unter den Göttern ist [...] er, der Lahme, mit Künsten.«[15]

Schadenfreude, so können wir ein erstes Ergebnis festhalten, wirkt exklusiv und inklusiv zugleich. Sie ist gnadenlos in der Ausgrenzung der Verlachten, bestärkt gerade darüber aber den Zusammenhalt und den moralischen wie sozialen Konsens der Lachenden. Schadenfreude meint also immer eine doppelte Bewegung: Sie schafft Distanz zu den Verlachten, aber auch ein weitgehendes Einverständnis der Lachenden über ihre moralischen und habituellen Standards.

Etwas weiteres kommt in Homers Erzählung noch hinzu: Durch ihr gemeinsames Gelächter werden die Götter dazu angeregt, das Gesehene weiterzudenken, auf sich zu übertragen und dies dann wiederum mit Gelächter zu quittieren. So z. B. fragt Apollon den Hermes, ob er sich denn vorstellen könne, »gezwängt in starke Bande [...] bei der goldenen Aphrodite« zu schlafen, was dieser damit beantwortet, daß ihn sogar noch dreimal so viel Bande fesseln und Götter zuschauen könnten: »gleichviel, ich schliefe bei der goldenen Aphrodite«. Und wiederum, so endet die Erzählung, »erhob sich das Gelächter unter den unsterblichen Göttern«.[16]

Denn – das ist ja auch uns Nichtgöttern bis heute vertraut – Lachen steckt an und ist dann auch nicht immer zu bremsen. Zwar ist es, wie in dieser Sequenz der Demodokos-Erzählung, nicht notwendigerweise ein schadenfrohes Lachen. Doch spielt es deutlich mit einer Eskalation der Bedingungen, die – wie ich einleitend unterstrich – für eine Rhetorik der Schadenfreude ebenso kennzeichnend ist wie für eine Rhetorik der Gewalt.

Schadenfrohes Lachen also ist ein kollektives Gelächter, das seine überwältigende Macht gerade aus der Gemeinsamkeit erfährt. Insofern ist es gerade die Gemeinschaft der Götter im Götterhimmel – oder auf dem Olymp –, die diese Form des Gelächters konstituiert. Sie schafft den Rahmen und damit den Ort, der diese Form von göttlicher Schadenfreude ermöglicht, die erst im Mittelalter – so meine nächste These – ins Höllengelächter und die Lust des Teufels »Schadenfroh« verkehrt wird, in der antiken Literatur aber durchaus produktiv wirkte. Ich erinnere nur an Senecas *Apokolokyntosis*, die »Ver-

15 Homer, *Odyssee* (Anm. 13) 8, 329-332.
16 Ebd., 335-343.

kürbissung« des toten Kaisers Claudius (Regentschaft 41-54 n. Chr.), der in den Kreis der Götter aufgenommen werden will, aber lediglich in einen Flaschenkürbis, ein leeres Gefäß, einen Hohlkopf, einen Narren verwandelt wird und damit je neu schadenfrohes Gelächter weckt.[17] Dabei ist wohl der performative Aspekt entscheidend, daß der Kürbis nicht einfach nur ein Bild für Dummheit oder einen Dummkopf ist, sondern daß die »Verkürbissung« des Kaisers den Vollzug seiner Verwandlung in einen Hohlkopf meint, gerade damit aber Schadenfreude hervorrufen soll und hervorruft. Senecas *Apokolokyntosis* ist ein Akt rhetorischer Hinrichtung, der nichts, auch nicht die körperlichen Defizite und Behinderungen des toten Kaisers, ausläßt, um ihn nachträglich zu vernichten. Es ist hier nicht der Ort, genauer auf diesen ebenso geistreichen wie gnadenlos scharfsinnigen Text einzugehen.[18] Wichtig scheint mir nur, daß im Topos des Götterhimmels auch diese Eskalation aggressivster Schadenfreude möglich ist, die im Mittelalter im Himmel undenkbar wäre, in der Hölle aber der Normalfall ist.

Der zweite antike Topos der Schadenfreude, der Spott über die Philosophen, steht dem ersten hinsichtlich seines Aggressionspotentials in nichts nach. Dennoch bietet gerade er Differenzierungsmöglichkeiten, die für die weitere Geschichte der Schadenfreude sehr wichtig sind. Die Geschichte vom spöttischen Gelächter der thrakischen Dienstmagd über den Naturphilosophen Thales, der bei der Betrachtung des Himmels in einen Brunnen fällt, hat Platon in seinem Dialog *Theaitetos* Sokrates in den Mund gelegt, er hat sie aber nicht erfunden. Vielmehr hat er sie wohl im Corpus der äsopischen Fabeln gefunden, die von einem namenlosen Astronomen erzählen, der über seine Sternenbeobachtung in einen Brunnen gefallen sei, was ein Vorübergehender so kommentiert:

> Du bist mir der Richtige! Du versuchst, die Dinge am Himmel zu erspähen, und siehst nicht die Dinge auf der Erde.[19]

17 Lucius Annaeus Seneca, *Apokolokyntosis*, Lateinisch/Deutsch, übers. von Gerhard Binder, Düsseldorf, Zürich 1999.

18 Ich verweise nur auf Gerhard Binders gründliche Einführung in seiner zweisprachigen Ausgabe der *Apokolokyntosis* (Anm. 17), der Senecas Text in seinem biographischen, historischen und gattungsgeschichtlichen Kontext der römischen Satire erörtert.

19 Ich zitiere die Fabel *Astrologos* – im Anschluß an Hans Blumenberg, »Der Sturz des Protophilosophen – Zur Komik der reinen Theorie, anhand einer Rezeptionsge-

Das ist bloß feststellend und, wie der Erzählerkommentar zeigt, moralisch gemeint:

Diese Geschichte könnte man auf die Menschen anwenden, die sich auf ausgefallene Weise selbst herausheben wollen und dabei nicht einmal fähig sind, das allen Menschen Gemeinsame zu verwirklichen.[20]

Platon hingegen geht es nicht um eine moralische Lehre und schon gar nicht um das »allen Menschen Gemeinsame«. Vielmehr gehen auf ihn wohl zwei entscheidende Veränderungen zurück, welche die Erzählung erst zur Urszene von Schadenfreude, allerdings eines anderen Typs von Schadenfreude als im Götterhimmel, hat werden lassen: Erst Platon bezieht die Erzählung auf den Philosophen Thales, und erst Platon macht aus Äsops »Vorübergehendem« die »witzige« thrakische Dienstmagd, die Thales verspottet, »weil er sich bemühe, die Dinge am Himmel zu erfahren, während ihm das entgehe, was vor seinen Füßen liege«. Und dieser Spott, fügt Platon hinzu, gelte »für alle, die in der Philosophie leben«.[21]

Nun ist dieser Spott über die Philosophen ja vielleicht manchem aus dem Herzen gesprochen. Wichtiger allerdings scheint mir, daß dies ein Philosoph, nämlich Sokrates, äußert und daß er damit wohl auch einen bestimmten Typ Philosophie meint und vor allem – was vielleicht noch wichtiger ist – diesen Spott auf sich selbst bezieht.

Hans Blumenberg hat in einem wichtigen Aufsatz über die Rezeptionsgeschichte der »Thales«-Erzählung die These aufgestellt, daß es Sokrates um das Lachhafte an der »reinen Theorie« gehe: In dem Maße nämlich, wie er selbst sich von der Naturphilosophie abgewandt und die »Sphäre der Begrifflichkeit der menschlichen Dinge« entdeckt habe, hätte er die »Realität des Nächstliegenden« verfehlt und sei ihm die Konzentration auf die bloße Begrifflichkeit der Welt zur »Fallgrube« geworden.[22]

Sokrates bestätigt das im *Theaitetos*-Dialog insofern, als auch er konstatiert:

schichte der Thales-Anekdote«, in: Wolfgang Preisendanz, Rainer Warning (Hg.), *Das Komische* (Poetik und Hermeneutik 7), München 1976, S. 17 – nach Carl Halm, *Fabulae Aesopicae collectae*, Leipzig ²1863. Vgl. dazu aber auch die zweisprachige Ausgabe *Fabeln der Antike*, Griechisch/Lateinisch, hg. und übers. von Harry C. Schnur, München 1978, S. 70f.

20 Schnur, *Fabeln der Antike* (Anm. 19), S. 70f.

21 Platon, *Theaitetos* (Anm. 10), 174a4-b1.

22 Blumenberg, »Der Sturz des Protophilosophen« (Anm. 19), S. 12.

Wer philosophiert, der übersieht seinen Nächsten und seinen Nachbarn; er weiß nicht, was dieser tut, ja beinahe nicht einmal, ob er ein Mensch ist oder sonst ein Lebewesen. Was aber der Mensch überhaupt ist [...], danach sucht er und müht sich ab, es zu erforschen.

Und dann fügt er noch zweifelnd hinzu:

Du verstehst mich doch, Theodoros, oder nicht?[23]

Ich vermag nicht zu entscheiden, ob Theodoros Sokrates richtig verstanden hat. Wichtiger für meinen Argumentationszusammenhang scheint mir auch die Beobachtung, daß der Spott über die Philosophen auf einen Paradigmenwechsel der Philosophiegeschichte, mithin auf ein Problem der Philosophie selbst verweist: die Wendung von der Naturphilosophie zur Begrifflichkeit der menschlichen Dinge, zum »Menschen überhaupt«,[24] zum Wesen des Menschen. Das Lachen darüber aber, so noch einmal Blumenberg, »ist zum Indiz der Konzentration auf den philosophischen Gegenstand geworden, die Unbehilflichkeit im praktischen Leben zur Probe auf den Erfolg der neuen Gegenstandsbeziehung«, der gegenüber die Komik des zerstreuten Professors »nur noch eine späte und schwache Variante sei«.[25]

Dieses Nebeneinander von philosophischem Ernst und Gelächter hat die Rezeptionsgeschichte der »Thales«-Erzählung in Philosophie und Literatur bis weit in die Neuzeit hinein geprägt. Blumenberg hat diese Geschichte der »reinen Idealität«, die aber gleichwohl auch wegen ihrer Lebensferne in Situationen führen mag, welche die »Schamröte« ins Gesicht treiben,[26] im einzelnen festgehalten; das muß nicht wiederholt werden. Demgegenüber möchte ich auf eine Transformation dieses Typs von Philosophenspott hinweisen, dem der philosophische Ernst des Sokrates vollständig fehlt und der statt dessen eine Form von Hohn und Schadenfreude über Sokrates in Szene setzt, die in ihrer rhetorischen und theatralen Raffinesse ihresgleichen sucht.

Schadenfreude – so lautet meine dritte These – wird hier zur literarischen Kunst. Es geht ihr nicht, wie bei Platon, um die Profilierung eines philosophischen Problems, sondern um die literarisch

23 Platon, *Theaitetos* (Anm. 10), 174b1-7.

24 Ebd., 174b3-4.

25 Blumenberg, »Der Sturz des Protophilosophen« (Anm. 19), S. 13.

26 Ebd.

perfekte Hinrichtung ebendes Philosophen, dem Platon die »Thales«-Erzählung in den Mund gelegt hat.

Aristophanes war mit seiner Komödie *Die Wolken*, um die es hier geht, nicht erfolgreich: Bei den Großen Dionysien von 423 v. Chr. fiel er damit durch; ein Mißerfolg, der ihn offensichtlich schmerzte. Gleichwohl ist gerade dieses Stück zu einem der berühmtesten und umstrittensten Werke der Weltliteratur geworden. Umstritten deswegen, weil Aristophanes ausgerechnet Sokrates als sophistischen Scharlatan und Schwätzer, als Gefahr für den Götterglauben und für die moralischen Normen der Stadt verhöhnt, obwohl gerade Sokrates – so jedenfalls bei Platon – sich immer wieder und in aller Entschiedenheit gegen die Lehrtätigkeit und vor allem die hohle Redekunst und Bildungsbeflissenheit der »Sophisten«, d.h. der »Weisheitslehrer«, gewandt hat. Diesen philosophiegeschichtlichen Aspekt des Stücks diskutiere ich hier nicht.[27] Für unseren Diskussionszusammenhang interessanter scheint mir die Frage, *wie* Sokrates hier verhöhnt wird, welcher sprachlichen und theatralen Mittel sich Aristophanes bedient, um Sokrates verlachen zu können. Denn der Sokrates dieser Komödie ist keine historische, sondern eine Kunstfigur. Er wird – rhetorisch höchst artifiziell – konstruiert, um beim Publikum die Schadenfreude hervorzurufen, um die es Aristophanes offensichtlich geht. Diese performative Dimension des Stücks aber scheint mir für seine Wirkungsmöglichkeiten besonders wichtig zu sein. Aristophanes inszeniert Sokrates als lächerlichen Sophisten, um ihn auf diese Weise aus dem Konsens der Wohlmeinenden auszuschließen, ihn vielleicht sogar zu vernichten.[28] Wir wissen nicht, ob und inwieweit Aristophanes' Stück mit für die Vorurteile, vielleicht sogar die Anklage gegen Sokrates verantwortlich war. Deutlich aber ist, daß es ebenso exklusiv und inklusiv verfährt, wie es für schadenfrohes Gelächter kennzeichnend ist und wie ich es am »homerischen Gelächter« der Götter über des Hephaistos Rache zu zeigen versucht habe.

Das Stück ist einfach aufgebaut: Der Sohn einer ungleichen Ehe zwischen dem Bauern Strepsiades (»Rechtsverdreher«) und einer feinen Dame hat seinen Vater aufgrund seines Hanges zu schönen

27 Vgl. dazu den Überblicksartikel von Mathias Gatzemeier, »Sophistik«, in: *Enzyklopädie Philosophie und Wissenschaftstheorie* (Anm. 2), Bd. 3, S. 846-849.

28 Vgl. dazu ausführlicher die Einleitung zu den *Wolken* in: Aristophanes, *Sämtliche Komödien* (Anm. 5), S. 111.

Pferden in Schulden gestürzt. Der Alte nun meint sich seiner Gläubiger nur entledigen zu können, wenn sein Sohn die sophistische Redekunst, und dies bei Sokrates, erlernt, um »die Kunst der guten und der schlechten Sache« zu lernen: »Der Redner, der der schlechten sich bedient / Gewinnt, so heißt's, auch wenn er unrecht hätte.«[29] Da der Sohn Pheidippides (»Pferdefreund und Knauser«) sich weigert, beschließt der Alte, selbst in die Schule des Sokrates zu gehen. Diese Begegnung zwischen Strepsiades und Sokrates in der Philosophenklause oder »Denkerei« des Sokrates[30] ist außerordentlich komisch. Sie bietet einen Ort, der für das aggressive Gelächter, das hier geweckt werden soll, die besten Voraussetzungen bietet. In der Regieanweisung von Seeger heißt es:

Das Innere der Denkerei wird auf dem Ekkyklema [einer Holzplattform, mit der hinterszenische Ereignisse auf der Bühne präsentiert werden konnten, W. R.] sichtbar. Bleiche und magere Scholaren, zu Boden blickend und teils gebückt die Erde musternd; oben in einer Art Hängematte Sokrates; außerdem astronomische und geometrische Geräte; eine Landkarte, ein Lotterbett.[31]

Sokrates also schwebt von Anfang an in der Höhenluft albernster Spekulationen, die ihn den Menschen und den Göttern überlegen machen soll. Dabei ist der feierliche Duktus seiner Sprache ebenso kennzeichnend wie der Umstand, daß er ausgerechnet die Wolken trotz oder vielleicht gerade wegen ihrer luftigen Leere als neue Götter begrüßt:

Andächtiges Schweigen geziemt dem Greis, und es lausche sein Ohr dem Gebete!
Allwaltende Herrin, unendliche Luft, du hältst in der Schwebe den Erdball!
Du strahlender Äther und Göttinnen ihr, blitzdonnergewaltige Wolken,
Erhebt euch, erscheinet, erhabene Frauen, in den Höhen dem sinnenden Forscher.[32]

Der heilige Donner der Wolken jedoch wird von Strepsiades höchst leiblich beantwortet. Eines der effektivsten Mittel von Komik liegt darin, daß man – entsprechend der berühmten Formel Joachim Rit-

29 Aristophanes, *Die Wolken* (Anm. 5), 112-115.

30 Aristophanes, *Sämtliche Komödien* (Anm. 5), S. 118 (Regieanweisung des Übersetzers).

31 Ebd.

32 Aristophanes, *Die Wolken* (Anm. 5), 263-266.

ters (in der Version Odo Marquards) – »im offiziell Geltenden das Nichtige und im offiziell Nichtigen das Geltende sichtbar werden läßt«.[33]

Strepsiades tut genau dies: Er nimmt das heilige Donnern der Wolken auf, verkehrt es aber in die Niederungen seines Leibes und seiner Leibesfunktionen. Denn auf die Frage des Sokrates, ob er die »göttliche Stimme und den Knall des rollenden heiligen Donners« gehört habe, antwortet er:

O gewißlich, ich bet, ihr Erhabenen, euch an, und es drängt mich, dawiderzudonnern,
Ach, es kommt mir, es kommt: so entsetzliche Furcht, solch Zittern und Beben ergreift mich,
Ob's die Gottheit erlaubt oder nicht, ich vermag es nicht länger zu halten – ich kacke.[34]

Dabei ist der Tabubruch nur *ein* Mittel, den Hohn auf Sokrates, der hier getroffen und vernichtet werden soll, in Szene zu setzen. Es wird ergänzt durch höchste rhetorische Kunst der *amplificatio*, der Periphrase und kunstvollster Tropen, die aber gerade aufgrund ihrer Artifizialität die Hohlheit dieser Sprache und die Nichtigkeit dieses (sophistischen) Denkens aufdecken. Sokrates bedient sich einer Sprache der Begriffsreihung und der verschwommenen Bilder. Er preist die Wolken,

die himmlischen Wolken, der Müßigen göttlichen Mächte,
Die Gedanken, Ideen, Begriffe, die uns Dialektik verleihen und Logik
Und den Zauber des Worts und den blauen Dunst, Übertölpelung, Floskeln und Blendwerk[35]

und die gerade damit die

[...] Sophisten, die vielen, ernähren,
Quacksalber, [...], brillantringfingrige Stutzer,
Dithyrambische Schnörkelverdrechsler zuhauf, sternschnuppenbeguckende Gaukler.[36]

33 Odo Marquard, »Exile der Heiterkeit«, in: *Das Komische* (Anm. 19), S. 141 (im Anschluß an Joachim Ritter, »Über das Lachen«, in: ders., *Subjektivität*, Frankfurt/M. 1974, S. 62-92).

34 Aristophanes, *Die Wolken* (Anm. 5), 293-295.

35 Ebd., 316-318.

36 Ebd., 331-333.

Wer seine Aufgaben aber so beschreibt, kann nur noch verlacht werden. Damit erweist sich die rhetorische Kunst der *amplificatio*, d.h. der rhetorischen Aufschwellung, als zentrales Stimulans einer Schadenfreude, die keine Grenzen kennt. Wir werden sehen, daß die Topik philosophischer Schadenfreude im Mittelalter im »Bugiale«, dem Lästerstübchen des Poggio Bracciolini, wieder aufgegriffen wird, dabei aber an einem entscheidenden Punkt verändert wird. Aristophanes' Kunst der Aufschwellung (*amplificatio*) wird bei Bracciolini zu einer Poetik der Kürze und der Pointe. *Fazetien* sind Kunstformen der knappen Rede und der pointierten Zuspitzung eines Witzes, der von der überraschenden Wirkung, nicht von der sprachlichen Ausmalung lebt.

Die Transformation beider antiker Topiken von Schadenfreude setzt demnach auf Kontinuität *und* Diskontinuität, Zitat *und* Veränderung.

2. Die mittelalterlichen Topiken von Schadenfreude

Der markanteste Ort der Schadenfreude ist im Mittelalter die Hölle. Sie ist ein Ort der Vergeltung und der Strafe für all jene, die gegen die Normen und Regeln der religiösen und weltlichen Gemeinschaft verstoßen haben, aber auch ein Ort des Hohns und Spotts darüber, daß für die hierher Verbannten jede Hoffnung auf Rettung ausgeschlossen ist. Zwar ist die Endgültigkeit dieser ewigen Pein im Hochmittelalter mit der Erfindung einer zeitlich begrenzten Hölle, des Fegefeuers, abgeschwächt worden;[37] und es war auch erst Thomas Mann, der in seinem *Doktor Faustus* das »wiehernde« Teufelsgelächter, das »Höllengejauchz« und »Schandgetriller« über die Verdammten, die neben ihrer Qual auch noch die Schadenfreude ihrer Peiniger zu ertragen haben, für die Beschreibung der Hölle besonders herausgestellt hat.[38] Gleichwohl ist die Bezeichnung des Teufels als substantiviertes Adjektiv »der Schadenfroh« auch schon im Spätmittelalter gut belegt, die Hölle also als Reich der Schadenfreude gefürchtet: »Das heisset dann fein geschertzt« – schreibt die *Historia*

37 Zu Entstehung, theologischer Begründung und historischer Funktion des Fegefeuers vgl. Jacques LeGoff, *Die Geburt des Fegefeuers*, Stuttgart 1984 (Originalausgabe: *La naissance du Purgatoire*, Paris 1981).

38 Vgl. Anm. 7.

von D. Johann Fausten (1587) – »mit dem Teuffel / vnnd das suchet der Schadenfro, dasz er die Menschen durch sein Zauberey an Leib vnd Seel schände vnnd verderbe.«[39]

Die Hölle als Ort der Schadenfreude ist im Mittelalter vor allem literarisch imaginiert worden. Dabei ist es auch in diesem Fall, ähnlich wie in der antiken Komödie, eine theatrale Gattung, die für die Frage nach einer Grammatik der Schadenfreude besonders aufschlußreich ist. Die geistlichen Spiele des Mittelalters, vor allem die Osterspiele, verbinden die Inszenierung, ja den praktischen Vollzug des Heilsgeschehens mit der Präsentation der bösen Welt sowie des Bösen selbst: Teufel und Hölle sind wichtige Bestandteile der meisten Osterspiele. Sie vergegenwärtigen das Heilshandeln Christi im Vollzug seiner Kreuzigung und seiner Auferstehung, setzen dabei aber auch – im *descensus ad inferos*[40] – die zumindest vorübergehende Entmachtung des Teufels in Szene. Das aber – und das scheint mir im Zuge meiner Archäologie der Schadenfreude besonders wichtig – markiert einen Paradigmenwechsel der Schadenfreude, die nun sogar den Teufel selbst, immerhin doch die Verkörperung der Schadenfreude (»Schadenfro«[41]) ins Visier nimmt.

39 *Historia von D. Johann Fausten. Mit den Zusatztexten der Wolfenbütteler Handschrift und der zeitgenössischen Drucke. Text des Drucks von 1587. Kritische Ausgabe*, hg. von Stephan Füssel, Hans Joachim Kreutzer, Stuttgart 1985, S. 11.

40 Die Höllenfahrt Christi, die Überwindung des Teufels und die Befreiung der Vorväter und guten Seelen wird im Neuen Testament zwar erwähnt (*Matthäus* 12, 40; *Apostelgeschichte* 2, 24-28 u. a.), nicht aber erzählt. Die wichtigste Quelle dafür ist das *Nikodemus-Evangelium*, ein apokryphes Evangelium, dessen älteste Fassung auf ein Original aus dem 4. Jahrhundert zurückgeht und das davon berichtet, »was unserem Herrn Jesus Christus unter Pontius Pilatus widerfuhr«: Prozeß Jesu, sein Tod und Begräbnis, seine Auferstehung und Himmelfahrt. Diese *Pilatus-Akten* wurden wahrscheinlich im Verlauf des 6. Jahrhunderts um die Erzählung von Jesu Höllenfahrt (*descensus ad inferos*) erweitert. Die erweiterte Fassung unter dem Titel *Nikodemus-Evangelium* war im Mittelalter sehr verbreitet und hat das religiöse Theater des Mittelalters, insbesondere die Passions- und Osterspiele, und hier vor allem die Szenen von Jesu Abstieg zur Hölle und die Überwindung des Teufels, entscheidend geprägt. Den Text zitiere ich nach dem Abdruck in *Neutestamentliche Apokryphen in deutscher Übersetzung*, hg. von Edgar Hennecke, Wilhelm Schneemelcher, Bd. 1, Tübingen [6]1990, S. 399-424. Zum *Nikodemus-Evangelium* bzw. den *Pilatusakten* vgl. den gleichnamigen Artikel von Jean-Daniel Dubois in: Hans Dieter Betz u. a. (Hg.), *Religion in Geschichte und Gegenwart*, Bd. 6, Tübingen [4]2003, Sp. 324 f., und Elisabeth Lucchesi Palli, »Höllenfahrt Christi«, in: Wolfgang Braunfels (Hg.), *Lexikon der Christlichen Ikonographie*, Bd. 2, Rom 1970, Sp. 322-331.

41 Siehe Anm. 12.

Ich möchte diesen Paradigmenwechsel am *Redentiner Osterspiel* von 1464 erläutern. Es ist in niederdeutscher Sprache verfaßt und für die Frage nach Rolle und Funktion des Teufels nicht zuletzt aus dem Grunde besonders interessant, weil das »Teufelsspiel« mit schreienden, gewalttätigen und obszönen Teufeln etwa zwei Drittel des Gesamttextes ausmacht.[42]

Mit Jesu Höllenfahrt und der Befreiung der Altväter aus der Hölle herrscht dort Mangel an Sünderseelen, so daß Nachschub herangeschafft werden muß. Er erfolgt auf topische Weise und d.h. in allen Variationen von Hohn und Spott der Teufel über die betrügerischen Bäcker und Schneider, Wirtsleute und sonstigen Berufe, die wegen ihrer Betrügereien und Vergehen in die Hölle geführt werden. So beschimpft z.B. der Teufel Astaroth den Schneider als »horrenkudde«, d.h. als »Hurenvieh« (*Kudde*, *Kodde* – Ferkel), und spielt dabei mit der Doppelbedeutung *horre* – Hure und *horre* – Horn, was die Assoziation »Hornvieh« oder »Bock« nahelegt.[43] Das aber enthält die bis heute – oder zumindest bis zu Wilhelm Buschs *Max und Moritz* – vertraute Verhöhnung von Schneidern als Ziegenböcken.[44]

Diese Kunst der Schadenfreude also ist sehr assoziationsreich und kunstvoll. Gleichwohl ist sie konventionell und topisch korrekt, da sie den Teufel in seiner traditionellen Rolle als »Schadenfroh« beläßt. Besonders auffällig ist dann allerdings der Umstand, daß im weiteren Verlauf des *Redentiner Osterspiels* der Teufel nicht nur in dieser überkommenen Rolle agiert, sondern vom Akteur der Schadenfreude zu ihrem Opfer wird. Oder was soll man davon halten, daß Luzifer, immerhin der Höllenfürst und Herr aller Teufel, von einem seiner Unterteufel zunächst übel beschimpft wird, dann aber aus Ärger über eine gefangene Seele sogar Kopfschmerzen bekommt?[45] Und auch seine Angst, daß sein Knecht Satan ihm nicht zu Hilfe kommen könnte, weil er vielleicht krank geworden sei, das Bett hüten müsse oder unterwegs sogar totgeschlagen worden sei,

42 *Das Redentiner Osterspiel*, Mittelhochdeutsch und Neuhochdeutsch, übers. und kommentiert von Brigitta Schottmann, Stuttgart 1986.

43 Ebd., 1421; vgl. dazu auch die Anmerkungen von Brigitta Schottmann, S. 242.

44 »He heraus du Ziegenböck / Schneider Schneider meck meck meck«. Zur Verbindung von Schneiderspott und Ziegenbock vgl. auch das Material in Röhrich, *Lexikon der sprichwörtlichen Redensarten* (Anm. 1), Bd. 4, S. 1385-1388.

45 *Das Redentiner Osterspiel* (Anm. 42) 1613 f.

dürfte eher Gelächter als Angst ausgelöst haben: Der Teufel als Patient im Bett ist auch für uns eine groteske Vorstellung.[46] Ich verstehe dieses Gelächter als schadenfrohes Gelächter, das dem Teufel dessen eigene Schadenfreude heimzahlt, zugleich aber auch als befreiendes und entlastendes Gelächter, das wohl am ehesten aus dem Eindruck resultiert, daß auch der Teufel die menschlichen Nöte kennt und keineswegs nur die bedrohlich-dämonische Macht repräsentiert.[47]

Rainer Warning hat im Hinblick auf das geistliche Spiel des Mittelalters vom »Moment der besiegten Furcht« von Hölle und Teufel gesprochen, das sich im Gelächter des Publikums über den dummen Teufel ebenso zeige wie im *risus paschalis*:[48] dem gemeinsamen Lachen der Gemeinde im Gottesdienst der Osternacht, das bis ins Spätmittelalter gut belegt ist und erst mit der Reformation verdrängt wurde.[49] Allerdings weist Warning auch darauf hin, daß der »Moment der besiegten Furcht« vor dem Teufel nicht dessen bleibende Ohnmacht indiziere. Vielmehr sei die Komik des »schwachen« Teufels nur verständlich »vor dem Hintergrund des Terrors, der in ihr überwunden ist und auf den sie doch allzeit transparent bleibt«.[50]

Das Verhältnis von »Terror und Spiel«[51] ist also nicht als Alternative zu verstehen, sondern als Dialektik: Auch das Spiel mit der Schadenfreude über Hölle und Teufel kann deshalb nicht darüber hinwegtäuschen, daß deren Bedrohungspotential ungebrochen und nur für die Dauer des Spiels in Frage gestellt ist.

46 Ebd., 1692-1696.

47 Ausführlicher dazu Werner Röcke, »Das Subjekt und das Böse. Rituelle Abwehr und Verrechtlichung des Teufels als Formen der Subjektkonstitution in der Literatur des Spätmittelalters«, in: Martin Baisch, Jutta Eming, Hendrikje Haufe (Hg.), *Inszenierungen von Subjektivität in der Literatur des Mittelalters*, Königstein (Taunus) 2005, S. 288-308, insbesondere S. 293-298.

48 Rainer Warning, *Funktion und Struktur. Die Ambivalenzen des geistlichen Spiels* (Theorie und Geschichte der Literatur und der schönen Künste 35), München 1974, S. 112.

49 Zum »Ostergelächter« (*risus paschalis*) vgl. Werner Röcke, »Ostergelächter. Körpersprache und rituelle Komik in Inszenierungen des risus paschalis«, in: Klaus Ridder, Otto Langer (Hg.), *Körperinszenierungen in mittelalterlicher Literatur*, Berlin 2002, S. 335-350; Hanns Fluck, »Der risus paschalis. Ein Beitrag zur religiösen Volkskunde«, in: *Archiv für Religionswissenschaft* 31 (1934), S. 8-31.

50 Warning, *Funktion und Struktur* (Anm. 48), S. 111.

51 In Anlehnung an den gleichnamigen Band: Manfred Fuhrmann (Hg.), *Terror und Spiel* (Poetik und Hermeneutik 4), München 1971.

Für die Topik der Schadenfreude im Mittelalter heißt das: Das Spiel mit der Schadenfreude, das in der antiken Literatur im Götterhimmel lokalisiert ist, und dies, wie wir gesehen haben, außerordentlich genußvoll, wird im Mittelalter in die Hölle verbannt. Schadenfreude der Heiligen und Seligen, aber auch der göttlichen Personen selbst, ist im Mittelalter nicht mehr denkbar, im frühen Christentum aber durchaus noch, vor allem in der gnostischen Theologie, gut belegt.[52] Im Mittelalter wird sie – wie andere Details des antiken Götterhimmels oder der antiken Mythologie auch – konsequent negativiert und an Teufelsfiguren gebunden: »Schadenfroh«, der oberste der Teufel, verkörpert diese Tendenz. Das bedeutet allerdings nicht, daß man diese Theologisierung und Negativierung antiker Denkmuster – wie z.B. der göttlichen Schadenfreude im Mittelalter – als eine Art »babylonischer Gefangenschaft« antiker Mythologie verstehen sollte,[53] die im 5. Jahrhundert im »Zeichen des gesicherten Sieges über die antike Mythologie« beginnen und mit der Renaissance des 15./16. Jahrhunderts enden würde.

Vielmehr ist auch während dieser Zeit von einem erregten Spiel mit antiken Traditionen und mit der Schadenfreude auszugehen, die bis in die höchst groteske Vorstellung des Teufels führt, der krank und schwach geworden ist und, an einen seiner Unterteufel geklammert, wie »en molensak« (wie ein Mühlsack) in die Hölle zurückgeschleppt werden muß:[54] ein ungemein komischer Schlußakt eines Osterspiels, das die Entmächtigung des Teufels zwar vollzieht, sich zugleich aber das Bedrohungspotential dieses »Schadenfroh« fortwährend vergegenwärtigt.

Einen ähnlich dynamischen Umgang mit der antiken Tradition sehe ich in bezug auf den zweiten Topos von Schadenfreude: den Ort des philosophischen Gesprächs und Lernens, das Aristophanes in der »Denkerei« des Sokrates verhöhnt.[55]

52 Vgl. dazu u.a. Werner Röcke, »Heiliger Spott. Lachende Überlegenheit und Glaubensgewissheiten in der Literatur der Spätantike und des Mittelalters«, in: Katja Gvozdeva, Werner Röcke (Hg.), *Risus sacer – Sacrum risibile. Interaktionsfelder von Sakralität und Gelächter im kulturellen und historischen Wandel*, Frankfurt/M. 2009, S. 31-46.

53 Im Anschluß an Hans Robert Jauß, »Allegorese, Remythisierung und neuer Mythos. Bemerkungen zur christlichen Gefangenschaft der Mythologie im Mittelalter«, in: Fuhrmann (Hg.), *Terror und Spiel* (Anm. 51), S. 187-209.

54 *Das Redentiner Osterspiel* (Anm. 42) 1981.

55 Siehe oben S. 287 und Anm. 30.

Auch das »Bugiale«, das Lästerstübchen des päpstlichen Sekretärs, Humanisten und außerordentlich produktiven Autors Poggio Bracciolini, an das er in seinem *Liber Facetiarum* (1438-1459) erinnert, das aber inzwischen verschwunden sei (und vermutlich auch nur eine Kopfgeburt ist),[56] stellt sich als ein markanter Ort höchst intellektueller Schadenfreude dar, die allerdings nach anderen Regeln funktioniert als in den *Wolken* des Aristophanes. Er kann durch den Florentiner Hof der Medici ergänzt werden, an dem ein anderer hochbegabter Verfasser von sogenannten »Fazetien« (abgeleitet von lateinisch *facetus* – Scherz, Witz), Angelo Poliziano (1454-1494), persönlicher Sekretär Lorenzos de Medici und Lehrer von dessen Söhnen, eine ganze Reihe von knappen Gesprächssequenzen aufgezeichnet hat,[57] deren aggressive Komik noch heute erstaunt.

Fazetien sind Spielformen einer humanistischen Erzählkultur, die in der Exklusivität gebildeter Kleriker und anderer Intellektueller am päpstlichen Hof in Rom sowie im Umfeld der *Accademia* der Medici im Florenz des 15. Jahrhunderts entstand. Bei den Fazetien handelt es sich um kurze Anekdoten, knappe Bonmots, geistreiche Repliken, die – und das halte ich für ihr zentrales Kriterium – in eine überraschende Pointe münden und dabei eine Lust an der Schadenfreude entwikkeln, die im 15. Jahrhundert, vielleicht vom Teufel »Schadenfroh« der geistlichen Spiele einmal abgesehen, ihresgleichen sucht. Dabei sind Fazetien immer konkret. Sie nennen die Sekretäre und Bürokraten, aber auch hohen Geistlichen und höchsten Würdenträger des Vatikans beim Namen, die zwar abwesend sind, deren Dummheit und Machtgier aber gleichwohl von und vor den im »Bugiale« Anwesenden verhöhnt wird. Dieses »vor« halte ich für sehr wichtig.

Es war Sigmund Freud, der in seiner Studie über den *Witz und seine Beziehung zum Unbewußten* die »Aufführung« eines Witzes als »sozialen Vorgang« beschrieben hat, in welchem drei Rollen zu unterscheiden seien: der Witzerzähler, das – sofern es sich um einen

56 Siehe oben S. 280 und Anm. 9.

57 Ich zitiere nach der zweisprachigen Ausgabe, die Albert Wesselski bereits 1929 vorgelegt hat (*Angelo Polizianos Tagebuch (1477-1479) mit vierhundert Schwänken und Schnurren aus den Tagen Lorenzos des Großmächtigen und seiner Vorfahren*, hg. von Albert Wesselski, Jena 1929). In einer ausführlichen Einleitung gelingt es ihm, Polizianos Autorschaft überzeugend zu belegen und als literarischen Rahmen der »dette piacevole« eine Art Tagebuch Polizianos aus der Zeit seiner Tätigkeit als Sekretär Lorenzos de Medici (1477-1479) plausibel zu machen.

aggressiven Witz handelt – Opfer des Witzes und das Publikum, vor dem der Witz erzählt wird.[58] Meine These lautet, daß Poggios und Angelo Polizianos Fazetien nach dieser Witzlogik funktionieren. Sie bieten eine Inszenierung von Schadenfreude, die sich des exklusiven und inklusiven Gelächters der Anwesenden sicher sein kann; in ihrem Lachen über die Verhöhnten versichern sie sich aber auch ihres moralischen Einverständnisses, aus dem die Verlachten ausgegrenzt werden. Die Kunstform der Fazetie ist dafür besonders gut geeignet, weil sie die Schärfe der persönlichen Denunziation mit der Präzision einer Pointenlogik verbindet, die gerade aufgrund ihrer Kürze und ihrer damit um so überraschenderen Wendung ihre stärkste Wirkung erzielt. Aristophanes, so sahen wir, schüttet seinen Hohn in ganzen Wortketten und einer Rhetorik des Pleonasmus über Sokrates aus. Die Fazetien-Autoren bedienen sich demgegenüber einer Poetik der extremen Verkürzung und Pointierung, die aufgrund der überraschend neuen Perspektive, z. B. der Bewertung von moralischer Norm oder kirchlichem Heilsversprechen, Lachen hervorruft.

So erzählt Poggio beispielsweise, daß im Verlauf des Konstanzer Konzils (1414-1418), das die Doppelwahl von Päpsten beseitigen sollte, zwei Abgesandte des Konzils zu Pedro de Luna gekommen seien, der gerade von den Spaniern und Franzosen zum Papst gewählt worden war. Als Pedro sie sah – es waren Benediktineräbte, also schwarz gekleidet –, sagte er: »Seht, zwei Raben kommen zu mir.« »Daran ist nichts Seltsames«, erwiderte der eine von ihnen, »daß Raben sich einem Aas nähern.« Damit, erläutert Poggio, habe er andeuten wollen, »daß er vom Konzil verdammt und damit einem Leichnam gleichzuachten sei« (Nr. 96).[59]

Ein zweites Beispiel: Poggio erzählt von zwei Bauern, die zu einem Bildschnitzer kamen, um ein Kruzifix für die Kirche ihres Dorfes zu bestellen. Der Künstler will sie foppen und fragt sie, ob sie den Kruzifixus, also den gekreuzigten Christus, lebendig oder tot haben möchten. Die Bauern beraten sich und kommen zu dem Schluß, »daß sie ihn lieber lebendig haben wollten«. Denn wenn er ihren Mitbürgern nicht gefallen sollte, »können sie ihn ja immer noch totschlagen« (Nr. 12).[60]

58 Sigmund Freud, *Der Witz und seine Beziehung zum Unbewußten* (Studienausgabe 4), hg. von Alexander Mitscherlich u. a., Frankfurt/M. 1970, S. 135.

59 *Die Facezien des Florentiners Poggio*, übers. von Hanns Floerke (Anm. 8), S. 125.

60 Ebd., S. 44.

Fazetien bewegen sich häufig hart an der Grenze zu Gewalt und Tod – und sei es sogar des Mordes am Gottessohn. Zwar provozieren sie nur Gelächter und schwächen damit die Lust am Schaden und Verletzen anderer etwas ab. Aber dieses Gelächter ist – so Freud – außerordentlich aggressiv (»tendenziös«) und macht auch vor körperlichen Behinderungen nicht halt.

So z. B. konterkariert der Prior von Lucardo selbst die alte kirchliche Lehre, daß Menschen wegen körperlicher Gebrechen nicht ausgelacht werden dürfen, wenn er sich über einen Einäugigen folgendermaßen äußert: Diesem werde »das Sterben weniger Mühe machen als uns; er wird nur ein Auge zuzutun brauchen«.[61] Und etwas weniger aggressiv, aber genauso komisch äußert sich Lorenzo de Medici über einen schielenden Studenten: Dieser werde einmal der Tüchtigste an der ganzen Universität sein. Auf die Frage, wie er auf diese Vermutung komme, antwortet er: »Weil er beide Seiten des Buches auf einmal lesen wird.«[62]

Einleitend sagte ich, daß, wer den Schaden habe, für den Spott nicht zu sorgen brauche, oder noch schärfer: »Wer den Schaden hat, spottet jeder Beschreibung.« Die Fazetien-Dichter des Spätmittelalters entwickeln die hohe Kunst dieser Eskalation von Hohn und Spott gerade in der Kürze ihrer Pointen, die keinerlei Rücksicht kennen, auch und gerade nicht auf moralische Normen oder theologische Überzeugungen: Schließlich ist der Kreuzestod des Gottessohnes, den Poggios Bauern noch einmal totschlagen wollen, der Kern christlichen Glaubens.

Ebenfalls einleitend hatte ich angekündigt, daß es mir weniger um die Beurteilung als um die Grammatik, um die literarischen Techniken der Schadenfreude geht. Die aber, das zeigte die Transformation der antiken Topoi der Schadenfreude im Mittelalter, sind außerordentlich variabel. Zwar läßt sich durchaus ein Set jeweils gleicher Funktionsweisen von Schadenfreude festmachen. In ihrem konkreten literarischen Gebrauch aber werden sie so kunstvoll variiert, daß sie auch nach mehrfacher Lektüre noch immer wie neu wirken. Und das ist wohl das Schönste, das man über sie sagen kann.

61 *Angelo Polizianos Tagebuch* (Anm. 57), Nr. 261, S. 133 (»Costui durerà pure men fatica a morire di noi, che non harà a chiudere se non un occhio«).

62 Ebd., Nr. 114, S. 53 (»Perchè leggerà a un tratto amendue le faccie del libro«).

Silke Leopold

»Mourn, All Ye Muses!«

Formeln der Trauer in der dramatischen Musik

Mourn, all ye muses, weep, all ye swains!
Tune, tune your reeds to doleful strains!
Groans, cries and howlings fill the neighb'ring shore:
Ah, the gentle Acis is no more!

Klagt, alle Musen, weint, Schäfer all!
Flöten erklingt zur Schmerzensklag'!
Klagt, schreit, es dringe bis zum Nachbarland:
Ach, der holde Acis ist nicht mehr![1]

Acis and Galatea, eine Masque auf den Text von John Gay, die Georg Friedrich Händel für den Earl of Carnavon, den späteren Duke of Chandos, auf seinem Landsitz Schloß Cannons in Middlesex im Jahre 1718 komponierte, war bereits seine zweite Beschäftigung mit der Geschichte des schönen Hirten Acis, der Nereide Galatea und des Zyklopen Polyphemus, wie sie Ovid in seinen *Metamorphosen* erzählt hatte: Dort wurde die Liebe zwischen Acis und Galatea von dem rasend eifersüchtigen Polyphemus zerstört, der Acis mit einem Felsbrocken erschlug. Nur die Verwandlung des Acis in einen Fluß, in dessen Fluten Galatea fürderhin leben würde, gleichsam auf immer und ewig umspült von ihrem Geliebten, konnte die Verzweiflung der zarten Wassernymphe mildern. In seiner ersten Version, der Serenata *Aci, Galatea e Polifemo* für Neapel im Jahre 1708, hatte Händel dem sterbenden Aci eine lange Arie in den Mund gelegt:

Verso già l'alma col sangue,	Ich vergieße schon die Seele mit dem Blut,
lento palpita il mio cor.	Langsam klopft mein Herz.
Già la vita manca e langue	Schon endet mein Leben und wird schwach
per trofeo d'empio rigor.	Als Trophäe einer ruchlosen Härte.

Acis Sterbearie folgte ein kurzes Rezitativ der Galatea und darauf eine triumphierende Arie des Polifemo. In der englischen Masque,

1 Text und Übersetzung nach Georg Friedrich Händel, *Acis and Galatea* (1. Fassung), HWV 49a, hg. von Wolfram Windszus, in: *Hallische Händel-Ausgabe I, 9/1*, Kassel u.a. 1991, S. 118-120. In den nachfolgenden Textzitaten sind die Übersetzungen, wenn nicht anderweitig angegeben, von mir.

Abb. 1: Georg Friedrich Händel, *Acis and Galatea*, 19. Chorus »Mourn, all ye muses!«, T. 1-10.

zehn Jahre später, standen Händel andere dramaturgische Möglichkeiten zu Gebote. Zwischen Acis' Sterben und einer feierlichen, gleichsam öffentlichen und deshalb von Affektkontrolle eher als von Verzweiflung geprägten Totenklage der Galatea plazierte Händel einen Klagegesang des Chores, der trauriger und verzagter kaum hätte sein können (*Abb. 1*).

In diesem Chor bediente sich Händel zahlreicher verschiedener musikalischer Chiffren, die sich zu einer einzigen umfassenden Botschaft fügten: daß die ganze Welt den Tod des Acis beweint. Zu diesen Chiffren gehören:

- Die Tonart f-Moll, die düsterste Tonart, die zu Beginn des 18. Jahrhunderts zur Verfügung stand. Johann Mattheson hatte sie 1713 so beschrieben: F-Moll »scheinet eine gelinde und gelassene / wiewol dabey tieffe und schwere / mit etwas Verzweiflung vergesellschaffte / tödliche Hertzens=Angst vorzustellen und ist über die massen beweglich. Er drücket eine schwartze hülflose Melancholie schön aus / und will dem Zuhörer bisweilen ein Grauen oder einen Schauder verursachen«.[2]
- Der Rhythmus der Sarabande mit ihren gleichsam schluchzenden Akzent- und Längenbetonungen. In der Musiklehre der Zeit galt die Sarabande als Tanz der Ehrsucht und der Hoffart.[3] Es war Händel, der ihren musikalischen Besonderheiten eine eigene affektive Bedeutung als Rhythmus des Leidens abgewann.
- Die absteigenden chromatischen Wendungen im Baß, die seit dem Ende des 17. Jahrhunderts in der Musik als »passus duriusculus«, als harter, schwerer Gang, bezeichnet wurden. Dieser Begriff wurde von Christoph Bernhard in seinem handschriftlich überlieferten *Tractatus compositionis augmentatus* (ca. 1682) geprägt und bezeichnete eine traditionelle, in Motette und Madrigal, Oratorium und Oper verwendete Melodieführung in chromatisch auf- oder absteigenden Noten.[4]

All dies waren konventionelle musikalische Formeln der Trauer, die den Text verdeutlichten, die aber dem zeitgenössischen Hörer auch ohne den Text unmittelbar verständlich waren.

Große Gefühle waren zu allen Zeiten eine Angelegenheit der Musik. Und seit dem späteren 15. Jahrhundert, seit der neuerlichen Beschäftigung mit der antiken Philosophie, wurde der Idee, daß Musik Einfluß auf die Befindlichkeiten des Menschen nehmen konnte, weil sie selber Befindlichkeiten darzustellen in der Lage war, immer größerer Raum in der musiktheoretischen Diskussion wie in der praktischen Umsetzung, der Komposition und der Aufführung von Musik gegönnt. »Affectus exprimere«, »esprimere gli affetti«, die Af-

2 Johann Mattheson, *Das neu-eröffnete Orchestre*, Hamburg 1713, S. 248 f.

3 Johann Mattheson, *Der vollkommene Capellmeister*, Hamburg 1739, S. 230.

4 Der Traktat ist veröffentlicht bei Josef M. Müller-Blattau, *Die Kompositionslehre H. Schützens in der Fassung seines Schülers Chr. Bernhard*, Leipzig 1926, S. 40-131, besonders S. 77 f.

fekte ausdrücken: Seit der Mitte des 16. Jahrhunderts beherrschte diese Vorstellung immer stärker das musiktheoretische Schrifttum.[5] Die Musik sollte die Gefühle, die Affekte, die Befindlichkeiten zur Unterstützung des Textes mit ihren eigenen Mitteln verdeutlichen. Darüber herrschte über die Jahrhunderte hinweg Einigkeit. Und auch die musikalischen Mittel erwiesen sich als über die Jahrhunderte hinweg auffällig konstant. Dennoch gab es Unterschiede nicht nur im Verlauf der Epochen und im Wechsel der musikalischen Gattungen, sondern auch von Komponist zu Komponist in der Art und Weise, diese Grundannahme umzusetzen, den Text zu verstehen und mit ihm kompositorisch umzugehen. Uneinigkeit herrschte etwa bis weit in das 18., ja eigentlich in das 19. Jahrhundert hinein hinsichtlich der Frage, ob nur die Vokalmusik Gefühle ausdrücken könne oder ebenso die Instrumentalmusik. War man noch im 16. Jahrhundert der unbestrittenen Überzeugung, daß nur die Vokalmusik, d. h. die Verbindung der Musik mit einem Text, in der Lage war, Gefühle zu vermitteln, so traten die Komponisten des 17. Jahrhunderts an, der Instrumentalmusik ebenfalls eine Seele zuzugestehen. Der Titel von Biagio Marinis Instrumentalmusikpublikation aus dem Jahre 1617, *Affetti musicali*, markierte so etwas wie eine kleine Revolution, denn er implizierte, daß auch die textlose, die nur gespielte, nicht gesungene Musik in der Lage war, Gefühle zu transportieren, daß eine Violine nicht weniger Gefühle zu vermitteln und auszulösen in der Lage war als die menschliche Stimme. Daß die von Jean-Jacques Rousseau überlieferte, aber bisher nicht nachweisbare Äußerung des französischen Universalgelehrten Bernard le Bouvoir de Fontenelle »Sonate, que me veux-tu?« (»Sonate, was willst du mir?«) so große Berühmtheit erlangen konnte, zeigt auch, daß die reine Instrumentalmusik ohne Text, ohne einen Inhalt, den sie vermitteln konnte, im doppelten Sinn als bedeutungslos verstanden wurde.[6]

Unter den großen Gefühlen ist es vor allem die Trauer, für die sich die Musik in besonderer Weise zuständig fühlt. Nänien und Trauermärsche, Elegien und musikalische Epitaphien, teilweise als eigene musikalische Gattung »Tombeau«[7] genannt, füllen über Jahrhun-

5 Vgl. hierzu Rolf Dammann, *Der Musikbegriff im deutschen Barock*, Köln 1967.

6 Vgl. dazu Guy Dammann, »›Sonate, que me veux-tu?‹: Jean-Jacques Rousseau and the Problem of Instrumental Music«, in: *Ad Parnassum. A Journal of Eighteenth- and Nineteenth-Century Instrumental Music* 3 (2005), S. 57-67.

7 Vgl. hierzu Clemens Goldberg, *Stilisierung als kunstvermittelnder Prozeß. Die fran-*

derte hinweg die Partituren. Totenklagen und Trauermusiken durchziehen die Musikgeschichte wie ein roter Faden: Persönliche und kollektive, private und öffentliche Trauer ließ sich gleichermaßen in Musik setzen. Schon im frühen Mittelalter entwickelte sich eine besondere Form des gesungenen »Planctus«, des Klagegesangs, der sich von dem gesprochenen bzw. gelesenen Planctus durch eine rhythmisch fixierte Dichtung unterschied – eine Dichtung, die selbst bei Abwesenheit einer musikalischen Überlieferung auf gesungenen Vortrag hindeutet. Guillaume Dufay komponierte mehrere Klagegesänge auf den Fall von Konstantinopel im Jahre 1453 – einer davon ist erhalten, die *Lamentatio Sanctae Matris Ecclesiae Constantinopolitanae*, die Klage der heiligen Mutter Kirche von Konstantinopel; sie kombiniert einen Text aus den Klageliedern Jeremiae mit einem französischen, auf den Anlaß bezogenen Text.

Eher privater, persönlicher Schmerz äußert sich in Klagemotetten wie z. B. *Nymphes des Bois*,[8] in der Josquin Desprez seinem Schmerz über den Tod Johannes Ockeghems musikalischen Ausdruck gab. Ein besonderes Faible für Klagegesänge hatte Margarethe von Österreich, die Tochter Kaiser Maximilians I., Statthalterin der Niederlande bis zu ihrem Tod 1530, Erzieherin ihres Neffen, Kaiser Karls V., als Ehefrau einmal verstoßen und zweimal früh verwitwet – sie hatte allen Grund, ihre Liebe zur Musik mit ihrem Hang zur Melancholie zu verbinden: In dem für sie geschriebenen Prachtmanuskript (Brüssel, Bibliothèque Royale de Belgique MS 228, 1523)[9] häufen sich die Trauergesänge, und neben so aktuellen wie »Se je souspire/ Ecce iterum novis dolor«, einer von ihr selbst gedichteten Klage über den Tod ihres Bruders Philipps des Schönen, und einer über die letzten Worte der Dido in Vergils *Aeneis*, »Dulces exuviae«, steht auch die Totenklage für ihren dahingeschiedenen Lieblingspapagei.

Solche Trauergesänge über verstorbene Haustiere hatten eine bis in die römische Antike, genauer: bis zu Catull, zurückreichende Tradition, und Margarethes Lieblingspapagei, der »Amant vert«, war

zösischen Tombeau-Stücke im 17. Jahrhundert (Neue Heidelberger Studien zur Musikwissenschaft 14), Laaber 1987.

8 Herausgegeben von A. Smijers in: *Werken van Josquin Des Prés. Wereldlijke Werken I*, Amsterdam, Leipzig 1925, S. 56-58.

9 Eine Beschreibung des Manuskripts mit einer Liste aller Kompositionen findet sich in: Herbert Kellman (Hg.), *The Treasury of Petrus Alamire. Music and Art in Flemish Court Manuscripts 1500-1530*, Ghent u. a. 1999, S. 69 f.

nur der erste in einer langen Reihe von toten Vögeln und anderen Haustieren, die in empfindsamer, aber auch in grotesker Weise besungen wurden. Erwähnt sei in diesem Zusammenhang die *Trauer-Music eines kunsterfahrenen Canarienvogels* von Georg Philipp Telemann (»O große Not. Mein Kanarie ist tot«),[10] die *Elegie auf den Tod eines Pudels*, ein frühes Klavierlied des 17jährigen Ludwig van Beethoven,[11] oder Franz Schuberts Klavierlied *Auf den Tod einer Nachtigall* von 1816.[12] Nicht unerwähnt bleiben kann in diesem Zusammenhang auch Mozarts merkwürdige Reaktion auf die Nachricht vom Tod seines Vaters am 28. Mai 1787, die nicht in eine wie auch immer geartete Trauermusik auf Leopold Mozart mündete, sondern am 4. Juni in ein Gedicht auf seinen toten Staren. Über dieses Gedicht ist viel Psychologisches geschrieben und vermutet worden, Mozart habe den Schmerz über den Tod des Vaters gleichsam auf einen Nebenschauplatz, den Tod seines Vogels, verlagern wollen:

Hier ruht ein lieber Narr,
Ein Vogel Staar.
Noch in den besten Jahren
Mußt er erfahren
Des Todes bittern Schmerz.
Mir blu't das Herz,
Wenn ich daran gedenke.
[...][13]

Auch im religiösen Bereich spielten die Trauermusiken eine zentrale Rolle. Die Totenklage Davids um Saul und Jonathan gehörte zu den beliebtesten Episoden des Oratoriums und der geistlichen Oper, angefangen bei der Giacomo Carissimi zugeschriebenen *Historia Davidis et Jonathae* aus der Mitte des 17. Jahrhunderts über Marc-Antoine Charpentiers *David et Jonathas* (1688)[14] bis hin zu

10 Georg Philipp Telemann, *Kanarienvogel-Kantate. »Trauer-Music eines kunsterfahrenen Canarienvogels«. Eine tragikomische Kantate*, hg. von Werner Menke, Kassel u. a. 2003.

11 Herausgegeben von Helga Lühning in: *Beethoven Werke XII, 1: Lieder und Gesänge mit Klavierbegleitung*, München 1990, S. 72-74.

12 Herausgegeben von Walther Dürr in: *Franz Schubert, Neue Ausgabe sämtlicher Werke IV, 10: Lieder*, Kassel u. a. 2002, S. 90-93.

13 Zitiert nach: *Mozart, Briefe und Aufzeichnungen IV: 1787-1857*, hg. von Wilhelm A. Bauer, Otto Erich Deutsch, Kassel u. a. 1963, S. 49 f.

14 Marc-Antoine Charpentier, *David et Jonathas. Tragédie mise en musique*, hg. von

Georg Friedrich Händels *Saul* (1737),[15] in dem die Totenklage fast den gesamten dritten Akt einnimmt. Und der Tod Jesu bildete das zentrale Thema der protestantischen Passionen: »Kommt, ihr Töchter, helft mir klagen« lautet etwa der Beginn von Johann Sebastian Bachs *Matthäuspassion*. Im Gottesdienst waren es die Trauerkantaten der evangelischen und die Traueranthems der anglikanischen Kirche, aber vor allem das Requiem, die Totenmesse, die die musikalische Phantasie in besonderer Weise anregten, und dies weit über die kirchliche Liturgie hinaus: Schon Mozarts unvollendetes Requiem wurde im 19. Jahrhundert weitgehend als Konzertstück wahrgenommen, wie auch übrigens die Requiems von Hector Berlioz und Giuseppe Verdi; und Brahms' *Deutsches Requiem* hätte aufgrund seiner textlichen Faktur gar nicht mehr in den Gottesdienst gepaßt.

Das 20. Jahrhundert schließlich bot auch ohne allzuenge kirchliche Bindungen genügend Anlaß, der Trauer eine musikalische Stimme zu verleihen, das Individuelle, die Summe der Einzelschicksale in eine kollektive Klage umzuformen, das Private öffentlich zu machen. Wenn Karl Amadeus Hartmann 1939 ein Violinkonzert mit dem Titel *Musik der Trauer* komponierte, so war dies freilich eher der Rückzug in das Private, der Versuch, dem Grauen, bei dem er nicht mitmachen wollte, eine Stimme zu geben: »Ich wollte all das niederschreiben, was ich dachte und fühlte, und das ergab Form und Melos«,[16] sagte Hartmann später über das Konzert, das aus Deutschland herausgeschmuggelt und 1940 in der Schweiz uraufgeführt wurde, als der Klagegesang eines, der in Deutschland keine Öffentlichkeit hatte. Andere Werke wie etwa Arnold Schönbergs *Ein Überlebender aus Warschau*, eine Kantate aus dem Jahre 1947, *Threnos: den Opfern von Hiroshima* für Streichorchester von Krysztof Penderecki 1960/61 oder Benjamin Brittens *War Requiem* für eine Aufführung in der Kathedrale des von den Deutschen zerstörten Coventry 1962 sind nur die Spitze eines gigantischen musikalischen Eisbergs.

Die Musikgeschichte ist also derart voll von Trauermusiken, daß Beschränkung not tut. Im folgenden soll von dramatischer Musik die Rede sein – zum einen, weil die Opernbühne ein besonders be-

Jean Duron (Publications du centre d'études de la musique française aux XVII & XIX siècles 1), Paris 1981.

15 Herausgegeben von Percy M. Young in: *Hallische Händel-Ausgabe I 13*, Kassel u. a. 1962.

16 Karl Amadeus Hartmann, *Kleine Schriften*, Mainz 1965, S. 53.

liebter Ort für Trauermusiken ist, und zum anderen, weil dramatische Musik mehr als Opernmusik ist und die Vorstellung einer Klagesituation nicht auf die szenische Darstellung beschränkt ist. Es geht hier um die Frage, wie bestimmte musikalische Topoi, musikalische Formeln der Trauer, über die Jahrhunderte und über die musikalischen Gattungen hinweg ihre Bedeutung bewahrten und Botschaften zu vermitteln imstande waren, obwohl sie im Einzelfall kompositorisch jeweils individuell gestaltet wurden. Dies soll an dem scheinbar simpelsten aller musikalischen Elemente gezeigt werden, die im imaginären Lehrbuch für Trauerkompositionen zu finden sind – an der absteigenden melodischen Linie.

»Mourn, all ye muses« – was sich im Laufe der Zeit an musikalischen Botschaften für Trauer und Klage angesammelt hatte, betraf Melodik, Rhythmik und Harmonik gleichermaßen. Und je mehr von diesen Botschaften übereinandergeschichtet wurden, um so deutlicher wurde die Aussage. Da war zum einen die Tonart: Seit Beginn der Operngeschichte hatten sich die entfernteren Tonarten als Überbringer der starken Emotionen, speziell der Trauer bewährt, allen voran die Molltonarten wie g-Moll, c-Moll und f-Moll, aber auch E-Dur. Schon 1607, als von Tonarten im Sinne einer festgelegten harmonischen Grundlage für einen längeren musikalischen Abschnitt noch gar nicht die Rede sein konnte, hatte Claudio Monteverdi in *L'Orfeo* die Schreckensnachricht und den Schmerz über Euridices Tod durch ein schroffes Gegeneinander von E-Dur und g-Moll hörbar gemacht. Die Unglücksbotin beginnt ihre Nachricht über einem E-Dur-Klang; Orfeo unterbricht sie mit einem erschrokkenen »Weh, was höre ich«, das den g-Moll-Klang direkt neben das E-Dur stellt; doch die Botin läßt sich nicht beirren und setzt ihre Botschaft, wiederum in E-Dur, fort (*Abb. 2*).

Daß diese Tonarten so viel Schmerz erzeugten, buchstäblich in den Ohren weh taten, lag auch an der Instrumentenstimmung der Zeit, die noch nicht gleichschwebend temperiert war und deshalb unterschiedliche Reinheitsgrade aufwies: Neben E-Dur klang g-Moll unsauber und umgekehrt, und diese Unsauberkeiten waren gewollt; sie unterstützen gleichsam die dramatische Aussage, daß hier etwas völlig in Unordnung geraten war. Im Laufe des 17. Jahrhunderts bildeten sich c-Moll mit seinen drei »b« und f-Moll mit seinen vier »b« als die klassischen Trauertonarten heraus und begründeten eine nahezu verbindliche Tradition, die bis weit in das

Abb. 2: Claudio Monteverdi, *L'Orfeo*, 2. Akt, Botenbericht.

19. Jahrhundert hinein Bestand hatte. Georg Friedrich Händel wagte sich bisweilen für dramatische Situationen äußerster Verzweiflung bis zu b-Moll mit fünf »b« als Grundtonart vor. E-Dur dagegen wurde von den Theoretikern des 17. und 18. Jahrhunderts wie Marc-Antoine Charpentier oder Johann Mattheson wegen seiner schneidenden Schärfe als traurig und verzweifelt wahrgenommen und beschrieben.[17]

Neben der Tonart war es der Rhythmus: Scharf punktierte Rhythmen erweisen sich über die Jahrhunderte der Musikgeschichte hinweg als ein besonders geeignetes Mittel, Trauer, Klage und Verzweiflung zu begleiten. Sie kennzeichnen Johann Sebastian Bachs Trauerkantate *Laß Fürstin, laß noch einen Strahl* ebenso wie Mozarts »Qui tollis peccata mundi« aus der c-Moll-Messe.[18] Darüber hinaus lieferten, wie »Mourn, all ye muses« zeigte, die Tanzrhythmen musikalische Chiffren für bestimmte Affekte. Daß sich die Sarabande bestens für die musikalische Darstellung von Trauer eignete, hatte Händel gleichsam emblematisch in der Arie »Lascia ch'io pianga« aus *Rinaldo* (1711) deutlich gemacht (*Abb. 3*).

Und schließlich waren es unter den Mitteln der Melodiegestal-

17 Vgl. Wolfgang Auhagen, *Studien zur Tonartencharakteristik in theoretischen Schriften und Kompositionen vom späten 17. bis zum Beginn des 20. Jahrhunderts*, Frankfurt/M. u. a. 1983, S. 466.

18 Vgl. Silke Leopold, »Händels Geist in Mozarts Händen. Über das ›Qui tollis‹ in der c-Moll-Messe«, in: *Mozart-Jahrbuch 1994*, Salzburg 1995, S. 89-111.

Abb. 3: Georg Friedrich Händel, *Rinaldo*, 22. Aria (Almirena), »Lascia ch'io pianga«, T. 1-4.

tung, die die Trauer musikalisch kodieren, mit Bedeutung aufladen konnten, vor allem zweierlei Formeln, die ihre Eignung über die Jahrhunderte hinweg bewahren sollten: zum einen die fallende melodische Linie und zum anderen der große Sprung aufwärts – das eine als musikalische Chiffre für Hoffnungslosigkeit und Passivität, das andere für Verzweiflung und Auflehnung. Mit einer kleinen Zeitreise, die vom England an der Wende vom 16. zum 17. Jahrhundert nach Italien des 17., wieder zurück in das London des frühen 18. und schließlich nach Wien in das späte 18. Jahrhundert führen wird, soll von der Eignung wie von der Wandelbarkeit dieser beiden melodischen Elemente für Musik der Trauer erzählt werden.

Das musikalische Emblem der Trauer und der Klage ist die diatonisch absteigende Quart, eine melodische Linie in vier Tönen abwärts.[19] Die Bindung dieser melodischen Linie an die Klage ist so eng, daß dieses musikalische Motiv, wenn es denn im Baß und als ostinate Wendung auftaucht, sogar den Namen »Lamentobaß« trägt. Bevor diese vier Töne als ostinater Baß in die dramatische Musik des 17. Jahrhunderts Eingang fanden, wurden sie durch einen englischen Komponisten sinnbildhaft codiert: John Dowland überführte die schon zuvor existierende und sozusagen bedeutungslose, schlichte kleine Melodie aus dem Stand der Unschuld in ein neues Stadium, in dem sie von nun an bis gleichsam in alle Ewigkeit mit Trauer verbunden wurde:

19 Vgl. hierzu Ellen Rosand, »The Descending Tetrachord. An Emblem of Lament«, in: *Musical Quarterly* 65 (1979), S. 346-359.

Abb. 4: John Dowland, »Flow my tears«,
aus: *Second Booke of Songs or Ayres* (1600), T. 1-3.

Flow my tears, fall from your springs:	Fließt, meine Tränen, fallt aus euren Quellen:
Exiled for ever let me mourn.	Verbannt für immer, laßt mich trauern.
[…]	[…]

Das Herabfließen der Tränen, das »Aus den Quellen fallen«, schilderte Dowland musikalisch mit der diatonisch absteigenden Quart und lud die für sich genommen harmlose Melodie mit einem Sinngehalt auf (*Abb. 4*).

Dowland verwendete die absteigende Viertonleiter gleich zweimal hintereinander: »Flow my tears« die eine, »fall from your springs« die andere. Und damit die Melodie nicht ins Endlose nach unten rutschte, verband er die beiden Leitern durch einen Sextsprung nach oben miteinander. Außerdem waren sie, wenngleich absteigend, nicht identisch: im ersten Fall zwei Ganztonschritte und ein Halbton, im zweiten Fall ein Ganzton, umgeben von zwei Halbtönen. Das ist mit höchster Raffinesse komponiert, und die Begeisterung wächst, wenn man bemerkt, daß dem folgenden Vers: »Exiled for ever let me mourn«, ebenfalls ein absteigendes Tetrachord zugrunde liegt, das lediglich mit ein paar anderen Tönen ausgeschmückt wird – und dem folgenden Vers übrigens auch. Die ganze Komposition scheint auf melodisch fallenden Quarten zu basieren.

»Flow my tears« erschien in Dowlands *Second Booke of Songs or Ayres* im Jahre 1600 im Druck. Daß er diese fallenden Quarten nicht zufällig für »Flow my tears« ausgewählt hatte, wird durch die Bearbeitung deutlich, die er selbst in den nächsten Jahren anfertigte und 1604 unter dem Titel *Lachrimae or Seven tears and other Pavans* veröffentlichte. In dieser Instrumentalmusiksammlung, einer der bedeutendsten der frühen Ensemblemusik überhaupt, setzte er sich schöpferisch mit den Tränen auseinander, indem er sieben verschiedene Bearbeitungen von »Flow my tears« vorstellte, die alle über der fallenden Viertonmelodie komponiert waren. Die vermeintlich bedeutungslose Instrumentalmusik bekam auf diese Weise eine Bedeutung zugewiesen und die Viertonmelodie auch ohne den Text einen Sinngehalt.

Es war Claudio Monteverdi, der dieser rhetorischen Figur, der musikalischen Textausdeutung einen dramatischen Charakter verlieh und zum Erfinder und Begründer der Tradition des Lamentobasses wurde.[20] Ob Monteverdi Dowlands *Lachrimae*-Pavanen oder vielleicht sogar »Flow my tears« kannte, ist nicht bekannt, eher unwahrscheinlich und auch nicht wichtig. Dowland hatte diese Melodie ja nicht erfunden, sondern seinerseits aus dem allgemeinen Thesaurus melodischer Wendungen genommen, ebenso wie später Monteverdi. Allerdings ging dieser in einer völlig neuen Weise damit um. Im Jahre 1638 veröffentlichte Monteverdi sein VIII. Madrigalbuch, eine Art musikalisches Vermächtnis seiner weltlichen Musik, in dem er Kompositionen aus den letzten drei Jahrzehnten seines Lebens versammelte – darunter auch eine *Lamento della Ninfa* genannte Komposition, die den Untertitel »Modo di rappresentare« (»darstellerisch«) trägt. Anders als bei anderen Werken in diesem VIII. Madrigalbuch, etwa bei dem *Combattimento di Tancredi e Clorinda*, fordert Monteverdi hier keine szenische Aufführung; das Wort »rappresentare« bezieht sich eher auf die musikalische Faktur und mit ihr verbunden auf die Art der Aufführung, zu der Monteverdi genaue Angaben machte. Das *Lamento della Ninfa* basiert auf einem strophischen Gedicht Ottavio Rinuccinis, das mit einer Rahmenerzählung beginnt und schließt und dazwischen in wörtlicher Rede die Liebesklage einer von ihrem Liebhaber verlassenen Nymphe ausbreitet. Jede der zahlreichen Strophen endet mit dem kommentierenden Refrainvers:

Non avea Febo ancora	Noch hatte Phöbus nicht
Recato al mondo il dì	der Welt den Tag zurückgegeben,
ch'una donzella fuora	als eine junge Frau
del proprio albergo uscì.	Aus ihrer Hütte trat.
Miserella ah più, no no!	Die Arme, ach, weh, nicht mehr

20 Vgl. hierzu Silke Leopold, *Claudio Monteverdi und seine Zeit*, Laaber [2]1993, S. 145-169.

Tanto gel soffrir non può.
[...]
Amor – dicea, [e] il ciel
Mirando, il pie' fermò
Dove, dov'è la fe'
Che'l traditor giurò?
Miserella ah più, no no!
Tanto gel soffrir non può.

Fa'che ritorni il mio
amor com'ei pur fu,
o tu m'ancidi, ch'io
non mi tormenti più.
Miserella ah più, no no!
Tanto gel soffrir non può.
[...]

kann sie so viel Kälte ertragen.
[...]
»Amor«, sagte sie, und blieb,
den Himmel betrachtend, stehen.
»Wo ist, wo ist die Treue,
die der Verräter mir schwor?«
Die Arme, ach, weh, nicht mehr
kann sie so viel Kälte ertragen.

»Mach, daß meine Liebe
zurückkehre, wie sie einst war,
oder daß du mich tötest, damit ich
mich nicht mehr quäle.«
Die Arme, ach, weh, nicht mehr
kann sie so viel Kälte ertragen.
[...]

Monteverdi verteilte den Text auf drei Männerstimmen, die für die Rahmenerzählung und den kommentierenden Refrain zuständig waren, und einen Sopran für den Gesang der Nymphe, und er erläuterte im Vorwort, was er mit »modo di rappresentare« oder auch »rappresentativo« meinte: Die Rahmenerzählung solle im »tempo dela mano«, also im mit der Hand geschlagenen, exakten Takt vorgetragen werden. Die Klage der Nymphe aber solle, mitleidig kommentiert von den drei Männerstimmen, frei vorgetragen werden, wie auf einer Theaterbühne, und zwar »a tempo del'affetto del animo« – nach dem Zeitmaß des Affekts, der seelischen Befindlichkeit. Damit dieses aber möglich wurde, ohne daß die Musik ihr Gerüst verlor, verfiel Monteverdi auf eine wahrhaft geniale Idee: die imaginäre Bühne, auf der sich das Drama abspielte, in der Musik selbst abzubilden, d. h. also mit dem Mittel des instrumentalen Continuobasses eine musikalische Plattform zu konstruieren, gleichsam einen klanglichen Bühnenboden, auf dem die Nymphe frei und ohne musikalisch zu straucheln agieren konnte. Diesen musikalischen Bühnenboden konstruierte Monteverdi aus vier diatonisch absteigenden Noten, die er beharrlich, d. h. ostinat, wiederholte. Indem Monteverdi die absteigende melodische Linie in den instrumentalen Baß verlegte, machte er die Singstimme frei für alle möglichen melodischen Wendungen, während der Baß durch die Wiederholung des Immergleichen die Trauerassoziation garantierte. »Rappresentativo« bedeutet in diesem Fall dramatisch, aber nicht szenisch: Die Szene

Abb. 5: Claudio Monteverdi, *Lamento della Ninfa*, aus: VIII. Madrigalbuch (1638), T. 28-35.

entsteht durch die Art der musikalischen Faktur allein in der Imagination des Zuhörers (*Abb. 5*).

Das *Lamento della Ninfa* ist Kammermusik, nicht für szenische Darbietung gedacht, und in seiner Trennung von Ostinatobaß und freier Gesangsdeklamation auch aus dem Geist der nichtszenischen Musik geboren. Vielleicht hatte Monteverdi bei seiner musikalischen Idee auch zunächst etwas ganz anderes im Kopf, als ein musikalisches Emblem für die Klage zu finden. Vielleicht war dies überhaupt nur ein historisches Mißverständnis oder, besser: ein zukunftsträchtiger Nebeneffekt einer ganz anderen kompositorischen Überlegung. Es könnte nämlich sein, daß Monteverdi, der in dem gesamten VIII. Madrigalbuch Möglichkeiten diskutierte, die antike Musikphilosophie auf die moderne Komposition anzuwenden, nach einer Lösung gesucht hat, das antike Leierspiel mit modernen kompositorischen Mitteln abzubilden. Anders als die gängige Hexachordlehre des Mittelalters und die Oktavlehre seiner eigenen Zeit basierte die antike Musiktheorie auf dem Tetrachord der viersaitigen Lyra, und alle musiktheoretischen Quellen bauten ihre Überlegungen auf der absteigenden Viertonleiter auf. Vielleicht hat Monteverdi das absteigende Tetrachord als eine Transformation der Antike verstanden, als eine praktische Umsetzung dessen, was er in den alten Schriften fand.

Obwohl Monteverdi das *Lamento della Ninfa* als Kammermusik ohne szenische Darbietung konzipiert hatte, dauerte es kaum wenige Jahre, bis diese Art des Lamentos Eingang in die venezianische Oper fand. Monteverdi selbst verwendete es in seinen späten Opern nicht. Allzu bewußt war ihm die Funktion des ostinaten Basses als imaginäre Bühnenplattform, als daß er derartiges in einer realen Bühnensituation hätte verdoppeln wollen. Auch in seinen späten Opern, *Il Ritorno d'Ulisse in patria* (1640/41) und *L'Incoronazione di Poppea* (1642/43), blieb er dem ebenfalls von ihm selbst entwickelten Typus des rezitativisch-deklamatorischen Lamentos treu, der großen musikalischen Tragödienszene, die er einst mit dem *Lamento d'Arianna* (1608) geschaffen hatte. Penelopes Eröffnungsszene im *Ritorno d'Ulisse in patria* huldigt diesem Ideal noch einmal, nun allerdings gesättigt von den musikalischen Sinnträgern der Klage: Sie beginnt über einem c-Moll-Akkord zu singen und bewegt sich mit absteigender Melodik auf einen f-Moll-Akkord zu; das Ganze in tiefer Altlage, die nicht nur eine Information über ihr fortgeschrittenes Alter von etwa 35 Jahren enthält, sondern auch die Düsternis der Trauer beschreibt. Aber Monteverdis Nachfolger, allen voran Francesco Cavalli, machten aus dem Lamento über dem absteigenden Tetrachordostinato einen Szenentypus, der fortan in keiner Oper mehr fehlen durfte. Zumeist gibt es sogar mehrere solcher Lamenti in seinen Opern. Mit wachsender Vertrautheit des Publikums mit diesem musikalischen Emblem für Klage begannen die Komponisten auch, das Tetrachord selbst zu verändern, chromatisch auszufüllen oder durch Zwischenschritte biegsamer zu machen. Der »passus duriusculus«, die ausschließlich in chromatischen Schritten absteigende Quart, ist nur eine von unzähligen Varianten. Sie ist uns zuallererst aus dem »Crucifixus« von Johann Sebastian Bachs h-Moll-Messe bekannt.

Mit den neuen *Da-capo*-Formen der Opernarien an der Wende vom 17. zum 18. Jahrhundert nahm das Interesse an ostinaten Bässen in der Arienkomposition und damit auch an dem Szenentypus des Lamentos in der Oper generell ab. Dennoch gab es in der Geschichte der Oper immer wieder Gelegenheiten, bei denen Komponisten emblematisch auf diesen musikalischen Topos verwiesen und sicher sein konnten, daß ihr Publikum diese Botschaft verstand. Zwei besonders markante Beispiele seien hier genannt. Das erste entstammt der Feder Georg Friedrich Händels, der ja in vielerlei Hinsicht ein konservativer Komponist war und ungern auf die musikalischen Errungenschaften aus seiner Jugendzeit verzichten mochte, wenn sie sich zur Darstellung menschlicher Erlebnissituationen eigneten. Der Lamentobaß findet sich bei ihm weit häufiger noch als bei den anderen Opernkomponisten seiner Zeit. Und eine dieser

Arien ist in einem Maße mit musikalischen Trauerchiffren gesättigt, daß sie im Kontext dieses Beitrags nicht fehlen darf – Cleopatras Arie »Piangerò la sorte mia« aus *Giulio Cesare in Egitto* (1724). Cleopatra befindet sich in einer scheinbar ausweglosen Situation: Sie glaubt ihren Geliebten und Unterstützer Cesare tot, und ihr Bruder Tolomeo, mit dem sie sich um die Herrschaft in Ägypten streitet, hat sie in den Kerker geworfen. Dort alleingelassen, gibt sie ihrer ganzen Trauer und Verzweiflung musikalischen Ausdruck:

Piangerò la sorte mia,	Ich werde mein Los beweinen,
sì crudele e tanto ria,	so grausam und so schlimm,
finchè vita in petto avrò.	Solange ich Leben im Busen habe.
Ma poi morta d'ogni intorno	Doch wenn ich tot bin, werde ich überall
il tiranno il notte e giorno	den Tyrannen Tag und Nacht
fatta spettro agiterò.	Als Geist erschrecken.

Diese Arie, die der große alte Händel-Forscher Winton Dean als »stroke of a genius«[21] bezeichnete, versammelt alle Affektchiffren, deren Händel habhaft werden konnte, zu einem einzigen großen Psychogramm einer Persönlichkeit, die in Verzweiflung unterzugehen droht und um Selbstbeherrschung und Würde ringt: Absteigendes Tetrachord im Baß, Sarabandenrhythmus und die schneidende Tonart E-Dur lassen von Anfang an keinen Zweifel, daß hier eine existenzielle Grenzsituation erreicht ist. Noch dazu schneidet Cleopatra mit ihrem Arieneinsatz einem möglichen Ritornell, das ihrer Trauer eine Form geben könnte, gleich zu Beginn das Wort ab: Die Arie beginnt gleichsam nackt, und der Lamentobaß verrät sofort, wie es um Cleopatras Gemütsverfassung bestellt ist. Über diesen altbekannten Affektchiffren aber läßt Händel ihre individuelle Seelenpein zusehend wachsen, was sich in immer größeren Intervallsprüngen ihrer Gesangsstimme äußert: von der Terz des Beginns über eine Quint, eine Oktave und schließlich zu einem gleichsam unkontrollierten Nonensprung, bis sich Cleopatra in der Kadenz wieder fängt (*Abb. 6*).

Doch ist diese Beruhigung nur von kurzer Dauer: Dem Aufbäumen folgt ein Moment hoffnungsloser Schwäche, die sich artikuliert in den in die Lamentoquart im Baß eingeschobenen chromatischen Tönen einerseits und den ebenfalls chromatisch absinkenden Ton-

21 Winton Dean, John Merrill Knapp (Hg.), *Handel's Operas 1704-1726*, Oxford 1987, S. 492.

Abb. 6: Georg Friedrich Händel, *Giulio Cesare in Egitto*, Aria (Cleopatra) »Piangerò la sorte mia«, T. 1-15.

schritten der Melodie andererseits. Danach zieht sich Cleopatra gleichsam am eigenen Schopf aus ihrem Elend und bringt am Ende des A-Teils sogar eine ordentliche Kadenz zustande.

Deutlicher als in dieser Arie konnte man die Trauer mit den Mitteln der Musik kaum hörbar werden lassen. Gleichzeitig aber machte Händel deutlich, daß Cleopatra eine wahre Königin war, die nicht nur andere zu beherrschen imstande war, sondern auch sich selbst. Denn die Arie ist, wie es sich im Jahre 1724 gehört, eine *Da-capo*-Arie – eine Arienform mithin, die nicht den Affektausdruck als primäres Ziel hat, sondern die Affektkontrolle. Und im Mittelteil der Arie verliert Cleopatra tatsächlich die Contenance. Dem differenzierten Psychogramm des A-Teils folgt ein unvorhergesehener Wutausbruch, bei dem das Blut hörbar in Wallung gerät – erst im Orchester und dann mit extremen Koloraturen auch in der Singstimme; die parallele Molltonart verweist ebenfalls auf Cleopatras Schwäche und gibt dem E-Dur des A-Teils neben der Trauer noch eine weitere Konnotation – nämlich die, daß Cleopatra Seelenstärke auch noch in der traurigsten, scheinbar ausweglosesten Situation beweist. Wenn der A-Teil nämlich als *Da-capo* zurückkehrt, bekommt die Trauer, die zu Beginn der Arie nichts als Seelenqual vermittelt hatte, einen fast beruhigenden Charakter – traurig ja, aber nicht am Boden zerstört, im Gegenteil: Die langsame Beruhigung hin zum

Ende des A-Teils wirkt wie ein Zurückkehren zur Ordnung, wie ein Lichtstrahl in dunkler Nacht: Händel macht durch die Musik deutlich, daß Cleopatra auch in der schlimmsten Lebenssituation eine starke Frau ist.

Das letzte Beispiel auf dieser Zeitreise führt nach Wien am Ende des 18. Jahrhunderts und zu Wolfgang Amadeus Mozart. Das Komponieren mit ostinaten Bässen war den Wiener Klassikern wie überhaupt der Musik des späteren 18. Jahrhunderts nicht eigen. Trauer wurde, wenn überhaupt, in den Opern dieser Zeit mit instabiler Harmonik, den dafür bekannten Tonarten und irregulären Arienformen zum Ausdruck gebracht. Idomeneos Arie »Vedrommi intorno« aus *Idomeneo* (1781) ist dafür ein aufschlußreiches Beispiel; sie beginnt in harmlosem C-Dur, rutscht aber alsbald nach c-Moll ab und kann sich lange Zeit nicht in einer beherrschten und beherrschbaren Tonart wiederfinden: Je trauriger die Vision von dem Opfer gerät, von dem Idomeneo nicht einmal ahnt, daß es sein eigener Sohn sein wird, um so instabiler wird die Harmonik und die Melodik der Arie. Und Konstanzes »Traurigkeit ward mir zum Lose« aus *Die Entführung aus dem Serail* (1782) macht allem voran durch die Tonart g-Moll und durch bruchstückhafte, gleichsam stockende, schluchzende Melodielinien deutlich, wie es um Konstanzes Seelenverfassung steht. G-Moll war für Mozart immer eine besondere, mit traurigem Pathos aufgeladene Tonart, eine »weibliche« Tonart auch, wie überhaupt die Molltonarten in seinen Opern mit sehr wenigen Ausnahmen den Frauenrollen vorbehalten sind.[22] Eine der Ausnahmen findet sich just in der *Entführung aus dem Serail*, wo Osmins Auftrittslied »Wer ein Liebchen hat gefunden« ebenfalls in g-Moll steht. In g-Moll steht auch Paminas Arie »Ach ich fühl's, es ist verschwunden« aus *Die Zauberflöte* (1791), die vielleicht traurigste Arie, die Mozart je komponierte, und gleichzeitig auch ein Stück, in dem er sehr bewußt mit musikalischen Traditionen spielte. Die Situation ist bekannt: Tamino hat das Schweigegebot der Eingeweihten verinnerlicht und läßt sich auch dann nicht davon abbringen, als Pamina zu ihm kommt und ihn anfleht, sich mit ihr zu beschäftigen. »O, das ist mehr als Kränkung – mehr als Tod«, sagt Pamina, bevor sie mit ihrer Arie beginnt. »Ach ich fühl's, es ist verschwunden« ist eine Verzweiflungsarie von höchster Trauer – aber sie ist auch der gezielte

22 Gretchen A. Wheelock, »›Schwarze Gredel‹ in Mozart's Operas. Tonal Hierarchy and the Engendered Minor Mode«, in: *Mozart-Jahrbuch 1991*, S. 274-284.

Abb. 7: W. A. Mozart, *Die Zauberflöte*, Arie (Pamina), »Ach ich fühl's, es ist verschwunden«, T. 1-3.

Versuch, Tamino doch noch zu einer Reaktion zu bewegen, affektgeladen und kontrolliert zugleich. Eine pochende Achtelbewegung zieht sich wie ein rhythmisches Ostinato durch fast die gesamte Arie und schweigt erst im instrumentalen Nachspiel. Die Koloraturen auf den Worten »meinem Herzen« machen deutlich, wie gezielt Pamina ihre Gefühlsäußerungen plaziert und daß in all der Verzweiflung auch ein wenig nachdrückliche Berechnung steckt. Auffällig sind aber vor allem Paminas erste Worte: »Ach ich fühl's« durchschreitet abwärts eine Quint, »es ist verschwunden« nach einem pathetischen Oktavsprung aufwärts noch einmal eine Quart abwärts. Das sind musikalische Botschaften, die auf die Tradition des Lamentos zurückverweisen, von Mozart – und vor allem von Pamina – sehr bewußt gesetzt (*Abb. 7*).

Natürlich ist Paminas Trauer echt. Aber sie ist auch zielgerichtet; Pamina arbeitet darauf hin, Tamino zu einer Reaktion zu provozieren. Und womit hätte man ein solches Ziel besser erreichen können als mit den musikalischen Chiffren der Trauer, die jeder im Publikum spontan entschlüsseln konnte? Paminas Strategie wird auch im weiteren Verlauf der Arie deutlich – wenn sie etwa den Satz »Nimmer kommt ihr Wonnestunden meinem Herzen mehr zurück« im parallelen B-Dur, aber mit einer dramatischen Abwärtsbewegung zu Beginn, mit chromatisch sich aufwärts quälendem Gang am Schluß vorträgt – schroffer könnten die Gegensätze nicht sein, stärker ihre Seelenpein nicht zum Ausdruck kommen. Ihren Selbstmord allerdings inszeniert sie dann in der traditionellen Trauertonart c-Moll, und selbst die drei Knaben können nicht verhindern, daß die Tonart

Abb. 8: W. A. Mozart, *Die Zauberflöte*, Nr. 21, Finale, »Bald prangt, den Morgen zu verkünden«, T. 83-86.

sich weiter verdüstert – zu As-Dur, dem von dem Mozart-Zeitgenossen Christian Friedrich Daniel Schubart so genannten »Gräberton«[23] – und Pamina schließlich zu den Worten »Ja, des Jammers Maß ist voll« gar einen veritablen »passus duriusculus« singt (*Abb. 8*).

In dem Moment allerdings, als sie sich den Dolch in die Brust stoßen will und sich in Richtung ihrer ganz privaten Trauertonart g-Moll bewegt, fallen die drei Knaben ihr (und gleichsam auch dem Tonartenschema) in den Arm und wenden das angesteuerte g-Moll zu Es-Dur, der Tonart der Eingeweihten.

Mozarts *Zauberflöte* war eine der letzten Opern, die mit derartigen musikalischen Formeln spielte, mit Chiffren, deren Bedeutung sich nur vor einem Publikum entfalten konnte, das mit ihnen vertraut war. Im 19. Jahrhundert änderte sich die Operndramaturgie grundlegend und mit ihr die musikalischen Lösungen für Szenen der Trauer. Die individuelle Situationsbeschreibung löste den Umgang mit vertrauten Chiffren ab. Die musikalischen Chiffren ihrerseits aber behielten ihre Bedeutung bei und entfalteten auch im 19. Jahrhundert noch ihre Verweiskraft – nicht nur in der Oper, sondern auch und insbesondere in der Instrumentalmusik. Der langsame Satz von Beethovens 3. Symphonie, der *Eroica*, »Marcia funebre« überschrieben, steht in der traditionellen Trauertonart c-Moll,

23 Christian Friedrich Daniel Schubart, *Ideen zu einer Ästhetik der Tonkunst*, hg. von Fritz und Margrit Kaiser, Nachdruck der Ausgabe Wien 1806, Hildesheim u. a. 1990, S. 378.

die Grundtonart der Symphonie, zu der sich der langsame Satz verhalten muß, in der traditionellen heroischen Tonart Es-Dur. Und als Franz Schubert sein d-Moll-Streichquartett mit einer geballten Ladung musikalischer Todesmetaphern auflud – mit dem Variationssatz über sein Lied *Der Tod und das Mädchen* und mit dem *Erlkönig*-Zitat im letzten, wie ein rasender Ritt durch Nacht und Wind komponierten Satz –,[24] da wählte er für das Scherzo (ausgerechnet das Scherzo!) den »passus duriusculus« als dominierendes musikalisches Motiv, erst im Cello, dann in der Violine; und ganz am Ende des letzten Satzes brachte er diesen noch einmal prominent und unüberhörbar unter. Wenn das nicht dramatische Musik – musikalisches Drama – mit den Mitteln der reinen, der absoluten Musik ist ...

24 Christoph Wolff, »Schubert's Der Tod und das Mädchen. Analytical and Explanatory Notes on the Song D. 531 and the Quartet D. 810«, in: Eva Badura-Skoda, Peter Branscombe (Hg.), *Schubert Studies*, Cambridge 1982, S. 143-171.

Jens Roselt

To feel, or not to feel?

Emotionalität im Theater

1. Das Ereignis der Gefühle

Für große Gefühle ist das Theater ein ausgezeichneter Ort. Seit der Antike werden Figuren auf der Bühne in existentielle Krisensituationen gebracht, die sie mit Tod und Liebe, mit Hoffnung und Verzweiflung konfrontieren. Der Mensch auf der Bühne wird in Extremsituationen versetzt, die sprachlich, stimmlich und körperlich zum Ausdruck gebracht werden. Doch um wessen Gefühle geht es dann eigentlich? Sind es die Emotionen einer fiktiven Figur oder die eines realen Schauspielers? Offenkundig besteht ein Spannungsverhältnis zwischen dramatischer und empirischer Person auf der Bühne, das für die Frage nach den Gefühlen besonders relevant ist. Der französische Schauspieler Benoit Constant Coquelin (1841-1909) hat den Schauspieler deshalb als »double personality«, als eine Art Doppelwesen, bezeichnet.[1] In seinem zunächst auf englisch erschienenen Aufsatz »Acting and Actors« von 1887 begründet er diese Doppelheit damit, daß Schauspieler sowohl Spieler als auch die gespielten Instrumente seien. Die Menschen auf der Bühne sind also Macher und Gemachtes in einer Person. Man kann sie als schaffende Künstler ansehen oder als geschaffene Kunstobjekte. Für die Emotionalität bedeutet dies, daß Gefühle im Theater durch Schauspieler nicht nur zeichenhaft repräsentiert werden, sondern auch tatsächlich evoziert werden können. Das wirft eine Reihe von Fragen auf, etwa diejenige, wie real Todesangst auf der Bühne empfunden werden kann, wenn der Darsteller doch weiß, daß er nach seinem Tod wiederauferstehen wird, um sich vor dem Publikum zu verbeugen. Über Jahrhunderte hat man unterschiedliche ästhetische und methodische Antworten darauf formuliert. Coquelin etwa strukturiert die prinzipielle Doppelheit hierarchisch. Der spielende Teil habe die planende, dirigierende und im Sinne des Dramatikers interpretierende

1 Benoit Constant Coquelin, »The Dual Personality of the Actor« (Auszug aus: »Acting and Actors«), in: Toby Cole, Helen Krich Chinoy (Hg.), *Actors on Acting*, New York 1970, S. 192-201, hier S. 192.

Funktion inne, während der Körper als instrumenteller Part diese Vorgaben adäquat auszuführen habe.

Freilich gilt das nicht nur für große Gefühle, denn auch die vermeintlich kleinen Gefühle können im Theater ganz groß rauskommen. So geriet 1767 Gotthold Ephraim Lessing in Verzückung, als er die Schauspielerin Sophie Friederike Hensel (1738-1790) in der Titelrolle seines eigenen Stücks *Miss Sara Sampson* sterben sah:

> Madame Henseln starb ungemein anständig. [...] Es ist eine Bemerkung an Sterbenden, daß sie mit den Fingern an ihren Kleidern oder Betten zu rupfen anfangen. Diese Bemerkung machte sie sich auf die glücklichste Art zu nutze; in dem Augenblicke, da die Seele von ihr wich, äußerte sich auf einmal, aber nur in den Fingern des erstarrten Armes, ein gelinder Spasmus; sie kniff den Rock, der um ein weniges erhoben ward und gleich wieder sank: das letzte Aufflattern eines verlöschenden Lichts; der jüngste Strahl einer untergehenden Sonne.[2]

Nicht durch die große Geste oder eine pathetische Ansprache wurde Lessing überzeugt, sondern durch eine kleine, unscheinbare Bewegung, die gleichwohl den gesamten Gefühlskosmos einer sterbenden Figur vermittelbar machte. Doch dies ist nicht nur eine Leistung der speziellen Schauspielerin, sondern auch eine des Theaters schlechthin. Denn Gefühle werden auf der Bühne nicht als statische, fixierte Zustände zur Anschauung gebracht; vielmehr sind sie immer in einen Prozeß eingebunden, der das Entstehen und Vergehen von Gefühlen vermittelbar macht. Gerade so können diffuse, unklare oder zweideutige Gefühlslagen thematisch werden.

Was das Theater seit Jahrhunderten als Gefühlsraum kennzeichnet, ist also nicht in erster Linie die Größe und Eindeutigkeit der repräsentierten Emotionen oder die Zelebrierung eines übersteigerten Gefühlsausdrucks, sondern die Tatsache, daß die Bühne nicht nur ein Anschauungsraum ist, in dem Gefühle ausgestellt werden, sondern auch der Schauplatz, an dem Gefühle in vielfältiger Weise bei Akteuren und Zuschauern erst entstehen. Die Entstehung, das Zeigen und die Wahrnehmung von Gefühlen sind im Ereignis der Aufführung unlösbar miteinander verwoben. Gefühle im Theater werden von den Teilnehmern einer Aufführung, d. h. von Akteuren und Zuschauern, performativ hervorgebracht.

2 Gotthold Ephraim Lessing, *Hamburgische Dramaturgie* (1767), hg. von Klaus L. Berghahn, Stuttgart 1981, 13. Stück, S. 76 f.

Adam Smith hat dies 1759 in seiner *Theorie der ethischen Gefühle* (*Theory of Moral Sentiments*) thematisiert. Obwohl er sich dabei im engeren Sinne gar nicht für das Theater interessiert, hat sein Blick auf das Thema eine theatrale Dimension: Er geht bei der Entwicklung seiner Theorie nämlich nicht von dem Menschen aus, der ein Gefühl hat, sondern von demjenigen, der die Gefühle eines anderen Menschen beobachtet. Und diesen Mitmenschen bezeichnet Smith als »unparteiischen Zuschauer [...]«.[3] Emotionalität wird damit als intersubjektives Phänomen begriffen, das zwischen den Menschen stattfindet, indem Gefühle zur Anschauung gebracht und wahrgenommen werden. Ausdruck, Darstellung und Wahrnehmung von Gefühlen sind für Smith also keine sekundären Vorgänge, sondern ursächlich mit der Emotionalität des Menschen verwoben. Der Gedanke, daß es ein emotionales Wechselverhältnis zwischen einzelnen Menschen gibt, ist der zentrale Ansatzpunkt von Schauspieltheorien, die dabei auf die antike Rhetorik Bezug nehmen. So etwa beschreibt Cicero das emotionale Band, das die Menschen verbindet: »Denn aller Menschen Herzen werden von denselben Regungen bewegt, und an denselben Zeichen, die sie bei ihnen selbst bezeichnen, erkennen sie sie auch bei anderen.«[4] Smith hatte allerdings darauf hingewiesen, daß es von Gefühlen als inneren Prozessen keine direkte Anschauung geben könne: »Da wir keine unmittelbare Erfahrung von den Gefühlen anderer Menschen besitzen, können wir uns nur so ein Bild von der Art und Weise machen, wie eine bestimmte Situation auf sie einwirken mag, daß wir uns vorzustellen suchen, was wir selbst wohl in der gleichen Lage fühlen würden.«[5] Als Wahrnehmungsphänomene sind Gefühle also auch ein Vermittlungsproblem.

Bei der Auseinandersetzung mit Gefühlen im Theater rücken die Schauspieler bzw. das Wechselverhältnis von Bühne und Publikum in den Blickpunkt. Über Jahrhunderte wurden diese Beziehungen ästhetisch, theoretisch und methodisch unterschiedlich beschrieben und gewichtet. Für die Konzeptionalisierung von Emotionalität im Theater ist der Rekurs auf die Antike allerdings ein wichtiger Bezugspunkt. Bevor diesen Verbindungen nachgegangen wird, soll die Spannweite des Diskurses anhand eines Gefühls nachvollzogen werden.

3 Adam Smith, *Theorie der ethischen Gefühle* (1759), hg. von Walther Eckstein, Hamburg 2004, S. 28.

4 Cicero, *De oratore* 3, 223, übers. von Harald Merklin, Stuttgart 2003.

5 Smith, *Theorie der ethischen Gefühle* (Anm. 3), S. 2.

2. Grimmigkeit

Grimmigkeit ist wohl kein großes Gefühl, aber es kann ein großes Gefühl daraus werden, beispielsweise Haß oder Zorn. Grimmigkeit ist ein emotionaler Latenzzustand. Heftiger Zorn und verbissene Wut gehören zum Repertoire der Grimmigkeit, doch dieser Grimm ist eben Ingrimm, er bleibt nicht selten verborgen, macht sich indirekt Luft oder gibt sich zweideutig. Das mittelhochdeutsche »Grimmen« bedeutet Grollen und Brummen, wobei etymologisch auch Donnern und Poltern anklingen. Es geht also um Resonanzphänomene, um den Widerhall oder das bittere Echo eines Gefühls, das nicht unmittelbar zur Anschauung kommt oder, wie es im Grimmschen Wörterbuch heißt: »ein wilder Zorn, der noch nicht hervorbrechen kann, aber die Kraft dazu fühlt und danach strebt«.[6] Das Zähneknirschen der Grimmenden macht eine explizite Aussprache geradezu unmöglich. Der Schmerz kann auch ein physiologischer sein. Grimmen ist nicht nur ein emotionaler, sondern auch ein körperlicher Vorgang. Wir sprechen vom Bauchgrimmen, und auch das Zwicken und Kneifen kolikartiger Zustände wird Grimmen genannt.

Das Foto (*Abb. 1*), das den Schauspieler Friedrich Mitterwurzer (1844-1897) in grimmiger Pose als Franz Moor zeigt, macht anschaulich, was mit emotionaler Latenz gemeint ist: Wird Mitterwurzer bellen, beißen, rausrennen, sich erdolchen, andere vergiften? Grimmigkeit ist ein diffuses Gefühl. Das ist ein Rollenfoto, kein Szenenfoto. Das bedeutet, Mitterwurzer posiert in einer für die Rolle charakteristischen Haltung. Obwohl wir ihn nur halb sehen, wird doch die körperliche Dimension der Grimmigkeit deutlich: Man erkennt eine expressive, knurrende Mimik. Die geduckte Haltung zeigt, daß hier etwas hochgewürgt wird, daß auch die Gedärme beteiligt sind. Man möchte ihm vielleicht eine Gedankenblase über das Gesicht malen, denn ausgesprochen wird hier nichts, hörbar würden wohl eher gutturale Geräusche. Charakteristisch ist vor allem das asymmetrische Körperschema des Grimmenden, das hier schon im Gesicht angezeigt ist. Die Mimik erscheint nicht harmonisch, und während der Oberkörper zurückgebogen ist, richtet sich der starre Blick deutlich nach vorne, wodurch die Pose ihre Spannung erhält.

6 Jacob Grimm, *Deutsches Wörterbuch*, Bd. 9, Gütersloh 1991, S. 351.

Abb. 1: Friedrich Mitterwurzer als Franz Moor (Abdruck mit freundlicher Genehmigung der Theaterhistorischen Sammlungen, Institut für Theaterwissenschaft der Freien Universität Berlin).

Franz Moor aus Schillers *Räubern* ist neben Shakespeares Richard III. die Paraderolle für Grimmigkeit im klassischen Repertoire, wobei der Grimm bereits im Drama begründet ist. In seinem Eröffnungsmonolog kündet Franz von der eigenen Häßlichkeit, deren Erfahrung einhergeht mit gesellschaftlicher und erotischer Zurückweisung. So setzt er sich ein grausames Ziel: »Frisch also! Mutig ans Werk! – Ich will alles um mich her ausrotten, was mich einschränkt, daß ich nicht Herr bin. Herr muß ich sein, daß ich das mit Gewalt ertrotze, wozu mir die Liebenswürdigkeit gebricht.«[7] Was ihm dabei an körperlicher Überzeugungskraft fehlt, wird durch rhetorische Gewandtheit und Erfindungsgeist wettgemacht, wobei er sich der

7 Friedrich Schiller, *Die Räuber*, in: *Sämtliche Werke*, Bd. 1, hg. von Albert Meier, München 2004, S. 502.

Stilformen des Indirekten und der Verstellung bedient: Ironie, Sarkasmus und beißender Witz. Doch um die textuelle Analyse der Figur soll es hier nicht gehen, sondern um ihre Darstellung auf der Bühne. Da Schillers *Räuber* seit 200 Jahren auf den Spielplänen präsent sind, kann anhand der Verkörperung des Franz Moor ein signifikanter Wandel der Darstellungspraxis aufgezeigt werden, der die Emotionalität des Schauspielers unmittelbar betrifft.

Die abstoßende äußere Erscheinung ist dabei der Dreh- und Angelpunkt, denn seit der Uraufführung der *Räuber* 1782 ist Franz Moor eine Paraderolle für häßliche Schauspieler. Und wenn von Häßlichkeit die Rede ist, geht es nicht um persönliche Geschmacksvorstellungen, sondern um die Tatsache, daß Schauspieler in ihrem Berufsleben sehr wohl Schwierigkeiten bekommen können, wenn ihre äußere Erscheinung nicht den Konventionen und Erwartungen der Zuschauer entspricht. Ein wohlgestalteter Wuchs, ein ebenmäßiges Gesicht und ein kräftiges Organ waren gewissermaßen die DIN-Normen für die körperliche Beschaffenheit von Schauspielern. Das hieß im übrigen nicht, daß die Figuren auf der Bühne immer schön zu sein hatten, natürlich sollte es auch häßliche Figuren geben, aber die Häßlichkeit mußte gespielt, mußte hergestellt werden. Auch ein virtuoser Schauspielstar wie Emil Devrient, den nicht wenige für den schönsten Mann seiner Zeit hielten, konnte häßliche Männer mimen. Gerade diese Verstellungskunst – schön sein und häßlich scheinen – war ja die schauspielerische Leistung. Häßlich spielen, weil man häßlich war, galt hingegen nicht als Kunst. Was den Schauspieler demnach ästhetisch auszeichnet, ist das, was er macht, und nicht das, was er ist. Diese Häßlichkeit konnte nicht nur auf der Ebene der Dramenhandlung zum Thema werden, sondern war auch im Theaterbetrieb ein Problem. Denn häßliche Schauspieler hatten Schwierigkeiten, die Rollen jugendlicher Liebhaber zu bekommen. Insbesondere im 18. und 19. Jahrhundert legen Schauspieltheorien großen Wert darauf, daß Liebhaber schön zu sein haben. Häßliche Männer wurden einfach nicht besetzt, und für das Charakterfach waren sie zu jung. Franz Moor und auch Richard III. boten hier eine willkommene Nische. Die Darstellung dieser beiden Rollen war aber noch aus einem anderen Grund eine Herausforderung. Vom 18. Jahrhundert bis in die Gegenwart hallt durch die Theater eine Forderung an die Schauspieler, deren Stichwortgeber der erste Darsteller des Franz Moor war: August Wilhelm Iffland (1759-1814). Und das Stich-

Abb. 2: August Wilhelm Iffland als Franz Moor
(aus: *Almanach für Theater und Theaterfreunde auf das Jahr 1807*,
von A. W. Iffland, Berlin, Oehmigke, 1807).

wort lautet: Menschendarstellung.[8] Nicht überhöhte, übertriebene und realitätsfremde Figuren sollten dargestellt werden, sondern Menschen, welche die Zuschauer wiedererkennen und deren Handlungen sie nachvollziehen können. Während bürgerliche Rührstücke zuhauf das Personal dafür lieferten, standen die Darsteller des Franz Moor vor der Frage, wie sie diesen monströsen Typen menschlich darzustellen vermochten (*Abb. 2*).

Iffland hat – wie gesagt – in der Mannheimer Uraufführung den Franz Moor gespielt. Es wurde die Rolle seines Lebens, wofür ihm auch Schiller große Anerkennung zollte, da er die Rolle eigentlich für unspielbar gehalten hatte. Ein Zuschauer beschreibt Ifflands äußere Erscheinung so: »Damals war Iffland 26 Jahre alt, von Körper

8 Vgl. August Wilhelm Iffland, *Fragmente über Menschendarstellung auf den deutschen Bühnen*, Erste Sammlung, Gotha 1785.

sehr schmächtig, im Gesicht etwas blaß und mager.«[9] Zugleich ist der Beobachter aber irritiert, daß diese unansehnliche Person »das Gemüt bis in seine innersten Tiefen«[10] zu erschüttern vermochte. Das war auch in moralischer Hinsicht eine heikle Situation. Kann oder darf man Mitgefühl mit einem Schurken zeigen? Iffland hat sich mit diesem Komplex nicht nur auf der Bühne, sondern auch theoretisch beschäftigt, u. a. in seiner Schrift »Ueber Darstellung boshafter und intriganter Charactere auf der Bühne« (1807). Dort heißt es, daß die größte Gefahr bei der Verkörperung dieser Rollen darin bestehe, allein und in erster Linie auf den großen, abschreckenden Effekt zu setzen: »Der irrige Glaube, daß der Schauspieler in Rollen der Art von Anbeginn bis zum Ende erzboshaft seyn müsse, verdirbt alles.«[11] In diesem Zusammenhang weist er darauf hin, daß sich mancher Schauspieler sogar schämen würde, solche negativ besetzten Rollen zu spielen, weil er fürchten müsse, wenn er überzeugt, selbst für boshaft gehalten zu werden, weshalb boshafte Rollen nicht selten bis zur Karikatur übertrieben oder lächerlich gemacht würden.

Iffland vertritt nun die Auffassung, daß man die Rolle des Franz Moor nicht denunzieren dürfe, sondern dessen innerste Seelenqualen ernst zu nehmen habe. Hierzu schlägt er zwei methodische Schritte vor: die Rollenanalyse und die Darstellung der Figur in ihrer Entwicklung, so daß vorgeführt wird, wie sie zum dem wurde, als was sie endet. Zur Analyse heißt es fortschrittlich: »Niemand thut das Böse nur um bös zu seyn. Die erste Frage eines Schauspielers, dem die Rolle eines böshandelnden Menschen geworden – ist also die – auf welchem Wege – durch welche Neigung, durch welchen Verlust, Kummer, Beleidigung – ist der Character dahin gekommen, so und nicht anders zu handeln?«[12]

Für die Darstellung auf der Bühne bedeutet dies, daß man die Figur nicht auf einen Charakterzug reduziert, sondern gerade die Widersprüche und Gegensätze der Figur gestaltet. Das heißt auch, daß etwa Franz Moor im Laufe des Stücks eine Entwicklung durchmacht. Iffland beschreibt Franz als gereizte Maschine und beobach-

9 Monty Jacobs, *Deutsche Schauspielkunst*, Berlin 1954, S. 107.

10 Ebd., S. 106.

11 August Wilhelm Iffland, »Ueber Darstellung boshafter und intriganter Charactere auf der Bühne«, in: *Almanach für Theater und Theaterfreunde auf das Jahr 1807*, Berlin 1807, S. 50-86, hier S. 50.

12 Ebd., S. 54.

tet eine »völlige Blässe, oder vielmehr jene unnennbare Gallenfarbe, welche bei dem innern Lodern verschlossener Wuth in das Blut sich zu ergießen und die Maschine zu zersprengen droht«.[13]

Genau damit ist die Latenzsituation gemeint: inneres Lodern und verschlossene Wut. Ob und wie sich diese Luft macht, bleibt fraglich bzw. zu beobachten. Insbesondere für den ersten Auftritt gelte deshalb, daß Franz nicht sogleich als Erzbösewicht in Erscheinung treten solle. In einer Selbstbeschreibung seiner Darstellung bezeichnet Iffland es so:

Es ist im Franz Moor von Anbeginn bis zur Mitte der Handlung hin, ein tiefes Sinnen und Brüten über sich, seine Lage, sein Ziel – über die gewaltigen Hindernisse, welche sich ihm in den Weg werfen, zu diesem Ziele zu gelangen, und die Mittel, diese zu überwältigen. Bis er die Alleinherrschaft errungen hat, liegt auf allen seinen Aeußerungen Bemessenheit, eine Scheue, die ihn nie ganz verlässt, und die selbst in den Augenblicken, wo er sich vergisst, ihm doch noch etwas anzusehen seyn muß. Zu einer lauten pomphaften Diction, zu getragenen schönen Bewegungen, oder auch zu einem anhaltenden kräftigen, wenn schon wilden, Ausdruck in Sprache und Bewegung kann er vor der Periode seiner Herrschaft nicht gelangen. Im innigen Groll, daß es so mit ihm steht, daß er aufgehalten ist, jede Bürde und alles, was ihn beengt, schnell abzuwerfen – kann es seiner Vorsicht entwischen, ein und das andere mal hoch aufzufahren. Dann bricht aus dem furchtbaren Krater der dicke Rauch hervor und auf einen Moment blickt man herab in die innere Glut. Aber nur ein Moment kann es seyn; denn wer so das Werk der Finsterniß verhüllen muß, wie er, dem ist die eiserne Haltung, die äußere Ruhe schon zur Natur geworden, daß, wenn endlich die innere Lohe einmal heraustreibt, was in ihm vorgeht, dieser Zustand sich von außen nur durch eine kurze konvulsivische Bewegung verräth, von welcher er selbst nichts weiß.[14]

Genau dieser indirekte, scheinbar unvermittelte, nicht ausgespielte Gefühlsausdruck hat auch das Publikum fasziniert. Ein Zuschauer, der Iffland als Franz Moor 1796 in Weimar gesehen hat, gibt seinen Eindruck so wieder:

Feigherzige Tücke ist der Hauptzug im Charakter des Unholds. So passt also die ihm anfangs gegebene Kälte sehr gut zu seiner übrigen Verstellung, und sie wäre nur dann fehlerhaft, wenn uns der Künstler nicht bei mehreren Gelegenheiten die in seinem Innern kochende und tobende Leidenschaft hätte durchschimmern lassen. [...] Malerisch und bis in die geringste Schat-

13 Ebd., S. 65.
14 Ebd., S. VII.

tierung wahr, erblickten wir im krampfhaften Zucken der Hände und in der rückwärtsgebogenen Stellung das Schrecken. [...] Aber um so grausender ist der schnelle und doch sehr fein nuancierte Übergang von der Glutröte des Zorns zum Verblassen zitternder Ohnmacht [...] wie er sich allein sieht, das Schwert voll Ingrimm auf den Boden wirft [...] mit einem Grinsen, in dem sich die Hölle ankündigt.[15]

Diese ausführliche Beschreibung von Karl August Böttiger macht klar, worin das Neue der Ifflandschen Spielweise lag. Seine Darstellung war nicht die Aneinanderreihung extremer isolierter Zustände, sondern ein Fließen, ein Entstehen und Vergehen mitunter widersprüchlicher Gefühle. Gleichwohl legt der Rezensent auf die gekonnte, ausgewogene, kalkulierte und detaillierte Spielweise Ifflands Wert. Dieser zeigte eben nicht nur den Erzbösewicht, sondern auch dessen menschliche Züge.

In diesen Beschreibungen wird Iffland selbst als Schöpfer seiner Rollenauffassung angesehen. Der Schauspieler hat gewissermaßen ein geistiges Urheberrecht an seinen Einfällen. Anders als heute ist die Regie keine Größe, mit der zu rechnen war bzw. die die ästhetische Verantwortung für die Inszenierung hatte. Das bedeutet auch, daß die Darstellungsweise einzelner Rollen häufig mit den Spielstilen der sie prägenden Schauspieler verbunden war. Wer zu Beginn des 19. Jahrhunderts Franz Moor spielte, wurde fast automatisch mit Iffland verglichen. Dabei mußte es keineswegs unehrenhaft sein, die Rollenauffassung eines anderen Schauspielers zu kopieren.

In der nächsten Generation war es dann Ludwig Devrient, der einen Franz Moor zeigte, der »ein geistig und körperlich zu furchtbarer Einheit vollendetes Ganzes, in welchem alles streng notwendig erschien«,[16] bot, und Grimmigkeit in allen Gliedern war sein Markenzeichen. Er vermochte es, auf seiner Stirn »ein ganzes Gewitter düsterer Falten des Zorns und des Grimms zu sammeln«,[17] der »giftige Grimm«[18] durchzuckte alle Muskeln des Körpers, ließ »auf den ingrimmig verzerrten Zügen«[19] eine dämonische Wut zucken, war »[z]erknirscht vor Angst und Ingrimm«,[20] haute die »knöchernde

15 Jacobs, *Deutsche Schauspielkunst* (Anm. 9), S. 109-111.
16 Ebd., S. 115.
17 Ebd., S. 116.
18 Ebd., S. 124.
19 Ebd., S. 119.
20 Ebd., S. 120.

Hand ingrimmig gegen die Stirn«,[21] dabei warf er »die Worte gleichsam als unwillkürliche Zeichen der Gedanken aus seiner ingrimmigen Verschlossenheit nur halb heraus; [...] und der Grimm, der eben auch mit körperlicher Gewaltsamkeit ausbrechen wollte, verlor sich in ein dumpfes, nur unter sich gerichtetes Aufstampfen des Fußes«.[22]

Neu war an Devrients Moor, daß er nicht häßlich war bzw. die Rolle gar nicht häßlich anlegte: »Von jener anwidernden Niederträchtigkeit, welche andere Darsteller in die Äußerlichkeit des Franz Moor legten [...], war keine Spur auf diesem Antlitz zu entdekken.«[23] Damit wendete sich Devrient ausdrücklich gegen den Schillerschen Text bzw. die Selbstbeschreibung der Figur. Aber dies wurde ihm nicht als Nachteil angerechnet. So ist ein Rezensent bemüht, äußere und innere Häßlichkeit zu unterscheiden, um dann der letzteren den ästhetischen Vorzug zu geben.[24] Ein anderer argumentiert fast psychoanalytisch, indem er meint, wie bezeichnend es wäre, das jemand, der gar nicht häßlich sei, sich stets als häßlich anklagt, weil er mit sich selbst nicht im reinen sei.

Hinzuweisen ist nun auf eine entscheidende Wendung der Schauspielästhetik, die vor allem Konsequenzen dafür hatte, wie Zuschauer die Schauspieler wahrnahmen und sie beschrieben. Dieser Wandel setzt etwa um die Mitte des 19. Jahrhunderts ein. So unterschiedlich die Verkörperungen des Franz Moor von Iffland und Devrient auch gewesen sein mögen, sie haben doch etwas gemein: Beiden Darstellern wird unterstellt, eine abgerundete, zwar bösartige, aber in ihrer Spielweise doch harmonische Darstellung zu bieten. Ausgangspunkt dafür ist ihr geistiger Entwurf, der vom Dramentext ausgeht. Hier wird der Schauspieler nicht nur als körperliches Medium für eine Rolle relevant, sondern auch als kalkuliert und verantwortlich ästhetisch Handelnder. Ab der Mitte des 19. Jahrhunderts tauchen nun andere Schauspieler auf. Ihre Spielweise erscheint gebrochen, nicht einheitlich gestaltet und unwillkürlich. Rezensenten können die Faszination für diese Darsteller gar nicht anders thematisieren, als daß sie unverhohlen über die Persönlichkeit und den Charakter des Schauspielers selbst und nicht seiner

21 Ebd.

22 Ebd., S. 118.

23 Ebd., S. 117.

24 Ebd., S. 125.

Rolle spekulieren. Ein Beispiel für den neuen Stil ist Friedrich Mitterwurzer (1844-1897), der vor allem in Wien und auf Gastspielen als Franz Moor brillierte. Ein Rezensent meint 1890 über Mitterwurzers Darstellung des Schillerschen Antihelden, daß er seine Vorgänger in dieser Rolle übertreffe, aber nicht, weil er einen neuen Gestaltungseinfall hatte, sondern »durch die Macht seines Naturells, welche die Gestalt [...] in das genialisch Schlechte erhebt«.[25] Das Naturell, die Persönlichkeit des Schauspielers selbst wird hier zum Thema. Der Charakter und mithin die Emotionalität der Figur werden direkt bezogen auf die Persönlichkeit des Schauspielers, der unverhohlen pathologische Züge zugeschrieben werden. Tatsächlich vermitteln zeitgenössische Beschreibungen Mitterwurzers auf der Bühne das Bild eines neuen Typs Schauspieler, der auf der Grenze des Darstellbaren operiert. Von einer »fiebrig wilden Gestalt«[26] und der »fast bedrohlichen Kraft«[27] ist die Rede. Die ästhetische Leistung des Schauspielers wird in unmittelbaren Bezug zu seinem Leben gestellt. Hatte am Privatmann Iffland die sittliche Bürgerlichkeit interessiert, beeindruckt Mitterwurzer, weil dieser sein Leben »am Rande einer Nervenkrise«[28] zubrachte, und schauerlich wird ausgeplaudert, daß bereits seine Eltern, beide ebenfalls Schauspieler, »in religiös gefärbten Wahnsinn verfallen«[29] waren. Heinrich Laube, der Direktor des Wiener Hofburgtheaters, stellt an Mitterwurzer ein »exzentrisches Wesen«[30] fest und meint, er käme vor allem für »brüchige Charaktere« in Frage.

Bei Iffland war die Persönlichkeit des Schauspielers nur insofern relevant, als sie einen planenden, verantwortlich und kalkuliert handelnden Geist verbürgte. Jetzt faszinieren Schauspieler, die scheinbar gar nicht wissen, was sie tun. Ein früher Versuch, dieses Phänomen zu beschreiben, führt 1900 zu einer Art Kurzschluß von Schauspieltheorie und der damals wissenschaftlich diskutierten Praxis der Hypnose. Max Martersteig beschreibt in seiner Schrift *Der Schauspieler. Ein künstlerisches Problem* die Verwandlung des Schauspielers auf der Bühne als Transfiguration, die sich vermittels einer unbewußten

25 Ebd., S. 132.
26 Julius Bab, *Kränze dem Mimen*, Emsdetten 1954, S. 264.
27 Ebd., S. 271.
28 Ebd., S. 267.
29 Ebd., S. 262.
30 Ebd., S. 263.

ästhetischen Hypnose vollziehe. Mitterwurzer ist dafür sein Paradebeispiel.[31]

Damit war auch in Frage gestellt, was bei Iffland und Devrient noch als besondere Qualität ausgewiesen wurde, nämlich daß sie einen einheitlichen homogenen Charakter darstellten, sozusagen eine Figur aus einem Guß. Wer Mitterwurzer sah, mußte in Kauf nehmen, daß Rolle und Schauspieler eher verkanteten, anstatt zur Dekkung zu kommen. So meint der Rezensent seines Franz Moor von 1890: »An Stellen, die ein Interesse nicht wacherhalten, macht er sich über seine Rolle und sich selbst lustig, und es wird dem Zuschauer oft schwer, den Zusammenhang festzuhalten.«[32]

Im Laufe des 19. Jahrhunderts wandelte sich die Auffassung vom Schauspieler als Versteller, denn nun galt es als bemerkenswert, daß Schauspieler ihre eigene Persönlichkeit nicht verleugneten, sondern zur Geltung bringen konnten. Charakterdarsteller bewiesen ihr Können darin, nicht lediglich stereotype Darstellungsmuster abzuspulen, die am Rollenfach ausgerichtet waren; vielmehr schufen sie mit ihrer ganzen Existenz eine individuelle Figur, deren Wahrhaftigkeit durch die Persönlichkeit des Schauspielers oder der Schauspielerin gewährleistet zu sein schien.

3. Heiße und kalte Schauspieler

Damit sind in der schauspielerischen Praxis zwei Möglichkeiten aufgezeigt, mit der prinzipiellen Doppelheit des Schauspielers zu verfahren. Die theoretische Diskussion dieses Problems bzw. der gegensätzlichen Lösungsmöglichkeiten bestimmt schon im 18. Jahrhundert den Diskurs um das Theater. Dabei haben sich die Kontrahenten vielfältig auf antike Autoren bezogen. Dieser Rekurs auf Poetiken bzw. Rhetoriken, die als Vorläufer der Schauspieltheorien gelten können, versprach in methodischer Hinsicht einen Gewinn, insofern hier Mittel der körperlichen Darstellung (*actio*) beschrieben wurden, über die ein Redner verfügen muß, um seine Zuhörer zu überzeugen. Es war Musik in den Ohren der Verfechter des Theaters, wenn Cicero in *De oratore* den Rednern empfiehlt, sich die Schau-

31 Vgl. Max Martersteig, *Der Schauspieler. Ein künstlerisches Problem*, Leipzig 1900, S. 45.

32 Jacobs, *Deutsche Schauspielkunst* (Anm. 9), S. 133.

spieler zum Vorbild zu nehmen: »Wir müssen unser Augenmerk nicht nur auf Redner, sondern auch auf die Schauspieler richten, damit wir nicht durch schlechte Angewohnheit auf etwas Hässliches, Verschrobenes verfallen.«[33] Dabei war der Stellenwert der szenischen Aufführung in der Antike umstritten. Aristoteles hatte in seiner *Poetik* die Wirkung der Tragödie allein auf den dichterischen Text bezogen, dessen Aufführung jedoch kaum einen eigenen Wert zugesprochen: »Die Inszenierung vermag zwar die Zuschauer zu ergreifen; sie ist jedoch das Kunstloseste und hat am wenigsten etwas mit der Dichtkunst zu tun.«[34] Die Meinung, daß es auf »die schauspielerische Darstellung«[35] nicht ankommt, weil sich die tragische Wirkung allein durch die Lektüre des Dramas einstellen kann, relativiert Quintilian (*Institutio oratoria*), wenn er feststellt, daß »die Stimme, das Mienenspiel und nahezu alles in der Haltung des Körpers«[36] die Zuhörer packen können: »Den Beweis liefern auch schon die Schauspieler auf der Bühne, die sowohl den vortrefflichsten Dichtern noch soviel mehr Reiz abgewinnen, daß der Genuß, den sie uns bereiten, noch unvergleichlich größer ist, wenn wir die Szene hören, als sie nur lesen.«[37]

Der körperliche Ausdruck ist der Ansatzpunkt der schauspieltheoretischen Debatte um die Emotionalität auf der Bühne, die Mitte des 18. Jahrhunderts von Frankreich ausgehend bald auch Deutschland erreicht. Dabei geht es um das Verhältnis von Körper und Gefühl, von äußeren physiologischen Vorgängen und inneren psychischen Prozessen. Bei der Frage danach, wie es Schauspielerinnen und Schauspieler mit den Gefühlen halten, wird häufig eine Wärmemetaphorik verwendet. Sollen Schauspieler Gefühle lediglich durch äußere körperliche Anzeichen vortäuschen (»kalte« Schauspieler) oder hat man von überzeugenden Schauspielern zu verlangen, daß sie die Gefühle tatsächlich in dem Moment haben, da sie gezeigt werden (»heiße« Schauspieler)? Ein wichtiger Referenzpunkt der Diskussion ist Horaz' Hinweis an die Dichter in seiner *Ars Poetica*. Dort heißt es: »Willst du, daß ich weine, so traure erst einmal selbst.«[38] Die An-

33 Cicero, *De oratore* (Anm. 4) 1, 156.

34 Aristoteles, *Poetik* 1450b, übers. von Manfred Fuhrmann, Stuttgart 1982.

35 Ebd., 1462a.

36 Quintilian, *Institutio oratoria* 11, 3, 2, übers. von Helmut Rahn, Darmstadt 1995.

37 Ebd., 11, 3, 4.

38 Horaz, *De arte poetica* 102 f., übers. von Eckart Schäfer, Stuttgart 1997.

nahme, wonach Gefühle nur glaubhaft vermittelt werden können, wenn sie dabei tatsächlich empfunden werden, wird in der über 200 Jahre währenden Diskussion vielfältig aufgegriffen, variiert und kritisiert.

1747 erscheint in Paris die Schrift *Le Comédien* von Pierre Rémond de Sainte-Albine. Darin fordert der Autor von den Schauspielern: »Wenn ihr diejenigen Empfindungen, die ihr uns auf dem Theater zeigen wollet, nicht selbst fühlet, so zeiget ihr sie uns nicht selbst, sondern nur ein unvollkommenes Bild davon, und niemals wird die Kunst die Stelle der Empfindung ersetzen.«[39] Der Schauspieler ist hier kein reiner Versteller, sondern eher ein Offenbarer, der Gefühle der Rolle gemäß evozieren kann. Dieser Auffassung widerspricht 1750 der Schauspieler Francesco Riccoboni in seiner Schrift *L'Art du théâtre*. Hier heißt es: »ich habe [...] allezeit als etwas ganz Gewisses angenommen, daß man, wenn man das Unglück hat, das, was man ausdrückt, wirklich zu empfinden, außerstand gesetzt wird, zu spielen«.[40] Riccoboni hält echte Gefühle also nicht nur für nicht wünschenswert, sondern für fehlerhaft. Damit sind zwei Standpunkte formuliert, die in den folgenden 200 Jahren immer wieder perpetuiert werden. Schon 1794 kann Johann George Sulzer in seiner *Allgemeinen Theorie der Schönen Künste* ein ganzes Register von Autoren nennen, die sich für und gegen heiße Schauspieler aussprechen. Sulzer selbst schlägt sich in das Lager der Befürworter: »Je mehr [...] der Schauspieler von dem wahren Gefühl seiner Rolle in sich erwecken kann, je sicherer wird er sie auch ausbrüten.«[41] Sulzers Beispiel ist der griechische Schauspieler Polus, der auf der griechischen Tragödienbühne als Elektra den Verlust des Bruders zu beweinen hatte, »indem sie seine Asche in einer Urne trägt«.[42] Polus hatte zu dieser Zeit einen geliebten Sohn verloren, »und um sich in wahrhafte Traurigkeit zu versetzen«, ließ er sich in der betreffenden Szene die Urne seines eigenen Sohnes auf die Bühne bringen. Sulzer ist

39 Pierre Rémond de Sainte-Albine, *Der Schauspieler. Ein dogmatisches Werk für das Theater. Aus dem Französischen des Herrn Remond de Sainte Albine*, Theil 1, übers. von Friedrich Justin Bertuch, Altenburg 1772, S. 38.

40 Francesco Riccoboni, *Die Schauspielkunst*, hg. von Gerhard Piens, Berlin 1954, S. 73 f.

41 Johann George Sulzer, *Allgemeine Theorie der Schönen Künste*, Vierter Theil, Leipzig 1794, S. 265.

42 Ebd.

gewiß, daß Polus damit seine Zuschauer überzeugen konnte, und weist auch auf die entsprechende Stelle bei Horaz hin.

Ein weiteres Beispiel, das zu beweisen scheint, wie sehr Schauspieler auf der Bühne in Wallung geraten können, findet sich bei Plutarch. Dieser weiß von dem Schauspieler Aisopos zu berichten, »er habe, als er einmal im Theater den Atreus spielte, wie er auf Rache an Thyestes sinnt, und ein Diener plötzlich an ihm vorbeilief, außer sich in der Hitze der Leidenschaft mit seinem Szepter nach ihm geschlagen und ihn getötet«.[43] Obwohl jener Aisopos häufig als Kronzeuge für die Verteidiger des heißen Schauspielers herhalten muß, weiß Riccoboni ihn bei seinem Plädoyer für den kalten Schauspieler ebenfalls zu nutzen. Er meint, der Schauspieler habe genau gewußt, daß der Diener als Sklave in Rom gar keine Rechte hatte und seine Ermordung deshalb kein besonders strafwürdiges Vergehen gewesen sei. Bevor er den Diener niederschlug, mußte er also kühl und überlegen abgewogen und sich dann für den effektvollen Angriff entschieden haben.

Ebenfalls 1750 erschien in London ein Buch von John Hill mit dem Titel *The Actor: a Treatise on the Art of Playing*. Dabei handelte es sich im Grunde um eine Übertragung von Sainte-Albines *Le Comédien*, die Hill mit einigen eigenen Anmerkungen garnierte. 1755 überarbeitete er den Text noch einmal und reicherte ihn mit Beispielen englischer Schauspieler an. Diese zweite Ausgabe bekam Antonio Fabio Sticoti in die Hände, der sich entschloß, Hills Text ins Französische zu übersetzen. Offenbar wußte Sticoti nicht, daß das Original bereits ein französischer Text war. Unter dem Titel *Garrick ou les acteurs Anglais* gelangten Sainte-Albines Gedanken so 1769 wieder nach Frankreich. Bei jeder Übertragung veränderten sich der Text und vor allem sein Titel etwas, doch die Forderung nach dem fühlenden Schauspieler blieb erhalten. Dieses Plädoyer für Empfindsamkeit mußte den Aufklärer Denis Diderot auf den Plan rufen. In der *Correspondance littéraire* besprach er Sticotis Buch 1770 unter dem Titel »Observation sur une brochure intitulée Garrick ou les acteurs anglais«, wobei er auch seine eigenen Gedanken zur Schauspielkunst darlegte, die im Kern die Empfindsamkeit des Schauspielers ablehnen. In den folgenden Jahren überarbeitete Diderot seinen eigenen Text; unter seinem jetzigen Titel erschien *Le Paradoxe sur le*

43 Plutarch, *Cicero* 5, 5, übers. von Konrat Ziegler, Zürich 1994.

comédien erst posthum 1830 in Paris. Darin heißt es: »das vollständige Fehlen von Empfindsamkeit ist die Voraussetzung für erhabene (gute) Schauspieler. Die Tränen des Schauspielers stammen aus seinem Gehirn [...].«[44]

Die Auseinandersetzung um die Empfindsamkeit des Schauspielers, die in Frankreich geführt wurde, war Gotthold Ephraim Lessing (1729-1781) durch seine Übersetzungen von Riccoboni und Sainte-Albine bestens vertraut. Mit den eigenen Überlegungen zu diesem Thema entwickelt er eine differenzierte Position, ohne sich eindeutig in eines der beiden Lager zu schlagen. Die Emotionalität im Theater wird von Lessing ganz aus den Kommunikationsbedingungen der Bühne entwickelt, das heißt, Empfindsamkeit ist für ihn ein Phänomen von Darstellung und Wahrnehmung. Dieser Komplex kann nicht auf die Frage nach dem heißen oder kalten Schauspieler reduziert werden. Es ist denkbar, daß ein Schauspieler tatsächlich empfindet, was er spielt, ohne daß sich dies im mindesten den Zuschauern vermitteln würde. Umgekehrt verbürgt auch das akkurate rationale Spiel eines Akteurs nicht notwendig die emotionale Wirkung auf sein Publikum. Zwar gibt Lessing im Zweifelsfall dem kalten Schauspieler den Vorzug, plädiert aber grundsätzlich für ein variables Verhältnis von Empfindsamkeit und Verstand.[45]

Zwar waren bis zur Mitte des 19. Jahrhunderts die unterschiedlichen Konzepte zur Emotionalität in der Schauspielkunst formuliert, aber dennoch hatte die Frage nach dem heißen oder kalten Schauspieler nicht an Brisanz verloren. Obwohl immer wieder nur die altbekannten Argumente wiederholt und variiert werden, hat die Kontroverse den Theaterkritiker und Übersetzer William Archer (1856-1924) zu einer eigenen Studie bewogen. 1888 erschien *Masks or Faces? A Study in the Psychology of Acting*. Archer bereicherte die Debatte um eine systematische Befragung zeitgenössischer Schauspielerinnen und Schauspieler, deren Gefühlen er u.a. mit Fragen wie diesen auf die Schliche kommen wollte:

44 Denis Diderot, »Das Paradox über den Schauspieler«, in: *Ästhetische Schriften*, Bd. 2, hg. von Friedrich Bassenge, Frankfurt/M. 1968, S. 481-539, hier S. 489. Doris Kolesch hat jüngst darauf hingewiesen, daß die Auseinandersetzung um die Emotionalität des Schauspielers in Frankreich auf einen Diskurs zurückgreift, der bereits im 17. Jahrhundert einsetzt. Das Plädoyer für den heißen Schauspieler weist sie schon in Pierre Nicoles *Traité de la comédie* von 1667 nach. Vgl. Doris Kolesch, *Theater der Emotionen. Ästhetik und Politik zur Zeit Ludwigs XIV.*, Frankfurt/M. 2006, S. 149f.

45 Vgl. Lessing, *Hamburgische Dramaturgie* (Anm. 2), 3. Stück, S. 24.

In bewegenden Situationen, steigen Ihnen da die Tränen in die Augen? Kommen sie unaufgefordert? Können Sie sich selbst durch bloße Willenskraft zu Tränen rühren und sie dann wieder unterdrücken?[46]

Haben Sie jemals eine komische Rolle gespielt, wenn Sie mit schwerem Kummer oder seelischer Depression zu kämpfen hatten? Wenn ja, erzielten Sie weniger Wirkung beim Publikum als sonst? Oder mehr? Haben Sie jemals eine tragische Rolle gespielt, während ungewohnte Heiterkeit ihr Gemüt erfüllte?[47]

Wirken sich Ihre persönlichen Gefühle (wie Liebe, Haß, Respekt, Verachtung) gegenüber dem Schauspieler oder der Schauspielerin, mit dem/der Sie zufällig zusammenspielen, auf Ihre Darstellung aus? Wenn ja, in welcher Weise? Würden Sie Romeo besser spielen, wenn Sie tatsächlich in Ihre Julia verliebt wären oder wenn Sie Ihnen gleichgültig wäre?[48]

Die Ergebnisse dieser Befragung brachten im übrigen keine neuen Erkenntnisse. Es stellte sich heraus, daß jeder befragte Schauspieler in der Praxis seinen eigenen Pfad zwischen den Wegmarken von Empfindsamkeit und Verstand fand.

Auch wenn die detektivische Gefühlssuche nicht weiterverfolgt wurde, ist im 20. Jahrhundert die Arbeit mit der eigenen Emotionalität ein entscheidender Anspruch von Schauspieltechniken geworden. Im Mittelpunkt steht nun das psychophysische Wechselspiel von Körper und Seele, von Innen und Außen, das insbesondere der russische Theatermacher Stanislawski erforscht hat. Er beschreibt dieses Verhältnis so: »Im Innern des Menschen sind Wille, Verstand, Gefühl, Vorstellungskraft und Unbewußtes tätig, während der Körper wie ein ungewöhnlich empfindliches Barometer deren schöpferische Arbeit widerspiegelt.«[49] Dieser schöpferische Aspekt ist zunächst gar nicht auf das Theater bezogen. Stanislawski geht von einem natürlichen Verhältnis von psychischer Disposition und körperlichem Verhalten aus, das als anthropologische Konstante alle Menschen auszeichnet. Dahinter steht ein Ideal, das bürgerliche Identitätsmodelle im 19. und 20. Jahrhundert kennzeichnet und dessen integraler Bestandteil der natürliche Ausdruck ist. Wenn Schau-

46 Zit. nach Jens Roselt, *Seelen mit Methode. Schauspieltheorien vom Barock- bis zum postdramatischen Theater*, Berlin 2005, S. 223.

47 Ebd., S. 225.

48 Ebd., S. 226.

49 Konstantin S. Stanislawski, *Die Arbeit des Schauspielers an sich selbst. Teil II. Die Arbeit an sich selbst im schöpferischen Prozeß des Verkörperns*, Berlin 1996, S. 347.

spielerinnen und Schauspieler sich diese »natürlichen Schaffensgesetze«[50] auf der Bühne zunutze machen wollen, stellt sich jedoch ein Problem ein: Ausgerechnet im Theater wird gegen diese Gesetze mitunter verstoßen, weil »die Gegebenheiten des öffentlichen Auftretens«[51] dem natürlichen Ausdrucksvorgang Gewalt antun. Angesichts eines Publikums können Schauspieler in erster Linie auf Wirkung bedacht sein und nicht auf Wahrhaftigkeit. Sie verbiegen ihre Körper, wie es ihnen oder den Zuschauern gefällt, und stutzen Mimik und Gestik zurecht. Zeit seines Lebens hat sich Stanislawski gefragt, wie das natürliche Wechselspiel von Innen und Außen auf der Bühne wiederhergestellt werden kann, um es im Sinne einer Rolle produktiv zu machen. Ihm geht es nicht um das bloße Abbilden oder Darstellen eines Gefühls, »das in Wirklichkeit während des Spielens gar nicht vorhanden ist«,[52] sondern darum, entsprechende emotionale Zustände tatsächlich zu evozieren. In seiner Autobiographie *Mein Leben in der Kunst* schreibt er: »ein fremdes Gefühl zu leben ist unmöglich, solange es nicht zum eigenen geworden ist«.[53] Die Frage ist also nicht, wie der Schauspieler einem Zuschauer ein Gefühl zeigen kann, sondern wie er überhaupt einen emotionalen Vorgang bei sich auszulösen vermag, unabhängig davon, ob er von einem Zuschauer beobachtet oder gar verstanden wird. Das bedeutet: Schauspieler müssen zunächst sich selbst überzeugen, bevor sie andere von sich zu überzeugen suchen. Nur was Schauspieler erleben, können sie verkörpern. Stanislawski fordert den fühlenden, heißen Schauspieler.

Sowohl die darstellerische Praxis als auch der schauspieltheoretische Diskurs zeigen, daß die prinzipielle Doppelheit des Schauspielers gerade für die Frage nach der Emotionalität relevant ist. Die Teilnehmer dieser Kontroversen haben nicht gezögert, sich auf antike Autoren zu berufen. Vor allem sind die antiken Texte ein Fundus an Lehrsätzen und Anekdoten, aus dem sich die Autoren späterer Zeiten bedienen konnten, um die eigenen Theorien zu belegen und mit dem Hauch antiker Autorität zu versehen. Relevant war diese Inanspruchnahme antiker Texte, weil die theoretische Debatte Teil eines breiter angelegten Diskurses war, bei dem es nicht nur um

50 Ebd., S. 268.
51 Ebd., S. 269.
52 Ebd., S. 347.
53 Konstantin S. Stanislawski, *Mein Leben in der Kunst*, Berlin 1987, S. 112.

methodische Gesichtspunkte schauspielerischen Handelns ging, sondern um die grundsätzliche Frage, ob das Schauspielen überhaupt als Kunst gelten könne und Schauspieler so als Teil bürgerlicher Kultur akzeptierbar wären. Diese statusmäßige Anerkennung war auch über das 18. Jahrhundert hinaus keineswegs selbstverständlich. Sulzer, der den Schauspielern »ihre völlige Künstlerehre«[54] wiedergeben wollte, rekurrierte zunächst auf die einschlägigen Texte von Platon, Quintilian, Demosthenes, Cicero und Horaz, um deren Argumente sogleich an den Diskurs des 18. Jahrhunderts anzuschließen. Die »ältern Zeiten der athenischen und römischen Republiken«[55] galten ihm als Vorbild, da die Dichter hier auch Schauspieler gewesen seien, die wie Sophokles im Staate hohes Ansehen genossen hätten. Bei dieser Argumentation wurde das zweitausend Jahre alte Wissen zumeist unmittelbar auf die eigene Gegenwart bezogen und völlig davon abgesehen, daß die Schauspieler Soccus und Kothurn längst abgelegt hatten und das antike Theater andere Formen und Konventionen kannte als das europäische Theater späterer Zeiten. Der entscheidende Argumentationsschritt aber, der bereits in der Rhetorik formuliert wurde, besteht darin, daß die Gefühle des Schauspielers auf der Bühne nicht isoliert betrachtet werden können, sondern stets auf die Wahrnehmung durch Zuschauer bezogen sind. Die Wirkungsdimension ist mithin integraler Bestandteil von Emotionalität im Theater.

54 Sulzer, *Allgemeine Theorie der Schönen Künste* (Anm. 41), S. 263.
55 Ebd.

Klaus Herding

Begriff und Gestalt der Melancholie in der Kunst der Moderne

Unter allen vier Temperamenten fasziniert die Melancholie ohne Zweifel am meisten. Eine gewaltige Ausstellung hat das unlängst noch einmal bewiesen.[1] Kunstwerke, die das Wesen des phlegmatischen, sanguinischen oder cholerischen Temperaments behandeln, hätten nicht annähernd so viele Besucher angezogen; auch ist die Anzahl solcher Kunstwerke bei weitem geringer. Ebenso übertrifft die wissenschaftliche Literatur zur Melancholie die zu den anderen Temperamenten bei weitem. Im Mittelpunkt steht in aller Regel Albrecht Dürers berühmter Kupferstich *Melencolia I* von 1514 (*Abb. 1*). Über ihn haben sich Warburg, Panofsky, Saxl, Klibansky, Böhme, Büchsel, Schuster und viele andere geäußert,[2] und es ist kein Ende der Deutungen abzusehen.

Im folgenden wird hingegen versucht, Melancholie als Signet der Moderne zu fassen. Meine These ist, daß das umfassende Melancholiekonstrukt, ein philosophisch-theologisches Projekt der frühen Neuzeit, erst in dem Maße zur vollen künstlerischen Entfaltung gediehen ist, als es sich von Dürer *gelöst* hat. Diese Loslösung vollzieht sich freilich oft genug in Form einer Auseinandersetzung mit Dürer und, über ihn hinaus, mit der griechisch-römischen Antike: Die Inversionen der Moderne bedurften dieser Vorbilder, um sich von ihnen abstoßen zu können. Doch die Energie der Abwendung überwiegt. Seit 1800 versuchen Künstler, Schriftsteller und Philosophen, sich eine eigene Melancholievorstellung zu erarbeiten. Um das Ergebnis vorwegzunehmen: In dieser Zeit, die wir im folgenden kurzerhand die Moderne nennen, um sie von der frühen Neuzeit abzugrenzen, wird das Dunkle, Düstere, Schwarze als Ausdruck ei-

1 Vgl. Ausstellungskatalog *Melancholie. Genie und Wahnsinn in der Kunst*, hg. von René Clair und Peter-Klaus Schuster, Paris 2005, dt. Ausg. Berlin 2006. »Ausstellungskatalog« wird im folgenden mit »AK« abgekürzt.

2 Die beste Zusammenfassung bis zum Erscheinungsdatum seines Buches bietet Peter-Klaus Schuster, *Melencolia I. Dürers Denkbild*, 2 Bde., Berlin 1991. Ich hätte so manche kritische Anmerkung dazu vorzubringen, die ich mir hier versagen muß. Man darf in diesem Sinne jedoch gespannt sein auf Martin Büchsels im Druck befindliche Publikation zu Dürers Stich.

Abb. 1: Albrecht Dürer, *Melencolia I*, Kupferstich, 2. Zustand, 23,7 × 18,7 cm, 1514, Berlin, Staatliche Museen, Kupferstichkabinett (aus: AK *Melancholie*, Berlin 2006, S. 137, Nr. 27).

ner emotionalen Weltzuwendung begriffen, die paradoxerweise im Blick auf das eigene Innere kulminiert. Melancholie bezeichnet hier das Verharren in einem Zustand der Vorentscheidung, in dem Momente der Verzweiflung, Bedrohung und Verlassenheit mit solchen der Nachdenklichkeit, Besonnenheit und der produktiven Einbildungskraft konkurrieren. Nicht von jedem Kunstwerk dürfen wir diese Komplexität in vollem Umfang erwarten: Da im genannten Zeitraum keine verbindliche Ikonographie der Melancholie mehr existiert, herrscht ein melancholischer *Gefühlsausdruck* vor, der zur einen wie zur anderen Seite ausschlagen kann. Oft genug aber überwiegt die Aufbruchsstimmung die Niedergeschlagenheit.[3] Schwarz malen bedeutet nicht notwendig schwarzsehen; das Ausloten des eigenen Inneren kann auch Kräfte freisetzen. Um diese näher zu bestimmen, möchte ich zunächst etwas zur Theorie des Begriffs ausführen, um so mehr, als dies in Schusters großer Monographie zu Dürers Blatt und im Katalog der erwähnten, umfassenden Melancholie-Ausstellung zu kurz kommt.

Bekanntlich kommt der Begriff *melancholia* bereits im Griechischen und, als Fremdwort übernommen, im klassischen Latein vor. Cicero kennt auch das Adjektiv *melancholicus*. Der Begriff wird medizinisch *und* philosophisch definiert; eine erste Zusammenfassung bildet Robert Burtons berühmtes Werk *The Anatomy of Melancholy* von 1621. Doch schon im späten 15. und frühen 16. Jahrhundert erfährt der Melancholiebegriff im Kreise der Humanisten um Marsilio Ficino, Agrippa von Nettesheim und andere seine größte Ausweitung. Aus meiner Sicht kann erst von diesem Zeitraum an von künstlerischen Darstellungen der Melancholie die Rede sein. In der Epoche der Aufklärung wird die sanfte, wohltuende Wirkung der Melancholie hervorgekehrt, während danach psychoanalytisch und vor allem literarisch (u. a. bei Baudelaire und Flaubert) neue Tiefendimensionen der Melancholie ausgelotet werden. Im Verlauf des 20. Jahrhunderts wird der Begriff medizinisch präziser, aber auch wieder eingeschränkter definiert, philosophisch eher auf negative Konnotationen verkürzt; künstlerisch wird auf dieser Grundlage

3 Schon Panofsky und Saxl hatten den Aspekt der »positiven [...] Auffassung der melancholischen Gefühlshaltung« hervorgehoben, was bei ihnen in die Feststellung mündete: »Dieses moderne Melancholiegefühl ist im wesentlichen ein gesteigertes Ich-Gefühl« (vgl. Raymond Klibansky, Erwin Panofsky, Fritz Saxl, *Saturn und Melancholie*, Frankfurt/M. 1990, S. 335 f., 338; überhaupt 3. Teil, 1. Kapitel, Abschnitt 3: »Melancholie als gesteigerte Selbsterfahrung«, S. 334-350). Ich nehme diesen Aspekt zum Ausgangspunkt meiner Überlegungen, zumal er in der neueren Melancholieforschung, jedenfalls im Hinblick auf bildkünstlerische Darstellungen, fast ganz unberücksichtigt geblieben ist, sieht man von dem Topos der »douce mélancolie« im 18. Jahrhundert ab.

mitunter versucht, Bruchstücke des 16. Jahrhunderts mit solchen der Romantik surreal zu verknüpfen (was unten am Beispiel von de Chirico dargelegt wird). Ich werde diesen Aspekt jedoch weniger berühren, um desto schärfer herauszukristallisieren, welche neue Vorstellung von Melancholie sich jenseits solcher Inversionsstrategien herausgebildet hat. Denn die Loslösung von einem verbindlichen ikonographischen Kanon hat durch Objektverzicht und Farbaskese oft zu radikaleren Lösungen geführt.

Aus ärztlicher Sicht ist Melancholie eine Krankheit. Von Hippokrates und Galenus bis zum 20. Jahrhundert wurde dieses Leiden in immer weiteren Verästelungen erforscht und als ein angeborener oder erworbener krankhafter Zustand definiert, der sich somatisch und psychisch auswirke und eine selbstzerstörerische Form der Hemmung und Depression annehmen könne. Diese Hemmung kann, den genannten Autoren zufolge, mit Schlaflosigkeit und Verweigerung der Nahrungsaufnahme einhergehen, aber auch mit dem Unvermögen, Aufgenommenes wieder von sich zu geben, es produktiv zu verarbeiten. Kurz, es handelt sich um die Unterbrechung eines Austauschprozesses zwischen Außenwelt und Ich oder zwischen Makro- und Mikrokosmos.

Zu Dürers Zeit gab es bereits seit Jahrhunderten die Lehre von den »zwei Formen der Melancholie – der ›natürlichen‹ (dem Temperament) und der ›unnatürlichen‹ (krankhaften)«.[4] Die Lehre von den vier Temperamenten basiert auf der antiken Humoralpathologie oder Viersäftelehre. In ihr wird die körperlich-seelische Verdüsterung einem Übermaß der *melaina cholê*, der schwarzen Galle, zugeschrieben. Dies sei resümiert, weil das Stichwort »schwarz« uns das Tor zu den Melancholievorstellungen der Moderne öffnen wird. Aber es gibt in der antiken Lehre die Möglichkeit, zwischen der weißen, der gelben, der schwarzen Galle und dem Blut einen Ausgleich (eine *Isonomie*) zu finden, und wenn dies gelingt, kann der Melancholiker, der später auch als Kind des Planeten Saturn definiert wird, eine Mikro- und Makrokosmos verbindende *Welterklärungsrolle* spielen.

Was die seelische Seite dieser »Krankheit« betrifft, so kann Melancholie nicht einem einzelnen Gefühl oder Affekt zugeordnet werden, sie umfaßt ganze »Affektchoreographien«,[5] zu denen auch Be-

4 Schuster, *Melencolia I* (Anm. 2), Bd. 1, S. 82.

5 Ich verwende diesen Ausdruck hier in Anlehnung an Frank Schwab, *Affektchoreographien. Eine evolutionspsychologische Analyse von Grundformen mimetisch-affektiver*

stürzung, Wut, Verstimmung, Verzweiflung zählen können; aber auch angenehme Träumerei, behagliches Alleinsein, Nachsinnen, Grübeln, In-Gedanken-verloren-Sein, Einsamkeit, Fürsichsein im Hegelschen Sinne sind zur Melancholie gerechnet worden. Bei Kant und Diderot ist sogar von süßer Melancholie die Rede. Melancholie ist also ein Konglomerat mit polymorph konnotierter Ausdrucksqualität. Von einzelnen Emotionen ist Melancholie auch darin deutlich unterschieden, daß ihr das Moment der spontanen Erregung fehlt. Spontaneität gehört aber, auch in den aktuellen neurobiologischen Forschungen, zu den unabdingbaren Qualitäten von Gefühl und Affekt. Melancholie hingegen bezeichnet eher einen *Zustand*, und der Mangel an Spontaneität könnte dazu führen, sie überhaupt nicht zu den »großen Gefühlen« zu rechnen, von denen in diesem Band die Rede ist. Tatsächlich kann man sich fragen, ob das Thema in diesem Projekt verankert ist, und ich spitze diese Frage noch zu, wenn ich Melancholie als einen produktiven *Zustand des Verharrens* bezeichne.

In der Definition als nachdenkliches Fürsichsein ist Melancholie von jedweder Krankheit, aber auch von Affektchoreographien, weit entfernt. Melancholie nähert sich damit einem Gebiet, das nur noch in philosophischen Begriffen faßbar ist, was die Hinweise auf Kant, Diderot und Hegel ja bereits andeuten. Sie ist unter diesem Aspekt als Innenwendung, Selbstreflexion, Introspektion, Sich-selbst-bewußt-Werden begriffen worden. Die umfassendste Überlegung hierzu hat ein Nachfolger des Aristoteles, den man Pseudo-Aristoteles nennt, wohl Theophrast, in seinen *Problemata physica* angestellt, und hier im ersten Satz des *Problems XXX* – eine Überlegung übrigens, welche die medizinische Sicht bereits umfaßt. Der Anfang dieser langen Stelle lautet: »Warum erweisen sich alle außergewöhnlichen Männer in Philosophie oder Politik oder Dichtung oder in den Künsten als Melancholiker, und zwar ein Teil von ihnen so stark, daß sie sogar von krankhaften Erscheinungen, wie der schwarzen Galle, ergriffen werden?«[6]

Verhaltensmuster, Diss. Berlin 2001. Diese Arbeit wird auch herangezogen von Ulrich Pfarr, »Franz Xaver Messerschmidts mehrfach kodierte Köpfe – das Gesicht als Spiegel der Seele?«, in: *Psychoanalyse im Widerspruch* 15 (2003), Nr. 29, S. 25-41. Vgl. auch ders., »Ausstellung Franz Xaver Messerschmidt (1736-1783), Wien: Österreichische Galerie, 2002-2003« (Rezension), in: *Kunstchronik* 56 (2003), Heft 1, S. 9-14.

6 Pseudo-Aristoteles, *Problemata physica*, *Problem XXX*, 1. Satz, übers. von Hellmut Flashar, Darmstadt 1962.

Wie bei der Medizin zeichnet sich auch in der Philosophie eine erstaunliche Konstanz bis zum 20. Jahrhundert ab, so daß ich in diesem einleitenden Überblick kaum auf die einzelnen Positionen einzugehen brauche, es sei denn auf die des vorkritischen Kant: Dieser schlug 1764 vor, den Begriff der Melancholie mit dem der Erhabenheit gleichzusetzen. Der Philosoph berief sich auf Erfahrungswerte, sofern »der, dessen Gefühl ins Melancholische einschlägt, vorzüglich ein Gefühl für das Erhabene hat«.[7] Zwar zeugt die Melancholie nach Kant von einem »inniglichen Gefühl für die Schönheit«, doch zieht der Melancholiker die Nacht dem Tage vor, denn »die Nacht ist erhaben, der Tag schön«. Die Melancholie ist deshalb für Kant »in gewisser Weise das erhabenste aller menschlichen Gefühle«. Sie »nähert sich sogar der Schwermut, einer sanften und edlen Empfindung«, die »den schweren, aber *großen Sieg* der Selbstüberwindung vor Augen hat«. Das ist eine der positivsten Melancholie-Definitionen überhaupt.[8] Wichtig an diesen Aussagen Kants, die er später kaum revidiert hat, ist vor allem die Konvergenz zwischen dem Gefühl des Erhabenen und der Melancholie, denn das Erhabene wird für Kant in der Natur erlebt, und die Natur ist im 19. Jahrhundert dann ein entscheidender Träger des Melancholieerlebnisses.[9]

7 Hierzu und zu den vier nachfolgenden Zitaten vgl. Immanuel Kant, *Vorkritische Schriften*, Bd. 2, Neuausg. Berlin 1969, S. 220, 219, 208 f.; vgl. AK *Melancholie* (Anm. 1), S. 321 (dort fälschlich 1785 statt 1764 datiert; das Datum ist indes von Bedeutung, weil daraus hervorgeht, daß Kant 1764, also *vor* Diderot, die Qualität der sanften Melancholie erkannt hat).

8 Der Leser möge keinen Anstoß daran nehmen, daß Kant hier von »Gefühlen« redet, während ich ja eben zu begründen versuchte, daß Melancholie viel umfassender ist, als es Gefühle zu sein pflegen. Zum einen war zur Zeit Kants der Begriff des Gefühls noch nicht so festgelegt wie heute, zum anderen zeigt die Formulierung »dessen Gefühl ins Melancholische einschlägt«, daß Kant von einem *Gesamtgefühl* oder einem Gefühlshaushalt des Menschen ausging (wie später Freud). Zur »sanften« Empfindung der Schwermut vgl. AK *Melancholie* (Anm. 1), S. 301, Nr. 156 (Joseph-Marie Vien, *Die sanfte Melancholie*, 1758, Toulouse), oder ebd., S. 279, Abb. 7 (Étienne-Maurice Falconet, *Die süße Melancholie*, 1763, St. Petersburg) – Werke, die auf eine Besänftigung und Sublimierung der Melancholie hinauslaufen oder den melancholischen Unmut in Anmut überführen.

9 Daß Kant im übrigen der traditionellen Temperamentenlehre oder Viersäftelehre anhing (*Anthropologie in pragmatischer Hinsicht* [1798], A 257-266), mindert diese Erkenntnis nicht. Der zur Melancholie Gestimmte »gibt allen Dingen, die ihn selbst angehen, eine große Wichtigkeit, findet allerwärts Ursache zu Besorgnissen und richtet seine Aufmerksamkeit zuerst auf die Schwierigkeiten, sowie dagegen der Sanguinische von der Hoffnung des Gelingens anhebt: daher jener auch tief, sowie

Erst die Psychoanalyse, die dem Verständnis der Melancholie als einer *erworbenen* Eigenschaft zuneigt, hat die Frage nach den psychogenen Ursachen dieses Zustands aufgeworfen. Die Ursache für eine melancholische Hemmung kann, Freud zufolge, in einem Verlust liegen, der der leidenden Person *unbekannt* ist und sie daher nicht zu einer produktiven Trauerarbeit befähigt, d. h. zur Loslösung von der Zuwendung (Libidobindung) zu einem verlorenen äußeren Objekt. Als Folge kann eine melancholische Haltung eine Verweigerung des Weiterleben-Wollens, also Selbstmordabsichten, auslösen. In manchen Fällen kann ein melancholischer Zustand, der eigentlich *frei von Manie* ist, doch in eine manische Depression umschlagen,[10] also Phasen ausufernder Aktivität und übertriebener Triumphgefühle einschließen, die mit Verzweiflung abwechseln. Den gemeinsamen Nenner zwischen Introversion und manischer Ausuferung könnte man als einseitige Intensität bezeichnen. Als dominant wird jedoch die Form selbst- und weltverneinender *Hemmung* betrachtet. Unter *diesem* Aspekt ist die Melancholie der Trauer verwandt. Die bildende Kunst hat für Darstellungen der Melancholie zwei Gesten, welche die antike Kunst für die Trauer bereitstellt, nämlich die Neigung des Kopfes, dessen Kinn in der geöffneten Hand liegt, gestützt auf einen Arm, dessen Ellbogen seinerseits aufruht. Das sind aber nur Trauergesten, wie bei jenem *Hopliten*, der nach dem Untergang seines Schiffes über seinen Tod trauert.[11] Melancholie hingegen ist als ein viele Komponenten umfassendes, von der Trauer durchaus unterschiedenes Phänomen im vollen Umfang erst als ein Konstrukt der Renaissance faßbar. Darstellungen der Melancholie meinen an der Wende zur Neuzeit die Erforschung des Kosmos ebenso wie die Hinwendung zur *virtus*, die ihr Ziel in Gott hat.

Man hätte erwarten können, daß die Psychoanalyse nicht nur die medizinischen, sondern auch die philosophischen Überlegungen aufnähme, ist doch der Terminus der Introspektion ein brauchba-

dieser nur oberflächlich denkt« (ebd., A 260f.). An gleicher Stelle unterscheidet Kant zwischen den Temperamenten »des Gefühls« (dem sanguinischen und dem melancholischen) und denen »der Lebenskraft« (dem cholerischen und dem phlegmatischen). Vgl. auch Rudolf Eisler, *Kant-Lexikon*, Hildesheim, New York 1972, s. v. »Temperament«, S. 530.

10 Vgl. Ludwig Binswanger, *Melancholie und Manie. Phänomenologische Studien*, Pfullingen 1960.

11 Vgl. AK *Melancholie* (Anm. 1), S. 50, Nr. 3 (*Grabstele des Demokleides*, Anfang des 4. Jahrhunderts, Athen).

res Bindeglied. Freud und, ihm folgend, noch Joachim Küchenhoff (1996) und Eberhard Th. Haas (2006) haben jedoch allein das medizinische Verständnis von Melancholie adoptiert.[12] Da Melancholie in diesen Schriften als somatische und mentale *Erkrankung* diagnostiziert wird, muß sie auch therapiert werden. Von einer solch einseitigen Rezeption des Melancholiebegriffs und der beständigen Suche nach Traumata, die man heilen müsse, ist man eher enttäuscht. Innerhalb dieser negativen Definition der Melancholie als Krankheit hat Freud jedoch einen guten Anfang gesetzt. Er hat ja nicht nur den Begriff der »Trauerarbeit«, sondern auch den der »melancholischen Arbeit« geprägt. Wie bei der Trauer gelte es auch bei der Melancholie, etwas zu bearbeiten; nur sei der Verlust eben unbekannt. Hier gehe es nämlich nicht um ein Objekt oder einen Menschen, der verloren sei, so daß das Gefühl sich auch von der affektiven Bindung an diese Person oder dieses Objekt lösen müsse, der Verlust sei vielmehr im Inneren des Melancholikers selbst angesiedelt. Es geht also um eine *Introjektion*, eine Auflösung des Objekts im eigenen Ich, weshalb Freud von einem Verlust am eigenen Ich spricht, einer Arbeit, welche das Ich »aufzehrt«.[13] Da es keinen äußeren Referenzpunkt gibt, kann das Verharren bei sich selbst den Ausgangs- wie

12 Joachim Küchenhoff, »Trauer, Melancholie und das Schicksal der Objektbeziehungen. Eine Relektüre von S. Freuds ›Trauer und Melancholie‹«, in: *Jahrbuch der Psychoanalyse* 36 (1996), S. 90-117. Wichtig u. a. die Feststellung, daß das internalisierte Objekt *Introjekt* bleibt, wenn es nicht assimiliert (»verdaut«) werden kann (vgl. S. 100 und 103), und: »Auch die Erinnerung kann die Liebe zum Objekt bewahren« (S. 105). Allerdings verlautet dies über den Trauerprozeß, wodurch die Unterschiede zwischen Melancholie- und Trauerarbeit am Ende doch wieder eingeebnet werden oder einander allzu nahe gerückt werden. – Eberhard Th. Haas, *Transzendenzverlust und Melancholie. Depression und Sucht im Schatten der Aufklärung*, Gießen 2006, hier vor allem das Kapitel »Melancholische Arbeit«, S. 123-148.

13 Sigmund Freud, »Trauer und Melancholie« (1917), in: *Studienausgabe*, Bd. 3: *Psychologie des Unbewußten*, Frankfurt/M. 1975, S. 193-212, Zitat S. 200. Vieles in der neueren psychoanalytischen Literatur bleibt unbefriedigend, da die ästhetische Komponente zu wenig bedacht wird. Dies gilt paradoxerweise besonders für Sarah Kofman, *Mélancolie de l'art*, Paris 1985; dt. Übers.: *Melancholie der Kunst* (Edition Passagen 9), Graz, Wien 1986. Von der Melancholie der Kunst ist in diesem Buche erstmals auf S. 100 die Rede. Die Melancholie der Kunst besteht hiernach darin, daß die Kunst ihr Subjekt opfert, ihr Objekt verliert, indem ein Thema (»sujet«) nur die Paraphrase eines Themas ist und ein Gegenstand (»objet«) nur eine bemalte Fläche, jedenfalls etwas anderes als der reale Körper ist (womit eine bekannte Aussage von Maurice Denis paraphrasiert wird). Das ist wenig hilfreich, und danach wird auch dieser Gedanke wieder fallengelassen.

den Schlußpunkt bezeichnen; mit anderen Worten: *Es gibt keine Lösung*. Küchenhoff hat mit Recht eingewandt, daß man sich innerhalb der melancholischen Arbeit nicht unbedingt nur von etwas lösen müsse, sondern daß es auch etwas zu bewahren gelte (wie z. B. das Andenken an einen Verstorbenen). Aber die Einsicht Freuds, daß Melancholie selbstreferentiell sein, also auch ohne äußeren Verlust eintreten kann, scheinen Melanie Klein, Küchenhoff und Haas weitgehend verworfen zu haben. Dabei ist dies gerade das Entscheidende: Melancholie hat ihren Regelkreis, ihr System, ihre Konstanz in sich und unterscheidet sich daher grundlegend von der Trauer »über« etwas. Nun liegt der produktive Schritt über Freud hinaus in der Erkenntnis, daß man dieses inhärente Mangelgefühl nicht abarbeiten muß, um sich von ihm zu lösen, sondern daß man die Bewahrung eben auch aushalten und fruchtbar machen kann; dann wird sie nicht als Mangel, sondern als Möglichkeit erfahren. Freud scheint das schon gespürt zu haben; immerhin ist bei ihm von einer »*großartigen* Ichverarmung« die Rede.[14] Hingegen fehlt den neueren Melancholieforschern oft, mit Musil zu sprechen, der »Möglichkeitssinn«.

Mit dem Aushalten-Können nähern wir uns wieder dem philosophischen Aspekt, wonach Melancholie nicht krankhaft besetzt, sondern mit Weisheit und Erkenntnis gefüllt ist. Ebenda setzt die bildende Kunst (und die Musik) an. Aber zunächst sei festgehalten, daß Melancholie nicht nur, als Krankheit, medizinisch oder psychoanalytisch *gemessen*, sondern auch philosophisch *ermessen* werden kann, und da öffnet sich ein weiter Denkraum, der Tiefenraum der Innenwendung, der, wie seit der Philosophie des 4. vorchristlichen Jahrhunderts üblich, einen ausgezeichneten, überragenden mentalen Zustand bezeichnen kann. Mit Aby Warburg mag man von einem »Denkraum der Besonnenheit«[15] sprechen, der von Krankheit weit entfernt ist, der aber als ein beständiger, lang anhaltender, nachhaltiger Zustand auch weit über die Konstitution eines Affektbezirks hinausgeht. Das macht die Schwierigkeit der bildenden Kunst aus, die nach emotionaler und situativer Augenblickshaftigkeit, nach Eindeutigkeit, strebt, selbst dort, wo sie gemischte Gefühle zu repräsentieren trachtet.

14 Freud, »Trauer und Melancholie« (Anm. 13), S. 200 (Hervorhebung K. H.).

15 Aby Warburg, »Heidnisch-antike Weissagung in Wort und Bild zu Luthers Zeiten«, in: *Gesammelte Schriften*, hg. von der Bibliothek Warburg, Nendeln 1969, S. 487-558, hier S. 534.

Die bildende Kunst verleiht sowohl dem medizinischen wie dem philosophischen Komplex Ausdruck und stellt seit der Renaissance auch der Alchimie und den Naturwissenschaften visuelle Attribute bereit, geht jedoch seit der Aufklärung weit darüber hinaus, fußend auf der Erkenntnis, daß ästhetischer Ausdruck sich gegenüber dem medizinischen Befund und der philosophischen Erkenntnis verselbständigen kann. Damit taucht aber ein neues Problem am Horizont auf. Vor allem Freud hat die zusätzliche Schwierigkeit erkannt, daß eine Aussage auch eine *Verschiebung* enthalten kann. Gerade im Ausdruck von Gefühlen ist Verschiebung möglich, nämlich in Form der Verstellung. Dieser Möglichkeit tragen heutige Theorien zur Messung von Emotionen durchaus Rechnung.[16] Doch scheint eine kodierte Ausdruckschiffre nicht in jedem Falle unumstößlich festgelegt werden zu können.[17]

16 Ich beziehe mich auf Paul Ekman und Wallace Friesen, die Erfinder des anatomisch fundierten »Facial Action Coding System« (abgekürzt: FACS). Vgl. Paul Ekman, *Gesichtsausdruck und Gefühl. 20 Jahre Forschung von Paul Ekman*, hg. und übers. von Maria von Salisch, Paderborn 1988; Paul Ekman (Hg.), *What the Face Reveals. Basic and Applied Studies of Spontaneous Expression using the Facial Action Coding System (FACS)*, New York 1997; Paul Ekman, *Wie Sie Emotionen erkennen und richtig interpretieren*, München 2004, S. 1-22. Zur Vorspiegelung von Emotionen vgl. wiederum Paul Ekman, »Felt, False and Miserable Smiles«, in: *Journal of Nonverbal Behaviour* 6 (1982), S. 238-252; Paul Ekman, *Warum Lügen kurze Beine haben*, Berlin 1989, S. 121 131.

17 Ich erinnere mich an einen Ausdruck, der als »Angst« kodiert war, den ich aber als »Neugier« lese. Zwar hat Ekman seine Methode inzwischen noch verfeinert durch ein »Emotion Facial Action Coding System« (EMFACS). Doch gibt es hier ebenso Fehlerquellen bei der Dekodierung durch Festlegung auf die Wahrnehmung des Autors, sofern dieser keine abweichende Lesart zuläßt. Im Bereich der Kunst gehen die Möglichkeiten des Rezipienten, einen Ausdruck unterschiedlich zu deuten, noch weiter. Als Beispiel für die verwirrende Vielfalt mag Messerschmidts Kopf Nr. 14 dienen, der sogenannte *Melancholikus* (vgl. Ulrich Pfarr, *Franz Xaver Messerschmidt. Menschenbild und Selbstwahrnehmung*, Berlin 2006, Abb. S. 211). Man erblickt einen äußerst konzentrierten, aufwärts blickenden, energischen jugendlichen Mann, der auch ein junger Sportler sein könnte, voll Furcht und Schrecken zwar, aber zugleich voller Ziel und Zuversicht. Auf Melancholie deuten allenfalls die herabgezogenen Augenbrauen und die dadurch erzeugte Verschattung der Augen (ebd., S. 173), die Falten unter den Augen, die Mundpartie mit der hochgeschobenen Unterlippe (ebd., S. 185) und die Vertiefungen am Kinn. Der Kopf könnte, Pfarr zufolge, ein Selbstbildnis darstellen, dessen Mimik Zeichen von Ärger und Verachtung liefert (ebd., S. 276, 288, 439, Tabelle D). Der Typus ist, ebenso wie das Stirnband, von der Antike abzuleiten, aber das ergibt keinen Hinweis auf die Melancholie. Vgl. auch AK *Messerschmidt*, hg. von Maraike Bückling,

Künstlerischer Ausdruck ist nicht unverstellter *Reflex* von Realität (der an sich schon verstellt oder mehrdeutig sein kann), sondern *Konstruktion.* Das gilt insbesondere für ein so zuständliches Phänomen wie die Melancholie. Es stellt sich die Frage, ob die griechisch-römische Antike, die in medizinischer und in philosophischer Hinsicht ein hohes Bewußtsein von Melancholie hatte, künstlerisch überhaupt jemals der Melancholie Ausdruck verliehen hat. Ich hatte das schon oben bei dem *Trauernden Hopliten* in Frage gestellt. Auch der *Trauernde Ajax*[18] ist eben nur als *trauernd* dargestellt; es gibt weder einen Anhaltspunkt für die Repräsentation der Humoralpathologie – also dafür, daß dieser Körper von schwarzer Galle erfüllt, in seinem Stoffwechsel behindert und gehemmt ist –, noch haben wir den Ausdruck von besonderer Vergeistigung im Sinne des Pseudo-Aristoteles vor uns. Vor allem: *Trauer blickt zurück, Melancholie hat immer noch etwas vor sich.* Gesten der Trauer oder Gebärden der Verzweiflung reichen also nicht aus, um ein so hochgradig komplexes Geschehen wie das der Melancholie zu vergegenwärtigen. Die doppeldeutige antike Melancholievorstellung (Hemmung und höchste Vergeistigung) oder gar die humanistische Vorstellung, daß man zur Tugend (*virtus*) nur durch Überwindung einer auf dem wetterwendischen Glück (*fortuna*) basierenden Lebenshaltung komme, im *Durchgang* durch eine Phase der Melancholie – das war in der Antike und sogar im hohen Mittelalter bildkünstlerisch noch kaum realisierbar. Auch die Darstellung Walthers von der Vogelweide im *Codex Manesse*[19] geht mimisch und gestisch nicht über antike Beispiele hinaus. Nimmt man allerdings das Gedicht hinzu, das in dem sehr auf Frankreich fixierten Ausstellungskatalog *Melancholie* (2005-2006) nicht einmal zitiert wird, dann sieht die Sache etwas anders aus. Walthers Verse »Ich sâz ûf eime steine, / dô dahte ich bein mit beine: / dar ûf satzte ich mîn ellenbogen, / ich hete in mîne hant

Frankfurt/M. 2007, S. 134-137, Nr. 8. Auffällig ist hier, daß die Charakteristika »alt« und »mürrisch« besonders hervorgehoben werden, was schwer nachzuvollziehen ist. Insgesamt bin ich, auch nach Diskussionen mit Neurobiologen wie Antonio Damasio und Wolf Singer, skeptisch, ob heutige Naturwissenschaften uns in der Deutung des künstlerischen Ausdrucks wesentlich weiterhelfen können. Selbst wo ein Künstler wie Messerschmidt systematisch Ausdrucksformeln durchgespielt hat, scheint dies nicht immer möglich zu sein.

18 AK *Melancholie* (Anm. 1), S. 51, Nr. 6 (kleinasiatische Bronze, augusteisch, Privatsammlung).

19 AK *Melancholie* (Anm. 1), S. 79, Nr. 23 (1. Hälfte 14. Jahrhundert, Heidelberg).

gesmogen / daz kinne und ein mîn wange«[20] lassen ein reflektierendes Innehalten erkennen, das über bloße Trauer hinausgeht. Und nach diesen einleitenden Versen beginnt ein regelrechtes »Denkprogramm«: Der Dichter legt sich ein *Problem* vor, nämlich wie man inkompatible Größen miteinander vereinen könne: Ehre, Besitz und Gottes Huld. Das ist ein durchaus melancholisches, intensives, Geist und Gefühl gleichermaßen umfassendes Programm, noch nicht humanistisch durchdrungen wie in Dürers Blatt, aber doch ein – lebenslanges Nachsinnen – erforderndes Programm, das die Welt durch den Filter des eigenen Nachdenkens an sich vorüberziehen läßt.

Wenden wir uns nun den künstlerischen Konstruktionen der Melancholie in der Neuzeit zu, so stellen wir fest, daß man im 15. Jahrhundert von vorn beginnen mußte. Nur Gesten und Gebärden konnten von der antiken Kunst übernommen werden – die Inhalte waren theologisch zu fundieren, also neu zu formulieren. Daher wird die von Gott ausgehende und zu ihm hinführende *virtus* der *fortuna* entgegengesetzt.[21] Dieses ikonographische Verfahren hat Dürer beeinflußt, sagt aber noch wenig über die Form des Stiches *Melencolia I* aus, in dem düstere und hoffnungsvolle Elemente einander durchdringen und eine leichtfertige Figur wie die Fortuna fehlt. Dagegen hat Dürer die vier Temperamente in vier Meisterstichen wiedergegeben, in *Adam und Eva* schon 1504 das Bild des jugendlich sanguinischen Zustands, sodann in *Hieronymus im Gehäus* den Phlegmatiker, in *Ritter, Tod und Teufel* den Choleriker. In *Melencolia I* (*Abb. 1*, s. S. 339) hat er den Gedanken gewagt, daß Melancholie im Innersten bedeutet, sich Bedenkzeit auszubedingen für die Gottes- und Welterkenntnis. Dürer hat die Temperamente damit zu vollgültigen Gesamtbildern aufgewertet, d. h. aus dem ikonographischen Collage-Verfahren seiner Vorgänger gelöst.

In der Folge teilt sich die Inszenierung der Melancholie wieder auf in zeichenhafte Strukturen und szenische Darstellungen, zwischen denen Dürers Melancholie-Stich eine gewagte Mitte hielt: Auf der einen Seite die *abstrahierende Geometrie*, die man von Lorenz Stoer (um 1567) bis zu Anselm Kiefer (1989) weiterverfolgen kann, immer noch in der Nachfolge Dürers und seines Polyeders, der m. E. für

20 Zitiert nach Ingrid Kasten (Hg.), *Deutsche Lyrik des Frühen und Hohen Mittelalters* (Bibliothek des Mittelalters 3), Frankfurt/M. 1995, S. 472.

21 Wie bei Carolus Bovillus im *Liber de sapiente* (1510/11) illustriert; vgl. AK *Melancholie* (Anm. 1), S. 93, Nr. 1.

claritas steht.[22] Auf der anderen Seite die *szenische Repräsentation* der Melancholie, die bei Lukas Cranach d. Ä. (1532) zur roten Hexe oder bei Domenico Fetti (um 1618-1623) zur Vanitasfigur wird[23] – der frühesten Melancholiedarstellung übrigens, die Diderot in der *Encyclopédie* erwähnt.[24] Zu seiner Zeit aber hatte sich das Bild der Melancholie bereits gewandelt; nun dominiert Melancholie als süße Tagträumerei. Halten wir bis hierher fest: Die Antike hat noch kein Formäquivalent für Melancholie als vorausschauendes Innehalten gekannt. In der frühen Neuzeit mußte der melancholische Denkraum im Verhältnis zu Gott neu definiert werden. Dürers komplexe Gratwanderung zwischen Versenkung, Verlorenheit und Zuversicht erfuhr keine Fortsetzung, sondern spaltete sich in einzelne Elemente auf. Melancholie wird nach ihm erneut einseitig negativ besetzt, bis sie im 18. Jahrhundert als bindende Kraft, sogar Liebeskraft, neu entdeckt wird.

Um 1800 streift die Melancholie ihre Attribute ab und macht einem intensiven personalen Ausdruck, einer Verinnerlichung, Platz, so im Pariser Salon von 1801.[25] Doch das alles bereitet nur den Boden für die ganz von Personen gelöste oder sie überwölbende Verbildlichung der Melancholie im späteren 19. Jahrhundert. Aus dem Blickwinkel der *neuen* Melancholie, die bei Jean Paul und bei Baudelaire, bei Flaubert und bei Nietzsche literarisch-philosophisch zutage tritt, gehört all das zur *Vorgeschichte* der Melancholie, die bildkünstlerisch dann in der Farbe Schwarz ihr eigentliches Element findet. Diese These gilt sogar für Kompositionen, in denen Personen auftreten, denn das Schwarz gewinnt auch dort, namentlich bei Goya und Klinger, die Oberhand; es ist der eigentliche Sitz der Melancholie und dominiert die Figuren. Im folgenden werde ich die selbstreflexiven Aspekte der *Introspektion* und der *Imagination* zu vertiefen versuchen, um so die künstlerische Befreiung der Melancholie zu einer schöpferischen Kraft in der Moderne zu verdeutlichen. Farbe und

22 Stoers *Entwurf eines Titelblattes zu Geometria et Perspectiva* ist ebenso wie Kiefers *Melancholia* mit dem Polyeder aus Dürers *Melencolia I* geschmückt; vgl. AK *Melancholie* (Anm. 1), S. 169, Nr. 79 und S. 493, Nr. 282.

23 Vgl. AK *Melancholie* (Anm. 1), S. 141, Nr. 32 (Cranach); ebd., S. 266, Nr. 144 (Fetti).

24 Denis Diderot, *Encyclopédie ou Dictionnaire raisonné des sciences, des arts et des metiers*, Bd. 10, Neuchâtel 1765, S. 307-311, zu Fetti S. 308.

25 In den *Melancholie*-Bildern von Constance Charpentier und François Vincent; vgl. AK *Melancholie* (Anm. 1), S. 302, Nr. 158; ebd., S. 303, Nr. 159.

Form überwölben von nun an in allen Beispielen die ikonographische und personelle Fixierung.

Als Inbegriff des melancholischen Künstlers der Spätaufklärung gilt Goya. Konzentrieren wir uns auf einen Entwurf zu *Capricho 43* (*Abb. 2*) und auf die 1799 publizierte Radierung (*Abb. 3*). Der Entwurf zeigt (laut rückseitiger Inschrift) den träumenden, an seinem Arbeitsplatz eingeschlafenen Künstler, über ihm wenigstens neun Gesichter, darunter zwei Selbstbildnisse: eines waagerecht, eines, das, nach unten blickend, sowohl Lachen als Weinen bedeuten könnte. Daß sie alle Emanationen des Künstlers sind, seinem Kopf entsprungen, ist angesichts der Strahlen, die von ihm ausgehen, wahrscheinlich. Ein durch starke Schraffuren verschatteter Bereich im Nacken des Künstlers läßt zwei, wenn nicht drei Fledermäuse erkennen. Breitete sich der düstere Bereich aus, würden die klaren Gesichter verschwinden. Aber einer solchen Aussage liegt bereits die alte Dichotomie von Hell und Dunkel als Gut und Böse zugrunde. Poussin scheint diesem Schema gefolgt zu sein.[26] Bei Goya aber ist dies nicht mehr sicher. Denn auch im hellen Bereich gibt es Fratzen, und die dunklen Fledermäuse werden, ebenso wie Katze und Luchs, als kluge, Kunst und Wissenschaft unterstützende, ja beschützende Tiere geführt. Mit ihnen sind wir im Reich der *Imagination*, denn »die in Einsamkeit gezeugten Gedanken der Melancholie gleichen den Nachtgedanken der Fledermäuse, deren Flug dem nächtlichen Studium zur Seite steht«.[27] Die Fledermaus, die den Gelehrten und Künstler bei der nächtlichen Arbeit schützt und Eindringlinge abwehrt, galt zwar als lichtscheu, aber auch als freundlich und inaggressiv, und ihre Fähigkeit, sich im Dunkel zu orientieren, wurde geschätzt. Beide Sphären sind also positiv und negativ durchdrun-

26 Mit Recht schreibt Marc Fumaroli, AK *Melancholie* (Anm. 1), S. 215, Poussin habe seine Malerei als Mittel gegen Melancholie verstanden. In der Tat hat Poussin sich als Maler gegen »dunkle Düsternis« ausgesprochen: »Mon tempérament me contraint de chercher et aimer les choses bien ordonnées, fuyant la confusion qui m'est aussi contraire et ennemie comme est la lumière des obscures ténèbres« (an Chantelou, 7. April 1642, vgl. Anthony Blunt [Hg.], *Nicolas Poussin. Lettres et propos sur l'art*, Paris ^{2}1989, S. 67).

27 Erwin Panofsky, Fritz Saxl, *Dürers »Melencolia I«. Eine quellen- und typengeschichtliche Untersuchung*, Leipzig, Berlin 1923, S. 50. Vgl. auch Werner Hofmann, »Notizen zu Goyas *Capricho 43*« (1964), in: ders., *Bruchlinien. Aufsätze zur Kunst des 19. Jahrhunderts*, München 1979, S. 90-94 (auch mit Blick auf Delacroix und Manet).

Abb. 2: Francisco Goya, *Der Traum der Vernunft gebiert phantastische Wesen (El sueño de la razon produce monstruos)*, Feder, laviert, 23,0 × 15,5 cm, 1797, Madrid, Museo Nacional del Prado (aus: AK *Goya*, Hamburg 1980, S. 8).

Abb. 3: Francisco Goya, *Der Traum der Vernunft gebiert phantastische Wesen (El sueño de la razon produce monstruos) (Capricho 43)*, Radierung und Aquatinta, 21,6 × 15,2 cm, 1797-1798, Privatsammlung (aus: AK *Goya*, Hamburg 1980, S. 61).

gen; eindeutige Schwarzweißbedeutungen sind aufgekündigt; in der Radierung ist das Dunkel sogar von einem hellen Halbkreisband durchbrochen.

Das alles stellt die Frage nach dem Sinn der hier verbildlichten Melancholie. Der Titel des Blattes, das zunächst das Titelblatt der Serie werden sollte, hat lange Debatten ausgelöst: *El sueño de la razon produce monstruos* heißt: »Der Traum der Vernunft gebiert phantastische Wesen«. »Sueño« bedeutet zwar Schlaf *und* Traum. Aber der Titel der Serie sollte *Sueños* heißen, und das ergibt im Plural nur in der Bedeutung von »Traum« einen Sinn. Zudem gehört die Figur zur Typologie der Traumdarstellungen.[28] Mit »Traum« verschiebt sich das Ganze entscheidend. Denn nun ist es die Vernunft, die träumt. In ihren Bereich gehören auch die Monster oder Phantasmen. Dem liegt ein Vernunftbegriff zugrunde, der über reines Verstandesdenken hinausgeht. Außerdem müssen »monstruos« nicht notwendig Ungeheuer bedeuten. Hispanisten stimmen darin überein, daß dieser Begriff auch positiv besetzt werden kann: »tolle Wesen«, »phantastische Gebilde«. Das trifft deshalb den Kern, weil das Nachtgetier nicht einfach schädlich oder feindlich ist, sondern die produktive Seite der Melancholie verkörpert. Der Künstler weiß sich von ihm »bedroht *und* schöpferisch provoziert«, wie Werner Hofmann einst mit Recht schrieb.[29] Das berührt sich mit Schusters Deutung von Dürers Blatt, das in seiner Komplexität weder Trostbild noch Warnbild ist, sondern beides zugleich und viel darüber hinaus. Zu dem »Darüber-Hinaus« gehört bei Goya der Gedanke der Vereinigung der emotionalen und der rationalen Kräfte. In einem späteren, möglicherweise von ihm selbst verfaßten Kommentar heißt es: »Die Phantasie, von der Vernunft verlassen, bringt unmögliche Fabelwesen hervor. Vereint mit ihr ist sie die Mutter der Künste [...]«.[30] Wenn dieser Satz wirklich von Goya stammen sollte, wäre er eine

28 Vor allem das Titelblatt von Giuseppe Mitelli, *Alfabeto di Sogno*, ist hier zu nennen. Vgl. AK *Goya. Das Zeitalter der Revolutionen*, Hamburg, Hamburger Kunsthalle 1980, S. 55, Abb. 4.

29 Werner Hofmann, »Traum, Wahnsinn und Vernunft. Zehn Einblicke in Goyas Welt«, in: AK *Goya* (Anm. 28), S. 62.

30 Vgl. ebd., S. 61. Allerdings halte ich es für unwahrscheinlich, daß auch der Zusatz »[...] und der Ursprung der Wunder« von Goya stammt; ich verzichte deshalb darauf, ihn zu zitieren. Ich übersetze *monstruos* auch hier nicht mit dem im Deutschen einseitig negativ konnotierten Nomen »Monstren«, sondern beschränke mich auf »Fabelwesen«.

Konzession an das vorherrschende, engere, auf Rationalität begrenzte Verständnis von »razon«. Dem engeren, Vernunft auf Verstand reduzierenden Begriff von »razon« widerspricht aber die Inschrift und die von Martin Warnke, Werner Hofmann, Wilhelm Hennis, Barbara Kornmeier und anderen überzeugend dargestellte »dunkle« Seite der Spätaufklärung; bei Kornmeier[31] z. B. der Nachweis, daß der Taubstumme überstarke Reize (die ihm die »monstruos« liefern) braucht, um trotz der Behinderung sein Genie zu entfalten.

Vom ersten Entwurf an werden Niedergeschlagenheit und Triumph, Bedrohung und Befreiung, Ernsthaftigkeit und Verlachung, Dunkel und Hell als antagonistische emotionale Energien gesetzt, aber so, daß im Sinne von Freud, heute von Richard Kuhns und Klaus Scherer,[32] eine *verschränkte emotionale Verdichtung* zustande kommt. Ich übergehe die zweite Vorzeichnung[33] und bemerke nur, daß Hell und Dunkel sich dort die Waage halten, beides dramatisch an Kraft und Ausdehnung gewinnt, so daß beides auch auf der Bedeutungsebene gegeneinander abgewogen werden kann.[34] Was ergibt sich daraus für das Problemfeld Melancholie? Offensichtlich dies, daß der Melancholiker sich seine »Vernunft« selbst schaffen und sich seinen eigenen Umgang mit Emotionen erarbeiten muß. Von nun an kann man Melancholie fast mit verdichteter, introspektiver Selbsterforschung gleichsetzen.

In mancher Hinsicht bietet Goyas Radierung durchaus eine Parallele zu Dürers Stich (*Abb. 1*, s. S. 339). Beide Künstler zeigen die Ablösung von einem nur negativen Melancholie-Begriff: Dürer prä-

31 Barbara Kornmeier, »›Ydioma universal‹ – Goyas Taubstummenalphabet im Kontext seines Geniekonzepts«, in: *Zeitschrift für Kunstgeschichte* 61 (1998), Heft 1, S. 1-17. Zum Forschungsstand vgl. auch, trotz des irreführenden Titels, Helmut C. Jacobs, *Der Schlaf der Vernunft. Goyas »Capricho 43« in Bildkunst, Literatur und Musik*, Basel 2006.

32 Richard Kuhns, *Psychoanalytic Theory of Art. A Philosophy of Art on Developmental Principles*, New York 1983; dt. Übers.: *Psychoanalytische Theorie der Kunst*, Frankfurt/M. 1986; Klaus R. Scherer (Hg.), *Psychologie der Emotion* (Enzyklopädie der Psychologie, Themenbereich C: Theorie und Forschung, Serie 4: *Motivation und Emotion*, Bd. 3), Göttingen, Toronto, Zürich 1990.

33 Vgl. Fred Licht, *Goya*, München 2001, S. 145, Abb. 113.

34 Werner Hofmann, »Traum, Wahnsinn und Vernunft« (Anm. 29), S. 58, hat eine erhellende Überlegung dazu eingebracht. Er fragt: »Ist es nicht gerade der von Hybris getragene Traum der Vernunft, in dem diese ihre schattenlose Makellosigkeit postuliert, welcher in dialektischer Gegenbewegung die Ungeheuer erzeugt?« Mit anderen Worten: Gerade die Makellosigkeit hat auch ihre ideologische Seite.

sentiert seine *Melencolia* als freie, damit auch ungeschützte Reflexion des denkenden Menschen *vor* der Handlung. Nicht krank, nicht verzweifelnd, aber *noch* nicht schaffend, gibt Dürer die Melancholie wieder als Allegorie der Gelehrsamkeit und der künstlerischen Tätigkeit. Er gibt sie ernst, aber würdig, so, als trüge sie einen inneren Konflikt in sich aus. Letzteres trifft erst recht auf Goya zu – immer hat Melancholie noch etwas *vor* sich.

Das aufgeklärte Verständnis der Traumeinbildung als Inspiration und die psychologisierende Selbstdarstellung Goyas haben eine gewaltige Wirkung auf das spätere 19. Jahrhundert entfaltet. Es leuchtet ein, daß die späten *Pinturas negras* von Goya für die These vom Schwarz als dem Ort der sich aus allen Bindungen lösenden Melancholie von zentraler Bedeutung sind.[35] Doch führen uns diese Bilder weit hinaus auf das Feld des Unheimlichen, das hier nicht zur Debatte steht.[36] Ich gehe daher gleich über zu Max Klinger, der achtzig Jahre später auf Goya zurückgreift.

Das – als lichthaltig definierte – Dunkel gebiert, von Goya ausgehend, die melancholische Phantasie. Während aber Goya, vor allem in *Capricho 43*, viele Möglichkeiten und Fragen gleichzeitig aufwarf, schöpft Klinger aus Goya Motive und Formen, die dezidierter auf die Repräsentation von Melancholie abheben. Dazu zählt die Radierung *Träume* aus dem Zyklus *Ein Leben* von 1884 (*Abb. 4*). Zwar bewahrt Klinger noch die figürliche Darstellung, doch beruht die Wirkung des Blattes auf Schwarzweißwerten mit Zwischentönen in Grau,[37] die einen Imaginationsraum eigener Art schaffen. Fünf Köpfe sind übereinandergetürmt: Unten die Hauptgestalt, eine Frau, die mit aufgestütztem Kopf auf einem Bett ruht und mit weit aufge-

35 So z. B. die *Vision der Pilger von San Isidro* (1820-1823), heute im Prado; vgl. Werner Hofmann, *Goya: Vom Himmel durch die Welt zur Hölle*, München 2003, S. 237, Abb. 176. Zu den *pinturas negras* allgemein ebd., S. 231-246; ganz im Sinne der hier vorgeschlagenen Auslegung definiert Hofmann diese Gemälde als »Selbstgespräch« des Künstlers.

36 Natürlich besteht eine starke Affinität zwischen Melancholie und dem Unheimlichen, da ja, Freud zufolge, auch bei der Melancholie ein nicht Erkanntes beunruhigend auf das Ich einwirkt. Daher erscheint die Melancholie auch mehrfach in dem Band von Klaus Herding, Gerlinde Gehrig (Hg.), *Orte des Unheimlichen. Die Faszination verborgenen Grauens in Literatur und bildender Kunst*, Göttingen 2006, z. B. in Beispielen von Fernando Botero (*Melancolía*, 2001), ebd., S. 96, Abb. S. 97.

37 In der Grauschraffierung ist das Blatt der Leipziger Federzeichnung *Der Albtraum* (1883) verwandt; vgl. Alexander Dückers, *Max Klinger*, Berlin 1976, Tafel 122.

Abb. 4: Max Klinger, *Träume* (Blatt 3 aus dem Zyklus *Ein Leben*), Radierung, 25,3 × 14,2 cm, 1884, Privatsammlung (aus: Alexander Dückers, *Max Klinger*, Berlin 1976, Tf. 14).

rissenen Augen vor sich hin schaut. Um sie herum entfaltet sich, was sie in sich sieht: Über ihrem Haupt scheint, auf Kissen gebettet, ein junger Mann zu ruhen – erst auf den zweiten Blick sieht man, daß das untere Auge dieser Person weit geöffnet ist, was uns unvermutet trifft und daher unheimlich wirkt, so, als hätten wir einen untoten Toten vor uns. Von beiden Seiten drängen sich weitere Köpfe heran: vorn rechts ein satyrähnlicher Igelkopf, unten links ein Gesicht, das offenbar an Auge und Lippe verwundet ist, zuoberst, die ganze Szene überwölbend, eine Teufelsfratze mit Krallen. Diese alptraumhaften Köpfe, Ausgeburten der Phantasie, deuten die seelische Verfassung der Frau an; nach außen gekehrt, bilden sie einen inneren Zustand ab, der mit gängigen Formeln der Physiognomik nicht mehr erfaßt werden kann. Damit provoziert Klinger geradezu den Versuch, diese inneren Vorstellungen ganz einem imaginären Schwarz anzuvertrauen. Er bietet ein gegenständliches Äquivalent für eine Introspek-

Abb. 5: Max Klinger, *Die Nacht* (Blatt 1 aus dem Zyklus *Vom Tode I*), Radierung und Aquatinta, 27,6 × 27,3 cm, 1885, Privatsammlung (aus: Alexander Dückers, *Max Klinger*, Berlin 1976, Tf. 69).

tion, die man aufgrund der Zuständlichkeit im Ausdruck der Frau nicht als Verzweiflung, sondern in einem umfassenderen Sinne deuten sollte – als melancholisch, d. h. als lang anhaltende Reflexion über Erinnerungen, die auf der eigenen Seele lasten. Überhaupt wird von Goya an immer deutlicher, daß ein Element der Melancholie auch aus *Erinnerung* besteht.

In diesem nachsinnenden Verharren nähert sich das Blatt einem anderen aus der Serie *Vom Tode I*, mit dem Titel *Die Nacht* (*Abb. 5*).[38]

38 Eng an dieses Blatt Klingers schließt Edvard Munch 1902 mit dem Holzschnitt *Melancholie III* an; vgl. AK *Eine Liebe. Max Klinger und die Folgen*, Leipzig, Mu-

Aber nicht die Nacht ist dargestellt, sondern ein über die Nacht des Lebens, den Tod, nachdenkender Mann, wohl Klinger selbst. Sinnend, doch nicht trauernd oder gar verzweifelt, ist dieser Mann gegeben. Viel an Attributen braucht er nicht mehr; geblieben ist ein Schmetterling, der die Flüchtigkeit des Lebens symbolisiert. Denn die chimärenhaften Gebilde, zu denen die Wolken geformt sind, spiegeln nur die Unruhe des Innern, die nun nicht mehr in Phantasmagorien oder Masken ausgedrückt wird. Entscheidend ist die Zugehörigkeit des Mannes zu dem Dunkel, das ihn umgibt, und die Tatsache, daß die Lichtquelle über dem Wasser verborgen ist, also nicht als helfend gedeutet werden kann. Wieder überwölbt das Dunkel die Figuration. Daraus resultiert zwar kein »positives« Ende, was bei Klinger, der von Schopenhauer beeinflußt war, auch nicht zu erwarten wäre; aber im verweilenden Nachsinnen des auf sich allein gestellten Subjekts deutet sich Melancholie als die extremste Möglichkeit der Selbstfindung an. Klingers Ausdruck künstlerischer Subjektivität entspricht den Anfängen der Psychoanalyse, deren Lehre der Künstler bewußt aufgenommen hat.[39]

Wir haben Klinger vorweggenommen, weil er so eng an Goya anschließt. Der melancholische Künstler *par excellence* war jedoch, zwei Generationen vor ihm, Delacroix. Gerade sein Beispiel erhellt, wie verkürzt die landläufige Gleichsetzung von melancholisch mit traurig und düster, verschlossen und trübsinnig ist. Dies gilt selbst für die sogenannte Schwarze Romantik, und Formulierungen wie *Die schwarze Sonne* bezeichnen Sphären des Traums, nicht der Trauer.[40] Delacroix hat sich in den Hauptgestalten seiner Bilder selbst re-

seum der bildenden Künste, Hamburg, Hamburger Kunsthalle 2007-2008, Abb. S. 206, Nr. 117. Munch hat sich auch sonst ausführlich mit dem Thema Melancholie befaßt.

39 Vgl. Hans-Georg Pfeifer, *Max Klingers (1857-1920) Graphikzyklen. Subjektivität und Kompensation im künstlerischen Symbolismus als Parallelentwicklung zu den Anfängen der Psychoanalyse* (Gießener Beiträge zur Kunstgeschichte 5), Gießen 1980.

40 Vgl. AK *Die schwarze Sonne des Traums. Radierungen, Lithographien und Zeichnungen von Rodolphe Bresdin*, Köln, Wallraf-Richartz-Museum, Frankfurt/M., Städelsches Kunstinstitut 1972-1973. Théophile Gautier sah sogar in Dürers *Melencolia I* »les rayons d'un grand soleil noir« (zitiert nach Barbara Larson, *The Dark Side of Nature: Science, Society, and the Fantastic in the Work of Odilon Redon*, University Park 2005, S. 123). Die totale Sonnenfinsternis von 1870 hat Victor Hugo und Odilon Redon beeinflußt; vgl. Larson, ebd., S. 120 und Abb. 106. Bei Redon ist in diesem Zusammenhang die Radierung *Vision* (Blatt 8 aus dem Zyklus *Dans le rêve*)

Abb. 6: Eugène Delacroix, *Tasso im Irrenhaus (Tasso dans la maison des fous)*, Öl auf Leinwand, 50,0 × 61,5 cm, 1824, Privatsammlung (aus: AK *Eugène Delacroix*, Karlsruhe, Staatliche Kunsthalle, 2003-2004, S. 119, Nr. 22, dort Farbabbildung).

präsentiert, in weit höherem Maß als andere Künstler seiner Zeit. Eine Inkunabel ist sein *Tasso im Irrenhaus* von 1824 (*Abb. 6*). Eine Zeichnung zu diesem Bild[41] gibt den Dichter, den Kopf in die Hand gestützt, in Nachdenken versunken, abgewandt von den übrigen, die als autistisch, halluzinierend, gestikulierend, tänzelnd oder störrisch beschrieben werden. Tasso allein zeigt keine Andeutung einer Geisteskrankheit. Mit anderen Worten: Psychisch gesund ist allein der Melancholiker. Er hat damit zwar eine »Ausnahmeexistenz«,[42] aber auch das Gegenteil ist wahr: Er ist der einzige, der keine Aus-

bedeutsam, wo Strahlen von einem schwarzen Zentrum ausgehen; vgl. AK *Wie im Traum: Odilon Redon*, Frankfurt/M., Schirn Kunsthalle 2007, S. 160, Abb. 36.

41 Privatbesitz; vgl. AK *Eugène Delacroix*, Karlsruhe, Staatliche Kunsthalle 2003-2004, S. 120, Nr. 23.

42 Peter-Klaus Schuster, »Das Bild der Bilder. Zur Wirkungsgeschichte von Dürers Melancholiekupferstich«, in: *Idea* 1 (1982), S. 72-134, hier S. 121.

nahmeexistenz hat, sondern zur »normalen« Welt diesseits des Irrenhauses gehört, ähnlich wie Wilhelm von Kaulbach sich selbst in seiner Zeichnung *Im Irrenhaus* um 1834 porträtiert hat.[43] Zwar zeigen die herabgezogenen Mundwinkel und die Untätigkeit Kummer an, doch kann ich Schuster nicht folgen, wenn er behauptet, Tasso sitze da »wie Christus im Elend« bei Dürer.[44] Vielmehr ließen sich Dichter und Künstler des 19. Jahrhunderts auf dem Umweg über Delacroix von Dürers *Melencolia I* dazu anregen, Melancholie als Ausdruck ihrer eigenen Imaginationsfähigkeit zu deuten, u.a. Baudelaire, Théophile Gautier, Victor Hugo, Verlaine, Henri Cazalis.[45] Diese Wendung ins Subjektive, von Goya eingeleitet, erreicht bei Delacroix ihren ersten Höhepunkt, ist aber keineswegs als Ausdruck der schieren Verzweiflung zu deuten. Wenn man die Situation als elend beschreibt, müßte man auf den viel radikaleren Umstand hinweisen, daß der Künstler in seiner Zeichnung dem Christus über Tasso das Haupt abgeschnitten hat, die Szene also wörtlich als gottverlassen charakterisiert; aber schon im ausgeführten Gemälde und in einer zweiten Fassung[46] werden diese Züge stark reduziert: Daß der Künstler sich mit Hilfe seiner Imagination über die Realität hinwegsetzen kann, ist die eigentliche Aussage.

Delacroix hat verschiedentlich Künstler und Kunstfreunde im Zustand der Melancholie wiedergegeben, Michelangelo 1850 und den Sammler Alfred Bruyas 1853.[47] Die Formchiffre für das acedische Moment der Melancholie, für die Erschlaffung, das Nicht-Zugreifen-Können, ist bei Bruyas die gleitende Bewegung, ohne Ecken

43 Berlin, Kupferstichkabinett; vgl. AK *Melancholie* (Anm. 1), S. 423, Nr. 224.

44 Schuster, »Das Bild der Bilder« (Anm. 42), S. 122.

45 Vgl. Maria Moog-Grünewald, »Tassos Leid. Zum Ursprung moderner Dichtung«, in: *arcadia* 21 (1986), S. 113-128, besonders S. 127.

46 1839; Winterthur, Sammlung Oskar Reinhart »Am Römerholz«; vgl. AK *Spiegelungen. Delacroix' Bilddenken*, Winterthur, Sammlung Oskar Reinhart 2008, Nr. 15. Nicht, wie oft angenommen, diese zweite Fassung, sondern bereits die erste hat Baudelaire zu dem Gedicht »*Le Tasse en Prison*« *d'Eugène Delacroix* (1844/1863) angeregt. Vgl. Maria Moog-Grünewald, »Noch einmal: Über Baudelaire und Delacroix, gelegentlich eines Porträts«, in: Maria Moog-Grünewald, Christoph Rodiek (Hg.), *Dialog der Künste. Intermediale Fallstudien zur Literatur des 19. und 20. Jahrhunderts*, FS für Erwin Koppen, Frankfurt/M. u.a. 1989, S. 215-228.

47 Vgl. Klaus Herding, »Kunst aus hochgemuter Düsternis. Über Delacroix' Paradoxien«, in: *Städel-Jahrbuch* N.F. 12 (1990), S. 259-278, Abb. 1 und Abb. 8. Ganz im Gegensatz zu Delacroix' Bildnis zeigt Courbets Bildnis desselben Bruyas aus demselben Jahr den tatkräftigen Promotor zeitgenössischer Kunst (ebd., Abb. 9).

Abb. 7: Frédéric Villot nach Delacroix, *Selbstbildnis im Jahre 1819*, Radierung, 20,5 × 12,6 cm, undatiert, Paris, Bibliothèque nationale de France (aus: AK *Eugène Delacroix*, Karlsruhe, Staatliche Kunsthalle, 2003-2004, S. 119, S. 101, Nr. 3).

und Kanten. Aber Delacroix hebt damit zugleich die Sensibilität dieses ersten Förderers moderner Kunst in Frankreich hervor. Nachdenklichkeit und Leiden werden suggeriert. Melancholie kann man hier sowohl als Ausdruck eines somatischen Leidens wie als Ergebnis einer produktiven »Selbstversunkenheit« verstehen.

Gehen wir von der psychischen Disposition des Künstlers aus, die sich u. a. im *Selbstbildnis* von 1819 spiegelt (*Abb. 7*). In seinem Tagebuch und seinen Briefen hat Delacroix die Melancholie wie kein anderer in ihrer Doppeldeutigkeit behandelt, und zwar so, daß beide Seiten einander durchdringen: »Es liegt in dieser Bitternis noch so viel Süße«, schreibt er[48] und erinnert damit an den Gewinn, den schon Kant und Diderot, Falconet und Vien aus melancholischen

48 Eugène Delacroix, *Correspondance générale*, 5 Bde., hg. von André Joubin, Paris 1935-1937, Bd. 1, S. 25; Eugène Delacroix, *Briefe*, Bd. 1 (1813-1846), dt. von Wilhelm Stein, Basel 1918, S. 26 (neue Übers. K. H.).

Stimmungen gezogen hatten; aber nun ist diese »douce mélancolie« nicht nur Besänftigung, sondern auch Stimulans. Die Melancholie wird zum Mittel der eigenen Produktivität. An anderer Stelle verlautet: »Eine melancholische Geisteshaltung, wenn ich so sagen darf, doch ist sie *alles andere als traurig.*«[49] Siebzig Jahre vor Freud hat Delacroix hier die Differenz zwischen Melancholie und Trauer für sich entdeckt, und er geht sogar wesentlich über Freud hinaus, indem er die beiden Gemütszustände nicht nur unterscheidet, sondern auch wertet. Melancholie ist für ihn positiv besetzt. Sein »feierliches und düster-poetisches Gefühl«[50] wird für Delacroix produktiv; offenbar gehört ein ungewohntes Zusammentreffen gegensätzlicher Seelenkräfte zu den Grundvoraussetzungen seines Schaffensprozesses.[51]

Delacroix' Äußerungen über Melancholie gehören neben denen von Baudelaire, Kierkegaard und Nietzsche zu den tiefsinnigsten der Moderne. Der Künstler versucht, inneren Stimmungen folgend zu malen: »Es gibt Leute, bei denen der Einfluß des Inneren fast gar nicht zählt. Bei mir empfinde ich ihn als kräftiger als den Einfluß von außen; [...] es ist wohl die Vorstellungskraft, von der ich spreche [...].«[52] Die Vorstellungskraft, die sich eine Wahrheit eigener (ästhetischer) Art schafft, tritt bei Diderot, ähnlich wie später in He-

49 3. Februar 1847; Eugène Delacroix, *Journal* (1822-1863), hg. von André Joubin, Paris 1981, S. 127. Weitere Belege bei Herding, »Kunst aus hochgemuter Düsternis« (Anm. 47).

50 25. April 1824; Delacroix, *Journal* (Anm. 49), S. 71: »ce sentiment solennel et funestement poétique«.

51 Freilich sind schriftliche Äußerungen nicht deckungsgleich mit dem Œuvre selbst. Delacroix könnte ja auch beabsichtigt haben, das Bild seiner selbst in der Öffentlichkeit aufzuwerten, als das eines poetischen Malers oder sogar als das eines Mannes, der Kunst und Wissen vereinigt und damit alle Vorzüge besitzt, die der Aristoteles-Nachfolger dem Melancholiker nachrühmt. Oder er könnte sich getäuscht haben, d. h. einer psychischen Verfassung verbal Ausdruck verliehen haben, zum Beispiel einer Depression, zu der das Werk, als eine Art Heilmittel, in Wirklichkeit einen Gegensatz bildete. Da aber Delacroix sehr zurückgezogen lebte, dürfte der Drang nach Selbststilisierung als gering zu veranschlagen sein. Und bedenkt man, daß solche Äußerungen sich in unterschiedlichsten Kontexten finden, können wir von einem relativen Gleichklang zwischen psychischer Befindlichkeit und »Formwillen« ausgehen.

52 8. Oktober 1822, Delacroix, *Journal* (Anm. 49), S. 28 f.: »Il y a des gens chez qui l'influence de l'intérieur est presque nulle. Je la trouve chez moi plus énergique que l'autre [...]; c'est de l'imagination sans doute que je parle, qui me maîtrise et me mène.«

gels *Rechtsphilosophie*, neben die Wahrheit des Gesetzes. Bei Delacroix ist Imagination an melancholische Stimmung geknüpft. Der Sache nach ist diese Disposition einer »Stimmung«, wofür das Französische bekanntlich kein Äquivalent hat, das Ergebnis einer intrapsychischen Ausgleichsarbeit; sie bezeichnet eher ein Ziel als eine Realität, nämlich den Wunsch, das niederdrückend Hemmende und das antreibend Bewegende zu einer Übereinstimmung zu bringen; beides sollte, ähnlich wie die Essenzen süß und sauer, gemeinsam einen angenehmen Geschmack erzielen können, eine die psychische Ökonomie bereichernde und erfüllende Gesamtwirkung ergeben. Der Ausdruck einer solchen Stimmung braucht spezifische Mittel, z.B. ein »Sfumato«, eine umhüllende, die Gegenstände verschmelzende Farbgebung, den Verzicht auf scharfe Konturen oder die Umhüllung in ein Halbdunkel. Immer soll der Betrachter den Eindruck haben, es sei mehr da, als was er sehen kann. So entsteht ein Reservoir, das – wie Warburgs »Denkraum der Besonnenheit« – nicht nur auf *ratio* gründet, sondern auch Resultat einer emotionalen Intelligenz ist.

Das Reservoir dieser Imagination ist für Delacroix das Schwarz. Ich habe diese Energiereserve einmal »hochgemute Düsternis« genannt, um die wörtliche und die metaphorische Bedeutung dieser Zuwendung zum Dunkel zusammenzufassen.[53] Dies ist auch bildlich faßbar, u.a. in dem schon genannten *Selbstbildnis* von 1819 (*Abb. 7*, s. S. 362), das den Künstler, ähnlich wie seinen *Schmied*, eine Aquatintaradierung um 1822,[54] aus einer düsteren Unterwelt hervortreten läßt. Durch räumliche Unbestimmtheit eine erhöhte Suggestionswirkung der Figuren zu erreichen kann geradezu als das Ziel von Delacroix' Graphik bezeichnet werden. Im *Schmied* wird mit dem Übergang von konkreter Tätigkeitsbeschreibung zu abstrahierender Helldunkelregie die saturnische Wirkung des düsteren Ambiente gesteigert. Delacroix hat in dieser Hinsicht von Goya gelernt.[55] Die produktiv-melancholische Stimmung läßt sich weiterhin fassen in dem *Selbstbildnis als Ravenswood*.[56] Genauer müßte der

53 Herding, »Kunst aus hochgemuter Düsternis« (Anm. 47).

54 Ebd., Abb. 12.

55 Dies zeigt u.a. auch seine extrem abstrahierende Kopie *Capricho 3*, eine Aquatinta von 1820; ebd., Abb. 11.

56 Um 1821; Paris, Musée Delacroix; AK *Eugène Delacroix, Spiegelungen* (Anm. 46), Frontispiz.

Titel lauten: Delacroix versetzt sich in den hamletartigen Charakter von Edgar Ravenswood, den Helden des Romans von Walter Scott, der 1819 erschien und sogleich ins Französische übersetzt wurde. Das spanische Kostüm, mit einem schwarzen Umhang versehen, befördert nicht nur die Identifikation des enterbten jungen Delacroix mit dem verstoßenen Spanier, wie das Bild üblicherweise interpretiert wird, sondern lädt dazu ein, sich in dieser Situation *wohlzufühlen*. Zu diesem Ausgleich trägt der verhüllte Gesichtsausdruck ebenso bei wie der dunkelgrüne, mit braun und schwarz versetzte Hintergrund, in dem Ruhe und Unruhe aufgehoben sind.[57]

Wenn Delacroix 1824 seine »melancholische oder eher kummervolle Disposition« einmal explizit so benennt, dann folgt darauf sofort: »Ich habe am Don Quichotte gearbeitet«, d.h. die Sublimationsleistung folgt der Leiderfahrung auf dem Fuße.[58]

Unlust in Lust zu verwandeln ist das eigentliche Problem der Melancholie.[59] Seinen Essay über Delacroix im *Salon von 1846* beschloß Baudelaire mit den Worten:

> [Es] bleibt mir noch eine letzte Eigenschaft bei Delacroix zu erwähnen, die bedeutendste von allen, die ihn zu dem wahren Maler des 19. Jahrhunderts macht: es ist die einzigartige, beharrliche Melancholie, die alle seine Werke atmen und die sowohl in der Wahl der Themen als auch durch die Figuren und ihre Gebärden sowie im Stil der Farbe zum Ausdruck kommt. Delacroix hat eine Vorliebe für Dante und Shakespeare, ebenfalls zwei große Maler des menschlichen Schmerzes [...]. Betrachtet man die Folge seiner Gemälde, so ist einem, als wohne man der Feier eines schmerzlichen Mysteriums bei.[60]

57 Die Beschreibung im Museum lautet (2007): »Peinture inachevée dont les teintes sombres accentuent le mystère [...] dans le costume d'Edgar Ravenswood, héros du roman de l'écossais Walter Scott, Lucie de Lammermoor, paru en 1819 et traduit peu après en français. Le costume à l'éspagnole, agrémenté d'une grande cape noire, correspond à la description que Scott donne de son personnage, fils maudit d'Español, dépossédé, comme les enfants Delacroix [...]«

58 12. April 1824: »Disposition mélancolique ou plutôt chagrine en rentrant à mon atelier. Travaillé au Don Quichotte«; Delacroix, *Journal* (Anm. 49), S. 66.

59 Auch in dieser Hinsicht berührt sich die Melancholie mit dem Erhabenen. Im Erlebnis des Erhabenen verbindet sich Unlusterfahrung mit einem Lustgefühl. Dazu auch Torsten Hoffmann, *Konfigurationen des Erhabenen. Zur Produktivität einer ästhetischen Kategorie in der Literatur des ausgehenden 20. Jahrhunderts (Handke, Ransmayr, Schrott, Strauß)*, Berlin, New York 2006, S. 63.

60 Charles Baudelaire, »Salon de 1846«, in: ders., *Œuvres complètes*, 2 Bde., hg. von Claude Pichois, Paris 1976, Bd. 2, S. 440; dt. in: *Sämtliche Werke, Briefe*, hg. von Friedhelm Kemp, Claude Pichois, Bd. 1, Darmstadt 1977, S. 221.

In der Folge hebt Baudelaire allerdings vor allem die seinem eigenen Naturell gemäßen Bestimmungen hervor, das Trostlose, Düstere, den »Duft des Verrufenen, der uns rasch in unauslotbare Höllenkreise der Trauer versenkt«.[61] Dann aber betont er die »innere Schönheit« (»une certaine beauté intérieure«) seiner oft kranken Figuren oder schreibt: »Diese hohe, ernste Melancholie erstrahlt in düsterem Glanz, selbst in seiner Farbe, die [...] in harmonischen Massen hinströmt wie bei allen großen Koloristen, aber klagend und tief wie eine Melodie von Weber.«[62]

Zu einer bestimmten Form melancholischer Malerei, die inhaltlich die Komponenten der Selbstreflexion und der Utopie aufnimmt, stoßen die Maler des 19. Jahrhunderts oft dann vor, wenn sie Melancholie mit dem Topos der Ursprünglichkeit verbinden. Ein Maler, der in den Gattungen Bildnis und Landschaftsmalerei von Introspektion und Meditation ausging und kategorial die Farbe Schwarz eingeführt hat, war Gustave Courbet. Ausdrücklich erklärte er, daß Schwarz die Grundlage der Natur sei und alles aus dem Schwarz hervorgehe.[63] Damit konnte er sich übrigens auf eine hundertjährige Tradition berufen, denn erstaunlicherweise erfolgt die Aufwertung des Schwarz – abgesehen von der Alchimie, wo Schwarz und Gold schon immer antipodische Gipfel waren – bereits 1740 bei Louis-Bertrand Castel. Ihm galt Schwarz als Substanz, die alle Farben in sich trägt: »Alles kommt aus dem Schwarz, um sich in Weiß zu verlieren«, schrieb er[64] – viel moderner als Goethe, der in seiner *Farbenlehre* Schwarz in traditioneller Weise mit Finsternis belegte, gegen die das Weiß als Farbe des Lichts zu kämpfen habe. Aber erst Courbet hat die Lehre vom Schwarz als Urgrund aller Malerei als Mittel seiner Kunst genutzt – heute spricht jeder weise Künstler vom Schwarz als der Summe aller Farben. Zwar konnte das dunkle oder verschattete Landschaftsbild schon seit dem 18. Jahrhundert Träger melancholischer Auffassungen sein. Nicht erst Caspar David Fried-

61 Ebd., Bd. 2, S. 440; dt.: Bd. 1, S. 221.

62 Ebd., Bd. 2, S. 440; dt.: Bd. 1, S. 222. Grundsätzlich und sehr erhellend zu Baudelaires melancholischer Haltung: Jean Starobinski, *Melancholie im Spiegel: Baudelaire-Lektüren*, aus dem Französischen von Horst Günther, München, Wien 1992.

63 Vgl. Klaus Herding, »Farbe und Weltbild«, in: AK *Courbet und Deutschland*, Hamburg, Hamburger Kunsthalle, Frankfurt/M., Städelsches Kunstinstitut 1978-1979, S. 477-492.

64 Louis-Bertrand Castel, *L'Optique des couleurs*, Paris 1740; zitiert nach Claude Lévi-Strauss, *Regarder Écouter Lire*, Paris 1993, S. 129.

Abb. 8: Gustave Courbet, *Der Waldbach (Puits Noir)*, Öl auf Leinwand, 63,8 × 81,3 cm, 1865, Columbus/Ohio, Museum of Art (aus: AK *Courbet and the Modern Landscape*, Los Angeles, The J. Paul Getty Museum, 2006, S. 78, pl. 17, dort Farbabbildung).

rich, sondern schon Hubert Robert, Vernet, Valenciennes, Jacques Sablet und Géricault haben Melancholie, sei es durch Ruinen, sei es durch andere auf den Tod verweisende Zeichen, in die Landschaft implementiert.[65] Aber erst Courbet hat beides zusammengeführt: Landschaft als Ort der Melancholie und Schwarz als deren optische Grundlage. Seine Bilder vom *Schwarzen Brunnen* (*Puits Noir*) (*Abb. 8*),[66] einer bestimmten, im Waldesdickicht verborgenen Ver-

65 Vgl. Vincent Pomarède, »›Die Lust an der Melancholie‹ (Senancour). Die Landschaft als Zustand der Seele«, in: AK *Melancholie* (Anm. 1), S. 318-326. Ein besonders sprechendes Beispiel ist Sablets *Römische Elegie, Doppelporträt auf dem protestantischen Friedhof in Rom*, ebd., S. 300, Nr. 155.

66 Außer der hier abgebildeten, besonders verschwiegenen Fassung in Columbus/OH sind weitere zu finden z. B. in Washington, National Gallery of Art oder in Paris, Musée d'Orsay; vgl. AK *Courbet and the Modern Landscape*, Los Angeles, J. Paul Getty Museum 2006, Tf. 11, 14.

tiefung des Flüßchens Brême in der Franche-Comté, oder seine Ansichten von Grotten und Quellen – diese ab 1855 ein Jahrzehnt lang in vielen Versionen entstehenden Bilder sind Inkunabeln der neuen Melancholie, die dann im Symbolismus vollends im Schwarz aufgehen wird. Unzugänglichkeit, kaum erklärbare Schattenzonen, die ebensogut Felsen wie Höhlungen meinen können, bestimmen diese Kompositionen. Solche Waldschluchten werten nicht nur die Region auf, so wie gleichzeitig der dunkle Wald von Fontainebleau in der Schule von Barbizon gegen Paris aufgewertet wurde, sie können nicht nur als Suche nach Geborgenheit in einer Mutterhöhle[67] verstanden werden – eine mir etwas zu einseitige Festlegung –, sondern sie sind Orte des Schweigens, der Versenkung, aber auch der Regeneration und Selbstentfaltung. Melancholie wird hier in einem umfassenden Sinne thematisiert: als Rückzug auf sich selbst und zugleich als Vorhof und Quelle neuer Produktivität, ja sogar als Erneuerung der Gesellschaft, wie zeitgenössische Kritiker ausdrücklich vermerkten.[68]

Die ruhige, verschattete Lage gerade des Puits Noir lädt Courbet ein, diese Landschaft zum Ausgangspunkt einer Selbstbehauptung zu nutzen, die er kurz vorher in einem Brief als Eintauchen in die eigenen Tiefen, als Bitternis und Traurigkeit unter der lachenden Maske beschrieb.[69] Der Ausdruck »tristesse« wurde in der englischen Ausgabe der Briefe flugs als »melancholy« wiedergegeben, womit Traurigkeit und Melancholie wieder unzulässig in eins gesetzt werden. Aber Courbet geht nicht in der Trauer auf, die ja nur *eine* Komponente der Melancholie ist, vielmehr entwickelt er Landschaft im künstlerischen Ausdruck zum Ort der Selbstvergewisserung. Das be-

67 Werner Hofmann, »Courbets Wirklichkeiten«, in: AK *Courbet und Deutschland* (Anm. 63), S. 590-613, hier S. 610: »Courbet malte einen ›regressus ad uterum‹.«

68 Nebenbei sei bemerkt, daß dies in Frankreich eine jahrhundertealte Tradition hat. Denn der Puits Noir wird schon bei Charles d'Orléans (1394-1465) als schwarzer Brunnen der Melancholie angerufen, aus dem jedoch das Wasser der Hoffnung quillt: »Ou [= au] puis parfont [= profond] de ma merencolie [*sic*] / L'eaue d'Espoir que ne cesse tirer« (»aus dem tiefen Brunnen meiner Melancholie höre ich nicht auf, das Wasser der Hoffnung zu schöpfen«); vgl. AK *Melancholie* (Anm. 1), S. 31, Anm. 13; dt.: S. 28 (neue Übers. K. H.).

69 Courbet an Bruyas (Nov.-Dez. 1854): »Avec ce masque riant que vous me connaissez, je cache à l'intérieur le chagrin, l'amertume, et une tristesse qui s'attache au cœur comme un vampire.« Vgl. Petra ten-Doesschate Chu, *Correspondance de Courbet*, Paris 1996, Nr. 54-7, S. 119.

deutet nicht nur Versenkung in dem Sinne, wie Michael Fried *absorption* im Hinblick auf Chardins Stilleben verwendet hat[70] – als ein Eintauchen in die Bildtiefe, das den Betrachter zur Meditation einlädt –, sondern meint ein Innehalten im Dunkel, das einerseits ein Ausgesetztsein benennt, das der ständig um Unabhängigkeit ringende Künstler auch mit dem Status eines »Wilden« verglich, andererseits aber auch ein Kräfteschöpfen, ein Atemholen vor der nächsten künstlerischen Einwirkung auf die Gesellschaft. So stellt Courbet zum Beispiel in demselben Brief, in dem er von der Bitterkeit spricht, die ihn verzehre, auch sein nächstes großes Projekt vor, das *Atelierbild*, in dem wiederum eine dunkle Landschaft im Zentrum steht. Wenn man Landschaft als Spiegel des eigenen Inneren – genauer: eines Prozesses, der im Inneren abläuft – versteht, ist es vorteilhaft, sie undeterminiert wiederzugeben, nicht festgelegt auf einen bestimmten Ort, so wie ja auch Friedrichs Strand mit dem Mönch am Meer ohne lokalisierende Festlegungen auskommt. Das Ziel der Wiedererkennbarkeit eines Orts gibt Courbet zusehends auf. Er zieht sich in der Zuwendung zur Natur von der konkreten Natur zurück in sich selbst.

Odilon Redon war der erste Künstler, dessen graphische Arbeiten einfach als »Noirs« bezeichnet wurden, als »schwarze Blätter«, so wie in der Mitte des 20. Jahrhunderts bestimmte Gemälde einfach »Black Paintings« genannt wurden. Bei Redon ist der Kern dieser Schwarzphantasien die Melancholie; wieweit das für das 20. Jahrhundert gilt, werden wir sehen. Redon arbeitete auf das engste mit Naturwissenschaftlern zusammen, und sein ausdrückliches Ziel war, »den Philosophen, den Denker, den Naturwissenschaftler und sogar den Gottesgelehrten mit Material für spekulative Ideen zu versehen«.[71] Darin liegt natürlich eine Parallele zu Dürers Melancholie-Stich, und tatsächlich bewahrte Redon in seinem Atelier eine Reproduktion von Dürers *Melencolia I*. Aber er war produktiv genug, kaum daran anzuknüpfen, sondern in dem Stich nur eine ihm gemäße Grundstimmung zu erkennen. Gerade in der Abwendung von Dürer erweist sich Redons schöpferische Kraft. In dem Blatt *Der Dichter* (*L'Idole*) (*Abb. 9*) von 1886 wird die Frage gestellt, was ein Dichter sei, und die Antwort lautet: ein anhaltend nachdenkender Mensch. Dieser wendet sich vom Lichte ab wie die Fledermaus bei Dürer,

70 Michael Fried, *Absorption and Theatricality. Painting and Beholder in the Age of Diderot* (1980), Chicago 2003.

71 Vgl. Larson, *The Dark Side of Nature* (Anm. 40), S. 156 (Übers. K. H.).

Abb. 9: Odilon Redon, *Der Dichter (L'Idole)*, Pastell über Kohle, 50 × 36 cm, um 1886, Antwerpen, Museum Plantin-Moretus, Prentenkabinet (aus: Barbara Larson, *The Dark Side of Nature. Science, Society, and the Fantastic in the Work of Odilon Redon*, Pennsylvania State University Press, 2005, S. 16).

wird aber dadurch nicht negativ gezeichnet; vielmehr scheint er das Dunkel zu durchdringen, zu befragen im Sinne von Gauguins »Woher kommen wir?«. Das Blatt wird von Barbara Larson richtig gedeutet: als Verselbständigung des schwarzen Materials der Kohle und seiner Ausdruckskraft wie als Gegenwart des Denkens. Doch sollte man noch genauer hinsehen. Schwarz ist doppelt konnotiert; einerseits ist es unten und verbildlicht, wie bei Courbet, den »Grund« des Seins, andererseits geht es aber auch bogenförmig von dem Manne aus und taucht ins untere Schwarz ein, als Emanation seiner selbst, als Bogen des schwarzen Gedankens. Damit widerlegt Redon die Behauptung, erst in der abstrakten Kunst des mittleren 20. Jahrhunderts sei »Schwarz ein eigenständiger Farbwert«; vorher sei es »an die

Darstellung von Dunkelheit gebunden«.[72] Diese semantische Bindung stellt Redon in Frage. Eigentümlich ist, daß das Licht dem Schwarz nichts von seiner Schwärze nimmt. Das Licht vermag das Dunkel nicht zu durchdringen, es kann ihm nichts anhaben. Wenn der Mann sich vom Licht abwendet, dann offensichtlich auch, weil es ihn blendet, während das Schwarz der Ort seiner Imagination ist. Dies ist als Loslösung von der herkömmlichen Lichtverehrung um so bemerkenswerter, als Redon sich zunächst durchaus davon inspirieren ließ, z. B. 1872 in der Kohlezeichnung *Der Sündenfall*,[73] doch werden Licht und Finsternis auch dort schon abstrahierend gegeneinander ausgespielt. Wichtig ist ja weniger der Rückgriff auf Dürers Fledermaus als vielmehr das Scheitern dieses ikarischen Flügelwesens, ein Rückblick fast im Sinne von Benjamins rückwärts blickendem »Engel der Geschichte«. Entscheidend aber ist, daß Licht hier als verbrennende, schmelzende Kraft, als feindliche Macht begriffen wird.

In diesem Zwiespalt zwischen Dunkel und Hell ist die Möglichkeit, das Dunkel aufzuwerten, schon vorbereitet. Eine weitgehende Dominanz des Dunkels kennzeichnet Redons Zyklus *Les Origines* von 1883, aus dem Blatt 8 hervorgehoben sei: *Das Erscheinen des Menschen, der die Erde befragt, aus der er hervorging, auf dem Wege zu düsterem Glanz* (*Abb. 10*). Das Nachdenken über die prometheische Welt ist der Reflexion des Zuschauers anvertraut, der Hell und Dunkel gegeneinander abwägen soll, sich aber letzten Endes doch mit der dunklen Seite, dem vorwärts stolpernden Menschen, identifizieren wird. Delacroix hatte diese prometheische Seite der Existenz in seinem *Schmied* bereits hervorgekehrt.

In Blatt 8 der Serie *Die Versuchung des heiligen Antonius*[74] treffen wir auf ein irrlichterndes Helldunkel, in dem der eigentliche Melancholiker in den Augen von Flaubert und Redon, der heilige Antonius, selbst gar nicht mehr vorkommt, denn es genügt, zweierlei zu

72 So Stephanie Rosenthal in: AK *Black Paintings*, München, Haus der Kunst 2006-2007, S. 13. Vgl. zum Folgenden auch Stephanie Rosenthal, *Die Farben Schwarz in der New York School. Robert Rauschenberg, Ad Reinhardt, Frank Stella und Mark Rothko*, Diss. Köln 2003 (Internet-Publikation 2005). Obwohl Rosenthal sehr von früheren Arbeiten zehrt, faßt sie den Forschungsstand doch sehr gut zusammen.

73 Larson, *The Dark Side of Nature* (Anm. 40), S. 33, Abb. 26.

74 Ebd., S. 102, Abb. 86.

Abb. 10: Odilon Redon, *Das Erscheinen des Menschen, der die Erde befragt [...] auf dem Wege zu düsterem Glanz (Et l'homme parrut, interrogeant le sol [...], il se fraya la voie vers de sombres clartés)* (Blatt 8 aus dem Zyklus *Les Origines du monde*), Lithographie, 28,0 × 21,0 cm, 1883, Chicago, The Art Institute (aus: Barbara Larson, *The Dark Side of Nature. Science, Society, and the Fantastic in the Work of Odilon Redon*, Pennsylvania State University Press, 2005, S. 66).

zeigen: erstens, daß sich das Licht nur mühsam gegen das Dunkel behaupten kann, zweitens, daß sich mit Licht keineswegs Erlösung verbindet, denn am meisten Licht erhält die Schlange in der Bildmitte. Das führt ins Zentrum der *Selbstbefreiung der Kunst zur Imagination*, die durch die Kraft des auf sich selbst gestellten Nachsinnens ermöglicht wird. Frühere Autoren hatten die Überzeugung vertreten, daß der heilige Antonius an Melancholie im Sinne einer Krankheit litt.[75] Bei Redon hingegen wird die Melancholie gleicher-

75 So vor allem Robert Burton in seinem berühmten Werk *The Anatomy of Melancholy*, Oxford 1621. Die *editio princeps* ist die von Thomas C. Faulkner, Nicolas K. Kiessling, Rhonda L. Blair (3 Textbände und 3 Kommentarbände), Oxford 1989-2000; dt. Übers.: *Die Anatomie der Schwermut*, aus dem Englischen mit ei-

maßen als Erfüllung und als Schicksal des Ich erkannt. Allerdings tritt dieser künstlerisch-melancholischen Selbsterkenntnis ab 1880 die Psychiatrie in den Weg, die Melancholie erneut als vorwiegend somatische Krankheit definiert.

Wie soll man die Bevorzugung des Dunkels in der Kunst des ausgehenden 19. Jahrhunderts deuten? Offenbar ist es keine Verherrlichung von Wahnsinn oder Krankheit, vielmehr geht es um eine intensive Reflexion dieser Phänomene, ja der eigenen Befindlichkeit überhaupt, jenseits des Diätetischen und Medizinischen. Das Beisichsein, die Gewinnung der eigenen Identität, findet man nur im Rückzug auf sich selbst, und so muß das Dunkel, die Abwendung von der äußeren Welt, notwendig aufgewertet werden. Es geht um eine Reflexion über Leben und Tod, aber mit der Perspektive neuen Lebens. Darum ist dieser Art von Introspektion das Rationale keineswegs abhanden gekommen, sie vertieft vielmehr Qualitäten, die in der Finsternis und im eigenen Innern, auch im melancholischen Habitus liegen, ohne das Finstere dem Bösen gleichzusetzen. Die eigene Kondition zu ergründen oder auszuloten – ein Glück, daß wir im Deutschen diese Worte haben – ist das Ziel dieser dem Dunkel verbundenen Aktivität. Man hat das 19. Jahrhundert generell unter diesem Signum verstanden; als »le siècle du noir« wurde sogar der gesamte Zeitraum von der Spätaufklärung bis zur ausgehenden Romantik bezeichnet.[76]

nem Essay von Ulrich Horstmann, Zürich, München 1988, Frankfurt/M. ²2003). Das Nomen »Schwermut« können wir nicht gutheißen; es ist allenfalls durch die medizinische Tradition, auf die Burton sich berief, gerechtfertigt. Aber es wird der hier unterstrichenen positiven Bedeutung der Melancholie nicht gerecht. Zu Burton vgl. u.a. auch Larson, *The Dark Side of Nature* (Anm. 40), S. 153.

76 Vgl. Roland Borgards, Harald Neumeyer, »Der Mensch in der Nacht – die Nacht im Menschen. Aufgeklärte Wissenschaften und romantische Literatur«, in: *Athenäum. Jahrbuch für Romantik* 11 (2001), S. 13-39, besonders S. 18 und 23, zum Komplex Nacht und Melancholie S. 32-39. Allerdings wird das doppelte *noir*, die Nacht außer uns und die Nacht in uns, bei diesen Autoren vor allem negativ konnotiert: »Die aufgeklärten Wissenschaften benötigen das Dunkel, um sich selbst als lichtbringende Macht etablieren zu können« (S. 23). Die poetische Kraft der Nacht, heißt es, werde erst mit den »Hymnen an die Nacht« von Novalis (1797-1800) greifbar: »Die Nacht ward der Offenbarungen mächtiger Schooß«. Vgl. Novalis, »Hymnen an die Nacht«, in: ders., *Werke, Tagebücher, Briefe*, 3 Bde., hg. von Hans-Joachim Mähl und Richard Samuel, München 1978-1980, Bd. 1, S. 147-177, hier S. 165. Auch Wackenroder, John Keats und Joseph Eichendorff werden in diesem Sinne bei Borgards, Neumeyer aufgeführt. Vgl. auch Harald Neumeyer:

Abb. 11: Henri Matisse, *Fenstertür in Collioure (Porte-fenêtre à Collioure)*, Öl auf Leinwand, 116,5 × 89,0 cm, 1914, Privatsammlung (aus: AK *Henri Matisse*, New York, Museum of Modern Art, 1992, Abb. 178; © Succession Matisse/VG Bild-Kunst, Bonn 2009).

Im frühen 20. Jahrhundert wird die Aufwertung der Farbe Schwarz noch verstärkt. Es ist aber die Frage, ob wir diese Aufwertung, z. B. bei Matisse, als Denkraum melancholischer Imagination lesen dürfen. Matisse schrieb zwar: »Ich verwende Schwarz als eine Farbe des Lichts und nicht als eine Farbe der Dunkelheit«,[77] womit er Redon aufgriff, aber erst in *Porte-fenêtre à Collioure* (*Abb. 11*) vom Sommer

»›Wir nennen aber jetzt Melancholie‹ (Adolf Henke). Chateaubriand, Goethe, Tieck und die Medizin um 1800«, in: Thomas Lange, Harald Neumeyer (Hg.), *Kunst und Wissenschaft um 1800*, Würzburg 2000, S. 63-88.

77 Jack D. Flam (Hg.), *Matisse on Art*, Oxford ²1978, S. 106. Vgl. auch AK *Méditerranée, de Courbet à Matisse*, Paris, Galeries nationales du Grand Palais 2000-2001, S. 100: »J'ai commencé à utiliser le noir pur comme une couleur de lumière et non comme une couleur d'obscurité« (Henri Matisse, »Témoignages de peintres: Le Noir est une couleur«, in: *Derrière le miroir* 1 [Dez. 1946], S. 2, 6, 7). Vgl. auch Henri Matisse, *Écrits et propos sur l'art (entretien avec Tériade)*, hg. von Dominique Fourcade, Paris 1972, S. 121 und 202: »Le noir est une couleur. L'emploi du noir comme couleur au même titre que les autres couleurs: jaune, bleu ou rouge, n'est

1914 ist Schwarz bei ihm semantisch mit Nachdenken und Introspektion verknüpft. Eine Fenstertür, die eigentlich den Blick nach draußen freigibt, ist in bläulichem Schwarz zugemalt. Sie wirft den Maler und Betrachter auf sich selbst zurück. Obwohl die dunkle Fläche selbst hier noch die Assoziation an einen nächtlichen Himmel zuläßt, ist sie doch nur im oberen Drittel ganz schwarz. Man hat das Bild als düstere Reaktion auf den Ausbruch des Ersten Weltkriegs gedeutet. Wahrscheinlicher ist, daß der Betrachter, angesichts der Ereignisse auf sich selbst zurückgeworfen, zur Selbsterforschung veranlaßt werden soll.[78]

Unter dem Aspekt der Melancholie oder der Verselbständigung eines schwarzen Denkraums alle schwarzen Bilder durchzugehen ist hier nicht beabsichtigt. Auch sind die Intentionen nicht immer eindeutig melancholisch konnotiert. Dies gilt z. B. für das berühmte Schwarz von Manet. Man geht zwar nicht fehl, bei Manets *Maskenball in der Oper* (1874)[79] den bekannten Ausspruch seines Freundes Baudelaire zu assoziieren, daß der schwarze Anzug das Signet der Epoche sei, denn »wir feiern alle ein Leichenbegängnis«,[80] und darin steckt ohne Zweifel ein melancholisch-distanziertes Urteil über das Bürgertum der Zeit, dem sich der Künstler zugleich verbunden fühl-

pas chose nouvelle.« Das erste Zitat auch in Flam, *Matisse on Art* (s. o.); dt. Ausg. Zürich 1982, S. 191 f. Über das Bild *Intérieur au violon* (1917-1918) äußerte der Künstler Jahre später: »Dans ce tableau, j'ai peint la lumière en noir [...]« (zitiert nach AK *Méditerranée* [s. o.], S. 199, Nr. 45).

78 Unbemerkt blieb, daß Robert Motherwell Matisse hierin gefolgt ist. Es ist wohl eindeutig, daß die Komposition *Summer Seaside Doorway* von 1971 (Privatsammlung) auf Matisses Bild zurückgeht; auch der Titel folgt dem Vorbild, und hier wie dort ist die Sperrung gegen die Außenwelt, die Rückbesinnung auf sich selbst unverkennbar – Schwarz als Schritt zur Erleuchtung. Vgl. Mary Ann Caws, *Robert Motherwell with Pen and Brush*, London 2003, S. 154, Abb. S. 155.

79 Washington, National Gallery; AK *Manet*, Paris 1983, Nr. 138, Abb. S. 351.

80 Baudelaire, »Salon de 1846«, in: ders., *Œuvres complètes* (Anm. 60), Bd. 2, S. 494; dt. Ausg. (Anm. 60), Bd. 1, S. 281, dort m. E. nicht ganz adäquat übersetzt: »Wir tragen jeder etwas zu Grabe.« Man muß diese Stelle im Urtext lesen: »Et cependant, n'a t-il pas sa beauté et son charme indigène, cet habit tant victimé? N'est-il pas l'habit nécessaire de notre époque, souffrante et portant jusque sur ses épaules noires et maigres le symbole d'un deuil perpétuel? Remarquez bien que l'habit noir et la redingote ont non seulement leur beauté politique, qui est l'expression de l'égalité universelle, mais encore leur beauté politique, qui est l'expression de l'âme publique; – une immense défilade de croque-morts, croque-morts politiques, croque-morts amoureux, croque-morts bourgeois. Nous célébrons tous un enterrement.«

te. Aber im übrigen war Manet mit seiner Anknüpfung an das Schwarz der spanischen Tradition bestrebt, den Impressionisten Paroli zu bieten und seinem Ausdruck im Gegensatz zur impressionistischen Flüchtigkeit Dauer zu verleihen. Schwarz bürgt für Dauer.

Bei Max Beckmann wiederum, der ebenfalls auf Baudelaires Diktum vom »habit noir« als Signatur der Epoche zurückgriff,[81] war Schwarz eine »Verzichtsleistung«, ein Stück Abstraktion von allzuviel Gegenständlichkeit; von einer »existentialistischen Auffassung der Figur bei Beckmann« spricht im Hinblick auf die Farbe Schwarz Ortrud Westheider,[82] der man zugleich entgegenhalten mag, daß die Auffassung dieser Farbe im 19. Jahrhundert nicht etwa »dekadent« war.[83] Mit Recht wird das Motiv der geschwärzten Augen bei Beckmann als Melancholiesyndrom interpretiert.[84] Allerdings hat der Künstler sich auch mit älteren, ikonographisch konnotierten Überlegungen zur Melancholie auseinandergesetzt.[85]

An ikonographischen Fundstücken haben sich auch die großen Bilderfindungen von Giorgio de Chirico entzündet. Besonders zu würdigen sind unter diesem Aspekt die Werke *Melancholie* von 1912[86] und *Hermetische Melancholie* von 1918/19.[87] Die Liegefigur

81 Ortrud Westheider, *Die Farbe Schwarz in der Malerei Max Beckmanns*, Berlin 1995, S. 56f.

82 Ebd., S. 183-214.

83 Ebd., S. 69 und 216.

84 Ebd., S. 202f. Unter unserem Aspekt ist an dieser Arbeit auch die Differenzierung zwischen Schwarz und Dunkel wertvoll (S. 14f.). Über die Farbe Schwarz ist auch viel Konventionelles geschrieben worden, zum Beispiel enttäuscht der ansonsten so luzide Autor Max Raphael mit seiner Schrift *Die Farbe Schwarz. Zur materiellen Konstituierung der Form* (in den 1940er Jahren entstanden, im Nachlaß gefunden), hg. mit einem Nachwort v. Bernd Growe, Frankfurt/M. 1989. Raphael argumentiert nicht grundsätzlich, sondern stellt nur einige Fallbeispiele vor (u. a. van Dyck, Rembrandt, Velázquez), in denen die Form losgelöst von möglichen Bedeutungen behandelt wird. Ob das »Outre-noir« bei Pierre Soulages in die romantisch-melancholische Tradition einzureihen ist, bleibt vorerst offen.

85 Möglicherweise hat er in Blatt 8 des Zyklus *Die Hölle* (1919) in der Gestalt eines bärtigen Soldaten links im Hintergrund auf Saturn, den mit dem melancholischen Temperament verbundenen Planetengott, angespielt – eine Hypothese von Alexander Dückers in: AK *Max Beckmann. Die Hölle, 1919*, hg. von Alexander Dückers, Kupferstichkabinett Berlin SMPK 1983, S. 108.

86 London, Sammlung Estorick; vgl. AK *Melancholie* (Anm. 1), S. 479, Nr. 267 (Farbabbildung).

87 Paris, Musée national d'art moderne; vgl. Paolo Baldacci, *De Chirico*, Milano 1997, S. 406 (Farbabbildung).

von 1912 stellt gerade das, was sie verkörpert, die Statue, in Frage, indem sie zwischen bloßen Kulissen erscheint und sogleich wieder in eine imaginäre Sphäre zu entweichen droht; im anderen Bild wird ein antikisierender Kopf so zwischen symbolisch verrätselten Gegenständen eingezwängt, daß sich weder der antike Prototyp noch die magische Umgebung voll entfalten können. De Chirico will die Zentralperspektive *ad absurdum* führen; er sucht hermetische Zeichen für einen neuen Begriff der Melancholie, den er zugleich aber zu verwerfen scheint. Diese bewußt inszenierte Aufkündigung tradierter Melancholievorstellungen ist für die vorliegende Publikation durchaus von Bedeutung, weil de Chirico ja antike Vorbilder aufruft – Bildnisse der römischen Kaiserzeit oder die Liegefigur der *Schlafenden Ariadne* –, um sie ihres antik-monumentalen Charakters zu entkleiden. Dennoch scheint mir, daß für die Melancholievorstellungen des 20. und 21. Jahrhunderts eher Objektverzicht und Farbaskese – kurz gesagt, schwarze Bilder – konstitutiv sind.

So verfehlt es war, alles in der älteren Kunst, was düster wirkt, der Melancholie zuzuschlagen und nicht zwischen Trauer, Verzweiflung, Nachsinnen, Schicksalsergebenheit usw. zu unterscheiden, so wenig wird man im 20. Jahrhundert jedes schwarzmonochrome Bild als Reflexion über Melancholie auffassen dürfen.[88] Auch gehören schwarzmonochrome Bilder in den größeren Zusammenhang einer vollkommenen Auflösung des Gegenstands zugunsten einer Monochromie, die das Nachdenken auch dann reizt, wenn das Resultat nicht schwarz, sondern weißmonochrom ist wie gelegentlich bei Malewitsch. Doch ist, unter dem Aspekt des Melancholischen, die Auflösung des Gegenstands das sekundäre Phänomen, und innerhalb der Monochromie setzt sich Schwarz als Medium der Reflexion auf die Dauer durch. Die neue Begeisterung für Schwarz in New York, nach Anfängen in den 1940er Jahren vor allem in den 1950er und 1960er Jahren, basiert auf der singulären *Emanzipation der Farbe Schwarz als Ausdruck der Imagination und Selbsterfahrung* bei Goya und in der Schwarzen Romantik, bei Courbet und im Symbolismus Redons. Das Schwarz der New York School kehrt trotz aller Abkehr von Europa explizit zu dieser Tradition zurück und berührt daher immer wieder Teilbereiche der Melancholie, ohne

88 Beispielhaft für eine epochen- und künstlerspezifische Differenzierung war die von Hubertus Gaßner kuratierte Ausstellung *Die Nacht*, München, Haus der Kunst 1997-1998.

Abb. 12: Ad Reinhardt, *Ohne Titel – schwarzes Bild (Untitled [Black Painting])*, Öl auf Leinwand, 127×127 cm, 1954, Essen, Museum Folkwang (aus: AK *Das schwarze Quadrat. Hommage an Malewitsch*, Hamburg, Hamburger Kunsthalle, 2007, Abb. 80; © VG Bild-Kunst, Bonn 2008).

diese figürlich abzubilden. Entscheidend ist, daß Schwarz nicht am Anfang steht, sondern Resultat einer experimentellen Reihe ist: In einer Komposition von Ad Reinhardt aus dem Jahre 1947[89] ist Schwarz nur der Urgrund, der einzelne Objekte hält und umfaßt; in dem Bild *Ohne Titel (Black Painting)* von 1954 (*Abb. 12*) hingegen bedeckt es das gesamte Bildfeld und wird zu einer totalen Meditationsfläche. Dabei kann die Farbe in sich leichte Differenzen aufweisen, welche den Prozeß des Nachdenkens oder die Schritte der Versenkung veranschaulichen und die Intensität des vollkommenen Schwarz steigern – was in Abbildungen freilich kaum zu erkennen ist (weshalb hier aus der Fülle schwarzmonochromer Bilder auch nur weniges abgebildet wird). Übrigens gehört bei Ad Reinhardt ein

89 *Number 16*, Sammlung Nicholas; vgl. AK *Ad Reinhardt*, New York, Museum of Modern Art 1991, Abb. S. 45.

lackierter schwarzer Rahmen dazu; von ihm ist die in stumpferen Farben gehaltene Leinwand auf allen Seiten freigestellt; auf ihr entfaltet sich ein vibrierendes, nuanciertes Leben. In späteren, oft als »Ultimate Paintings« betitelten Gemälden ist das Bildfeld streng in neun gleich große Quadrate unterteilt, die waagerecht und (bis auf das mittlere Quadrat) senkrecht getrennt sind, doch variiert das Bleischwarz auch in diesem gleichbleibenden Schema innerhalb eines Bildes und von Bild zu Bild. Ad Reinhardts Gemälde sind also nicht einfach schwarz. Das Schwarz ergibt sich vielmehr aus einer komplizierten Mischung von Rot, Blau, Gelb oder Grün mit Kohle. Das sieht man zwar nicht in der Reproduktion, wohl aber in den Bildern selbst.[90] Durch diese Farbverdichtung erst kann man meditativ in diese Bilder eintauchen und verstehen, daß Ad Reinhardt mit ihnen auch inhaltlich vielschichtige Ansprüche verwirklichen wollte; er verstand die Schwarzbilder als Ausdruck von »Zurückgezogenheit, [...] Abgeschiedenheit des Einsiedlers, Wiedergeburt« – da zeigt sich die Verwandtschaft zur romantischen Losung »Durch Tod zu neuem Leben«[91]; er verstand sie aber auch als »inneres Unterirdisches und Ausdruck von Transzendenz«.[92] Mit dem Ausspruch schließlich: »Die Nacht als Möglichkeit, über die sichtbare Welt hinauszugelangen«,[93] schließt er nach eigenem Bekenntnis an Nikolaus von Cues an, der auch zu Dürers Quellen gehört – das ist die Möglichkeit melancholischer Reflexion im 20. Jahrhundert.[94]

90 Etwas von der Leuchtkraft der Originale vermitteln die vorzüglichen Reproduktionen in AK *Black Paintings*, München, Haus der Kunst 2006-2007.

91 Mit dieser Formel resümiert Peter Rautmann, *C. D. Friedrich: Das Eismeer. Durch Tod zu neuem Leben*, Frankfurt/M. 1991, bes. S. 49, 67, 73, 75, die politisch-historischen und die physikalisch-geologischen Implikationen der romantischen Dialektik von Tod und Leben. Kronzeuge ist C. D. Friedrich selbst: »Aphorismen über Kunst und Leben« (aus dem Nachlaß), in: Sigrid Hinz, *Caspar David Friedrich in Briefen und Bekenntnissen*, München ^{2}1974, S. 82: »Um ewig einst zu leben, muß man sich oft dem Tod ergeben«; ferner Gotthilf Heinrich Schubert, *Ahndungen einer allgemeinen Geschichte des Lebens*, 3 Bde., Bd. 1, Leipzig 1806, Kap. 1, S. 20: »Denn das Leben gehet erst aus dem Tode hervor, und seine Elemente ruhen auf scheinbarer Vernichtung«; ders.: *Die Geschichte der Natur*, als 2. Auflage der *Allgemeinen Naturgeschichte*, Erlangen 1835, Bd. 1, S. 6: »das Vergehen [...] eines augenfälligeren Niederen« sei »ein Hinwegträumen des Veralteten und Sterbenden, damit [...] das Leben aus dem Tode aufgehen könnte«.

92 Schubert, *Die Geschichte der Natur* (Anm. 91), Bd. 1, S. 6.

93 Rosenthal, in: AK *Black Paintings* (Anm. 72), S. 42.

94 Auch Frank Stella begreift seine bis 1960 entstandenen schwarzen Bilder als »Mo-

Trotz ihrer Benennung als »ultimativ« sind Ad Reinhardts Bilder vor allem eines: beunruhigend. Sie geben keine letzten Wahrheiten preis, sondern bezeichnen einen entwicklungsfähigen Zwischenzustand – vielleicht wurden sie deshalb mit Dürers *Melencolia I* verglichen.[95] Obwohl sie Raum und Zeit zu tilgen vorgeben, sind sie mit ihrer samtenen, bewußt glanzlosen »Durchsichtigkeit«[96] durchaus als prozessual zu verstehen und keineswegs als schwarz-finster im Sinne Adornos, dessen Urteil glücklicherweise im Irrealis ausklingt.[97]

Man hat diese Bilder lange nur als Schritte in der Evolution der gegenstandsfreien Malerei gewürdigt. Erst in letzter Zeit wurden auch die Inhalte ein wenig untersucht. Freilich – ohne ikonographischen Halt turnt der Künstler ohne Netz; Selbstäußerungen und Interpretationen lassen sich kaum noch »verankern«. Doch schält sich als Konstante immer wieder der nach innen gerichtete Blick heraus[98] – ob bei Ad Reinhardt oder Mark Rothko, ob bei Robert Rauschenberg oder Frank Stella.[99] Schon die Tatsache, daß Schwarz

ment [...] des Innehaltens, Sich-Sammelns und Besinnens« (vgl. ebd., S. 54), wobei Stella über den Bildtitel sogar Gesellschaftskritik einzubringen wagte, so z. B. in *Clinton Plaza* von 1959. Clinton Plaza war ein berüchtigter Ort in New York. Auch Anklagen gegen den Nationalsozialismus sind in zweien von Stellas Bildtiteln enthalten. Allerdings sehe ich nicht, wie diese vielleicht erst *post festum* gesetzten Titel in der Bildform wirksam werden. Vermutlich kann beim Betrachter, der den konkreten Ort oder die Zeitumstände kennt, nicht mehr ausgelöst werden als eine Assoziation, die in vertieftes Nachdenken über die eigene Person mündet. Stella legte jedenfalls mehr Wert auf die Internalisierung melancholischer Erkenntnis als auf das Mitführen von Reproduktionen seiner Bilder auf Demonstrationen.

95 Vgl. Gudrun Inboden, »Die schwarzen (quadratischen) Bilder von Ad Reinhardt«, in: AK *Ad Reinhardt*, Stuttgart, Staatsgalerie 1985, S. 37-60.

96 Thomas Kellein, »Ad Reinhardt. Die Malerei als Ultimatum«, ebd., S. 73-85, Zitat S. 74.

97 Vgl. Theodor W. Adorno, *Ästhetische Theorie*, Frankfurt/M. 1970, S. 66 f.: »Um inmitten des Äußersten und Finstersten der Realität zu bestehen, müssen die Kunstwerke, die nicht als Zuspruch sich verkaufen wollen, jenem sich gleichmachen. Radikale Kunst heute heißt soviel wie finstere, von der Grundfarbe Schwarz. [...] Das Ideal des Schwarzen ist inhaltlich einer der tiefsten Impulse von Abstraktion. [...] In der Verarmung der Mittel, welche das Ideal der Schwärze [...] mit sich führt, verarmt auch das Gedichtete, Gemalte, Komponierte; [...]. Trotzdem trägt die schwarze Kunst Züge, die, wären sie ihr Endgültiges, die geschichtliche Verzweiflung besiegelten [...].«

98 Vgl. Rosenthal, in: AK *Black Paintings* (Anm. 72), S. 12.

99 Aus Platzgründen wird im folgenden auf die Analyse des Melancholie-Anteils in

damals im profanen New York als »geheiligte Farbe«[100] bezeichnet wurde, verweist auf diese romantische Tradition, und im gleichen Sinne ist Barnett Newmans Berufung auf das Erhabene und Sublime zu sehen. Ad Reinhardt hat sich an den Gebrüdern Goncourt orientiert, etwa an deren Unterscheidung zwischen »glänzendem und mattem Schwarz, Schwarz im Sonnenlicht und Schwarz im Schatten«.[101] Sehr bezeichnend ist auch Ad Reinhardts großartige Umkehrung einer sehr konservativen Aussage von Picasso.

Als Picasso 1958 die Symbolik von Licht und Dunkelheit als gut und böse strapazierte (»Meine Gemälde verkörpern den Sieg der Kräfte des Lichtes und des Friedens über die Mächte der Dunkelheit und des Bösen«), konnte Reinhardt sich einer Stellungnahme nicht enthalten – die er allerdings vorsichtshalber auf 1957 vordatierte: »Meine Gemälde stellen den Sieg der Kräfte der Dunkelheit und des Friedens über die Mächte des Lichts und des Bösen dar.«[102]

Der Katalog der Melancholie-Ausstellung (2005-2006) endet in völligem Kulturpessimismus, nimmt also Adornos Irrealis für bare Realität. Ad Reinhardts schwarze Bilder dienen im Beitrag von Moritz Wullen ohne jede Begründung als Beleg dafür.[103] Aber nochmals: Schwarz malen ist von schwarzsehen weit entfernt. Daß der Künstler seine Gemälde als »ultimativ« bezeichnet hat, ist ganz und gar nicht in einem apokalyptischen Sinne gemeint, sondern bedeutet, daß nichts über Schwarz als die Summe aller Farben hinausführt. Auch hat sich Ad Reinhardt dezidiert einer Weltbefragung enthalten. Redon erforschte bildlich noch Makro- und Mikrokosmos, wobei er der Kugel im Zentrum, alle Erfahrungswerte umkehrend, ihre

den schwarzen Bildern von Rauschenberg und Stella verzichtet; zu verweisen ist auf Rosenthal, *Die Farben Schwarz in der New York School* (Anm. 72) und auf die von ihr 2006-2007 kuratierte Ausstellung, AK *Black Paintings* (Anm. 72).

100 Kellein, »Ad Reinhardt« (Anm. 96), S. 73.

101 Rosenthal, in: AK *Black Paintings* (Anm. 72), S. 12; Edmond de Goncourt, »Hokusai. Les Albums traitant de la peinture et du dessin avec ses préfaces«, in: *Gazette des Beaux-Arts* 36 (1895), Nr. 14, S. 442.

102 Ad Reinhardt, »Documents of Modern Art« (1960), in: Lucy R. Lippard, *Ad Reinhardt* (1981); dt. Stuttgart 1984, S. 166; Rosenthal, in: AK *Black Paintings* (Anm. 72), S. 38. Vgl. auch Thomas Kellein (Hg.), *Ad Reinhardt, Schriften und Gespräche*, München 1984.

103 Moritz Wullen, »Black Box. Der schwarze Innenraum des melancholischen Bewußtseins in der Bilderwelt des 20. Jahrhunderts«, in: AK *Melancholie* (Anm. 1), S. 496-501, bes. S. 497.

Leuchtkraft nahm und dennoch die beiden Menschen, die sich ihr näherten, als Erleuchtete kennzeichnete (so in *Vision*, Blatt 8 der Serie *Dans le rêve*).[104] Ad Reinhardt hingegen konzentrierte sich ganz auf Selbstbefragung: Er bearbeitete mit den »Black Boxes« seine »mystische, einsiedlerische und verschlossene Seite«.[105] Eher als Moritz Wullen ist Alfred Barr, dem Gründungsdirektor des MOMA, zuzustimmen, der Ad Reinhardt viele Jahre kannte und sich intensiv mit ihm beschäftigt hat. Er erkannte in den schwarzen Bildern »Gegenstände der Kontemplation, lichte Geschehnisse des Geistes«, die »zur Meditation« einladen.[106] In der Bündelung aller Farben im Schwarz berührt sich bei Ad Reinhardt der melancholische Impuls, über die Gegenwart hinauszudenken, Grenzen auszuloten, mit der Anstrengung, das Erhabene zu fassen. Die Melancholie ist unter den Bedingungen einer säkularisierten Welt ein Fortdenken des Erhabenen – unter der Rubrik des Melancholischen ist dies sogar »erfolgversprechender«, d. h. einer ästhetischen Lösung zugänglicher.[107]

In diesem Kontext darf man daran erinnern, daß sich Ad Reinhardt auf Malewitsch und dessen *Schwarzes Quadrat* von 1913 berufen hat, das dadurch im nachhinein eine melancholische Deutung erfährt. Vielleicht hat ihn auch angezogen, daß Malewitschs Quadrat ja eine Übermalung war, deren ursprüngliche Komposition heute wieder durch das Schwarz hindurchbricht. Für Malewitsch selbst war diese »neue Ikone« durchaus nicht melancholisch, sie war Protest, »reine Erregung« oder »reine Empfindung«.[108] Zwar lebte auch Malewitsch noch in der Gedankenwelt der Romantik, 1913 schuf er die Bühnenbilder und Kostüme für die Oper *Sieg über die Sonne*, in der es heißt: »Zerschlagen ist die Sonne [...] / Es lebe die Dunkelheit! / Und die schwarzen Götter [...] / Von Angesicht sind wir dunkel. / Unser Licht ist in uns.«[109] Das erinnert an die »Schwarze Sonne des Traums« bei Bresdin, Baudelaire und Redon.[110] Und

104 Vgl. AK *Wie im Traum* (Anm. 40), S. 160, Abb. 36.

105 Rosenthal, in: AK *Black Paintings* (Anm. 72), S. 35.

106 Ebd., S. 36.

107 Vgl. Christine Pries, *Übergänge ohne Brücken. Kants Erhabenes zwischen Kritik und Metaphysik*, Berlin 1995, S. 46-50.

108 Jeannot Simmen, *Kasimir Malewitsch. Das schwarze Quadrat. Vom Anti-Bild zur Ikone*, Frankfurt/M. 1998, S. 14 und 18.

109 Ebd., S. 14. Vgl. auch AK *Das schwarze Quadrat. Hommage an Malewitsch*, Hamburg, Hamburger Kunsthalle 2007.

110 Vgl. Anm. 40.

Abb. 13: Mark Rothko, *Schwarz auf Rotbraun auf Purpur (Black on Dark Sienna on Purple)*, Öl auf Leinwand, 303,0 × 264,7 cm, 1960, Los Angeles, Museum of Modern and Contemporary Art (aus: Howard Singerman, *Individuals: A Selected History of Contemporary Art*, New York 1986, S. 71); © Kate Rothko Prizel & Christopher Rothko/VG Bild-Kunst, Bonn 2008).

daran erinnert wiederum Ad Reinhardts Ausspruch: »Dunkelheit ist der numinose Widerhall des Leuchtens.«[111] Aber Malewitsch wollte, anders als Ad Reinhardt, keine Innenwelten ausloten, sein Werk war auch nicht politisch gedacht, jedenfalls gibt es dazu keine Äußerungen; er wollte gegen konventionelle, akademische Malerei protestieren. Ad Reinhardt hat Malewitschs Bild, in seinem eigenen, saturnischen Verlangen nach »Abgeschlossenheit«, introspektiv gewendet.

Einen anderen Weg geht Mark Rothko. Seine ab 1949 entstandenen fast schwarzen Bilder unterscheiden sich schon durch dieses »fast« von Ad Reinhardt. Man kann in *Black on Dark Sienna on Purple* von 1960 (*Abb. 13*)[112] eintauchen, man kann in diesen Bildern wandern, sie wirken »soft«, und man versteht, daß sie wegen ihrer

111 Rosenthal, in: AK *Black Paintings* (Anm. 72), S. 38.

112 Weitere Beispiele in AK *Mark Rothko. Retrospektive*, München, Kunsthalle der Hypo-Kulturstiftung, Hamburg, Hamburger Kunsthalle 2008.

sanften Übergänge mit Caspar David Friedrichs *Mönch am Meer* verglichen wurden. Wenn bei Friedrich das Bild selbst und kein bestimmter Einzelgegenstand mehr das Ziel der Erforschung der Welt und des eigenen Inneren definierte, so ist es bei Rothko noch schwieriger, das Ziel dieser makro-mikroskopischen Erkundung zu bestimmen, weil jeder Rest an äußerer Wirklichkeit getilgt ist, aber in den weichen Übergängen dennoch die Suggestion präsent bleibt, daß man sich auf die Welt einlassen könne. Wo aber fassen wir die Melancholie? Mit dem Verschwinden ikonographischer Festlegbarkeit sind wir zunehmend auf äußere Faktoren wie Auftrag oder Bestimmung, aber auch auf Äußerungen des Künstlers angewiesen.

Rothko hat sich intensiv mit Kierkegaard und Nietzsche beschäftigt. Unter Kierkegaards Schriften beeindruckte ihn vor allem *Furcht und Zittern*.[113] Hier konnte Rothko lesen, daß der Mensch der Nacht ausgesetzt sei, die Nacht sein eigentliches Element sei. Was Nietzsche betrifft, so sah Rothko, vom Konflikt zwischen dem Apollinischen und dem Dionysischen ausgehend, die Bedeutung Apolls darin, »das schmerzliche Chaos des Seelenlebens erträglich zu machen«[114] – eine überraschend ›altmodische‹ Auffassung: Ein antiker Gott wird zu Hilfe gerufen, um das innere Chaos zu meistern. Das entspricht der Rolle Jupiters in der antiken Humoralpathologie, in der der Göttervater angerufen wird, um die Übermacht Saturns im Zaume zu halten. Das Jupiterquadrat bei Dürer hatte diese Funktion, und noch Felix Droese hat das magische Quadrat gesondert in dieser Bedeutung aufgerufen.[115] Apoll, der Gott des Lichts, nimmt also in Rothkos Äußerung exakt den Platz Jupiters in der melancholischen Tradition ein, und daß er als Gegengewicht auftreten muß, zeigt an, daß die eigene Kondition die der Nacht ist: Diese Nacht ist jedoch, anders als bei Ad Reinhardt, nicht gänzlich schwarz, sondern nur vorwiegend dunkel – eine gewisse Kompensation muß sein –, und auch darin zeigt sich Rothko stärker traditionsgebunden. Aber vor allem erweist sich der Maler als Schüler des Saturn. Der Gott der Gedankenschwere hat für die Künstler des 20. Jahrhunderts erneut die Düsternis rehabilitiert. »Melancholie als gesteigerte Selbst-

113 Søren Kierkegaard, *Furcht und Zittern (Frygt og Bæven)*, 1843; dt. Ausg. Hamburg 1998.

114 Zitiert nach Rosenthal, in: AK *Black Paintings* (Anm. 72), S. 59.

115 Felix Droese, *Zahlen*, Holzdruck, 1986; vgl. Schuster, *Melencolia I* (Anm. 2), Bd. 2, Tafel 148.

erfahrung« – dieser saturninische Topos kommt nun erst voll zum Tragen.

Liest man aber *Furcht und Zittern* oder Nietzsches *Geburt der Tragödie*,[116] so stößt man auf ein Problem: Die Äußerungen von Rothko erlauben nur eine Art Einfühlung, doch keine Festlegung auf bestimmte Stellen.[117] Nehmen wir also die beiden anderen Umstände zu Hilfe: Auftrag und Bestimmung. Auf keinen Fall kann man etwa von dem Auftrag zur Hauskapelle der Unternehmer de Menil in Houston/Texas auf Melancholie im Sinne eines Krankheitsbefunds schließen, der durch den anschließenden Freitod Rothkos im Jahre 1970 bestätigt worden wäre. Rothko führte den Auftrag 1964 bis 1967 aus, mit vierzehn zum Teil schwarzvioletten Bildern, die aufgrund des Oberlichts dem Betrachter aber insgesamt als eine monochrom schwarze Masse entgegenstehen. Betrachter hatten das Gefühl, »ringsum von dunklen Blicken ganz umstellt zu sein«.[118] Ob dieser Effekt gewollt war, ist offen; Rothko, der die Kapelle nie betreten hat, scheint die überblendende Wirkung des Opaion, das bei starkem Licht die Differenzierungen abtötet, nicht beabsichtigt zu haben. Danach, zwischen 1967 und 1970, schuf Rothko nichtschwarze, buntfarbige Bilder. Mit der traditionellen farbsemantischen Gleichung (schwarz = Ausdruck einer Depression oder gar eines Todestriebes) geriete man auf eine falsche Fährte. Man kann nur konstatieren, daß Schwarz für den Künstler Versenkung, Selbstbefragung, Ausgleichsarbeit, Schmerzlinderung bedeutete.

Rothko war dazu sicherlich auch angeregt durch Barnett Newman, der mit seinen schwarzen 1949 und 1952 geschaffenen Bildern *Abraham* und *Der gefesselte Prometheus* Schwarz als »Schöpfungs-

116 Friedrich Nietzsche, *Die Geburt der Tragödie aus dem Geist der Musik* (1872), Kritische Studienausgabe, hg. von Giorgio Colli, Mazzino Montinari, Berlin ^{2}1988, Bd. 1, S. 9-156.

117 Überhaupt sind die Äußerungen dieser Künstler oft sehr lapidar, sehr plakativ, man kann mit ihnen kaum quellenkritisch umgehen. Auch sind sie oft nicht aus erster Hand überliefert. Das gilt vor allem für die Rezeption von Kierkegaards *Furcht und Zittern*. Stephanie Rosenthal beruft sich auf Thomas Zaunschirm, Zaunschirm auf Bernhard Kerber, Kerber aber gibt nicht etwa Kierkegaard an, sondern zitiert ein Werk der Sekundärliteratur über Kierkegaard. Mit anderen Worten: Die Forschung in diesem Bereich hat noch längst nicht die Seriosität der Dürerforschung erreicht. Allerdings sind von Rothko eigene Annotationen in Kierkegaards Werken bekannt.

118 Rosenthal, in: AK *Black Paintings* (Anm. 72), S. 63.

raum«[119] definieren wollte. Möglicherweise war Newman bei *Abraham* von Kierkegaards *Furcht und Zittern* angeregt, das ja im wesentlichen von Abraham handelt.[120] Offenbar setzte Newman, in gut romantischer Tradition, Schwarz mit Nacht gleich, Nacht jedoch als Voraussetzung für Licht.[121] Stephanie Rosenthal, die Autorin des Katalogs *Black Paintings*, zieht dazu Novalis' *Hymnen an die Nacht* heran, vor allem die dritte Hymne: »Die Nacht ward der Offenbarungen mächtiger Schooß«.[122] Zwar ist der Rückgriff auf Novalis nicht belegt. Da Newman aber einer der tiefsinnigsten und belesensten amerikanischen Künstler war (er wurde auch der europäischste Künstler genannt), ist dergleichen denkbar. In jedem Falle kann man diese schwarzen Bilder als melancholische Denkleistungen verstehen und in ihnen »eine Art Selbstporträt«, »Selbstbefragung« und den Ausdruck von »Selbstbehauptung« angelegt sehen.[123]

Man kann den Rückgriff auf Positionen der Spätaufklärung (Goya), der Romantik (Novalis und Kierkegaard) oder des Symbolismus (Redon) bei diesen Künstlern freilich nur mit der Einschränkung einer kategorialen Distanz voraussetzen: Gott war für die US-amerikanischen Künstler des späten 20. Jahrhunderts nicht mehr in gleicher Weise Berufungsinstanz wie für die des 19. Jahrhunderts. Vom Postulat der Gottes- und Selbsterkenntnis ist vor allem die Selbstbefragung geblieben – allerdings mit nachhaltiger Auswirkung auf die Betrachter. Die Bilder von Ad Reinhardt, Barnett Newman oder Mark Rothko widersetzen sich dem »Zeitalter der Reproduzierbarkeit«. Sie verlangen, daß man vor dem Original in sie eindringt. Sie rufen bei vielen Besuchern nachhaltige Erschütterung hervor, doch im Medium der Reproduktion läßt sich kaum zeigen, wie sehr diese

119 Zitiert nach Rosenthal, in: AK *Black Paintings* (Anm. 72), S. 71.

120 Allerdings ist dieser Rückgriff, wie mir Stephanie Rosenthal mitteilte, nur von Newmans Biographen Thomas B. Hess überliefert. Immerhin besaß Newman ein Exemplar von Kierkegaards Buch.

121 Dies gilt auch für Richard Serra, der Newman als seinen eigentlichen Lehrer sah. Bei Serra kommt jedoch nach eigener Aussage eine Komponente der »Unerbittlichkeit« als Qualität der Melancholie hinzu.

122 Nachweise in Anm. 76. Die dort genannten Autoren der Spätaufklärung und Frühromantik waren selbstverständlich mit den antiken Vorstellungen von der Schöpfungskraft der Nacht, etwa bei Hesiod, vertraut; vgl. dazu auch Elisabeth Bronfen, *Tiefer als der Tag gedacht. Eine Kulturgeschichte der Nacht*, München 2008.

123 Rosenthal, in: AK *Black Paintings* (Anm. 72), S. 70 und 95.

Bilder, von anderen Farben durchwoben, Schwarz als Essenz eines Denkraums zum Vorschein bringen. Man stößt damit auf Grenzen der Mitteilbarkeit. Mit der Analyse der schwarzen Bilder wollte ich nicht zuletzt den Autoren des Melancholie-Katalogs in zwei Punkten widersprechen: 1) Die Verselbständigung des Schwarz beginnt nicht im 20., sondern im frühen 19. Jahrhundert und erreicht im späten 19. Jahrhundert ihren Höhepunkt. Erst von da aus, als Rückgriff auf Goya bis Redon, lassen sich auch die neuen Bilder der New York School oder zeitgenössischer europäischer Künstler verstehen. 2) Unhaltbar ist es, aus den schwarzen Bildern auf apokalyptische Visionen zu schließen. Vielmehr sollte man mit Wolf Lepenies vorsichtiger – und nicht nur auf Bilder bezogen – sagen: »Am Anfang der europäischen Moderne steht der welterschließende Zweifel Descartes', an ihrem Ende steht die weltabgewandte Melancholie.«[124] Ein durchdachter Skeptizismus scheint mir zutreffender zu sein als ein wohlfeiler Kulturpessimismus.

Es scheint, daß Robert Motherwell mit seinen *Elegien zu Ehren der Spanischen Republik*, die im wesentlichen von 1948 bis 1960 entstanden, sich der Grenzen des melancholischen Subjektivismus be-

124 Wolf Lepenies: *Melancholie und Gesellschaft* (1972), Neuausgabe Frankfurt/M. 1998, S. XIX. Ein Bedenken sei nicht verschwiegen: Insgesamt ist bei Lepenies, im Zusammenhang mit Melancholie, auffallend oft von »Langeweile« die Rede. Nichts ist dem Melancholikus weniger adäquat. Mit »Langeweile« ist auch Baudelaires »mal du siècle« oder »ennui« nicht optimal übersetzt. Ich bin sicher, daß Baudelaire sich nie gelangweilt hat. Begriffe wie »Überdruß« oder »Leiden an sich selbst«, »Zielverlust«, »Ichneurose« (jesuitisch: »Mißtrost«), »paralysie d'âme« kämen der Sache näher, mit anderen Worten: das Gefühl, keine rechte Aufgabe zu haben, seine Überflüssigkeit in der Welt zu spüren. Aber damit wäre nur die sekundäre Seite der Melancholie beschrieben, nicht die ihr innewohnende inspirierende Kraft. Zum französischen Begriff des *»ennui«* vgl. u. a. Henning Mehnert, *Melancholie und Inspiration. Begriffs- und wissenschaftsgeschichtliche Untersuchungen zur poetischen »Psychologie« Baudelaires, Flauberts und Mallarmés, mit einer Studie über Rabelais* (Beiträge zur neueren Literaturgeschichte, 3. Folge, 35), Heidelberg 1978, besonders S. 138-157, 175-184; J.-L. Alibert, *Physiologie des passions ou nouvelle doctrine des sentiments moraux*, Bd. 2 (1825), ^{2}1861, S. 11. Zu berücksichtigen ist, daß Melancholie auch eine »motorische Attitüde« sein kann; vgl. Walter Benjamin, *Ursprung des deutschen Trauerspiels* (entworfen 1916, verfaßt 1925), in: *Gesammelte Schriften*, hg. von Rolf Tiedemann, Bernhard Schweppenhäuser, Bd. 1, 1, Frankfurt/M. 1974, S. 203-430, Zitat S. 318 (wobei Benjamin hier und auch später, S. 324, nicht eigentlich zwischen Trauer und Melancholie unterscheidet). Bedeutsam sind ungeachtet dessen die Ausführungen über Dürers *Melencolia I* (S. 319 f., 326, 329).

Abb. 14: Robert Motherwell, *Elegie auf die Spanische Republik, Nr. LV (Elegy to the Spanish Republic No. LV)*, Öl auf Leinwand, 177,8 × 193,4 cm, 1955-60, Cleveland, Museum of Art (aus: Mary Ann Caws, *Robert Motherwell with Pen and Brush*, London 2003, S. 115; © Dedalus Foundation, Inc./VG Bild-Kunst, Bonn 2008).

wußt war.[125] Motherwells Kompositionen gehen aus von einem Gedicht des García Lorca, das eine Erschießung im Spanischen Bürgerkrieg behandelt.[126] Motherwells elegische Nachrufe auf die spanische Republik ziehen sich in großen Gemälden durch die ganze späte Franco-Ära hin, beispielhaft in einem großen Bild von 1955-1960 (*Abb. 14*), dem 1978, nach Francos Tod, die *Versöhnungselegie* folgte und 1989-1990 schließlich eine mit Acryl und Blut gemalte *Rückerinnerungselegie*.[127] Motherwell argumentiert sozusagen altmodisch,

125 Vgl. Caws, *Robert Motherwell with Pen and Brush* (Anm. 78), S. 114 f., 147-153, 172.

126 Ebd., S. 148 f.

127 *Reconciation Elegy*, Washington, National Gallery of Art; Caws, ebd., Abb. S. 172.

aber eben auch aus Einsicht in die esoterischen Begrenzungen der reinen oder fast reinen Schwarzmalerei; er stellt Schwarz in seiner Bedeutungsdimension wieder her. Schwarz als Farbe, in der Denken und Handeln enthalten sind. Man kann nicht umhin, in der *Versöhnungselegie* auch das Aufeinandertreffen gegnerischer Kräfte zu sehen. Dieses Schwarz stößt von der anderen Seite her an die Grenzen der Melancholie; es wirkt wie eine Überwindung der Hemmung, die Dürers allegorische Figur sich auferlegt, wie eine Rückkehr zu dem Ziel, mit Kunst etwas durchsetzen zu wollen, bei aller Trauer einen Trompetenstoß von sich zu geben, wie ihn Benjamin im *Ursprung des deutschen Trauerspiels* verlangt – das ist Motherwells Impuls. Freilich stellt sich die Frage, ob man diese Elegien noch unter den Begriff der neuen Melancholie subsumieren kann. Doch Melancholie ist, wenn man sie nicht als Krankheit definieren will, eine intrapsychische Gratwanderung.[128]

Melancholie ist ein notwendiger Schritt zwischen »Erfahrung« und »Erwartung«, mit Reinhart Koselleck zu reden, oder zwischen Planen und Handeln. Das Begriffspaar »Erfahrung« und »Erwartung« läßt sich in der Tat auf Melancholie anwenden: Melancholie verharrt zwischen beidem, stellt also einen Ruhepol in der Geschichte des produzierenden Künstlers oder in der genetischen Entwicklung eines Kunstwerks dar. Koselleck sprach von Erfahrung und Erwartung als zwei Kategorien, »die geeignet sind, indem sie Vergangenheit und Zukunft verschränken, geschichtliche Zeit zu thematisieren«.[129] In dieser Verschränkung ist Melancholie ein Innehalten in der Gegenwart und deshalb so bedeutsam, weil in diesem Erfahrungsraum Erwartungen sich entwickeln können, »die bisher noch nicht gehegt werden konnten«.[130] Insofern zielt dieser Erfahrungs- und Erwartungsraum auf Zukunft ab.

Elegy to the Spanish Republic No. 172, Denver, Art Museum; Caws, ebd., Abb. S. 150.

128 An diesem Punkt, an dem Melancholie auch wieder politisch reflektiert wird, könnte man Stephen Eisenmans Holocaust-Mahnmal in Berlin einbeziehen: Das Durchwandern dunkler Pylone, das, ohne deskriptiv zu werden, Erschütterung über den Holocaust, Gedenken an die Vernichtung der europäischen Juden und durch diese Erinnerung Katharsis auslösen kann, ist das (nicht bei jedem Besucher erreichte) Ziel dieses Gangs durch die Unterwelt.

129 Reinhart Koselleck: »›Erfahrungsraum‹ und ›Erwartungshorizont‹ – zwei historische Kategorien«, in: ders., *Vergangene Zukunft. Zur Semantik geschichtlicher Zeiten*, Frankfurt/M. 1979, S. 349-375, hier S. 353.

130 Ebd., S. 366f.

Ernst Osterkamp

Seelenliebe und antiker Amor in der deutschen Liebeslyrik des 18. Jahrhunderts

Liebende sind bekanntlich taub für die Mitteilung, daß auch sie nur einer diskursivierten Empfindung gehorchen. Sie insistieren darauf, daß ihr Gefühl so einmalig und unwiederholbar ist wie der Mensch, in den sie sich nun einmal verliebt haben. Für sie verbindet sich ihr Empfinden mit dem Anspruch auf Absolutheit, und deshalb reagieren sie auf die Information, daß das, was sich da in ihrem Affekthaushalt ereigne, sozial-, kultur- und mentalitätsgeschichtlich hochgradig codiert sei, mit begreiflicher Verständnislosigkeit. Wir sollten sie in ihrer Illusion belassen; schließlich wäre es auch ernüchternd, im Vollgefühl der emotionalen Hingabe in eine reflexive Distanz zur eigenen Kopflosigkeit zu treten und sich zu fragen, was sich unter der Linde, auf den Vordersitzen des Autos oder ganz altmodisch im Bett mit ihnen gerade diskursgeschichtlich ereigne. Sie werden es ohnehin früh genug erfahren.

Liebende spüren genau, daß ihre Empfindung aufs entschiedenste an den Faktor der sprachlichen Mitteilbarkeit gebunden ist; deshalb der ständige Blick aufs Handy, um sich zu vergewissern, ob eine neue SMS eingetroffen ist, deshalb das im übrigen semantisch gering befrachtete Liebesparlando am Telefon, deshalb die Sehnsucht nach dem Liebesbrief oder, falls man es mit Liebesvirtuosen zu tun hat, gar nach dem Liebesgedicht. All diese Formen sprachlicher Mitteilung sind zwar für Liebende unabdingbar, weil ihr Gefühl nur dann existiert, wenn es mitgeteilt wird – und sei es in Form innerer Monologe –, aber sie sind für Liebende auch höchst unbefriedigend, was sich schon daran erkennen läßt, daß diese Mitteilungen unablässig erneuert werden müssen. Dies liegt vor allem daran, daß Liebende sich den sprachlichen Herausforderungen, die von Absolutheitsansprüchen ausgehen, nur ungern stellen, oder auch gar nicht die Zeit und den Sinn dafür haben, das Problem der sprachlichen Repräsentation des Einmaligen und Absoluten, als welches sie ihre Liebe empfinden, angemessen zu reflektieren. Statt, wie ihnen entschieden zu raten wäre, die Texte der mittelalterlichen Mystik zur Gottesschau, Petrarcas *Canzoniere* oder barocke Dokumente der Jesusminne zu studieren, bevor sie über ihre Liebe reden, verlassen sie sich lieber auf die sprachlichen Schrumpfrepertoires, die ihnen von Film und Fernsehen angeboten werden.

Es ist sehr schwer, eine Sprache für die Liebe zu finden, sobald sie als absolute und zugleich als individualisierteste Form der Empfindung verstanden wird, was im übrigen in gewisser Weise ein Widerspruch ist. Aber mit diesem Widerspruch haben die Menschen in den letzten dreihundert Jahren zu leben gelernt, in denen der Absolutheitsanspruch, der bis dahin der Liebe Gottes zukam, in die menschlichen Zweierbeziehungen hineinwanderte und sich dort unlöslich mit den Individualitätsansprüchen verband, die das bürgerliche Subjekt definieren. Seit dem 18. Jahrhundert will Liebe absolut und individuell zugleich sein: als die exklusive und einmalige Gefühlsbeziehung zwischen zwei Individuen, deren dauerhafte Verbindung allein durch diesen absoluten und zugleich individuellen Gefühlskitt gewährleistet wird. Damit wird Liebe, die auch aufgrund dieser herausragenden sozialen Funktion kommunizierbar sein muß, vor allem eines: ein sprachliches Problem. An der Lösung dieses Problems arbeitet nicht zuletzt die individualisierteste Form des literarischen Sprechens im 18. Jahrhundert: die Lyrik. Bei der Herausbildung einer neuen Sprache der Liebe, in der die Ansprüche auf die Absolutheit der Empfindung mit denjenigen auf die Individualität des Gefühls ästhetisch vermittelt werden konnten, half der Lyrik des 18. Jahrhunderts nicht zuletzt der Rückgriff auf die erotische Dichtung der Antike. Um zeigen zu können, wie sie das tat, bedarf es zunächst eines Rückblicks auf die erotische Lyrik des Barock.

Seit Martin Opitz 1624 mit dem *Buch von der deutschen Poeterey* eine Dichtungsreform eingeleitet hatte, die der deutschen Dichtkunst den Anschluß an die dichterischen Entwicklungen West- und Südeuropas zu verschaffen und eine deutsche Kunstpoesie auf der Grundlage der humanistischen Poetik durchzusetzen suchte, stand bis zum Ende des 17. Jahrhunderts alles poetische Sprechen über die Liebe im Zeichen der antiken Tradition. Daß in der weltlichen Lyrik des 17. Jahrhunderts das Thema der Liebe deutlich dominierte, hatte vor allem zwei Gründe: Zum einen hatte die neulateinische Dichtungstradition seit dem 16. Jahrhundert die antike Liebesdichtung wiederbelebt; ihr blieben die Lyriker des Barock formal und inhaltlich entschieden verpflichtet, und der Leser barocker erotischer Gedichte von Opitz bis Johann Christian Günther wird deshalb allerorten Spuren von Theokrit und Horaz, von Catull und Ovid finden. Zum zweiten hatte Martin Opitz dem europäischen Petrarkismus, den Hans Pyritz 1932 in seiner Dissertation über Paul Flemings Liebeslyrik »das zweite erotische System von internationaler Geltung nach dem Minnesang« genannt hat,[1] mit seinem *Buch von der deutschen Poeterey* auch in der deutschen Kunstpoesie die Bahn gebrochen. Aus diesen beiden Traditionslinien und erotischen Diskursformen speisten sich die Formen und Themen der deutschen Liebeslyrik des 17. Jahrhunderts, wobei sich die antike und die petrarkistische Tradition schon deshalb vorzüglich miteinander verbinden ließen, weil zentrale Komponenten des Petrarkismus wie etwa der Schönheitskatalog und der Preziosenvergleich aus der antiken Tradition stammen und man über die Härten des *servitium amoris* bei einer so hübschen wie grausamen *domina* nicht erst bei den Nachfolgern des Petrarca, sondern bereits bei den römischen Elegikern eine Menge erfahren kann. So erklärt sich die Vielzahl der Flavias und Corinnas, der Lesbias und Delias in der barocken Liebespoesie aus der doppelten Verpflichtung des Dichters »verliebter Gedichte« (so der im 17. Jahrhundert gängige Begriff für Liebesgedichte) auf die antike und die petrarkistische Tradition.

Dabei bot das antike *carpe diem*, wie es aus Horaz' Ode 1, 11 oder aus den Epigrammen der *Anthologia Graeca* in das christliche 17. Jahrhundert hinüberklingt, den Dichtern die Möglichkeit zum poetischen Einspruch gegen die dominante *Vanitas*-Stimmung ihrer Zeit und die christlich-neustoizistische Verwerfung des Fleisches, der Sinnlichkeit und der sexuellen Lust. Dies geschieht vor allem in der zweiten Hälfte des 17. Jahrhunderts in den erotischen Gedichten Christian Hoffmann von Hoffmannswaldaus und seiner Nachfolger, der galanten Dichter in den beiden Jahrzehnten um die Wende zum 18. Jahrhundert. Bei Hoffmannswaldau und seinen Schülern findet im erotischen Gedicht eine überraschende Aufwertung des *carpe diem* statt, wobei die poetische Feier der Präsenz des Schönen im Körper der Geliebten mit der rhetorischen Abwehr des Sündenvorwurfs gegen die sexuelle Lust einhergeht; das legitimierende Vorbild bot hier die erotische Lyrik der Antike mit ihrer Beschwörung

1 Hans Pyritz, *Paul Flemings deutsche Liebeslyrik*, Leipzig 1932, S. 37.

eines sexuellen Genusses ohne Sündenbewußtsein. Freilich koppelte sich diese spätbarocke Poetisierung von Lust und Sinnlichkeit des Menschen entschieden dadurch von der Lebenswirklichkeit ab, daß sie sich als poetisches Spiel beziehungsweise als Scherz tarnte; der Bezug auf die poetische Tradition der Antike half, dieses geistreich-gelehrte Spiel mit dem Erotischen dadurch zu legitimieren, daß er die dichterische Evokation des körperlichen Genusses von der Lebenspraxis des Dichters distanzierte.

Im Medium des poetischen Spiels bleibt die phantasierte Sinneslust eine Metaphernlust, die erträumte Promiskuität eine Promiskuität der Metaphern. Die Metaphernlust und die Ornatusexzesse der spätbarocken Poesie stehen deshalb auch in engstem Zusammenhang mit der Abundanz des Erotischen in dieser Poesie des elegant-ingeniösen Scharfsinns. Denn der erotisch verlockende Körper und der sexuelle Akt sind besonders geeignet, die Metaphernkunst der spätbarock-galanten Dichter zu stimulieren, weil auf ihnen ein Benennungs- und Beschreibungsverbot liegt; sie werden zum Prüfstein des artistischen Könnens, weil sie nur metaphorisch benannt werden dürfen. Deshalb bildeten Brüste und Schoß der Geliebten als Erfüllungsorte des *Carpe-diem*-Imperativs nicht nur aus erotischen, sondern auch aus artistischen Gründen Lieblingsthemen der galanten Nachfolger Hoffmannswaldaus. Dies erklärt solche merkwürdigen Gebilde wie das zu Ende des Jahrhunderts entstandene viele Seiten lange, berühmt-berüchtigte Alexandrinergedicht »Ruhestatt der Liebe« des jungen brandenburgischen Hofdichters Johann von Besser, der in mehreren hundert Metaphern von dem spricht, wovon nicht gesprochen werden darf: vom weiblichen Schoß und der sexuellen Erfüllung, die er verspricht.[2] Das ist, was immer es sonst sein mag, vor allem ein poetisches Virtuosenstück.

Der poetische Liebesdiskurs der Frühaufklärung im frühen 18. Jahrhundert bricht radikal mit diesen spätbarocken erotischen Scherzen aus dem Geiste des antiken *carpe diem* – und dies nicht

2 *Des Herrn von Besser Schrifften, Beydes in gebundener und ungebundener Rede; So viel man derer, Theils aus ihrem ehemaligen Drucke, theils auch aus guter Freunde schrifftlichen Communication, zusammen bringen können*, Leipzig 1720, S. 415-422; auch in Benjamin Neukirchs Anthologie *Herrn von Hoffmannswaldau und andrer Deutschen auserlesener und bißher ungedruckter Gedichte. Erster Theil. Nach einem Druck vom Jahre 1697 mit einer kritischen Einleitung und Lesarten*, hg. von Angelo George de Capua und Ernst Alfred Philippson, Tübingen 1961, S. 220-226.

unter Zurückwendung auf das barocke *Vanitas*-Denken, sondern, im Gegenteil, im Zeichen einer aufklärerischen Weltzugewandtheit, für die das *carpe diem* seinen Sinn nicht mehr aus dem erotischen Scherz, sondern aus dem bürgerlichen Nützlichkeitsdenken gewinnt, das auf eine durch Vernunft und Tugend gesteuerte Weltaneignung zielt. Nütze den Tag: Das meint im aufgeklärten Denken nicht mehr die erotische Verschwendung, sondern eine vernunft- und tugendregulierte Ökonomie der Affekte, die bei jeder Investition von Gefühl nach dem innerweltlichen Nutzen fragt. Aus dieser Perspektive ist die Verschwendung, die der Spätbarock mit den Metaphern treibt, unbegreiflich; genauer gesagt: Das barocke Übermaß des Ornatus kann in dieser Sicht nur noch begriffen werden als Ausdruck maßloser Leidenschaft und die metaphorische Übersteigerung als Ausdruck einer erotischen Überhitzung. Die Kritik der rationalistischen Dichtungslehre an der »lieblichen Schreibart« der Hoffmannswaldau-Schule setzt in den zwanziger Jahren des 18. Jahrhunderts genau hier an; für sie steht fest, daß ein Zusammenhang zwischen der spätbarocken Metaphernlust und der erotischen Thematik der galanten Lyrik besteht. Gottlob Friedrich Wilhelm Juncker, ein Mitglied der Leipziger Deutschen Gesellschaft, erklärt deshalb 1727 die sprachlichen Ungeheuer des Spätbarock so: »Dieses haben wir noch anzumercken, dass die Jugend=Liebe gegen das Frauenzimmer die fruchtbarste Mutter dieser Ungeheuer sey.«[3] Wenn Vernunft, Tugend und Naturnachahmung zu den zentralen ästhetischen Regulativen werden, wird die Situation des Liebesgedichts prekär; Liebe neigt nun einmal dazu, den Wirkungsradius der Vernunft zu begrenzen, Tugend zu relativieren und dem Objekt des Begehrens eine überdimensionierte Bedeutung zu verleihen, die in entsprechenden Metaphoriken zum Ausdruck kommt. So entschieden deshalb auch die rationalistische Dichtungslehre der Frühaufklärung in allen Gattungen sich auf einen neuen Klassizismus verpflichtet, so wenig kann sie doch mit der antiken Tradition der Liebesdichtung anfangen. Hatte die bis zum Ende des 17. Jahrhunderts nahezu ungebrochen fortdauernde humanistische Dichtungstradition dem Muster der antiken erotischen Dichtung seine Geltung bewahrt und den Dichtern des Barock die Möglichkeit geboten, parallel zum dominanten christ-

3 *Herrn von Hoffmannswaldau und andrer Deutschen auserlesener und bißher ungedruckter Gedichte siebender theil, nebst einer untersuchung der Hanckischen weltl. Gedichte*, Frankfurt, Leipzig 1727, Vorrede, Bl. d2v.

lichen *Vanitas*-Diskurs in den »verliebten Gedichten« formvollendet der irdischen Sinnlichkeit zu huldigen, so setzen dem die Tugend- und Vernunftimperative der Aufklärung abrupt ein Ende. Sobald Vernunft und christliche Tugend zu den Regulativen allen innerweltlichen Handelns und damit zu den Leitprinzipien auch der Poesie aufsteigen, werden im Liebesdiskurs und in der Liebespoesie alle Verbindungen zur antiken Tradition mit ihrer Huldigung der Leiblichkeit, ihrer Beschwörung der Sinnenfreuden, ihrer Evokation der Qualen der erotischen Verfallenheit und ihrem fehlenden Sündenbewußtsein radikal gekappt.

Johann Christoph Gottsched, der Literaturpapst der Frühaufklärung, verwirft in seinem 1730 erstmals erschienenen *Versuch einer Critischen Dichtkunst* den überladenen Stil, die »hochtrabenden Metaphoren«[4] in Hoffmannswaldaus »verliebten Gedichten« und fordert für Liebesgedichte eine »natürliche und fließende Schreibart«.[5] Darüber hinaus weiß er zur Liebeslyrik wenig zu sagen und hält sich besonders damit zurück, die antiken Liebesdichter zur Nachahmung zu empfehlen. Dies geschieht weniger aus stilistischen denn aus moralischen Erwägungen; immerhin lautet das *epitheton ornans* für Ovid bei Gottsched »unzüchtig«.[6] Die prekäre Situation des größten Lyrikers im Übergang vom Spätbarock zur Frühaufklärung, Johann Christian Günther, läßt sich deshalb schon daran erkennen, daß man ihn nach seinem frühen Tod den »deutschen Ovid« nannte.[7] Aus der Perspektive des Spätbarock – erotische Dichtung als »Scherz« in der antiken Tradition! – war dies das höchste Lob: Günther wurde damit als einem Dichter deutscher Liebeslyrik der Rang des großen Ovid zugesprochen, der die Liebe zu einer poetischen Kunst erhoben hatte. Aus der Perspektive der Frühaufklärung aber kam dieses Urteil einer moralischen Verwerfung gleich. Der deutsche Ovid, das hieß nun, daß Günther primär als ein Dichter unzüchtiger Verse galt, was in der Perspektive der Nachahmungsästhetik zugleich auf die Sittenlosigkeit seines Lebenswandels hindeutete. So konnte der

4 Johann Christoph Gottsched, *Versuch einer Critischen Dichtkunst*, unveränderter fotomechanischer Nachdruck der 4., vermehrten Auflage, Leipzig 1751, Darmstadt 1962, S. 662.

5 Ebd., S. 657.

6 Ebd., S. 446.

7 Vgl. hierzu Linda Hoff-Purviance, »Der deutsche Ovid«, in: Heinz Ludwig Arnold (Hg.), *Johann Christian Günther, Text + Kritik* 74/75 (1982), S. 31-39.

Pfarrer Gottfried Ephraim Scheibel 1734 in seinem dichtungsfeindlichen Buch *Die unerkannten Sünden der Poeten* seine Negativbeispiele vor allem aus Günthers Leben holen:

> Was macht nicht mancher teutscher Ovidius vor einen Ruhm daraus, dass er nicht allein selbst das Frauenzimmer mit seinen Gedichten vergnügen kan, sondern auch andern verliebten Haasen mit mancher Hertz=brechenden Cantata einen Dienst erweisen.[8]

Urteile wie diese zeigen, wie grundlegend sich die poetologischen und die erotischen Diskurssysteme im Übergang vom Spätbarock zur Frühaufklärung gewandelt hatten – so grundlegend, daß die Liebeslyrik der Aufklärung an die barocke und damit auch an die antike Tradition nicht anzuschließen vermochte. Sie konnte dies auch deshalb nicht, weil der poetische Liebesdiskurs des 17. Jahrhunderts den sich im 18. Jahrhundert durchsetzenden neuen Absolutheits- und Individualitätsansprüchen an die Liebe in keiner Weise entsprach. Die spätbarocken Liebesimaginationen entzünden sich am Körper der Geliebten und nicht an deren Seele oder gar an deren Tugend; die Reduktion von Weiblichkeit auf stereotype körperliche Merkmale, die der Dichter anhand des Schönheitskatalogs abarbeiten kann, und auf eine Schrumpfseele, deren affektive und spirituelle Möglichkeiten zwischen erotischer Hartherzigkeit und erotischer Nachgiebigkeit oszillieren, führt zur Austauschbarkeit all der Bereniken und der Lesbien, mit denen die spätbarocke Liebespoesie ihr mehr oder weniger geistvolles Spiel treibt. Dieses Spiel kann nur gelingen, wenn Individualität und Absolutheit der Liebe ausgeschlossen werden, und dies gewährleistet der Rückbezug auf die antike und die petrarkistische Tradition.

Mit alldem aber bildet die erotische Lyrik des Spätbarock den polaren Gegensatz zur Liebeslyrik des 18. Jahrhunderts, die sich von den Topoi der antiken Tradition zugunsten einer »natürlichen Schreibart« abkoppeln muß, um die Absolutheits- und die Individualitätsansprüche der Liebe überhaupt sprachlich zur Geltung bringen zu können. In idealtypischer Abstraktion: Während die spätbarocke erotische Poesie sich an der normierten körperlichen Schönheit der Geliebten entzündet, gilt die Liebeslyrik der Aufklä-

8 Gottfried Ephraim Scheibel, *Die Unerkannte Sünden Der Poeten Welche man Sowohl in ihren Schrifften als in ihrem Leben wahrnimmt Nach den Regeln des Christenthums und vernünfftiger Sittenlehre geprüfet*, Leipzig 1734, S. 154.

rung deren individueller Seelenschönheit und setzt damit eine Individualisierung und Personalisierung der Liebesbeziehung voraus. Während die rhetorischen Strategien der ersten die Liebe sich in der sexuellen Vereinigung erfüllen lassen, zielt die andere auf eine Seelenverschmelzung und gründet damit in einer Verinnerlichung des subjektiven Gefühls, des individuellen Empfindens der Liebenden. Und während die eine, vor dem Hintergrund der Affekten- und Temperamentenlehre des 17. Jahrhunderts, von einer grundsätzlichen Austauschbarkeit des Objekts der Liebe und damit von deren Inkonstanz ausgeht, setzt die andere die Beständigkeit der Liebenden voraus, die von einem stabilen Tugend- und Treueideal gewährleistet wird. Dieses neue Liebeskonzept, in dem die christlich-paulinische Leibskepsis – auch sie freilich repräsentiert eine höchst wirkungsmächtige antike Tradition – sich unter aufgeklärtem Vorzeichen wieder massiv zurückmeldete, konnte mit der antiken Tradition eines Eros ohne Sündenbewußtsein, für den der Koitus das bewährteste *remedium* gegen die »Affekterkrankung« der Liebe bildet,[9] nichts mehr anfangen; die aufklärerische Liebeslyrik löste sich von der von Sappho bis Ovid und von Theokrit bis Tibull reichenden pagan-erotischen Tradition, die die Lyrik des Barock spielerisch gegen die christliche Spiritualität in Stellung gebracht hatte. Das aufgeklärte Nützlichkeitsdenken konnte solche poetischen Spiele mit der erotischen Verschwendung und der emotionalen Destabilisierung nicht mehr verstehen, weil es sie ethisch nicht billigen konnte; es setzte auf die Verinnerlichung der Liebe, auf deren durch Tugend abgesicherte Beständigkeit und auf den Vorrang der Seelenschönheit vor der körperlichen Schönheit schon deshalb, weil die erstere nicht einem so raschen Verschleiß wie die zweite unterworfen ist. Von der destruktiven und destabilisierenden Kraft des Eros, die die antike Liebespoesie von Sappho bis Properz zur Geltung bringt, wollte die aufgeklärte Liebesdichtung ohnehin nichts mehr wissen, weil Liebe für sie primär ein Affekt der sozialen Stabilisierung ist.

An dieser Stelle läßt sich ein kleiner kulturgeschichtlicher Exkurs nicht vermeiden, der begründen soll, weshalb sich im 18. Jahrhundert ein neues Liebesverständnis durchsetzte. In der frühen Neuzeit

9 Harry Fröhlich, *Apologien der Lust. Zum Diskurs der Sinnlichkeit in der Lyrik Hoffmannswaldaus und seiner Zeitgenossen mit Blick auf die antike Tradition*, Tübingen 2005, S. 78.

bildete die Ehe als gesellschaftliche Institution[10] eine an Besitz gebundene und einen Arbeitszusammenhang herstellende Lebensgemeinschaft, die als einziger Ort legitimer Sexualität zugleich die Sicherung von Nachkommenschaft zur Aufgabe hatte. Emotionale Zuneigung zwischen den Ehepartnern setzte sie keineswegs voraus; im Gegenteil, individuelle Wünsche und emotionale Bedürfnisse konnten in der Ehe nur so weit berücksichtigt werden, als sie die Lebensgemeinschaft, den Arbeitsprozeß, den Besitz und die Familienstrategie nicht gefährdeten. Das ändert sich erst vor dem theologischen Denkhorizont des Pietismus und dem säkularen der Aufklärung. Im Pietismus führte die aktive Rolle der Frau im Gemeindeleben generell zu ihrer Aufwertung auch als Ehepartnerin; die pietistische Ehe bildete dementsprechend eine Gesinnungsgemeinschaft, ja eine Seelengemeinschaft. Das Ehemodell der Aufklärer, die die Bedeutung der Frau besonders in der Familie hervorhoben, setzte, wie dies etwa Christian Fürchtegott Gellert in seinen *Moralischen Vorlesungen* entwikkelte, die »gegenseitige Liebe und Treue« von Mann und Frau voraus, die »auf das Geheiß ihrer Herzen« und »unter der Billigung der Klugheit« sich »um ihrer Privatglückseligkeit« willen verbinden; für Gellert fand der »stürmische Trieb der Liebe« in der Ehe sein Regulativ.[11] So wurde emotionale Zuneigung – Liebe – zum konstitutiven Element von Ehe, wobei die allmähliche Säkularisierung des ehelichen Liebesverhältnisses im Zuge der Auflösung der religiösen Bindungen einerseits, die zunehmende Sensibilisierung der Gefühle im Zuge einer als Aufklärung über das Gefühl verstandenen Empfindsamkeit andererseits in der zweiten Hälfte des 18. Jahrhunderts zur Ausbildung eines Konzepts romantischer Liebe führte, das Ehe nicht mehr in ökonomisch-hausgemeinschaftlichen Zwecken, sondern allein noch in der unbedingten emotionalen Übereinstimmung zweier Individuen begründete. Mit der aufklärerischen Fundierung von Ehe in Liebe und der beginnenden Konjunktur der romantischen Liebe wuchsen kontinuierlich die Absolutheits- und die Individuali-

10 Vgl. hierzu Richard van Dülmen, *Kultur und Alltag in der Frühen Neuzeit*, Bd. 1: *Das Haus und seine Menschen. 16.-18. Jahrhundert*, München 1990, S. 157-184.

11 Christian Fürchtegott Gellert, *Moralische Vorlesungen. Moralische Charaktere*, hg. von Sibylle Späth, Berlin, New York 1992 (*Gesammelte Schriften*, kritische, kommentierte Ausgabe, hg. von Bernd Witte, Bd. 6), S. 263-272. Die Zitate entstammen der 25. Vorlesung »Von der Ehe und ihren Verpflichtungen«, einem Schlüsseltext für das aufklärerische Verständnis ehelicher Liebe.

tätsansprüche an die Liebe, und für diese stellte der antike Liebesdiskurs keine Sprache bereit.

Auf die Herausforderungen dieses neuen Liebes- und Eheverständnisses reagierte die Lyrik der Frühaufklärung mit einem radikalen Schritt: Statt an das Vorbild der »verliebten« Gedichte des Spätbarock anzuschließen, stiftete die Liebeslyrik der ersten Jahrzehnte des 18. Jahrhunderts einen engen Zusammenhang zwischen Liebe und Tod und begründete das lyrische Sprechen über die Liebe neu aus der Tradition des Epicediums, des Leich- und Trauergedichts.[12] Die berühmtesten Liebesgedichte der Frühaufklärung sind Trauergedichte von Ehemännern auf ihre verstorbenen Ehefrauen; in diesen Gedichten wird das neue Konzept einer durch Vernunft und Tugend regulierten und deshalb bis in die Ewigkeit beständigen exklusiven Liebe zwischen zwei Individuen darstellerisch entwickelt und öffentlichkeitswirksam propagiert. Dies beginnt 1689 mit Johann von Bessers großem Trauergedicht »Verhängniß getreuer Liebe«,[13] das er auf seine im Alter von 26 Jahren im Kindbett gestorbene Frau geschrieben hat. Es setzt sich 1695 fort mit der nicht weniger berühmten »Klag-Ode« des Freiherrn von Canitz auf seine nach einer Frühgeburt gestorbene Gattin Dorothea[14] und findet noch 1736 ein spätes, für den empfindsamen Liebesdiskurs überaus folgenreiches Zeugnis in Albrecht von Hallers »Trauer-Ode beym Absterben seiner geliebten Mariane«.[15] Das Trauergedicht wird zum idealen Liebesgedicht der Frühaufklärung, weil in ihm der Körper der Geliebten, dem die ganze Aufmerksamkeit der barocken Liebeslyrik galt, als letzter Irritationsfaktor der Tugend dem Dichter entzogen ist. So entfaltet das Trauergedicht in der poetischen Evokation der toten Geliebten das Ideal der aufgeklärten Liebe zwischen zwei Individuen als einer entkörperlichten, vernunftgesteuerten Tugend-

12 Ich bin diesem Prozeß ausführlich nachgegangen in meinem Aufsatz: »Liebe und Tod in der deutschen Lyrik der Frühaufklärung«, in: Andreas Gößling, Stefan Nienhaus (Hg.), *Critica Poeticae. Lesarten zur deutschen Literatur. Hans Geulen zum 60. Geburtstag*, Würzburg 1992, S. 75-100.

13 *Des Herrn von Besser Schrifften* (Anm. 2), S. 214-225; auch in: *Des Herrn von Besser Schrifften. Beydes in gebundener und ungebundener Rede. Zweiter Theil*, hg. von Johann Ulrich König, Leipzig 1732, S. 375-386.

14 Friedrich Rudolph Ludwig Freiherr von Canitz, *Gedichte*, hg. von Jürgen Stenzel, Tübingen 1982, S. 327-334.

15 Albrecht von Haller, *Gedichte*, hg. und eingel. von Ludwig Hirzel, Frauenfeld 1882, S. 158-162.

und Seelenliebe von ewiger Dauer und damit von absoluter Geltung. Es sind diese Faktoren, die das Trauergedicht des liebenden Ehemanns auf seine verstorbene Gattin zum Inbegriff des aufgeklärten Liebesgedichts werden lassen:

– die mit dem Entzug des weiblichen Körpers einhergehende Senkung der Leidenschaft und eine Rationalisierung des Gefühls, deren gestalterisches Pendant eine entschiedene Zurückdrängung der Metaphorik zugunsten der von Gottsched geforderten »natürlichen Schreibart« war;
– jene Verlagerung der Liebesimagination aus dem sinnlich-körperlichen in den seelisch-geistigen Bereich, aus dem die Verinnerlichung der Liebe, das Konzept der Seelenliebe, erwächst;
– die Fundierung der individuellen Liebesbeziehung im eheorientierten Interesse an Beständigkeit, das durch die Einhaltung der Tugend gewährleistet wird; die darstellerische Verankerung der exklusiven Liebe im Persönlich-Biographischen.

Keiner dieser Faktoren konnte aus der antiken Tradition entwickelt werden; jede dieser Komponenten bildete eine unabdingbare Voraussetzung für die Ausbildung des Konzepts der romantischen Liebe, an dem wir noch heute laborieren.

Man darf die normative Kraft dieser Trauergedichte von Ehemännern auf ihre toten Frauen für die Ausbildung und Durchsetzung des aufklärerischen Konzepts der vernunftgesteuerten Tugend- und Seelenliebe keinesfalls unterschätzen. Gottlob Friedrich Wilhelm Juncker zum Beispiel empfahl 1727 seinen Lesern, sich beim Verfassen von Liebesgedichten ausschließlich an zwei Beispiele zu halten, nämlich an die »so vernünfftig und zärtlich« geschriebenen Leichgedichte von Besser und von Canitz.[16] 1743 erschien sogar eine Lyrikanthologie unter dem Titel *Zeugnisse treuer Liebe nach dem Tode Tugendhafter Frauen in gebundener deutscher Rede abgestattet von Ihren Ehemännern*, die Trauergedichte von Christian Weise bis zu Haller versammelt und als deren Zweck der Herausgeber die Einübung »edler Liebe« bestimmt: »Es können die Leser die Schönheit der Tugend, der Gottesfurcht und insonderheit einer edlen Liebe darinn recht lebhaft erblicken.« Eine »edle Liebe« meint hier »eine vernünftige und beständige Liebe«.[17] Wie tiefgreifend diese in der Frühaufklärung sich durchsetzende Entsinnlichung und Entkörperlichung

16 *Herrn von Hoffmannswaldau Gedichte* (Anm. 3), Vorrede, Bl. d3v.

17 *Zeugnisse treuer Liebe nach dem Tode Tugendhafter Frauen in gebundener deutscher*

der Liebe im Konzept der vernünftigen Tugendliebe, die das Trauergedicht zum idealen Liebesgedicht werden läßt, die weitere Geschichte der deutschen Liebeslyrik im 18. Jahrhundert bestimmt, zeigt exemplarisch der größte Lyriker der Epoche, Friedrich Gottlieb Klopstock, der zwar 1747 mit seiner frühesten Ode sich als »Lehrling der Griechen«[18] vorstellte, dies aber weitgehend auf die Metrik begrenzte und deshalb auch mit dem antiken Eros gar nichts anzufangen wußte. Und so entfaltete er denn 1748 sein im alkäischen Versmaß verfaßtes Liebesgedicht »An Fanny« auch aus einer Todesvision: »Wenn einst ich tot bin, wenn mein Gebein zu Staub / Ist eingesunken [...].«[19] Das Gedicht imaginiert die höchste Liebeserfüllung als körperlose Seelenverschmelzung in der Transzendenz, als Utopie der absoluten und deshalb ewigen Liebe zweier tugendhafter Individuen: »[...] Dann trennt kein Schicksal mehr die Seelen, / Die du einander, Natur, bestimmtest.«[20] Man sieht, was hier geschieht: Die »Natur« bringt »Seelen«, nicht Körper hervor, in der Liebe verschmelzen nicht Leiber, sondern Seelen, und weil sich dies in Übereinstimmung mit der Tugend vollzieht, wird Liebe zeit- und schicksalslos, ewig und absolut. Von Sappho und Theokrit oder gar von der *Anthologia Graeca* konnte dieser »Lehrling der Griechen« nichts lernen, denn sein Liebesgedicht weiß nichts von der bezaubernden und zerstörerischen Gewalt körperlicher Schönheit, sondern nur von der bezwingenden Kraft der Seelenschönheit.

Die Beispiele zeigen, weshalb die antike Tradition der erotischen Dichtung, die in Übereinstimmung mit der neulateinischen Dichtungstradition den barocken Liebesdiskurs nachhaltig bestimmte, eine so geringe Bedeutung für die Ausbildung des aufklärerischen und empfindsamen Liebesdiskurses besaß, aus dem die subjektivistische Liebeslyrik der zweiten Jahrhunderthälfte von Klopstock bis zum jungen Goethe und schließlich zu den Romantikern erwuchs, die auf dem Vorrang der Seelenschönheit vor der körperlichen Schönheit, der Verinnerlichung der Liebe und ihrer Individualisierung sowie Verabsolutierung beruhte. Im Jahre 1752 veröffentlichte ein jun-

Rede abgestattet von Ihren Ehemännern, hg. von Anton Paul Ludwig Carstens, Hannover 1743, Vorrede, unpag.

18 Friedrich Gottlieb Klopstock, *Ausgewählte Werke*, hg. von Karl August Schleiden, München 1962, S. 9.

19 Ebd., S. 39.

20 Ebd., S. 40.

ger Dichter ein achthundert Verse umfassendes Lehrgedicht mit dem Titel *Anti-Ovid*, das die wahre, von Tugend, Unschuld und aufrichtiger Empfindung bestimmte Liebe der »verwünschten Sittenlehre« der triumphierenden Wollust und der flüchtigen Sinneslust gegenüberstellt, die von Poeten wie Anakreon, Properz, Tibull und Ovid verbreitet wurde. Dieser junge Dichter war Christoph Martin Wieland.[21] Wieland freilich hat in späteren Jahren anders über die Sprache der Liebe zu denken gelernt, und dabei haben ihm Anakreon und Horaz, Ovid und Lukian entschieden geholfen.

Denn die Entsinnlichung und Entkörperlichung der Liebe im Konzept der aufgeklärten Tugendliebe, die für Jahrzehnte das Trauergedicht zum Inbegriff der Liebeslyrik werden ließen, konnten sich im Prozeß der Aufklärung auf Dauer nicht halten; Aufklärung meint ja nicht allein Aufklärung durch die Vernunft, sondern auch jene Aufklärung über das Gefühl, die sich dann die Empfindsamkeit zum Ziel setzte. Sobald aber, um die Mitte des 18. Jahrhunderts, der Prozeß der Erkundung der Sinnlichkeit des Menschen und damit die Rehabilitation der Körperlichkeit der Liebe einsetzte, kam erneut die Tradition der antiken erotischen Dichtung ins Spiel. Die antike Lyrik wird zu dem Medium, das in der deutschen Liebeslyrik des 18. Jahrhunderts der Liebe den Körper und den Reiz der Sinnlichkeit zurückgewinnt. Wie dies geschieht, soll zunächst ein kleines Gedicht zeigen, das 1745, also nur zwei Jahre nach der eben erwähnten Anthologie von Liebes/Trauergedichten auf verstorbene Gattinnen erschien und dieses mittlerweile verbindlich durchgesetzte Paradigma des aufgeklärten Liebesgedichts ironisch demontierte:

Die Witwer,
an die
Frau von S.

Ach, seht doch die Männer!
Sie schwimmen in Tränen.
Seht, *Canitz* geht, seufzend,
Durch *Blumbergs* Gefilde!
Er hört nicht die Lerche,
Er sieht nicht die Blumen,
Er fühlt nicht die Weste,
Er wünscht sich zu sterben.

21 Christoph Martin Wieland, *Sämmtliche Werke. Supplemente. Zweyter Band*, Leipzig 1798 (unveränderter fotomechanischer Nachdruck, Hamburg 1984), S. 9-44.

Seht *Haller*, der Weise
Kan klagen und weinen!
Wie ringt er die Hände,
Am Ufer der Leine!
Seht *Bessern* in Tränen!
Was weinen die Männer?
Sie seufzen, sie weinen,
Um würdige Damen,
Um trefliche Schönen.
Ach lebt doch nur ewig,
Ihr trefliche Schönen!
Ach laßt euch, ihr Damen,
Vom Tode nicht holen;
Sonst weinen die Männer.[22]

An dieser lyrischen Petitesse ist auf den ersten Blick gar nichts antik. Sieht man etwas genauer hin, stellt sich die Sache freilich ein wenig anders dar. Es handelt sich um ein nicht in Strophen aufgeteiltes Gedicht, das 22 reimlose Verse mit jeweils sechs Silben umfaßt, die metrisch organisiert sind als auftaktiger Daktylus und Trochäus. Das ist eine in dieser Zeit ungewöhnliche Form – ungewöhnlich wie auch die Reimlosigkeit, denn für die Poetik des 17. Jahrhunderts, aber auch der Frühaufklärung gehörte der Reim in der Regel zum poetischen Vers. Die Gedichte von Besser, Canitz und Haller, auf die hier Bezug genommen wird, waren natürlich gereimt und im übrigen metrisch in streng alternierenden Versen verfaßt: bei Besser in Alexandrinern, bei Canitz in vierhebigen Trochäen, bei Haller in vierhebigen Jamben. Von dem Muster dieser Dichter grenzt sich dieses Gedicht also nicht nur inhaltlich, sondern auch formal ab: Es zeichnet sich durch eine größere innere metrische Beweglichkeit aus und verweigert sich dem Paarreim, der sich formal so gut für die lyrische Vergegenwärtigung exklusiver Paarbeziehungen eignet.

In diesem Gedicht geht es also metrisch munter zu und überdies ungereimt; es ist an dauerhafter Paarbildung offensichtlich nicht besonders interessiert. Und weil dies so ist, findet es die Verbindung von Liebe und Trauer, die seit nahezu einem halben Jahrhundert die deutsche Liebeslyrik dominierte, auch ein wenig lächerlich; deshalb

22 Johann Wilhelm Ludwig Gleim, *Versuch in scherzhaften Liedern und Lieder*, nach den Erstausgaben von 1744/45 und 1749 mit den Körteschen Fassungen im Anhang kritisch hg. von Alfred Anger, Tübingen 1964, S. 95.

bilden die Tränen, die die Männer um ihre toten Frauen weinen, in diesem Gedicht auch das beste Argument dafür, den schönen Damen ein langes Leben zu wünschen, damit sich jedermann und jede Frau möglichst lange froh der Liebe ergeben möge. Die Liebe erfüllt sich, soll dies heißen, nicht im Tode, sondern im Hier und Jetzt, solange nämlich die »treflichen Schönen« das sind, was die Wendung besagt, eben nicht nur »trefflich«, worin man eine Ironisierung des Tugendgebots erkennen kann, sondern vor allem auch schön. Der Dichter dieser Verse ist also des ewigen Geweines der Männer überdrüssig geworden, und dies auch deshalb, weil es schön ist auf der Welt: nicht nur, weil es hier zahlreiche Schöne gibt, die man lieben könnte, sondern weil die Welt selbst einen angenehmen Lebensraum bildet, der sich mit den Sinnen erschließen läßt. Deshalb wundert sich der Dichter auch darüber, daß Canitz nichts »hört, sieht, fühlt«. Das Gedicht führt als Sinnesreize einen Blumberg an, was für sich schon angenehm klingt, das Ufer des Flüßchens Leine, singende Lerchen, blühende Blumen, bekömmliche »Weste«, also Westwinde. Wenn man dies alles zusammenfügt, dann entsteht das Bild eines angenehmen Ortes, eines *locus amoenus* in der Tradition der antiken Dichtung mit seinen topischen Bestandteilen Berghang, Flußufer, blühendes Gefilde, warmer Westwind, singende Vögel. Das Gedicht entwirft also mit wenigen Andeutungen ein Bild der Welt, das sie als idealen Erfüllungsraum der Liebe charakterisiert. Schon deshalb muß ihm ein Konzept der Liebe ungemäß sein, deren idealen Erfüllungsraum die Transzendenz bildet. Es muß, so sagt dieses Gedicht, endlich Schluß sein mit der Heulerei der Dichter, sie sollen ihre Frauen leben lassen, ihrer Sinnlichkeit gehorchen und das irdische Dasein, das viele Annehmlichkeiten bietet, zum wahren Erfüllungsort der Liebe machen; einen *locus amoenus* dafür findet man überall, selbst in Göttingen und in Brandenburg.

Natürlich ist dies ein poetischer Scherz; seine Botschaft ist aber durchaus ernst gemeint. Gerade um des Ernstes dieser Botschaft willen tarnt sich das Gedicht als Scherz, der sich von der Lebenswelt distanziert und sich deshalb gleichsam antik kostümiert. Es rechnet mit einem Leser, der die Verwandlung der deutschen Wirklichkeit in einen antiken *locus amoenus* als poetisches Spiel durchschaut und im übrigen auch sofort an der Form erkennt, daß der Dichter sein Plädoyer für die innerweltlich sich erfüllende Sinnlichkeit und Liebe gleichsam als antikes Zitat formuliert. Schon die Reimlosigkeit des

Gedichts deutet darauf; schließlich gab es in der Aufklärungspoetik keinen einzigen Rechtfertigungsversuch reimloser Verse, der nicht primär auf das Vorbild der Antike hingewiesen hätte. Als Samuel Gotthold Lange 1745 in Halle seine reimlosen *Horatzischen Oden* veröffentlichte, stellte er dem Band eine reimpoetische Vorrede von Georg Friedrich Meier voran, in der es heißt:

> Die Griechen, die Väter der Dichtkunst, haben die vortreflichsten Gedichte verfertiget, und an den Reim nicht gedacht. Die Römer, die erstgebohrnen und wohlgerathenen Söhne derselben, haben eben dergleichen gethan, ohne daß man sagen könnte, ihren Gedichten fehle es deswegen an einer Schönheit.[23]

An die antike Tradition schließt das Gedicht aber nicht allein in seiner Reimlosigkeit an, sondern auch in seiner kunstvollen Schlichtheit als strophenloses kurzes Gedicht mit Versen, die jeweils über nur zwei Hebungen verfügen. Mit alldem will das Gedicht *prima vista* als poetischer Scherz in der Nachfolge Anakreons erkannt werden, jenes um 500 v. Chr. gestorbenen ionischen Dichters geselliger Trinklieder, die im Hellenismus und in der Spätantike vielfach nachgeahmt wurden. Von diesen dem Wein und der Liebes- und Lebenslust huldigenden Anakreonteen sind etwa sechzig Lieder erhalten, die seit ihrer Veröffentlichung im Humanismus weite Verbreitung und zahlreiche Nachahmer fanden. Den Anakreonteen ist aufgrund ihres geselligen Charakters jede krasse Sinnlichkeit fremd, und sie vermeiden auch, im Unterschied etwa zu den römischen Elegikern, die problematische Seite des Liebesaffekts, wie sie alle problematischen Seiten des Lebens ausschließen, um den Freuden der Liebe unter schönen Menschen im Zeichen der affektsteigernden Wirkung des Weins zu huldigen.

Es war der gemäßigte Hedonismus der Anakreonteen, der gewissermaßen das Einfallstor des antiken Eros in den aufgeklärten Liebesdiskurs mit seiner Entsinnlichung und Spiritualisierung der Liebe bildete. Dies geschah seit den vierziger Jahren des 18. Jahrhunderts in der literarischen Mode der Anakreontik,[24] die zwar kein ein-

23 Samuel Gotthold Lange, *Horatzische Oden nebst Georg Friedrich Meiers Vorrede vom Werthe der Reime*, Halle 1747, S. 5.

24 Zum »anakreontischen Sündenfall« der »tugendhaften Aufklärung« vgl. Hans-Georg Kemper, *Deutsche Lyrik der frühen Neuzeit*, Bd. 5, 2: *Frühaufklärung*, Tübingen 1991, S. 173-205; des weiteren Herbert Zeman, *Die deutsche anakreontische Dichtung. Ein Versuch zur Erfassung ihrer ästhetischen und literarhistorischen Erschei-*

ziges wirklich bedeutendes Gedicht hervorgebracht hat – was auch nicht ihre Absicht war, denn sie zielte auf eine Rehabilitation von Spiel und Scherz im Medium poetischer Kleinigkeiten –, der aber als Ganzem das große Verdienst gebührt, in der Lyrik die Liebe vom Himmel auf die Erde zurückgeholt und ihr die Sinnlichkeit und vor allem den Sinnesgenuß zurückgewonnen zu haben. Den Wegbereiter spielte hier ausgerechnet Johann Christoph Gottsched, der 1733 in seinen *Critischen Beyträgen* eine der Anakreonteen übersetzte, dabei das Original möglichst getreu wiederzugeben suchte und damit die Dichter zu selbständigen deutschen Gedichten auf antiker Basis anregen wollte:

Anacreons erste Ode.
Auf die Leyer.

Ich will zwar die Atriden,
Ich will den Cadmus preisen:
Doch meiner Leyer Seyten
Ertönen nur von Liebe.
Ich wechselte noch neulich
Die Seyten sammt der Leyer,
Und sang Alcidens Thaten:
Doch meine Leyer spielte
Von nichts, als lauter Liebe.
Drum gute Nacht, ihr Helden!
Denn meine Leyer tönet
Doch nur von lauter Liebe.[25]

Thematisch erfolgt, wie diese Verse programmatisch zeigen, mit der Absage an den heroischen Mythos eine Begrenzung des Gedichts auf die Liebe. Die *repetitio* – in diesem Fall »nur von Liebe«, »von lauter Liebe«, »als lauter Liebe« – ist deshalb die angemessene Stilfigur der Anakreontik; sie macht aber auch plausibel, weshalb die Anakreontik nach einer stürmischen Blütezeit einen raschen Tod stirbt – schließlich wirkt in der Liebe nichts erkältender als die ewige Wiederholung.

Die Wiege der deutschen Anakreontik stand bezeichnenderweise in Halle, der Hochburg eines strengen Pietismus, der mit der irdi-

nungsformen im 18. Jahrhundert, Stuttgart 1972; Matti Schüsseler, *Unbeschwert aufgeklärt. Scherzhafte Literatur im 18. Jahrhundert*, Tübingen 1990.

25 Johann Christoph Gottsched, *Ausgewählte Werke*, hg. von Joachim Birke, Bd. 1: *Gedichte und Gedichtübertragungen*, Berlin 1968, S. 463.

schen Glückseligkeitsvorstellung und der Verabsolutierung des Lustprinzips in der Anakreontik unvereinbar war. Funktionsgeschichtlich läßt sich die Anakreontik als eine Art jugendlicher Protestbewegung gegen den weltfeindlichen und asketisch-strengen halleschen Pietismus mit seiner Verwerfung der Adiaphora – der Mitteldinge, also sittlich neutraler Handlungen ohne heilsgeschichtliche Bedeutung wie Tanz, Theaterbesuche, Spazierengehen, Kartenspielen, Weintrinken, Musik –, kurz: seiner Ablehnung aller Dinge, die irgendwie mit Lust, mit Lebenslust und Freude an der sinnlichen Natur des Menschen zu tun haben, verstehen. Gegen diese dogmatische Verwerfung der Sinnlichkeit entwirft die hallesche Anakreontik in Form schwereloser lyrischer Petitessen unter Rückbezug auf die Antike das provozierende Bild einer Kuß-, Trink-, Scherz-, Sing-, Tanz- und Geselligkeitskultur, also das heitere Bild einer Kultur der Sinnlichkeit, die die Sinnlichkeit der Liebe mit einschließt. Um 1740 schließen sich vier hallesche Studenten zu einem Freundeskreis zusammen – Johann Wilhelm Ludwig Gleim, Johann Nikolaus Götz, Johann Peter Uz und der frühverstorbene Paul Jakob Rudnick – und machen sich daran, Anakreons Poesie in Form, Gehalt und Lebensstimmung nachzuahmen. 1746 erscheint die Anakreon-Übersetzung von Götz und Uz, 1744 mit Gleims *Versuch in scherzhaften Liedern* das Initialwerk der Anakreontik und eines der erfolgreichsten Lyrikbücher des 18. Jahrhunderts. Ihm folgt schon 1745 ein zweiter Teil, und darin findet sich auch das kleine scherzhafte Gedicht über die trauernden Witwer, deren moroser Liebesdiskurs aus dem Geist des anakreontischen Bekenntnisses zur sinnlichen Natur des Menschen ironisiert wird. Der gewaltige Erfolg von Gleims *Scherzhaften Liedern*, die zahllose Nachahmer fanden, zeigt nicht zuletzt, als wie ungenügend die restriktive Sprache der Liebe, die die Frühaufklärung ausgebildet hatte, mittlerweile empfunden wurde, und daß ein Konzept von Liebe, das allein der Seele und der Tugend galt und den Eigenwillen des Körpers nicht einbezog, als lebensfremd und auch lebensfeindlich zu gelten begann. Mit Gleims Lyrik gelangt gewissermaßen ein warmer Wind in die deutsche Poesie, der die eingefrorene Sinnlichkeit des Menschen aufzutauen beginnt; sein Gedicht über den lauen Wind Zephir endet so:

Sucht ihn doch, ihr muntern Knaben,
Sucht ihn doch, den Müßiggänger!
Kommt, dort wollen wir ihn suchen,

Dort bewegen sich die Lilien.
Seid nur still, ich hör ihn lachen,
Hört nur zu, er lacht recht laute!
Seht, dort schwärmt er um das Mädchen!
Seht, der Zefir jagt das Mädchen!
Seht, jetzt schwärmt er um den Busen!
Seht, jetzt weicht die leichte Seide!
Seht, jetzt zeigt er uns den Busen.
Kommt, wir wollen näher laufen,
Denn er soll uns noch was zeigen![26]

Aber mehr zeigt uns der Zephir nicht: hier nicht und auch nirgendwo sonst in der anakreontischen Lyrik. Man erkennt leicht an diesen Versen, was die scherzhaften Lieder der Anakreontik vom scherzhaften Dichten der spätbarocken Galanterie unterscheidet: einerseits natürlich die klassizistische Orientierung aufs Vorbild des Anakreon. Dem schlichten, einfachen Thema entspricht die Schlichtheit und Ungekünsteltheit des Stils, die »natürliche Schreibart«, die Gottsched für die Liebesgedichte gefordert hatte: Kurze, schmucklose Sätze als Ausdruck eines naiv-natürlichen Lebensgenusses, alle Verkünstelungen und metaphorischen Überhäufungen werden vermieden. Auf der anderen Seite paßt die anakreontische Lyrik den antiken Eros – die Rehabilitation der Sinnlichkeit im Schutz der Antike – dem bürgerlichen Tugend- und Treueideal durchaus an, indem sie die von ihr imaginierten Liebesfreuden an die eine und einzige Geliebte bindet; das zitierte Gedicht legt großen Wert darauf, daß Zephir nicht *die* Mädchen, sondern *das* Mädchen jagt und umschwärmt. Bei Gleim trägt es den Namen Doris, und da fällt denn nun auf, daß schon die verstorbene Ehefrau des Freiherrn von Canitz in dessen Trauergedicht Doris hieß. Das hat seinen guten Sinn: Das lyrische Ich der *Scherzhaften Lieder* ist seiner Doris nämlich in robuster Monogamie genauso treu wie Canitz dessen Doris; den erotischen Wechsel kennen die anakreontischen Gedichte nicht, und wenn doch, dann nur als rhetorisches Gedankenspiel des poetischen Ichs, um die eine Geliebte um so besser für sich gewinnen zu können.

Aber die Anpassung der scherzhaften Erotik an das Konzept der Tugendliebe geht noch weiter: Zwar besingen die anakreontischen Dichter immer wieder die Schönheit und den körperlichen Reiz der

26 Gleim, *Versuch in scherzhaften Liedern und Lieder* (Anm. 22), S. 79.

Geliebten und unterlaufen damit die Entkörperlichung der aufgeklärten Seelenliebe, aber sie thematisieren die körperlichen Vorzüge, denen doch die ganze Aufmerksamkeit der spätbarocken Dichter gehörte, niemals explizit; die Brüste und der Schoß der Geliebten bleiben sprachlich tabu. Zwar zeigt in dem zitierten Gedicht Zephir »uns den Busen«, aber Zephir ist eben ein Wind, der Lateinisch versteht: *sinus*, der Busen, das meint den Ausschnitt des Kleides und nicht die Brüste. Nichts hindert uns zwar daran, Busen als Metonymie für Brüste zu lesen, aber das zeigt ja nur, wie verhüllt sie tatsächlich bleiben, und im übrigen bricht das Gedicht, bevor es uns »noch was zeigen« kann, konsequent ab. Mit anderen Worten: Das anakreontische Gedicht setzt voraus, daß die Geliebte schön und reizvoll ist, aber es verhält sich diskret gegenüber ihrer Schönheit und ihren Reizen; es bekennt sich zur Körperlichkeit der Liebe, aber versucht nicht, den Körper zu enthüllen. Deshalb bildet der Kuß in der anakreontischen Dichtung den Gipfel der Intimität, die äußerste Grenze der körperlichen Annäherung, ja den Inbegriff der erotischen Erfüllung. Von den *quinque lineae amoris* der antiken Liebesliteratur[27] – *visus*, *allocutio*, *tactus*, *basium*, *concubitus* – wird in der Anakreontik immer nur die vierte Linie, der Kuß, erreicht, und nichts deutet in den Gedichten darauf hin, daß der Kuß als Synekdoche den Koitus bezeichnen soll. Im Gegenteil, die Küsse der Anakreontik sind unschuldig und müssen dies sein, weil sie dazu bestimmt sind, im Medium der Liebesdichtung das Konzept der aufklärerischen Seelen- und Tugendliebe mit der Sinnlichkeit des Menschen zu versöhnen. Der Kuß ist in diesen Gedichten gewissermaßen der sinnliche Ausdruck der Seelenliebe zweier Liebender: die sinnliche Berührung zweier Seelen. Die Liebe gewinnt also mit Hilfe der Antike in der Anakreontik ihren Körper zurück, sie bekennt sich wieder zum Reiz der Sinne und zur Schönheit des erotischen Spiels, sie gibt damit aber keineswegs die Verpflichtung auf die Tugend und die Verankerung aller liebenden Verbindung in der Seele (und nicht im Körper) des anderen auf. Im Kuß der Anakreontik wird beides in der Schwebe gehalten: die Seelenliebe mit der Sinnlichkeit des Menschen. Er ist das Ausgleichssymbol von Sinnlichkeit und Tugend; er gibt dem Körper und der Seele zugleich wechselseitig ihr Recht. Insofern auch läßt sich sagen, daß die anakreontische Liebeslyrik die

27 Vgl. hierzu Heinz Schlaffer, *Musa iocosa. Gattungspoetik und Gattungsgeschichte der erotischen Dichtung in Deutschland*, Stuttgart 1971, S. 77-85.

Tendenz zur Verabsolutierung und zur Individualisierung der Liebe nicht unterläuft, sondern sie im Gegenteil erweitert und plausibilisiert dadurch, daß das Gedicht der Seele ein identifizierbares Substrat im Leib und seiner Fähigkeit, Reize auszusenden und zu empfangen, verleiht.

Über den Kuß geht also die Anakreontik des 18. Jahrhunderts nicht hinaus, und sie hat aus diesem Grund auch bei den römischen Elegikern und ihrer Problematisierung der Liebe, die zur Krankheit von Körper und Seele zugleich werden kann, keine Anleihen gemacht. Deshalb spricht sie zwar unaufhörlich von erotischen Scherzen, von Amor und Venus, von Wollust und Liebespfeilen, schränkt jedoch zugleich die erotischen Phantasien strikt ein. Das führt natürlich rasch zu thematischer Ermüdung. In wenigen Jahren füllt die deutsche Lyrik gewaltige Kußspeicher und leert parallel dazu zahllose Weinfässer. Die Küsse aber tauschen durch und durch unschuldige Menschen aus, die im Grunde nur Spiele spielen; zu Spielen aber gehören Regeln, und die zentrale Regel lautet: Jenseits des Kusses als der körperlichen Berührung der füreinander bestimmten Seelen gibt es keine lyrische Semantik der Liebe. Zum Spiel aber gehört auch, daß es keine Entwicklungen gibt, sondern nur Wiederholungen; dieses lyrische Spiel schließt nicht allein die Eigendynamik und Eigengesetzlichkeit der Sexualität, es schließt auch die Psychologie aus. Aber gerade auf diese Weise gelingt der Anakreontik ein delikater Ausgleich zwischen dem eindeutigen Bekenntnis zur Sinnlichkeit des Menschen und der gleichzeitigen Einhaltung des vernunftgeleiteten Tugendgebots in der Seelenliebe; man könnte auch sagen: Sie etabliert ein Gleichgewicht zwischen antikem Amor und christlicher Liebe.

Die subjektivistische Liebeslyrik der zweiten Jahrhunderthälfte nimmt diese beiden Komponenten und verbindet sie durch Psychologisierung, also durch die Individualisierung der Seele, die im Konzept der Seelenliebe der Inbegriff stereotyper Tugenden, im Konzept der Anakreontik der Inbegriff problemloser Liebenswürdigkeit war. Sie hält einerseits an der Idee der Seelenliebe fest, die den dauerhaften Bund zweier Individuen in der Seelenverschmelzung begründet; sie gibt sich andererseits mit einem Körper zufrieden, der die Seelenverschmelzung dadurch besiegelt, daß er sich küssen läßt. Beides aber, Körper und Seele, verbindet die Liebeslyrik der zweiten Hälfte des 18. Jahrhunderts durch Psychologie; hierfür sind die lyrischen

Muster der Antike nicht mehr anschlußfähig. In die Körperlichkeit und Sinnlichkeit der Liebe üben sich die Lyriker des 18. Jahrhunderts jedenfalls bis zum Jahrhundertende anhand des anakreontischen Modells und seiner unterschiedlichen Rokokovarianten ein. Dies gilt noch für den größten Lyriker der späten Empfindsamkeit, für Ludwig Christoph Heinrich Hölty, der Oden des Anakreon in Prosa übersetzt, und so kann er denn noch dreißig Jahre nach Gleim Verse wie diesen schreiben: »Zephyr scherzet mit des Mädchens Busen«.[28] Busen ist das Schlüsselwort für Höltys Lyrik, in der sich alle Wahrnehmung in sanfte Empfindung verwandelt, und oft genug träumt Hölty von einer künftigen Geliebten, die ihm »am vollen Busen [...] Ruhe zu athmen« erlaubt,[29] weil der Busen für diesen Lyriker der Sitz der lieblichen Gefühle ist. Weiter als die Anakreontiker ist dieser empfindsame Lyriker, dem erotische Sehnsüchte gewiß nicht fremd waren, nicht gegangen; der Busen ist auch für ihn die lieblichste Verpackung der liebenswürdigen Seele.

Man kann das generalisieren: In der Liebeslyrik der zweiten Hälfte des 18. Jahrhunderts tritt der Körper in Erscheinung nur als die sinnliche Repräsentanz der Seele, als deren sinnlicher Spiegel – dies durchaus in Übereinstimmung mit der in der zweiten Jahrhunderthälfte allgegenwärtigen Modewissenschaft der Physiognomik. Der schmale Raum, den die Anakreontik im Anschluß an die Antike dem Körper und der Sinnlichkeit in der Liebeslyrik erschlossen hat, wird in den Liebesgedichten der letzten Jahrzehnte des 18. Jahrhunderts – trotz aller erotischen Scherze der *musa iocosa* des Rokoko und trotz aller Beschwörung der Natur im Sturm und Drang – nicht nennenswert erweitert; im Gegenteil, in ihnen entfaltet das Konzept der individualisierten und verabsolutierten Seelenliebe zwischen zwei nun zwar nicht mehr von Gott, sondern von der Natur füreinander bestimmten Menschen allererst seinen ganzen psychologischen Reichtum. Den Körper braucht diese Liebeslyrik des entfalteten Subjektivismus nach wie vor im Grunde nur dazu, um die Seelenberührung im Kuß zu besiegeln.

Dies erst erklärt den Schock, den das Erscheinen von Johann Wolfgang von Goethes *Erotica Romana* im Jahre 1795 auslöst. Auch

28 Ludwig Christoph Heinrich Hölty, »Elegie auf einen Stadtkirchhof«, in: ders., *Gesammelte Werke und Briefe*, kritische Studienausgabe, hg. von Walter Hettche, Göttingen 1998, S. 55.

29 Ebd., S. 245. Aus dem Bruchstück »Welch ein schleichender Kummer«.

der Liebeslyriker Goethe hat sich in die Körperlichkeit und Sinnlichkeit der Liebe anhand der Anakreontik und der Rokokolyrik eingearbeitet, wie das 1767 entstandene handschriftlich überlieferte Buch *Annette* aus der Leipziger Studienzeit zeigt. Hier wird gleich im Eröffnungsgedicht der Bezug zum antiken Muster hergestellt, wobei der junge Goethe zugleich formal das Vorbild der Anakreonteen einhält:

An Annetten

Es nannten ihre Bücher
Die alten sonst nach Göttern,
Nach Musen und nach Freunden,
Doch keiner nach der Liebsten;
Warum sollt' ich, Annette,
Die Du mir Gottheit, Muse,
Und Freund mir bist, und alles,
Dies Buch nicht auch nach Deinem
Geliebten Namen nennen?[30]

Auch wenn in den im Buch *Annette* versammelten Gedichten und Verserzählungen mit Hilfe des antiken Amor allerlei Allotria mit dem »heißen Busen« der Geliebten getrieben wird, so werden dort doch nie die von der Anakreontik gesetzten Grenzen überschritten; hier meldet sich zwar massiv die »heiße Glut« des Begehrens,[31] aber am Ende steht doch immer der »Triumph der Tugend« (so der Titel von gleich zwei Verserzählungen des Bandes), der das bürgerliche Mädchen vor weiteren Folgen bewahrt. Goethes berühmte Liebesgedichte der Sturm-und-Drang-Zeit erreichen, gerade weil sie ein reales Liebeserlebnis reflektieren, nie den Grad an erotischer Körperlichkeit, den das Buch *Annette* sich unter der Lizenz der *musa iocosa* gestattet, und gleiches gilt für die in den Weimarer Lehrjahren des Gefühls an die Lehrmeisterin Frau von Stein gerichteten Liebesgedichte, die bezeichnenderweise nicht selten wieder im Zeichen des Zentralgestirns der Empfindsamkeit, des Mondes, stehen.

Eine ganz neue Dimension gewinnen Goethes Liebeslyrik und die deutsche Liebeslyrik insgesamt erst mit den nach Goethes Rückkehr aus Italien, zwischen Herbst 1788 und Frühjahr 1790, entstan-

30 Johann Wolfgang Goethe, *Sämtliche Werke nach Epochen seines Schaffens*, Münchner Ausgabe, Bd. 1,1: *Der junge Goethe 1757-1775*, München 1985, S. 98.

31 Ebd., S. 109 (*Triumph der Tugend. Zwote Erzählung*).

denen *Römischen Elegien*: Gedichten auf die in Rom mit einem nicht identifizierbaren Mädchen namens Faustina erfahrene sinnliche Liebe, die Goethe in einer Zeit schreibt, nachdem er sich die Manufakturarbeiterin Christiane Vulpius als Geliebte in sein Haus geholt hat, in der sie schwanger und schließlich Goethes Sohn August geboren wird. Die römische Faustina, mit der der Dichter die körperliche Erfüllung erlebt und deren sinnlichen Körper die Elegien Gegenwart werden lassen, ist also auch deshalb nicht als reale individuelle Gestalt identifizierbar, weil sie zugleich eine poetische Spiegelung der gegenwärtigen Christiane ist. Als Goethe im Juli 1795 zwanzig *Römische Elegien* – vier blieben sekretiert, weil sie aufgrund ihres priapeischen Charakters der Öffentlichkeit nicht zugemutet werden konnten – unter dem Titel *Elegien. Rom 1788* in Schillers *Horen* erscheinen ließ, trieb er also ein entstehungsgeschichtliches Fiktionsspiel, um in den engen Verhältnissen Weimars die biographische Bindung der Texte an Christiane auszuschließen und überhaupt jeden lebensweltlichen Übersetzungsversuch der Texte zu blockieren. Denn die Texte unternahmen etwas Ungeheuerliches: Sie brachen, ein Jahrhundert nachdem die Frühaufklärung mit der spätbarock-galanten Praxis der Huldigung der Schönheit des weiblichen Körpers gebrochen hatte, radikal mit dem im Jahrhundert der Aufklärung etablierten Konzept der Tugend- und Seelenliebe, um, unbelastet von allen moralischen Erwägungen, die körperliche Liebe unter selbstverständlichem Einschluß der *quinta linea amoris*, des Koitus, zu besingen und so das Begehren nach der Verschmelzung der Seelen mit dem Begehren nach der Vereinigung der Körper in Einklang zu bringen. Dies aber war nur möglich unter Rückgriff auf die antike Tradition.

Goethe hat den Begriff der Elegie noch ebenso verstanden wie die Klopstock-Schule, also als strophenlose Dichtung im antiken Versmaß des Distichons, ohne damit in irgendeiner Weise einen spezifischen elegischen Gehalt in Sinne des Ausdrucks von Klage, Schmerz oder Trauer zu verbinden. *Römische Elegien* meint in diesem Sinne deshalb vor allem: Elegien in der Tradition der römischen Elegiker Catull, Tibull und Properz, also der Meister der römischen erotischen Dichtung, mit deren Werk sich Goethe bei der Arbeit an den *Römischen Elegien* intensiv beschäftigt hatte. Im Oktober 1788 bat Goethe seinen Freund Knebel, der damals an einer Übersetzung des Properz arbeitete, um eine Properz-Ausgabe; dieser aber sandte ihm am 24. Oktober 1788 eine solche der »Triumvirn« Properz, Catull und Tibull[32] – und es sind diese antiken Inspiratoren, denen Goethe am Ende der 5. Elegie, die die »mit fingernder Hand« vollzogene Entstehung des Gedichts aus dem erotischen Genuß des Körpers der Geliebten gestaltet, aufs schönste huldigt:

Amor schüret indes die Lampe und denket der Zeiten,
Da er den nämlichen Dienst seinen Triumvirn getan.[33]

Hier findet eine direkte intertextuelle Spiegelung statt. Der Text ruft die »Triumvirn« Catull, Properz und Tibull auf, denen er nicht nur seine Form, sondern denen er überdies seinen Gehalt verdankt: die Wiedergewinnung des antiken Amor in einer Zeit der christlichen Moralität und Spiritualität. Goethes *Römische Elegien* gestalten den Prozeß der Rückgewinnung der antiken Sinnlichkeit in der Moderne, die diese Sinnlichkeit preisgegeben hat. Die Liebe, von der in ihnen die Rede ist, ist geistige und körperliche Liebe in einem; sie umfaßt Seele und Körper der Geliebten zugleich. Sie setzt also die Entdeckung des Leibes als Gegenstand des Begehrens und damit zugleich als Gegenstand der Poesie voraus. »Amor schüret indes die Lampe«: Es ist der antike Amor, der Sohn der Venus, der hier nicht mehr die aufgeklärte Seelenliebe entzündet, sondern das körperliche Begehren stimuliert – ein körperliches Begehren, das das seelische Begehren aber immer einschließt.

Das poetische Ereignis der *Römischen Elegien* ist die Wiederentdeckung des Körpers als eines poetischen Gegenstands mit Hilfe der Antike. Denn im antiken Amor gibt es die Trennung zwischen der körperlichen und der seelischen Liebe, zwischen dem geistigen und dem sexuellen Begehren nicht: Die Liebenden begehren den Körper des anderen und begehren in ihm dessen Seele. Um die Schönheit des Körpers und das erotische Begehren jenseits aller Fragen der Moral besingen zu können, bedürfen sie des Gewands der Antike: jener Epoche der Menschheitsgeschichte, in der Geist und Sinnlichkeit des Menschen, wie Schiller es in seinen *Briefen über die ästhetische Erziehung des Menschen* entwickelte, noch ungetrennt waren. Insofern konstituieren die *Römischen Elegien*, die im Medium der

32 Dominik Jost, *Deutsche Klassik: Goethes »Römische Elegien«. Einführung, Text, Kommentar*, München, New York u. a. ²1978, S. 32.

33 Goethe, Münchner Ausgabe (Anm. 30), Bd. 3,2: *Italien und Weimar 1786-1790*, München 1990, S. 47.

Liebespoesie Spiritualität und Sinnlichkeit des Menschen wieder zu einer Einheit zusammenführen, einen poetischen Fiktionsraum, der derjenige des zurückgewonnenen Ideals ist; der Ort dieser Gedichte ist also weder Rom noch Weimar, sondern ein autonomer Sprachraum.

Saget Steine mir an, o! sprecht, ihr hohen Paläste.
  Straßen redet ein Wort! Genius regst du dich nicht?
Ja es ist alles beseelt in deinen heiligen Mauern
  Ewige Roma, nur mir schweiget noch alles so still.
O! wer flüstert mir zu, an welchem Fenster erblick ich
  Einst das holde Geschöpf, das mich versengt und erquickt?
Ahnd' ich die Wege noch nicht, durch die ich immer und immer,
  Zu ihr und von ihr zu gehn, opfre die köstliche Zeit.
Noch betracht' ich Paläst und Kirchen, Ruinen und Säulen,
  Wie ein bedächtiger Mann sich auf der Reise beträgt.
Doch bald ist es vorbei, dann wird ein einziger Tempel,
  Amors Tempel nur sein, der den Geweihten empfängt.
Eine Welt zwar bist du, o Rom, doch ohne die Liebe
  Wäre die Welt nicht die Welt, wäre denn Rom auch nicht Rom.[34]

Die Verse entwerfen zunächst die Situation des modernen Reisenden, der auf seiner *Grand Tour* Rom besichtigt, dem sich aber der »Genius« der Stadt noch nicht erschlossen hat. Paläste, Straßen, Steine werden als die materiellen Träger der Erinnerung an eine große Vergangenheit angerufen, aber als lebendige Gegenwart entzieht sich die Stadt noch dem lyrischen Ich. Das Tote muß wieder lebendig werden, muß sich »beseelen«, und dies kann es nur durch lebendige Menschen, die die »heiligen Mauern« mit Leben erfüllen und sie damit »beseelen«. Mit diesem Wunsch tritt an die Seite der geistigen Bildungsdimension gleichgewichtig die erotische Phantasmagorie: das sinnliche Begehren, das die Vergangenheit der Stadt in lebendige Präsenz verwandelt. Es ist die Liebe, die den Mauern der Stadt ihre Seele und damit ihr Leben verleiht. Daß diese Liebe als eine körperliche imaginiert wird, zeigt die Verbindung »versengt und erquickt«; es ist dies eine Liebe, die den Körper zugleich verbrennt und erfrischt, ihm also durch höchste Leidenschaft zu besonderer Lebensintensität verhilft. Zugleich nimmt das phantasierende Ich (im vierten Distichon) bereits die Wiederholungsstruktur des Begehrens vorweg: die unaufhörliche Wiederholung von Begehren

34 Ebd., S. 39.

und Befriedigung und erneutem Begehren. Dabei kommt ein religiös hoch besetzter Begriff zur Geltung: derjenige des Opferns. Es soll der Liebe immer wieder »köstliche Zeit« geopfert werden, Zeit also, die einerseits kostbar sein muß, weil sie für den Bildungsprozeß reserviert ist, und die andererseits gerade dadurch »köstlich« werden kann, daß sie statt dessen dem »holden Geschöpf« geopfert wird.

Gegenwärtig freilich folgt das lyrische Ich noch seinem Bildungsauftrag, wobei allerdings (im fünften Distichon) schon eine innere Spaltung eingetreten ist: Das Ich *ist* kein »bedächtiger Mann« mehr, sondern es verhält sich nur noch *wie* »ein bedächtiger Mann«. Äußerlich benimmt er sich zwar wie ein Bildungstourist, der sich zu betragen weiß (»beträgt«), also in Übereinstimmung mit der Moral sein Bildungsziel verfolgt, während sein Inneres schon längst mit anderem beschäftigt ist, nämlich mit der Suche nach einem »holden Geschöpf«. Diese Spaltung zwischen dem Inneren und dem Äußeren reproduziert sich in seinen Besichtigungsstrategien: Das Ich betrachtet zwar von außen »Paläst und Kirchen, Ruinen und Säulen«, heftet zugleich aber den Blick durch die »Fenster« ins Innere der Gebäude, wo es das Leben, die Seele der Roma, sucht. Die Bewegungsrichtung dieser Verse ist eine des Eindringens, vom Äußeren ins Innere, und dies auch in einem durchaus erotischen Sinne, wie das sechste Distichon zeigt, das klar ausspricht, in welchem »einzigen Tempel« die »köstliche Zeit« geopfert werden soll: in demjenigen Amors. An dieser Stelle nun spielt Goethe die Buchstabenidentität von Roma und Amor aus: Roma als Umkehrung von Amor. Amor also ist die Seele und der »Genius« von Rom, wie Amor zugleich die Seele der Welt ist; die Liebe verleiht den toten Mauern der Hauptstadt der Welt ihr Leben. Nur der, so sagt das siebte Distichon, kann Rom verstehen und nur zu dem spricht die Hauptstadt der Welt, der sich in ihr der Liebe ergibt – und damit wird die Liebe zu dem eigentlichen menschlichen Bildungserlebnis.

Eine Liebe freilich, die auf versengendes Erquicken zielt, auf leidenschaftliche Erfüllung des Begehrens. »Amors Tempel« meint deshalb auch ganz konkret den Körper der Geliebten, genauer noch, deren Schoß. Dies impliziert, daß mit dem »Geweihten«, den dieser »einzige Tempel« »bald« empfangen wird, nicht nur der dort opfernde Liebende, sondern ebenso konkret der Phallus gemeint ist, den der Schoß der Geliebten »empfängt«. »Einziger Tempel« heißt hier aber auch: Hier wird ein exklusives Liebesverhältnis poetisch imaginiert, das von wechselseitiger Liebe und damit auch von Treue bestimmt wird. Und das bindet die *Römischen Elegien* zurück an die Geschichte der deutschen Liebespoesie im 18. Jahrhundert. Goethes Erneuerung der Liebeslyrik in den *Römischen Elegien*, in denen die Liebe ihren Körper zurückgewinnt, ohne doch etwas von der ungeheuren Differenziertheit der Empfindung preiszugeben, die sie in den im Jahrhundert der Tugend- und Seelenliebe entstandenen Liebesgedichten erreicht hatte, war nur möglich in antiker Form: beglaubigt durch den antiken Amor, wie ihn die Dichtung der »Triumvirn« Catull, Properz und Tibull überliefert hatte.

Über die Autorinnen und Autoren

Hartmut Böhme, Professor für Kulturtheorie an der Humboldt-Universität zu Berlin. Forschungsschwerpunkte: Kulturgeschichte seit der Antike, Kulturtheorie, Literaturgeschichte des 18.-20. Jahrhunderts, Ethnopoesie und Autobiographik, Natur- und Technikgeschichte, Historische Anthropologie.

Katharina Greschat, Professorin für Kirchengeschichte an der Friedrich-Schiller-Universität Jena. Forschungsschwerpunkte: antike Kirchengeschichte, insbesondere Transformationen von der Spätantike zum Frühmittelalter; individuelle Frömmigkeit in der Spätantike, Gregor der Große.

Klaus Herding, Professor em. für europäische Kunstgeschichte an der Johann Wolfgang Goethe-Universität Frankfurt am Main. Forschungsschwerpunkte: Kunsttheorie sowie vielfältige Arbeiten zur Skulptur, Malerei und Graphik der Neuzeit (Schwerpunkt Frankreich), zur Revolutions- und Industriegeschichte, zur Karikatur, zur Geschichte der Emotionen.

David Konstan, John Rowe Workman Distinguished Professor of Classics and the Humanistic Tradition und Professor für Komparatistik an der Brown University, Providence/RI. Forschungsschwerpunkte: Klassische und hellenistische Philosophie, insbesondere Philosophie und Geschichte der Emotionen; antike Literaturtheorie, griechische Epigrammatik und das Verhältnis von frühem Christentum und klassischer Literatur und Philosophie.

Jakub Krajczynski, Stipendiat des Excellence Clusters »TOPOI« und Promotionsstudent der »Graduate School of Ancient Philosophy« an der Humboldt-Universität zu Berlin. Forschungsschwerpunkt: Alexander von Aphrodisias und die antike Debatte über die körperliche Lokalisation des herrschenden Seelenteiles.

Hilge Landweer, Professorin für Philosophie an der Freien Universität Berlin, Mitglied im Excellence Cluster »Languages of Emotion«. Forschungsschwerpunkte: Praktische Philosophie (besonders Sozial-

und Moralphilosophie), philosophische Anthropologie, Phänomenologie, interdisziplinäre Geschlechterforschung.

Silke Leopold, Professorin für Musikwissenschaft an der Ruprecht-Karls-Universität Heidelberg. Forschungsschwerpunkte: Geschichte der Oper, italienische Musik des 16.-18. Jahrhunderts, Claudio Monteverdi, Georg Friedrich Händel, Wolfgang Amadeus Mozart, historische Aufführungspraxis, Probleme der Musikgeschichtsschreibung.

Verena Olejniczak Lobsien, Professorin für Neuere Englische Literatur an der Humboldt-Universität zu Berlin. Forschungsschwerpunkte: Englische Literatur und Kultur der frühen Neuzeit, Shakespeare, Rezeption und Transformation der Antike (frühmoderner Neuplatonismus), Poetik und Ästhetik, Literaturtheorie, Theorie der Imagination.

Catherine Newmark, Wissenschaftliche Mitarbeiterin am Institut für Philosophie an der Freien Universität Berlin. Forschungsschwerpunkte: Geschichte der Philosophie mit Schwerpunkten in der Antike und im 17. Jahrhundert, Politische Philosophie, feministische Theorie, Ethik, Emotionstheorien seit der Antike.

Ernst Osterkamp, Professor für Neuere deutsche Literatur an der Humboldt-Universität zu Berlin. Forschungsschwerpunkte: Deutsche Literatur der Frühaufklärung, der Klassik und der Moderne, die Wechselbeziehungen zwischen den Künsten (Dichtung und bildende Kunst, Dichtung und Oper); Johann Wolfgang Goethe, Stefan George.

Christof Rapp, Professor für Philosophie an der Humboldt-Universität zu Berlin. Forschungsschwerpunkte: Philosophie der Antike und ihr Verhältnis zu modernen Debatten in Ontologie, Ethik und Handlungstheorie.

Werner Röcke, Professor für Ältere deutsche Literatur an der Humboldt-Universität zu Berlin. Forschungsschwerpunkte: Lachkulturen im Mittelalter und in der frühen Neuzeit, Geschichte des Romans, Hermeneutik der Fremde, Inszenierungen von Gewalt und Gewaltvermeidung in Literatur und Kultur des Mittelalters, Mentalitätsgeschichte, historische Anthropologie.

Ursula Rombach, Wissenschaftliche Mitarbeiterin am Sonderforschungsbereich 644 »Transformationen der Antike« an der Humboldt-Universität zu Berlin. Forschungsschwerpunkte: Alexanderdichtung im Mittelalter, italienischer Renaissance-Humanismus, Neuplatonismus, Venus-Bilder in der Renaissance.

Jens Roselt, Professor für Theorie und Praxis des Theaters an der Universität Hildesheim. Forschungsschwerpunkte: Ästhetik des zeitgenössischen Theaters und der Performancekunst, Geschichte und Theorie der Schauspielkunst, Räume des Theaters, Methoden der Aufführungsanalyse, Phänomenologie, Probenprozesse.

Peter Seiler, Privatdozent für Kunstgeschichte an der Humboldt-Universität zu Berlin. Forschungsschwerpunkte: Kunst- und Bildgeschichte des Mittelalters und der frühen Neuzeit, Transformationen antiker Kunst und Kultur, Porträtforschung, Geschichte kunsthistorischer Bildkompetenzen.

Christiane Voss, Wissenschaftliche Mitarbeiterin am Sonderforschungsbereich 626 »Ästhetische Erfahrung im Zeichen der Entgrenzung der Künste« an der Freien Universität Berlin. Forschungsschwerpunkte: Narrativität und Emotionstheorien, Bedeutung von Illusion und Fiktion in der Filmästhetik, Ethik und Ästhetik des Humors, Phänomenologie und Erkenntnistheorie.

Frank Wittchow, Privatdozent am Institut für Klassische Philologie an der Humboldt-Universität zu Berlin. Forschungsschwerpunkte: List und Improvisation in der römischen Literatur und Kultur, Ammianus Marcellinus, Performativität und Lachkultur.

Über die Herausgeber

Martin Harbsmeier, Wissenschaftlicher Mitarbeiter am Institut für Klassische Philologie an der Humboldt-Universität zu Berlin und am Sonderforschungsbereich 644 »Transformationen der Antike«. Forschungsschwerpunkte: Antike Philosophie, insbesondere Platon und die Sophistik, Geschichte der antiken Philosophie, Dichtungskritik in der Antike, Theorie und Praxis des Übersetzens bei Friedrich Schleiermacher.

Sebastian Möckel, Wissenschaftlicher Mitarbeiter am Sonderforschungsbereich 644 »Transformationen der Antike« an der Humboldt-Universität zu Berlin. Forschungsschwerpunkte: Bearbeitungen des antiken Romans in der frühen Neuzeit, Intimität in der höfischen Literatur des Mittelalters, Theatralität und Emotionalität in der Literatur.

Namenregister

Kulturwissenschaft und Kulturtheorie im Suhrkamp Verlag Eine Auswahl

Aleida Assmann/Ulrich Gaier/Gisela Trommsdorff (Hg.). Positionen der Kulturanthropologie. stw 1724. 391 Seiten

Michail M. Bachtin. Rabelais und seine Welt. Volkskultur als Gegenkultur. Übersetzt von Gabriele Leupold. Herausgegeben und Vorwort von Renate Lachmann. stw 1187. 546 Seiten

Mieke Bal. Kulturanalyse. Herausgegeben von Thomas Fechner-Smarsly und Sonja Neef. Übersetzt von Joachim Schulte. Mit zahlreichen Abbildungen. 372 Seiten. Gebunden

Roland Barthes
- Fragmente einer Sprache der Liebe. Übersetzt von Hans-Horst Henschen. st 1586. 279 Seiten
- Die Körnung der Stimme. Interviews 1962-1980. Übersetzt von Agnès Bucaille-Euler, Birgit Spielmann und Gerhard Mahlberg. es 2278. 404 Seiten
- Mythen des Alltags. Übersetzt von Helmut Scheffel. es 92. 152 Seiten

Hans Blumenberg. Arbeit am Mythos. stw 1805. 699 Seiten

Günter Burkart/Gunter Runkel (Hg.). Luhmann und die Kulturtheorie. stw 1725. 391 Seiten

Peter Burke. Was ist Kulturgeschichte? Übersetzt von Michael Bischoff. Gebunden. 204 Seiten

Jonathan Crary. Aufmerksamkeit. Wahrnehmung und moderne Kultur. Übersetzt von Heinz Jatho. Mit zahlreichen Abbildungen. 408 Seiten. Gebunden

NF 118/1/1.07

Ute Daniel. Kompendium Kulturgeschichte. Theorien, Praxis, Schlüsselworte. stw 1523. 476 Seiten

Norbert Elias
Über den Prozeß der Zivilisation. Soziogenetische und psychogenetische Untersuchungen. Zwei Bände in Kassette oder auch einzeln erhältlich
- Band 1: Wandlungen des Verhaltens in den weltlichen Oberschichten des Abendlandes. stw 158. 504 Seiten
- Band 2: Wandlungen der Gesellschaft. Entwurf zu einer Theorie der Zivilisation. stw 159. 604 Seiten

Elena Esposito. Die Verbindlichkeit des Vorübergehenden: Paradoxien der Mode. Übersetzt von Alessandra Corti. 192 Seiten. Kartoniert

Harry G. Frankfurt. Bullshit. Übersetzt von Michael Bischoff. Gebunden. 73 Seiten

Josef Früchtl. Das unverschämte Ich. Eine Heldengeschichte der Moderne. stw 1693. 422 Seiten

Michael Giesecke
- Sinnenwandel, Sprachwandel, Kulturwandel. Studien zur Vorgeschichte der Informationsgesellschaft. stw 997. 374 Seiten
- Von den Mythen der Buchkultur zu den Visionen der Informationsgesellschaft. Mit CD-Rom. stw 1543. 464 Seiten

Hans Ulrich Gumbrecht. 1926. Ein Jahr am Rand der Zeit. Übersetzt von Joachim Schulte.
514 Seiten. Gebunden. stw 1655. 554 Seiten

NF 118/2/1.07

Martin Ludwig Hofmann/Tobias F. Korta/Sibylle Niekisch (Hg.). Culture Club. Klassiker der Kulturtheorie. stw 1668. 304 Seiten

Eva Illouz. Gefühle in Zeiten des Kapitalismus. Übersetzt von Martin Hartmann. Broschur. 170 Seiten

Vladimir Jankélévitch.
- Das Verzeihen. Essays zur Moral und Kulturphilosophie. Herausgegeben von Ralf Konersmann. Übersetzt von Claudia Brede-Konersmann. Mit einem Vorwort von Jörg Altwegg. Gebunden und stw 1731. 292 Seiten
- Der Tod. Übersetzt von Brigitta Restorff. Gebunden. 576 Seiten

Ralf Konersmann. Kulturelle Tasachen. stw 1774. 406 Seiten

André Leroi-Gourhan. Hand und Wort. Die Evolution von Technik, Sprache und Kunst. Übersetzt von Michael Bischoff. Mit 153 Zeichnungen des Autors. stw 700. 532 Seiten

Winfried Menninghaus
- Ekel. Theorie und Geschichte einer starken Empfindung. stw 1634. 592 Seiten
- Das Versprechen der Schönheit. 386 Seiten. Gebunden

K. Ludwig Pfeiffer. Das Mediale und das Imaginäre. Dimensionen kulturanthropologischer Medientheorie. 624 Seiten. Gebunden

Paul Rabinow
- Anthropologie der Vernunft. Studien zur Wissenschaft und Lebensführung. Herausgegeben und übersetzt von Carlo Caduff und Tobias Rees. stw 1646. 252 Seiten
- Was ist Anthropologie? Herausgegeben und übersetzt von Carlo Caduff und Tobias Rees. stw 1687. 168 Seiten

NF 118/3/1.07

Philipp Sarasin. Reizbare Maschinen. Eine Geschichte des Körpers 1765-1914. stw 1524. 512 Seiten

Philipp Sarasin/Jakob Tanner (Hg.). Physiologie und industrielle Gesellschaft. Studien zur Verwissenschaftlichung des Körpers im 19. und 20. Jahrhundert. stw 1343. 529 Seiten

Thomas Schlich/Claudia Wiesemann (Hg.). Hirntod. Zur Kulturgeschichte der Todesfeststellung. stw 1525. 352 Seiten

Alfred North Whitehead
- Denkweisen. Herausgegeben und übersetzt von Stascha Rohmer. stw 1532. 208 Seiten
- Kulturelle Symbolisierung. Herausgegeben und übersetzt von Rolf Lachmann. stw 1497. 147 Seiten

Slavoj Žižek
- Die gnadenlose Liebe. Übersetzt von Nikolaus G. Schneider. stw 1545. 192 Seiten
- Körperlose Organe. Bausteine für eine Begegnung zwischen Deleuze und Lacan. Übersetzt von Nikolaus G. Schneider. stw 1698. 297 Seiten
- Die Puppe und der Zwerg. Das Christentum zwischen Perversion und Subversion. Übersetzt von Nikolaus G. Schneider. stw 1681. 190 Seiten
- Die Revolution steht bevor. Dreizehn Versuche über Lenin. Übersetzt von Nikolaus G. Schneider. es 2298. 192 Seiten
- Die Tücke des Subjekts. Übersetzt von Eva Gilmer, Anne von der Heiden, Hans Hildebrandt und Andreas Hofbauer. 552 Seiten. Gebunden

Slavoj Žižek/Mladen Dolar/Stojan Pelko u. a. Was Sie schon immer über Lacan wissen wollten und Hitchcock nie zu fragen wagten. stw 1580. 259 Seiten

NF 118/4/1.07